Johann Wolfgang von Goethe

Goethe's italianische Reise

Aufsätze und Aussprüche über bildende Kunst

Johann Wolfgang von Goethe

Goethe's italianische Reise
Aufsätze und Aussprüche über bildende Kunst
ISBN/EAN: 9783742816542

Hergestellt in Europa, USA, Kanada, Australien, Japan

Cover: Foto ©Thomas Meinert / pixelio.de

Manufactured and distributed by brebook publishing software
(www.brebook.com)

Johann Wolfgang von Goethe

Goethe's italianische Reise

Goethe's

Italiänische Reise,

Aufsätze und Aussprüche

über bildende Kunst.

Mit Einleitung und Bericht über dessen Kunststudien und Kunstübungen.

Herausgegeben von

Christian Schuchardt.

Stuttgart.
Cotta'scher Verlag.
1862.

Goethe's

Italiänische Reise.

Mit Einleitung und Bericht über dessen Kunststudien und Kunstübungen bis zum Antritt derselben.

Herausgegeben von

Christian Schuchardt.

Erster Band.

Stuttgart.
Cotta'scher Verlag.
1862.

Vorwort.

In folgenden zwei Bänden wird Künstlern und Kunstfreunden, wie überhaupt allen wahrhaft Gebildeten zum erstenmale dasjenige vereinigt geboten, was Goethe zu seiner eigenen Ausbildung in Kunst und Kunstkenntniß gethan, und was er zur Förderung anderer darin in seinen Schriften niedergelegt hat.

Es ist ein großer Vortheil für einen Autor, wenn der Leser mit Vertrauen ein Buch in die Hand nimmt; bringt er Neigung, guten Willen mit, so wird er sich nicht sofort abschrecken lassen vom tiefern Eindringen, wenn er auf etwas stößt, was er sich nicht sogleich zu Recht zu legen weiß; er wird es aus dem Ganzen und mit dem Ganzen in Einklang zu bringen wissen. Goethe selbst ist in dieser Weise verfahren und spricht sich darüber aus: „Es begegnete und geschieht mir noch, daß ein Werk bildender Kunst mir beim ersten Anblick mißfällt, weil ich ihm nicht gewachsen bin; ahn' ich aber ein Verdienst daran, so such' ich ihm beizukommen, und dann fehlt es nicht an den erfreulichsten Entdeckungen: an den Dingen werde ich neue Eigenschaften und an mir neue Fähigkeiten gewahr."

In gegenwärtigem Falle kann sich diese Aeußerung nicht auf das Werk allein beziehen, es wird auch die Frage sein, ob der Herausgeber mit Goethe's Schriften über Kunst, mit dessen Ansichten so vertraut ist, und für Vereinigung der zerstreuten Aufsätze, für Anordnung und Redaction derselben die erforderliche Einsicht und Umsicht hat, um bei scheinbaren Widersprüchen die nöthige Aufklärung zu eingehendem, richtigem Verständniß des Einzelnen geben zu können. Das würde freilich der Leser am Schluß aus eigener Ueberzeugung sich selbst sagen; aus obigem Grunde möchte ich aber denselben gleich anfangs, wenn auch nicht gerade günstig, doch wenigstens so gestimmt wissen, daß er nicht mit vorgefaßter Meinung an das Werk ginge. Ich setze nämlich dabei noch voraus, daß dasselbe in weitern Kreisen gelesen werde, auch von solchen, die von meinen sonstigen Verhältnissen und kunstliterarischer Thätigkeit keine Notiz haben.

Deßhalb will ich Einiges aus meinem Leben, was hierauf Bezug hat, hier kurz mittheilen. Ich würde das viel lieber unterlassen haben, zumal da es manche Böswillige gibt, die gern darin den Glauben an eine besondere Werthlegung auf seine Person auffinden. Was kann aber der Mensch überhaupt thun, was mit bösem Willen nicht schief gedeutet werden kann? Hätte ich eine solche Absicht gehabt, so würde ich Anderes erwähnt haben, was man, trotz seiner Richtigkeit, für Selbstlob hätte nehmen können; ich habe nur angegeben, was nothdürftig für die nächste Absicht mir zweckgemäß erschien. Drum will ich getrost erzählen:

Daß ich von Kindesbeinen an, wie man zu sagen pflegt, gezeichnet habe, das will nichts heißen, das können auch unzählige andere von sich sagen.[1] Ob aber diese frühen Uebungen und Versuche eine künstlerische Anlage verriethen, das ist eine andere Frage, worauf ich nur so viel erwiedern kann, daß ich über Einiges, was ich lange aufbewahrte, in spätern Jahren mich wundern mußte,

---

[1] Daß sich in früher Jugend manche Neigung offenbart, zu der man keine äußere Anregung nachweisen kann, beweist nicht, daß eine solche gar nicht existirt habe. Mir wurde sie wohl durch einen Schreibmeister, der meinen Eltern gegenüber wohnte, der Lehrbriefe mit großen verzierten Buchstaben und Arabesken schmückte, und in seinem Wohnzimmer die sämmtlichen Wände mit Blumengarten und darauf sich schaukelnden, verschiedenen Vögeln geschmückt hatte. Wenn es wahr ist, daß alle Kunst mit der Bewunderung beginnt, so ist dieß ein sprechender Beweis: mir ging der Athem aus, als ich diesem Kunsttempel das erstemal betrat, und es wurde mir dadurch die Lust am Zeichnen wie eine heftige Krankheit eingeimpft.

wie ich es damals zu Stande gebracht hatte. Daß ich wegen dieser Kunstwerke in meinem Geburtsort, einer kleinen Landstadt, für ein Kunstgenie galt, daß ich ein Maler werden müsse, das schien sich von selbst zu verstehen. Und so wurde es auch von meinen Eltern beschlossen. Gleich nach meiner, Ostern 1812, in meinem 13. Jahre erfolgten Confirmation führte mich mein Vater nach Weimar, um einen Lehrmeister für mich zu suchen. Die Leute, welche wir zu befragen Gelegenheit hatten, wiesen uns an einen solchen, einen Theaterdecorationsmaler, welcher nach Prüfung meiner Opera bedauerte, daß er im Augenblick keine Arbeit habe, ich solle zu Michaelis wieder kommen. Unterdessen sollte ich einen großen Kupferstich, ein römisches Opfer in Linienmanier, copiren, den er mir zu diesem Zweck behändigte. Wie weit und wie gut oder schlecht ich diese für mein Vermögen viel zu schwierige Arbeit zu Stande brachte, darüber etwas zu sagen, kömmt deßhalb nichts an, weil unterdessen der Plan für meinen Lebensberuf geändert wurde: ich sollte studiren. Zu Michaelis desselben Jahres bezog ich das Gymnasium zu Weimar, und zu gleicher Zeit wurde ich in das Zeichnen-Institut angemeldet. Daß ich von nun an Gelegenheit zum Zeichnen unter verständiger Leitung hatte, befriedigte mich vollständig. Nach kurzem Besuch der Stunden schenkte mir Hofrath Meyer,[1] der Director der Anstalt, einige Aufmerksamkeit: er beobachtete mich beim Zeichnen einige Mal und ging endlich zu einem älteren Schüler, mit dem er mich öfters hatte sprechen sehen, um sich über mich zu erkundigen. Ich hörte nur die Schlußworte: „Er macht's gut.“ Von diesem Augenblick an wendete mir derselbe seine Neigung zu, und ich bemühte mich, dieselbe, soviel ich vermochte, zu erhalten. Bei meinem Abgang auf die Universität hatte derselbe in dem Bericht über die Schüler der Anstalt mir das Zeugniß gegeben:

[1] Johann Heinrich Meyer, der langjährige vertraute Freund Goethe's, deßhalb gewöhnlich Goethe-Meyer genannt, einer der vorzüglichsten Kunstgelehrten und Schriftsteller, der mit Goethe in gleichem Sinn für Förderung der Kunst in Deutschland thätig war.

„Chr. S. aus A. zeichnet und tuscht fast meisterhaft, überhaupt ist er der beste Schüler der Anstalt."

Warum wendete ich mich aber jetzt nicht zur Kunst? — Meiner Neigung, meinem Bedürfniß zum Zeichnen und Malen konnte ich genügen; von außen gab es damals in Weimar keine Anregung, es geschah sehr wenig; Hofrath Meyer rieth Jedem dringend von der Kunst ab: „Male so viel du willst, aber werde mir nur kein Maler," war sein Refrain bei jeder Gelegenheit. Der Barbar! wird Mancher jetzt sagen. Und doch hatte er vollkommen Recht, er meinte es ehrlich. Ueber jede Spur von Talent freute er sich, beobachtete es, hegte es, unterstützte es; er hielt die Kunst für eins der wichtigsten, wirksamsten Mittel zur Förderung höchster menschlicher Bildung. Talent aber genügt nicht, es muß dazu ein energischer Wille, ein nicht zu dämpfender innerer Drang sich gesellen, der durch kein Hinderniß abgelenkt wird; es gehört ein eiserner Fleiß dazu, wenn etwas tüchtiges werden soll. Zum Talent muß sich auch der Genius gesellen, wenn es einen Künstler geben soll. Ersteres gibt allenfalls einen Maler, aber keinen Künstler. Ließ sich ein Schüler durch diese wiederholte Mahnung dennoch nicht abbringen, offenbarte er dabei Anlagen, so war Meyer nun ebenso beeifert, ihn auf alle Weise zu fördern; er wollte nur, daß Niemand leichtsinnig, aus äußeren Rücksichten sich auf den mühseligen Pfad begäbe.

Meine Natur war still, schmiegsam, und nur darin war ich entschieden, wenn auch ohne Heftigkeit, daß ich consequent und beharrlich, auch außer den Unterrichtsstunden zeichnete. Die ökonomische Lage meiner Eltern, völlige Unkenntniß aller äußeren Kunstverhältnisse, selbst in Beziehung auf Weimar, wie viel mehr auf weitere Kreise, ließ mich den betretenen Weg leidenschaftslos fortgehen. Die mir später mehrmals gebotenen Anlässe, denselben zu verlassen, konnten mich auch nicht verlocken.

Michaelis 1820 bezog ich die Universität Jena, um die Rechte zu studiren und erwarb mir daselbst durch Zeichnenunterricht und

Malen von Aquarellportraits den größten Theil meines Unterhaltes. Für diesen Zweck unterstützte mich Hofrath Meyer beständig: während der Ferien hielt ich mich in Weimar auf und zeichnete Vorlagen unter seinem Beirath, auch ließ er mir dergleichen.

Nach bestandenem Examen kam ich als Accessist auf Großherzogl. Landesregierung in Weimar, wo auch bald zwei andere Examinirte, und zwar in dasselbe Cabinet eintraten. Die uns dreien für die Nachmittagsstunden obliegenden currenten Geschäfte konnte Einer bequem besorgen und ich schlug deßhalb meinen beiden Collegen vor, dieselben vier Tage in der Woche allein besorgen zu wollen, wofür sie am Mittwoch und Sonnabend das Gleiche thun sollten. Mit Bewilligung des Chefs besuchte ich an diesen beiden Tagen wieder die öffentliche Zeichenschule, worüber mein alter Gönner höchlich erfreut war.

Gleich in der ersten Zeit lud mich derselbe auf sein Zimmer, um mir Kupferstiche, das erstemal einen Band mit Blättern von Dürer zu zeigen, später andere, und auch Handzeichnungen. Eine Kenntniß von andern Kunstwerken und Namen von Künstlern als von meinen nachzuzeichnenden Vorbildern erinnere ich mich fast gar nicht gehabt zu haben. Dagegen empfand ich eine innige Freude an diesen letztern; ich ahnete, fühlte die Schönheit der Zeichnung, der Form, vielleicht der Darstellung überhaupt, und was zur Ausführung eines Kunstwerkes etwa gehört, soweit dieß meinem Talent und meiner Bildung nach möglich war. Nach äußerer historischer Kenntniß und auch ästhetischem Wissen fühlte ich wenig Verlangen. Ungenirt sprach ich deßhalb über das mir Vorgelegte Neigung und Abneigung aus, wie sie sich mir unbewußt aufdrängten. Nachdem dieß einigemal geschehen war, fragte mich Hofrath Meyer, ob ich wohl die juristische Laufbahn verlassen würde, wenn ich eine andere Stellung erhielte. Ohne irgend etwas dabei zu denken, äußerte ich, daß mir die Jurisprudenz nicht so sehr am Herzen liege; worauf derselbe kein Wort erwiederte. Nach einigen Tagen aber empfing er mich beim Beginn der Zeichenstunde mit den Worten: Nun! Sie sollen zur Oberaufsicht kommen!

Da ich die Oberaufsicht und deren Geschäftsbereich nicht kannte, wie es vielen andern, sogar älteren Beamteten erging, und nicht gewillt war, ein neues Geschäft von vorn anzufangen, während ich in meine juristische Laufbahn kaum eingetreten war, so schlug ich ohne alles Bedenken das Anerbieten aus. Hofrath Meyer entgegnete abermals kein Wort, und so meinte ich die Sache abgethan. Das war ein Irrthum. Auf meine erste Erklärung hatte Meyer an Goethe referirt, dieser mit dem Regierungschef darüber verhandelt und endlich hatte der Großherzog Carl August den Vorschlag genehmigt. Das konnte nicht so ohne weiteres wieder zurückgehen. Geh.-Rath v. Müller stellte mir in lebhaftesten Farben das Glück meiner Stellung, in welche ich eintreten sollte, und die sich mir eröffnenden Aussichten vor, das Glück in Goethe's unmittelbare Nähe zu kommen. Für mich gab es aber kein anderes Glück, als sobald wie möglich ein subalternes, friedliches Aemtchen zu erlangen, wo mir einige Zeit für Zeichnen und andere Liebhabereien bliebe. Da ich durchaus nicht einwilligte, äußerte Geh.-Rath von Müller endlich ganz unwillig, daß ich es doch wenigstens versuchen solle; ginge es nicht, so könne ich ja zu jeder Zeit wieder zurücktreten. Da erklärte ich: wenn das gehe, wenn ich in der Candidatenliste fortgeführt werde, und wenn mir vom Collegium aus diese Zusicherung förmlich gegeben werde, so wolle ich es versuchen. Das geschah, und ich kam zur Oberaufsicht über alle unmittelbaren Anstalten für Wissenschaft und Kunst, wie die Behörde hieß, deren Chef Goethe war. Dabei sollte ich die Secretariatsgeschäfte besorgen und die Aufsicht über eine von mir erst neu einzurichtende und zu ordnende Sammlung von Kupferstichen und Handzeichnungen führen.

Wider Willen wurde ich also dahin getrieben, wohin eine stille Neigung mich mein ganzes Leben zog. Und dennoch wurden die ersten Jahre die peinlichsten meines ganzen Lebens: es fehlte mir Alles, bis auf das Geringste, was ich nothwendig wissen und kennen mußte, um die Aufsicht über eine solche Sammlung zu führen, um fie zu ordnen und zu catalogifiren. Nur eins kam mir zu Statten, eine von Jugend auf geübte Anlage zu allerhand mechanischen Arbeiten: Papparbeiten, Schnitzen ec. Man würde lachen, wenn ich aufzählen wollte, was ich alles verfuchte, es find die heterogenſten Dinge. Eben so hatte ich von früh an in allen möglichen Dingen unterrichtet. Manchem wird das falsch erscheinen, bei mir ging es aus dem unabweisbaren Triebe hervor, von allem was mich umgab den Zusammenhang, die Urfache zu kennen. Es hat mir dieses Bemühen erfetzt, was andere in andern Kreisen durch geselligen Verkehr erlangen. Den Anfang des Ordnens der Sammlung machte ich unter den Augen und unter der Leitung des Hofraths Meyer, der mich aber bald mir felbſt überließ. Ich machte die unfäglichſten Anstrengungen: ich verfuchte durch Lefen von allerhand kunſthiſtorifchen und kunſtwiſſenfchaftlichen Schriften mich zu erleuchten; das wollte aber gar nichts fruchten. Wie konnte das auch, da mir Begriff und Anfchauung gänzlich fehlten, und ich in meiner Einfalt nicht die Gabe kannte, mich selbst zu betrügen. Zuletzt hielt ich mich an die Kupferstiche und Zeichnungen felbſt und beschränkte mich auf Catalogen und Handbücher. Jährlich unternahm ich von da an ein oder mehrmals Reifen, um Sammlungen jeder Art zu benutzen, wobei mir nach und nach immer deutlicher wurde, daß der Weg, auf den ich durch äußere Umſtände gedrängt worden: aus mir felbſt, durch Anfchauung und Nachdenken, und nicht durch Lehre von außen zu schöpfen, mich langsam aber ficher förderte; ich gewann an Selbſtſtändigkeit. Meine Noth hatte der Gedanke an Rücktritt zur juriſtifchen Laufbahn, der im Hintergrunde lauerte, zum Unerträglichen gesteigert; ich mußte um so mehr auf Fortbildung darin denken, als ich dieselbe kaum begonnen hatte. Dabei nahm fich mein Examinator, der Geheime Regierungsrath, jetzt Oberappellationsgerichtspräſident von Wandelsloh in Eifenach meiner auf das freundlichſte an, wie fich diefer allgemein hochgeachtete, vortreffliche Mann überhaupt auch gegen viele Andere theilnehmend und hülfreich erwies. Ich ergreife deshalb mit Freuden die Gelegenheit, ihm meinen wärmsten Dank öffentlich auszusprechen. Auch andere einflußreiche Gönner nahmen sich meiner freundlichst an, wollten mich förbern, ich besaß aber ein für allemal nicht das Geschick, nach anderer als eigener Weise und Ueberzeugung zu denken und zu thun.

Was ist aber oberflächliche Erwähnung dessen, was ein Mensch als Vollbrachtes aufzählen kann gegen die inneren Kämpfe, die er zu bestehen hat, bevor er zu einiger Klarheit kömmt. Die Darstellung der Letzteren wäre allein das förbernde, beruhigenbe für Andere.

Um aus dieser ertödtenden Lage zu kommen, entschloß ich mich, nachdem ich mein Feld einigermaßen zu überschauen glaubte, die juristische Laufbahn zu quittiren.

Täglich hatte ich jetzt Anlaß und Gelegenheit, Goethe mehr verehren zu lernen, zumal da er mir bald nach meinem Antritt die Stelle seines Privatsecretärs übertrug, in der ich bis zu seinem Tod geblieben bin. Dadurch wurden zugleich meine ökonomischen Verhältnisse verbessert.[1] Der hochverehrte Großherzog Carl August interessirte sich lebhaftest für die Instandsetzung der Sammlung und nahm ununterbrochen persönlichen Antheil an dem Fortgang meiner Arbeiten; Höchstderselbe bezeigte mir öfter seine hohe Zufriedenheit mit meinem Eifer; und diese Theilnahme ließ mich das für mich fast Unmögliche vollbringen. So befinden sich noch einige Arbeiten aus dieser frühen Zeit in der Sammlung, die Derselbe mir damals auftrug, über die ich mich, so unbedeutend sie an sich seyn mögen, noch heute fragen muß, wie es mir möglich gewesen ist, so etwas nur zu unternehmen.

Hofrath Meyer bewahrte mir dauernd seine väterliche Zuneigung bis an's Ende seines Lebens, wie ich mit unendlicher Liebe

---

[1] Ein Kapitel in Riemer's Buch über Goethe, überschrieben: „Wohlthätigkeit Goethe's" veranlaßte mich in dem „Weimarischen Sonntagsblatt", 3. Jahrgang. 1857, Nr. 1, p. 11 einiges über diesen Punkt zu sagen, worin ich des obigen Umstandes ausführlicher gedacht habe. D. Herausg.

und Dankbarkeit an diesem in jeder Beziehung trefflichen Manne hing.

Und so mußte ich zuletzt die Noth segnen, die mich in unmittelbaren Verkehr brachte mit diesen bedeutenden Männern und den mit ihnen in Beziehung stehenden. Diese Erinnerung hat über mein ganzes Leben einen Frieden verbreitet, um so mehr als ich nach und nach in Goethe's und Meyers Werke täglich mehr Einsicht gewann und in denselben alle meine dunkeln Ahnungen aufgeklärt, zum Bewußtseyn geleitet finden mußte.

Dieser Verkehr und dieses Studium wurde für mich um so ersprießlicher, als ich dadurch einen festen Halt gewann, der mich in dem Wirrwarr der neueren und neuesten Kunstbestrebungen das Rechte erkennen und festhalten ließ, um unbeirrt meinen Pfad an sicherer Hand zu wandeln. Was ich später über Kunst veröffentlicht habe, mag an andern Mängeln leiden, an Unklarheit leidet es gewiß nicht. Wie viel oder wie wenig ich überhaupt an allgemeiner Bildung gewonnen haben mag, auch besonders an Kunstbildung, den Grund dazu verdanke ich allein dem ernsten Studium der Schriften von Goethe und Meyer. Zur Verbreitung richtiger Ansichten über Kunst in meinem nächsten Kreise bin ich, nach deren Tode, ununterbrochen bemüht gewesen und es mußte mir eine Genugthuung, eine Beruhigung seyn, daß ich viele derjenigen, welche als tüchtige, gebildete, klare Menschen allgemein anerkannt wurden, immer zu meinen Freunden rechnen durfte. Zwischen den mannichfaltigsten Beschäftigungen blieb mir immer der Trieb zum Zeichnen und Malen, und ganz tüchtige Künstler haben gern ein Product dieser Bemühungen in ihr Album aufgenommen. Daneben versuchte ich mich in Mancherlei: Radiren, Aetzen in Aquatinte, Stechen, Holzschneiden zc.; nicht etwa um Kunstwerke darin liefern zu wollen, sondern um das technische Verfahren aus eigener Erfahrung und Ueberzeugung kennen zu lernen.

Ein unmittelbarer Nutzen aus diesen Bemühungen entsprang allein dadurch, daß ich beständig, oft halbe Jahre hinter einander,

den Unterricht in den verschiedenen Klassen des Zeicheninstituts, bei
Vacanzen der Lehrer ertheilt habe, und auch sonst Zeichenunterricht
gab, unter andern auch Goethe's drei Enkeln und meinen eignen
Kindern. Zuletzt hatte ich mich sogar, nach langem Drängen und
Zweifeln, entschlossen, als Lehrer der zweiten Klasse einzutreten. Die
ganze Angelegenheit war geordnet und wäre in wenigen Tagen zum
Bericht gekommen, als Geh. Hofrath v. Schorn, der Director der
Anstalt, plötzlich starb. Damals wäre ich noch Maler geworden.

Durch diese Wendung und durch zufällige Umstände veranlaßt,
wurde ich zu literarischer Thätigkeit geführt; ich bemerkte, daß ich
durch beständiges Notiren meiner Erfahrungen und Beobachtungen
und dessen, was ich über Kunst dachte, durch Excerpiren aus
Schriften ꝛc. mich unbewußt dazu vorbereitet hatte.

Nachdem ich in einer so langen Reihe von Jahren mich in
der Kunstliteratur ernstlich umgesehen habe, so bin ich dadurch nur
immer mehr zu der Ueberzeugung gekommen, daß nichts an Tiefe,
Klarheit, Wahrheit den Schriften von Goethe und Meyer gleich-
kommt. Jedem, der sich diesem Studium mit Ernst ergibt, wird
nichts förderlicher seyn, und ist er überhaupt ein sinniger, nach
Wahrheit und Ueberzeugung strebender Mensch, so wird er nicht
wieder loskommen können. Viele schon danken mir für die Anregung dazu. Nicht die Breite der Kenntnisse, sondern die Tiefe
ist es, was so mächtig daran fesselt.

Eine ausführliche Darstellung meiner Beziehungen, Beobachtungen und Erfahrungen aus dieser Periode hoffe ich im Laufe
meines Lebens noch zu Stande zu bringen; der Drang der Lebens-
anforderungen konnte das bis jetzo nur verzögern.

Wenn ich nur noch bemerke, daß ich seit dem Tode Goethe's
ununterbrochen den betretenen Weg verfolgt habe, daß ich die
Goethe'schen Sammlungen, wie bei dessen Lebzeiten, so bis jetzt in
Pflege gehabt; wenn ich mich bis auf heutigen Tag der freundlichsten Beziehungen zu der v. Goethe'schen Familie erfreue, so wird
man es wohl erklärlich finden, daß von Seiten dieser und des

Herrn Verlegers die Herausgabe von Goethe's Schriften über Kunst mir anvertraut wurde.

Wie ich dieser Aufgabe genügt, muß ich nun Kunstgebildeten zur Beurtheilung überlassen. Ich selbst kann es mir nicht anders denken, als daß eine Vereinigung alles besten zu einem Ganzen, was in Goethe's Schriften über Kunst vorkömmt, jedem wahrhaft Gebildeten, jedem ernst strebenden Künstler ein Quell des reichsten Genusses und der Belehrung seyn müsse.

Goethe's Schriften durchweht eine reine, durchleuchtete Luft, es offenbart sich darin eine Wahrheit, Deutlichkeit, bei aller Größe und Tiefe der Anschauungen, daß das Studium derselben eine Freudigkeit, Sicherheit, Ueberzeugung gibt, die keinen intelligenten Menschen wieder lassen wird. Was der Engländer Thomas Carlyle von Goethe's Einfluß auf die Bildung der Menschheit überhaupt sagt, das gilt auch im Besonderen von dessen Kunstansichten:

„Goethe's Schriften sind ein glorreicher Bericht, worin jeder, der die Welt verstehen lernen will, jeder, der da ringt, aus der Finsterniß in das Licht aufzutauchen, was Jeder zum Leben bedarf, lange mit wachsender Dankbarkeit studiren wird. Die ganze chaotische Zeit, was sie gelitten, erreichte und erstrebte, steht hier klar herausgebildet, erläutert, geläutert und veredelt zu poetischer Wahrheit. Wunderbar die Ruinen und der zu Asche gewordene Staub der antiken Welt, ihrer Institutionen, Religionen, vergessenen edlen Bestrebungen stehen hier wieder in's Leben gerufen durch den Athem des Genius, in neuem Zusammenhange und neuer Vereinigung mit der neuen Zeit. Das künstlerische Genie wirkt schöpferisch und bewältigend durch die ganze Masse hindurch. Das Chaos, in welches das achtzehnte Jahrhundert mit seinen wilden Kriegen von Heuchlern und Zweiflern alle Vergangenheit gestürzt hatte, fängt hier wieder an eine neue Welt zu werden. Das Höchste, was von einem geschriebenen Buche jemals gesagt werden konnte, muß von Goethe's Werken gelten: in ihnen athmet eine neue Zeit, die Vorausverkündigung und das Beginnen einer neuen Zeit. Der Grund eines neuen socialen Gebäudes für die Menschheit ist hier gelegt, fest, wie im Anfange, auf Naturfelsen. Wir sehen die sich weit ausdehnenden Spuren eines Planes, welche künftige Jahrhunderte erweitern, verbessern und verwirklichen mögen. Diese Sprache dürfte manchem seltsam erscheinen; doch sind es keine leeren Uebertreibungen, sondern der Ausdruck einer Ueberzeugung, die nicht von gestern ist. Wenn Goethe von einer andern Generation durchdacht und studirt seyn wird, werden sie nicht mehr befremdend erscheinen."

Wie kömmt es aber, daß scheinbar nur wenige aus diesem heilsamen Quell ihren Durst löschen? — Es gibt deren immer gar viele, wenn man sich nur näher darum bekümmert; bei allem Bedeutenden, Großen bilden aber die Besten, wie Goethe selbst bemerkt, immer nur eine kleine stille Gemeinde. Die meisten Menschen lieben aus abgeleitetem Bächlein zu trinken, ihre schwachen Mägen können den Trunk aus frischem Quell nicht sogleich vertragen; viele sind zu bequem und schwach, selbst zu schöpfen, sie lassen sich lieber eine homöopathisch verdünnte Portion in eingeschenkten Gläsern reichen.

Doch es fängt schon an vielen Orten, in mancher kräftigen Seele zu tagen an; schon manchem ekelt vor der trüben Brühe, die von den neuern Sudelköchen gereicht wird und die nur Leuten munden kann, die selbst unklaren und trägen Geistes sind.

Ein kräftiger Sinn wird sich Platz machen! So verzweifelt es jetzt im allgemeinen aussieht, eben so sicher ist auf Besserung zu hoffen. Vor dem befruchtenden Gewitter wühlt der Sturm noch einmal den Staub auf, der dann auf längere Zeit getilgt seyn wird.

Ueberhaupt sieht es aber auch in der deutschen Kunst nicht so trübe aus. Man sehe sich nur nach den Namen derer um, die trotz aller Modethorheiten immer als die Spitzen gelten, deren Werke doch allein als die Repräsentanten der deutschen Kunst genannt werden, wenn überhaupt von Kunst die Rede ist. Wenn sich das Unbedeutende anstrengt, durch ungeschicktes Aupreisen in Tagesblättern ein elendes Daseyn zu fristen, was kümmert das die

Tüchtigen der Nation. Mag sich das unklare Publikum an dieser wechselnden Kleidermode erfreuen, man gönne ihnen das Genügen, nur mögen die Herren ihre geistesarmen Producte nicht für Kunst, für das Wahre in Cours bringen wollen!

Zum Schluß will ich nur noch ein Wort über die Herstellung eines kritisch bearbeiteten Textes der Goethe'schen Schriften sagen. Dabei scheint mir Folgendes zu berücksichtigen zu seyn:

Man findet in Goethe's Schriften in Ausdruck und Construction Manches, was bei neueren Schriftstellern und auch im mündlichen Verkehr nicht mehr gebräuchlich ist, worüber der Nichtgelehrte einen Augenblick stutzt und versucht ist, es für einen Druckfehler oder ein Versehen zu nehmen. Unterscheiden muß man dabei selbstverständlich seine poetischen und seine prosaischen Werke. Bei letzteren gehört Einiges zu seinen Eigenthümlichkeiten, woran nicht zu rühren ist; Einiges ist ihm von seinem heimatlichen Dialect geblieben und lieb geworden; Einiges hat er sich aus dem Studium bedeutender Vorgänger, namentlich manches kernige Wort aus Luthers Bibelübersetzung angeeignet und als charakteristisch bezeichnend beibehalten. Das alles hat sich mit seiner ganzen Denk- und Anschauungsweise so innig und in Eins verbunden, daß es eben einen Theil seiner Individualität ausmacht. Eben so hat Goethe neue Worte gebildet, wodurch er sein Empfinden näher bezeichnete; er hat manche Fremdwörter beibehalten, weil kein deutscher Ausdruck dafür seinen Sinn ihm so scharf bezeichnete. Die Sprachreiniger ließ er sich dabei nicht beirren: „Die haben gut Sprachreinigen, wenn sie nichts auszudrücken haben."

Und so müssen wir Goethe auch nach dieser Seite aus sich selbst beurtheilen. Bei einzelnen Schriften treten noch besondere Gründe hinzu, die an ihrem Orte anzudeuten sind, abgesehen von den verschiedenen Lebensperioden, in welchen sie entstunden.

Neben diesem Allen kommt aber in Goethe's Schriften noch Vieles vor, was sich aus irgend einem Grunde als unrichtig nachweisen läßt; und hier ist es Pflicht, einen möglichst richtigen Text herzuftellen. Was in den Schriften über Kunst dem Herausgeber einer solchen Berichtigung bedürftig erschien, hat er bemerkt und wo er es nöthig hielt, zu begründen gesucht. Andere mögen dasselbe bei anderen Partieen thun, wozu sie sich durch ihr Wissen und ernsten Willen befähigt fühlen.

> Die Neueren glaubt man zu verstehen,
> Ohne Noten wird's auch nicht gehen!

sagt Goethe selbst, und ertheilt damit der Nachwelt die Befugniß, Hand an seine Schriften zu legen, wenn man diese Aeußerung auch nicht direct auf diesen Punkt beziehen kann. In der Einleitung zu der „Italiänischen Reise," S. 47 ist noch Einiges über diesen Punkt gesagt.

Inhalt des ersten Bandes.

Goethe's Kunstübungen und Kunststudien von seinen Knaben-jahren an bis zum Antritt seiner Italiänischen Reise.

Es ist eine immer wiederkehrende Erfahrung, daß man bei hervor-tretenden Erscheinungen in der Literatur nach dem Berufsfach des Autors fragt. Bewegt sich nun ein Werk desselben nicht innerhalb der Grenzen dieses, gehört er nicht zur Zunft, so hat er in der Regel das Vor-urtheil gegen sich, sie läßt es gewöhnlich unbeachtet, schweigt es zu Tode, wie Goethe sich ausdrückt. So hat man die Bemühungen und Erfolge Goethe's in der Osteologie, in der Farbenlehre, in Botanik, überhaupt in den Naturwissenschaften lange nicht anerkannt, obgleich die Herren vom Fach seine Entdeckungen öfters recht sorgsam benutzt haben. Es erklärt sich dieses Phänomen ganz richtig dadurch, daß Ge-lehrte gewöhnlich nichts hören als was sie gelernt und gelehrt haben, und worüber sie mit ihres Gleichen übereingekommen sind. An die Stelle des Gegenstandes setzt sich ein Wort Credo, bei welchem denn so gut zu verharren ist, als bei einem andern.

Eben so ist es mit seinen Bemühungen um bildende Kunst ge-gangen, wenn auch nicht in gleichem Maße, da dieselben durch sein ganzes Leben in ununterbrochener Folge gehen und man auf diesem Felde dem Dichter doch nicht alle Berechtigung absprechen konnte.

Da es aber Goethe nicht um rein theoretische Ansichten, um vage Kunstgelehrsamkeit zu thun war, da er für praktischen Gebrauch schrieb und wirkte, in der ernsten Absicht, bei ausübenden Künstlern zu nützen, den Aufschwung der Kunst überhaupt zu befördern, so kam er neben den Kunsttheoretikern auch mit praktischen Künstlern in Conflikt. Und

weil er eben zur Förderung des praktischen Künstlers wirken wollte und
deßhalb die praktische Seite, wenn auch nicht das speciell Technische,
besonders beachtete, so traten diese, weil er sie in ihrem Schlendrian
beunruhigte, mit der seltsamen Anmaßung entgegen: Wer nicht selbst
Künstler ist, kann nicht über Kunst urtheilen! Hat denn Goethe je
ausgesprochen, daß ein Nichtdichter über Poesie kein Urtheil haben, daß
er die Schönheiten eines Werkes nicht empfinden, den Dichter in seiner
geheimen Werkstatt belauschen könne? Und ist denn Goethe bloß darum
kein Künstler, weil er nicht Profession von der bildenden Kunst machte?
Ich meine, es müßte dieser Glaube nebenbei für jeden Künstler etwas
so Entsetzliches haben, daß er augenblicklich den ganzen Apparat in die
Ecke schmiß und lieber ein Schuhmacher würde, wo der Kunde bestimmt
nachweisen könnte, wo ihn der Schuh drückt und er selbst dadurch die
volle Ueberzeugung von der Urtheilsbefähigung desselben und seiner ins
Leben tretenden Wirksamkeit erhielte. Andere meinen freilich, auch das
wollten sie nicht: jeder Nichtkünstler habe bloß gläubig anzubeten, mit
der Wirkung, dem Effekt sich zu begnügen.

Wahr ist es freilich, daß der Künstler, und nicht bloß der bildende, oft Urtheile hören muß, die ihn zu solchem Glauben verleiten
können. Da frage ich aber: hört er solch unberechtigte, unbegründete
Urtheile bloß von Nichtkünstlern? gehen dieselben nicht in überwie-
gender Mehrzahl von Künstlern selbst aus; ja hat man nicht die
klarsten Beweise, daß die currenten Kohlreißer immer ein Kunstorakel
zur Seite haben, einen Künstler vom Fach oder wohl öfter vom Handwerk, dessen Aussprüche sie dem gläubigen Pöbel als eigene Offenbarung verkünden?

Es wäre doch auch sonderbar, wenn ein Mensch, dem es einfiele
ein Künstler zu werden, weil Mama, Papa oder sonst jemand, es für
ein ehrenvoll und vortheilhaft Geschäft hielten und ihn deßhalb dazu
commandirten, von dem Augenblick an, wo er den Stift oder Pinsel
in die Hand nähme, mit einem Schlag ein Genie würde! Sagen wir
ehrlich und billig: weder die Masse der Künstler, noch die Masse der
Kunstschreiber von Profession, noch das Publikum im Ganzen, haben
das Genie in Pacht. Nur von der Mutter Natur begünstigte und be-
vorzugte, mit Geist ausgestattete einzelne Menschen sind die Auser-
wählten. Die Natur spendet ihre besten Gaben auch nicht einer bevorzugten

Masse, sie verleiht dieselben, wie das Glück seine Güter, einmal einem Fürstensohne, ein andermal einem Judensohne.

Aber auch nicht mühelos soll ihren Lieblingen der Siegeskranz werden, sie will ihnen denselben durch eigenes Kämpfen und Ringen verschönern, sie will ihnen den höchsten Triumph, ihn durch eigne Kraft verdient zu haben, nicht verkümmern.

Und wer wird nach Jahrhunderten wohl noch fragen, ob ein Meisterwerk in irgend einer Kunst von einem Professor geschaffen sey, oder von einem außerhalb der Zunft stehenden, um danach den Werth oder Unwerth zu bemessen? Geschieht das heut zu Tage, so geschieht es von der großen Masse des unselbstständigen keines eigenen Urtheils fähigen Publikums, das immer in die Hände der Marktschreier gefallen ist. Das Gute wird immer nur von einer kleinen stillen Gemeinde erkannt und geehrt und kommt nur langsam zur allgemeineren Anerkennung.

Wie man jetzt überall gegen den Zunftzwang als verderblich sich regt, so wird sich auch der Horizont über der Künstlerzunft allmählig mehr erhellen. Der größte Schaden, der daraus entspringt und der verderblich auf die Kunst zurückwirkt, ist, daß das Handwerk dadurch als Hauptsache hingestellt wird. Man muß zunächst sich begnügen, daß ein Werk entzückt, fördert, erhebt und belehrt, dann erst frage man immerhin nach dem Bildungsgang des Urhebers; es wird nun nicht mehr deshalb geschehen, um darzuthun, daß er ein Laie oder ein Eingeweihter war, sondern aus Interesse, aus Begierde, den Weg, den der bewunderungswerthe Geist nahm, kennen zu lernen, zu eigenem Nutz und Frommen, zur Nacheiferung.

Deshalb soll in diesen Bänden alles vereinigt und darüber Nachricht gegeben werden, was Goethe zu seiner Kunstbildung gethan, was er über Kunst gedacht, was er darüber in seinen Werken mitgetheilt; auch wie er sich um praktische Fertigkeit bemüht hat.

Welcher Mensch, dem es Ernst um seine Bildung war, sieht nicht entweder mit Verdruß auf die verkehrten Wege, die er unter Zeitverlust gegangen, um zu seinem Ziele zu gelangen, oder mit mitleidigem Lächeln auf seine eigenen früheren Bemühungen. Wie anders wird er die Sache ansehen, wenn er vernimmt, daß auch unsere bedeutendsten Männer ein ähnliches Schicksal erfahren, daß auch sie einen gleich schweren Kampf zu bestehen hatten, um sich aus dem Irrthum zur Klarheit immer zu arbeiten; einen schwerern rückblick, weil sie ein höheres Ziel ahnend vor Augen hatten. Dieser Kampf ist keinem Neuern erlassen, da wir erst den Verlauf der Kultur der Völker, Irrthum und Wahrheit kennen lernen müssen, um am Ende zu erkennen, was wir hätten thun können, welche Richtung wir hätten einschlagen sollen.

Sehen wir nun aus den Goethe'schen Bekenntnissen und Ueberlieferungen, daß auch er einen weiten Umweg gegangen ist, um zu einem schlichten Ziel zu gelangen: so ist es jedenfalls belehrend, ermuthigend und tröstend an seiner Hand diesen Pfad zurückzulegen.

Deßhalb soll in diesem ersten Abschnitt zunächst alles das berichtet werden, was Goethe von der frühesten Zeit seines Lebens bis zu Antritt seiner Reise nach Italien zu seiner Ausbildung in Kunst gethan hat. Aus dem Ernst und Consequenz werden wir das größte Vertrauen schöpfen, ohne welches wir keinen Autor recht nützen können.

Erstes Capitel.

Goethe's Kunstübungen in seinem elterlichen Hause bis zu seinem Abgang auf die Universität Leipzig.

Nicht nur an der frühesten Jugend, sondern auch an späteren Vermuthungen können wir bei sorgsamer Beachtung zwei verschiedene Wege, zweierlei Ausgangspunkte bei Kunstübungen bemerken: der eine geht vom Detail, der andere vom Allgemeinen, von dem Eindruck des Ganzen aus. In frühester Jugend werden wir die Mehrzahl zum Allgemeinen sich wenden sehen; und da findet man sich oft zu einem gewissen Staunen hingerissen über die Lebendigkeit der, wenn auch noch rohen Andeutung des Wesentlichsten der Gestalten. Man schöpft daraus Hoffnung, man schließt daraus öfter auf ein Kunsttalent. Dazu hat man eine scheinbare Berechtigung: man meint, daß die Erlangung des Details durch Anleitung eines geschickten Lehrers durch Fleiß um so leichter werden müsse, da ja in den ersten Spuren die Hauptsache, die Auffassung des Wesentlichen sich offenbare, als hätte der Knabe wenn auch nur einen dunklen Begriff davon. Wie oft wird man aber enttäuscht; es verschwindet alles was vorher bemerkenswerth war und das Verständniß des Einzelnen, die genaue Darstellung desselben will sich nicht einfinden. Der Trieb, die Lust zur Kunst schwindet dabei vollkommen. Andere Kinder dagegen zeichnen mit der größten Präcision nach Vorbildern und auch nach Naturgegenständen und erregen dadurch die Erwartung auf besondere Leistungen, die sich in der Folgezeit auch nicht erfüllen.

Aus diesen ersten Aeußerungen läßt sich nach dieser Erfahrung gar nicht auf die Zukunft schließen; und wenn auf dem einen oder andern Wege aus dem Kindlein ein Künstler wird, dann erst meint man, die Aeußerung, die Offenbarung des Genies schon in der Jugend erkannt, in den ersten Versuchen beobachtet zu haben.

Das Talent ist in der Jugend während körperlicher und geistiger Entwicklung manchen Wandlungen ausgesetzt. Wenig versprechende entwickeln sich in auffallender Weise, während aus scheinbar begabten nichts wird. Diesen Fall unberücksichtigt, so würde ein Knabe, der auf das Allgemeine, Charakteristische der Gegenstände achtete und es wieder zu geben sich bemühte, viel mehr auf vorhandenes Kunsttalent schließen lassen. Hier findet sich aber außerordentlich selten ein Lehrer, der auf diesen Entwicklungsgang einzugehen fähig oder gewillt sey, der ihn mit Verstand aus dem Allgemeinen zur Empfindung und richtigen Darstellung des Details leitete; hier hilft allein der entschiedene Künstlerberuf, das Genie.

Letzterer Art war Goethe. Bei den frühesten Versuchen unter der Anleitung eines Zeichenlehrers kann er sich nicht zu der peinlichen Nachahmung der freilich schlechten Vorbilder bequemen und sucht nur zuletzt mit Verdruß den Lehrer mit mechanischer Nachahmung der Striche zu befriedigen. Selbst das Vorbild seines Vaters bei den Zeichenstunden fruchtete nichts bei ihm und er schließt später daraus auf Mangel an Talent dafür, und bemerkt wiederholt, daß die Natur ihn eben so wenig zu einem beschreibenden Dichter bestimmt zu haben scheine, als zu einem Maler des Details. So viel er sich nun in verschiedenen Epochen seines Lebens um größere praktische Ausbildung bemühte, so kehrt immer der Klage zurück, daß ihm nicht gegeben sey, diesen Mangel durch anhaltende Uebung zu ersetzen.

Meiner Ueberzeugung und meiner Beobachtung nach ist das gewiß unrecht. Wenn Goethe in früherer Jugend einen intelligenten Lehrer gehabt, wenn später Oeser in Leipzig ihn nach dieser Seite zu fördern, ganz entdeckt hätte, wenn sodann Kraus, erst in Frankfurt, dann in Weimar eine andere strengere Richtung gehabt, wenn er in Rom nicht die Kunstübung nebenbei betrieben, ins Zeit ihm zu spät geworfen wäre, ins Detail zu studiren, so daß man annehmen, daß Goethe, wenn es überhaupt in seiner Neigung gelegen, ein vorzüglicher Künstler geworden wäre.

Aus diesem Mangel darf man überhaupt nicht auf sein Unvermögen schließen. Künstler waren sogar vom Gegentheil überzeugt, und Oeser, der Hausfreund im Goethe'schen Haus, behauptet sogar, daß er nicht zum Maler bestimmt sei. Auch hatten versichert ihm noch in Italien, daß er etwas lernen würde, wenn er Freude haben solle, wenn er nur achtzehn Monate seiner Leitung folgen wolle.

Dagegen hatte Goethe schon frühzeitig vielfache Gelegenheit, sich allgemeine Kenntniß zu erwerben. Der Vater selbst liebte Gemälde, hatte aber dabei die Meinung, daß man lebende Künstler beschäftigen müsse. Dadurch kam der Knabe häufig in unmittelbaren Verkehr mit den Frankfurter Künstlern, er sah ihren Beschäftigungen zu, bekam frühzeitig eine Kenntniß und Begriff von technischer Behandlung. Noch mehr Gelegenheit hatte der Knabe 1759, während der Zeit, da Graf Thorane, der bei Besetzung Frankfurts durch die Franzosen in seiner Eltern Haus wohnte, als ein leidenschaftlicher Kunstliebhaber die Frankfurter Künstler beschäftigte, wo der junge Goethe beständig um die Maler war, den Berathungen beiwohnen durfte, und auch die Unzufriedenheit lernen lernte, welche die Künstler empfanden, als einer in des andern Bilder das einschalten mußte, worin dieser gerade nicht geübt war.

Eben so lernte er das technische Verfahren bei Fabrikation der Wachstuchtapeten kennen, wofür der Maler Nothnagel eine Anstalt errichtet hatte, und wo die besseren mit der Hand vollendet wurden. Dabei erlaubte man dem jungen Goethe bisweilen selbst Hand anzulegen. Selbst die Manipulation des Nadrens, womit Nothnagel sich beschäftigte, lernte er damals schon kennen. Eine größere Anzahl Blätter von diesem kommen noch in dem Kunsthandel vor. Alle dergleichen Jugenderinnerungen und Eindrücke sind von weit größerer Bedeutung und

Folgen, als man gewöhnlich meint. Sie regen dieselben zur Nachahmung an, eine Menge technischer Erfahrungen gewinnt man fast unbewußt.

Nach dem Unfall mit Gretchen, als er mit einem ihm zum Aufseher bestellten jungen Gelehrten sich in die einsamsten Waldpartien um Frankfurt flüchtete, wendet er sich wieder zum Zeichnen, und hier tritt seine Neigung zu dem Allgemeinen sogleich hervor, da er des Details nicht Herr werden kann.

Alles das konnte ihn in dem Praktischen der Kunst zu bestimmtem Zweck nicht weiter bringen, aber gerade, daß er sich an den Eindruck des Ganzen hielt, förderte ihn: das frühere Bekanntwerden mit Kunstwerken und Künstlern zeigte jetzt seine günstigen Folgen dadurch, daß er die Natur im Vergleich zu den geschauten Kunstwerken zu betrachten sich bemühte. Daß er diese Uebung, wie unvollkommen er sie selbst erklärt, auf seinen sich immer mehr ausdehnenden Wanderungen fortsetzte, war ihm aus diesem Grunde von größerem Gewinn, als sie ihm sonst hätte seyn können. Er selbst äußert sich hierüber später: „Das Auge war vor allen andern das Organ, womit ich die Welt faßte. Ich hatte von Kindheit an zwischen Malern gelebt und mich gewöhnt die Gegenstände, wie sie, in Bezug auf die Kunst anzusehen. Jetzt da ich mir selbst und der Einsamkeit überlassen war, trat diese Gabe halb natürlich, halb erworben hervor: wo ich hinsah, erblickte ich ein Bild und was mir auffiel, was mich erfreute, wollte ich festhalten und ich fing an auf die ungeschickteste Weise nach der Natur zu zeichnen. Es fehlte mir hierzu nichts weniger als alles, doch blieb ich hartnäckig daran, ohne irgend ein technisches Mittel, das Herrlichste nachbilden zu wollen, was sich meinen Augen darstellte. Ich gewann freilich dadurch eine große Aufmerksamkeit auf die Gegenstände, aber ich faßte sie nur im Ganzen, insofern sie Wirkung thaten und so wenig mich die Natur zu einem descriptiven Dichter bestimmt hatte, ebenso wenig wollte sie mir die Fähigkeit eines Zeichners fürs Einzelne verleihen."

Da wir diese Ansicht, Bekenntnisse aus Goethe's eigener Mittheilung haben, so könnte man allerdings glauben, daß sie erst später, nach vollständiger Entwicklung sich gebildet hätten. Wären uns die Thatsachen allein bekannt, so müßten wir aber gleichfalls zu demselben Resultat kommen. Kinder können sich niemals eine Vorstellung von dem machen, was sie leisten, wozu das führen könne; demohngeachtet führt es am Ende zu etwas. Wir können in vielen Fällen erst am Ende aus dem Erfolg früherer Bemühungen auf das Zweckmäßige oder Unnütze derselben zurückschließen. Aber es tritt auch hier die Wahrheit der von Goethe später wiederholt gethanen Aeußerung ein: daß Neigungen und Wünsche der Jugend Beobachtungen besser seyen, daß man später erreichen könne.

Selbst der Umstand, daß er mit seiner Schwester die alten verschmutzten römischen Prospekte die auf dem Vorsaal im älterlichen Haus aufgehängt waren, bleiben mußte, machte ihn mit einem Verfahren bekannt, daß die Summe seiner Erfahrung vermehrte und er prägte sich seinem Auge die Gegenstände ein. Genug er hatte Gelegenheit sich mit Leichtigkeit eine Menge Kenntnisse in Kunstsachen zu sammeln, deren Bedeutung und Brauchbarkeit ihm bei gereifterer Einsichten erst klar werden mußte.

Zweites Kapitel.

Goethe's Universitätsjahre in Leipzig.

1765 bezog Goethe, sechzehn Jahre alt, die Universität Leipzig. So interessant die Darstellung seiner Bestrebungen, seines Ringens nach Licht in der deutschen Literatur sind, so haben wir zu unserem Zweck doch nichts weiter zu erwähnen, als daß er mit gleichem Eifer und Anstrengung zur Klarheit in der Kunst zu kommen rang. Zu diesem Zweck wendet er sich an Oeser, den damaligen Direktor der Leipziger Kunstakademie, um mit einigen anderen Zeichenunterricht zu nehmen. Das war nun freilich nicht der Mann, jungen Leuten das Praktische der Kunst, als das Unentbehrliche zur Ausübung als Künstler in consequenter Strenge beizubringen, da ihm selbst alle unerläßliche Strenge mangelte. Aber es war ein Mann von großem Geschmack und allgemeiner Kunstbildung, der seine Schüler mehr zur Einsicht in die Kunst einführen wollte, als sie zu praktischen Künstlern auszubilden.

* Einer von Goethe's Mitschülern war der nachmalige Preußische Staatskanzler Fürst Hardenberg.

Goethe hat diesen Mann in Dichtung und Wahrheit trefflich charakterisirt. In Beziehung auf sich selbst und auf ihn als Lehrer sagt er: „Was mich betraf, so stützte ich in Ausübung der Kunst schwankte zwischen, seine Lehre wirkte auf unsern Geist und unsern Geschmack, aber seine eigene Zeichnung war zu unbestimmt, als daß sie mich, der ich an den Gegenständen der Kunst und Natur auch nur hindämmerte, hätte zu einer strengen und entschiedenern Ausübung anleiten sollen. Von den Gesichtern und Körpern überlieferte er mehr die Ansichten als die Formen, mehr die Gebärden als die Proportionen. Er gab uns die Begriffe von den Gestalten und verlangte, wir sollten sie in uns lebendig werden lassen. Das wäre denn auch schön und recht gewesen, wenn er nicht bloß Anfänger vor sich gehabt hätte. Kennte man ihm ein vorzügliches Talent zum Lehrer wohl absprechen, so mußte man dagegen bekennen, daß er sehr gescheit und wohllüstig sey, und daß eine glückliche Gewandtheit des Geistes ihn, in einem höhern Sinne, recht eigentlich zum Lehrer qualificire. — Uebrigens ermangelte er nicht, und von der Perspektive, von Licht und Schatten zwar genugsam, doch immer nur so zu unterrichten, daß wir uns anstrengen und zu quälen hatten, um eine Anwendung der überlieferten Grundsätze zu treffen." Ein artiger Beleg dazu ist die Erzählung, daß Oeser bei Gelegenheit, wo Goethe einen Blumenstrauß zeichnete, ihm ganz lakonisch bemerkte: „Mehr Wasser!" Aber lange wurde ihm der Sinn dieser Worte nicht klar, den er aber doch später fand. Daß sich aber Goethe mit Anwendung der überlieferten Grundsätze quälte, müssen wir wenigstens als ernstliche Bemühung, zur Geläufigkeit und Einsicht zu gelangen, anerkennen. Schwerlich thut Goethe sich selbst Unrecht, wenn er eben bemerkt, daß er an den Gegenständen der Natur nur hingedämmert habe. Daß er in ihm beständig arbeitete, daß er fast ängstlich nach Klarheit und Einsicht strebte, wenn er sich dessen auch nicht immer deutlich bewußt war, wenn er sich die Summe des Erworbenen und Mangelnden auch nicht verrechnete, sehen wir schon damals aus seinen eigenen Angaben und aus seinem ganzen Leben und endlich aus den Resultaten. Dann führt er weiter fort. „Wahrscheinlich war seine Absicht, an uns, die wir doch nicht Künstler werden sollten, nur die Einsicht und den Geschmack zu bilden, und uns mit den Erfordernissen eines Kunstwerks bekannt zu machen, ohne gerade zu verlangen, daß wir es hervorbringen sollten.

Da nun der Fleiß überhaupt meine Sache nicht war; denn es machte mir nichts Vergnügen, als was mich anzog, so wurde ich nach und nach, um nicht lästig. Doch gründlich, und weil die Kenntniß bequemer ist als das thun, so ließ ich mir gefallen, wohin er und nach seiner Weise zu führen gedachte.“

Diese Bildung wurde denn auch dadurch begünstigt, daß Oeser ihn mit den Kunsthändlern und Liebhabern Leipzigs bekannt machte, daß er zu ihren Unterhaltungen bei Betrachtung von Kunstwerken Theil nehmen durfte, daß er ihn auf das hohe Kunstleben ... in Italien aufmerksam machte.

Den Einfluß von alle dem erkennt Goethe später mit den Worten an: „Und so mußte die Universität, wo ich die Zwecke meiner Familie, ja meine eigenen versäumte, mich in dem jetzigen begründen, worin ich die größte Glückseligkeit meines Lebens finden sollte.“

So interessant und förderlich ihm das rücksichtlich der dabei zu erlangenden Bekanntschaft mit Kunstwerken und Ansichten darüber sein mußte, so befand er sich doch in der peinlichen Lage, sich erst alles erst zurecht legen zu sollen; er sah sich deshalb sehnsuchtsvoll nach einer neuen Erleuchtung um, die ihm auch durch das Erscheinen von Lessing's Laokoon wurde.

Wenn man die Schilderung Goethe's von dem damaligen Zustand der Literatur liest, und die Darlegung seiner Bemühungen um Erleuchtung, wenn man bedenkt, daß rücksichtlich der lüsternen Sucht an ähnlicher Zustand waltete: so kann man sich die Wirkung wohl denken, welche dieses Werk auf den strebsam zum Licht emporstrebenden Jüngling machen mußte. Er äußert darüber: „Die Herrlichkeit solcher Haupt- und Grundbegriffe erscheint nur dem Gemüth, auf welche sie ihre unendliche Wirksamkeit ausüben, erscheint nur der Zeit, in welcher sie ersehnt, im rechten Augenblick hervortreten. Da beschäftigen sich die, welchen mit solcher Nahrung gedient ist, liebevoll ganze Epochen ihres Lebens damit und erfreuen sich eines überschwenglichen Wachsthums.“

„Auf zweierlei Weise kann der Geist höchlich erfreut werden, durch Anschauung und Begriff. Aber jene erfordert einen würdigen Gegenstand, der nicht immer bereit, und eine verhältnißmäßige Bildung, zu der man nicht gerade gelangt ist. Der Begriff hingegen will nur

Empfänglicher, er fängt den Inhalt mit und ist selbst Werkzeug der Bildung, besser war eine solche Einwirkung nicht wünschen, der vor trefflichste Denker haben solche Worte auf uns herabließen. Man muß glücklich sein, um sich zu vergegenwärtigen, welche Wirkung Lessings denken auf uns ausübte, indem dieses Werk uns aus der Region eines ... Kindheit, in die heitere Region der Gedanken hinriß. Das so lange mißverstandene ut pictura poesis war auf einmal bekannt, der Unterschied der bildenden und Redekünste war klar, die Gipfel beider erschienen nun getrennt, wie tief ihre Basen auch zusammen stoßen mochten ...

"Die ich aber Begriff und Anschauung verglichen wie schwer, so konnte ich diese neuen Gedanken nicht lange verarbeiten, ohne daß ein unendliches Verlangen bei mir entstanden wäre, doch einmal bedeutende Kunstwerk in größerer Masse zu erblicken". Ist ein solches Verlangen, die ihm überlieferten Ansichten, die erlangten Erfahrungen an selbst eigener Anschauung zu befestigen, mit eigenen Augen zu sehen, mit Sinnen ...

In dieser Absicht ging er nach Dresden. Ergötzig, anmuthig ist die Art, wie er diesen Vorsatz ausführt, indem er wegen eines vom Vater ihm eingeimpften Widerwillens gegen Gasthäuser nicht in einem solchen absteigt, sondern bei einem philosophischen Schuster Quartier nimmt.

Der Anblick der Räume der Gallerie macht einen feierlichen Eindruck auf Goethe, ähnlich der Empfindung, womit man ein Gotteshaus betritt. Dabei wird er gewahr, was er bereits für Kenntniß von Meistern hatte, entweder durch vorhergesehene Gemälde oder aus Kupferstichen oder nur aus Ueberlieferung. Er vermeidet das Betreten der inneren Gallerie, worin die Werke der Italiäner sich befanden, in deren Werth er sich seine Einsicht anmaßen will; er will nur in der äußern Gallerie, und darin ergötzen ihn zuerst diejenigen Werk, wo der Pinsel über die Natur den Sieg davon trägt, wo die Vergleichung mit der bekannten Natur den Werth der Kunst nothwendig erhöhen mußte.

¹ Simonides hat es in der gleichbedeutenden Antithese ausgedrückt: Die Malerei ist eine stumme Poesie und die Poesie ist eine redende Malerei.

An einer andern Stelle spricht er dieß wiederholt als eine Eigenthümlichkeit aus, daß er sich beständig gewöhnt habe, die Kunst in der Natur und die Natur im Kunstwerk zu sehen. „Was ich nicht als Natur ansehen, an die Stelle der Natur setzen, mit einem bekannten Gegenstand vergleichen konnte, war mir nicht nütze. Der materielle Eindruck ist es, der den Anfang selbst zu jeder höhern Kunstbarkeit macht." Als Beleg dafür mag man die Erzählung nehmen, daß er bei der Rückkehr aus einer Gesellschaft zu Mitternacht, in dem unglücklichen Zustand seines Schülers, bei nach brennender Lampe das schönste Bild von Schatten von sich sieht, von dessen Anblick er sich nicht trennen kann, so daß es ihm den Schlaf raubt.

Wer sich aus Goethe's Werken, aus seinen bestimmten Aeußerungen über seine Art und Weise zu studiren einen deutlichen Begriff, eine klare Anschauung verschafft hat, wird auch hier finden, daß er nach seinem eigensten Wesen verfuhr. Aus der Betrachtung der Natur, als der schönsten Born aller Belehren, schöpfte er sein Wissen, seine tiefe Kenntniß und Erkenntniß. „Betrachtung und Nachdenken" hielt er für die beiden Grundbedingungen alles Studiums der Kunst. Sein Freund Meck spricht diesen Grundzug seines Strebens in den Worten aus: „Deine unablenkbare Richtung ist, dem Wirklichen eine poetische Gestalt zu geben, die andern suchen das sogenannte Poetische, die Imaginative zu verwirklichen und das giebt nichts wie dummes Zeug."

Bei seiner Rückkehr von Dresden nach Leipzig stellen seine Freunde seine Erzählung für ein Räthsel, daß er unter der Schauspielertruppe zu verhüllen muthwillig genug sey. Darüber spricht er sich aus: „Hätten sie mir aber ins Herz sehen können, so würden sie keinen Muthwillen darin entdeckt haben, denn die Wahrheit jenes alten Wortes, Zuwachs an Kenntniß ist Zuwachs an Unruhe, hatte mich mit ganzer Gewalt getroffen, und jemehr ich mich anstrengte, dasjenige, was ich gesehen, zu ordnen und mir zu eignen, je weniger gelang es mir; ich mußte mir zuletzt ein stilles Nachwirken gefallen lassen."

In dem Oeser'schen Hause, wo er freundlich aufgenommen war, fand er gute Kupferwerke, die das Alterthum darstellen, und sieht dadurch das Kunststudium, auch nach dieser Seite fort; er nennet eine in Unordnung gekommene artistische Sammlung von Schmitt'schem Werk und ist bedacht gewesen, sich nach Hülfsmitteln umzusehen; er kommt im Vorlage aus dem Kupferstecher Stich und dabei unter seiner Anlang einige Landschaften nach Thiele. Er schwelat sogar einige Brockenstücke in Holz nach französischen Mustern, woraus mancher brauchbar gefunden wird. Dabei lernt er alle vorbereitenden Arbeiten und Studien kennen, so daß er später seinem Meister an die Hand gehen kann.

Hervorzuheben ist hier die weitere Nachricht Goethe's, daß bei allen Bemühungen, welche sich auf Kunst und Alterthum bezogen, er nie Winckelmann vor Augen gehabt, dessen Tüchtigkeit im Vaterlande mit Enthusiasmus anerkannt worden. Da dessen Ansichten . . . . bei diesen bedeutend gewordenen Mann zuerst in die Kunst eingeführt hatte, so mußten sie um so eindringlicher auf Goethe wirken und ihm manches aufklären. Und diese . . . . blieb ihm auch sein ganzes Leben.

Durch Dr. Oesermann wird er nach einer überstandenen schweren Krankheit zum fleißigen Zeichnen angeregt und er . . . . manches . . . . . der Thiere und manchen . . . . . . dieser . . . . . . auf grau Papier mit schwarzer und weißer Kreide nach, wie es . . . . . ist.

In seinem neunzehnten Jahre, im September 1768, verließ Goethe Leipzig.

Drittes Kapitel.

. . . . in Frankfurt nach seiner Rückkehr von der Universität.

Wie am Schluß des vorigen Kapitels gesagt ist, kehrte Goethe im September 1768 von der Universität Leipzig nach Frankfurt zurück, wo sein übles Aussehen, die große Abspanntheit, durch Krankheit gereizt . . . . erzeugt, eine leidenschaftliche Scene verursacht. Es ist leidend und eine Geschwulst am Halse plagt ihn sehr, deren langsame Heilung ihm mehr Langeweile als Schmerzen verursacht. So vielfach er sich nun während dieser unbehaglichen Zeit beschäftigt, sich sogar dem Studium der Chymie auf besondere Veranlassung ergibt, so wandte er sich doch auch wieder zum Zeichnen.

Auch jetzt hält er sich vorzugsweise nur an Ausbildung des

Blättchen; er zeichnet sein Zimmer mit allen seinen Möbeln und Personen die sich darin einfanden. Gelegentlich stellt er aber auch allerhand Stadtgeschichten dar, die man erzählt. Das alles ist, nach seiner Versicherung darüber, nicht ohne Charakter, nicht ohne einen gewissen Geschmack, den Figuren fehlt aber die Proportion, das eigentliche Mark; die Ausführung ist nebulistisch. Und hier zeigt sich die Einwirkung Oesers auffallend: der äußere Eindruck bei diesen Blättern ist derselbe, wie bei den Zeichnungen seines Lehrers. Dieser Unbestimmtheit sucht der Vater nachzuhelfen; sie sollen deutlicher, fertiger, abgeschlossen sein; er läßt sie deshalb aufziehen und mit Linien einfassen. Ja der Maler Morgenstern mußte die perspectivischen Linien der Zimmer und Räume hineinziehen. Der Vater wollte ihn dadurch zur Bestimmtheit nöthigen. Ihm zu Gefallen zeichnet er auch mancherlei Stillleben, wobei er das der Natur deutlicher und entschiedener erfaßte. Auch zum Radiren stellt sich die Lust wieder ein und er freut sich die alten, von Stock in Leipzig überlieferten Recepte wieder versuchen und der vergnüglichen Zeiten bei der Arbeit in dessen Hause sich erinnern zu können. Er radirt eine von ihm selbst componirte Landschaft, kann aber damit nicht fertig werden wegen Mangel an Schatten und Licht darin. Er ließ Probedrücke machen, konnte sie aber wegen dieses Mangels nicht völlig beendigen. Nachricht davon hat Hüsgen gegeben.[1] Einen Abdruck, den einzigen, den ich davon gesehen, erhielt ich als Geschenk von Herrn Salomon Hirzel in Leipzig, dem ich überhaupt diese Nachweisung verdanke. Ich habe ihn, damit er nicht später in gleichgültige Hände komme, in die Goethesche Familiensammlung gestiftet.

Durch Unvorsichtigkeit beim Aetzen zieht er sich ein Halsübel zu und kommt dabei auf die Vermuthung, daß seine Krankheit in Leipzig aus derselben Quelle entsprungen seyn möge. Nach dieser gewonnenen Einsicht wird das Uebel bald beseitigt.

Ueber diese seine Beschäftigung spricht er sich in einem Briefe an

[1] **Artistisches Magazin**, Frankfurt am Main 1790. Darin heißt es S. [illegible] von Goethe: „**Bekanntlich hat er** schon bei seinem Studienaufenthalt in Leipzig **zwei Landschaften geätzt**, die ihm als einem jungen Liebhaber Ehre machen. — **Desgleichen hat er hier** eine Landschaft mit einem alten Thor und einer verfallenen **Stadtmauer, in** Weimar eine Scheuer mit lustigen Bauernaufstellen **verfertigt**". **Letztere habe ich** bis jetzt nicht erhalten können.

Desto selbst auch, die Kunst ist, wie sonst, fast meine Hauptbeschäftigung, ob ich gleich mehr darüber lese und denke, als selbst zeichne; denn jetzt, da ich allein lebe, fühle ich erst meine Schwäche, es will gar nicht aus mir her, und ich weiß vor der Hand nichts anderes als das Theater zu ergreifen und zu sehen, wie weit ich mit dieser Stütze in der Baukunst und in der Perspective kommen kann." Dann bricht er seinen Dank aus, daß er ihm den Weg zum Wahren und Schönen gezeigt habe, daß er sein Herz für das Recht fühlbar gemacht habe. Er dankt ihm den Geschmack am Schönen, seine Kenntnisse, seine Einsichten. Er erinnert, daß er ihn aufgemuntert, was vorher nicht geschehen; er habe manchen Tadel erfahren, oder sey ganz gelobt worden, beides schade. Er glaubt, daß er seine Aufhülfe der Liebe zu den Musen verdanke, wie er hoffe, daß ihm das, was ihm Oeser gelehrt habe, die Gesellschaft der Musen und eine schriftliche Unterredung mit den Dingen Freunden, das häusliche Leben in Frankfurt angenehm machen werden. Diesen Dank spricht er noch in mehreren Briefen aus und in einem anderen an Reich sagt er deshalb: Oesers Erfahrungen haben mir eine neue Gelegenheit gegeben, mich zu segnen, daß ich ihn zum Lehrer gehabt habe. Fertigkeit oder Erfahrung vermag kein Meister seinem Schüler mitzutheilen; auch war unsere Hand nur sein Nebenwerk, er wirkte in unsere Seelen, und was wußte seine Habsucht, um ihm nicht zu rauben. Sein Unterricht wird auf mein ganzes Leben Folgen haben. Er lehrte mich, das Ideal der Schönheit sey Hille Größe.

Viertes Kapitel.

Aufenthalt in Straßburg.

Im Frühjahr 1770. fühlte Goethe seine Gesundheit und jugendlichen Muth wieder hergestellt und er ging nach Straßburg, um daselbst, dem Plane seines Vaters gemäß, zu promoviren. Kaum im Gasthof abgestiegen, treibt ihn das sehnliche Verlangen, den Münster zu sehen und zu besteigen, um von da aus die Stadt und die schöne Gegend zu überschwimmen, wo er eine Zeitlang wohnen und hausen sollte. Das erstemal machte der Münster einen eigenthümlichen Eindruck auf ihn, den er sich sogleich zu entwickeln unfähig ist. Ueber dieses erstemal noch in der nächsten Zeit konnte er sich deutlich machen, daß er dieses Wunderwerk als ein Ungeheures gewahrte, das ihn hätte erschrecken müssen, wenn es ihm nicht zugleich als ein Geregeltes faßlich und als ein Ausgearbeitetes sogar angenehm vorgekommen wäre.

Bei Gelegenheit der Vermählung der Erzherzogin Marie Antoinette mit dem Dauphin von Frankreich, nachmaligen König Ludwig XVI, passirte dieselbe auch Straßburg, und bei den Feierlichkeiten, die die Stadt zu Ehren dieser Begebenheit veranstaltete, war auch ein Exemplar der nach Raphaelischen Zeichnungen gewirkten Tapeten in einem Gebäude aufgehängt, das auf einer Rheininsel errichtet war, zum Empfang und Uebergabe der Fürsten in die Hände der Abgeordneten ihrer Gemahle. Diese machen eine ganz entschiedene Wirkung auf ihn, indem er das Rechte und Vollkommene in Masse kennen lernt. Er kann sich nicht satt daran sehen; er quält sich dabei, das was ihm so außerordentlich aufsprach, auch zu begreifen. Er bringt es durch sein heftiges leidenschaftliches Drängen bei einsichtsvollen Männern dahin, daß diese Kunstwerke noch einige Zeit länger ausgestellt bleiben. Dagegen ereifert er sich gegen eine Ungeschicklichkeit, daß man nämlich zu gleicher Zeit in Nebenräumen anderen Tapeten mit der Geschichte Jasons und der Medea aufgehängt hatte, wobei der ganze Vorrath von Ausrufen, die er sich in Oesers Schule zu eigen gemacht, in Bewegung kommt.

Von allem was er bei diesem vorübergeronnenen Prachtstrom gesehen, war ihm nur die Sehnsucht nach diesen Raphaelischen Teppichen geblieben, die er gern jeden Tag, jede Stunde betrachtet, verehrt, ja angebetet hätte.

Diese Aeußerung contrastirt scheinbar mit seinen früheren; „daß er die italiänischen Meister zu verstehen sich nicht anmaßen wollte und daß er sogar vermied, bei dem Besuch in Dresden die innere, italiänische Gallerie zu sehen.[1] Er spricht wiederholt aus, daß er nichts habe sehen

***

[1] Wie weit diese Angabe der Erzählung entgegen ist, daß ihn Herder in Straßburg wegen seiner Schätzung des Domenico Feti verspottet, als er ihm den Besuch der Dresdner Gallerie erzählt, läßt sich jetzt nicht bestimmen. Doch läßt es sich mit dem Ausgesprochenen vereinen, da er das

mögen, als was sich mit der Natur vergleichen lasse. Später kommen noch vereinzelt kritische Äußerungen vor, z. B. bei Betrachtung der Antiken in Mannheim. Und doch ist das alles mit seinen damaligen Gefühlen zu vereinigen, ist naturgemäß: nur durch die liebevolle Anschauung der Natur, Betrachtung und Nachdenken und dadurch erlangte sichere Kenntniß als Grundlage, kann man nach und nach zum Verständniß des Höchsten in der Kunst gelangen.

Diese nicht zu recht zu legenden lebhaften Eindrücke können wir uns aus seinen eigenen Äußerungen erklären: "daß es nur Vorahnungen waren, dessen was er zu erreichen befähigt war. Was man in der Jugend wünscht, hat man im Alter die Fülle." Wir müssen aus diesen Andeuten auf den Goethe inwohnenden Geist zurückschließen. Dazu bieten uns auch seine Äußerungen und Äußerungen über den Eindruck des Straßburger Münsters einen gleichen Anhalt, zu dessen Betrachtung er immer wieder zurückkehrt und endlich zu einer deutlichen Anschauung kommt, worüber er in einem besonderen Aufsatze im nächstfolgenden Jahre 1772 Rechenschaft ablegte. Die schaffende Kraft seines Genies bethätigt sich darin, daß er bei Betrachtung der Thürme zu einem Entschluß kommt, über deren unvollendeten Zustand, das sich da spätere Auffindung der Risse bewahrheitet. Ich erwähne das hier nur kurz, da der betreffende Aufsatz mitgetheilt werden wird.

Von den vielen, meist dilettantisch practischen Uebungen während seines Aufenthaltes in Straßburg können wir nur einen Riß zu einem neuen Pfarrhause in Sesenheim, das möglichte Annalen einer Rache des Pfarrers und gemalte Bänder für Friederike nennen.

Verdienst aber die Eigenthümlichkeit dieses Künstlers darin findet, daß er die neutestamentlichen Parabeln mit viel Eigenheit, Geschmack und guter Laune ganz an's gemeine Leben herangeführt und die so geistreichen als naiven Einzelheiten seiner Composition sich durch einen freien Pinsel empfohlen haben.

—— * ——

Fünftes Kapitel.

Wenn wir auch annehmen müssen, daß Goethe mehrfacher über Kunst gedacht und auch wohl gelegentlich gezeichnet habe, als er in Wahrheit und Dichtung berichtet, so fehlte ihm doch während seines Aufenthaltes in Straßburg die äußere Anregung: diese leitete ihn zu andern Studien. Wie sich aber die Gelegenheit dazu zeigt, so tritt das lebhafteste Bedürfniß und Interesse wieder hervor. So finden wir ihn auf seinem Rückwege nach dem väterlichen Hause in Mannheim in dem Antikensaal, worüber er sich äußert:

„In Mannheim angelangt eilte ich mit größter Begierde den Antikensaal zu sehen, von dem man viel Rühmens machte. Schon in Leipzig, bei Gelegenheit der Winckelmannschen und Lessingschen Schriften, hatte ich viel von diesen bedeutenden Kunstwerken reden hören, desto weniger aber gesehen: denn außer Laokoon, dem Vater, und dem Faun mit den Krotalen (Castagnetten) befanden sich keine Abgüsse auf der Akademie; und was uns Oeser bei Gelegenheit dieser Bildnisse zu sagen beliebte, war freilich räthselhaft genug. Wie will man aber auch Anfängern vom Ende der Kunst einen Begriff geben.“

„Director Verschaffelts Empfang war freundlich. Zu dem Saale führte mich einer seiner Gesellen, der, nachdem er mir aufgeschlossen, mich meinen Neigungen und Betrachtungen überließ. Hier stand ich nun, den wundersamsten Eindrücken ausgesetzt, in einem geräumigen, bei außerordentlicher Höhe, fast kubischem Saal, in einem durch Fenster unter dem Gesims von oben wohl erleuchteten Raume: die herrlichsten Statuen des Alterthums nicht allein an den Wänden gereiht, sondern auch innerhalb der ganzen Fläche durcheinander aufgestellt, ein Wald von Statuen, durch den man sich durchwinden, eine große ideale Volksgesellschaft, zwischen der man sich durchdrängen mußte. Alle diese herrlichen Gebilde konnten durch Auf- und Zuziehen der Vorhänge in das vortheilhafteste Licht gestellt werden, überdieß waren sie auf ihren Postamenten beweglich und nach Belieben zu wenden und zu drehen.“

„Nachdem ich die Wirkung dieser unwiderstehlichen Masse eine Zeitlang geduldet hatte, wendete ich mich zu denen Gestalten, die mich am meisten angezogen; und wer kann leugnen, daß Apoll von Belvedere durch seine mäßige Kolossalgröße, die freie Bewegung, den siegenden Blick, auch über unsere Empfindung vor allen andern den Sieg davon trage? Sodann wendete ich mich zu Laokoon, den ich hier zuerst mit seinen Söhnen in Verbindung sah. Ich vergegenwärtigte mir so gut als möglich das was über ihn verhandelt und gestritten worden war, und suchte mir einen eigenen Gesichtspunkt, allein ich ward bald da bald dorthin gezogen."

„Der sterbende Fechter hielt mich lange fest, besonders aber hatte ich der Gruppe von Kastor und Pollux[1] diesen kostbaren obgleich problematischen Resten, die seligsten Augenblicke zu danken. Ich wußte noch nicht wie unmöglich es sey, sich von einem genießenden Anschauen sogleich Rechenschaft zu geben. Ich zwang mich zu reflektiren, und so wenig es mir gelingen wollte, zu irgend einer Art von Klarheit zu gelangen, so fühlte ich doch, daß jedes Einzelne dieser großen versammelten Masse faßlich, ein jeder Gegenstand natürlich und in sich selbst bedeutend sey."

„Auf Laokoon jedoch war meine größte Aufmerksamkeit gerichtet und ich entschied mir die berühmte Frage, warum er nicht schreie, dadurch, daß ich mir aussprach, er könne nicht schreien. Alle Handlungen und Bewegungen der drei Figuren gingen mir aus der Conception der Gruppe hervor. Die ganze so gewaltsame als kunstreiche Stellung des Hauptkörpers war aus zwei Anlässen zusammengesetzt, aus dem Streben gegen die Schlangen und aus dem Fliehen vor dem augenblicklichen Biß. Um diesen Schmerz zu mildern, mußte der Unterleib eingezogen und das Schreien unmöglich gemacht werden. So entschied ich mich auch, daß der jüngere Sohn nicht gebissen sey, und wie ich mir sonst noch das Kunstreiche dieser Gruppe auszulegen suchte. Ich schrieb hierüber einen Brief an Oesern, der aber nicht sonderlich auf meine Auslegung achtete, sondern nur meinen guten Willen mit einer allgemeinen Aufmunterung erwiderte. Ich aber war glücklich genug, jenen Gedanken festzuhalten, und bei mir mehrere Jahre ruhen zu lassen, bis er sich zuletzt an meine sämmtlichen Erfahrungen und Ueberzeugungen anschloß, in welchem Sinne ich ihn sodann bei Herausgabe der Propyläen mittheilte." Da dieser Aufsatz später mitgetheilt werden wird, so unterlassen wir hier jede weitere Aeußerung.

„Nach eifriger Betrachtung so vieler erhabener plastischer Werke

[1] Das Original zu Ildefonso in Spanien.

sollte es mir auch an einem Vorschmack antiker Architektur nicht fehlen. Ich fand den Abguß eines Kapitäls der Rotonde, und ich leugne nicht, daß beim Anblick jener so ungeheuren als eleganten Akanthblätter mein Glaube an die nordische Baukunst etwas zu wanken anfing."

Diese Relation schließt Goethe mit den Worten: „Dieser große und bei mir durchs ganze Leben wirksame frühzeitige Schatten war den noch für die nächste Zeit von geringen Folgen."

Wenn man bei andern ähnlichen Gelegenheiten annehmen wollte, daß er seine spätere Ausbildung auf seine frühere Thätigkeit übertragen habe, so haben wir dagegen hier ein bestimmtes Dokument in dem Brief an Oeser; wir haben den gedruckten Aufsatz über den Straßburger Münster, wir haben in der Aeußerung bezüglich auf das korinthische Kapitäl die Ansichten seines spätern gereisten Urtheils.

Wir können, wir müssen annehmen, daß der Keim zu allem Bedeutenden als Embryo in seiner Seele ruhte, daß er nur der Bestätigung außer sich, der Erfahrung bedurfte, um sich von der Wahrheit, der Realität seiner Ideen zu überzeugen.

Auf die Bemerkung, daß Oeser in seiner Antwort nur eine allgemeine Aufmunterung ertheilt, könnte sich wohl das Gefühl gründen, dem er in einem Gedichtchen Ausdruck gegeben:

Künstler.

O rathet! helft mir,
Daß ich mich vollende!
Wo ist der Urquell der Natur,
Daraus ich schöpfend
Himmel fühl' und Leben ꝛc.

Kenner.

Da sehen Sie zu.

Auch das Gedicht: „Der Wanderer" gibt eine Stimmung, die ein Anschauen jenes Landes der Kunst voraussetzt, die er damals doch nicht hatte, die nur sein plastisches Vermögen sich ahnend herausbildete, aus Anschauen von Nachformungen und Nachbildungen, aus Nachahmerei sich erschuf, weil er die Welt in sich trug. Auch die Aeußerung zu Anfang seiner Italiänischen Reise, daß ihm nichts als neu imponirt habe, daß es ihm wie alte Bekannte entgegen gekommen, spricht dafür.

Sechstes Kapitel.

Aufenthalt in Frankfurt nach seiner Rückkehr von Straßburg.

Von Goethe's Beschäftigung mit Kunst nach seiner Rückkehr von Straßburg in sein elterliches Haus ist zuerst besonders interessant die Veröffentlichung seiner Ansichten über deutsche Baukunst, wozu ihn die wiederholte Betrachtung und Untersuchung des Straßburger Münsters veranlaßt hatte. Er bemerkt darüber: „Was ich über jene Baukunst gedacht und gewähnt hatte, schrieb ich zusammen. Das Erste worauf ich drang war, daß man sie deutsch und nicht gothisch nennen, nicht für ausländisch, sondern für vaterländisch halten solle; das Zweite, daß man sie nicht mit der Baukunst der Griechen und Römer vergleichen dürfe, weil sie aus einem ganz andern Princip entsprungen sey ꝛc." Wir versparen die weitere Aeußerung für den Aufsatz selbst, wollen hier nur die Zeit bemerken, in welcher derselbe entstanden ist, um auf die Thätigkeit zu seiner Ausbildung in der Kunst aufmerksam zu machen.

In diese Periode fällt auch der Aufenthalt in Wetzlar, der an sich kurz ist und in Beziehung auf Kunst wenig für ihn bietet, wenn er auch in anderer Rücksicht bedeutend in seinem Leben ist. Deßhalb ist er nicht in einem besondern Kapitel besprochen. Er selbst schlägt den Gewinn dieses Aufenthalts nicht hoch an, wenn er darüber äußert: „Was mir in Wetzlar begegnete, ist von keiner großen Bedeutung; aber es kann ein höheres Interesse einflößen, wenn man eine flüchtige Geschichte des Kammergerichts nicht verschmähen will, um sich den ungünstigen Augenblick zu vergegenwärtigen, in welchem ich daselbst anlangte." Diese giebt er in Dichtung und Wahrheit.

Doch das gehört nicht für unsern Zweck. Interessanter ist, daß er das Material für seinen Werther sammelte, und der Congreß in Gießen, zu dem er von Wetzlar aus mit Schlosser, seinem künftigen Schwager und mit Merk bei Höpfner zusammen trafen, um wegen der Frankfurter gelehrten Anzeigen zu conferiren, zu deren Herausgabe sich Schlosser erklärt hatte.

Merk veranlaßt ihn bei dieser Gelegenheit zu einer Rheinreise: er verläßt Wetzlar um mit demselben in Coblenz bei Frau von Laroche zusammenzutreffen. Bei seiner Wanderung dahin, der Bahn entlang,

ruft die schöne Gegend alle seine Empfindungen für Betrachtung der
Naturschönheiten wach, es regt sich der alte Wunsch diese Gegenstände
würdig nachbilden zu können, zugleich aber der Zweifel, ob er das
Vermögen dazu besitze. Er wünscht ein Zeichen des Himmels, er will
die Entscheidung einer höhern Macht überlassen und wirft schnell, wie
der Gedanke, ein schönes Messer in den Fluß, das er zufällig in der
Hand hält. Sähe er es hineinfallen, so würde sein künstlerisches Verlangen erfüllt werden, würde das Eintauchen in das Wasser durch die
überhängenden Weidenbüsche verdeckt, so sollte er Wunsch und Bemühung fahren lassen. „Aber auch hier, erklärt er, mußte ich die trüg-
liche Zweideutigkeit der Orakel, über die man sich schon im Alterthum
bitter beklagt, erfahren." Das Eintauchen des Messers wird ihm durch
die Weidenbüsche verborgen, aber das entgegen wirkende Wasser sprang
wie eine Fontaine in die Höhe und ward ihm vollkommen sichtbar. Er
legt diese Erscheinung nicht zu seinen Gunsten aus und der dadurch erregte Zweifel ist in der Folge Schuld, daß er diese Uebungen unter-
brochener und fahrlässiger betreibt und dadurch selbst Anlaß giebt, daß
die Deutung des Orakels sich erfüllt.

Nach dem Aufenthalt bei Frau von Laroche tritt er mit Merk die
Rückreise zu rechter Zeit an, worüber er anmerkt:

„Wir hatten fleißig gezeichnet und uns wenigstens dadurch die
tausendfältige Abwechselung jener herrlichen Ufer fester eingedrückt, aber
auch unser Verhältniß verinnigte sich durch dieses längere Zusammen-
seyn, durch die vertrauliche Mittheilung über so mancherlei Dinge der
gestalt, daß Merk einen großen Einfluß auf mich gewann und ich ihm
als ein guter Gesell zu einem behaglichen Daseyn unentbehrlich war."

Bei diesem Aufenthalt wird er in Köln zu Kunstbetrachtungen
über den Dom angeregt, und ob er sich gleich nicht aus dem Labyrinth
des Geleisteten und Beabsichtigten, der That und des Vorsatzes, des
Erbauten und des Angedeuteten heraushelfen kann, auch niemand findet,
der ihn dabei zur Seite steht, so gesteht er diesem Anschauen doch eine
unberechenbare Wirkung zu. Er erlebte wohl die Bemühungen seiner
jungen Freunde, der Brüder Boisserée, um Herstellung dieses Riesen-
werkes im Bilde, nicht aber die Ausführung in der Wirklichkeit. Zunächst erfreute er sich höchlich an einem Gemälde von Lebrün, die
Familie Jabachs, eines getreuen reichen Banquiers, in dessen gewesener

Wohnung, die noch unverändert in dem frühern Zustande sich befand. Das Gemälde ist später nach Paris gekommen.

Bei einer Reise nach dem Jagdschlosse Bensberg ergötzen ihn die Wandverzierungen von Weenix, die er ausführlich beschreibt. „Wohlgeordnet lagen alle Thiere, welche die Jagd nur liefern kann, angereihet, wie auf dem Sockel einer großen Säulenhalle; über sie hinaus sah man in eine weite Landschaft. Jene entlebten Geschöpfe zu beleben, hatte der außerordentliche Mann sein ganzes Talent erschöpft und in Darstellung des mannichfaltigsten thierischen Oberkleides, der Borsten, der Haare, der Federn, des Geweihes, der Klauen, sich der Natur gleichgestellt, in Absicht auf Wirkung sie übertroffen. Hatte man die Kunstwerke im Ganzen genugsam bewundert, so ward man geneigt, über die Handgriffe nachzudenken, wodurch solche Bilder so geistreich als mechanisch hervorgebracht werden konnten. Man begriff nicht, wie sie durch Menschenhände entstanden seyen und durch was für Instrumente. Der Pinsel war nicht hinreichend, man mußte ganz eigene Vorrichtungen annehmen, durch welche an so Mannichfaltiges möglich geworden. Man näherte, man entfernte sich zu gleichem Erstaunen: die Ursache war so bewundernswerth als die Wirkung.“

Wir haben diese Stelle wörtlich wiederholt, weil sie einen deutlichen Begriff giebt von dem Bemühen und Vermögen, sich in das Detail eines Kunstwerks zu vertiefen, sich der Mittel deutlich bewußt zu werden, wodurch der Künstler wirkt, über die Bewunderung des Totaleindruckes, zur Einfachheit und Klarheit des Ausdruck seiner Empfindungen.

Ueber den Besuch der Düsseldorfer Gallerie sagt er nur: daß er darin für seine Vorliebe zur niederländischen Schule reichliche Nahrung gefunden: „Der tüchtigen, derben, von Naturfülle glühenden Bilder, fanden sich ganze Säle.“ Und wenn auch nicht eben, wie er meint, seine Einsicht dadurch vermehrt wurde, so wurde doch seine Kenntniß bereichert und seine Liebhaberei befestigt.

Nach jener Rückkehr nach Frankfurt sagt er rücksichtlich der Kunst weiter: „Mein durch die Natur geschärfter Blick warf ich wieder auf die Kunstbeschauung, wozu mir die schönen Frankfurter Sammlungen von Gemälden und Kupferstichen die beste Gelegenheit gaben, und ich bin der Achtung des Herren Ettling, Ehrenreich, besonders aber des braven Rothnagel sehr viel schuldig geworden. Die Natur in der Kunst zu sehen, ward bei mir zu einer Leidenschaft, die in ihren höchsten Augenblicken andern, selbst passionirten Liebhabern, fast wie Wahnsinn erscheinen mußte; und wie konnte eine solche Neigung besser gehegt werden, als durch eine fortdauernde Betrachtung der trefflichen Werke der Nieder-länder. Damit ich mich aber auch mit diesen Dingen werkthätig be-kannt machen möchte, räumte mir Rothnagel ein Cabinet ein, wo ich alles fand, was zur Oelmalerei nöthig war, und ich malte einige ein-fache Stillleben nach dem Wirklichen, auf deren einem ein Messerstiel von Schildpatt mit Silber eingelegt, meinen Meister, der mich erst vor einer Stunde besucht hatte, dergestalt überraschte, daß er behauptete, es müsse während der Zeit einer von seinen untergeordneten Künstlern bei mir gewesen seyn."

„Hätte ich geduldig fortgefahren mich an solchen Gegenständen zu üben, ihnen Licht und Schatten und die Eigenthümlichkeiten ihrer Ober-fläche abzugewinnen, ich hätte mir eine gewisse Praxis bilden und zum Höhern den Weg bahnen können, so aber verfolgte mich der Fehler aller Dilettanten, mit dem Schwersten anzufangen, ja sogar das Unmögliche leisten zu wollen und ich verwickelte mich bald in größere Unternehmungen, in denen ich stecken blieb, sowohl weil sie weit über meine technischen Fähigkeiten hinauslagen, als weil ich die liebevolle Aufmerksamkeit und den gelassenen Fleiß, durch den auch schon der Anfänger etwas leistet, nicht immer rein und wirksam erhalten konnte." „Auch wurde ich zu gleicher Zeit abermals in eine höhere Sphäre gerissen, indem ich einige schöne Gypsabgüsse antiker Köpfe anzuschaffen Gelegenheit fand. Die Italiäner nämlich, welche die Messe beziehen, brachten manchmal der-gleichen gute Exemplare mit, und verkauften sie auch wohl, nachdem sie eine Form darüber genommen. Auf diesem Wege stellte ich mir ein kleines Museum auf, indem ich die Köpfe des Laokoon, seiner Söhne, der Niobe Töchter allmählig zusammen brachte, nicht weniger die Nach-bildung der bedeutendsten Werke des Alterthums im Kleinen aus der Verlassenschaft eines Kunstfreundes ankaufte, und so mir jenen großen Eindruck, den ich in Mannheim gewonnen hatte, möglichst wieder zu beleben suchte."

Dieß alles erkennend fährt er fort: „Indem ich nun alles, was von Talent, Liebhaberei oder sonst irgend einer Neigung in mir leben mochte, auszubilden, zu nähren und zu unterhalten suchte, verwandte ich eine gute Zeit des Tages, nach dem Wunsch meines Vaters, auf die Abbozzen &c."

Lavater fordert ihn auf, einen Christus zu zeichnen, wie er ihn sich vorstelle. Aus seiner Aeußerung darüber ist nicht klar, ob er diesem Verlangen entsprochen, da er bekennt, so gut wie gar nichts leisten zu können und daß dergleichen Forderungen des Unmöglichen ihm zu mancherlei Scherz Anlaß gegeben hätten. So wenig übrigens sein Antheil an der Lavater'schen Physiognomik eine Kunstübung fördern mochte, so gab diese Bemühung durch Eingehen und Genügen der Anforderungen ihm doch Anlaß, seine Fähigkeiten zu üben.

Um die Zeit, wo sich das Verhältniß mit Lili zu lösen anfing, gelangten sich die Grafen Stolberg, die auf einer Reise in die Schweiz begriffen waren, und er begleitete sie; trennte sich jedoch in Zürich bald von ihnen und besuchte mit einem Freunde, Passavant, auf dessen Rathschlag die kleinen Kantone.

Von dieser Reise ist für unsere Zwecke nur bemerkbar, daß er im Kloster Einsiedeln unter andern verschiedenen Gegenständen einen Kupferstich von Maria Schön fand, den Tod der Maria darstellend, worüber er sich mit Enthusiasmus äußert: "Freilich kann nur ein vollkommener Gegenstand und einen Begriff von der Kunst eines solchen Meisters geben, aber dümmer werden wir auch, wie von dem Vollkommenen in jeder Art; dergestalt ergriffen, daß wir die Begierde, das Gleiche zu besitzen, den Anblick immer wiederholen zu können — es mag noch so viel Zeit dazwischen verstreichen — nicht wieder los werden. Warum fällt ich's nicht ungescheut und hier geliehen, daß ich später nicht eher ruhlich, als bis ich ebenfalls zu einem trefflichen Abdruck gelangt war?"

1775, den 22. Juli übernachtete er mit seinen Reisegefährten auf dem Hospiz auf dem Gotthard, versuchte am andern Morgen zu zeichnen, was nicht zu zeichnen war, wodurch sich doch jenes Bild unauslöschlich dem Gedächtniß einprägte. Dem Andringen seines Freundes nach Italien, das von der Höhe herab vor ihnen lag, nach Mailand hinunter zu steigen, widerstand er.

Ueber diesen und ähnliche Versuche durch Zeichnen und Skizzen

Zu seiner Beschreibung der Goethe'schen Sammlungen, im Bereich von
B. S. 140, Heft 213 ff. Ausführlich darüber gegeben. D. H.

der Gegend etwas abzugewinnen, äußert er sich hier noch weiter: „Die Gewohnheit von Jugend auf die Landschaft als Bild zu sehen, verführte mich zu dem Unternehmen, wenn ich in der Natur die Gegend als Bild erblickte, sie figiren, wie ein Andenken von solchen Augenblicken festhalten zu wollen. Sonst nur an beschränkten Gegenständen mich einigermaßen übend, fühlte ich in einer solchen Welt gar bald meine Unzulänglichkeit."

„Drang und Eile zugleich nöthigten mich zu einem wunderbaren Hülfsmittel: kaum hatte ich einen interessanten Gegenstand gefaßt und ihn mit wenigen Strichen im allgemeinsten auf dem Papier angedeutet, so führte ich das Detail, das ich mit dem Bleistift nicht erreichen noch durchführen konnte, mit Worten gleich daneben aus, und gewann mir auf diese Weise eine solche innere Gegenwart von dergleichen Ansichten, daß eine jede Localität, wie ich sie nachher in Gedicht oder Erzählung nur etwa brauchen mochte, mir alsobald vorschwebte und sogleich zu Gebote stand."

Diese Aeußerung ruft eine allgemeine Bemerkung über Goethe's Kunstübung auf. Wer je versucht hat, irgend einen Gegenstand nachzubilden, dem wird der Anblick desselben es immer leicht vorgespiegelt haben. Aus diesem Grunde wagen und vergreifen sich Dilettanten an complicirteren Gegenständen und bleiben gewöhnlich stecken. Von dem allereinfachsten fangen sie deßhalb nicht an, weil sie das Bedeutende daran nicht begriffen. Das Bedeutende liegt ihnen noch in der Masse; die Schwierigkeit ahnen sie nicht, weil sie das Schwierige von dem Meister mit Leichtigkeit vollbringen sehen. Bei der Beharrlichkeit Goethe's durch sein ganzes Leben fehlte es aber nicht, daß er auch die einfachsten Gegenstände zu figiren suchte und so sich des Details bis zu gewissem Grade bemächtigte. Das erreichte er auch dadurch, daß er öfter etwas nach Kunstwerken copirte, so daß es ihm nicht an Vermögen gefehlt haben würde, wenn er überhaupt hätte ausübender Künstler werden wollen. Das wollte er aber nicht, es fehlte ihm dazu der vorwiegende Hang, die Beharrlichkeit. Völlig genügend und deßhalb von unberechenbarem Gewinn waren aber diese Versuche für seine Befähigung zum gereiften Kunstkenner. Wer seine unendlichen Versuche der verschiedensten Art kennt, wie der Verfasser, wird das ohne Weiteres zugeben. Sein anschauendes plastisches Talent und dessen Uebung, das allgemeine

Größe, Bedeutende der Gegenstände zu fassen, ließ ihn in Kunstwerken und in der Natur diese Seite zuerst sehen und empfinden; seine Bemühungen um das Detail, um das Technische nach allen Seiten erleichterten ihm die Erkenntniß, das tiefere Eindringen von dieser Seite. Und so hoch oder gering die praktischen Versuche von Kunstgelehrten und Kunstkennern sonst auch mögen angeschlagen werden, so muß man sie doch als das unerläßliche Mittel ansehen zu Erlangung einer begründeteren bessern Einsicht und Verständniß der Kunst. In diesem erhält die Aeußerung, die ich früher von einem der bedeutendsten Kunstkenner und Kunstgelehrten vernahm und die mir damals ganz paradox erschien, volle Begründung: „Die schlechtesten Maler werden oft die besten Kunstkenner." Wahr ist das freilich nur unter mancherlei Voraussetzungen, zuerst, daß es sonst ein intelligenter, ordsamer, tüchtiger Mensch sey, dem es nur an eigener, productiver Kraft fehlt.

Durch das Mittel, daß Goethe seine Zeichnungen in beschreibenden Worten ausführte, wurde bei ihm eine Gabe geübt, die man als einen Beweis seines bildenden Talentes erkennen muß. — In einem Heft mit zweiundzwanzig Zeichnungen, die er mit einem Vorwort begleitet hat, giebt er dieß selbst bestimmt an: „Als ich im April 1810 (im 61. Jahre) nach Jena ging, um meine zwei Bände zur Farbenlehre abzuschließen und den Druck zu beendigen, sah ich der Befreiung von einer Last, die so viele Jahre auf mich gedrückt, mit Wohlbehagen entgegen; ich hatte mich so lange Zeit mit der Farbe, aber ohne Bezug auf Gestalt und lebendige Natur beschäftigt, daß dieser abstracte, ja abstruse Zustand mir höchst widerwärtig erschien und mich ein wunderliches Verlangen überfiel, das mir von Zeichnungsfähigkeit der Landschaft in mir lage nach einmal zu versuchen. Dieß geschah nun auf diese Weise, daß ich bei einsamen Spaziergängen mir gewisse Gegenstände so fest als möglich einprägte und nachher zu Hause mit der Feder aufs Papier fixirte, auch theils an der Natur selbst Umriß verliebte oder nach Erzählungen mir Gegenden vorbildete, und theils die Umrisse stehen ließ, theils durch Licht und Schatten die Gegenstände zu sondern suchte. Dieses setzte ich fort bis in den August auf meiner Reise nach Carlsbad und Teplitz, da dann auch die Ausflüge nach Grützen und Bilin gleicherweise benutzt wurden. Und so entstanden denn nachstehende zweiundzwanzig Blätter, die ich mit eben so wunderbarer Aufmerksamkeit umschwebte und mehr

oder weniger ausführte. Da mit dem August sich diese gewissermaßen
angestrengte Neigung völlig verlor, auch von mir nachher wenig der
Art hervorgebracht wurde und selbst, wenn ich es versuchen wollte, nicht
sonderlich gelang, so habe diese Zeichnungen sämmtlich zusammen gehalten, keine fremde Hand, wie ich sonst bei Skizzen gerne that, darin
walten lassen, und so dieser eignen Lebens- und Kunstepoche ein Denkmal zu erhalten gesucht, wie ich sie denn auch gegenwärtig in einem
Bande gesammelt, um sie für ein Ganzes zu erklären, woraus Fähigkeit
sowohl als Unfähigkeit beurtheilt werden könnte." [1]

Auch seiner Rückkehr von der Schweizerreise war auch der Maler
Kraus, später Director des Kunstinstituts in Weimar, aus Paris zurück
gekehrt. Nachdem Goethe die Künstler genannt, die damals in Paris
lebten und unter deren Einfluß sich Kraus gebildet hatte (Hackert, Wille,
Grimm, Boucher, Watteau, Greuze), und damit dessen Kunstrichtung
charakterisirt hat, sagt er über ihn:

„Alles dergleichen konnte unter Kraus sehr wohl in sein Talent
aufnehmen; er bildete sich an der Gesellschaft zur Gesellschaft und wußte
gar zierlich häusliche freundschaftliche Kreise verständmäßig darzustellen;
nicht weniger glückten ihm landschaftliche Zeichnungen, die sich durch
reinliche Umrisse, maßenhafte Düfte, angenehmes Colorit dem Auge
freundlich empfohlen; dem innern Sinn genügte eine gewisse Wahrheit

---

[1] Die Aeußerung daß Goethe in seinen Skizzen öfter eine
fremde Hand habe walten lassen, bezieht sich vorzugsweise auf eine
Reihe von Zeichnungen, die er durch Professor Lieber, Lehrer an der Zeichnen-
schule, sorgfältig aufziehen und das flüchtig Gezeichnete, leicht Schattirte etwas
kräftiger ausführen ließ. Wenn man auch diese Blätter noch hindänglich die
ursprüngliche Eigenthümlichkeit in der Auffassung sehen lassen, so haben sie doch
durch den Ausführenden ein mehr monotones Aussehen bekommen.

In den Goethe'schen Sammlungen finden sich eine große Anzahl dieser
Blätter und ein Theil ist auch in meiner Beschreibung dieser Sammlungen
aufgestellt. Glücklicherweise ist die Zahl derer, an welche keine fremde Hand
gerührt hat, viel größer. Aus diesen sind 10 Blätter bei der Goetheausstellung
in Berlin zu sehen gewesen, welche aus verschiedenen Perioden neben einer
großen Mannichfaltigkeit der Behandlung den oben erwähnten 20 Blättern gleichgestellt werden müssen. Diese andere sind, künstlerisch betrachtet, besser, sind
aber entweder des Gegenstandes oder der minderen Vollendung wegen weniger
allgemein ansprechend.

und besonders dem Kunstfreund sein Geschäft, alles was er selbst nach der Natur gezeichnet, zugleich zum Tableau einzuleiten und einzurichten."

„Er selbst war der angenehmste Gesellschafter, gleichmäßiger Heiterkeit begleitete ihn durchaus, dienstfertig ohne Demuth, gehalten ohne Stolz, fand er sich überall zu Hause, überall beliebt, der thätigste und zugleich der bequemste aller Sterblichen. Mit solchem Talente und Charakter begabt, empfahl er sich bald in höheren Kreisen und ward besonders in dem freiherrlich von Stein'schen Schlosse zu Nassau an der Lahn wohl aufgenommen, eine talentvolle, höchst liebenswürdige Tochter in ihrem künstlerischen Bestreben unterstützend und zugleich die Geselligkeit auf mancherlei Weise belebend."

„Nach Verheirathung dieser vorzüglichen jungen Dame an den Grafen von Werther nahm das neue Ehepaar den Künstler mit auf ihre bedeutenden Güter in Thüringen, und so gelangte er auch nach Weimar. Hier ward er bekannt, anerkannt und von dem hiesigen hochgebildeten Kreise sein Bleiben gemacht."

Diesen Umstand habe ich deshalb erzählet, weil man unlängst Goethe irp Ahnung gewesen, daß sein Landsmann Kraus nach Weimar berufen worden, da hieraus und aus dem folgenden vielmehr hervorgeht, daß der Fall eher umgekehrt seyn könne, daß Kraus durch seine Schilderung des Weimarischen Kreises in Goethe das Verlangen dahin rege gemacht habe. Freilich schließt das nicht aus, daß Goethe bei Errichtung des Zeicheninstituts für Kraus's Anstellung gewirkt habe.

Von dessen Einfluß auf sich, nach seiner Rückkehr von Straßburg sagt Goethe: „Wie es mir überall gefällig war, so förderte er keinesweges meine Rückkehr nach Frankfurt meine Mühe zur sämmtliche Kunstliebe zu praktischer Uebung. Dem Dilettanten ist die Nähe des Künstlers unschätzbar, denn er sieht in diesem das Complement seines eignen Daseyns: die Wünsche des Liebhabers erfüllen sich im Künstler."

„Durch eine gewisse Naturanlage und Uebung gelang mir wohl ein Umriß, auch gestaltete sich leicht zum Bilde, was ich in der Natur vor mir sah; allein es fehlte mir die eigentliche plastische Kraft, das tüchtige Bestreben, dem Umriß Körper zu verleihen, durch wohl abgestuftes Hell und Dunkel."

„Meine Nachbildungen waren mehr ferne Ahnungen irgend einer Gestalt, und meine Figuren glichen den leichten Luftwesen in Daniel...

Purgatorio, die, seine Schatten werfend, vor dem Schatten wirklicher
Körper sich entsetzen."

„Durch Lavaters physiognomische Ketzerei, denn so darf man die
ungestüme Anregung wohl nennen, womit er alle Menschen nicht allein
zur Contemplation der Physiognomien, sondern auch zur künstlerischen
oder pfuscherhaften praktischen Nachbildung der Gesichtsformen zu nöthigen bemüht war, hatte ich mir eine Uebung verschafft, die Porträte
von Freunden auf grau Papier mit schwarzer und weißer Kreide darzustellen. Die Aehnlichkeit war nicht zu verkennen, aber es bedurfte
der Hand meines künstlerischen Freundes, um sie aus dem düstern
Grunde hervortreten zu machen."

„Beim Durchblättern und Durchschauen der reichlichen Portefeuilles,
welche der gute Kraus von seinen Reisen mitgebracht hatte, war die
liebste Unterhaltung, wenn er landschaftliche oder persönliche Darstellungen vorlegte, der Weimarische Kreis und dessen Umgebung. Auch
ich verweilte sehr gerne dabei, weil es dem Jüngling schmeicheln mußte,
so viele Bilder nur als Text zu betrachten von einer umständlichen
wiederholten Ausführung: daß man mich dort zu sehen wünsche. Sehr
anmuthig wußte er seine Grüße, seine Einladungen durch nachgebildete
Persönlichkeit zu beleben. Ein wohlgelungenes Oelbild stellte den Kapellmeister Wolf am Flügel und seine Frau hinter ihm zum Singen sich
bereitend vor; der Künstler wußte zugleich gar dringend auszulegen,
wie freundlich dieses Paar mich empfangen würde ꝛc."

Während dieser Zeit, Anfangs des Jahres 1775, schreibt er noch
an Merk, daß er bemüht sey die Gestalten seiner Freunde und seiner
Gegenden und seines geliebten Hausraths mit Kreide auf grauem Papier
nach seinem Maße auszudrücken. Ein andermal begleitet er eine Zeichnung mit den Worten: „Hier etwas gegen das Ueberschütte. Ich hab
seit drei Tagen an Deiner Zeichnung in dem mir möglichen Fleiße gearbeitet und bin noch nicht fertig. Es ist gut, daß man einmal Alles
thue, was man thun kann, um die Ehre zu haben, sich näher kennen
zu lernen."

Ueberhaupt ist zu bemerken, daß dieser Freund auf Goethe, wie
überhaupt, besonders auch in Beziehung auf Kunst den größten Einfluß
hatte: auch er zeichnete, sammelte, kritisirte und so reizten und förderten
sich beide gegenseitig.

Aus seiner Correspondenz nach Goethe's Uebersiedlung nach Weimar tritt das bestimmter und klarer hervor.

Als man später der Herzog Carl August ihn persönlich kennen ge-lernt und nach seiner Vermählung mit einer Darmstädtischen Princeß das herzoglich weimarische Fürstenpaar Goethe auf das freundlichste einlud, nach Weimar zu folgen, so war durch diese Einleitungen sein Sinn schon geneigter und er ging wirklich dahin, um für immer dort zu bleiben.

Bevor wir jedoch das anführen, was Goethe von seiner Uebersiede-lung nach Weimar bis zum Antritt seiner Reise nach Italien praktisch und theoretisch für Kunstbildung zu seiner Förderung darin gethan hat, wollen wir noch einiges einschalten, was uns von seinen Ansichten, oder wenn man es recht bezeichnen will, von seinen Empfindungen über Kunst von ihm selbst überliefert worden.

Unmittelbar hinter Werthers Leiden finden sich in Goethe's Werken eine Anzahl „Briefe aus der Schweiz" abgedruckt: erste Abtheilung, ohne Jahr und Datum. Dieselben sind mit folgenden Worten einge-leitet: „Als vor mehreren Jahren uns nachstehende Briefe abschriftlich mitgetheilt worden, behauptete man, sie unter Werthers Papieren ge-funden zu haben, und wollte wissen, daß er vor seiner Bekanntschaft mit Lotten in der Schweiz gewesen. Die Originale haben wir niemals gesehen, und wagen übrigens dem Gefühl und Urtheil des Lesers auf keine Weise vorzugreifen: denn, wie dem auch sey, so wird man die wenigen Blätter nicht ohne Theilnahme durchlaufen können."

Es läßt wohl keinem Leser entgehen, daß diese Briefe nicht an bestimmte Personen gerichtet sind, wenn auch eine Stelle darin auf Werth verzeichnen läßt; sie sind vielmehr der Erguß von Empfindungen, Reflexionen, die sich dem Sinne nach allerdings an Werther anschließen, die aber allgemeiner Natur sind. Darin kommen nun auch Ansichten, Aeußerungen über Kunst vor, welche die Periode des Entstehens deutlich verrathen. Es sind dieselben Ansichten, wie er sie in Werther und Dichtung ausspricht, hier nur in poetischer selbstständiger Form. Es ist ein Gelegenheitsstück, es ist die Summe aller seiner Ueberzeugungen in Bezug Selbstanschauung, seiner bisherigen Bestrebungen und Leistun-gen, in gewisser begeisterter Stimmung.

Darnach löste sich das Verhältniß mit Lili und er befreite sich durch Thätigkeit und Aussprechen von dem drängenden leidenschaftlichen Zustande, wie er öfters gethan, wie er selbst gestrebt.

Doch darauf kommt es hier nicht so genau an, diese Briefe gehören dem Inhalt, der Kunstanschauung nach in diese Periode und sind interessant, weil sie ein vollständiges Glaubensbekenntniß geben. Diese hierher gehörigen Stellen sind folgende:

„Sehe ich eine gezeichnete, eine gemalte Landschaft, so entsteht eine Unruhe in mir, die unaussprechlich ist. Die Fußzehen in meinen Schuhen fangen an zu zucken, als ob sie den Boden ergreifen wollten, die Finger, die Hände bewegen sich krampfhaft, ich beiße in die Lippen, und es mag schicklich oder unschicklich seyn, ich suche der Gesellschaft zu entfliehen, ich werfe mich der herrlichen Natur gegenüber auf einen unbequemen Sitz, ich suche sie mit meinen Augen zu ergreifen, zu durchbohren, und kritzle in ihrer Gegenwart ein Blättchen voll, das nichts darstellt und doch mir so unendlich werth bleibt, weil es mich an einen glücklichen Augenblick erinnert, dessen Seligkeit mir diese stümperhafte Uebung ertragen hat. Was ist denn das, dieses sonderbare Streben von der Kunst zur Natur, von der Natur zur Kunst zurück! Deutet es auf einen Künstler, warum fehlt mir die Stetigkeit? Ruft mich zum Genuß, warum kann ich ihn nicht ergreifen?"

Einige Seiten weiter fährt er in gleichem Sinne fort:

„Meine Freude, mein Entzücken an Kunstwerken, wenn sie wahr, wenn sie unmittelbar geistreiche Aussprüche der Natur sind, macht jedem Besitzer, jedem Liebhaber die größte Freude. Diejenigen, die sich Kenner nennen, sind nicht immer meiner Meinung; nun geht mich doch ihre Kennerschaft nichts an, wenn ich glücklich bin. Drückt sich nicht die lebendige Natur lebhaft dem Sinn des Auges ein, bleiben die Bilder nicht fest vor meiner Stirn, verschönern sie sich nicht und freuen sie sich nicht, den durch Menschengeist verschönerten Bildern der Kunst zu begegnen? Ich gestehe dir, darauf beruht bisher meine Liebe zur Natur, meine Liebhaberei zur Kunst, daß ich jene so schön, so schön, so glühend und so entzückend sah, daß mich das Nachstreben des Künstlers, das unvollkommene Nachstreben, fast wie ein vollkommenes Vorbild hinriß. Geistreiche, gefühlte Kunstwerke sind es, die mich entzücken. Das kalte Wesen, das sich in einem beschränkten Cirkel einer gewissen dürftigen Manier, eines kümmerlichen Fleißes einschränkt, ist mir ganz unerträglich. Du siehst daher, daß meine Freude, meine Neigung bis jetzt nur solchen Kunstwerken gelten konnte, deren natürliche Gegenstände mir bekannt waren, die ich mit meinen Erfahrungen vergleichen konnte. Ländliche Gegenden, mit dem was in ihnen lebt und webt, Blumen und Fruchtstücke, gothische Kirchen, ein der Natur abgewonnenes Portrait, das konnt ich erkennen, fühlen, wenn du willst gewissermaßen beurtheilen."

Im weitern Verlauf erzählt Goethe, daß er einem Freunde N. (Merk) viel verdanke in Kunst, daß derselbe ihm stufenweis bessere Stücke habe sehen lassen und daß er ihm endlich eins davon in Lebensgröße, eine Danae, gezeigt. „Ich erstaunte über die Pracht der Glieder, über die Herrlichkeit der Lage und Stellung, über das Große der Zärtlichkeit und über das Geistreiche des sinnlichsten Gegenstandes und doch stand ich nur in Betrachtung davor. Es erregte nicht jenes Entzücken, jene unaussprechliche Lust in mir: mein Freund, der mir viel von den Verdiensten dieses Bildes vorsagte, bemerkte über sein eigenes Entzücken meine Kälte nicht und war erfreut mir an diesem trefflichen Bilde die Vorzüge der italienischen Schule deutlich zu machen. Der Anblick dieses Bildes hatte mich nicht glücklich, er hatte mich unruhig gemacht. Wie! sagte ich zu mir selbst, in welchem besonderen Falle finden wir uns, wir bürgerlich eingeschränkten Menschen. Ein bemooster Fels, ein Wasserfall hält meinen Blick so lange gefesselt, ich kann ihn auswendig; seine Höhen und Tiefen, seine Lichter und Schatten, seine Farben, Halbfarben und Wiederscheine, alles stellt sich mir im Geiste dar, so oft ich mir will, alles kommt mir aus einer glücklichen Nachbildung ebenso lebhaft wieder entgegen, und vom Meisterwerke der Natur, vom menschlichen Körper, von dem Zusammenhang seiner Gliederbaues habe ich nur einen allgemeinen Begriff, der eigentlich gar kein Begriff ist. Meine Einbildungskraft stellt mir diesen herrlichen Bau nicht lebhaft vor, und wenn mir ihn die Kunst darbietet, bin ich nicht im Stande, weder etwas dabei zu fühlen, noch das Bild zu beurtheilen. Nein! ich will nicht länger in dem stumpfen Zustande bleiben, ich will mir die Gestalt des Menschen eindrücken, wie die Gestalt der Trauben und Pfirschen."

Diese Betrachtung führt ihn zu dem Entschluß, sich diese entbehrte nothwendige Anschauung zu verschaffen und er erzählt ein Abenteuer, das er zu dem Ende bestanden.

Daß Goethe etwas anderes hier habe sagen wollen, als daß die Betrachtung der Natur für den Künstler nothwendige Bedingung sey, daß gar nicht daraus folgt, daß er das erzählte Abenteuer selbst bestanden habe, sonst müßte er ja auch als Werther sich erschossen haben, brauche ich wohl kaum zu erwähnen. Und wäre es, so beweiset es eben nur, daß er wie überall auch hier seinem eigenen Urtheil auf eigene Anschauung und Ueberzeugung gestützt, folgen wollte. Es sind nur seine Ansichten über Kunst, sie sind nicht als trockene Maximen, sondern als lebendiges Bild vorgeführt.

Siebentes Kapitel.

Goethe in Weimar.

1776 kam Goethe nach Weimar. Die Veranlassung und Umstände jener Uebersiedelung sind oben angedeutet worden, und in Dichtung und Wahrheit findet man sie ausführlicher erwähnt. Was daselbst an dem hochgebildeten Hofe bezüglich auf Kunst gethan wurde, darüber war er von Kraus unterrichtet. Er hatte also auch von dieser Seite Aussicht, seiner Neigung leben, sie befriedigen zu können. Wie er nun dieß gethan, nach welcher Seite, in welcher Ausdehnung, erfahren wir durch seine eigene Mittheilungen, besonders aus Briefen an befreundete Personen. Hundert und aber hundertmal schreibt er, daß er gezeichnet, was er gezeichnet, wie es ihm gelungen und ein andermal mißglückt sey.

Hoffnung auf endliches Gelingen, Mißmuth über Mißlingen, Verzweifeln an seiner künstlerisch praktischen Ausbildung wechseln. Wie consequent und mit welcher Ausdauer derselbe sich demongeachtet um praktische Fertigkeit bemüht habe, sehen wir schon daraus, daß, wenn er den Herzog auf seinen Reisen ins Land oder nach auswärts begleitet, so zeichnet er, ja er nimmt seine Zeichenmappe sogar mit zu den Jagdpartien in Ilmenau und sonst, wo er eine Reihe interessanter Gegenstände und Partien zeichnet und darüber bemerkt: „Das malerische

... verläßt mir nicht und ein ganz gemeines wird lieblich und freundlich. Wie sehr trifft das mit Merks oben S. ... angeführtem Ausspruch über Goethes Suchen, faßt seine ganze Natur zusammen, daß
seine unableitbare Richtung sey, dem Wirklichen eine poetische Gestalt
zu geben. "Ich habe, schreibt er, viel gezeichnet, seit ich hier bin. Alles
bleibt nur dem Auge zur Hand, ohne durchs Herz zu gehen,
da ist nun wenig heraus geworden."

Bald darauf sagt er: "Du kannst denken, wie ich mich auf dem
Thüringer Wald herumzeichne — selbst zur Jagd habe ich mein Pürsch-
zeug mit, seh' aber auch bald wie sichs gehört."

... lebhaft spricht er diesen Zustand, diese reichlichen Empfindungen in dem Lied des physiognomischen Zeichners an
Lavater, aus ...

O daß die innere Schöpfungskraft
Durch meinen Sinn erschölle,
Daß eine Bildung voller Saft
Aus meinen Fingern quölle!
Ich zittre nur, ich stottre nur,
Ich kann es doch nicht lassen,
Ich fühl', ich lerne dich Natur
Und so muß ich dich fassen.

An Frau von Stein schreibt er:

"Da ist die Zeichnung, an der ich schon so lange puddele und die
ich heut verdorben habe. Ich hätte weinen mögen: Doch es muß
auch gut seyn und durch Fehler, die einen recht ärgern, rückt
man fort."

Ein andermal: "Wenn möglich ist zu zeichnen, wähl' ich mir ein
beschränkt Eckchen, denn die Natur ist zu weit; herrlich hier, auf jeden
Blick hinaus! Aber auch was für Eckchen hier. O! man sollte weder
zeichnen noch schreiben."

"O der Armuth! Wenn ich mir einen der Meister denke, die
vor so alten Trümmern saßen und zeichneten und malten als wenn
sie die Zeit selbst wären, die das so abgestumpfte und in der Lieblichkeit der Natur wieder aus dem rauhen groben Menschensinn verbundenen
hätten."

Nachdem er sich einmal mit Zeichnen abgemüht, überkommt ihn wieder Kleinmuth: „mit Plagen kommt man zu nichts."

Auf einer Harzreise 1777 schreibt er: „Wie doch nichts abenteuerlich ist als das Natürliche und nichts groß, als das Natürliche und nichts rc. rc. als das Natürliche"! Ich zeichne wieder den ganzen Tag und werde doch nichts mitbringen, wie gewöhnlich."

Immer und immer wieder muß man da sagen: wie soll man diesen wunderbaren Drang zum Zeichnen und Festhalten nennen? So ohingelt zeichnet er: bei einem Aufenthalt in Wörlitz, in Ilmenau, in Eisenach, in Stützerbach, in Weimar, unter Kraus's Beistand.

Ja er stellt sogar seine Zeichnungen bei der Ausstellung der Kunstschule aus, wie aus einem Briefe hervorgeht: „Gestern hab ich der Herzogin L. eine Zeichnung von mir gegeben, da ich bei der letzten Ausstellung nichts vorlegen konnte."

1779 bereiste Goethe mit Carl August die Schweiz. Diese Reise, welche nur als ein Zwischenakt, nicht als besonderes Kapitel hier eingeschaltet ist, soll bei Goethe und bei seinem fürstlichen Freunde einen wichtigen Abschnitt in deren ganzer Lebensweise und Handeln bilden: die brausende Drangperiode der Jugend war abgeschlossen; an ihre Stelle traten nun Ernst, ruhigere Haltung und Milde, auch der Sinn für Oekonomie trat entschiedener hervor. Verfolgen wir seine Aeußerungen, die in Briefen und Schriften während und nach dieser Reise aufbewahrt sind, so finden wir immer die gleiche Beharrlichkeit in Absicht auf Studium der bildenden Kunst, die zu seiner Lebenslust gehörte. Bei Gelegenheit wo er ein aufgebundenes maßischen Plätzer bei Chaire, am Neufchâter See besucht, den Drghant in der Mitte desselben darstellend, das er bewundert und die Zerstörung desselben bedauert, macht er über sich selbst die Bemerkung: „Meine ganz immer gleiche herzliche Freude und Liebe zu der bildenden Kunst macht mir so etwas (Zerstörung) noch viel auffallender und unerträglicher." In Basel betrachtet er interessante Porträts von Holbein, Antiquitäten rc. mit Antheil, sucht Künstler auf und nimmt eingehende Notiz von ihren Leistungen und Eigenthümlichkeiten.

Bedeutsam ist eine Bemerkung, die er in einem Briefe an Frau von Stein, von demselben Orte aus, den er 1775 von der Höhe des Gotthard nach Italien schaute, ausspricht. „Auch jetzt reizt mich Italien

nicht. — Alles wendet mein Auge zum zweitenmal vom gelobten Lande
ab," fügt aber doch hinzu: „Ohne das zu sehen, ich hoffentlich nicht
sterben werde." Den 13. Januar 1780 trafen die Reisenden wieder in
Weimar ein.

Ueber seine nach dieser Rückkehr fortgesetzten Bemühungen in Kunst
schreibt er 1780 an Merk: „Gezeichnet wird nicht viel, doch immer
etwas, auch neulich einmal nach dem Nackten. Bald such' ich mich in
einen geschwinden Abschreiber der Formen zu üben, bald in der richtigen Zeichnung, bald such' ich mich an dem mannigfaltigen Ausdruck
der Handlung, theils nach der Natur, theils nach Zeichnungen, Kupfern,
auch aus der Imagination zu gewöhnen und so immermehr aus der
Unbestimmtheit und Dämmerung herauszuarbeiten."

Wegen eines jungen Künstlers gibt er Merk den Rath: „Rathe
ihm die Augen aufzuthun an der Natur, laß ihn von ihr zu Zeichnungen, Gemälden und Radirungen gehen und wieder zu ihr zurück; und
sollt' er zuletzt auch kein Künstler des Lebendigen werden, sollt' er bloß
verdammt seyn, fremde Werke nachzubilden, so kriegt er doch immer
ein Auge, Begriff und Bescheidenheit."

Jede Gelegenheit wird benutzt etwas zu profitiren, einen Schritt
weiter zu thun. In dieser Zeit zeichnet er nach Oeser. Ein jeder Anlaß von außen regt ihn zu neuen Versuchen an. Der Dilettant bedarf
der Rathschläge eines Künstlers als Complement seiner Bemühungen.

Er schreibt darüber an seinen Freund Knebel: „Oeser ist hier und
hat viel Gutes veranlaßt. Alle Künste, in denen wir achte[1] des Jahres
fortkommen, hat er wiederum einige Jahre weiter gerückt. Wenn
man nur immer fleißig ist und es auch nicht sehr zuzunehmen scheint,
so merkt man sich doch geschickt, durch das Wort eines Verständigen
schnell vorwärts gebracht zu werden." Und Jean von Stein meldet er
um dieselbe Zeit: „Oeser ist hier und gar gut. Schon hab' ich seinen
Rath in Vielem genutzt. Er weiß gleich wie's zu machen ist, das
Was ich so wohl eher glücklich zu finden."

Goethe ließ es aber nicht bloß beim Zeichnen bewenden, er versuchte sich in Allem. So schreibt er an Lavater, daß er ein Medaillon

[1] Künste, die über auf einen Kreis gehen gerundet, die sich in gleichem
Sinne zu Zeichen haben.

gemacht habe; in Ilmenau malt er eine Porzellantasse für Frau von Stein, worüber er sagt: „Ich hab' eine kindische Freude daran gehabt." Wie er früher in Frankfurt das Radiren wieder versucht, so scheint er es auch in Weimar gethan zu haben. „Da haben Sie Abdrücke, schreibt er an Frau von Stein, das Scheidewasser war nicht so lind als der Pinsel, doch freut mich's zu sehr wie's geworden ist, denn es ist immer wie's ist." Von Gotha aus schreibt er derselben: „Die Zeichnungen des Herzogs machen mich glücklich; ich werde Dir viel davon erzählen. Nach seinem Raphael hab' ich gezeichnet und bring's mit, solch ein Blättchen zu besitzen wäre ein großer Wunsch.¹ Ganz bestimmt aber erklärt er sich über seine Radirversuche ein andermal: „Gestern hab' ich auf dem Tische, an dem ich radirte, ein langes Zettelchen mit Zahlen liegen lassen." Ferner: „Bitte die Zeichnungen von der Wartburg wieder zurück, vielleicht radir ich sie." Hüsgen in dem oben angeführten Werk erwähnt, daß Goethe in Weimar eine Scheuer mit lustigen Bauernauftritten radirt habe.

In Jena treibt er Anatomie unter Loder. Wenn man auch annimmt, daß er das nicht ausschließlich für künstlerische Zwecke that, wohin der Zusammenhang vorzüglich deutet, so geschah das doch später in Gesellschaft seines Freundes Meyer allein deßhalb. Und ein anderer Brief an Merk bestätigt dieß noch weiter: „Diesen Winter hab ich mir vorgenommen mit den Lehrern und Schülern unserer Zeichenakademie den Knochenbau des menschlichen Körpers durchzugehen, sowohl um ihnen als mir zu nutzen, sie auf das Merkwürdigste dieser einzigen Gestalt zu führen und sie dadurch auf die erste Stufe zu stellen, das Bedeutende in der Nachahmung sinnlicher Dinge zu erkennen und zu suchen. Zugleich behandle ich die Knochen als einen Text, woran sich alles Leben und alles Menschliche anhängen läßt, habe dabei den Vortheil, zweimal in der Woche öffentlich zu reden und mich über Dinge, die mir werth sind, mit aufmerksamen Menschen zu unterhalten, ein

¹ Es ist eine Gruppe aus einer Zeichnung angeblich von Rafael, jetzt in der Gothaer Kupferstichsammlung, die ich jedoch nicht für Original halten konnte.

Die gleiche Zeichnung ist in der Münchner Handzeichnungssammlung, die ich jedoch nur aus dem Strixner'schen Handzeichnungswerke kenne. Die Zeichnung von Goethe ist noch in dessen Sammlung. S. den Katalog über dessen Sammlungen S. 245. Nr. 128.

hinreißende an Goethe, daß er Jeden zwingt Schritt vor Schritt selbst
denkend zu folgen, daß hier geschehen mich in Erkenntniß eben so
zu merken. In dieser Beziehung ist ein Brief an Knebel interessant.
„Das große Kupfer der Verklärung wird durch die Vergleichung der
kleinern Skizze zweifach und dreifach interessant. Man sieht, wie durch
wiedertes Sinnen und Nachdenken über diesen Gegenstand sich derselbe
vor dem Künstler immer höher verklärte. Das Ganze hat sich erweit-
tert, erhöhet und doch ist es wieder soviel schärfer, richtiger, enger
geworden. Das Dichterische und Gedachte daran ist soviel wärmer,
angemessener, ausführlicher. Auch einen hohen Genuß würde es erst
geben, wenn man die Originalzeichnung mit dem Originalgemälde zu-
sammenhalten könnte. Was bei den alten Meistern so verehrungs-
würdig ist, die Sicherheit und Festigkeit ihrer Idee und doch
wieder ihre Beweglichkeit ins Bessere. Es mag dieß immer
die Anlage eines großen Künstlers seyn, anstatt daß ein geringerer
entweder Alles oder Nichts von seinem ersten Eindruck bei sich behält."

Wenn wir auch nicht selbstschauend, in Gegenwart des Gegenstandes, der Goethe dazu veranlaßte, diesen Gedanken folgen können,
so empfinden wir doch den Ernst, sich in ein Kunstwerk zu versenken,
wie er den Künstler Schritt vor Schritt vom ersten Entwurf bis zur
Vollendung zu folgen suchte. Der Weg der Betrachtung des tiefern
Eingehens ist uns in einem Beispiel gezeigt. Es ist dabei auch interessant, aus welchem Standpunkte der Kunstkenntniß er vor seiner
italienischen Reise stand.

An Goethe müssen wir noch eine Seite bewundern, die von seiner
hohen und klaren Einsicht, von seiner gerechten unbestochenen Würdigung
von Kunstwerken Zeugniß gibt. Es ist dieß sogar eine Seite, die oft
an ihm getadelt worden, die Unverständigen sogar einen Beweis von
Mangel an großem Sinne in der Kunst erscheinen ist: seine Schätzung
des Guten, wo und in welcher Gestalt er es fand. Wer nur das Höchste
zu schätzen vorgibt, gegen den bin ich mißtrauisch; das Vortreffliche im
Kleinsten zu finden, ist die höchste Stufe der Bildung. Das allgemein
durch Jahrhunderte als mustergültig Gehaltene anzuerkennen und dessen
Besitz erstreben, ist darum noch kein Beleg für tiefern Sinn und Erkenntniß. Wer eine lange Reihe von Jahren darüber Betrachtungen an-
zustellen Gelegenheit hatte, wird zu andern Resultaten kommen, wird

wiſſen, daß ſelbſt berühmte Kunſtkenner und Kunſtſchriftſteller leere
Bilder ſind, daß es dagegen viele einfache Menſchen gibt, von denen
Niemand ſpricht, die mit heiliger Verehrung das Schöne ſuchen, wenn
es auch nicht von Schwindlern auf den Altar geſtellt iſt.

Eine andere Seite ſeiner Thätigkeit entwickelte Goethe in Weimar
durch Anregen und Beleben eines allgemeineren Kunſtintereſſes. Wer
mit ihm in Verbindung trat, wurde von ſeiner Leidenſchaft dafür mit
fortgeriſſen. Namentlich war es Carl Auguſt, der eine ſolche eingehende
tiefe Neigung für Kunſtwerke gewann, daß, wie ſchon erwähnt, Herder
in einer gedruckten Predigt ſich bewogen fühlte, gegen die Gefahr einer
ſolchen fürſtlichen Paſſion zu warnen, wogegen Goethe in einem Briefe
an ihn widerſprach. Wir haben eine Menge Bilder erwähnt, die damals angekauft wurden, eine große Zahl Zeichnungen und Kupferſtiche,
die den Hauptbeſtand unſerer jetzigen Kunſtſammlung bilden. Auch Goethe
hat damals das meiſte für ſeine Sammlungen erworben und nicht erſt
nach ſeiner italieniſchen Reiſe. Nach deſſen Aeußerung über Kunſtwerke
bis zu dieſer Zeit, könnten möchten wir ſchließen, daß er faſt ausſchließ-
lich Niederländer geſammelt habe, wir finden aber, daß er auch Deutſche,
namentlich Martin Schön und vorzugsweiſe Dürer faſt leidenſchaftlich
ſammelte. Daß nach ſeiner Rückkehr aus Italien ſein Augenmerk auch
auf Kupfer von und nach Italienern gerichtet war, iſt erklärlich, aber
nirgends bemerken wir eine ausſchließliche Vorliebe dafür; ſie bilden
nur ein Glied in der Kette ſeines Bildungsganges und ſeiner An-
ſchauungen.

Da nun ſeine Bemühungen und Uebungen während ſeines römiſchen
Aufenthaltes in gleicher Weiſe auf die damals lebenden Künſtler und
deren Wirkſamkeit, wie nicht minder auf das Studium der antiken Kunſt
gerichtet waren: ſo hatte er den ganzen Curſus der Kunſtgeſchichte damit
durchlaufen und ſeine Schriften und ſeine Sammlungen, verbunden mit
den Beſtrebungen ſeines Freundes Meyer, geben uns zugleich ein an-
ſchauliches Bild der geſammten Kunſtzuſtände, wie man es auf keinem
andern Wege klarer erlangen wird, ein Punkt von Goethes Wirkſamkeit, deſſen Bedeutſamkeit noch lange nicht in gehörigem Maße gewürdigt iſt.

In allem, was Goethe in Weimar wirkte, was er ſammelte, findet
man hinlängliche Belege, wie wir bereits mehrfach geſehen, in den

Briefen an seine Freunde, besonders in denen an Lavater, Merk, Knebel, Frau von Stein u. A.

Einmal schreibt er an die Dichterin Karschin, daß sie ihm Blättchen von Chodowiecki verschaffen solle, oder ein Schnitzel Papier, wo derselbe ein Zeichen seines lebhaften Daseyns daraufgestempelt habe. Merk meldet er, daß ihm die gesandten Kupfer von Supperhöf und Graubi viel Freude gemacht: „Der Herzog hat sich recht daran ergötzt; es ist wunderbar, wie sich sein Gefühl an diesen Sachen geschwind aufschließt. Die Supperhöfe hab ich noch gar nicht gekannt und bin über die Treue, Reinheit, Rundheit und über das Kräftige in der bedächtigen Manier erstaunt. Solltest du einige von den Graubts nach Eloheimerei erwischen können, so lauf sie, in der Folge einmal die Collets." Karl daraus schreibt er: „Die Trauben und die Rembrandts sind glücklich angekommen heute früh. Der Herzog war eben auf die Jagd zu gehen fertig und ließ mir sagen, ich soll hinüber kommen, ohne mich anzuziehen. Ich dachte, es wäre, wie gewöhnlich bei solchen Ambassaden, was Verdrießliches, fand aber die Geister, die mich bewillkommneten."

... heute den dritten Tag sag ich Dir nur noch, daß ich sehe in diesen Blättern, obgleich nur wenige Zeit gehabt habe. Denn das ... Der Herzog hat seine große Freude über den tiefen herrlichen Sinn der Dinge, er hat sich schon Leibstücke ausersehen und ... war eben ein groß Fest. Schicke doch die Rembrandts aus Kadens Auktion alle, damit wir das Auslesen haben. Vielleicht sind bessere Abdrücke dabei." Auf die Rembrandtischen Radirungen und, wie man gleich sehen wird, auf die Dürerschen Blätter richtete man eine besondere Aufmerksamkeit, so daß eine ansehnliche Sammlung dieser Meister zusammenkam, welche sich jetzt im großherzoglichen Kupferstichkabinet befindet. Diese Neigung zum Anschaffen von vorzüglichen Kupferstichen theilte Goethe mit dem Herzoge bis ans Ende seiner Tage. Und es war nicht eine bloße Sucht zum Erwerb, es war die innigste, herzlichste, eingehendste, freudigste Theilnahme. Ich kann wohl sagen, daß diese fortwährende Theilnahme des verehrten Fürsten, Goethe's und seines Freundes Meyer, als ich die Aufsicht über diese Sammlung bekam, meinen Eifer in einer Weise belebt haben, wie es sonst in Weimar kaum denkbar gewesen wäre.

die er doppelt besitzt und die ich sonst für Dich auftreiben kann, bei den
Deinigen mit eingeheftet finden."

„Es ist nun l. Br. Alles nach und nach angekommen und ich vermisse nichts als den schönen Hieronymus des Herzogs, von Fusell gekauft. Hast Du ihn etwa aus dem Rahmen gethan und unter die andern Kupfer gelegt? Unter Deinen sind vier Abdrücke von diesem Stück, doch keiner, der mir so schön däucht, als die Erinnerung an jenen."

„Deine letzten Albrecht Dürers sind endlich auch angekommen, sind beim Buchbinder, der sie lostreicht und es soll nicht lange mehr währen, so sind sie in Ordnung; doch hätt' ich geglaubt, Du wärst reicher als
Du bist. Ich will Dir deßwegen gleich ein Verzeichniß des Fehlenden schicken, damit Du von Deiner Seite wie ich von der meinigen, arbeiten kannst, sie zusammen zu schaffen. Denn ich verehre täglich mehr die mit Gold und Silber nicht zu bezahlende Arbeit des Menschen, der, wenn man ihn recht im innersten erkennen lernt, an Wahrheit, Erhabenheit und selbst Grazie nur die ersten Italiener zu Seinesgleichen hat. Dieses wollen wir nicht laut sagen, Lucas von Leyden ist auch ein allerliebster Künstler."

Wir wollen es nicht laut sagen! Warum? Weil sie damals verketzert worden wären wegen ihres barbarischen Geschmacks. Und später hat man ihn verketzert, weil er diese Werthschätzung nicht mehr habe, die er doch früher hatte. So ist die Welt und namentlich die Künstlerwelt. Wer nicht unbedingt ihrem augenblicklichen Modegeschmack huldigt, unbedingt in die Posaune stößt, der ist ein Ketzer, ein Barbar. Goethe hat der Mode niemals gefröhnt, was vielfach aus Nachrichten über seine Acquisitionen, was aus dem Bestand seiner Sammlungen hervorgeht; er schätzte das Vortreffliche, wahrhaft Künstlerische in jeder Form. Ueber denselben Gegenstand schreibt er an Merk: „Für Lavater suche ich jetzt eine Sammlung Dürers zu completiren. Vor Dürer selbst und vor der Sammlung, die der Herzog besitzt, krieg ich alle Tage mehr Respect. Sobald ich einigen Raum finde, will ich über die merkwürdigsten Blätter einen Gedanken aufsetzen, nicht sowohl über Erfindung und Composition, als über die Aussprache und die ganze goldene Ausführung — Ich bin durch genaue Betrachtung guter und schlechter, auch wohl aufgestochener Abdrücke von einer Platte auf gar schöne Bemerkungen gekommen. Denn das versichere ich Dir, je mehr man sich damit abgibt, und beim Handel auf Copie und Original achtgeben muß, desto größere Ehrfurcht kriegt man für diesen Künstler. Er hat nicht seines Gleichen."

Eine besondere Vorliebe hatte Goethe bis ans Ende seines Lebens für vorzugsweise sogenannte Handzeichnungen bedeutender Künstler. Es ist das unter allen Umständen ein Zeichen von künstlerischem Blick: in einem flüchtigen Entwurf den Geist des Künstlers, das Vermögen desselben zu würdigen. Ein ausgeführtes Kunstwerk wird auf die meisten Beschauer einen Eindruck von Wahrheit machen, es kann durch Nachahmung des Wirklichen schon einen Anhaltepunkt der Vergleichung auch den sonst unverständigsten Beschauer bieten, und ihm den Glauben an Kunsturtheil aufdringen. Nicht so bei dem flüchtigsten Entwurf, wo mit wenigen geistreichen Strichen viel ausgedrückt ist. Das vermögen nur Wenige. Das Geistreiche besteht über eben darin, mit dem geringsten Aufwand von Mitteln viel auszusprechen, während der Geistlose mit viel Mühe wenig ausdrückt. Darauf bezüglich führe ich nur eine Stelle aus einem Briefe an Lavater an: „Für die Skizze von Fuessli dank ich Dir recht herzlich. — Ich habe selbst eine schöne Sammlung von geistigen Handrissen, besonders in Landschaften, auf meiner Rückreise (Schweizerreise) zusammengebracht; passe doch ein wenig auf, Dir geht ja so viel durch die Hände; wenn Du so ein Blatt findest, worauf die erste, schnellste, unmittelbarste Aeußerung des Kunstgeistes gedruckt ist, so laß es ja nicht entwischen, wenn Du's um leidliches Geld haben kannst." So finden sich mehrmals Anläufe von Zeichnungen erwähnt.

Da es sich nicht darum handeln kann, alle die einzelnen Aeußerungen zu erwähnen, sondern nur so viel, um dadurch eine deutliche Vorstellung von seiner ununterbrochenen Thätigkeit und unvertilgbaren Kunst und Sammlerneigung zu geben, von seiner Thätigkeit für Verbreitung derselben in seinem Kreis, so schweige ich von der oft wiederkehrenden Erwähnung von Erwerbungen für seine Sammlung und des Herzogs für eine Sammlung zu öffentlichen Zwecken. Dadurch wurde es möglich, daß im Jahr 1818 ein Museum eingerichtet werden konnte, mit dem 1825 eine Sammlung von Kupferstichen und Handzeichnungen vereinigt wurde, die früher wenig geordnet auf großherzogl. Bibliothek bewahrt wurde. Für denjenigen, der die Sammlung genauer kennt, hat es allerdings einen ganz besondern Reiz, von jedem der Bilder Zeit und Gelegenheit der Erwerbung kennen zu lernen, und jeder Weimaraner wird sich um so mehr darüber freuen, als durch diese fortdauernde Liebe unsere Stadt wenigstens einen kleinen Ersatz für die im letzten Schloßbrand untergegangene bedeutende Schloßgallerie giebt.

Einleitung zu Goethe's italiänischer Reise.

Wenn man das, worüber im ersten Abschnitt von Goethe's Kunst-
studien Nachricht gegeben worden ist, sorgfältig beachtet, so muß man
darin erkennen, was er öfter ausdrücklich erklärt: daß die bildende
Kunst das Glück seines Lebens ausgemacht habe, daß derselbe ununter-
brochen bemüht gewesen, mit aller Kraft seines Geistes sich die nöthige
Einsicht und Kenntniß zu erwerben, und daß er, zur Erreichung dieses
Zieles, Betrachtung von Kunstwerken, Nachdenken und auch praktische
Uebung vereinigt habe.

Aus seinen Aufzeichnungen darüber, aus Briefen an seine Freunde
und den darin vorkommenden Beurtheilungen müssen wir erkennen, daß
er sich eine so klare tiefe Kunstkenntniß erworben, wie man sie bei
wenigen antrifft, die sich für vollendete Kenner halten.

Was unter den damals in Deutschland obwaltenden Umständen
und Geschmacksrichtungen zu erreichen war, hatte Goethe erreicht. Das
aber war sein strebender Geist, seine nach Wahrheit und Erkenntniß dürstende Seele nicht befriedigt. Das Bekanntwerden mit den
Thatsächlichen Werken, mit Lessing, das gelegentliche Anschauen von
antiken Werken, wenn auch nur in Abgüssen, von Werken aus der
Blüthe der italiänischen Kunst, von Kupferstichen danach, Nachrichten
davon, alles das mußte ihn reizen, das Gebiet seiner Kenntniß und
Anschauungen auch darüber auszudehnen. Die Sehnsucht, das Verlangen, die Hoffnung danach, spricht er auch öfter aus; den Plan der
Ausführung mag er im Stillen genährt haben, wenn man auch, vor
dem wirklichen Antritt der Reise in das Wunderland keine leidenschaftliche

Aeußerung deßhalb finden. Ja er spricht sogar einmal aus, daß er nicht immer die Hoffnung gehabt habe, nach Italien zu kommen. Daß diese Sehnsucht nicht so fieberhaft mächtig war, wie man aus einigen späteren Aeußerungen schließen will, geht schon daraus hervor, daß er zweimal von der Höhe des Gotthardt das Land vor sich liegen sah, ohne von dem Verlangen dahin überwältigt zu werden; das erste mal 1775, bei seiner ersten Schweizerreise mit den Gebrüdern Grafen Stollberg, wo er nach erfolgter Trennung von ihnen, die Reise mit einem Jugendfreunde, Passavant, fortsetzte und dieser ihn fast gewaltsam dahin ziehen wollte; das zweite mal, 1779 wo er mit seinem verehrten Fürstlichen Freunde Carl August die Schweiz bereiste und wo er bestimmt erklärt:

„Zum zweitenmal bin ich nun in dieser Stube auf dieser Höhe (auf dem St. Gotthardt), bei den Capucinern, ich sage nicht und was für Gedanken. Auch jetzt reizt mich Italien nicht, aber wendet mein Auge zum zweitenmal von dem gelobten Lande ab," doch fügt er hinzu: „ohne das zu sehen ich hoffentlich nicht sterben werde."

Warum wendete er sich aber damals ruhig von dem Lande ab? Mir will es als gewiß erscheinen: weil er sich noch nicht genug vorbereitet hielt. Sobald er sich reif fühlt, erklärt er selbst die Reise als eine Nothwendigkeit: er unternimmt sie, nicht um sich selbst zu betrügen, sondern sich in den Gegenständen selbst kennen zu lernen. Er begibt sich in eine höhere Schule. Mehrmals bekennt er im Anfang seiner Reise bei Besuch von Sammlungen, daß er das und jenes nicht beurtheilen könne, daß sein Auge nicht darauf geübt sey. Das will er in Italien kennen lernen und seine Kenntniß, Erkenntniß erweitern, zu einem höhern Grad steigern.

Es ist das ein Punkt, der von vielen dahin ziehenden, besonders jungen Künstlern nicht gehörig gewürdigt wird, man meint gewöhnlich, daß man dort mit einem Schlag ein Künstler werde. Wer nichts in sich hat, die nöthige Vorbildung nicht mitbringt, der wird auch nichts sehen. Nur was ich in mir habe, kann ich außer mir wahrnehmen. Es gereicht ihnen mehr zum Verderben, es wird der große Vortheil, den sie daraus ziehen könnten, gänzlich paralysirt. Eine bestimmte Aeußerung Göthe's scheint mir das einfach zu beweisen: „Wenn ich Rom in guter Begleitung, angeführt von einem recht verständigen Manne, vor fünfzehn

Jahren gesehen hätte, wollte ich mich glücklich preisen. Sollte ich es aber allein, mit eigenen Augen sehen und besuchen, so ist es gut, daß mir diese Freude so spät zu Theil ward."

Ueber den ersten Theil dieser Aeußerung haben wir allerlei Bedenken. Fünfzehn Jahre vorher war er in Straßburg oder doch kaum von da zurück nach Frankfurt. Daß damals seine Kunstbildung so weit vorgeschritten war, daß er mit Nutzen Rom gesehen hätte, wird man mit mir bezweifeln. Er weiß das selbst und will es an der Hand eines verständigen Mannes sehen. Solche Männer findet man aber nicht auf jedem Schritte und nicht zu seiner Disposition. Dazu Goethe's eigenthümliche Natur, daß er alles nur aus seinem Innern herausarbeiten mußte. Hätte er eine lange Reihe von Jahren dort weilen, seine Entwicklung dort verloßen können in der Umgebung der bedeutendsten Werke, kann wäre es freilich eine andere Frage gewesen; Goethe wäre vielleicht ein anderer geworden, d. h. er hätte Anderes gethan, ob es aber gut gewesen wäre, bezweifle ich, und eine frühere Aeußerung bestätigt das, die er beim Besuch der Mannheimer Sammlung thut, wo er meint, daß Oeser nicht nach dieser Seite habe wirken können, weil man Anfängern nicht das Höchste begreiflich machen könne. Er hätte aber auch eine Bildungsstufe übersprungen und wäre vielleicht nie zur Würdigung der deutschen Kunst gekommen, zu der er durch die Kenntniß der Italiener und Antiken nur um so befähigter zurückkehrte. Der ganze Kreis seiner Kunstkenntniß ward dadurch ein in sich abgerundeter. Doch wer will entscheiden, wohin Goethe in so frühen Jahren, unter ganz anderen Umständen geführt worden wäre. Und wer möchte bei der Uebertülle des Geleisteten so anmaßend sein, darüber etwas zu sagen. Ebenso hat man aus einzelnen Aeußerungen bei bestimmten Anlässen schließen wollen, daß Goethe sich in seiner Lage in Weimar beengt, gedrückt gefühlt und daß ihn dies zur Flucht nach Italien getrieben habe. Nun hat man auch dafür Belege aus gedruckten Aeußerungen angeführt. Namentlich hatte auch Merk seine Verhältnisse nicht mit günstigen Augen angesehen, er hielt Goethe nicht in der Sphäre seiner Fähigkeiten. Diesen sucht er darüber zu beruhigen und schreibt ihm: "Ich bin nun ganz in alle Hof- und politische Händel verwickelt, und werde fast nicht wieder wegkommen. Meine Lage ist vortheilhaft genug, und die Herzogthümer Weimar und Eisenach immer ein Schauplatz, um

zu versuchen, wie einem die Weltrolle zu Gesicht stünde." Ja es war
wohl ein vortheilhafterer Schauplatz, als wenn er Minister in einem
großen Staate mit Portefeuille gewesen wäre, besonders unter dem so
günstigen Verhältniß zu seinem Fürsten, wobei er nach allen Seiten
hin wirken und thätig zu sein Gelegenheit und Anlaß fand. Ja er
erkennt diese Verhältnisse mehrmals als nothwendig für seinen Dichter-
beruf an und spricht sich im Allgemeinen dahin aus: „Am Hof, im
Umgange mit Großen eröffnet sich dem Dichter eine Welt-
übersicht, deren er bedarf, um zum Reichthum aller Stoffe
zu gelangen." Und wer wird leugnen wollen, daß Goethe durch
diese Erkenntniß, Erfahrungen wie hier, so auf anderm Felde eben Goethe
geworden ist.

Auch seiner Mutter mochte man die gebundene Lage für ihren
Sohn nicht befriedigend vorgestellt und diese ihm deßhalb geschrieben
haben. Er antwortet ihr darüber unterm 11. August 1781 ausführlich:
„Ich bitte Sie, um meinetwillen unbesorgt zu seyn, und sich durch
nichts irre machen zu lassen! Meine Gesundheit ist weit besser, als ich
sie im vorigen Jahr vermuthen und hoffen konnte, und da sie hinreicht,
um dasjenige das mir aufliegt, wenigstens größtentheils zu thun, so
habe ich allerdings Ursache, damit zufrieden zu seyn.

Was meine Lage selbst betrifft, so hat sie, ohnerachtet großer Be-
schwerniße, auch sehr viel Erwünschtes für mich, wovon der beste Beweis ist, daß ich mir keine andere möglich denken kann, in die ich
gegenwärtig hinübergehen möchte. Denn mit einer hypochondrischen Un-
bedachtsamkeit sich aus seiner Haut heraus in eine andere sehnen, will
sich, dünkt mich, nicht wohl ziemen. Werk und Mehrere beurtheilen
meinen Zustand ganz falsch; sie sehen das nur, was ich aufopfere und
nicht, was ich gewinne, und sie können nicht begreifen, daß ich täglich
reicher werde, indem ich täglich hingebe. Sie erinnern sich der letzten
Zeiten, die ich bei Ihnen, ehe ich hierher ging, zubrachte; unter solchen
fortwährenden Umständen würde ich gewiß zu Grunde gegangen seyn.
Das Unverhältniß des engen und langsam bewegten bürgerlichen Kreises
zu der Weite und Geschwindigkeit meines Wesens hätte mich rasend gemacht. Bei der lebhaften Einbildung und Ahndung menschlicher Dinge
wäre ich doch immer unbekannt mit der Welt, und in einer ewigen
Kindheit geblieben, welche meist durch Eigendünkel und alle verwandten

Frühter sich und andern unerträglich wird. Wie viel glücklicher war es, mich in ein Verhältniß gesetzt zu sehen, dem ich von keiner Seite gewachsen war; wo ich durch manche Fehler des Unbegriffs und der Uebereilung mich und andere kennen zu lernen, Gelegenheit genug hatte, wo ich mir selbst und dem Schicksal überlassen, durch so viele Prüfungen ging, die so vielen hundert Menschen nicht nöthig seyn mögen, deren ich aber zu meiner Ausbildung so äußerst bedürftig war, und noch jetzt, wie wenig ich mir, nach meiner Art zu sehn, einen glücklicheren Zustand wünschen, als einen der für mich etwas Unendliches hat. Denn wenn sich auch in mir täglich neue Fähigkeiten entwickelten, meine Begriffe sich immer aufhellten, meine Kraft sich vermehrte, meine Unterscheidung sich berichtigte und mein Muth lebhafter würde; so fände ich doch nicht täglich Gelegenheit, alle diese Eigenschaften bald im Großen, bald im Kleinern anzuwenden.

Sie sehen, wie weit entfernt ich von der hypochondrischen Unruhe bin, die so viele Menschen mit ihrer Lage entzweit, und daß nur die wichtigsten Betrachtungen, oder ganz besondere, mit unerwarteter Fälle mich bewegen könnten, meinen Posten zu verlassen. Und unverantwortlich wäre es auch gegen mich selbst, wenn ich zu einer Zeit, da die gepflanzten Bäume zu wachsen anfangen und da man hoffen kann, bei der Ernte das Unkraut von dem Weizen zu sondern, aus irgend einer Unbehaglichkeit davon ginge, und mich selbst um Schatten, Früchte und Ernte bringen wollte.

Auch glauben Sie mir, daß ein großer Theil des guten Muths, womit ich tage und wirke, aus dem Gedanken quillt, daß alle diese Aufopferungen freiwillig sind, und daß ich nur dürfte Postpferde anspannen lassen, um das Nothdürftige und Angenehme des Lebens mit einer unbedingten Ruhe, bei Ihnen wiederzufinden. Denn ohne diese Aussicht, und wenn ich mich in Stunden des Verdrusses als Leibeigenen und Taglöhner um des Geringsten willen ansehen müßte, würde mir manches zu sauer werden."

Daß Goethe aber seine Postpferde anspannen ließ,

---

¹ Wahrscheinlich lag auch darin ein Grund, daß Goethe die Reise nicht früher antrat; er wollte vorher das Bergwerk, Unternehmen erst ins Leben getreten, in vollem Gange sehen.

beweiset, daß alle die Voraussetzungen dazu nicht eintraten. Hätte ihn aber eine Stunde des Verdrusses dazu hingerissen, so wäre Goethe nicht der Mann gewesen, der er war. Was wollen überhaupt Augenblicke des Verdrusses, worüber er sich gelegentlich äußert, gegen eine solche Generalübersicht. Welcher Mensch, der mit seiner Lage vollkommen zufrieden ist, hat nicht mit augenblicklichen Verdrießlichkeiten zu kämpfen. Ja dergleichen sind als Schatten für das Gemälde des Lebens sogar nöthig.

„Verdruß ist auch ein Theil des Lebens" sagt Goethe selbst.

Haben wir nun seine Fortschritte, sein Wachsen, seine Erkenntniß in Kunst bis zur Italiänischen Reise mit Aufmerksamkeit verfolgt, und thun dieß in gleicher Weise bei der Italiänischen Reise selbst, so finden wir ihn dabei in stätiger Weise fortschreiten zur Vollendung seiner Kunstbildung. Wir betreten mit ihm ein weiteres Feld, eine höhere Stufe als er in Deutschland zu übersehen und zu betreten Gelegenheit finden konnte. Er wird in dieser Beziehung zu der Aeußerung aufgefordert: „Hier, in Rom kommt man in eine gar große Schule, wo ein Tag soviel sagt, daß man von dem Tag nichts zu sagen wagen darf." Und doch überwältigte ihn das nicht, eben weil er genugsam vorbereitet dahin kam: „Soviel Neues ich finde, finde ich doch nichts Unerwartetes, es paßt alles und schließt sich an, weil ich kein System habe und nichts will als die Wahrheit um ihrer selbst willen." Er suchte nicht nach Beweisen für etwaige im Eigendünkel geborne Phantasien.

Was er mittheilt erfahren wir nicht in einem trocknen Lehrmeisterlichen Tone; wir wandern mit ihm, betrachten die Gegenstände, wir reflektiren darüber, denken darüber, wir ziehen aus der unmittelbaren Betrachtung die allgemeinen Resultate.

Wir können nicht geradezu behaupten, daß er sich dabei der Art der Darstellung mit Absicht bedient habe; es war das eine mit seinem Wesen eng verbundene große Seite, die er wohl an andern schätzen gelernt hatte. Er läßt in Wilhelm Meister diesen großen Vorzug von Therese über Lothario aussprechen: „Keinen Menschen hatte ich jemals lieber gehört als Lothario, wenn er von seinen Reisen und seinen Feldzügen erzählt. Die Welt lag ihm so klar, so offen da, wie mir die Gegend, in der ich gewirthschaftet hatte. Ich hörte nicht etwa die wunderlichen Schicksale des Abenteurers, die übertriebenen Halbwahrheiten einen beschränkten Reisenden, der immer nur seine Person an Stelle des Landes setzt, wovon er uns ein Bild zu geben verspricht, er erzählt nicht, er führte uns an die Orte selbst; ich habe nicht leicht ein so reines Vergnügen empfunden." Diesen Ausspruch können wir unmittelbar auf Goethe's Italienische Reise selbst als ein zusammengefaßtes Urtheil anwenden.

Als Reisehandbuch, als sogenannter Fremdenführer in gewöhnlichem Sinne, für oberflächliche Besucher dürfen wir das Buch nicht betrachten, in höherem Sinne, für wirklich Gebildete und nach Bildung Strebende giebt es kein vortrefflicheres, sowohl zur Vorbereitung auf die Reise, wie zum Rathgeber während der Reise und zur Recapitulation der Resultate nach der Rückkehr. In diesem Sinne ist kein anderes Werk für intelligente Menschen diesem an die Seite zu setzen.

Wollten solche, die nur ausschließlich der Kunstwerke wegen Italien besuchen, einwenden, daß zuviel darin vorkomme, was nicht unmittelbar darauf Bezug habe, so werden andere, die die Sache nicht so einseitig ansehen, darin gerade einen großen Vorzug erkennen. Wir sehen alle Gegenstände in der Umgebung, in der sie entstanden, wir erfahren alle Bedingungen die zum Verständniß und tiefen Empfindungen unerläßlich sind, wie erfahren sie im Verein mit seiner ganzen Bildung.

Einer unserer Freunde, einer unserer bedeutendsten Künstler, hatte früher längere Zeit in Italien gelebt und nach seiner Rückkehr war ihm die Italienische Reise von Goethe dasjenige Buch, das allein im Stande war, ihm ein frisch lebendiges Bild des Landes zurückzurufen. Bei einem späteren längern Aufenthalt daselbst, war ihm dasselbe ein lieber Begleiter, und jetzt nach seiner zweiten Rückkehr hat sich die Bewunderung des Werkes bei ihm immer gesteigert.

Durch Herausheben von Einzelheiten könnten nach mancher Seite die Vorzüge eindringlicher dargethan werden; doch würde das ein Vorgreifen in das Urtheil des Lesers seyn, was ihm den Genuß beim eigenen Lesen nur verkümmern könnte. Deßhalb ist es unterlassen worden. Man schöpfe selbst aus der Quelle und man wird den Brunnen erquicklicher finden.

Wenn man aber das Buch nicht als einen Fremdenführer betrachten kann, wenn es nur den Zweck erfüllen soll, von dem Land und den Kunstwerken, über die Weise der Benutzung einer Reise kann Ei-

belehren, eine Anleitung zu geben, so mußte sich der Herausgeber und Verleger selbstverständlich nur auf den Inhalt beschränken. Wozu würde das geführt haben, wenn man alles bis jetzt zu Tage gekommene nachtragen, die Schicksale und den jetzigen Standort der Kunstwerke hätte bemerken wollen u. s. w. Das hätte einen Folianten gegeben. Bemerken muß man noch besonders, daß die Goethesche Reise zugleich ein Bild des Zustandes der neuern Kunst für diesen Zeitabschnitt giebt, wie überhaupt seine und seines Freundes Meyer Schriften für die neuere Kunstgeschichte von größter Bedeutung bleiben werden.

Wenn wir aber endlich alles das bei Seite lassen wollten, so bleibt die Italiänische Reise für Goethe's Bildung und also für die neuere Bildung überhaupt ein wichtiger Abschnitt.

Im Vorwort wurde schon bemerkt, daß in Absicht auf einzelne Goethe'sche Schriften, bei Beurtheilung des Ausdruckes, des Styles, der Construktion, besondere Umstände zu berücksichtigen seyen. Ein solcher tritt nun bei der Italiänischen Reise insofern ein, daß sie größtentheils aus brieflichen Mittheilungen hervorgegangen ist, deren Lebendigkeit, Unmittelbarkeit, aphoristische Kürze, Goethe nicht abschwächen wollte.

Denkt man sich dabei recht lebhaft an die Stelle des Schreibenden, in seine unmittelbare Nähe, in die Nähe der Gegenstände, von denen er den Freunden einen lebendigen, anschaulichen Begriff geben, die er an seiner unmittelbaren Empfindung und Enthusiasmus theilnehmen lassen wollte, so vergessen wir bald das geschriebne Wort, wir hören alles mit eigenen Ohren, glauben alles mit eigenen Augen zu sehen. Er zieht uns in seine, in die Nähe des Gegenstandes selbst; wir empfinden die Ausbrüche der Freude, des Glücks, der Bewunderung, der innern Befriedigung, über das am Gegenstand und an sich selbst Wahrgenommene. Aus dieser Mittheilungsform schreiben sich auch viele Ungleichartigkeiten in Gebrauch mancher Wörter her, die ich aber, wenn's nicht geradezu Unrichtigkeiten waren, unberührt ließ. Sobald die brieflichen Mittheilungen aufhörten, sobald er aus dem Gedächtniß schreibt, was er jedesmal als Ueberschrift bemerkt, ist der Styl natürlich ein anderer.

Was sich aus diesem Grunde und aus Goethe's oben bemerkter Eigenthümlichkeit erklärt, ist unberührt geblieben. Außerdem giebt es

aber in der Italiänischen Reise eine Reihe Fälle, wo man einen Schreib-
und Gedächtnißfehler, oder ein sonstiges Versehen annehmen muß, wodurch das Verständniß manchmal gestört wird. Da es aber Leute gibt,
besonders Deutschphilologen, die lieber die wunderlichsten Sprünge machen,
als an einen solchen Text zu **rühren, so habe ich alles,** was mir nach
dieser Seite zu bemerken nöthig schien, unter dem Texte bemerkt. Mit
der Interpunktion, die ganz besonders ungleichartig ist, ossne den **Sinn**
verwirrt, konnte das freilich nicht geschehen; diese habe **ich ohne weiteres**
geändert; jedoch fast durchgängig in der Weise, **wie sie an vielen an-**
dern Stellen von Goethe selbst angewendet worden. **Die meisten der-**
gleichen Fehler, wenn man sie so nennen will, **können aber gar nicht**
auf Goethe's eigene Rechnung gesetzt werden; er mochte sich dabei zu
sicher auf die verlassen haben, denen er die Durchsicht und Ueber-
wachung übertrug. Da ich während des Drucks der Ausgabe letzter
Hand als dessen Schreiber täglich des Vormittags in seinem Arbeitszimmer in seiner unmittelbaren Nähe beschäftigt war, so kenne ich diese
Umstände aus eigener Erfahrung.

Die verschiedenen Ausgaben sind nur ein Wiederabdruck dieser
Ausgabe letzter Hand, und deßhalb habe ich sie auch zu Grunde gelegt.
Nur in der Ausgabe in zwei Bänden ist einiges Wenige berichtigt
worden, wenn auch nicht immer glücklich, wie man aus den Bemerkungen unter dem Text ersehen wird.

III.

Italiänische Reise.

Auch ich in Arkadien.

Carlsbad bis auf den Brenner.

Den 3. September 1786.

Früh drei Uhr stahl ich mich aus Carlsbad, weil man mich sonst nicht fortgelassen hätte. Die Gesellschaft die den achtundzwanzigsten August, meinen Geburtstag, auf eine sehr freundliche Weise feiern mochte, erwarb sich wohl dadurch ein Recht mich fest zu halten; allein hier war nicht länger zu säumen. Ich warf mich, ganz allein, nur einen Mantelsack und Dachsranzen aufpackend, in eine Postchaise und gelangte halb acht Uhr nach Zwota an einem schönen stillen Nebelmorgen. Die obern Wolken streifig und wollig, die untern schwer. Mir schienen das gute Anzeichen. Ich hoffte nach einem so schlimmen Sommer einen guten Herbst zu genießen. Um zwölf in Eger, bei heißem Sonnenschein; und nun erinnerte ich mich, daß dieser Ort dieselbe Polhöhe habe wie meine Vaterstadt, und ich freute mich, wieder einmal bei klarem Himmel unter dem funfzigsten Grade zu Mittag zu essen.

In Bayern stößt einem sogleich das Stift Waldsassen entgegen — köstliche Besitzthümer der geistlichen Herren, die früher als andere Menschen klug waren. Es liegt in einer Teller- um nicht zu sagen Kessel-tiefe, in einem schönen Wiesengrunde, rings von fruchtbaren sanften Anhöhen umgeben. Auch hat dieses Kloster im Lande weit umher Besitzungen. Der Boden ist aufgelöster Thonschiefer. Der Quarz, der sich in dieser Gebirgsart befindet und sich nicht auflös't noch verwittert,

Schüler gegeben ward, sah das Ende der Oper und den Anfang des
Trauerspiels. Sie machten es nicht schlimmer als eine angehende Lieb-
habertruppe, und waren recht schön, fast zu prächtig gekleidet. Auch diese
öffentliche Darstellung hat mich von der Klugheit der Jesuiten aufs neue
überzeugt. Sie verschmähten nichts was irgend wirken konnte, und
wußten es mit Liebe und Aufmerksamkeit zu behandeln. Hier ist nicht
Klugheit, wie man sie sich in Abstracto denkt, es ist eine Freude an
der Sache dabei, ein Mit- und Selbstgenuß, wie er aus dem Gebrauche
des Lebens entspringt. Wie diese große geistliche Gesellschaft Orgelbauer,
Bildschnitzer und Vergulder unter sich hat, so sind gewiß auch einige,
die sich des Theaters mit Kenntniß und Neigung annehmen, und wie
durch gefälligen Prunk sich ihre Kirchen auszeichnen, so bemächtigen sich
die einsichtigen Männer hier der weltlichen Sinnlichkeit durch ein an-
ständiges Theater.

Heute schreibe ich unter dem neununddreißigsten Grade. Er läßt
sich gut an. Der Morgen war kühl, und man klagt auch hier über
Nässe und Kälte des Sommers; aber es entwickelte sich ein herrlicher
gelinder Tag. Die milde Luft die ein großer Fluß mitbringt, ist ganz
was eigenes. Das Obst ist nicht sonderlich. Gute Birnen hab' ich gespeist; aber ich sehne mich nach Trauben und Feigen.

Der Jesuiten Thun und Wesen hält meine Betrachtungen fest.
Kirchen, Thürme, Gebäude haben etwas Großes und Vollständiges in
der Anlage, das allen Menschen insgeheim Ehrfurcht einflößt. Als
Decoration ist nun Gold, Silber, Metall, geschliffene Steine in solcher
Pracht und Reichthum gehäuft, der die Bettler aller Stände blenden
muß. Hier und da fehlt es auch nicht an etwas Abgeschmacktem, damit
die Menschheit versöhnt und angezogen werde. Es ist dieses überhaupt
der Genius des katholischen äußeren Gottesdienstes; noch nie habe ich
es aber mit so viel Verstand, Geschick und Consequenz ausgeführt gesehen, als bei den Jesuiten. Alles trifft darin überein, daß sie nicht
wie andere Ordensgeistliche eine alte abgestumpfte Andacht fortsetzten,
sondern sie, dem Geist der Zeit zu Liebe, durch Prunk und Pracht
wieder aufstutzten.

Ein sonderbar Gestein wird hier zu Werkstücken verarbeitet, dem
Schreine nach eine Art Todtliegendes, das jedoch für älter, für ur-
sprünglich, ja für porphyrartig gehalten werden muß. Es ist grünlich

mit Quarz gemischt, löcherig, und es finden sich große Flecke des festesten
Jaspis darin, in welchen sich wieder kleine runde Flecken von Breccienart
zeigen. Ein Stück war gar zu instructiv und appetitlich, der Stein
aber zu fest, und ich habe geschworen, mich auf dieser Reise nicht mit
Steinen zu schleppen.

München, den 6. September 1786.

Den fünften September halb ein Uhr Mittag reiste ich von Regensburg ab. Bei Abburg ist eine schöne Gegend, wo die Donau sich an
Kalkfelsen bricht, bis gegen die Saale. Es ist der Kalk wie der bei
Osteroda am Harz, dicht, aber im ganzen löcherig. Um sechs Uhr Morgens war ich in München, und nachdem ich mich zwölf Stunden umgesehen, will ich nur weniges bemerken. In der Bildergalerie fand ich
mich nicht einheimisch; ich muß meine Augen erst wieder an Gemälde
gewöhnen. Es sind treffliche Sachen. Die Skizzen von Rubens, von
der Luxemburger Galerie, haben mir große Freude gemacht.

Hier steht auch das vornehme Spielwerk, die Trajanische Säule,
in Modell. Der Grund Lapis Lazuli, die Figuren vergoldet. Es ist
immer ein schön Stück Arbeit; und man betrachtet es gern.

Im AntikenSaale konnte ich recht bemerken, daß meine Augen
auf diese Gegenstände nicht geübt sind, deswegen wollte ich nicht verweilen und Zeit verderben. Vieles sprach mich gar nicht an, ohne daß
ich sagen könnte warum. Ein Drusus erregte meine Aufmerksamkeit,
zwei Antonine gefielen mir, und so noch einiges. Im Ganzen stehen
die Sachen auch nicht glücklich, ob man gleich mit ihnen hat aufstutzen
wollen, und der Saal oder vielmehr das Gewölbe ein gutes Ansehen
hätte, wenn es nur reinlicher und besser unterhalten wäre. Im NaturalienCabinet fand ich schöne Sachen aus Tyrol, die ich in kleinen
Musterstücken schon kenne, ja besitze.

Es begegnete mir eine Frau mit Feigen, welche als die ersten vortrefflich schmeckten. Aber das Obst überhaupt ist doch für den achtundvierzigsten Grad nicht besonders gut. Man klagt hier durchaus über
Kälte und Nässe. Ein Nebel, der für einen Regen gelten konnte, empfing mich heute früh vor München. Den ganzen Tag blies der Wind
sehr kalt vom Tyroler Gebirg. Als ich vom Thurm dahin sah, fand

ich es bedeckt, und den ganzen Himmel überzogen. Nun scheint die Sonne im Untergehen noch an den alten Thurm der mir vor dem Fenster steht. Verzeihung, daß ich so sehr auf Wind und Wetter Acht habe; der Reisende zu Lande, fast so sehr als der Schiffer, hängt von beiden ab, und es wäre ein Jammer, wenn mein Herbst in fremden Landen so wenig begünstigt seyn sollte, als der Sommer zu Hause.

Nun soll es gerade auf Inspruck. Was laß ich nicht alles rechts und links liegen, um den einen Gedanken auszuführen, der fast zu alt in meiner Seele geworden ist.

Mittenwald, den 7. September 1786. Abends.

Es scheint mein Schutzgeist sagt Amen zu meinem Credo, und ich danke ihm, der mich an einem so schönen Tage hierher geführt hat. Der letzte Postillon sagte mit vergnüglichem Ausruf: es sey der erste im ganzen Sommer. Ich nähre meinen stillen Aberglauben, daß es so fortgehen soll; doch müssen mir die Freunde verzeihen, wenn wieder von Luft und Wolken die Rede ist.

Als ich um fünf Uhr von München wegfuhr, hatte sich der Himmel aufgeklärt. An den Tyroler Bergen standen die Wolken in ungeheuren Massen fest. Die Streifen der untern Regionen bewegten sich auch nicht. Der Weg geht auf den Höhen, wo man unten die Isar fließen sieht, über zusammengeschwemmte Kieshügel hin. Hier wird uns die Arbeit der Strömungen des uralten Meeres faßlich. In manchem Granitgeschiebe fand ich Geschwister und Verwandte meiner Cabinetsstücke, die ich Knebeln verdanke.

Die Nebel des Flusses und der Wiesen wehrten sich eine Weile, endlich wurden auch diese aufgezehrt. Zwischen gedachten Kieshügeln, die man sich mehrere Stunden weit und breit denken muß, das schönste fruchtbarste Erdreich wie im Thale des Regenflusses. Nun muß man wieder an die Isar, und sieht einen Durchschnitt und Abhang der Kieshügel, wohl hundert und funfzig Fuß hoch. Ich gelangte nach Wolfrathshausen, und erreichte den achtundvierzigsten Grad. Die Sonne brannte heftig, niemand traut dem schönen Wetter, man schreit über das böse des vergehenden Jahres, man jammert, daß der große Gott gar keine Anstalt machen will.

Nun ging mir eine neue Welt auf. Ich näherte mich den Gebirgen, die sich nach und nach entwickelten.

.... liegt lieblich und überrascht beim ersten Anblick. In einer fruchtbaren Fläche ein lang und breites weißes Gebäude und ein breiter hoher Felsrücken dahinter. Rechts geht es hinauf zum Rochesser; noch höher ins Gebirge zum Wäscherser. Hier begrüßte ich die ersten bedeutenden Gipfel, und auf meine Verwunderung, schon so nahe bei den Schneebergen zu sein, vernahm ich, daß es gestern in dieser Gegend gedonnert, geblitzt, und auf den Bergen geschneit habe. Aus diesen Meteoren wollte man Hoffnung zu besserem Wetter schöpfen, und aus dem ersten Schnee eine Umwandlung der Atmosphäre vermuthen. Die Felsklippen die mich umgeben sind alle Kalk, von dem ältesten der noch keine Versteinerungen enthält. Diese Kalkgebirge gehen, in ungeheuern ununterbrochenen Reihen von Dalmatien bis an den St. Gotthard und weiter fort. Hacquet hat einen großen Theil der Kette bereist. Sie lehnen sich an das Quarz- und thonreiche Urgebirge.

Nach Wallensee gelangte ich um halb fünf. Etwa eine Stunde von dem Orte begegnete mir ein artiges Abenteuer: ein Harfner mit seiner Tochter, einem Mädchen von elf Jahren, gingen vor mir her, und baten mich das Kind aufzunehmen. Er trug das Instrument weiter, ich ließ sie zu mir sitzen, und sie stellte mir eine große neue Schachtel sorgfältig zu ihren Füßen. Ein artiges ausgebildetes Geschöpf, in der Welt schon ziemlich bewandert. Nach Maria Einsiedeln war sie mit ihrer Mutter zu Fuß gewallfahrtet, und beide wollten eben die größere Reise nach St. Jago von Compostell antreten, als die Mutter mit Tode abging, und ihr Gelübde nicht erfüllen sollte. Man könne in der Verehrung der Mutter Gottes nie zu viel thun, meinte sie. Nach einem großen Brande habe sie selbst gesehen ein ganzes Haus niedergebrannt bis auf die untersten Mauern, und über der Thüre, hinter einem Glase das Mutter Gottesbild, Glas und Bild unversehrt, welches denn doch ein augenscheinliches Wunder sey. Alle ihre Reisen habe sie zu Fuße gemacht, zuletzt in München vor dem Churfürsten gespielt, und sich überhaupt vor einunzwanzig fürstlichen Personen hören lassen. Sie

.... Bild — zu ihren Füßen. Das wir einige nach in einem andern Falle geben ließen, der noch zu vergleichen war besser nach ihren.

unterhielt auch recht gut. Hübsche große braune Augen, eine eigensinnige Stirn, die sich manchmal ein wenig hinaufwärts faltete. Wenn sie sprach, war sie angenehm und natürlich, besonders wenn sie kindisch laut lachte; hingegen wenn sie schwieg, schien sie etwas bedeuten zu wollen, und machte mit der Oberlippe eine fatale Miene. Ich sprach sehr viel mit ihr durch, sie war überall zu Hause und merkte gut auf die Gegenstände. So fragte sie mich einmal, was das für ein Baum sey? Es war ein schöner großer Ahorn, der erste der mir auf der ganzen Reise zu Gesicht kam. Den hatte sie doch gleich bemerkt, und freute sich, da mehrere nach und nach erschienen, daß sie auch diesen Baum unterscheiden könne. Sie gehe, sagte sie, nach Bozen auf die Messe, wo ich doch wahrscheinlich auch hinzöge. Wenn sie mich dort anträfe, müsse ich ihr einen Jahrmarkt kaufen, welches ich ihr denn auch versprach. Dort wolle sie auch ihre neue Haube aufsetzen, die sie sich in München von ihrem Barbier habe machen lassen. Sie wolle mir solche in voraus zeigen. Nun eröffnete sie die Schachtel, und ich mußte mich des reichgestickten und wohlgebänderten Kopfschmuckes mit ihr erfreuen.

Ueber eine andere frohe Aussicht vergnügten wir uns gleichfalls zusammen. Sie versicherte nämlich, daß es gut Wetter gäbe. Sie trügen ihren Barometer mit sich, und das sey die Geige. Wenn sich der Diskant hinaufstimme, so gebe es gutes Wetter, und das habe er heute gethan. Ich ergriff das Omen, und wir schieden im besten Humor, in der Hoffnung eines baldigen Wiedersehens.

Auf dem Brenner, den 8. September 1786. Abends.

Hier gekommen, gleichsam gezwungen, endlich an einen Ruhepunkt, an einen stillen Ort, wie ich ihn mir nur hätte wünschen können. Es war ein Tag, den man Jahre lang in der Erinnerung genießen kann. Um sechs Uhr verließ ich Mittelwalde, den klaren Himmel reinigte ein scharfer Wind vollkommen. Es war eine Kälte, wie sie nur im Februar erlaubt ist. Nun aber, bei dem Glanze der aufgehenden Sonne, die dunkeln mit Fichten bewachsenen Vordergründe, die grauen Kalkfelsen dazwischen, und dahinter die beschneiten höchsten Gipfel auf einem lie- feren Himmelsblau, das waren köstliche, ewig abwechselnde Bilder.

Bei Schärnitz kommt man ins Tyrol. Die Gränze ist mit einem Walle geschlossen, der das Thal verriegelt und sich an die Berge anschließt. Es sieht gut aus: an der einen Seite ist der Felsen befestigt, an der andern steigt er senkrecht in die Höhe. Von Seefeld wird der Weg immer interessanter, und wenn er bisher, seit Benedictbeuern herauf, von Höhe zu Höhe stieg, und alle Wasser die Region der Isar suchten, so blickt man nun über einen Rücken in das Innthal, und Inzingen liegt vor uns. Die Sonne war hoch und heiß, ich mußte meine Kleidung erleichtern, die ich bei der veränderlichen Atmosphäre des Tages oft wechsele.

Bei Zierl fährt man ins Innthal herab. Die Lage ist unbeschreiblich schön, und der hohe Sonnenduft machte sie ganz herrlich. Der Postillon eilte mehr als ich wünschte: er hatte noch keine Messe gehört und wollte sie in Innspruck, es war eben Marientag, um desto andächtiger zu sich nehmen. Nun rasselte es immer an dem Inn hinab, an der Martinswand vorbei, einer steil abgehenden ungeheuern Kalkwand. Zu dem Platze wohin Kaiser Maximilian sich verstiegen haben soll, getraute ich mir wohl ohne Engel hin und her zu kommen, ob es gleich immer ein frevelhaftes Unternehmen wäre.

Innspruck liegt herrlich in einem breiten reichen Thale, zwischen hohen Felsen und Gebirgen. Erst wollte ich dableiben, aber es ließ mir keine Ruhe. Kurze Zeit ergötzte ich mich an dem Sohne des Wirths, einem leibhaftigen Söller.[1] So begegnen mir nach und nach meine Menschen. Das Fest Mariä Geburt zu feiern ist alles geputzt. Gesund und wohlthätig zu Schaaren, wallfahten sie nach Wilten, einem Andachtsorte, eine Viertelstunde von der Stadt gegen das Gebirge zu.[2] Um zwei Uhr, als mein rollender Wagen das muntere bunte Gedränge theilte, war alles in frohem Zug und Glanz.

Von Innspruck herauf wird es immer schöner, da hilft kein Beschreiben. Auf dem gebahntesten Wege steigt man eine Schlucht herauf, die das Wasser nach dem Inn zusendet, eine Schlucht, die dem Auge unzählige Abwechselungen bietet. Wenn der Weg nah am schroffsten Felsen hergeht, ja in ihn hineingehauen ist, so erblickt man die Seite

[1] Hauptfigur in dem Goethe'schen Stück: Die Mitschuldigen.
[2] Gesund und wohlhäbig, zu Schaaren wallfahrten sie ꝛc.

gegenüber sanft abhängig; so daß noch kann der schönste Feldbau darauf geübt werden. Es liegen Dörfer, Häuser, Häuschen, Hütten, alles weiß angestrichen, zwischen Feldern und Heden auf der abhängenden hohen und breiten Fläche. Bald verändert sich das Ganze: das Benußbare wird zur Wiese, bis sich auch das in einen steilen Abhang verliert.

Zu meiner Weltverschaffung habe ich manches erobert; doch nichts ganz Neues und Unerwartetes. Auch habe ich viel geträumt von dem Urbell, wovon ich so lange rede, woran ich so gern anschaulich machen möchte, was in meinem Innern herumzieht, und was ich nicht jedem in der Natur vor Augen stellen kann.

Nun wurde es dunkler und dunkler, das Einzelne verlor sich, die Massen wurden immer größer und herrlicher, endlich da sich alles nun, wie ein tiefes geheimes Bild, vor mir bewegte, sah ich auf einmal wieder die hohen Schneegipfel vom Mond beleuchtet, und nun erwarte ich, daß der Morgen diese Felsenkluft erhelle, in der ich auf der Gränzscheide des Südens und Nordens eingekliemmt bin.

Ich füge noch einige Bemerkungen hinzu über die Witterung, die mir vielleicht eben deßwegen so günstig ist, weil ich ihr so viele Betrachtungen widme. Auf dem flachen Lande empfängt man gutes und böses Wetter wenn es schon fertig geworden; im Gebirge ist man gegenwärtig wenn es entsteht. Dieses ist mir nun so oft begegnet, wenn ich auf Reisen, Spaziergängen, auf der Jagd; Tag' und Nächte lang in den Bergwäldern, zwischen Klippen verweilte, und da ist mir eine Grille aufgestiegen, die ich auch für nichts anders geben will, die ich aber nicht los werden kann, wie man denn eben die Grillen am wenigsten los wird. Ich sehe sie überall als wenn es eine Wahrheit wäre, und so will ich sie denn auch aussprechen, da ich ohnehin die Nachsicht meiner Freunde so oft zu prüfen im Falle bin.

Betrachten wir die Gebirge näher oder ferner, und sehen ihre Gipfel bald im Sonnenscheine glänzen, bald vom Nebel umzogen, von stürmenden Wolken umsaus't, von Regenstrichen gepeitscht, mit Schnee bedeckt, so schreiben wir das alles der Atmosphäre zu, da wir mit Augen ihre Bewegungen und Veränderungen gar wohl sehen und fassen. Die Gebirge hingegen liegen vor unserm äußeren Sinn in ihrer herkömmlichen Gestalt unbeweglich da. Wir halten sie für todt, weil sie erstarrt sind, wir glauben sie unthätig, weil sie ruhen. Ich aber kann mich

schon seit längerer Zeit nicht entbrechen, einer innern, stillen, geheimen
Wirkung derselben die Veränderungen, die sich in der Atmosphäre zeigen,
zum großen Theile zuzuschreiben. Ich glaube nämlich, daß die Masse
der Erde überhaupt, und folglich auch besonders ihre hervorragenden
Grundfesten, nicht eine beständige, immer gleiche Anziehungskraft ausüben, sondern daß diese Anziehungskraft sich in einem gewissen Pulsiren
äußert, so daß sie sich durch innere nothwendige, vielleicht auch äußere
zufällige Ursachen, bald vermehrt, bald vermindert. Mögen alle anderen
Versuche diese Oscillation darzustellen zu beschränkt und roh seyn, die
Atmosphäre ist zart und weit genug, um uns von jenen stillen Wirkungen zu unterrichten. Vermindert sich jene Anziehungskraft im geringsten, alsbald deutet uns die verringerte Schwere, die verminderte
Elasticität der Luft diese Wirkung an. Die Atmosphäre kann die Feuchtigkeit, die in ihr chemisch und mechanisch vertheilt war, nicht mehr
tragen, Wolken senken sich, Regen stürzen nieder, und Regenströme
ziehen nach dem Lande zu. Vermehrt aber das Gebirg seine Schwer-
kraft, so wird alsbald die Elasticität der Luft wieder hergestellt, und
es entspringen zwei wichtige Phänomene. Einmal versammeln die Berge
ungeheure Wolkenmassen um sich her, halten sie fest und starr, wie
zweite Gipfel über sich, bis sie, durch innern Kampf elektrischer Kräfte
bestimmt, als Gewitter, Nebel und Regen niedergehen; sodann wirkt
auf den Ueberrest die elastische Luft, welche nun wieder mehr Wasser
zu fassen, aufzulösen und zu verarbeiten fähig ist. Ich sah das Auf-
zehren einer solchen Wolke ganz deutlich: sie hing um den steilsten Gipfel,
das Abendroth beschien sie. Langsam, langsam sonderten ihre Enden
sich ab, einige Flocken wurden weggezogen und in die Höhe gehoben;
diese verschwanden, und so verschwand die ganze Masse nach und nach,
und ward vor meinen Augen, wie ein Rocken, von einer unsichtbaren
Hand ganz eigentlich abgesponnen.

Wenn die Freunde über den ambulanten Wetterbeobachter und dessen
seltsame Theorien gelächelt haben, so gebe ich ihnen vielleicht durch einige
andere Betrachtungen Gelegenheit zum Lachen, denn ich muß gestehen,
daß meine Reise eigentlich eine Flucht war vor allem den Uebeln, die
ich unter dem einundfünfzigsten Grade erlitten, doch ich hoffnungsvolle
unter dem achtundvierzigsten ein wahres Gösen zu betreten. Aber ich
fand mich getäuscht, wie ich früher hätte wissen sollen; denn nicht die

Polhöhe allein macht Klima und Witterung, sondern die Bergreihen, besonders jene, die von Morgen nach Abend die Länder durchschneiden. In diesen ereignen sich immer große Veränderungen, und nordwärts liegende Länder haben am meisten darunter zu leiden. So scheint auch die Witterung für den ganzen Norden diesen Sommer über durch die große Alpenkette, auf der ich dieses schreibe, bestimmt worden zu seyn. Hier hat es die letzten Monate her immer geregnet, und Süd-West und Süd-Ost haben den Regen durchaus nordwärts geführt. In Italien sollen sie schön Wetter, ja zu trocken, gehabt haben.

Nun von dem abhängigen, durch Klima, Berghöhe Feuchtigkeit auf das mannichfaltigste bedingten Pflanzenreich einige Worte. Auch hierin habe ich keine sonderliche Veränderung, doch Gewinn gefunden. Aepfel und Birnen hängen schon häufig vor Inspruck in dem Thale, Pfirschen und Trauben hingegen bringen sie aus Welschland, oder vielmehr aus dem mittägigen Tyrol. Um Inspruck bauen sie viel Türkisch- und Haidekorn, das sie Blende nennen. Den Brenner herauf sah ich die ersten Lärchenbäume, bei Schemberg den ersten Zirbel. Ob wohl das Harfner-Mädchen hier auch nachgefragt hätte?

Die Pflanzen betreffend fühl' ich noch sehr meine Schülerschaft. Bis München glaubt' ich wirklich nur die gewöhnlichen zu sehen. Freilich war meine eilige Tag- und Nachtfahrt solchen feinern Beobachtungen nicht günstig. - Nun habe ich zwar meinen Linné bei mir und seine Terminologie wohl eingeprägt, wo soll aber Zeit und Ruhe zum Analysiren herkommen, das ohnehin, wenn ich mich recht kenne, meine Stärke niemals werden kann? Daher schärf' ich mein Auge aufs Allgemeine, und als ich am Walchensee die erste Gentiana sah, fiel mir auf, daß ich auch bisher zuerst am Wasser die neuen Pflanzen fand.

Was mich noch aufmerksamer machte, war der Einfluß, den die Gebirgshöhe auf die Pflanzen zu haben schien. Nicht nur neue Pflanzen fand ich da, sondern Wachsthum der alten verändert: wenn in der tiefern Gegend Zweige und Stengel stärker und mastiger waren, die Augen näher an einander standen, und die Blätter breit waren, so wurden höher ins Gebirg hinauf Zweige und Stengel zarter, die Augen rückten aus einander, so daß von Knoten zu Knoten ein größerer Zwischenraum statt fand, und die Blätter sich lanzenförmiger bildeten. Ich bemerkte dieß bei einer Weide und einer Gentiana und überzeugte mich,

daß es nicht etwa verschiedene Arten wären. Auch am Walchensee bemerkte ich längere und schlankere Binsen als im Unterlande.

Die Kalkalpen, welche ich bisher durchschnitten, haben eine graue
Farbe und schöne, sonderbare, unregelmäßige Formen, ob sich gleich der
Fels in Lager und Bänke theilt. Aber weil auch geschwungene Lager
vorkommen, und der Fels überhaupt ungleich verwittert, so sehen die
Wände und Gipfel seltsam aus. Diese Gebirgsart steigt den Brenner
weit herauf. In der Gegend des obern Sees fand ich eine Veränderung desselben. An dunkelgrünen und dunkelgrauen Glimmerschiefer,
stark mit Quarz durchzogen, lehnte sich ein weißer dichter Kalkstein, der
an der Ablösung glimmerig war, und in großen, obgleich unendlich zer-
klüfteten Massen anstand. Ueber demselben fand ich wieder Glimmerschiefer, der, mir aber zärter als der vorige zu seyn schien. Weiter hinauf
zeigt sich eine besondere Art Gneiß, oder vielmehr eine Granitart, die
sich dem Gneiß zubildet, wie in der Gegend von Ellbogen. Hier oben,
gegen dem Hause über, ist der Fels Glimmerschiefer. Die Wasser,
die aus dem Berge kommen, bringen nur diesen Stein und grauen
Kalk mit.

Nicht fern muß der Granitstock seyn, an den sich alles anlehnt.
Die Charte zeigt, daß man sich an der Seite des eigentlichen großen
Brenners befindet, von dem aus die Wasser sich ringsum ergießen.

Von Aeußern des Menschengeschlechts habe ich so viel aufgefaßt:
Die Nation ist wacker und gerade vor sich hin. Die Gestalten bleiben
sich ziemlich gleich; braune, wohlgeöffnete Augen und sehr gut gezeichnete Augenbraunen bei den Weibern; dagegen blonde und breite Augenbraunen bei den Männern. Diesen geben die grünen Hüte zwischen den
grauen Felsen ein fröhliches Ansehn. Sie tragen sie geziert mit Bändern oder breiten Schärpen von Tafft, mit Franzen, die mit Nadeln
gar zierlich aufgeheftet werden. Auch hat jeder eine Blume oder eine
Feder auf dem Hut. Dagegen verbilden sich die Weiber durch weiße,
baumwollene, zottige, sehr weite Mützen, als wären es unförmliche
Mannsnachtmützen. Das giebt ihnen ein ganz fremdes Ansehn, da sie
im Auslande die grünen Mannshüte tragen, die sehr schön kleiden.

Ich habe Gelegenheit gehabt zu sehen, welchen Werth die gemeinen
Leute auf Pfauenfedern legen, und wie überhaupt jede bunte Feder
geehrt wird. Wer diese Gebirge bereisen wollte, müßte dergleichen mit

sich führen. Eine solche am rechten Orte angebrachte Feder würde statt des willkommensten Trinkgeldes dienen.

Indem ich nun diese Blätter sondere, sammele, hefte und dergestalt einrichte, daß sie meinen Freunden bald einen leichten Ueberblick meiner bisherigen Schicksale gewähren können, und daß ich mir zugleich was ich bisher erfahren und gedacht, von der Seele wälze, betrachte ich dagegen mit einem Schauer manche Padete, von denen ich ein kurz und gutes Bekenntniß ablegen muß: sind es doch meine Begleiter, werden sie nicht viel Einfluß auf meine nächsten Tage haben?

Ich hatte nach Carlsbad meine sämmtlichen Schriften mitgenommen, um die von Göschen zu besorgende Ausgabe schließlich zusammen zu stellen. Die angedruckten besaß ich schon längst in schönen Abschriften von der geschickten Hand des Secretär Vogel. Dieser wackere Mann begleitete mich auch dießmal, um mir durch seine Fertigkeit beizustehen. Dadurch ward ich in den Stand gesetzt, die vier ersten Bände, unter der treuesten Mitwirkung Herder's, an den Verleger abzusenden, und war im Begriff mit den vier letzten das Gleiche zu thun. Diese bestanden theils aus nur entworfenen Arbeiten, ja aus Fragmenten, wie denn meine Unart, vieles anzufangen und bei vermindertem Interesse liegen zu lassen, mit den Jahren, Beschäftigungen und Zerstreuungen allgemach zugenommen hatte.

Da ich nun diese Dinge sämmtlich mit mir führte, so gehorchte ich gern den Anforderungen der Carlsbader geistreichen Gesellschaft, und las ihr alles vor, was bisher unbekannt geblieben, da man sich denn jedesmal über das Nichtvollbringen derjenigen Dinge, an denen man sich gern länger unterhalten hätte, bitterlich beschwerte.

Die Feier meines Geburtstages bestand hauptsächlich darin, daß ich mehrere Gedichte erhielt, im Namen meiner unternommenen aber vernachlässigten Arbeiten, worin sich jedes nach seiner Art über mein Verfahren beklagte. Darunter zeichnete sich ein Gedicht im Namen der Vögel aus, wo eine an Treufreund gesendete Deputation dieser muntern Geschöpfe inständig bat, er möchte doch das ihnen zugesagte Reich nunmehr auch gründen und einrichten. Nicht weniger einsichtig und anmuthig waren die Aeußerungen über meine andern Stückwerke, so daß sie mir auf einmal wieder lebendig wurden, und ich den Freunden meine gehabten Vorsätze und vollständigen Plane mit Vergnügen

erzähle. Dieß veranlaßte dringende Forderungen und Wünsche, und
gab Herbern gewonnen Spiel, als er mich zu überreden suchte, ich
möchte diese Papiere nochmals mit mir nehmen, vor allem aber Iphigenien noch einige Aufmerksamkeit schenken, welche sie wohl verdiene.
Das Stück, wie es gegenwärtig liegt, ist mehr Entwurf als Ausführung, es ist in poetischer Prosa geschrieben, die sich manchmal in
einem jambischen Rhythmus verliert, auch wohl andern Sylbenmaaßen
ähnelt. Dieses thut freilich der Wirkung großen Eintrag, wenn man
es nicht sehr gut liest, und durch gewisse Kunstgriffe die Mängel zu
verbergen weiß. Er legte mir dieses so dringend an's Herz, und da
ich meinen größeren Reiseplan ihm wie allen verborgen hatte, so glaubte
er, es sey nur wieder von einer Bergwanderung die Rede, und weil
er sich gegen Mineralogie und Geologie immer spöttisch erwies, meinte
er, ich sollte, anstatt taubes Gestein zu klopfen, meine Werkzeuge an
diese Arbeit wenden. Ich gehorchte so vielen wohlgemeinten Andrängen;
bis hierher aber war es nicht möglich, meine Aufmerksamkeit dahin zu
lenken. Jetzt sondere ich Iphigenien aus dem Packet, und nehme sie
mit in das schöne, warme Land als Begleiterin. Der Tag ist so lang,
das Nachdenken ungestört und die herrlichen Bilder der Umwelt verdrängen keineswegs den poetischen Sinn, sie rufen ihn vielmehr, von
Bewegung und freier Luft begleitet, nur desto schneller hervor.

——— ·

Vom Brenner bis Verona.

Trient, den 11. September 1786. Früh.

Nachdem ich völlig funfzig Stunden am Leben und in steter Beschäftigung gewesen; kam ich gestern Abend um acht Uhr hier an, begab
mich bald zur Ruhe, und finde mich nun wieder im Stande, in meiner
Erzählung fortzufahren. Am neunten, Abends, als ich das erste Stück
meines Tagebuchs geschlossen hatte, wollte ich noch die Herberge, das
Posthaus auf dem Brenner, in seiner Lage zeichnen, aber es gelang
nicht, ich verfehlte den Charakter, und ging halb verdrießlich nach Hause.
Der Wirth fragte mich, ob ich nicht fort wollte: es sey Mondenschein
und der beste Weg; und ob ich wohl wußte, daß er die Pferde morgen

früh zum Einfahren des Grummets brauchte, und bis dahin gern wieder zu Hause hätte, sein Rath also eigennützig war, so nahm ich ihn doch, weil er mit meinem innern Triebe übereinstimmte, als gut an. Die Sonne ließ sich wieder blicken, die Luft war leidlich, ich packte ein, und um sieben Uhr fuhr ich weg. Die Atmosphäre ward über die Wolken Herr und der Abend gar schön.

Der Postillon schlief ein, und die Pferde liefen den schnellsten Trab bergunter, immer auf dem bekannten Wege fort; kamen sie an ein eben Fleck, so ging es desto langsamer. Der Führer wachte auf und trieb wieder an, und so kam ich sehr geschwind, zwischen hohen Felsen, an dem reißenden Etschfluß hinunter. Der Mond ging auf und beleuchtete ungeheure Gegenstände. Einige Mühlen zwischen uralten Fichten über dem schäumenden Strom waren völlige Everdingen.

Als ich um neun Uhr nach Sterzingen gelangte, gab man mir zu verstehen, daß man mich gleich wieder wegwünsche. In Mittelwald punkt zwölf Uhr fand ich alles in tiefem Schlafe, außer dem Postillon, und so ging es weiter auf Brizen, wo man mich wieder gleichsam entführte, so daß ich mit dem Tage in Kollmann ankam. Die Postillons fuhren, daß einem Sehen und Hören berging, und so leid es mir that, diese herrlichen Gegenden in der entsetzlichsten Schnelle und bei Nacht wie im Fluge zu durchreisen, so freute es mich doch innerlich, daß ein günstiger Wind hinter mir herblies und mich meinen Wünschen zujagte. Mit Tagesanbruch erblickte ich die ersten Rebhügel. Eine Frau mit Birnen und Pfirschen begegnete mir, und so ging es auf Teutschen los, wo ich um sieben Uhr ankam, und gleich weiter befördert wurde. Nun erblickte ich endlich bei hohem Sonnenschein, nachdem ich wieder eine Weile nordwärts gefahren war, das Thal worin Bozen liegt. Von steilen, bis auf eine ziemliche Höhe angebauten Bergen umgeben, ist es gegen Mittag offen, gegen Norden von den Tyroler Bergen gedeckt. Eine milde sanfte Luft füllte die Gegend. Hier wendet sich die Etsch wieder gegen Mittag. Die Hügel am Fuße der Berge sind mit Wein bebaut. Ueber lange, niedrige Lauben sind die Stöcke gezogen, die blauen Trauben hängen gar zierlich von der Decke herunter und reifen an der Wärme des nahen Bodens. Auch in der Fläche des Thals, wo sonst nur Wiesen sind, wird der Wein in solchen eng an einander stehenden Reihen von Lauben gebaut, dazwischen das türkische Korn,

daß nun immer höhere Stengel treibt. Ich habe es oft zu zehn Fuß
hoch gesehen. Die zaselige, männliche Blüthe ist noch nicht abgeschnitten,
wie es geschieht, wenn die Befruchtung eine Zeit lang vorbei ist.

Bei heiterm Sonnenschein kam ich nach Botzen. Die vielen Kauf-
mannsgesichter freuten mich beisammen. Ein absichtliches, wohlbehag-
liches Daseyn drückt sich recht lebhaft aus. Auf dem Platze saßen Obst-
weiber mit runden, flachen Körben, über vier Fuß im Durchmesser,
worin die Pfirschen neben einander lagen, daß sie sich nicht drücken
sollten. Eben so die Birnen. Hier fiel mir ein, was ich in Regensburg
am Fenster des Wirthshauses geschrieben sah.

> Comme les pêches et les mélons
> Sont pour la bouche d'un baron,
> Ainsi les verges et les bâtons
> Sont pour les fous, dit Salomon. [1]

Daß ein nordischer Baron dieses geschrieben ist offenbar, und
daß er in diesen Gegenden seine Begriffe ändern würde, ist auch
natürlich.

Die Botzner Messe bewirkt einen starken Seidenvertrieb; auch Tücher
werden dahin gebracht und was an Leder aus den gebirgigen Gegenden
zusammengeschafft wird. Doch kommen mehrere Kaufleute hauptsächlich
um Gelder einzucassiren, Bestellungen anzunehmen und neuen Credit
zu geben dahin. Ich hatte große Lust, alle die Producte zu betrachten,
die hier auf einmal zusammen gefunden werden, doch der Trieb, die
Unruhe die hinter mir ist, läßt mich nicht rasten, und ich eile sogleich
wieder fort. Dabei kann ich mich trösten, daß in unsern statistischen
Zeiten dieß alles wohl schon gedruckt ist, und man sich gelegentlich davon aus Büchern unterrichten kann. Mir ist jetzt nur um die sinnlichen
Eindrücke zu thun, die kein Buch, kein Bild giebt. Die Sache ist, daß
ich wieder Interesse an der Welt nehme, meinen Beobachtungsgeist versuche und prüfe, wie weit es mit meinen Wissenschaften und Kenntnissen

---

[1] So wie die Pfirschen und Melonen
Sind für den Schnabel der Baronen;
Sind Geißel und Stock der Narren Loos,
Wie's steht in den Sprüchen Salomo's.

geht, ob mein Auge licht, rein und hell ist, wie viel ich in der Geschwindigkeit fassen kann, und ob die Falten, die sich in mein Gemüth
geschlagen und gedrückt haben, wieder auszutilgen sind. Schon jetzt,
daß ich mich selbst bediene, immer aufmerksam, immer gegenwärtig seyn
muß, giebt mir diese wenigen Tage her eine ganz andere Elasticität
des Geistes; ich muß mich um den Geldcours bekümmern, wechseln,
bezahlen, notiren, schreiben, anstatt daß ich sonst nur dachte, wollte,
sann, befahl und dictirte.

Von Bozen auf Trient geht es neun Meilen weg in einem fruchtbaren und fruchtbareren Thale hin. Alles was auf den höhern Gebirgen zu begeiren versucht, hat hier schon mehr Kraft und Leben, die
Sonne scheint heiß, und man glaubt wieder einmal an einen Gott.

Eine arme Frau rief mich an, ich möchte ihr Kind in den
Wagen nehmen, weil ihm der heiße Boden die Füße verbrenne. Ich
that diese Mildthätigkeit zu Ehren des gewaltigen Himmelslichtes. Das
Kind war sonderbar geputzt und aufgeziert, ich konnte ihm aber in keiner
Sprache etwas abgewinnen.

Die Etsch fließt nun sanfter und macht an vielen Orten breite
Kiese. Auf dem Lande, nah am Fluß, den Hügel hinauf, ist alles so
enge an und in einander gepflanzt, daß man denkt, es müsse eins das
andere ersticken. — Weingeländer, Mais, Maulberbäume, Aepfel,
Birnen, Quitten und Nüsse. Ueber Mauern wächst sich der Attig lebhaft
herüber. Epheu wächst in starken Stämmen die Felsen hinauf, und
verbreitet sich weit über sie; die Eidechse schlüpft durch die Zwischenräume, und alles was hin und her wandelt erinnert einen an die
liebsten Kunstbilder. Die aufgebundenen Zöpfe der Frauen, der Männer
bloße Brust und leichte Jacken, die trefflichen Ochsen, die sie vom Markt
nach Hause treiben, die beladenen Eselchen, alles bildet einen lebendigen
bewegten Heinrich Roos. Und nun wenn es Abend wird, bei der milden
Luft wenige Wolken an den Bergen ruhen, am Himmel mehr stehen
als ziehen, und gleich nach Sonnenuntergang das Geschrille der Heuschrecken laut zu werden anfängt, da fühlt man sich doch einmal in der
Welt zu Hause und nicht wie geborgt oder im Exil. Ich lasse mir's
gefallen als wenn ich hier geboren und erzogen wäre, und nun von
einer Grönlandsfahrt, von einem Wallfischfange zurückkäme. Auch der
vaterländische Staub, der manchmal den Wagen umwirbelt, von dem

ich so lange nichts erfahren habe, wird begrüßt. Das Glocken- und
Schellengeläute der Heuschrecken ist allerliebst, durchdringend und nicht
unangenehm. Lustig klingt es, wenn muthwillige Buben mit einem
Feld solcher Sängerinnen um die Wette pfeifen. Man bildet sich ein,
daß sie einander wirklich steigern. Auch der Abend ist vollkommen milde
wie der Tag.

Wenn mein Entzücken hierüber jemand vernähme, der in Süden
wohnte, von Süden herkäme, er würde mich für sehr kindisch halten.
Ach, was ich hier ausdrücke, habe ich lange gewußt, so lange als ich
unter einem bösen Himmel dulde, und jetzt mag ich gern diese Freude
als Ausnahme fühlen, die wir als eine ewige Naturnothwendigkeit
immer fort genießen sollten.

———————

Trient, den 10. September 1786. Abends.

Ich bin in der Stadt herum gegangen, die uralt ist und in einigen
Straßen neue wohlgebaute Häuser hat. In der Kirche hängt ein Bild,
wo das versammelte Concilium einer Predigt des Jesuiten-Generals zu
hört. Ich möchte wohl wissen, was er ihnen aufgebunden hat. Die
Kirche dieser Väter bezeichnet sich gleich von außen durch rothe Marmor-
Pilaster an der Façade; ein schwerer Vorhang schließt die Thüre, den
Staub abzuhalten. Ich hob ihn auf und trat in eine kleine Vorkirche;
die Kirche selbst ist durch ein eisernes Gitter geschlossen, doch so, daß
man sie ganz übersehen kann. Es war alles still und ausgestorben,
denn es wird hier kein Gottesdienst mehr gehalten. Die vordere Thüre
stand nur auf, weil zur Vesperzeit alle Kirchen geöffnet seyn sollen.

Wie ich nun so dastehe und der Bauart nachdenke, die ich den
übrigen Kirchen dieser Väter ähnlich fand, tritt ein alter Mann herein,
das schwarze Käppchen sogleich abnehmend. Sein alter schwarzer, ver-
grauter Rock deutete auf einen verkümmerten Geistlichen; er kniet vor
dem Gitter nieder, und steht nach einem kurzen Gebet wieder auf. Wie
er sich umkehrt, sagt er halb laut für sich: da haben sie nun die Jesuiten
heraus getrieben, sie hätten ihnen auch zahlen sollen was die Kirche
gekostet hat. Ich weiß wohl, was sie gekostet hat und das Seminarium,
wie viele Tausende. Indessen war er hinaus und hinter ihm der Vorhang zugefallen, den ich lüftete und mich still hielt. Er war auf der

obern Stufe stehen geblieben und sagte: der Kaiser hat es nicht gethan, der Papst hat es gethan. Mit dem Gesicht gegen die Straße gelehnt und ohne mich zu vermuthen, fuhr er fort: erst die Spanier, dann wir, dann die Franzosen. Abels Blut schreit über seinen Bruder Cain! und so ging er die Treppe hinab, immer mit sich redend, die Straße hin. Wahrscheinlich ist es ein Mann, den die Jesuiten erhielten, und der über den ungeheuern Fall des Ordens den Verstand verlor, und nun täglich kommt, in dem leeren Gefäß die alten Bewohner zu suchen und nach einem kurzen Gebet ihren Feinden den Fluch zu geben.

Ein junger Mann, den ich um die Merkwürdigkeiten der Stadt fragte, zeigte mir ein Haus, das man des Teufels Haus nennt, welches der sonst allzeitfertige Zerstörer in einer Nacht mit schnell herbeigeschafften Steinen erbaut haben soll. Das eigentliche Merkwürdige daran bemerkte der gute Mensch aber nicht, daß es nämlich das einzige Haus von gutem Geschmack ist, das ich in Trient gesehen habe, in einer älteren Zeit, gewiß von einem guten Italiener aufgeführt. Abends um fünf Uhr reiste ich ab; wieder das Schauspiel von gestern Abend, und die Heuschrecken die gleich bei Sonnenuntergang zu schrillen anfangen. Wohl eine Meile weit führt man zwischen Mauern, über welche sich Traubengeländer sehen lassen; andere Mauern, die nicht hoch genug sind, hat man mit Steinen, Dornen und sonst zu erhöhen gesucht, um das Abrupfen der Trauben den Vorbeigehenden zu wehren. Viele Besitzer bespritzen die vordersten Reihen mit Kalk, der die Trauben ungenießbar macht, dem Wein aber nichts schadet, weil die Gährung alles wieder heraustreibt.

Den 11. September 1786. Abends.

Hier bin ich nun in Roveredo, wo die Sprache sich abschneidet; oben herein schwankt es noch immer vom Deutschen zum Italiänischen. Nun hatte ich zum erstenmal einen stockwelschen Postillon, der Wirth spricht kein Deutsch, und ich muß nun meine Sprachkünste versuchen. Wie froh bin ich, daß nunmehr die geliebte Sprache lebendig, die Sprache des Gebrauchs wird.

Torbole, den 12. September 1786. Nach Tische.

Wie sehr wünschte ich meine Freunde einen Augenblick neben mich, daß sie sich der Aussicht freuen könnten die vor mir liegt.

Heute Abend hätte ich können in Verona seyn, aber es lag mir noch eine herrliche Naturwirkung an der Seite, ein köstliches Schauspiel, der Gardasee, den wollte ich nicht versäumen, und bin herrlich für meinen Umweg belohnt. Nach fünfen fuhr ich von Roveredo fort, ein Seitenthal hinauf, das seine Wasser noch in die Etsch gießt. Wenn man hinauf kommt liegt ein ungeheurer Felsriegel hinten vor, über den man nach dem See hinunter muß. Hier zeigten sich die schönsten Kalkfelsen zu malerischen Studien. Wenn man hinab kommt, liegt ein Örtchen am nördlichen Ende des Sees, und ist ein kleiner Hafen oder vielmehr Anfuhrt daselbst, es heißt Torbole. Die Feigenbäume hatten mich schon den Weg herauf häufig begleitet, und indem ich in das Felsamphitheater hinabstieg, fand ich die ersten Ölbäume voller Oliven. Hier traf ich auch zum erstenmal die weißen kleinen Feigen, als gemeine Frucht, welche mir die Gräfin Lanthieri verheißen hatte.

Aus dem Zimmer in dem ich sitze, geht eine Thüre nach dem Hof hinunter, ich habe meinen Tisch davor gerückt, und die Aussicht mit einigen Linien gezeichnet. Man übersieht den See hinab in seiner ganzen Länge, nur am Ende links entwendet er sich unsern Augen. Das Ufer, auf beiden Seiten von Hügeln und Bergen eingefaßt, glänzt von unzähligen kleinen Ortschaften.

Nach Mitternacht bläst der Wind von Norden nach Süden, wer also den See hinab will, muß zu dieser Zeit fahren; denn schon einige Stunden vor Sonnenaufgang wendet sich der Luftstrom und zieht nordwärts. Jetzo Nachmittag weht er stark gegen mich, und kühlt die heiße Sonne gar lieblich. Zugleich lehrt mich Volkmann, daß dieser See ehemals Benacus geheißen, und bringt einen Vers des Virgil, worin dessen gedacht wird:

Fluctibus et fremitu resonans Benace marino.[1]

[1] Der du mit Meeres-Brausg und Gebrause erklingst o Benacus. Virgil Georg 2, 160. Daselbst steht für resonans, adsurgens; vielleicht des Metrum's wegen.

Der erste lateinische Vers deſſen Inhalt lebendig vor mir ſteht, und der in dem Augenblicke, da der Wind immer ſtärker wächſt und der See höhere Wellen gegen die Anfahrt wirft, noch heute ſo wahr iſt als vor vielen Jahrhunderten. So manches hat ſich verändert, noch aber ſtürmt der Wind in dem See, deſſen Anblick eine Zeile Virgils noch immer veredelt.

Geſchrieben unter dem fünfundvierzigſten Grade funfzig Minuten.

In der Abendkühle ging ich ſpazieren, und befinde mich nun wirklich in einem neuen Lande, in einer ganz fremden Umgebung. Die Menſchen leben ein nachläſſiges Schlaraffenleben: erſtlich haben die Thüren keine Schlöſſer, der Wirth aber verſicherte mir, ich könnte ganz ruhig ſeyn, und wenn alles was ich bei mir hätte aus Diamanten beſtünde; zweitens ſind die Fenſter mit Oelpapier ſtatt Glasſcheiben geſchloſſen; drittens fehlt eine höchſt nöthige Bequemlichkeit, ſo daß man dem Naturzuſtande hier ziemlich nahe kommt. Als ich den Hausknecht nach einer gewiſſen Gelegenheit fragte, deutete er in den Hof hinunter, „qui abaſſo puo ſervirsi!“ ich fragte: „dove?“ — „da per totto, dove vuoll“ [1] antwortete er freundlich. Durchaus zeigt ſich die größte Sorgloſigkeit, doch Leben und Geſchäftigkeit genug. Den ganzen Tag verführen die Nachbarinnen ein Geſchwätz, ein Geſchrei, und haben alle zugleich etwas zu thun, etwas zu ſchaffen. Ich habe noch kein müßiges Weib geſehen.

Der Wirth verkündigte mir mit Italieniſcher Emphaſe, daß er ſich glücklich finde, mir mit der köſtlichſten Forelle dienen zu können. Sie werden bei Torbole gefangen, wo der Bach vom Gebirge herunter kommt, und der Fiſch den Weg hinauf ſucht. Der Kaiſer erhält von dieſem Fange zehntauſend Gulden Pacht. Es ſind keine eigentlichen Forellen, groß, manchmal fünfzig Pfund ſchwer, über den ganzen Körper bis auf den Kopf hinauf punktirt; der Geſchmack zwiſchen Forelle und Lachs, zart und trefflich.

Mein eigentlich Wohlleben aber iſt in Früchten, in Feigen, auch Birnen, welche da wohl köſtlich ſeyn müſſen, wo ſchon Citronen wachſen.

___

[1] Da unten können Sie ſich bedienen! Wo? Ueberall, wo Sie wollen!

Den 13. September 1786. Abends.

Heute früh um drei Uhr fuhr ich von Torbole weg, mit zwei
Ruderern. Anfangs war der Wind günstig, daß sie die Segel brauchen
konnten. Der Morgen war herrlich, zwar wolkig, doch bei der Dämmerung still. Wir fuhren bei Limona vorbei, dessen Berggärten,
terrassenweise angelegt und mit Citronenbäumen bepflanzt, ein reiches
und reinliches Ansehen geben. Der ganze Garten besteht aus Reihen
von weißen viereckigen Pfeilern, die in einer gewissen Entfernung von
einander stehen, und stufenweis den Berg hinaufrücken. Ueber diese
Pfeiler sind starke Stangen gelegt, um im Winter die dazwischen gepflanzten Bäume zu decken. Das Betrachten und Beschauen dieser angenehmen Gegenstände ward durch eine langsame Fahrt begünstigt, und
so waren wir schon an Malsesine vorbei, als der Wind sich völlig umkehrte, seinen gewöhnlichen Tagweg nahm und nach Norden zog. Das
Rudern half wenig gegen die übermächtige Gewalt, und so mußten
wir im Hafen von Malsesine landen. Es ist der erste Venetianische
Ort an der Morgenseite des Sees. Wenn man mit dem Wasser zu
thun hat, kann man nicht sagen: ich werde heute da oder dort seyn.
Diesen Aufenthalt will ich so gut als möglich nutzen, besonders das
Schloß zu zeichnen, das am Wasser liegt und ein schöner Gegenstand
ist. Heute im Vorbeifahren nahm ich eine Skizze davon.

Den 14. September 1786.

Der Gegenwind, der mich gestern in den Hafen von Malsesine
trieb, bereitete mir ein gefährliches Abenteuer, welches ich mit gutem
Humor überstand und in der Erinnerung lustig finde. Wie ich mir
vorgenommen hatte, ging ich Morgens bei Zeiten in das alte Schloß,
welches ohne Thore, ohne Verwahrung und Bewachung, jedermann zugänglich ist. Im Schloßhofe setzte ich mich dem alten, auf und in den
Felsen gebauten Thurm gegenüber; hier hatte ich zum Zeichnen ein
sehr bequemes Plätzchen gefunden: neben einer, drei vier Stufen erhöhten verschlossenen Thüre, im Thürgewände ein verziertes steinernes
Sitzchen, wie wir sie wohl bei uns in alten Gebäuden auch noch
antreffen.

Ich saß nicht lange, so kamen verschiedene Menschen in den Hof herein, betrachteten mich, und gingen hin und wieder. Die Menge vermehrte sich, blieb endlich stehen, so daß sie mich zuletzt umgab. Ich bemerkte wohl, daß mein Zeichnen Aufsehen erregt hatte, ich ließ mich aber nicht stören, und fuhr ganz gelassen fort. Endlich drängte sich ein Mann zu mir, nicht von dem besten Ansehen, und fragte, was ich da mache? Ich erwiederte ihm, daß ich den alten Thurm abzeichne, um mir ein Andenken von Malsesine zu erhalten. Er sagte darauf: es sey dieß nicht erlaubt, und ich solle es unterlassen. Da er dieses in gemeiner Venetianischer Sprache sagte, so daß ich ihn wirklich kaum verstand, so erwiederte ich ihm, daß ich ihn nicht verstehe. Er ergriff darauf mit wahrer Italiänischer Gelassenheit mein Blatt, zerriß es, ließ es aber auf der Pappe liegen. Hierauf konnte ich einen Ton der Unzufriedenheit unter den Umstehenden bemerken, besonders sagte eine ältliche Frau, es sey nicht recht, man solle den Podesta rufen, welcher dergleichen Dinge zu beurtheilen wisse. Ich stand auf meinen Stufen, den Rücken gegen die Thüre gelehnt, und überschaute das immer sich vermehrende Publikum. Die neugierigen starren Blicke, der gutmüthige Ausdruck in den meisten Gesichtern, und was sonst noch alles eine fremde Volksmasse charakterisiren mag, gab mir den lustigsten Eindruck. Ich glaubte das Chor der Vögel vor mir zu sehen, das ich als Treufreund auf dem Ettersburger Theater oft zum Besten gehabt. Dieß versetzte mich in die heiterste Stimmung, so daß, als der Podesta mit seinem Aktuarius herankam, ich ihn freimüthig begrüßte, und auf seine Frage: warum ich ihre Festung abzeichnete, ihm bescheiden erwiederte: daß ich dieses Gemäuer nicht für eine Festung anerkenne. Ich machte ihn und das Volk aufmerksam auf den Verfall dieser Thürme und dieser Mauern, auf den Mangel von Thoren, kurz auf die Wehrlosigkeit des ganzen Zustandes und versicherte, ich habe hier nichts als eine Ruine zu sehen und zu zeichnen gedacht.

Man entgegnete mir: wenn es eine Ruine sey, was denn dran wohl merkwürdig scheinen könne? Ich erwiederte darauf, weil ich Zeit und Gunst zu gewinnen suchte, sehr umständlich, daß sie wüßten, wie viele Reisende nur um der Ruinen willen nach Italien zögen, daß Rom, die Hauptstadt der Welt, von den Barbaren verwüstet, voller Ruinen stehe, welche hundert und aber hundertmal gezeichnet worden, daß nicht alles aus dem Alterthum so erhalten sey, wie das Amphitheater zu Verona, welches ich denn auch bald zu sehen hoffte.

Der Podesta welcher vor mir, aber tiefer stand, war ein langer, nicht gerade hagerer Mann, von etwa dreißig Jahren. Die stumpfen Züge seines geistlosen Gesichts stimmten ganz zu der langsamen und trüben Weise, womit er seine Fragen hervorbrachte. Der Aktuarius, kleiner und gewandter, schien sich in einen so neuen und seltenen Fall auch nicht gleich finden zu können. Ich sprach noch manches dergleichen, man schien mich gern zu hören, und indem ich mich an einige wohlwollende Frauengesichter wendete, glaubte ich Beistimmung und Billigung wahrzunehmen.

Als ich jedoch des Amphitheaters zu Verona erwähnte, das man im Lande unter dem Namen Arena kennt, sagte der Aktuarius, der sich unterdessen besonnen hatte: das möge wohl gehen, denn jenes sey ein weltberühmtes, Römisches Gebäude; an diesen Thürmen aber sey nichts Merkwürdiges, als daß es die Gränze zwischen dem Gebiete Venedigs und dem Oesterreichischen Kaiserstaate bezeichne, und deßhalb nicht ausspioniert werden solle. Ich erklärte mich dagegen weitläufig, daß nicht allein Griechische und Römische Alterthümer, sondern auch die der mittlern Zeit Aufmerksamkeit verdienten. Ihnen sey freilich nicht zu verargen, daß sie an diesem, von Jugend auf gekannten Gebäude nicht so viele malerisch Schönheiten, als ich, entdecken könnten. Glücklicherweise lege die Morgensonne Thurm, Felsen und Mauern in das schönste Licht, und ich fing an, ihnen dieses Bild mit Enthusiasmus zu beschreiben. Weil aber mein Publikum jene belobten Gegenstände im Rücken hatte und sich nicht ganz von mir abwenden wollte, so drehten sie auf einmal, jenen Vögeln gleich die man Wendehälse nennt, die Köpfe herum, nachzeige mit Augen zu schauen, was ich ihren Ohren anpries, ja der Podesta selbst kehrte sich, obgleich mit etwas mehr Anstand, nach dem beschriebenen Bilde hin. Diese Scene kam mir so lächerlich vor, daß mein guter Muth sich vermehrte, und ich ihnen nichts, am wenigsten den Ehren-theater, der Fels und Gemäuer auf das reichste zu verzieren schon Jahrhunderte Zeit gehabt hatte.

Der Aktuarius versetzte drauf, das lasse sich alles hören, aber Kaiser Joseph sey ein unruhiger Herr, der gewiß gegen die Republik Venedig noch manches Böse im Schilde führe, und ich möchte wohl sein Unterthan, ein Abgeordneter seyn, um die Gränzen auszuspähen.

Weit entfernt, rief ich aus, dem Kaiser anzugehören, darf ich mich wohl rühmen, so gut als ihr, Bürger einer Republik zu seyn, welche zwar an Macht und Größe dem erlauchten Staat von Venedig nicht verglichen werden kann, aber doch auch sich selbst regiert und an Handelsthätigkeit, Reichthum und Weisheit ihrer Vorgesetzten keiner Stadt in Deutschland nachsteht. Ich bin nämlich von Frankfurt am Main gebürtig, einer Stadt deren Name und Ruf gewiß bis zu euch gekommen ist.

Von Frankfurt am Main! rief eine hübsche junge Frau, da könnt ihr gleich sehen, Herr Podesta, was an dem Fremden ist, den ich für einen guten Mann halte; laßt den Gregorio rufen, der lange daselbst conditionirt hat, der wird am besten in der Sache entscheiden können.

Schon hatten sich die wohlwollenden Gesichter um mich her vermehrt, der erste Widerwärtige war verschwunden, und als nun Gregorio herbeikam, wendete sich die Sache ganz zu meinem Vortheil. Dieser war ein Mann etwa in den fünfzigen, ein braunes italiänisches Gesicht, wie man sie kennt. Er sprach und betrug sich als einer, dem etwas Fremdes nicht fremd ist, erzählte mir sogleich, daß er bei Bolongaro in Diensten gestanden und sich freue, durch mich etwas von dieser Familie und von der Stadt zu hören, an die er sich mit Vergnügen erinnere. Glücklicherweise war sein Aufenthalt in meine jüngeren Jahre gefallen, und ich hatte den doppelten Vortheil ihm genau sagen zu können, wie es zu seiner Zeit gewesen, und was sich nachher verändert habe. Ich erzählte ihm von den sämmtlichen italiänischen Familien, deren mir keine fremd geblieben; er war sehr vergnügt manches Einzelne zu hören, z. B. daß der Herr Alessina im Jahre 1774 seine goldene Hochzeit gefeiert, daß darauf eine Medaille geschlagen worden, die ich selbst besitze; er erinnerte sich recht wohl, daß die Gattin dieses reichen Handelsherrn eine geborene Brentano sey. Auch von den Kindern und Enkeln dieser Häuser wußte ich ihm zu erzählen, wie sie herangewachsen, versorgt, verheirathet worden, und sich in Enkeln vermehrt hätten.

Als ich ihm nun die genaueste Auskunft fast über alles gegeben, um was er mich befragt, wechselten Heiterkeit und Ernst in den Zügen des Mannes. Er war froh und gerührt, das Volk erheiterte sich immer mehr, und würde unserem Kriegsgespräche-zugehören nicht halt werden, wovon er freilich einen Theil erst in ihren Dialekt übersetzen mußte.

Zuletzt sagte er: Herr Podesta, ich bin überzeugt, daß dieses ein braver, kunstreicher Mann ist, wohlerzogen, welcher herumreißt, sich zu unterrichten. Wir wollen ihn freundlich entlassen, damit er bei seinen Landsleuten Gutes von uns rede, und sie aufmuntere Malcesine zu besuchen, dessen schöne Lage wohl werth ist, von Fremden bewundert zu seyn. Ich verstärkte diese freundlichen Worte durch das Lob der Gegend, der Lage und der Einwohner, die Gerichtspersonen als weise und vorsichtige Männer nicht vergessend.

Dieses alles ward für gut erkannt, auch ich erhielt die Erlaubniß, mit Meister Gregorio, nach Belieben, den Ort und die Gegend zu besehen. Der Wirth bei dem ich eingekehrt war, gesellte sich nun zu uns, und freute sich schon auf die Fremden, welche auch ihm zuströmen sollten, wenn durch Vorzüge Malcesine's erst recht uns Licht kämen. Mit lebhafter Neugierde betrachtete er meine Kleidungsstücke, besonders aber beneidete er mich um die kleinen Terzerole, die man, so bequem in die Tasche stecken konnte. Er pries diejenigen glücklich, die so schöne Gewehre tragen dürften, welches bei ihnen unter den peinlichsten Strafen verboten sei. Diesen freundlich zudringlichen unterbrach ich einigemal, meinem Befreier mich dankbar zu erweisen. "Dank mir nicht," versetzte der brave Mann, "mir seyd ihr nichts schuldig. Geständnis der Podesta sein Handwerk, und wäre der Altar nicht der eigennützigste aller Menschen; Ihr wäret nicht so los gekommen. Jener war verlegener als Ihr, und diesem hätte Eure Verhaftung, die Berichte, die Abführung nach Verona auch nicht einen Heller eingetragen. Das hat er geschwind überlegt, und Ihr wart schon befreit, ehe unsere Untersuchung zu Ende war."

Gegen Abend holte mich der gute Mann in seinen Weinberg ab, der bei der See hinabwärts sehr wohlgelegen war, und begleitete sein fünfzehnjähriger Sohn, der auf die Bäume steigen und mir das beste Obst brechen mußte, indessen der Alte die besten Weintrauben aussuchte.

Zwischen diesen beiden wohlthuenden, wohlwollenden Menschen, in der unendlichen Einsamkeit dieses Erdwinkels ganz allein, fühlte ich doch, wenn ich die Abenteuer des Tages überdachte, auf das schönste mich ein wunderliches Wesen der Mensch ist, daß er dasjenige, was

er mit Sicherheit und Bequemlichkeit in guter Gesellschaft genießen
könnte, sich oft unbequem und gefährlich macht, bloß aus der Grille,
die Welt und ihren Inhalt sich auf seine besondere Weise zuzueignen.

Gegen Mitternacht begleitete mich mein Wirth an die Barke, das
Fruchtkörbchen tragend, welches mir Gregorio verehrt hatte, und so
schied ich, mit günstigem Wind von dem Ufer, welches mir Ustrogovich
zu werden gedroht hatte.

Nun von meiner Seefahrt! Sie endete glücklich, nachdem die
Herrlichkeit des Wasserspiegels und des daran liegenden venetianischen
Ufers mich recht im Herzen erquickt hatte. Da wo an der Abendseite
das Gebirge aufhört steil zu seyn, und die Landschaft flächer nach dem
See fällt, liegen in einer Reihe, in einer Länge von ungefähr anderthalb
Stunden, Garignano, Bojaco, Gecina, Toscolan, Maderno,
Bondem, Salò; alle auch wieder meist in die Länge gezogen. Keine
Worte drücken die Anmuth dieser so reich bewohnten Gegend aus. Früh
um acht Uhr landete ich in Bartolino, lud mein Gepäck auf ein Maulthier
und mich auf ein anderes. Nun ging der Weg über einen Rücken,
der das Thal der Etsch von der Seevertiefung scheidet. Die Urwasser
schienen hier von beiden Seiten gegen einander in ungeheuern Strömungen
gewirkt, und diesen kolossalen Kieseldamm aufgeführt zu haben.
Fruchtbares Erdreich ward in ruhigern Epochen darüber geschlemmt;
aber der Ackersmann ist doch stets aufs neue von den immer wieder
hervordringenden Geschiebern geplagt. Man sucht so viel als möglich
ihrer los zu werden, baut sie reihen- und schichtenweise über einander,
und bildet dadurch am Wege hin sehr dicke Quastmauern. Die Maulbeerbäume
stehen, wegen Mangel an Feuchtigkeit, nicht fröhlich auf
dieser Höhe. An Quellen ist nicht zu denken. Von Zeit zu Zeit trifft
man Pfützen zusammengeleiteten Regenwassers, woraus die Maulthiere,
auch wohl die Treiber ihren Durst löschen. Unten am Flusse sind
Schöpfräder angebracht, um die tiefer liegenden Pflanzungen nach Gefallen
zu wässern.

Nun aber kann die Herrlichkeit der neuen Gegend, die man beim
Herabsteigen übersieht, durch Worte nicht dargestellt werden. Es ist ein
Garten meilenlang und breit, der am Fuß hoher Gebirge und schroffer

Falten, ganz flach in der größten Reinlichkeit daliegt. Und so kam ich denn den 14ten September gegen ein Uhr, hier in Verona an, wo ich zuerst noch dieses schreibe, das zweite Stück meines Tagebuchs schließe und hefte, und gegen Abend mit beruhigtem Geiste das Amphitheater zu sehen hoffe.

Von der Witterung dieser Tage her melde ich folgendes: Die Nacht vom neunten auf den zehnten war abwechselnd hell und bedeckt, der Mond behielt immer einen Schein um sich. Morgens gegen fünf Uhr überzog sich der ganze Himmel mit grauen nicht schweren Wolken, die mit dem wachsenden Tage verschwanden. Je tiefer ich hinabkam, desto schöner war das Wetter. Wie nun gar in Bozen der große Gebirgsstock mitternächtlich blieb, zeigte die Luft eine ganz andere Beschaffenheit. Man sah nämlich an den verschiedenen Landschaftsgründen, die sich gar lieblich durch ein etwas mehr oder weniger Blau von einander absonderten, daß die Atmosphäre voll gleichausgetheilter Dünste sey, welche sie zu tragen vermochte, und die daher weder als Thau oder Regen niederfielen, noch als Wolken sich sammelten. Wie ich weiter hinab kam, konnte ich deutlich bemerken, daß alle Dünste die aus dem Bozner Thal, alle Wolkenstreifen die von den mittägigern Bergen aufstiegen, nach den höhern mitternächtlichen Gegenden zuzogen, sie nicht verdeckten, aber in eine Art Höherauch einhüllten. In der weitesten Ferne, über dem Gebirg, konnte ich eine sogenannte Wassergalle bemerken. Von Bozen südwärts haben sie den ganzen Sommer das schönste Wetter gehabt, nur von Zeit zu Zeit ein wenig Wasser (sie sagen aqua, um den gelinden Regen auszudrücken), und dann sogleich wieder Sonnenschein. Auch gestern fielen von Zeit zu Zeit einige Tropfen, und die Sonne schien immer dazu. Sie haben lange kein so gutes Jahr gehabt; es geräth alles; das üble haben sie uns zugeschickt.

Das Gebirge, die Steinarten erwähne ich nur kürzlich, denn Ferbers Reise nach Italien und Hacquets durch die Alpen unterrichten uns genugsam von dieser Wegstrecke. Eine Viertelstunde vom Brenner ist ein Marmorbruch, an dem ich in der Dämmerung vorbei fahr. Er mag und muß, wie der an der andern Seite, auf Glimmerschiefer aufliegen. Diesen fand ich bei Kollmann, als es Tag ward; weiter hinab zeigten sich Porphyre an. Die Felsen waren so prächtig, und an der Chaussee die Haufen so zierlich zerschlagen, daß man gleich

Voigtische Cabinetchen daraus hätte bilden und verpacken können. Auch kann ich ohne Beschwerde jeder Art ein Stück mitnehmen, wenn ich nur Augen und Begierde an ein kleineres Maaß gewöhne. Bald unter Rollmann fand ich einen Porphyr, der sich in regelmäßige Platten spaltet, zwischen Brandsol und Neumarkt einen ähnlichen, dessen Platten jedoch sich wieder in Säulen trennen. Ferber hielt sie für vulkanische Produkte, das war aber vor vierzehn Jahren, wo die ganze Welt in den Köpfen brannte. Hacquet schon macht sich darüber lustig.

Von den Menschen wüßte ich nur weniges und wenig Erfreuliches zu sagen. Sobald mir vom Brenner herunterfahrend der Tag aufging, bemerkte ich eine entschiedene Veränderung der Gestalt, besonders mißfiel mir die bräunlich bleiche Farbe der Weiber. Ihre Gesichtszüge deuteten auf Elend, Kinder waren eben so erbärmlich anzusehen, Männer ein wenig besser; die Grundbildung übrigens durchaus regelmäßig und gut. Ich glaube die Ursache dieses krankhaften Zustandes in dem häufigen Gebrauch des Türkischen und Haidekorns zu finden. Jenes das sie auch gelbe Blende nennen, und dieses, schwarze Blende genannt, werden gemahlen, das Mehl in Wasser zu einem dicken Brei gekocht und so gegessen. Die jenseitigen Deutschen zupfen den Teig wieder auseinander und braten ihn in Butter auf. Der welsche Tyroler hingegen ißt ihn so weg, manchmal Käse darauf gerieben, und das ganze Jahr kein Fleisch. Nothwendig muß das die ersten Wege verleimen und verstopfen, besonders bei den Kindern und Frauen, und die lachetische Farbe deutet auf solches Verderben. Außerdem essen sie auch noch Früchte und grüne Bohnen, die sie in Wasser abfieден und mit Knoblauch und Oel anmachen. Ich fragte, ob es nicht auch reiche Bauern gäbe? — Ja freilich. — Thun sie sich nichts zu gute? essen sie nicht besser? — Nein, sie sind es einmal so gewohnt. — Wo kommen sie denn mit ihrem Gelde hin? Was machen sie sonst für Aufwand? — O, die haben schon ihre Herren, die es ihnen wieder abnehmen. — Das war die Summa des Gesprächs mit meiner Wirthstochter in Bozen.

Ferner vernahm ich von ihr, daß die Weinbauern, die am wohlhabendsten scheinen, sich am übelsten befinden, denn sie sind in den Händen der südlichen Handelsleute, die ihnen bei schlechten Jahren den Lebensunterhalt vorschießen, und bei guten den Wein um ein Geringes an sich nehmen. Doch das ist überall dasselbe.

Was meine Meinung wegen der Nahrung bestätigt, ist, daß die Stadtbewohnerinnen immer wohler aussehen. Hübsche, volle Mädchengesichter, der Körper für ihre Stärke und für die Größe der Köpfe etwas zu klein, mitunter aber recht freundlich entgegenkommende Gesichter. Die Männer lernen wir durch die wandernden Tyroler. Im Lande sehen sie weniger frisch aus als die Weiber, wahrscheinlich weil diese mehr körperliche Arbeiten, mehr Bewegung haben, die Männer hingegen als Krämer und Handwerksleute sitzen. Am Garbasee fand ich die Leute sehr braun und ohne den mindesten röthlichen Schein der Wangen, aber doch nicht ungesund, sondern ganz frisch und behaglich aussehend. Wahrscheinlich sind die heftigen Sonnenstrahlen, denen sie am Fuße ihrer Felsen ausgesetzt sind, hievon die Ursache.

Verona bis Venedig.

Verona, den 16. September 1786.

Das Amphitheater ist also das erste bedeutende Monument der alten Zeit, das ich sehe, und so gut erhalten! Als ich hinein trat, mehr noch aber, als ich oben auf dem Rande umher ging, schien es mir seltsam, etwas Großes und doch eigentlich nichts zu sehen. Auch will es leer nicht gesehen seyn, sondern ganz voll von Menschen, wie man es in neuerer Zeit Joseph dem Ersten und Pius dem Sechsten zu Ehren veranstaltet. Der Kaiser, der doch auch Menschenmassen vor Augen gewohnt war, soll darüber erstaunt seyn. Doch nur in der frühesten Zeit that es seine ganze Wirkung, da das Volk noch mehr Volk war, als es jetzt ist. Denn eigentlich ist so ein Amphitheater recht gemacht, dem Volk mit sich selbst zu imponiren, das Volk mit sich selbst zum besten zu haben.

Wenn irgend etwas Schauwürdiges auf flacher Erde vorgeht und alles zuläuft, suchen die Hintersten auf alle mögliche Weise sich über die Vordersten zu erheben: man tritt auf Bänke, rollt Fässer herbei, fährt mit Wagen heran, legt Breter hinüber und herüber, besetzt einen benachbarten Hügel und es bildet sich in der Geschwindigkeit ein Krater.

Kommt das Schauspiel öfter auf derselben Stelle vor, so baut man leichte Gerüste für die so bezahlen können, und die übrige Masse behilft sich wie sie mag. Dieses allgemeine Bedürfniß zu befriedigen ist hier die Aufgabe des Architekten. Er bereitet einen solchen Raum durch Kunst, so einfach als nur möglich, damit dessen Zierrath das Volk selbst werde. Wenn es sich so beisammen sah, mußte es über sich selbst erstaunen; denn da es sonst nur gewohnt, sich durch einander laufen zu sehen, sich in einem Gewühle ohne Ordnung und sonderliche Zucht zu finden, so sieht das vielköpfige, vielsinnige, schwankende, hin und her irrende Thier sich zu einem edeln Körper vereinigt, zu einer Einheit bestimmt, in eine Masse verbunden und befestigt, als Eine Gestalt, von Einem Geiste belebt. Die Simplicität des Oval ist jedem Auge auf die angenehmste Weise fühlbar, und jeder Kopf dient zum Maße, wie ungeheuer das Ganze sey. Jetzt, wenn man es leer sieht, hat man keinen Maaßstab, man weiß nicht, ob es groß oder klein ist.

Wegen der Unterhaltung dieses Werkes müssen die Veroneser gelobt werden. Es ist von einem röthlichen Marmor gebaut, den die Witterung angreift, daher stellt man der Reihe nach die ausgefressenen Stufen immer wieder her, und sie scheinen fast alle ganz neu. Eine Inschrift gedenkt eines Hieronymus Maurigenus und seines auf dieses Monument verwendeten unglaublichen Fleißes. Von der äußern Mauer steht nur ein Stück und ich zweifle ob sie je ganz fertig geworden. Die untern Gewölbe, die an den großen Platz, il Bra genannt, stoßen, sind an Handwerker vermiethet, und es sieht lustig aus, diese Höhlungen wieder belebt zu sehen.

Verona, den 16. September 1786.

Das schönste, aber immer geschlossene Thor heißt Porta stupa oder del Pallio. Als Thor und in der großen Entfernung auf der man es schon gewahr wird, ist es nicht gut gedacht, denn erst in der Nähe erkennt man das Verdienst des Gebäudes.

Sie geben allerlei Ursachen an, warum es geschlossen sey. Ich habe jedoch eine Muthmaßung: die Absicht des Künstlers ging offenbar dahin; durch dieses Thor eine neue Anlage des Corso zu verursachen, denn auf die jetzige Straße steht es ganz falsch. Die linke Seite hat lauter

Baraken und die winkelrechte Linie der Mitte des Thores geht auf ein Nonnenkloster zu, das nothwendig hätte niedergelegt werden müssen. Das sah man wohl ein, auch mochten die Vornehmen und Reichen nicht Lust haben sich in dem entfernten Quartier anzubauen. Der Künstler stand vielleicht, und so schloß man das Thor, wodurch die Sache nun auf einmal geendigt war.

Verona, den 16. September 1786.

Das Portal des Theatergebäudes, von sechs großen jonischen Säulen, nimmt sich anständig genug aus. Desto kleinlicher erscheint über der Thüre, vor einer gemalten Nische die von zwei korinthischen Säulen getragen wird, die lebensgroße Büste des Marchese Maffei in einer großen Perücke. Der Platz ist ehrenvoll, aber um sich gegen die Größe und Tüchtigkeit der Säulen einigermaßen zu halten, hätte die Büste kolossal seyn müssen. Jetzt steht sie kleinlich auf einem Kragsteinchen, unharmonisch mit dem Ganzen.

Auch die Galerie, die den Vorhof einfaßt, ist kleinlich, und die cannelirten dorischen Zwerge nehmen sich neben den glatten jonischen Riesen armselig aus. Doch wollen wir das verzeihen in Betracht der schönen Anstalt, welche unter diesen Säulenlauben angelegt ist: Hier hat man die Antiquitäten, meist in und um Verona gegraben, gesammelt aufgestellt. Einiges soll sogar sich im Amphitheater gefunden haben. Es sind Etruskische, Griechische, Römische, bis zu den niedern Zeiten und auch neuere. Die Basreliefs sind in die Wände eingemauert und mit den Nummern versehen, die ihnen Maffei gab, als er sie in seinem Werke Verona illustrata beschrieb. Altäre, Stücken von Säulen und dergleichen Reste, ein ganz trefflicher Dreifuß von weißem Marmor, worauf Genien die sich mit den Attributen der Götter beschäftigen. Raphael hat dergleichen in den Zwickeln der Farnesine nachgeahmt und verklärt.

Der Wind der von den Gräbern der Alten herweht, kommt mit Wohlgerüchen über einen Rosenhügel. Die Grabmäler sind herzlich und rührend und stellen immer das Leben her. Da ist ein Mann, der neben seiner Frau aus einer Nische, wie zu einem Fenster heraussieht. Da stehen Vater und Mutter, den Sohn in der Mitte, einander an-
bar.

unausſprechlicher Naturſeligkeit anblickend. Hier reicht ſich ein Paar die Hände. Hier ſcheint ein Vater, auf ſeinem Sopha ruhend, von der Familie unterhalten zu werden. Mir war die unmittelbare Gegenwart dieſer Steine höchſt rührend. Von ſpäterer Kunſt ſind ſie, aber einfach, natürlich und allgemein anſprechend. Hier iſt kein geharniſchter Mann auf den Knieen der eine fröhliche Auferſtehung erwartet. Der Künſtler hat mit mehr oder weniger Geſchick nur die einfache Gegenwart der Menſchen hingeſtellt, ihre Exiſtenz dadurch fortgeſetzt und bleibend gemacht. Sie falten nicht die Hände, ſchauen nicht in den Himmel, ſondern ſie ſind hienieden was ſie waren und was ſie ſind. Sie ſtehen beiſammen, nehmen Antheil an einander, lieben ſich, und das iſt in den Steinen, ſogar mit einer gewiſſen Handwerksunfähigkeit allerliebſt ausgedrückt. Ein ſehr reich verzierter incadnorner Pfeiler gab mir auch neue Begriffe.

So löblich dieſe Anſtalt iſt, ſo ſieht man ihr doch an, daß der edle Erhaltungsgeiſt, der ſie gegründet, nicht mehr in ihr fortlebt. Der koſtbare Dreifuß geht nächſtens zu Grunde, weil er frei ſteht, gegen Weſten der Witterung ausgeſetzt. Mit einem hölzernen Futteral wäre dieſer Schatz leicht zu erhalten.

Der angefangene Palaſt des Provveditore, wäre er fertig geworden, hätte ein ſchön Stück Baukunſt gegeben. Sonſt bauen die Nobili noch viel, leider aber ein jeder auf den Platz wo ſeine ältere Wohnung ſtand, alſo oft in engen Gaſſen. So baut man jetzt eine prächtige Façade eines Seminariums in einem Gäßchen der entfernteſten Vorſtadt.

Als ich mit meinem zufällig aufgegriffenen Begleiter vor einem großen ernſthaften Thor eines wunderbaren Gebäudes vorüber ging, fragte er mich gutmüthig, ob ich nicht einen Augenblick in den Hof treten wolle. Es war der Palaſt der Juſtiz, und wegen Höhe der Gebäude erſchien der Hof doch nur als ein ungeheurer Brunnen, Hier werden, ſagte er, alle die[1] Verbrecher und Verdächtigen verwahrt. Ich ſah umher und durch alle Stockwerke gingen, an zahlreichen Thüren hin, offene mit eiſernen Geländern verſehene Gänge. Der Gefangene,

---

[1] Die bliebe beſſer weg, man erwartet dabei eine beſtimmte Angabe der Gattung von Verbrechern.

wie er aus seinem Kerker herausstrat, um zum Verhör geführt zu werden,
stand in der freien Luft; war aber auch den Blicken aller ausgesetzt;
und weil nun mehrere Verhörstuben seyn mochten, so klapperten die
Ketten, bald über diesem bald über jenem Gange, durch alle Stockwerke.
Es war ein verwünschter Anblick und ich läugne nicht, daß der gute
Humor, womit ich meine Vögel abgefertigt hatte, hier doch einen etwas
schwereren Stand würde gefunden haben.

Ich ging auf der Kante des amphitheatralischen Kraters bei Sonnenuntergang, der schönsten Aussicht genießend über Stadt und Gegend.
Ich war ganz allein und unten auf den breiten Steinen des Bra
gingen Mengen von Menschen, Männer von allen Ständen, Weiber
vom Mittelstande, spazieren. Diese letztern nehmen sich in ihren
schwarzen Ueberkleidern aus dieser Vogelperspektive gar mumienhaft aus.

Der Zendale und die Veste, die dieser Classe statt aller Garderobe
dient, ist übrigens eine Tracht, ganz eingerichtet für ein Volk das nicht
immer für Reinlichkeit sorgen und doch immer öffentlich erscheinen, bald
in der Kirche, bald auf dem Spaziergange seyn will. Veste ist ein
schwarztaffeter Rock, der über andere Röcke geworfen wird. Hat das
Frauenzimmer einen reinlichen weißen darunter, so versteht sie den
schwarzen an der einen Seite in die Höhe zu heben. Dieser wird so
angegürtet, daß er die Taille abschneidet und die Lippen des Corsets
bedeckt, welches von jeglicher Farbe seyn kann. Der Zendale ist eine
große Kappe, mit langen Bärten, die Kappe selbst durch ein Draht-
gestell hoch über den Kopf gehalten, die Bärte aber wie eine Schärpe
um den Leib geknüpft, so daß die Enden hinterwärts herunter fallen.

Verona, den 16. September 1786.

Als ich heute wieder von der Arena wegging, kam ich einige tausend
Schritte davon zu einem modernen öffentlichen Schauspiel. Vier edle
Veroneser schlugen Ball gegen vier Vicentiner. Sie treiben dieß sonst
unter sich das ganze Jahr, etwa zwei Stunden vor Nacht; diesmal,
wegen der fremden Gegner, lief das Volk unglaublich zu. Es können

immer vier bis fünf tausend Zuschauer gewesen seyn. Frauen sah ich
von keinem Stande.

Vorhin als ich vom Bedürfniß der Menge in einem solchen Falle
sprach, hab' ich das natürliche zufällige Amphitheater schon beschrieben,
wie ich das Volk hier über einander gebaut sah. Ein lebhaftes Händeklatschen hört' ich schon von weiten, jeder bedeutende Schlag war davon begleitet. Das Spiel aber geht so vor sich: In gehöriger Entfernung von einander sind zwei gelindabhängige Bretterflächen errichtet.
Derjenige der den Ball ausschlägt, steht, die Rechte mit einem hölzernen
breiten Stachelringe bewaffnet, auf der obersten Höhe. Indem nun
ein anderer von seiner Partei ihm den Ball zuwirft, so läuft er herunter
dem Ball entgegen und vermehrt dadurch die Gewalt des Schlages, womit er denselben zu treffen weiß. Die Gegner suchen ihn zurückzu-
schlagen, und so geht es hin und wieder, bis er zuletzt im Felde liegen
bleibt. Die schönsten Stellungen, werth in Marmor nachgebildet zu
werden, kommen dabei zum Vorschein. Da es lauter wohlgemachsene,
rüstige, junge Leute sind, in kurzer, knapper, weißer Kleidung, so
unterscheiden sich die Parteien nur durch ein farbiges Abzeichen. Besonders schön ist die Stellung, in welche der Ausschlagende geräth, indem er von der schiefen Fläche herunterläuft und den Ball zu treffen
ausholt, sie nähert sich der des Borghesischen Fechters.

Sonderbar kam es mir vor, daß sie diese Uebung an einer alten Stadtmauer, ohne die mindeste Bequemlichkeit für die Zuschauer vornehmen;
warum sie es nicht im Amphitheater thun, wo so schöner Raum wäre.

Verona, den 17. September 1786.

Was ich von Gemälden gesehen, will ich nur kurz berühren und
einige Betrachtungen hinzufügen. Ich mache diese wunderbare Reise
nicht um mich selbst zu betrügen, sondern um mich an den Gegenständen
kennen zu lernen; da sage ich mir denn ganz aufrichtig, daß ich von
der Kunst, von dem Handwerk des Malers wenig verstehe. Meine
Aufmerksamkeit, meine Betrachtung kann nur auf den praktischen Theil,
auf den Gegenstand und auf die Behandlung desselben im allgemeinen
gerichtet seyn.

St. Giorgio ist eine Galerie von guten Gemälden, alle Altarhälter, wo nicht von gleichem Werth, doch durchaus merkwürdig. Aber die unglücklichen Künstler, was müssen sie malen! und für wen! Ein Mannaregen, vielleicht dreißig Fuß lang und zwanzig hoch! das Wunder der fünf Brode zum Gegenstück! was war daran zu malen? Hungrige Menschen, die über keine Körner herfallen, unzählige andere denen Brod gereichet wird. Die Künstler haben sich die Folter gegeben, um solche Armseligkeiten bedeutend zu machen. Und doch hat, durch diese Nöthigung gereizt, das Genie schöne Sachen hervorgebracht. Ein Künstler der die heilige Ursula mit den eilftausend Jungfrauen vorzustellen hatte, zog sich mit großem Verstand aus der Sache. Die Heilige steht im Vordergrunde, als habe sie siegend das Land in Besitz genommen. Sie ist sehr edel, amazonenhaft jungfräulich, ohne Reiz gebildet; in der alles verkündenden Ferne hingegen sieht man ihre Schaar aus den Schiffen steigen und in Prozession herankommen. Die Himmelfahrt Mariä im Dom, von Tizian, ist sehr verschwemmt, der Gedanke lobenswerth, daß die aufgehende Maria nicht himmelwärts, sondern herab nach ihren Freunden blickt.

In der Galerie Ghenardini fand ich sehr schöne Sachen von dem Orbetto und lernte diesen verdienten Künstler auf einmal kennen. In der Entfernung erblicket man nur von den ersten Künstlern, und oft begnügt man sich mit ihren Namen; wenn man aber diesem Sternenhimmel näher tritt und die von der zweiten und dritten Größe nun auch zu flimmern anfangen, und jeder auch als zum ganzen Sternbild gehörend hervortritt, dann wird die Welt weit und die Kunst reich. Den Gedanken eines Bildes muß ich hier loben. Auf zwei Halbfiguren. Endion ist eben im Schooße der Delia eingeschlafen, sie greift leise über ihn hinweg, nach einer Scheere, die auf dem Tisch neben der Lampe liegt. Die Ausführung ist sehr brav. Im Palast Canossa war nur eine Danae bemerklich.

Der Palast Bevilaqua enthält die köstlichsten Sachen. Ein sogenanntes Paradies von Tintoret, eigentlich aber die Krönung der Maria zur Himmelskönigin, in Gegenwart aller Erzväter, Propheten, Apostel, Heiligen, Engel u. s. w., eine Gelegenheit den ganzen Reichthum der glücklichsten Genie's zu entwickeln. Leichtigkeit des Pinsels, Geist, Mannichfaltigkeit des Ausdrucks, dieß alles zu bewundern und sich dessen zu erfreuen, müßte man das Stück selbst besitzen und es zeitlebend vor Augen haben. Die Arbeit geht ins Unendliche, ja die letzten in der Glorie verschwindenden Engelsköpfe haben noch Charakter. Die größten Figuren mögen einen Fuß hoch seyn, Maria und Christus, der ihr die Krone aufsetzt, etwa vier Zoll. Die Eva ist doch das schönste Weibchen auf dem Bilde und noch immer, von altersher, ein wenig lüstern.

Ein paar Portraite von Paul Veronese haben meine Hochachtung für diesen Künstler nur vermehrt. Die Antikensammlung ist herrlich, ein hingestreckter Sohn der Niobe köstlich, die Büsten, ungeachtet ihrer restaurirten Nasen, meistens höchst interessant, ein August mit der Bürgerkrone, ein Caligula und andere.

Es liegt in meiner Natur das Große und Schöne willig und mit Freuden zu verehren, und diese Anlage an so herrlichen Gegenständen Tag für Tag, Stunde für Stunde auszubilden, ist das seligste aller Gefühle.

In einem Lande, wo man des Tages genießt, besonders aber des Abends sich erfreut, ist es höchst bedeutend, wenn die Nacht einbricht. Dann hört die Arbeit auf, dann kehrt der Spaziergänger zurück, der Vater will seine Tochter wieder zu Hause sehen, der Tag hat ein Ende; doch was Tag sey wissen wir Cimmerier kaum. In ewigem Nebel und Trübe ist es uns einerlei, ob es Tag oder Nacht ist, denn wie viel Zeit können wir uns unter freiem Himmel wahrhaft ergötzen und ergötzen? Wie hier die Nacht eintritt, ist der Tag entschieden vorbei, der aus Abend und Morgen bestand, vierundzwanzig Stunden sind verlebt, eine neue Rechnung geht an, die Glocken läuten, der Rosenkranz wird gebetet, mit brennender Lampe tritt die Magd in das Zimmer und spricht: felicissima notte! [1] Diese Epoche verändert sich mit jeder Jahreszeit, und der Mensch der hier lebendig lebt kann nicht irre werden, weil jeder Genuß seines Daseyns sich nicht auf die Stunde, sondern auf die Tageszeit bezieht. Zwänge man dem Volke einen deutschen Zeiger auf, so würde man es verwirrt machen; denn der seinige ist innigst mit seiner Natur verwebt. Anderthalb Stunden, Eine Stunde vor Nacht fängt der Adel an auszufahren, es geht auf den Bra, die lange breite Straße nach der Porta Nuova zu, das Thor hinaus, an der Stadt hin; und wie es Nacht schlägt kehrt alles um. Theils fahren sie an die Kirchen das Ave Maria della sera zu beten,

_____

[1] Die glückliche Nacht!

theils halten sie auf dem Bra, die Cavaliers treten an die Kutschen,
unterhalten sich mit den Damen, und das dauert eine Weile; ich habe
das Ende niemals abgewartet, die Fußgänger bleiben weiß in die Nacht.
Heute war gerade so viel Regen niedergegangen um den Staub zu
löschen, es war wirklich ein lebendiger munterer Anblick.

Um mich ferner in einem wichtigen Punkte der Landesgewohnheit
gleich zu stellen, habe ich mir ein Hülfsmittel erdacht, wie ich ihre
Stundenrechnung mir leichter zu eigen machte. Nachfolgendes Bild
kann davon einen Begriff geben. Der innere Kreis bedeutet unsere vierundzwanzig Stunden, von Mitternacht zu Mitternacht, in zweimal zwölf
getheilt, wie wir zählen und unsere Uhren sie gehen. Der mittlere
Kreis deutet an, wie die Glocken in der jetzigen Jahreszeit hier schlagen,
nämlich gleichfalls zweimal bis Zwölf in vierundzwanzig Stunden,
allein dergestalt, daß es Eins schlägt, wenn es bei uns Acht schlägt,
und so fort bis Zwölfe voll sind. Morgens Acht Uhr nach unserm
Zeiger schlägt es wieder Eins u. s. f. Der oberste Kreis zeigt nun endlich, wie die Vierundzwanzig im Leben gezählt wird. Ich höre z. B.
in der Nacht Sieben schlagen und weiß daß Mitternacht um Fünf ist,
so ziehe ich diese Zahl von jener ab, und habe also Zwei Uhr Nach-
mitternacht. Hör' ich am Tage Sieben schlagen und weiß daß auch
Mittag um Fünf Uhr ist, so verfahre ich eben so und habe Zwei Uhr
Nachmittag. Will ich aber die Stunden nach hiesiger Weise aussprechen,
so muß ich wissen, daß Mittag Siebenzehn Uhr ist, hiezu füge ich noch
die Zwei und sage Neunzehn Uhr. Wenn man dieß zum erstenmal
hört und überdenkt, so scheint es höchst verworren und schwer zu behalten; man wird es aber gar bald gewohnt und findet diese Beschäftigung unterhaltend, wie sich auch das Volk an dem ewigen hin und
wieder Rechnen ergötzt, wie Kinder an leicht zu überwindenden Schwierigkeiten. Sie haben ohnedieß immer die Finger in der Luft, rechnen
alles im Kopfe, und machen sich gern mit Zahlen zu schaffen. Ferner
ist dem Inländer die Sache so viel leichter, weil er sich um Mittag
und Mitternacht eigentlich nicht bekümmert und nicht, wie der Fremde
in diesem Lande thut, zwei Zeiger mit einander vergleicht. Sie zählen
nur von Abend die Stunden wie sie schlagen, am Tag addiren sie die
Zahl zu der ihnen bekannten abwechselnden Mittagszahl. Das weitere
erläutern die der Figur beigefügten Anmerkungen.

Vergleichungskreis

Verona, den 17 September 1786.

Das Volk rührt sich hier sehr lebhaft durch einander, besonders in einigen Straßen, wo Kaufläden und Handwerksbuden an einander stoßen, sieht es recht lustig aus. Da ist nicht etwa eine Thür vor dem Laden oder Arbeitszimmer, nein die ganze Breite des Hauses ist offen, man sieht bis in die Tiefe und alles was darin vorgeht. Die Schneider nähen, die Schuster ziehen und pochen alle halb auf der Gasse; ja die Werkstätten machen einen Theil der Straße. Abends wenn Lichter brennen sieht es recht lebendig.

Auf den Plätzen ist es an Marktwagen sehr voll, Gemüse und Früchte unübersehlich, Knoblauch und Zwiebeln nach Herzenslust. Uebrigens schreien, schäkern und singen sie den ganzen Tag, werfen und balgen sich, jauchzen und lachen unaufhörlich. Die milde Luft, die wohlfeile Nahrung läßt sie leicht leben. Alles was nur kann ist unter freiem Himmel.

Nachts geht nun das Singen und Lärmen recht an. Das Liedchen von Marlborough hört man auf allen Straßen, dann ein Hackebret, eine Violine. Sie üben sich alle Vögel mit Pfeifen nachzumachen. Die wunderlichsten Töne brechen überall hervor. Ein solches Ueber-gefühl des Daseyns verleiht ein mildes Klima auch der Armuth, und der Schatten des Volks scheint selbst noch ehrwürdig.

Die uns so sehr auffallende Unreinlichkeit und wenige Bequemlich-keit der Häuser entspringt auch daher: sie sind immer draußen und in ihrer Sorglosigkeit denken sie an nichts. Dem Volk ist alles recht und gut, der Mittelmann lebt auch von einem Tag zum andern, der Reiche und Vornehme schließt sich in seine Wohnung, die eben auch nicht so wohnlich ist wie im Norden. Ihre Gesellschaften halten sie in öffent-lichen Versammlungshäusern. Vorhöfe und Säulengänge sind alle mit Unrath besudelt, und es geht ganz natürlich zu. Das Volk fühlt sich immer vor. Der Reiche kann reich seyn, Paläste bauen, der Nobile darf regieren, aber wenn er einen Säulengang, einen Vorhof anlegt, so bedient sich das Volk dessen zu seinem Bedürfniß, und es hat kein dringenderes, als das so schnell wie möglich los zu werden, was es so häufig als möglich zu sich genommen hat. Will einer das nicht leiden, so muß er nicht den großen Herren spielen, d. h. er muß nicht thun

als wenn ein Theil seiner Wohnung dem Publikum angehöre; er macht
seine Thüre zu und so ist es auch gut. An öffentlichen Gebäuden läßt
sich das Volk sein Recht nun gar nicht nehmen; und das ist's, worüber
der Fremde durch ganz Italien Beschwerde führt.

Ich betrachtete heut auf mancherlei Wegen durch die Stadt die
Tracht und die Manieren besonders des Mittelstandes, der sich sehr
häufig und geschäftig zeigt. Sie schlenkern im Gehen alle mit den
Armen. Personen von einem höhern Stande, die bei gewissen Gelegenheiten einen Degen tragen, schlenkern nur mit Einem, weil sie gewohnt
sind den Linken still zu halten.

Obgleich das Volk seinen Geschäften und Bedürfnissen sehr sorglos nachgeht, so hat es doch auf alles Fremde ein scharfes Auge. So
konnt' ich die ersten Tage bemerken, daß jedermann meine Stiefel betrachtete, da man sich derselben als einer theuern Tracht nicht einmal
im Winter bedient. Jetzt da ich Schuh und Strümpfe trage, sieht mich
niemand mehr an. Aber merkwürdig war mir's, daß heute früh, da
sie alle mit Blumen, Gemüse, Knoblauch und so vielen andern Markt-
erzeugnissen durch einander liefen, ihnen der Cypressenzweig nicht ent-
ging, den ich in der Hand trug. Einige grüne Zapfen hingen daran,
und daneben hielt ich blühende Capernzweige. Sie sahen alle, Groß
und Klein, mir auf die Finger, und schienen wunderliche Gedanken zu
haben.

Diese Zweige brachte ich aus dem Garten Giusti, der eine treffliche Lage und ungeheure Cypressen hat, die alle pfriemenartig in die
Luft stehen. Wahrscheinlich sind die spitz zugeschnittenen Taxus der
nordischen Gartenkunst Nachahmungen dieses herrlichen Naturprodukts.
Ein Baum, dessen Zweige von unten bis oben, die ältesten wie die
jüngsten, gen Himmel streben, der seine dreihundert Jahre dauert, ist
wohl der Verehrung werth. Der Zeit nach da der Garten angelegt
worden, haben diese schon ein so hohes Alter erreicht.

Vicenza, den 19. September 1786.

Der Weg von Verona hieher ist sehr angenehm, man fährt nordostwärts an den Gebirgen hin und hat die Vorderberge, die aus Sand,
Kalk, Thon, Mergel bestehen, immer linkerhand; auf den Hügeln die

Vicenza, den 19. September 1786.

er durch die Gegenwart seiner Werke imponirt und vergessen macht, daß er uns überredet! Es ist wirklich etwas Göttliches in seinen Anlagen, völlig wie die Form des großen Dichters der aus Wahrheit und Lüge ein drittes bildet, dessen erborgtes Daseyn uns bezaubert.

Das Olympische Theater ist ein Theater der Alten im Kleinen realisirt, und unaussprechlich schön, aber gegen die unsrigen kömmt mir vor, wie ein vornehmes, reiches, wohlgebildetes Kind gegen einen klugen Weltvernschen; der, weder so vornehm, noch so reich, noch wohlgekleidet, besser weiß, was er mit seinen Mitteln bewirken kann.

Betrachtet man nun hier an Orte die herrlichen Gebäude, die jener Mann aufführte, und sieht wie sie schon durch das enge schmutzige Bedürfniß der Menschen entstellt sind, wie die Anlagen meist über die Kräfte der Unternehmer waren, wie wenig diese köstlichen Denkmale eines hohen Menschengeistes zu dem Leben der übrigen passen, so fällt einem denn doch ein, daß es im allern andern eben so ist: denn man verdient wenig Dank von den Menschen, wenn man ihr inneres Bedürfniß erhöhen, ihnen eine große Idee von ihnen selbst geben, ihnen das Herrliche eines wahren edlen Daseyns zum Gefühl bringen will. Aber wenn man die Vögel belügt, Mährchen erzählt, von Tag zu Tag ihnen forthelfend, sie verschlechtert, da ist man ihr Mann, und darum gefällt sich die neuere Zeit in so viel Abgeschmacktem. Ich sage das nicht, um meine Freunde herunter zu setzen, ich sage nur, daß sie so sind, und daß man sich nicht verwundern muß, wenn alles ist, wie es ist.

Wie sich die Basilika des Palladio neben einem alten, mit ungleichen Fenstern überfäten, castellähnlichem Gebäude ausnimmt, welches der Baumeister zusammt dem Thurm gewiß weg gedacht hat, ist nicht auszudrücken, und ich muß mich schon auf eine wunderliche Weise zusammenfassen: denn ich finde auch hier, leider gleich! das was ich fliehe und suche neben einander.

Vicenza, den 20. September 1786.

Gestern war Oper, sie dauerte bis nach Mitternacht, und ich sehnte mich zu ruhen. Die drei Sultaninnen und die Entführung aus dem Serail haben manche Fetzen hergegeben, woraus das Stück mit

weniger Klugheit zusammengestellt ist. Die Musik hat sich bequem an,
... aber wahrscheinlich von einem Liebhaber, der neuen Gedanke der
... getroffen hätte. Die Ballette dagegen sind allerliebst. Das Haupt-
... langer eine Pantomime, daß man nichts Zärtliches sehen konnte.

Das Theater ist neu, lieblich, schön, modestprächtig, alles ein-
... wie es einer Provinzialstadt geziemt, jede Loge hat einen über-
... gleichsarbigen Teppich, der des Capitain Grande ist nur
... durch einen etwas längern Überhang ausgezeichnet.

Die erste Sängerin, dem ganzen Volke sehr begünstigt, wird, wie
sie auftritt, unendlich beklatscht, und die Vögel stellen sich vor Freuden
ganz ungeberdig, wenn sie etwas recht gut macht, welches sehr oft
geschieht. Es ist ein natürlich Wesen, hübsche Figur, schöne Stimme,
ein gefällig Gesicht und von einem recht honneten Anstand; in den
Armen könnte sie etwas mehr Grazie haben. Indessen komme ich denn
noch nicht wieder, ich fühle daß ich zum Vogel verdorben bin.

Vicenza, den 21. September 1786.

Heute besuchte ich Doktor Tura: wohl fünf Jahre hat er sich mit
Leidenschaft auf die Pflanzenkunde gelegt, ein Herbarium der Italiänischen Flora gesammelt, unter dem vorigen Bischof einen botanischen
Garten eingerichtet. Das ist aber alles hin. Medicinische Praxis vertrieb die Naturgeschichte, das Herbarium wird von Würmern gespeist,
der Bischof ist todt und der botanische Garten wieder, wie billig, mit
Kohl und Knoblauch bepflanzt.

Doktor Tura ist ein gar feiner guter Mann. Er erzählte mir mit
Offenheit, Seelenreinheit und Bescheidenheit seine Geschichte und sprach
überhaupt sehr bestimmt und gefällig, hatte aber nicht Lust seine
Schränke aufzuthun, die vielleicht in keinem präsentablen Zustande sehn
mochten. Der Discurs kam bald ins Stocken.

Den 21. September 1786. Abends.

Ich ging zum alten Baumeister Scamozzi, der des Palladio
Gebäude herausgegeben hat, und ein wackerer, leidenschaftlicher Künstler

ist. Er gab mir einige Anleitung, vergnügt über meine Theilnahme. Unter den Gebäuden des Palladio ist eins, für das ich immer eine besondere Vorliebe hatte, es soll seine eigene Wohnung gewesen seyn; aber in der Nähe ist es weit mehr, als man im Bilde sieht. Ich möchte es gezeichnet und mit den Farben illuminirt haben, die ihm das Material und das Alter gegeben. Man muß aber nicht denken, daß der Baumeister sich einen Palast errichtet habe. Es ist das bescheidenste Haus von der Welt, hat nur zwei Fenster, die durch einen breiten Raum, der das dritte Fenster vertrüge, abgesondert sind. Wollte man es zum Gemälde nachbilden, so daß die Nachbarhäuser mit vorgestellt würden, so wäre auch das vergnüglich anzusehen, wie es zwischen sie eingeschaltet ist. Das hätte Canaletto malen sollen.

Heute besuchte ich das, eine halbe Stunde von der Stadt, auf einer angenehmen Höhe liegende Prachthaus, die Rotonda genannt. Es ist ein viereckiges Gebäude, das einen runden, von oben erleuchteten Saal in sich schließt. Von allen vier Seiten steigt man auf breiten Treppen hinan und gelangt jedesmal in eine Vorhalle, die von sechs korinthischen Säulen gebildet wird. Vielleicht hat die Baukunst ihren Luxus niemals höher getrieben. Der Raum, den die Treppen und Vorhallen einnehmen, ist viel größer als der des Hauses selbst: denn jede einzelne Seite würde als Ansicht eines Tempels befriedigen. Inwendig kann man es wohnbar aber nicht wöhnlich nennen. Der Saal ist von der schönsten Proportion, die Zimmer auch; aber zu den Bedürfnissen eines Sommeraufenthalts einer vornehmen Familie würden sie kaum hinreichen. Dafür sieht man es auch in der ganzen Gegend, von allen Seiten, sich auf das herrlichste darstellen. Die Mannichfaltigkeit ist groß, in der sich seine Hauptmasse zugleich mit den vorspringenden Säulen vor dem Auge der Umherwandelnden bewegt, und die Absicht des Besitzers ist vollkommen erreicht, der ein großes Fideicommißgut und zugleich ein sinnliches Denkmal seines Vermögens hinterlassen wollte. Und wie nun das Gebäude von allen Punkten der Gegend in seiner Herrlichkeit gesehen wird, so ist die Aussicht von daher gleichfalls die angenehmste. Man sieht den Bacchiglione fließen, Schiffe

von Verona herab, gegen die Brenta führend, dabei überschaut man
die weiten Besitzungen, welche Marchese Capra ungertrennt bei seiner
Familie erhalten wollte. Die Inschriften der vier Giebelseiten, die zusammen eine ganze ausmachen, verdienen wohl aufgezeichnet zu werden:

Marcus Capra Gabrielis filius
qui aedes has
arctissimo primogeniturae gradui subjecit
una cum omnibus
censibus agris vallibus et collibus
citra viam magnam
memoriae perpetuae mandans haec
dum sustinet ac abstinet.[1]

Der Schluß besonders ist seltsam genug, ein Mann, dem so viel
Vermögen und Wille zu Gebote stand, fühlt noch, daß er dulden und
entbehren müsse. Das kann man mit geringerm Aufwand lernen.

Vicenza, den 22. September 1786.

Heute Abend war ich in einer Versammlung, welche die Akademie
der Olympier hieß. Ein Spielwerk, aber ein recht gutes, es erhält noch
ein bißchen Salz und Leben unter den Leuten. Ein großer Saal neben
dem Theater des Palladio, anständig erleuchtet, der Capitän und ein
Theil des Adels zugegen, übrigens durchaus ein Publicum von gebildeten Personen, viele Geistliche, zusammen ungefähr fünfhundert.

Die von dem Präsidenten für die heutige Sitzung aufgegebene
Frage war: ob Erfindung oder Nachahmung den schönen Künsten mehr
Vortheil gebracht habe? Der Einfall war glücklich genug: denn wenn
man die in der Frage liegende Alternative trennt, so läßt sich hundert
Jahr hinüber- und herübersprechen. Auch haben sich die Herren

[1] Marcus Capra, Gabriels Sohn, welcher dieses Gebäude dem engsten
Erstgeburtsgrade unterstellt hat zugleich mit allen Einkünften, Feldern, Thälern
und Hügeln diesseits der großen Straße, dem ewigen Gedächtniß dieß befehlend,
während er selbst duldet und Enthaltsamkeit übt.

Nach einer dieser Gelegenheit wirklich bessert und in Prosa und Versen mancherlei hervorgebracht, worunter viel Gutes.

Sodann ist es das lebendigste Publicum. Die Zuhörer riefen brava, zischten und lachten. Wenn man auch vor solcher Nation so frisch und sie persönlich beständiger würde? Wir geben unser Bestes schwarz auf weiß; jeder sucht sich damit in eine Ecke und knospert daran wie er kann.

Es läßt sich denken daß Palladio auch diesmal an allen Orten und Enden war, es mochte von Erfindern oder Nachahmern die Rede seyn. Zuletzt, wo immer das Überhältefte gefordert wird, hatte einer den glücklichen Einfall zu sagen: die andern hätten ihm den Palladio weggenommen, er wolle dagegen den Franceschini loben, den großen Seidenfabrikanten. Nun fing er an zu zeigen, was die Nachahmung der Lyoner und Florentiner Stoffe diesem rührigen Unternehmer und durch ihn der Stadt Vicenza für Vortheil gebracht habe, woraus erfolge daß die Nachahmung weit über die Erfindung erhaben sey. Und das geschah mit so gutem Humor, daß ein ununterbrochenes Gelächter erregt ward. Überhaupt fanden die, welche für die Nachahmung sprachen, mehr Beifall, denn sie sagten lauter Dinge, wie sie der Haufen denkt und denken kann. Einmal gab das Publicum mit großem Hinnerklatschen einem recht groben Sophism seinen herzlichen Beifall, da es viele gute ja treffliche Sachen zu Ehren der Erfindung nicht gefühlt hatte. Es freut sehr auch dieses erlebt zu haben, und dann ist es höchst ergötzlich den Palladio nach so viel Zeit immer noch als Leuchtern und Nachhalt von seinen Mitbürgern verehrt zu sehen.

Vicenza, den 21 September 1786.

Heute früh war ich in Thiene, das nordwärts gegen das Gebirge liegt, wo ein neu Gebäude nach einem alten Riß aufgeführt wird, wobei wenig zu erinnern seyn möchte. So ehrt man hier alles aus der guten Zeit und hat den Sinn genug, nach einem gegebnen Plan, ein frisches Gebäude aufzuführen. Das Schloß liegt ganz trefflich in einer großen Plaine, die Kalkalpen ohne Zwischengebirg hinter sich. Vom Gebäude her, neben der schnurgraden Chaussee, fließt zu beiden Seiten lebendiges Wasser, dem Ankommenden entgegen und wässert die weiten Reisfelder durch die man fährt.

Ich habe nun erst die zwei italiänischen Städte gesehen und nur wenig Menschen gesprochen, aber ich kenne meine Italiäner schon gut. Sie sind wie Hofleute die sich fürs erste Volk in der Welt halten und bei gewissen Vortheilen, die man ihnen nicht läugnen kann, sich so geschafft und bequem einbilden können. Mit eichenen die Italiäner als eine recht gute Nation: man muß nur die Kinder und die gemeinen Leute sehen wie ich sie jetzt sehe und sehen kann, da ich ihnen immerfort ausgesetzt bin, und mich ihnen immer aussetze. Und was das für Figuren und Gesichter sind!

Besonders muß ich die Vicentiner loben, daß man bei ihnen die Vorrechte einer großen Stadt genießt. Sie sehen einen nicht an, man mag machen was man will; wendet man sich jedoch an sie, dann sind sie gesprächig und anmuthig, besonders wollen mir die Frauen sehr gefallen. Die Vicentinerinnen will ich nicht schelten, sie haben eine gute Bildung und entschiedene Profile, sind aber meistens bleich und der Zendel thut ihnen Schaden, weil man unter der schönen Tracht auch etwas Artiges sucht. Hier aber finde gar hübsche Wesen, besonders eine schwarzlockige Sorte, die mir ein eignes Interesse abnöthigt. Es giebt auch noch eine blonde, die mir aber nicht so behagen will.

————

Padua, den 26. September 1786, Abends.

In vier Stunden bin ich heute von Vicenza herübergefahren, auf ein einspänniges Chäischen, Sediola genannt, mit meiner ganzen Existenz gepackt. Man fährt sonst bequem in vierthalb Stunden, da ich aber den köstlichen Tag gern unter freiem Himmel genießen wollte, so war es mir angenehm, daß der Vetturin hinter seiner Schuldigkeit zurück blieb. Man fährt in der fruchtbarsten Ebene immer südostwärts, zwischen Hecken und Bäumen, ohne weitere Aussicht, bis man endlich die schönen Gebirge, von Osten gegen Süden streichend, zur rechten Hand sieht. Die Fülle der Pflanzen und Früchte, die über Mauern und Hecken, an Bäumen herunter, ist unbeschreiblich. Kürbisse beschweren die Dächer, und die wunderlichsten Gurken hängen an Latten und Sparieren.

Die herrliche Lage der Stadt konnte ich vom Observatorium aufs klärste überschauen. Gegen Norden Tyroler Gebirge, beschneit, in

halb verdeckt, an die sich in Nordwest die Vicentinischen anschließen, endlich gegen Westen die nähern Gebirge von Este, deren
Gestalten und Vertiefungen man deutlich sehen kann. Gegen Südost
ein grünes Pflanzenmeer, ohne eine Spur von Erhöhung, Baum an
Baum, Busch an Busch, Pflanzung an Pflanzung, unzählige weiße
Häuser, Villen und Kirchen aus dem Grünen hervorblickend. Am Horizont sah ich ganz deutlich den Marcusthurm zu Venedig und andere
geringere Thürme.

Padua, den 27. September 1786.

Endlich hab ich die Werke des Palladio erlangt, zwar nicht die
Originalausgabe, die ich in Vicenza gesehen, deren Tafeln in Holz geschnitten sind, aber eine genaue Copie, ja eine fast ähnliche[1] in Kupfer,
veranstaltet durch einen vortrefflichen Mann, den ehemaligen englischen
Consul Smith in Venedig. Das muß man den Engländern lassen,
daß sie von langher das Gute zu schätzen wußten, und daß sie eine
grandiose Art haben es zu verbreiten.

Bei Gelegenheit dieses Ankaufs betrat ich einen Buchladen, der in
Italien ein ganz eigenes Ansehen hat. Alle Bücher stehen geheftet umher, und man findet den ganzen Tag über gute Gesellschaft. Was von
Weltgeistlichen, Edelleuten, Künstlern einigermaßen mit der Literatur
verwandt ist, geht hier auf und ab. Man verlangt ein Buch, schlägt
nach, liest und unterhält sich wie es kommen will. So fand ich etwa
ein halb Dutzend beisammen, welche sämmtlich, als ich nach den Werken
des Palladio fragte, auf mich aufmerksam wurden. Indeß der Herr
des Ladens das Buch suchte, rühmten sie es und gaben mir Notiz von
dem Originale und der Copie, sie waren mit dem Werke selbst und dem
Verdienst des Verfassers sehr wohl bekannt. Da sie mich für einen
Architekten hielten, lobten sie mich, daß ich vor allen andern zu dem
Studium[2] dieses Meisters schritte, er leiste zu Gebrauch und Anwendung
mehr als Vitruv selbst, denn er habe die Alten und das Alterthum gründlich studirt und es unsern Bedürfnissen näher zu führen
gesucht. Ich unterhielt mich lange mit diesen freundlichen Männern,

[1] Facsimile.   [2] dem Studium.

erfuhr noch einiges, die Denkwürdigkeiten der Stadt betreffend, und empfahl mich.

Da man denn doch einmal den Heiligen Kirchen gebaut hat, so findet sich auch wohl darin ein Platz, wo man vernünftige Menschen aufstellen kann. Die Büste des Cardinals Bembo steht zwischen jonischen Säulen, ein schönes, wenn ich so sagen soll, mit Gewalt in sich gezogenes Gesicht und ein mächtiger Bart; die Inschrift lautet:—

Petri Bembi Card. imaginem Hier. Guerinus Ismeni f. in publico ponendam curavit ut cujus ingenii monumenta aeterna sint ejus corporis quoque memoria ne a posteritate desideretur. [1]

Das Universitätsgebäude hat mich mit aller seiner Würde erschreckt. Es ist mir lieb, daß ich darin nichts zu lernen hatte. Eine solche Schulenge denkt man sich nicht, ob man gleich als Studiosus deutscher Akademien auf den Hörbänken auch manches leiden müssen. Besonders ist das anatomische Theater ein Muster, wie man Schüler zusammen pressen soll. In einem spitzen hohen Trichter sind die Zuhörer über einander geschichtet. Sie sehen steil herunter auf den engen Boden wo der Tisch steht, auf den kein Licht fällt, deßhalb der Lehrer bei Lampenschein demonstriren muß. Der botanische Garten ist desto artiger und munterer. Es können viele Pflanzen auch den Winter im Lande bleiben, wenn sie an Mauern oder nicht weit davon gesetzt sind. Man überbaut alsdann das Ganze zu Ende des Octobers, und heizt die wenigen Monate. Es ist erfreuend und belehrend unter einer Vegetation umherzugehen die uns fremd ist. Bei gewohnten Pflanzen, so wie bei andern längst bekannten Gegenständen, denken wir zuletzt gar nichts, und was ist Beschauen ohne Denken? Hier in dieser neu mir entgegen tretenden Mannichfaltigkeit wird jener Gedanke immer lebendiger, daß man sich alle Pflanzengestalten vielleicht aus Einer entwickeln könne. Hiedurch würde es allein möglich werden, Geschlechter und Arten wahrhaft zu bestimmen, welches, wie mich dünkt, bisher sehr willkürlich geschieht. Auf diesem Punkte bin ich in meiner botanischen Philosophie stecken

[1] Des Cardinals Petri Bembos Bildniß hat Guerinus, Sohn Ismens, hier öffentlich aufstellen lassen, damit, wie dessen Geisteswerke für die Ewigkeit sind, auch das Gedächtniß seiner Gestalt von der Nachwelt nicht vermißt werde.

geblieben und ich sehe noch nicht, wie ich mich entwirren will. Die Tiefe und Breite dieses Geschäfts scheint mir völlig gleich.

Der große Platz, Prato della Balle genannt, ist ein sehr weiter Raum, wo der Hauptmarkt im Juni gehalten wird. Hölzerne Buden in seiner Mitte geben freilich nicht das vortheilhafteste Ansehn, die Einwohner aber versichern, daß man auch bald hier eine Fiera von Stein wie die zu Verona sehen werde. Hiezu gibt freilich schon jetzt die Umgebung des Platzes gegründete Hoffnung, welche einen sehr schönen und bedeutenden Anblick gewährt.

Ein ungeheures Oval ist ringsum mit Statuen besetzt, alle berühmten Männer vorstellend, welche hier gelehrt und gelernt haben. Einem jeden Einheimischen und Fremden ist erlaubt, irgend einem Landsmann oder Verwandten hier eine Bildsäule von bestimmter Größe zu errichten, sobald das Verdienst der Person und der akademische Aufenthalt zu Padua bewiesen ist.

Um das Oval umher geht ein Wassergraben. Auf den vier Brücken die hinaufführen stehen sieben Päpste und Dogen kolossal, die übrigen, kleiner, sind von Zünften, Particuliers und Fremden gesetzt. Der König von Schweden ließ Gustav Adolphen hinstellen, weil man sagt, derselbe habe einmal in Padua eine Lection angehört. Der Erzherzog Leopold erneuerte das Andenken Petrarchs und Gallilei's. Die Statuen sind in einer braven modernen Manier gemacht, wenige übermanierirt, einige recht natürlich, sämmtlich im Costüm ihrer Zeit und Würden. Die Inschriften sind auch zu loben. Es findet sich nichts Abgeschmacktes oder Kleinliches darunter.

Auf jeder Universität wäre der Gedanke sehr glücklich gewesen, auf dieser ist es am glücklichsten, weil es sehr wohl thut, eine völlige Vergangenheit wieder hervorgerufen zu sehen. Es kann ein recht schöner Platz werden, wenn sie die hölzerne Fiera wegschaffen und eine von Stein erbauen, wie der Plan seyn soll.

In dem Versammlungsorte einer dem heiligen Antonius gewidmeten Brüderschaft sind ältere Bilder, welche an die alten Teutschen erinnern, dabei auch einige von Tizian, wo schon der große Fortschritt merklich ist, den über die! Spon niemand für sich gethan hat. Gleich darauf sah ich einiges von den Neusten. Diese Künstler haben, da sie das hohe Ernste nicht mehr erreichen konnten, das Humoristische sehr glücklich getroffen. Die Enthauptung Johannis von Piazzetta ist, wenn man des Meisters Manier zugibt, in diesem Sinne ein recht braves Bild. Johannes kniet, die Hände vor sich hinfaltend, mit dem rechten Knie auf einem Stein. Er sieht gen Himmel. Ein Kriegsknecht, der ihn hinten gebunden hält, biegt sich an der Seite herum und sieht ihm ins Gesicht, als wenn er über die Gelassenheit erstaunte, womit der Mann sich hingibt. In der Höhe steht ein anderer, der den Streich vollführen soll, hat aber das Schwert nicht, sondern macht nur mit den Händen die Gebärde, wie einer der den Streich zum voraus versuchen will. Das Schwert zieht unten ein dritter aus der Scheide. Der Gedanke ist glücklich, wenn auch nicht groß, die Composition frappant, und von der besten Wirkung.

In der Kirche der Eremitaner habe ich Gemälde von Mantegna gesehen, einem der älteren Maler, vor dem ich erstaunt bin. Was in diesen Bildern für eine scharfe, sichere Gegenwart dasteht! Von dieser ganz wahren, nicht etwa scheinbaren, effektlügenden, bloß zur Einbildungskraft sprechenden, sondern derben, reinen, lichten, ausführlichen, gewissenhaften, zarten, umschriebenen Gegenwart, die zugleich etwas Strenges, Emsiges, Mühsames hatte, gingen die folgenden Maler aus, wie ich an Bildern von Tizian bemerkte, und nun konnte die Lebhaftigkeit ihres Genies, die Energie ihrer Natur, erleuchtet von dem Geiste ihrer Vorfahren, aufgebaut durch ihre Kraft, immer höher und höher steigen, sich von der Erde heben und himmlische aber wahre Gestalten hervorbringen. So entwickelte sich die Kunst nach der barbarischen Zeit.

Der Audienzsaal des Rathhauses, mit Recht durch das Augmentativum Salone betitelt, das ungeheuerste abgeschlossene Gefäß das man sich nicht vorstellen, auch nicht einmal in der nächsten Erinnerung zurückrufen kann. Dreihundert Fuß lang, hundert Fuß breit und, bis in das der Länge nach ihn deckende Gewölbe, hundert Fuß hoch. So gewohnt sind diese Menschen im Freien zu leben, daß die Baumeister einen Marktplatz zu überwölben fanden. Und es ist keine Frage, daß der

Den statt die.

ungeheure überwölbte Raum eine eigene Empfindung gibt. Es ist ein abgeschlossenes Unendliches, dem Menschen analoger als der Sternenhimmel. Dieser reißt uns aus uns selbst hinaus, jener drängt uns, auf die gelindeste Weise, in uns selbst zurück.

So verweil' ich auch gern in der Kirche der heiligen Justine. Diese [1] vierhundert fünfundachtzig Fuß lang, verhältnißmäßig hoch und breit, groß und einfach gebaut. Heut Abend setzt' ich mich in einen Winkel und hielt meine stille Betrachtung; da fühlt' ich mich recht allein, denn kein Mensch in der Welt, der in dem Augenblick an mich gedacht hätte, würde mich hier gesucht haben.

Nun wäre auch hier wieder einmal eingepackt, morgen früh geht es zu Wasser auf der Brenta fort. Heute hat's geregnet, nun ist's wieder ausgehellt, und ich hoffe die Lagunen und die dem Meer vermählte Herrscherin bei schöner Tageszeit zu erblicken, und aus ihrem Schooß meine Freunde zu begrüßen.

Venedig.

So stand es denn im Buche des Schicksals auf meinem Blatte geschrieben, daß ich 1786 den achtundzwanzigsten September, Abends, nach unserer Uhr um fünfe, Venedig zum erstenmal, aus der Brenta in die Lagunen einfahrend, erblicken, und bald darauf diese wunderbare Inselstadt, diese Biberrepublik betreten und besuchen sollte. So ist denn auch, Gott sey Dank, Venedig mir kein bloßes Wort mehr, kein hohler Name, der mich so oft, mich den Todfeind von Wortschällen, geängstiget hat.

Als die erste Gondel an das Schiff anfuhr (es geschieht um Passagiere, welche Eile haben, geschwinder nach Venedig zu bringen), erinnerte ich mich eines frühen Kinderspielzeuges, an das ich vielleicht seit zwanzig Jahren nicht mehr gedacht hatte. Mein Vater besaß ein schönes mit gebrachtes Gondelmodell; er hielt es sehr werth, und mir ward es hoch angerechnet, wenn ich einmal damit spielen durfte. Die ersten Schnäbel

¹ Sie ist statt diese, oder: Diese, Dieselbe ist groß und einfach gebaut.

von blankem Eisenblech, die schwarzen Gondeldächer, alles grüßte mich wie eine alte Bekanntschaft, ich genoß einen langentbehrten, freundlichen Jugendeindruck.

Ich bin gut logirt an der Königin von England, nicht weit vom Marcusplatze, und dieß ist der größte Vorzug des Quartiers; meine Fenster gehen auf einen schmalen Canal zwischen hohen Häusern, gleich unter mir eine einbögige Brücke, und gegenüber ein schmales belebtes Gäßchen. So wohne ich, und so werde ich eine Zeitlang bleiben, bis mein Packet für Deutschland fertig ist, und bis ich mich am Bilde dieser Stadt satt gesehen habe. Die Einsamkeit nach der ich oft so sehnsuchtsvoll gesucht, kann ich nun recht genießen, denn nirgends fühlt man sich einsamer als im Gewimmel, wo man sich allen ganz unbekannt durchdrängt. In Venedig kennt mich vielleicht nur Ein Mensch und der wird mir nicht gleich begegnen.

Venedig, den 28. September 1786.

Wie es mir von Padua hierher gegangen, nur mit wenig Worten: die Fahrt auf der Brenta, mit dem öffentlichen Schiffe, in gesitteter Gesellschaft, da die Italiener sich vor einander in Acht nehmen, ist anständig und angenehm. Die Ufer sind mit Gärten und Lusthäusern geschmückt, kleine Ortschaften treten bis ans Wasser, theilweise geht die belebte Landstraße daran hin. Da man schleusenweis den Fluß hinabfährt, giebt es öfters einen kleinen Aufhalt,[1] den man benutzen kann, sich auf dem Lande umzusehen und die reichlich angebotenen Früchte zu genießen. Nun steigt man wieder ein und bewegt sich durch eine bewegte Welt voll Fruchtbarkeit und Leben.

Zu so viel abwechselnden Bildern und Gestalten gesellte sich noch eine Erscheinung, die, obgleich aus Deutschland abstammend, doch hier ganz eigentlich an ihrem Platze war, zwei Pilger nämlich, die ersten die ich in der Nähe sah. Sie haben das Recht mit dieser öffentlichen Gelegenheit umsonst weiter gebracht zu werden, allein weil die übrige Gesellschaft ihre Nähe scheut, so sitzen sie nicht mit in dem bedeckten Raume, sondern hinten bei dem Steuermann. Als eine in der gegenwärtigen Zeit seltene Erscheinung wurden sie angestaunt, und, weil

[1] Aufenthalt.

früher unter dieser Hülle manch Gefühvel umhertrieb, wenig geachtet. Als ich vernahm, daß es Deutsche seyen, keiner andern Sprache mächtig, gesellte ich mich zu ihnen und vernahm, daß sie aus dem Paderbornischen herstammten. Beide waren Männer schon über fünfzig, von ... aber gutmüthiger Physiognomie. Sie hatten vor Allem das Grab der heiligen drei Könige zu Cöln besucht, waren sodann durch Deutschland gezogen, und nun auf dem Wege, zusammen bis Rom und sodann ins obere Italien zurückzugehen, da denn der eine wieder nach Westphalen zu wandern, der andere aber noch den heiligen Jakob zu Compostell zu verehren gedachte.

Ihre Kleidung war die bekannte, doch sahen sie aufgeschürzt viel besser aus, als wir sie in langen Taffetkleidern auf unsern Redouten vorzustellen pflegen. Der große Kragen, der runde Hut, der Stab und die Muschel, als das unschuldigste Trinkgeschirr, alles hatte seine Bedeutung, seinen unmittelbaren Nutzen, die Blechkapsel enthielt ihre Pässe. Das Merkwürdigste aber waren ihre kleinen rothsaffianenen Brieftaschen; in diesen befand sich alles kleine Geräthe, was nur irgend einem einfachen Bedürfniß abzuhelfen geneigt seyn mochte. Sie hatten dieselben hervorgezogen, indem sie an ihren Kleidern etwas zu flicken fanden.

Der Steuermann höchst zufrieden, daß er einen Dolmetscher fand, ließ mich verschiedene Fragen an sie thun; dadurch vernahm ich manches von ihren Ansichten, besonders aber von ihrer Reise. Sie beklagten sich bitterlich über ihre Glaubensgenossen, ja Weltpriester und Klostergeistliche. Die Frömmigkeit, sagten sie, müsse eine sehr seltene Sache seyn, weil man an die ihrige nirgends glauben wolle, sondern sie fast durchaus, ob sie gleich die ihnen vorgeschriebene geistliche Marschroute und die bischöflichen Pässe vorgezeigt, in katholischen Landen wie Landstreicher behandle. Sie erzählten dagegen mit Rührung, wie gut sie von den Protestanten aufgenommen worden, besonders von einem Landgeistlichen in Schwaben, vorzüglich aber von seiner Frau, welche den einigermaßen widerstrebenden Mann dahin vermochte, daß sie ihnen reichliche Erquickung zutheilen dürfen, welche ihnen sehr Noth gethan. Ja beim Abschiede habe sie ihnen einen Conventionsthaler geschenkt, der ihnen sehr zu

geeignet.

hatten gekommen, sobald sie das katholische Gebiet wieder betreten.
Hierauf sagte der Eine mit aller Erhebung deren er fähig war: wir
schliessen Euch Frau aber auch täglich in unser Gebet ein und bitten
Gott, dass er ihre Augen öffne, wie er ihr Herz für uns geöffnet
hat; dass er sie, wenn auch spät, aufnehme in den Schooss der allein-
seligmachenden Kirche. Und so hoffen wir gewiss ihr vereinigt im Paradies
zu begegnen.

Von diesem allem erklärte ich was nöthig und nützlich war, auf
der kleinen Stiege sitzend, die auf das Verdeck führt, dem Steuermanne
und einigen andern Personen, die sich aus der Kajüte in den engen
Raum gedrängt hatten. Den Pilgern wurden einige ärmliche Er-
quickungen gereicht, denn der Italiäner sieht nicht zu geben. Sie zogen
darauf kleine gemahlte Zettel hervor, worauf zu sehen das Bild der
heiligen drei Könige, nebst lateinischen Gebeten zur Verehrung. Die
guten Menschen baten mich, die kleine Gesellschaft damit zu beschenken
und ihr den hohen Werth dieser Blätter begreiflich zu machen. Dieses
gelang mir auch ganz gut, denn, als die beiden Männer sehr verlegen
schienen, wie sie in dem grossen Venedig das zur Aufnahme der Pilger
bestimmte Kloster auffinden sollten, so versprach der gerührte Steuermann, wenn sie landeten, wollte er einem Burschen sogleich einen Thaler
geben, damit er sie zu jenem entfernt gelegenen Ort geleite. Sie
würden zwar, setzte er vertraulich hinzu, sie würden dort wenig Trost
finden; die Anstalt, sehr gross angelegt, um, ich weiss nicht wie viel
Pilger zu fassen, sei gegenwärtig ziemlich zusammen gegangen und die
Einkünfte würden eben anders verwendet.

So unterhielten wir uns die schöne Brenta herunter gefahren,
manchen herrlichen Garten, manchen herrlichen Palast hinter uns lassend,
wohlhabende, schlechte Ortschaften an der Küste mit flüchtigem Blick be-
schauend. Als wir nun in die Lagunen einfuhren, umschwärmten mehrere Gondeln sogleich das Schiff. Ein Lombard, in Venedig wohl bekannt, forderte mich auf ihm Gesellschaft zu leisten, damit wir geschwinder
heran wären und der Douanenqual entgingen. Einige, die uns abhalten
wollten, wusste er mit einem mässigen Trinkgeld zu beseitigen und so
schwammen wir bei einem heitern Sonnenuntergang schnell unserm Ziel
entgegen.

Venedig, den 28. September 1786. Nachmittags Abends.

Von Venedig ist schon viel erzählt und gedruckt, daß ich mit Beschreibung nicht umständlich seyn will, ich sage nur wie es mir entgegen kommt. Was sich mir aber vor allem andern aufdringt, ist abermals das Volk, eine große Masse, ein nothwendiges unwillkürliches Daseyn.

Dieses Geschlecht hat sich nicht zum Spaß auf diese Inseln geflüchtet, es war keine Willkür welche die Folgenden trieb sich mit ihnen zu vereinigen; die Noth lehrte sie ihre Sicherheit in der unvortheilhaftesten Lage suchen, die ihnen nachher so vortheilhaft ward, und sie klug machte, als noch die ganze nördliche Welt im Düstern gefangen lag; ihre Vermehrung, ihr Reichthum war nothwendige Folge. Nun drängten sich die Wohnungen empor und enger, Sand und Sumpf wurden durch Felsen ersetzt, die Häuser suchten die Luft, wie Bäume die geschlossen stehen, sie mußten an Höhe zu gewinnen suchen, was ihnen an Breite abging. Auf jede Spanne des Bodens geizig, und gleich Anfangs in enge Räume gedrängt, ließen sie zu Gassen nicht mehr Breite, als nöthig war eine Hausreihe von der gegenüberstehenden zu trennen und dem Bürger nothdürftige Durchgänge zu erhalten. Uebrigens war ihnen das Wasser statt Straße, Platz und Spaziergang. Der Venetianer mußte eine neue Art von Geschöpf werden, wie man denn auch Venedig nur mit sich selbst vergleichen kann. Der große schlangenförmig gekrümmte Canal weicht keiner Straße in der Welt, dem Raum vor dem Marcusplatze kann wohl Nichts an die Seite gesetzt werden. Ich meine den großen Wasserspiegel, der diesseits von dem eigentlichen Venedig, im halben Mond umfaßt wird. Ueber der Wasserfläche sieht man links die Insel St. Giorgio maggiore, etwas weiter rechts die Giudecca und ihren Canal, noch weiter rechts die Dogane und die Einfahrt in den Canal Grande, wo uns gleich ein Paar ungeheure Marmortempel entgegen leuchten. Dieß sind mit wenigen Zügen die Hauptgegenstände die uns in die Augen fallen, wenn wir zwischen den zwei Säulen des Marcusplatzes hervortreten. Die sämmtlichen Aus- und Ansichten sind so oft in Kupfer gestochen, daß die Freunde davon sich gar leicht einen anschaulichen Begriff machen können.

Nach Tische eilte ich mir erst einen Eindruck des Ganzen zu versichern, und warf mich, ohne Begleiter, nur die Himmelsgegenden merkend, ins Labyrinth der Stadt, welche, obgleich durchaus von Canälen

und Canälchen durchschnitten, durch Brücken und Bensschen wieder zu
sammenhängt. Die Enge und Gedrängtheit des Ganzen denkt man nicht,
ohne es gesehen zu haben. Gewöhnlich kann man die Breite der Gasse
mit ausgereckten Armen entweder ganz oder beinahe messen, in den
engsten stößt man schon mit den Ellbogen an, wenn man die Hände
in die Seite stemmt; es giebt wohl breitere, auch hie und da ein Plätzchen, verhältnißmäßig aber kann alles enge genannt werden.

Ich fand leicht den großen Canal und die Hauptbrücke Rialto; sie
besteht aus einem einzigen Bogen von weißem Marmor. Von oben
herunter ist es eine große Ansicht der Canal gefüllt voll Schiffe, die
alles Bedürfniß vom festen Lande herbeiführen, und hier hauptsächlich
anlegen und ausladen, dazwischen wimmelt es von Gondeln. Besonders
heute, als am Michaelistage, gab es einen Anblick wunderschön lebendig;
doch um Obiges einigermaßen darzustellen, muß ich etwas weiter aus-
holen.

Die beiden Haupttheile von Venedig, welche der große Canal
trennt, werden durch die einzige Brücke Rialto mit einander verbunden,
doch ist auch für mehrere Communication gesorgt, welche, in offenen
Barken, an bestimmten Ueberfahrtsrampen geschieht. Nun sah es heute
sehr gut aus, als die wohlgekleideten, doch mit einem schwarzen Schleier
behangen Frauen, sich viele zusammen übersetzen ließen, um zu der Kirche
des gefeierten Exengels zu gelangen. Ich verließ die Brücke und begab
mich an einen solchen Ueberfahrtspunkt, die Aussteigenden genau zu
betrachten. Ich habe sehr schöne Gesichter und Gestalten darunter gefunden.

Nachdem ich müde geworden, setzte ich mich in eine Gondel, die
engen Gassen verließend, und fuhr, mir das entgegengesetzte Schauspiel
zu bereiten, den nördlichen Theil des großen Canales durch, um die
Insel der heiligen Clara, in die Lagunen, den Canal der Guidecca
herein, bis gegen den Marcusplatz, und war nun auf einmal ein Mit-
herr des Adriatischen Meeres, wie jeder Venezianer sich fühlt, wenn er
sich in seine Gondel legt. Ich gedachte dabei meines guten Vaters in
Ehren, der nichts Besseres wußte, als von diesen Dingen zu erzählen.
Wird mir es nicht auch so gehen! Alles was mich umgiebt ist würdig,
ein großes respectables Werk versammelter Menschenkraft, ein herrliches
Monument, nicht eines Gebieters, sondern eines Volkes. Und wenn

auch ihre Lagunen sich nach und nach ausfüllen, böse Dünste über dem Sumpfe schweben, ihr Handel geschwächt, ihre Macht gesunken ist, so wird die ganze Anlage der Republik und ihr Wesen nicht einen Augenblick dem Beobachter weniger ehrwürdig seyn. Sie unterliegt der Zeit, wie alles was ein erscheinendes Daseyn hat.

Venedig, den 30. September 1786.

Gegen Abend verlief ich mich wieder, ohne Führer, in die entferntesten Quartiere der Stadt. Die hiesigen Brücken sind alle mit Treppen angelegt, damit Gondeln und auch wohl größere Schiffe bequem unter den Bogen hinfahren. Ich suchte mich in und aus diesem Labyrinthe zu finden, ohne irgend jemand zu fragen, mich abermals nur nach der Himmelsgegend richtend. Man entwirrt sich wohl endlich, aber es ist ein unglaubliches Gehecke in einander, und meine Manier sich recht sinnlich davon zu überzeugen, die beste. Auch habe ich mir, bis an die letzte bewohnte Spitze, der Einwohner Betragen, Lebensart, Sitte und Wesen gemerkt; in jedem Quartiere sind sie anders beschaffen. Du lieber Gott! was doch der Mensch für ein armes, gutes Thier ist!

Sehr viele Häuserchen stehen unmittelbar in den Canälen, doch giebt es hie und da schön gepflasterte Steindämme, auf denen man zwischen Wasser, Kirchen und Palästen gar angenehm hin und wieder spaziert. Lustig und erfreulich ist der lange Steindamm, an der nördlichen Seite, von welchem die Inseln, besonders Murano, das Venedig im Kleinen, geschaut werden. Die Lagunen dazwischen sind von vielen Gondeln belebt.

Den 30. September 1786. Abends.

Heute habe ich abermals meinen Begriff von Venedig erweitert, indem ich mir den Plan verschaffte. Als ich ihn einigermaßen studirt, bestieg ich den Marcusthurm, wo sich dem Auge ein einziges Schauspiel darstellt. Es war um Mittag und heller Sonnenschein, daß ich ohne Perspectiv Nähen und Fernen genau erkennen konnte. Die Fluth bedeckte die Lagunen, und als ich den Blick nach dem sogenannten Lido wandte (es ist ein schmaler Erdstreif, der die Lagunen schließt), sah ich zum erstenmal das Meer und einige Segel darauf. In den Lagunen selbst liegen Galeeren und Fregatten, die zum Ritter Emo stoßen sollten, der den Algieren den Krieg macht, die aber wegen ungünstiger Winde liegen bleiben. Die Paduanischen und Vicentinischen Berge und das Tyroler Gebirge schließen, zwischen Abend und Mitternacht, das Bild ganz trefflich schön.

Venedig, den 1. October 1786.

Ich ging und besah mir die Stadt in mancherlei Rücksichten, und da es eben Sonntag war, fiel mir die große Unreinlichkeit der Straßen auf, worüber ich meine Betrachtungen anstellen mußte. Es ist wohl eine Art von Polizei in diesem Artikel, die Leute schieben das Kehricht in die Ecken, auch sehe ich große Schiffe hin und wieder fahren, die an manchen Orten stille liegen und das Kehricht mitnehmen, Leute von den Inseln umher, welche des Düngers bedürfen; aber es ist in diesen Anstalten weder Folge noch Strenge, und desto unverzeihlicher die Unreinlichkeit der Stadt, da sie ganz zu Reinlichkeit angelegt wäre, so gut als irgend eine holländische.

Alle Straßen sind geplattet, selbst die entferntesten Quartiere wenigstens mit Backsteinen auf der hohen Kante ausgesetzt, wo es nöthig in der Mitte ein wenig erhaben, an der Seite Vertiefungen das Wasser aufzufassen und in bedeckte Canäle zu leiten. Noch andere architektonische Vorrichtungen der ersten wohlüberdachten Anlage zeugen von der Absicht trefflicher Baumeister, Venedig zu der reinsten Stadt zu machen, wie sie die sonderbarste ist. Ich konnte nicht unterlassen gleich im Spazieren gehen eine Anordnung deßhalb zu entwerfen, und einem Polizeivorsteher, dem es Ernst wäre, in Gedanken vorzuarbeiten. So hat man immer Trieb und Lust vor fremden Thüren zu kehren.

Venedig, den 1. October 1786.

Vor allem eilte ich in die Carità, ich hatte in den Palladio's Werken gefunden, daß er hier ein Klostergebäude angegeben, in welchem

er die Privatwohnung der reichen und gastfreien Alten darzustellen gedachte. Der sowohl im Ganzen als in seinen einzelnen Theilen trefflich
gezeichnete Plan machte mir unendliche Freude, und ich hoffte ein Wunderwerk zu finden; aber ach! es ist kaum der zehnte Theil ausgeführt;
doch auch dieser Theil seines himmlischen Genius würdig, eine Vollkommenheit in der Anlage und eine Genauigkeit in der Ausführung,
die ich noch nicht kannte. Jahre lang sollte man in Betrachtung so
eines Werks zubringen. Mich dünkt ich habe nichts Höheres, nichts
Vollkommeneres gesehen, und glaube daß ich mich nicht irre. Denke
man sich aber auch den trefflichen Künstler, mit dem innern Sinn für's
Große und Gefällige geboren, der erst mit unglaublicher Mühe sich an
den Alten heranbildet, um sie alsdann durch sich wieder herzustellen.
Dieser findet Gelegenheit einen Lieblingsgedanken auszuführen, ein
Kloster, so vielen Mönchen zur Wohnung, so vielen Fremden zur Herberge bestimmt, nach der Form eines antiken Privatgebäudes aufzurichten.

Die Kirche stand schon, aus ihr tritt man in ein Atrium von
korinthischen Säulen, man ist entzückt und vergißt auf einmal alles
Pfaffenthum. An der einen Seite findet man die Sacristei, an der
andern ein Capitelzimmer, daneben die schönste Wendeltreppe von der
Welt, mit offener weiter Spindel, die steinernen Stufen in die Wand
gemauert, und so geschichtet, daß eine die andere trägt; man wird nicht
müde sie auf und abzusteigen; wie schön sie gerathen sey, kann man
daraus abnehmen, daß sie Palladio selbst für wohlgerathen angiebt.
Aus dem Vorhof tritt man in den innern großen Hof. Von dem Gebäude, das ihn umgeben sollte, ist leider nur die linke Seite aufgeführt,
drei Säulenordnungen über einander, auf der Erde Hallen, im ersten
Stock ein Bogengang vor den Zellen hin, der obere Stock Mauer mit
Fenstern. Doch diese Beschreibung muß durch den Anblick der Risse
geschärft werden. Nun ein Wort von der Ausführung.

Nur die Häupter und Füße der Säulen und die Schlußsteine der
Bogen sind von gehauenem Stein, das Uebrige alles, ich darf nicht
sagen von Backsteinen, sondern von gebranntem Thon. Solche Ziegeln
kenne ich gar nicht. Fries und Carniß sind auch daraus, die Glieder
der Bogen gleichfalls, alles theilweise gebrannt, und das Gebäude zuletzt
nur mit wenig Kalk zusammengesetzt. Es steht wie aus Einem Guß.

Wäre das Ganze fertig geworden und man sähe es reinlich abgeputzt und gefärbt, es müßte ein himmlischer Anblick seyn.

Jedoch die Anlage war zu groß, wie bei so manchem Gebäude der neuern Zeit. Der Künstler hatte nicht nur vorausgesetzt, daß man das jetzige Kloster abreißen, sondern auch anstoßende Nachbarhäuser kaufen werde, und da mögen Geld und Lust ausgegangen seyn. Du liebes Schicksal, das du so manche Dummheit begünstigst und verewigt hast, warum ließest du dieses Werk nicht zu Stande kommen!

Venedig, den 3. October 1786.

Die Kirche Il Redentore, ein schönes großes Werk von Palladio, die Façade lobenswürdiger als die von St. Giorgio. Diese mehrmals in Kupfer gestochenen Werke müßte man vor sich sehen, um das Gesagte verdeutlichen zu können. Hier nur wenige Worte.

Palladio war durchaus von der Existenz der Alten durchdrungen und fühlte die Kleinheit und Enge seiner Zeit, wie ein großer Mensch, der sich nicht hingeben, sondern das Uebrige so viel als möglich nach seinen edlen Begriffen umbilden will. Er war unzufrieden, wie ich aus gelinder Wendung seines Buches schließe, daß man bei christlichen Kirchen nach der Form der alten Basiliken zu bauen fortfahre, er suchte deshalb seine heiligen Gebäude der alten Tempelform zu nähern; daher entstanden gewisse Unschicklichkeiten, die mir bei Il Redentore glücklich beseitigt, bei St. Giorgio aber zu auffallend erscheinen. Volkmann sagt etwas davon, trifft aber den Nagel nicht auf den Kopf.

Inwendig ist Il Redentore gleichfalls köstlich, alles, auch die Zeichnung der Altäre, von Palladio: leider die Nischen, die mit Statuen ausgefüllt werden sollten, prangen mit flachen, ausgeschnittenen, gemalten Bretfiguren.

Venedig, den 3. Oktober 1786.

Dem heiligen Franciscus zu Ehren hatten die Patres-Capuziner einen Seitenaltar mächtig ausgeputzt; man sah nichts von Stein als die corinthischen Capitäle; alles Uebrige schien mit einer geschmackvollen

prächtigen Stickerei, nach Art der Arabesken, überzogen, und zwar so
artig als man nur etwas zu sehen wünschte. Besonders wunderte ich
mich über die breiten, goldgestickten Ranken und Laubwerke. Ich ging
näher und fand einen recht hübschen Betrug. Alles was ich für Gold
gehalten hatte, war breit gedrucktes Stroh, nach schönen Zeichnungen
auf Papier geklebt, der Grund mit lebhaften Farben angestrichen, und
das so mannichfaltig und geschmackvoll, daß dieser Spaß, dessen Material gar nichts werth war, und der wahrscheinlich im Kloster selbst
ausgeführt wurde, mehrere tausend Thaler müßte gekostet haben, wenn
er ächt hätte seyn sollen. Man könnte es gelegentlich wohl nachahmen.

Auf einem Uferdamme, im Angesicht des Wassers, bemerkte ich
schon einigemal einen geringen Kerl, welcher einer größern oder kleinern
Anzahl von Zuhörern im Venetianischen Dialekt Geschichten erzählte;
ich kann leider nichts davon verstehen, es lacht aber kein Mensch, nur
selten lächelt das Auditorium, das meist aus der ganz niedern Klasse
besteht. Auch hat der Mann nichts Auffallendes noch Lächerliches in
seiner Art, vielmehr etwas sehr Gesetztes, zugleich eine bewunderungswürdige Mannichfaltigkeit und Präcision, welche auf Kunst und Nachdenken hinwiesen, in seinen Gebärden.

Venedig, den 3. Oktober 1786.

Den Plan in der Hand suchte ich mich durch die wunderlichsten
Irrgänge bis zur Kirche der Mendicanti zu finden. Hier ist das Con-
servatorium, welches gegenwärtig den meisten Beifall hat. Die Frauenzimmer führten ein Oratorium hinter dem Gitter auf, die Kirche war
voll Zuhörer, die Musik sehr schön, und herrliche Stimmen. Ein Alt
sang den König Saul, die Hauptperson des Gedichts. Von einer
solchen Stimme hatte ich gar keinen Begriff; einige Stellen der Musik
waren unendlich schön, der Text vollkommen singbar, so italiänisch
Latein, daß man an manchen Stellen lachen muß; die Musik aber
findet hier ein weites Feld.

Es wäre ein trefflicher Genuß gewesen, wenn nicht der vermale-
deite Kapellmeister den Takt mit einer Rolle Noten wider das Gitter,
und so unverschämt geklappt hätte, als habe er mit Schuljungen zu

thun, die er eben unterrichtete, und die Mädchen hatten das Stück oft
wiederholt, sein Klatschen war ganz unnütze und zerstörte allen Eindruck, nicht anders als wenn einer, um aus eine schöne Statue begreiflich zu machen, ihr Scharlachläppchen auf die Gelenke klebte. Der
fremde Schall hebt alle Harmonie auf. Das ist nun ein Musiker und
er hört es nicht, oder er will vielmehr, daß man seine Gegenwart durch
eine Unschicklichkeit vernehmen soll, da es besser wäre, er ließe seinen
Werth an der Vollkommenheit der Ausführung errathen. Ich weiß,
die Franzosen haben es an der Art, den Italiänern hätte ich es nicht
zugetraut, und das Publikum scheint daran gewöhnt. Es ist nicht das
einzigemal daß es sich einbilden läßt, das gerade gehöre zum Genuß,
was den Genuß verdirbt.

        Venedig, den 3. October 1786.

Gestern Abend Oper zu St. Moses (denn die Theater haben ihren
Namen von der Kirche der sie am nächsten liegen); nicht recht erfreulich.
Es fehlt dem Plan, der Musik, den Sängern eine innere Energie,
welche allein eine solche Darstellung auf den höchsten Punkt treiben
kann. Man könnte von keinem Theile sagen, er sey schlecht; aber nur
die zwei Frauen ließen sich angelegen seyn, nicht sowohl gut zu agiren,
als sich zu produciren und zu gefallen. Das ist denn immer etwas.
Es sind zwei schöne Figuren, gute Stimmen, artige, muntere, gefällige
Personchen. Unter den Männern dagegen keine Spur von innerer
Gewalt und Lust dem Publikum etwas aufzuheften, so wie keine entschieden glänzende Stimme.

Das Ballet, von schlechter Erfindung, ward im Ganzen ausgepfiffen, einige treffliche Springer und Springerinnen jedoch, welche
letztere sich es zur Pflicht rechneten die Zuschauer mit jedem schönen
Theil ihres Körpers bekannt zu machen, wurden reichlich beklatscht.

        Den 5. October 1786.

Heute dagegen sah ich eine andere Komödie, die mich mehr erfreut hat. Im herzoglichen Palast hörte ich eine Rechtssache, dffentlich

verhandeln; sie war wichtig und zu meinem Glück in der Zeiten vor
genommen. Der eine Advokat war alles, was ein übertriebener Buffo
nur seyn sollte. Figur dick, kurz, doch beweglich, ein ungeheuer vor
springendes Profil, eine Stimme wie Erz, und eine Heftigkeit, als
wenn es ihm aus tiefstem Grunde des Herzens ernst wäre was er
sagte. Ich nenne dieß eine Komödie, weil alles wahrscheinlich schon
fertig ist, wenn diese öffentliche Darstellung geschieht; die Richter wissen
was sie sprechen sollen, und die Partei weiß was sie zu erwarten hat.
Indessen gefällt mir diese Art unendlich besser als unsere Stuben und
Kanzleihockereien. Und nun von den Umständen, und wie artig, wie
frank, wie natürlich alles zugeht, will ich suchen einen Begriff
zu geben.

In einem geräumigen Saal des Palastes saßen an der einen
Seite die Richter im Halbzirkel. Gegen ihnen über, auf einem Kathe
der, der mehrere Personen neben einander fassen konnte, die Advokaten
beider Parteien, unmittelbar vor demselben, auf einer Bank, Kläger
und Beklagte in eigener Person. Der Advokat des Klägers war von
dem Katheder herabgestiegen, denn die heutige Sitzung war zu seiner
Controvers bestimmt. Die sämmtlichen Dokumente für und wider, ob
gleich schon gedruckt, sollten vorgelesen werden.

Ein hagerer Schreiber, in schwarzem kümmerlichem Rocke, ein
dickes Heft in der Hand, bereitete sich die Pflicht des Lesenden zu er
füllen. Von Zuschauern und Zuhörern war übrigens der Saal ge
drängt voll. Die Rechtsfrage selbst, so wie die Personen welche sie
betraf, mußten den Venetianern höchst bedeutend scheinen.

Fideicommisse haben in diesem Staat die entschiedenste Gunst, ein
Besitzthum, welchem einmal dieser Charakter aufgeprägt ist, behält ihn
für ewige Zeiten, es mag, durch irgend eine Wendung oder Umstand,
vor mehrern hundert Jahren veräußert worden, durch viele Hände ge
gangen seyn, zuletzt, wenn die Sache zur Sprache kommt, behalten die
Nachkommen der ersten Familie Recht und die Güter müssen heraus
gegeben werden.

Dießmal war der Streit höchst wichtig, denn die Klage ging gegen
den Doge selbst, oder vielmehr gegen seine Gemahlin, welche denn auch
in Person auf dem Bänkchen, vom Kläger nur durch einen kleinen
Zwischenraum getrennt, in ihrem Zendal gehüllt da saß. Eine Dame

von gewissem Alter, edlem Koerperbau, wohlgebildetem Gesicht, auf welchem traten, ja wenn man will, etwas verdrüßlich-klug zu sehen waren. Die Beisitzer bildeten sich viel darauf ein, daß die Fürstin, in ihrem eignen Wohl, vor dem Gericht und ihnen erscheinen müsse.

Der Schreiber fing zu lesen an, und nun ward mir erst deutlich, was mir im Angesicht der Richter, unfern des Rathbeces der Advolaten, hinter einem kleinen Tische, auf einem niedern Schemel sitzendes Männchen, besonders aber die Sanduhr bedeute, die er vor sich niedergelegt hatte. So lange nämlich der Schreiber liest, so lange läuft die Zeit nicht, dem Advolaten aber, wenn er dabei sprechen will, ist nur im Ganzen eine gewisse Frist gegönnt. Der Schreiber liest, die Uhr liegt, das Männchen hat die Hand daran. Thut der Advolat den Mund auf, so steht auch die Uhr schon in die Höhe, die sie sogleich niederfenkt sobald er schweigt. Hier ist nun die große Kunst, in den Fluß der Vorlesung hineinzureden, flüchtige Bemerkungen zu machen, Aufmerksamkeit zu erregen und zu fordern. Nun kommt der kleine Saturn in die größte Verlegenheit. Er ist genöthigt den horizontalen und den vertikalen Stand der Uhr jeden Augenblick zu verändern, er befindet sich im Fall der bösen Geister im Puppenspiel, die auf das schnell wechselnde Hentisch Bezüchel des muthwilligen Hanswurstes nicht wissen wie sie sich oder Immer sollen.

Wer in Kanzleien hat collationiren hören, kann sich eine Vorstellung von dieser Vorlesung machen: schnell, eintönig, aber doch articulirt und deutlich genug. Der kunstreiche Advolat weiß nun durch Scherze die Langeweile zu unterbrechen und das Publikum ergötzt sich an seinen Späßen in ganz unmäßigem Gelächter. Eines Scherzes muß ich gedenken, des auffallendsten unter denen die ich verstand. Der Vorleser recitirte so eben ein Dokument, wodurch einer jetzt unrechtmäßig genannter Besitzer über die fraglichen Güter disponirte. Der Advolat ließ ihn langsamer lesen, und als er die Worte deutlich aussprach: ich schenke, ich vermache! fuhr der Redner heftig auf den Schreiber los und rief: was willst du schenken? was vermachen? du armer ausgehungerter Teufel? gehört dir doch gar nichts in der Welt an. Doch, fuhr er fort, indem er sich zu besinnen schien, war doch jener erlauchte Besitzer in eben dem Fall, er wollte schenken, wollte vermachen, was ihm so wenig gehörte als dir. Ein unendlich Gelächter schlug auf, doch

fogleich nahm die Sanduhr die horizontale Lage wieder an. Der Vor
lefer fummte fort, machte dem Advolaten ein flämifch Geficht, doch das
find alles verabredete Späße.

Benedig, den 4. Oktober 1786.

Geftern war ich in der Komödie, Theater St. Lucas, die mir viel
Freude gemacht hat; ich fah ein extemporirtes Stück in Masten, mit
viel Naturell, Energie und Bravour aufgeführt. Freilich find fie nicht
alle gleich: der Pantalon fehr brav, die eine Frau ftark und wohlgebaut, keine außerordentliche Schaufpielerin, fpricht excellent und weiß
fich zu betragen. Ein tolles Sujet, demjenigen ähnlich, das bei uns
unter dem Titel „der Verfchlag" behandelt ift.[1] Mit unglaublicher
Abwechſelung unterhielt es mehr als drei Stunden. Doch ift auch hier
das Volk wieder die Bafe worauf dieß alles ruht, die Zufchauer fpielen
mit und die Menge verfchmilzt mit dem Theater in ein Ganzes. Den
Tag über auf dem Platz und am Ufer, auf den Gondeln und im
Palaft, der Käufer und Verkäufer, der Bettler, der Schiffer, die Nachbarin, der Advolat und fein Gegner, alles lebt und treibt, und läßt
fich es angelegen feyn, fpricht und betheuert, fchreit und bietet aus,
fingt und fpielt, flucht und lärmt. Und Abends gehen fie ins Theater
und fehen und hören das Leben ihres Tages, künftlich zufammen-
geftellt, artiger aufgeftutzt, mit Mährchen durchflochten, durch Masken
von der Wirklichkeit abgerückt, durch Sitten genähert. Hierüber freun
fie fich kindifch, fchrien wieder, klatfchen und lärmen. Von Tag zu
Nacht, ja von Mitternacht zu Mitternacht ift immer alles ebendaffelbe.

Ich habe aber auch nicht leicht natürlicher agiren fehen als jene
Masken, fo wie es nur bei einem ausgezeichnet glücklichen Naturell
durch längere Uebung erreicht werden kann.

Da ich das fchreibe, machen fie einen gewaltigen Lärm auf dem
Canal, unter meinem Fenfter, und Mitternacht ift vorbei. Sie haben
im Guten und Böfen immer etwas zufammen.

[1] Nach Genlis von Gotter bearbeitet im „komifchen Theater der
Franzofen," Theil 8.

123

Den 4. Oktober 1786.

Oeffentliche Redner habe ich nun gehört: drei Kerls auf dem Platze und Ufersteindamme, - jeder nach seiner Art Geschichten erzählend, sodann zwei Sachwalter, zwei Prediger, die Schauspieler, worunter ich besonders den Pantalon rühmen muß, alle diese haben etwas Gemeinsames, sowohl weil sie von ein und derselben Nation sind, die, stets öffentlich lebend, immer in leidenschaftlichem Sprechen begriffen ist, als auch weil sie sich unter einander nachahmen. Hiezu kommt noch eine entschiedene Gebärdensprache, mit welcher sie die Ausdrücke ihrer Intentionen, Gesinnungen und Empfindungen begleiten.

Heute am Fest des heiligen Franciscus war ich in seiner Kirche alle Vigne. Des Kapuziners laute Stimme ward von dem Geschrei der Verläufer vor der Kirche, wie von einer Antiphone, begleitet; ich stand in der Kirchenthüre zwischen beiden, und es war wunderlich genug zu hören.

Venedig, den 5. Oktober 1786.

Heute früh war ich im Arsenal, mir immer interessant genug, da ich noch kein Seewesen kenne, und hier die untere Schule besuchte: denn freilich sieht es hier nach einer alten Familie aus, die sich noch rührt, obgleich die beste Zeit der Blüthe und der Früchte vorüber ist. Da ich denn auch den Handwerkern nachgehe, habe ich manches Merkwürdige gesehen, und ein Schiff von vierundachtzig Kanonen, dessen Gerippe fertig steht, bestiegen.

Ein gleiches ist vor sechs Monaten an der Riva de Schiavoni bis aufs Wasser verbrannt, die Pulverkammer war nicht sehr gefüllt, und da sie sprang, that es keinen großen Schaden. Die benachbarten Häuser büßten ihre Scheiben ein.

Das schönste Eichenholz, aus Istrien, habe ich verarbeiten sehen, und dabei über den! Wachsthum dieses werthen Baumes meine stillen Betrachtungen angestellt. Ich kann nicht genug sagen, daß meine sauer erworbene Kenntniß natürlicher Dinge, die doch der Mensch zuletzt als Materialien braucht, und zu seinen Nutzen verwendet, mir überall hilft, um mir das Verfahren der Künstler und Handwerker zu erklären; so ist mir auch die Kenntniß der Gebirge und des daraus genommenen Gesteins ein großer Vorsprung in der Kunst.

das

Den 5. Oktober 1786.

Um mit einem Worte den Begriff des Bucentaur auszusprechen, nenne ich ihn eine Prachtgaleere. Der ältere, von dem wir noch Abbildungen haben, rechtfertigt diese Benennung noch mehr als der gegenwärtige, der uns durch seinen Glanz über seinen Ursprung verblendet.

Ich komme immer auf mein Alles zurück. Wenn dem Künstler ein ächter Gegenstand gegeben ist, so kann er etwas Ächtes leisten. Hier war ihm aufgetragen eine Galeere zu bilden, die werth wäre die Häupter der Republik, am feierlichsten Tage, zum Sakrament ihrer hergebrachten Meerherrschaft zu tragen, und diese Aufgabe ist fürtrefflich ausgeführt. Das Schiff ist ganz Zierrath, also darf man nicht sagen: mit Zierrath überladen; ganz verguldetes Schnitzwerk, sonst zu keinem Gebrauch, eine wahre Monstranz, um dem Volke seine Häupter recht herrlich zu zeigen. Wissen wir doch: das Volk, wie es gern seine Hüte schmückt, will auch seine Obern prächtig und geputzt sehen. Dieses Prunkschiff ist ein rechtes Inventarienstück, woran man sehen kann, was die Venetianer waren und sich zu seyn dünkten.

—

Den 5. October 1786 Nachts.

Ich komme noch lachend aus der Tragödie und muß diesen Scherz gleich auf dem Papier befestigen. Das Stück war nicht schlimm, der Verfasser hatte alle tragischen Matadore zusammengesteckt und die Schauspieler hatten gut spielen. Die meisten Situationen waren bekannt, einige neu und ganz glücklich. Zwei Väter die sich hassen, Söhne und Töchter aus diesen getrennten Familien leidenschaftlich übers Kreuz verliebt, ja das eine Paar heimlich verheirathet. Es ging wild und grausam zu, und nichts blieb zuletzt übrig, um die jungen Leute glücklich zu machen, als daß die beiden Väter sich erstachen, worauf, unter lebhaftem Händeklatschen, der Vorhang fiel. Nun ward aber das Klatschen heftiger, nun wurde fuora gerufen, und das so lange, bis sich die zwei Hauptpaare bequemten hinter dem Vorhang hervorzukriechen, ihre Bücklinge zu machen und auf der andern Seite wieder abzugehen.

Das Publicum war noch nicht befriedigt, es klatschte fort und rief: i morti! das dauerte so lange, bis die zwei Todten auch herauskamen und sich stellen, da denn einige Stimmen riefen: bravi! morti! sie wurden durch Klatschen lange festgehalten, bis man ihnen gleichfalls endlich abzuziehen erlaubte. Diese Posse gewinnt für den Augen- und Ohrenzeugen unendlich, der das Bravo! Bravi! das die Italiäner immer im Munde führen, so in den Ohren hat wie ich, und dann auf einmal auch die Todten mit diesem Ehrenwort anrufen hört.

Gute Nacht! so können wir Nordländer zu jeder Stunde sagen, wenn wir im Finstern scheiden, der Italiäner sagt: Felicissima notte! nur einmal, und zwar wenn das Licht in das Zimmer gebracht wird, indem Tag und Nacht sich scheiden, und da heißt es denn etwas ganz anderes. So unübersetzlich sind die Eigenheiten jeder Sprache: denn vom höchsten bis zum tiefsten Wort bezieht sich alles auf Eigenthümlichkeiten der Nation, es sey nun in Charakter, Gesinnungen oder Zuständen.

Venedig, den 6. October 1786.

Die Tragödie gestern hat mich manches gelehrt. Erstlich habe ich gehört wie die Italiäner ihre eilfsilbigen Jamben behandeln und declamiren, dann habe ich begriffen, wie klug Gozzi die Masken mit den tragischen Figuren verbunden hat. Das ist das eigentliche Schauspiel für dieses Volk, denn es will auf eine crudele Weise gerührt sein, es nimmt keinen innigen, zärtlichen Antheil am Unglücklichen, es freut sie nur wenn der Held gut spricht; denn aufs Reden halten sie viel; sodann aber wollen sie lachen oder etwas Albernes vernehmen.

Ihr Antheil am Schauspiel ist nur als an einem Wirklichen. Da der Tyrann seinem Sohne das Schwert reichte und forderte, daß dieser seine eigne gegenüberstehende Gemahlin umbringen sollte, fing das Volk laut an, sein Mißvergnügen über diese Zumuthung zu beweisen, und es fehlte nicht viel, so wäre das Stück unterbrochen worden. Sie verlangten, der Alte solle sein Schwert zurücknehmen, wodurch denn freilich die folgenden Situationen des Stücks wären aufgehoben worden. Endlich entschloß sich der bedrängte Sohn, trat ins Proscenium und bat demüthig: sie möchten sich nur noch einen Augenblick gedulden, die Sache werde noch ganz nach Wunsch ablaufen. Künstlerisch genommen aber war diese Situation nach den Umständen albern und unnatürlich, und ich lobte das Volk um sein Gefühl.

Jetzt verstehe ich besser die langen Reden und das viele hin und her Dissertiren im griechischen Trauerspiele. Die Athenienser hörten noch lieber reden, und verstanden sich noch besser darauf als die Italiäner; vor den Gerichtsstellen, wo sie den ganzen Tag lagen, lernten sie schon etwas.

Den 6. October 1786.

An den ausgeführten Werken Palladios, besonders an den Kirchen, habe ich manches Tadelnswürdige neben dem Köstlichen gefunden. Wenn ich nun so bei mir überlegte, in wiefern ich Recht oder Unrecht hätte gegen einen solchen außerordentlichen Mann, so war es als ob er dabei stünde und mir sagte: das und das habe ich wider Willen gemacht, aber doch gemacht, weil ich, unter den gegebenen Umständen, nur auf diese Weise meiner höchsten Idee am nächsten kommen konnte.

Mir scheint, soviel ich auch darüber denke, er habe bei Betrachtung der Höhe und Breite einer schon bestehenden Kirche, eines ältern Hauses, wozu er Façaden errichten sollte, nur überlegt: wie giebst du diesen Räumen die größte Form? Im Einzelnen mußt du, wegen eintretenden Bedürfnisses, etwas verrücken oder verpfuschen, da oder dort wird eine Unschicklichkeit entstehen, aber das mag seyn, das Ganze wird einen hohen Styl haben und du wirst dir zur Freude arbeiten.

Und so hat er das größte Bild, das er in der Seele trug, auch dahin gebracht, wo es nicht ganz paßte, wo er es im einzelnen zerknittern und verstümmeln mußte.

Der Flügel in der Carita dagegen muß uns deßhalb von so hohem Werthe seyn, weil der Künstler freie Hand hatte und seinem Geist unbedingt folgen durfte. Wäre das Kloster fertig geworden, so stände vielleicht in der ganzen gegenwärtigen Welt kein vollkommneres Werk der Baukunst.

Wie er gedacht und wie er gearbeitet, wird mir immer klarer, je mehr ich seine Werke lese und dabei betrachte, wie er die Alten behandelt: denn er macht wenig Worte, sie sind aber alle gewichtig. Das vierte Buch, das die antiken Tempel darstellt, ist eine rechte Einleitung, die alten Reste mit Sinn zu beschauen.

Den 5. October 1786.

Gestern Abend sah ich Elektra von Crebillon auf dem Theater St. Crisostomo, nämlich übersetzt. Was mir das Stück abgeschmackt vorkam, und wie es mir fürchterlich Langeweile machte, kann ich nicht sagen.

Die Acteurs sind übrigens brav, und wissen das Publikum mit einzelnen Stellen abzuspeisen. Orest hat allein drei verschiedene Erzählungen, poetisch aufgestutzt, in einer Scene. Elektra, ein hübsches Weibchen von mittlerer Größe und Stärke und fast französischer Lebhaftigkeit, einem guten Anstand, spricht die Verse schön, nur betrug sie sich von Anfang bis zu Ende toll, wie es leider die Rolle verlangt. Indessen habe ich doch wieder gelernt. Der Italiänische, immer eilfsylbige Jambe hat für die Declamation große Unbequemlichkeit, weil die letzte Sylbe durchaus kurz ist, und, wider Willen des Declamators, in die Höhe schlägt.

Den 6. October 1786.

Heute früh war ich bei dem Hochamte, welchem der Doge jährlich an diesem Tage, wegen eines alten Siegs über die Türken, in der Kirche der heiligen Justina beiwohnen muß. Wenn an dem kleinen Platz die vergoldeten Barken länden, die den Fürsten und einen Theil des Adels bringen, seltsam gekleidete Schiffer sich mit roth gemalten Rudern bemühen, am Ufer die Geistlichkeit, die Brüderschaften, mit angezündeten, auf Stangen und tragbare silberne Leuchter gesteckten Kerzen stehen, drängen, wogen und warten, dann mit Teppichen beschlagene Brücken aus den Fahrzeugen ans Land gestreckt werden, zuerst die langen violetten Kleider der Savj, dann die langen rothen der Senatoren sich auf dem Pflaster entfalten, zuletzt der Alte mit goldener phrygischer Mütze geschmückt, im längsten goldenen Talar, mit dem Hermelinmantel austritt, drei Diener sich seiner Schleppe bemächtigen, alles auf einem kleinen Platze vor dem Portal einer Kirche, vor deren Thüren die Türkenfahnen gehalten werden, so glaubt man auf einmal eine alte gewirkte Tapete zu sehen, aber recht gut gezeichnet und colorirt. Mir nordischem Flüchtling hat diese Ceremonie viele Freude gemacht. Bei uns, wo alle Feierlichkeiten kurzröckig sind, und wo die größte, die man sich denken kann, mit dem Gewehr auf der Schulter begangen wird, möchte so etwas nicht am Ort seyn. Aber hierher gehören diese Schleppröcke, diese friedlichen Begehungen.

Der Doge ist ein gar schön gewachsener und schön gebildeter Mann, der krank seyn mag, sich aber nur noch so, um der Würde willen, unter dem schweren Rocke gerade hält. Sonst sieht er aus wie der Großpapa des ganzen Geschlechts und ist gar hold und leutselig; die Kleidung sieht sehr gut, das Käppchen unter der Mütze beleidigt nicht, indem es, ganz fein und durchsichtig, auf dem weißesten Karsten Haar von der Welt ruht.

Etwa fünfzig Nobili, in langen dunkelrothen Schleppkleidern, waren mit ihm, meist schöne Männer, keine einzige verrakte Gestalt, mehrere groß, mit großen Köpfen, denen die blonden Lockenperücken wohl ziemten, vorgebaute Gesichter, weiches, weißes Fleisch, ohne schwammig und widerwärtig auszusehen, vielmehr klug, ohne Anstrengung, ruhig, ihrer selbst gewiß, Leichtigkeit des Daseyns und durchaus eine gewisse Fröhlichkeit.

Wie sich alles in der Kirche rangirt hatte und das Hochamt anfing, zogen die Brüderschaften zur Hauptthüre herein und zur rechten Seitenthüre wieder hinaus, nachdem sie, Paar für Paar, das Weihwasser empfangen und sich gegen den Hochaltar, den Dogen und den Adel geneigt hatten.

Venedig, den 6. October 1786.

Auf heute Abend hatte ich mir den famosen Gesang der Schiffer bestellt, die den Tasso und Ariost auf ihre eignen Melodien singen. Dieses muß wirklich bestellt werden, es kommt nicht gewöhnlich vor, es gehört vielmehr zu den halb verklungenen Sagen der Vorzeit. Bei Mondenschein bestieg ich eine Gondel, den einen Sänger vorn, den andern hinten; sie fingen ihr Lied an und sangen abwechselnd Vers für Vers. Die Melodie, welche wir durch Rousseau kennen, ist eine Mittelart zwischen Choral und Recitativ, sie behält immer denselbigen Gang, ohne Tact zu haben; die Modulation ist auch dieselbige, nur verändern sie, nach dem Inhalt des Verses, mit einer Art von Declamation, sowohl Ton als Maaß; der Geist aber, das Leben davon, läßt sich begreifen wie folgt:

Auf welchem Wege sich die Melodie gemacht hat, will ich nicht untersuchen, genug sie paßt gar trefflich für einen müßigen Menschen, der sich etwas vormodulirt und Gedichte, die er auswendig kann, solchem Gesang unterschiebt.

Mit einer durchdringenden Stimme — das Volk schätzt Stärke vor allem — sitzt er am Ufer einer Insel, eines Canals, auf einer Barke, und läßt sein Lied schallen so weit er kann. Ueber den stillen Spiegel verbreitet sichs. In der Ferne vernimmt es ein anderer, der die Melodie kennt, die Worte versteht, und mit dem folgenden Verse antwortet; hierauf erwidert der Erste, und so ist einer immer das Echo des andern. Der Gesang währet Nächte durch, unterhält sie ohne zu ermüden. Je ferner sie also von einander sind, desto reizender kann das Lied werden; wenn der Hörer alsdann zwischen beiden steht, so ist er am rechten Flecke.

Um dieses mich vernehmen zu lassen, stiegen sie am Ufer der Giudecca aus, sie theilten sich den Canal hin, ich ging zwischen ihnen auf und ab, so daß ich immer den verließ, der zu singen anfangen sollte, und mich demjenigen wieder näherte, der aufgehört hatte. Da ward mir der Sinn des Gesangs erst aufgeschlossen. Als Stimme aus der Ferne klingt es höchst sonderbar, wie eine Klage ohne Trauer; es ist darin etwas Unglaubliches, bis zu Thränen Rührendes. Ich schrieb es meiner Stimmung zu, aber mein Alter sagte: è singolare, come quel canto intenerisce, e molto più quando è più ben cantato. Er wünschte, daß ich die Weiber vom Lido, besonders die von Malamocco und Pelestrina hören möchte, auch diese sängen den Tasso auf gleiche und ähnliche Melodien. Er sagte ferner: sie haben die Gewohnheit, wenn ihre Männer, um zu fischen, ins Meer sind, sich ans Ufer zu setzen, und mit durchdringender Stimme Abends diese Gesänge erschallen zu lassen, bis sie auch von ferne die Stimme der Ihrigen vernehmen, und sich so mit ihnen unterhalten. Ist das nicht sehr schön? und doch läßt sich wohl denken, daß ein Zuhörer in der Nähe wenig Freude an solchen Stimmen haben möchte, die mit den Wellen des Meeres kämpfen. Menschlich aber und wahr wird der Begriff dieses Gesanges,

* [illegible] er gesungen wird.

lebendig wird die Melodie, über deren todte Buchstaben wir uns sonst den Kopf zerbrochen haben. Gesang ist es eines Einsamen in die Ferne und Weite, damit ein anderer, gleichgestimmter, höre und antworte.

Venedig, den 8. October 1786.

Den Palast Pisani Moretta besuchte ich wegen eines köstlichen Bildes von Paul Veroneser die weibliche Familie des Darius kniet vor Alexandern und Hephästion, die vorknieende Mutter hält den letztern für den König, er lehnt es ab und deutet auf den rechten. Man erzählt das Märchen, der Künstler sey in diesem Palast gut aufgenommen und längere Zeit ehrenvoll bewirthet worden, dagegen habe er das Bild heimlich gemalt, und als Geschenk, zusammengerollt unter das Bett geschoben. Es verdient allerdings einen besondern Ursprung zu haben, denn es gibt einen Begriff von dem ganzen Werthe des Meisters. Seine große Kunst, ohne einen allgemeinen Ton, der über das ganze Stück gezogen wäre, durch kunstreich vertheilte Licht und Schatten und eben so weislich abwechselnde Localfarben, die köstlichste Harmonie hervorzubringen, ist hier recht sichtbar, da das Bild vollkommen erhalten und frisch, wie von gestern, vor uns steht; denn freilich, sobald ein Gemälde dieser Art gelitten hat, wird unser Genuß sogleich getrübt, ohne daß wir wissen, was die Ursache sey.

Wer mit dem Künstler wegen des Costüms rechten wollte, der dürfte sich nur sagen: es habe eine Geschichte des sechzehnten Jahrhunderts gemalt werden sollen, und so ist alles abgethan. Die Abstufung von der Mutter durch Gemahlin und Töchter ist höchst wahr und glücklich; die jüngste Prinzeß, ganz am Ende knieend, ist ein hübsches Mäuschen, und hat ein gar artiges, eigensinniges, trotziges Gesichtchen; ihre Lage scheint ihr gar nicht zu gefallen.

Zum 8. October 1786.

Meine alte Gabe die Welt mit Augen desjenigen Malers zu sehen, dessen Bilder ich mir eben eingedrückt, brachte mich auf einen eignen Gedanken. Es ist offenbar, daß sich das Auge nach den Gegenständen bildet, die es von Jugend auf erblickt, und so muß der Venetianische

der und sonst schon gekannt, und erwähne nur neuere Bekanntschaften. Eine Kleopatra in kolossaler Ruhe, die Aspis um den Arm geschlungen und in den Tod hinüberschlummernd; ferner die Mutter Niobe, die ihre jüngste Tochter mit dem Mantel vor den Pfeilen des Apollo deckt, sodann einige Gladiatoren, ein in seinen Flügeln ruhender Genius, sitzende und stehende Philosophen.

Es sind Werke, an denen sich die Welt Jahrtausende freuen und bilden kann, ohne den Werth des Künstlers durch Gedanken zu erschöpfen.

Viele bedeutende Büsten versetzen mich in die alten herrlichen Zeiten. Nur fühle ich leider, wie weit ich in diesen Kenntnissen zurück bin; doch es wird vorwärts gehen, wenigstens weiß ich den Weg. Palladio hat mir ihn auch dazu und zu aller Kunst und Leben geöffnet. Das klingt das vielleicht ein wenig wunderlich, aber doch nicht so paradox, als wenn Jacob Böhme, bei Erblickung einer zinnernen Schüssel durch Einstrahlung Jovis über das Universum erleuchtet wurde. Auch steht in dieser Sammlung ein Stück des Gebälks vom Tempel des Antoninus und der Faustina in Rom. Die vorspringende Gegenwart jenes herrlichen Architekturgebildes erinnerte mich an das Capitäl des Pantheon in Mannheim. Das ist freilich etwas anderes, als unsere kauzenden, auf Kragsteinlein über einander geschichteten Heiligen der gothischen Zierweisen, etwas anders als unsere Tabackspfeifen-Säulen, spitze Thürmlein und Blumenzacken, diese bin ich nun, Gott sey Dank, auf ewig los.

Noch will ich einiger Werke der Bildhauerkunst erwähnen, die ich diese Tage her, zwar nur im Vorbeigehn, aber doch mit Erstaunen und Erbauung betrachtet: zwei ungeheure Löwen, von weißem Marmor, vor dem Thore des Arsenals; der eine sitzt aufgerichtet, auf die Vorderpfoten gestemmt, der andere liegt — herrliche Gegenbilder von lebendiger Mannichfaltigkeit. — Sie sind so groß, daß sie alles umher klein machen, und daß man selbst zu nichte würde, wenn erhabene Gegenstände uns nicht erhüben. Sie sollen aus der besten griechischen Zeit, und vom Piraeus in den glänzenden Tagen der Republik hierher gebracht seyn.

Aus Athen mögen gleichfalls ein paar Basreliefs herkommen, in dem Tempel der heiligen Justina, der Türken Besiegerin, eingemauert, aber beides durch Kirchdämpfe einigermaßen verfinstert. Der Küster machte mich aufmerksam darauf, weil die Sage gehe, daß Titian seine unendlich schönen Engel im Bilde, die Ermordung des heiligen Petrus Martyr vorstellend, darnach gelernt habe. Es sind Genien welche sich mit Attributen der Götter schleppen, freilich so schön, daß es allen Begriff übersteigt.

Sodann betrachtete ich, mit ganz eignem Gefühl, die nackte kolossale Statue des Marcus Agrippa, in dem Hofe eines Palastes; ein sich ihm zur Seite heraufschlängelnder Delphin deutet auf einen Seehelden. Wie doch eine solche heroische Darstellung den reinen Menschen Göttern ähnlich macht!

Die Pferde auf der Marcuskirche besah ich in der Nähe. Von unten hinauf bemerkt man leicht, daß sie fleckig sind, theils einen schönen gelben Metallglanz haben, theils kupfergrünlich angelaufen. In der Nähe sieht und erfährt man, daß sie ganz vergoldet waren und sieht sie über und über mit Striemen bedeckt, da die Barbaren das Gold nicht abfeilen, sondern abhauen wollten. Auch das ist gut, so blieb wenigstens die Gestalt.

Ein herrlicher Zug Pferde! ich möchte einen rechten Pferdekenner darüber reden hören. Was mir sonderbar scheint, ist: daß sie in der Nähe schwer, und unten vom Platz leicht wie die Hirsche aussehen.

Den 8. October 1786.

Ich fuhr heute früh mit meinem Schutzgeiste aufs Lido, auf die Erdzunge, welche die Lagunen schließt und sie vom Meere absondert. Wir stiegen aus und gingen quer über die Zunge. Ich hörte ein starkes Geräusch, es war das Meer, und ich sah es bald; es ging hoch gegen das Ufer, indem es sich zurückzog, es war um Mittagszeit der Ebbe. So habe ich denn auch das Meer mit Augen gesehen, und bin auf der schönen Tenne, die es weichend zurückläßt, ihm nachgegangen. Da hätte ich mir die Kinder gewünscht, um der Muscheln willen; ich habe, selbst kindisch, ihrer genug aufgelesen; doch widme ich sie zu einigem Gebrauch, ich möchte von der Feuchtigkeit des Dintenfisches, die hier so häufig wegfließt, etwas eintrocknen.

Auf dem Lido, nicht weit vom Meere, liegen Engländer begraben und fernerhin Juden, die dieserwegen in gemeldtem Boden nicht allein sollten. Ich fand das Grab des edlen Consul Smith und seiner ersten Frauen; ich bin ihm mein Exemplar des Palladio schuldig und danke ihm auf jenem ungeweihten Grabe dafür.

Und nicht allein ungeweiht, sondern halbverschüttet ist das Grab. Das Lido ist immer nur wie eine Düne anzusehen, der Sand wird dort hin geführt, vom Winde hin und her getrieben, aufgehäuft, überall angebracht. In weniger Zeit wird man das ziemlich erhöhte Monument kaum wieder finden können.

Das Meer ist doch ein großer Anblick! Ich will sehen in einem Schifferkahn eine Fahrt zu thun; die Gondeln wagen sich nicht hinaus.

Den 8. Oktober 1786.

Am Meere habe ich auch verschiedene Pflanzen gefunden, deren ähnlicher Charakter mir ihre Eigenschaften näher kennen ließ. Sie sind alle zugleich mastig und streng, saftig und zäh und es ist offenbar, daß das alte Salz des Sandbodens, mehr aber die salzige Luft ihnen diese Eigenschaften giebt; sie strotzen von Säften, wie Wasserpflanzen, sie sind fest und zäh, wie Bergpflanzen; wenn ihre Blätterenden eine Neigung zu Stacheln haben, wie Disteln thun, sind sie gewaltig hoch und stark. Ich fand einen solchen Busch Blätter, es schien mir unser unschuldiger Huflattig, hier aber mit scharfen Waffen bewaffnet, und das Blatt wie Leder, so auch die Samenkapseln, die Stiele, alles mastig und fett. Ich bringe Samen mit und eingelegte Blätter (Eryngium maritimum).

Der Fischmarkt und die unendlichen Seeprodukte machen mir viel Vergnügen; ich gehe oft darüber und beleuchte die unglücklichen unterseeischten Meeresbewohner.

Venedig, den 9. Oktober 1786.

Ein köstlicher Tag, vom Morgen bis in die Nacht. Ich fuhr bei Palestrina gegen Chiozza über, wo die großen Bauten sind, Murazzi genannt, welche die Republik gegen das Meer errichten läßt. Sie sind von gehauenen Steinen, eigentlich sollten sie lange Strecken.

Uebrigens hat Venedig nichts zu besorgen; die Langsamkeit, mit der das Meer abnimmt, giebt ihr Jahrtausende Zeit, und sie werden schon, den Canälen klug nachhelfend, sich im Besitz zu erhalten suchen.

Wenn sie ihre Stadt nur reinlicher hielten, welches so nothwendig als leicht ist, und wirklich, auf die Folge von Jahrhunderten, von großer Consequenz. Nun ist zwar bei großer Strafe verboten, nichts in die Canäle zu schütten, noch Kehricht hinein zu werfen; einem schnell einfallenden Regenguß aber ist's nicht untersagt, alles das in die Ecken geschobene Kehricht aufzusuchen, in die Canäle zu schleppen, ja, was noch schlimmer ist, in die Abzüge zu führen, die nur zum Abfluß des Wassers bestimmt sind, und sie dergestalt zu verschlemmen, daß die Hauptplätze in Gefahr sind unter Wasser zu stehen. Selbst einige Abzüge auf dem kleinen Marcusplatze, die, wie auf dem großen, gar klug angelegt sind, habe ich verstopft und voll Wasser gesehen.

Wenn ein Tag Regenwetter einfällt, ist ein unleidlicher Koth, alles flucht und schimpft, man besudelt, beim Auf- und Absteigen der Brücken, die Mäntel, die Tabarro's, womit man sich ja das ganze Jahr schleppt, und da alles in Schuh und Strümpfen läuft, bespritzt man sich und schilt, denn man hat sich nicht mit gemeinem, sondern beizenden Koth besudelt. Das Wetter wird wieder schön und kein Mensch denkt an Reinlichkeit. Wie wahr ist es gesagt, das Publicum beklagt sich immer daß es schlecht bedient sey, und weiß es nicht anzufangen, besser bedient zu werden. Hier, wenn der Souverain wollte, könnte alles gleich gethan seyn.

Venedig, den 9. October 1786.

Heute Abend ging ich auf den Marcusthurm: denn da ich neulich die Lagunen in ihrer Herrlichkeit, zur Zeit der Fluth, von oben gesehen, wollt' ich sie auch zur Zeit der Ebbe, in ihrer Demuth schauen, und es ist nothwendig, diese beiden Bilder zu verbinden, wenn man einen richtigen Begriff haben will. Es sieht sonderbar aus, ringsum überall Land erscheinen zu sehen, wo vorher Wasserspiegel war. Die Inseln sind nicht mehr Inseln, nur höher bebaute Flecke eines großen graugrünlichen Morastes, den schöne Canäle durchschneiden. Der sumpfige Theil ist mit Wasserpflanzen bewachsen, und muß sich auch dadurch nach und noch erhalten, obgleich Ebbe und Fluth beständig daran zupfen und wühlen, und der Vegetation keine Ruhe lassen.

Ich wende mich mit meiner Erzählung nochmals ans Meer; dort habe ich heute die Wirthschaft der Seeschnecken, Patellen und Taschenkrebse gesehen, und mich herzlich darüber gefreut. Was ist doch ein Lebendiges für ein köstliches, herrliches Ding! Wie abgemessen zu seinem Zustande, wie wahr, wie seyend! Wie viel nützt mir nicht mein bischen Studium der Natur, und wie freue ich mich es fortzusetzen! Doch ich will, da es sich mittheilen läßt, die Freunde nicht mit bloßen Ausrufungen anreizen.

Die dem Meere entgegengebauten Mauerwerke bestehen erst aus einigen steilen Stufen, dann kommt eine sacht aufsteigende Fläche, sodann wieder eine Stufe, abermals eine sanft aufsteigende Fläche, dann eine steile Mauer mit einem oben überhängenden Kopfe. Diese Stufen, diese Flächen hinan steigt nun das fluthende Meer, bis es, in außerordentlichen Fällen, endlich oben an der Mauer und deren Vorsprung zerschellt.

Dem Meere folgen seine Bewohner, kleine eßbare Schnecken, einschalige Patellen, und was sonst nur beweglich ist, besonders die Taschenkrebse. Kaum aber haben diese Thiere an den glatten Mauern Besitz genommen, so zieht sich schon das Meer, weichend und schwellend, wie es gekommen, wieder zurück. Anfangs weiß das Gewimmel nicht woran es ist, und hofft immer, die salzige Fluth soll wiederkehren; allein sie bleibt aus, die Sonne sticht und trocknet schnell, und nun geht der Rückzug an. Bei dieser Gelegenheit suchen die Taschenkrebse ihren Raub. Wunderlicher und komischer kann man nichts sehen, als die Geberden dieser, aus einem runden Körper und zwei langen Scheeren bestehenden Geschöpfe, denn die übrigen Spinnenfüße sind nicht bemerklich. Wie auf Stelzenarmen schreiten sie einher, und sobald eine Patelle sich unter ihrem Schild vom Flecke bewegt, fahren sie zu, um die Scheere in den schmalen Raum zwischen der Schale und dem Boden zu bringen, das Dach umzukehren und die Auster zu verschmausen. Die Patelle zieht sachte ihren Weg hin, saugt sich aber gleich fest an den Stein, sobald sie die Nähe des Feindes merkt. Dieser gebärdet sich nun wunderlich um das Dächelchen herum, gar zierlich und affenhaft, aber ihm fehlt die Kraft, den mächtigen Muskel des

anstatt sie zu verderben, ist eine Uebereilung mit. Eine andere, die in den Carmine versetzt ist, hängt einschläfernd heran, der aufgeregte Schwätzer der ersten gleichfalls, die übrigen folgen, neue Vorwürfe häufen sich, und man ist der Teufel in der Gerichtsstube los, wie vorher auf dem Hafenplatz.

Im dritten Act steigert sich der Scherz, und das Ganze endet mit einer eiligen, nothdürftigen Auflösung. Der glücklichste Gedanke jedoch ist in einem Charakter ausgedrückt, der sich folgendermaßen darstellt:

Ein alter Schiffer, dessen Gliedmaßen, besonders aber die Sprachorgane, durch eine von Jugend auf geführte harte Lebensart stockend geworden, tritt auf, als Gegensatz des beweglichen, schwatzenden, schreißeligen Volkes, er nimmt immer erst einen Anlauf, durch Bewegung der Lippen und Nachhelfen der Hände und Arme, bis er dann endlich das er gedacht herausbringt. Weil ihm dieses aber nur in kurzen Sätzen gelingt, so hat er sich einen lakonischen Ernst angewöhnt, dergestalt, daß alles, was er sagt, sprüchwörtlich oder sententiös klingt, wodurch denn das übrige wilde, leidenschaftliche Handeln gar schön ins Gleichgewicht gesetzt wird.

Aber auch so eine Lust habe ich noch nie erlebt, als das Volk laut werden ließ, sich und die Seinigen so natürlich vorstellen zu sehen. Ein Gelächter und Gejauchze von Anfang bis zu Ende. Ich muß aber auch gestehen, daß die Schauspieler es vortrefflich machten. Sie hatten sich, nach Anlage der Charaktere, in die verschiedenen Stimmen geteilt, welche unter dem Volk gewöhnlich vorkommen. Die erste Actrice war allerliebst, viel besser als neulich in Heldentracht und Leidenschaft. Die Frauen überhaupt, besonders aber diese, ahmten Stimme, Gebärden und Wesen des Volkes aufs Anmutigste nach. Großes Lob verdient der Verfasser, der aus nichts den angenehmsten Zeitvertrieb gebildet hat. Das kann man aber auch nur unmittelbar seinem eignen lebenslustigen Volk. Es ist durchaus mit einer geübten Hand geschrieben.

Von der Truppe Sacchi, für welche Gozzi arbeitete, und die übrigens zerstreut ist, habe ich die Smeraldina gesehen, eine kleine, dicke Figur, voller Leben, Gewandtheit und guten Humors. Mit ihr sah ich den Brighella, einen hageren, wohlgebauten, besonders in Mienen und Händespiel trefflichen Schauspieler. Diese Masken, die uns fast nur als Mumienkram bekannt, da sie für uns weder Leben noch

Beveutung haben, thun hier gar zu wohl als Weikhaupt dieser Laun [...]. Die ausgezeichneten Alter, Charaktere und Stände, haben ich in mannichfachen Kleidern verstreut, und wenn man sich den größten Theil des Jahres mit der Maske herumläuft, so findet nun nichts natürlicher, als daß da draußen auch schwarze Gesichter erscheinen.

Venedig, den 11. Oktober 1786.

Und, weil die Einsamkeit in einer so großen Menschenmasse [...] doch zuletzt nicht recht möglich seyn will, so bin ich mit einem alten Franzosen zusammengekommen, der kein Italiänisch kann, sich wie verrathen und verkauft fühlt, und, mit allen Empfehlungsschreiben, doch nicht recht weiß worum es ist. Ein Mann von Stand, jetzt guter Lebensart, der aber nicht aus sich heraus kann; er mag hart an den Fünfzigen seyn, und hat zu Hause einen siebenjährigen Knaben, von dem er sehnlich Nachrichten erwartet. Ich habe ihm einige Gefälligkeiten erzeigt, er eilt durch Italien bequem, aber [...] um es doch einmal gesehen zu haben, und trug sich gern in Unterzügen so viel wie möglich unterrichten, ich gab ihm Auskunft über manches. Als ich mit ihm von Venedig sprach, fragte er mich wie lange ich nun sey! und als er hörte, nur vierzehn Tage und zum erstenmal, ver sagte er: Il paroît que vous n'avez pas perdu votre tems.[1] Das ist das erste Testimonium meines Wohlverhaltens das ich aufweisen kann. Er ist nun acht Tage hier und geht morgen fort. Es war mir köstlich einen recht eingeschlossenen Bekannten in der Fremde zu sehen. Der kann nun nicht! und ich betrachte mit Erstaunen wie man reisen kann, ohne etwas außer sich gebaut zu haben, und es ist in seiner Art ein recht gebildeter, wackerer, ordentlicher Mann.

Venedig, den 12. Oktober 1786.

Gestern gaben sie zu St. Lucas ein neues Stück: l'Inglismo in Italia. Da viele Engländer in Italien leben, so ist es natürlich, daß

[1] Es scheint, daß Sie Ihre Zeit nicht verloren haben.

ihre Sitten bemerkt worden, und ich dachte hier zu erfahren, wie die Italiäner diesen reichen und ihnen so willkommenen Stoff betrachten; aber es war ganz und gar nichts. Einige glückliche Reminiscenzen, wie immer, das Übrige aber zu schwer und ernstlich gemeint, und denn doch keine Spur von Englischem Sinn, die gewöhnlichen Italiänischen Gemeinsprüche, und auch nur auf das Gemeinste gerichtet.

Auch gefiel es nicht und war auf dem Punkt ausgepfiffen zu werden; die Schauspieler fühlten sich nicht in ihrem Elemente, nicht auf dem Platze von Chiozza. Da dieß das letzte Stück ist was ich hier sehe, so scheint es, mein Enthusiasmus für jene Nationalrepräsentation sollte noch durch diese Thorheit erhöht werden.

Nachdem ich zum Schluß mein Tagebuch durchgegangen, kleine Schreibtafelbemerkungen eingeschaltet, so sollen die Akten inrotulirt, und den Freunden zum Urtheilsspruch zugeschickt werden. Schon jetzt finde ich manches in diesen Blättern, das ich näher bestimmen, erweitern und verbessern könnte; es mag stehen als Denkmal des ersten Eindrucks, der, wenn er auch nicht immer wahr wäre, uns doch köstlich und werth bleibt. Könnte ich nur den Freunden einen Hauch dieser leichtern Existenz hinüber senden! Fürwahr ist dem Italiäner das ultramontane[1] eine dunkle Vorstellung, auch mir kommt das Jenseits der Alpen nun düster vor; doch winken freundliche Gestalten immer aus dem Nebel. Nur das Klima würde mich verleiten, diese Gegenden jenen vorzuziehen; denn Geburt und Gewohnheit sind mächtige Fesseln. Ich möchte hier nicht leben, wie überall an keinem Orte, wo ich unbeschäftigt wäre; jetzt macht mir das Neue unendlich viel zu schaffen. Die Baukunst steigt, wie ein alter Geist, aus dem Grabe hervor, sie heißt mich ihre Lehren, wie die Regeln einer ausgestorbenen Sprache, studiren, nicht um sie auszuüben, oder mich in ihr lebendig zu erfreuen, sondern nur um die ehrwürdige, für ewig abgeschiedene Existenz der vergangenen Zeitalter in einem stillen Gemüthe zu verehren. Da Palladio alles auf Vitruv bezieht, so habe ich mir auch die Ausgabe des Galiani angeschafft; allein dieser Foliant lastet in meinem Gepäck, wie das Studium desselben auf meinem Gehirn. Palladio hat mir durch seine Worte und Werke, durch seine Art und Weise des Denkens und Schaffens,

[1] Jenseits der Berge.

Venedig, den 14. October 1786, 3 Stunden in der Nacht.

In den letzten Augenblicken meines Hierseyns, denn es geht so gleich mit dem Courierschiffe nach Ferrara. Ich verlasse Venedig gern.

ger hier mit Vergnügen und Nutzen zu bleiben, müßte ich andere Schritte thun, die außer meinem Plan liegen; auch verläßt jedermann nun diese Stadt, und sucht seine Gärten und Besitzungen auf dem festen Lande. Ich habe indeß gut aufgeladen, und trage das reiche, sonderbare, einzige Bild mit mir fort.

Ferrara bis Rom.

Den 16. Oktober 1786, früh, auf dem Schiffe.

Meine Reisegesellschaft, Männer und Frauen, ganz leidliche und natürliche Menschen, liegen noch alle schlafend in der Kajüte. Ich aber, in meinen Mantel gewickelt, blieb auf dem Verdeck die beiden Nächte. Nur gegen Morgen ward es kühl. Ich bin nun in den fünfundvierzigsten Grad wirklich eingetreten, und wiederhole mein altes Lied: den Landesbewohnern wollt' ich alles lassen, wenn ich nur, wie Dido, so viel Klima mit Riemen umspannen könnte, um unsere Wohnungen damit einzufassen. Es ist denn doch ein ander Seyn. Die Fahrt bei herrlichem Wetter war sehr angenehm, die Aus- und Ansichten einfach, aber anmuthig. Der Po, ein freundlicher Fluß, zieht hier durch große Ebenen, man sieht nur seine bebuschten und bewaldeten Ufer, keine Fernen. Hier, wie an der Etsch, sah ich alberne Wasserbaue, die kindisch und schädlich sind, wie die an der Saale.

Ferrara, den 16. Oktober 1786. Nachts.

Erst früh sieben Uhr, Deutschen Zeigers, hier angelangt, bereite ich mich morgen wieder weg zu gehen. Zum erstenmal überfällt mich eine Art von Unlust in dieser großen und schönen, flachgelegenen, entvölkerten Stadt. Dieselben Straßen belebte sonst ein glänzender Hof, hier wohnte Ariost unzufrieden, Tasso unglücklich, und wir glauben uns zu erbauen, wenn wir diese Stätte besuchen. Ariost's Grabmal enthält viel Marmor, schlecht ausgetheilt. Statt Tasso's Gefängniß zeigen sie einen Holzstall, oder Kohlengewölbe, wo er gewiß nicht

aufbewahrt werden ꝛc. Auch weiß im Hause kaum jemand mehr, was
man will. Endlich besinnen sie sich, um des Trinkgeldes willen. Es
kommt mir vor wie Doctor Luthers Dintenfleck, den der Castellan von
Zeit zu Zeit wieder auffrischt. Die meisten Fremden haben doch etwas
Handwerksburschenartiges, und sehen sich gern nach solchen Wahrzeichen
um. Ich war ganz mürrisch geworden, so daß ich an einem schönen
akademischen Institut, welches ein aus Ferrara gebürtiger Cardinal gestiftet und bereichert, wenig Theil nahm, doch erquickten mich einige
alte Denkmale im Hofe.

Sodann erheiterte mich der gute Einfall eines Malers: Johannes
der Täufer vor Herodes und Herodias. Der Prophet in seinem gewöhnlichen Wüstenkostüme deutet heftig auf die Dame. Sie sieht ganz
gelassen den neben ihr sitzenden Fürsten, und der Fürst still und klug
den Enthusiasten an. Vor dem Könige steht ein Hund, weiß, mittel-
groß, unter dem Rock der Herodias hingegen kommt ein kleiner Bolo-
neser hervor, welche beide den Propheten anbellen. Dieß däucht, das
ist recht glücklich gedacht.

Turin, den 17. October 1786. Abends.

In einer bessern Stimmung als gestern schreibe ich aus Guercino's
Vaterstadt. Es ist aber auch ein ganz anderer Zustand. Ein freundliches, wohlgebautes Städtchen, von ungefähr fünftausend Einwohnern,
nahrhaft, lebendig, reinlich, in einer unabsehlichen ebenen Lage.
Ich bestieg nach meiner Gewohnheit sogleich den Thurm. Ein Meer
von Pappelspitzen, zwischen denen man in der Nähe kleine Bauerhütten
erblickt, jedes mit seinem eigenen Feld umgeben. Köstlicher Boden, ein
mildes Clima. Es war ein Herbstabend, wie wir unserm Sommer
selten verdanken. Der Himmel, den ganzen Tag bedeckt, hellte
sich auf, die Wolken zogen nach und schwitzten an die Berge
und ich hoffe einen schönen morgenden Tag.

Hier sah ich die Apenninen, denen ich mich nähere, zum erstenmal.
Der Winter dauert hier nur December und Januar, ein regnichter
April, übrigens nach Beschaffenheit der Jahreszeit gut Wetter. Nie
anhaltenden Regen, doch war dieser September besser und wärmer als
unser August. Die Apenninen begrüßte ich freundlich in Süden, denn

rasche gebrochener Farben zu seinen Gewändern. Diese harmoniren gar gut mit dem Blauen, das er auch gerne anbringt.

Die Gegenstände der übrigen Bilder sind mehr oder weniger unglücklich. Der gute Künstler hat sich gemartert, und doch Erfindung und Pinsel, Geist und Hand verschwenden und verloren. Mir ist aber sehr lieb und werth, daß ich auch diesen schönen Kunstkreis gesehen habe, obgleich ein solches Vorüberrennen wenig Genuß und Belehrung gewährt.

Bologna, den 18. October 1786.

Heute früh, vor Tage, fuhr ich von Cento weg, und gelangte bald genug hieher. Ein flinker und wohl unterrichteter Lohnbediente, sobald er vernahm, daß ich nicht lange zu verweilen gedächte, jagte mich durch alle Straßen, durch so viel Palläste und Kirchen, daß ich kaum in meinem Volkmann anzeichnen konnte, wo ich gewesen war, und wer weiß ob ich mich künftig bei diesen Merkzeichen aller der Sachen erinnere. Nun gedenke ich aber ein Paar lichter Puncte, an denen ich wahrhafte Beruhigung gefühlt.

Zuerst also die Cäcilia von Raphael! Es ist, was ich zum voraus wußte, nun aber mit Augen sah: er hat eben immer gemacht, was andere zu machen wünschten, und ich möchte jetzt nichts darüber sagen, als daß es von ihm ist. Fünf Heilige neben einander, die uns alle nichts angehen, deren Existenz aber so vollkommen dasteht, daß man dem Bilde eine Dauer für die Ewigkeit wünscht, wenn man gleich zufrieden ist, selbst aufgelös't zu werden. Um ihn aber recht zu erkennen, ihn recht zu schätzen, und ihn wieder auch nicht ganz als einen Gott zu preisen, der, wie Melchisedek, ohne Vater und ohne Mutter erschienen wäre, muß man seine Vorgänger, seine Meister ansehen. Diese haben auf dem festen Boden der Wahrheit Grund gefaßt, sie haben die breiten Fundamente emsig, ja ängstlich gelegt, und miteinander wetteifernd die Pyramide stufenweis in die Höhe gebaut, bis er zuletzt, von allen diesen Vortheilen unterstützt, von dem himmlischen Genius erleuchtet, den letzten Stein des Gipfels aufsetzte, über und neben dem kein anderer stehen kann.

Das historische Interesse wird besonders rege, wenn wir die Werke der ältern Meister betrachten. Francesco Francia ist ein gar respectabler Künstler, Peter von Perugia ein so braver Mann, daß man sagen möchte, eine ehrliche Deutsche Haut. Hätte doch das Glück Albrecht Dürern tiefer nach Italien geführt. In München habe ich ein paar Stücke von ihm gesehen, von unglaublicher Großheit. Der arme Mann, wie er sich in Venedig verrechnet und mit den Pfaffen einen Accord macht, bei dem er Wochen und Monate verliert! Wie er auf seiner Niederländischen Reise gegen seine herrlichen Kunstwerke, womit er sein Glück zu machen hoffte, Papagayen eintauscht, und, um das Trinkgeld zu sparen, die Domestiken porträtirt, die ihm einen Teller Früchte bringen! Mir ist so ein armer Narr von Künstler unendlich rührend, weil es im Grunde auch mein Schicksal ist, nur daß ich mir ein klein wenig besser zu helfen weiß.

Gegen Abend rettete ich mich endlich aus dieser alten, ehrwürdigen, gelehrten Stadt aus der Volksmenge, die in den gewölbten Lauben, welche man fast durch alle Straßen verbreitet sieht, geschützt vor Sonne und Witterung, hin und her wandeln, gaffen, kaufen und ihre Geschäfte treiben kann. Ich bestieg den Thurm und ergötzte mich an der freien Luft. Die Aussicht ist herrlich! Im Norden sieht man die Paduanischen Berge, sodann die Schweizer, Tyroler, Friauler Alpen, genug, die ganze nördliche Kette, diesmal im Nebel. Gegen Abend ein unabgegränzter Horizont, aus dem nur die Thürme von Modena herausragen. Gegen Osten eine gleiche Ebene, bis ans Adriatische Meer, welches man bei Sonnenaufgang gewahr wird. Gegen Süden die Vorhügel der Apeninen, bis an ihre Gipfel bepflanzt, bewachsen, mit Kirchen, Palästen, Gartenhäusern besetzt, wie die Vicentinischen Hügel. Es war ein ganz reiner Himmel, kein Wölkchen, nur am Horizont eine Art Höherauch. Der Thürmer versicherte, daß nunmehr seit sechs Jahren dieser Nebel nicht aus der Ferne komme. Sonst habe er durch das Sehrohr die Berge von Vicenza mit ihren Häusern und Capellen gar wohl entdecken können, jetzt, bei den hellsten Tagen, nur selten. Und dieser Nebel lege sich denn vorzüglich an die nördliche Kette, und mache unser liebes Vaterland zum wahren Cimmerien. Der Mann ließ mich auch die gesunde Lage und Luft der Stadt darum bemerken, daß ihre Dächer wie neu aussehen, und kein Ziegel durch Feuchtigkeit und Moos angegriffen sey. Man muß gestehen, die Dächer sind alle rein und schön, aber die

Güte der Ziegel mag auch etwas dazu beitragen, wenigstens in alten Zeiten hat man solche in diesen Gegenden besser gebrannt.

Der hängende Thurm ist ein abscheulicher Anblick, und doch höchst wahrscheinlich, daß er mit Fleiß so gebaut worden. Ich erkläre mir diese Thorheit folgendermaßen. In den Zeiten der städtischen Unruhen ward jedes große Gebäude zur Festung, aus der jede mächtige Familie einen Thurm erhob. Nach und nach wurde dieß zu einer Lust- und Ehrensache, jeder wollte auch mit einem Thurm prangen, und als zuletzt die geraden Thürme gar zu alltäglich waren, so baute man einen schiefen. Auch haben Architekt und Besitzer ihren Zweck erreicht, man sieht an den vielen geraden schlanken Thürmen hin, und sucht den krummen. Ich war nachher oben auf demselben. Die Backsteinschichten liegen horizontal. Mit gutem hinterem Ritt, und eisernem Anker, kann man schon tolles Zeug machen.

Bologna, den 18. October 1786. Abends.

Keinen Tag habe ich bestmöglichst angewendet, um zu sehen und wiederzusehen, aber es geht mit der Kunst wie mit dem Leben: je weiter man hineinkommt, je breiter wird sie. An diesem Himmel treten wieder neue Gestirne hervor, die ich nicht berechnen kann und die mich irre machen: die Carracci, Guido, Dominichin, in einer spätern glücklichern Kunstperiode entsprungen; sie aber wahrhaft zu genießen, gehört Wissen und Urtheil, welches mir abgeht und nur nach und nach erworben werden kann. Ein großes Hinderniß der reinen Betrachtung und der unmittelbaren Einsicht sind die meist unsinnigen Gegenstände der Bilder, über die man toll wird, indem man sie verehren und lieben möchte.

Es ist als da sich die Kinder Gottes mit den Töchtern der Menschen vermählten, daraus entstanden mancherlei Ungeheuer. Indem der himmlische Sinn des Guido, sein Pinsel, der nur das Vollkommenste was geschaut werden kann hätte malen sollen, dich anzieht, so möchtest du gleich die Augen von den abscheulich dummen, mit keinem Schelt-worte der Welt genug zu erniedrigenden Gegenständen wegkehren; und so geht es durchaus; man ist immer auf der Anatomie, dem Rabenstein, dem Schindanger, immer Leiden des Helden, niemals Handlung, nie ein gegenwärtig Interesse, immer etwas phantastisch von außen

Erbarmens. Entweder Missethäter oder Verzückte, Verbrecher oder Narren, wo denn der Maler, um sich zu retten, einen nackten Kerl, eine hübsche Zuschauerin herbei schleppt, allenfalls seine geistlichen Helden als Gliedermänner tractirt, und ihnen recht schöne Faltenmäntel überwirft. Da ist nichts was einen menschlichen Begriff gäbe! Unter zehn Sujets nicht Eins das man hätte malen sollen, und das eine hat der Künstler nicht von der rechten Seite nehmen dürfen.

Das große Bild von Guido, in der Kirche der Mendicanti, ist alles was man malen, aber auch alles was man Unsinniges bestellen und dem Künstler zumuthen kann. Es ist ein Votivbild. Ich glaube der ganze Senat hat es gelobt und auch erfunden. Die beiden Engel, die werth wären eine Psyche in ihrem Unglück zu trösten, müssen hier —

Der heilige Proclus, eine schöne Figur; aber dann die andern, Bischöfe und Pfaffen! Unten sind himmlische Kinder, die mit Attributen spielen. Der Maler, dem das Messer an der Kehle saß, suchte sich zu helfen, wie er konnte, er mühte sich ab, nur um zu zeigen, daß nicht er der Barbar sey. Zwei nackte Figuren von Guido, ein Johannes in der Wüste, ein Sebastian, wie köstlich gemalt, und was sagen sie? der eine sperrt das Maul auf, und der andere krümmt sich.

Betrachte ich in diesem Unmuth die Geschichte, so möchte ich sagen: der Glaube hat die Künste wieder hervorgehoben, der Aberglaube hingegen ist Herr über sie geworden, und hat sie abermals zu Grunde gerichtet.

Nach Tische etwas milder und weniger anmaßlich gestimmt, als heute früh, bemerkte ich folgendes in meine Schreibtafel: Im Palast Tanari ist ein berühmtes Bild von Guido, die säugende Maria vorstellend, über Lebensgröße, der Kopf als wenn ihn ein Gott gemalt hätte; unbeschreiblich ist der Ausdruck, mit welchem sie auf den säugenden Knaben heruntersieht. Mir scheint es eine stille, tiefe Duldung, nicht als wenn sie ein Kind der Liebe und Freude, sondern ein untergeschobenes himmlisches Wechselkind nur so an sich saugen ließe, weil es nun einmal nicht anders ist, und sie in tiefster Demuth gar nicht begreift, wie sie dazu kommt. Der übrige Raum ist durch ein ungeheures Gewand ausgefüllt, welches die Kenner höchlich preisen; ich wußte nicht recht was ich daraus machen sollte. Auch sind die Farben dunkler geworden; das Zimmer und der Tag waren nicht die hellsten.

Unerachtet der Verwirrung, in der ich mich befinde, fühle ich mich schon, daß Uebung, Bekanntschaft und Neigung mir schon in diesen Irrgärten zu Hülfe kommen. So sprach mich eine Beschreibung von Guercin mächtig an, weil ich den Mann schon kenne und liebe. Ich vergieh den unlöblichen Gegenstand und freute mich an der Ausführung. — Gemalt war man sich denken kann, alles daran respectabel und vollendet als wenn's Emaille wär'.

Und so geht mir's denn wie Bileam, dem confusen Propheten, welcher segnete da er zu fluchen gedachte, und dieß würde noch öfter der Fall seyn, wenn ich länger verweilte.

Trifft man denn gar wieder einmal auf eine Arbeit von Raphael, oder die ihm wenigstens mit einiger Wahrscheinlichkeit zugeschrieben wird, so ist man gleich vollkommen geheilt und froh. So habe ich eine heilige Agathe gefunden, ein kostbares, obgleich nicht ganz wohl erhaltenes Bild. Der Künstler hat ihr eine gesunde, sichere Jungfräulichkeit gegeben, doch ohne Kälte und Rohheit. Ich habe mir die Gestalt wohl gemerkt, und werde ihr im Geist meine Iphigenie vorlesen, und meine Heldin nichts sagen lassen, was diese Heilige nicht aussprechen möchte.

Da ich nun wieder einmal dieser süßen Bürde gedenke, die ich auf meiner Wanderung mit mir führe, so kann ich nicht verschweigen, daß zu den großen Kunst- und Naturgegenständen, durch die ich mich durcharbeiten muß, noch eine wundersame Folge von poetischen Gestalten hindurch zieht, die mich beunruhigen. Von Cento herüber wollte ich meine Arbeit an Iphigenia fortsetzen, aber was geschah: der Geist führte mir das Argument der Iphigenia von Delphi vor die Seele, und ich mußte es ausbilden. So kurz als möglich sey es hier verzeichnet:

Elektra, in gewisser Hoffnung, daß Orest das Bild der Taurischen Diana nach Delphi bringen werde, erscheint in dem Tempel des Apoll, und widmet die grausame Axt, die so viel Unheil in Pelops Hause angerichtet, als schickliches Sühnopfer dem Gotte. Zu ihr tritt, leider, einer der Griechen, und erzählt wie er Orest und Pylades nach Tauris begleitet, die beiden Freunde zum Tode führen sehen und sich glücklich gerettet. Die leidenschaftliche Elektra kennt sich selbst nicht, und weiß nicht, ob sie gegen Götter oder Menschen ihre Wuth richten soll.

Indessen sind Iphigenie, Orest und Pylades gleichfalls zu Delphi angekommen. Iphigeniens heilige Ruhe contrastirt gar merkwürdig mit Elektrens irdiger Leidenschaft, als sie beiden Gestalten wohlthätig zu einer zusammentreffen. Der entflohene Grieche erblickt Iphigenien, erkennt die Priesterin, welche die Freunde geopfert, und entdeckt es Elektren. Diese ist im Begriff mit demselbigen Beil, welches sie dem Altar wieder entreißt, Iphigenien zu ermorden, als eine glückliche Wendung dieses letzte schreckliche Uebel von Geschwistern abwendet. Wenn diese Scene gelingt, so ist nicht leicht etwas Größeres und Rührenderes auf dem Theater gesehen worden. Wo soll man aber Hände und Zeit hernehmen, wenn auch der Geist willig wäre?

Indem ich mich nun in dem Drang einer solchen Ueberfüllung des Guten und Wünschenswerthen geängstigt fühle, so muß ich meine Freunde an einen Traum erinnern, der mir, es wird eben ein Jahr seyn, bedeutend genug schien. Es träumte mir nämlich: ich landete mit einem ziemlich großen Kahn an einer fruchtbaren, reich bewachsenen Insel, von der mir bewußt war, daß daselbst die schönsten Fasanen zu haben seyen. Auch handelte ich sogleich mit den Einwohnern um solches Geflügel, welches sie auch sogleich häufig, getödtet, herbeibrachten. Es waren wohl Fasanen, wie aber der Traum alles umzubilden pflegt, so erblickte man lange farbig buntige Schweife, wie voll Augen oder seltenen Paradiesvögeln. Diese brachte man mir schockweise ins Schiff, legte sie mit den Köpfen nach innen, so zierlich geschlichtet, daß die langen bunten Federschweife, nach außen hängend, im Sonnenglanz den herrlichsten Schober bildeten, den man sich denken kann, und zwar so reich, daß für den Steuernden und die Rudernden kaum hinten und vorn geringe Räume verblieben. So durchschnitten wir die ruhige Fluth, und ich nannte mir indessen schon die Freunde, denen ich von diesen bunten Schätzen mittheilen wollte. Zuletzt in einem großen Hafen landend, verlor ich mich zwischen ungeheuer bemasteten Schiffen, wo ich von Verdeck auf Verdeck stieg, um meinem kleinen Kahn einen sichern Landungsplatz zu suchen.

An solchen Wahnbildern ergötzen wir uns, die, weil sie aus uns selbst entspringen, wohl Analogie mit unserm übrigen Leben und Schicksalen haben müssen.

Nun war ich auch in der berühmten wissenschaftlichen Anstalt, dem Institut oder die Studien genannt. Das große Gebäude, besonders der innere Hof, sieht ernsthaft genug aus, obgleich nicht von der besten Baukunst. Auf den Treppen und Corridors fehlte es nicht an Stucco und Frescozierden; alles ist anständig und würdig, und über die mannichfaltigen schönen und wissenswerthen Dinge, die hier zusammengebracht worden, erstaunt man billig; doch will es einem Deutschen dabei nicht wohl zu Muthe werden, der eine freiere Studienweise gewohnt ist.

Mir fiel eine frühere Bemerkung hier wieder in die Gedanken, daß sich der Mensch, im Gange der aller veränderlichen Zeit, so schwer los macht von dem was eine Sache zuerst gewesen, wenn ihre Bestimmung in der Folge sich auch verändert. Die christlichen Kirchen halten noch immer an der Basilikenform, wenn gleich die Tempelgestalt vielleicht dem Cultus vortheilhafter wäre. Wissenschaftliche Anstalten haben noch das klösterliche Ansehn, weil in solchen frommen Bezirken die Studien zuerst Raum und Ruhe gewonnen. Die Gerichtssäle der Italiäner sind so weit und hoch, als das Vermögen einer Gemeinde zureicht, man glaubt auf dem Marktplatze unter freiem Himmel zu seyn, wo sonst Recht gesprochen wurde. Und bauen wir nicht noch immer die größten Theater mit allem Zubehör unter ein Dach, als wenn es die erste Schaubude wäre, die man auf kurze Zeit von Brettern zusammen schlug? Durch den ungeheuern Zudrang der Wißbegierigen, um die Zeit der Reformation, wurden die Schüler in Bürgerhäuser getrieben, aber wie lange hat es nicht gedauert, bis wir unsere Waisenhäuser aufhalten, und den armen Kindern diese so nothwendige Welterziehung verschafften.

Bologna den 20. Oktober 1786. Abends.

Diesen heitern schönen Tag habe ich ganz unter freiem Himmel zugebracht. Kaum nahe ich mich den Bergen, so werde ich schon wieder vom Gestein angezogen. Ich komme mir vor wie Antäus, der sich immer neu gestärkt fühlt, je kräftiger man ihn mit seiner Mutter Erde in Berührung bringt.

Ich ritt nach Paderno, wo der sogenannte Bologneser Schwerspath gefunden wird, woraus man die kleinen Kuchen bereitet, welche

... im Dunkeln leuchten, wenn sie vorher dem Lichte ausgesetzt gewesen, und die man hier kurz und gut Faulholz nennt.

Auf dem Wege fand ich schon ganze Felsen Fraueneis zu Tage anstehend, nachdem ich ein sandiges Thongebirg hinter mir gelassen hatte. Bei einer Ziegelhütte geht ein Wasserriß hinunter, in welchen sich viele kleinere ergießen. Man glaubt zuerst einen aufgeschwemmten Lehmhügel zu sehen, der vom Regen ausgewaschen wäre, doch konnte ich bei näherer Betrachtung von seiner Natur so viel entdecken: das feste Gestein, woraus dieser Theil des Gebirges besteht, ist ein sehr blaublättriger Schieferthon, welcher mit Gyps abwechselt. Das schiefrige Gestein ist so innig mit Schwefelkies gemischt, daß es, von Luft und Feuchtigkeit berührt, sich ganz und gar verändert. Es schwillt auf, die Lagen verlieren sich, es entsteht eine Art Leiten, muschlig, zerbröckelt, auf den Flächen glänzend, wie Steinkohlen. Nur an großen Stücken, deren ich mehrere zerschlug, und beide Gestalten deutlich wahrnahm, konnte man sich von dem Uebergange, von der Umbildung überzeugen. Zugleich sieht man die muschligen Flächen mit weißen Punkten beschlagen, manchmal sind gelbe Parthien drin; so zerfällt nach und nach die ganze Oberfläche, und der Hügel sieht wie ein verwitterter Schwefelkies im Großen aus. Es finden sich unter den Lagen auch schwarze, gelbe und rothe. Schwefelkies hab' ich in dem Gestein auch öfters eingesprengt gefunden.

Nun stieg ich in den Schluchten des bröcklich aufgelösten Gebirgs hinaus, wie sie von den letzten Regengüssen durchwaschen waren, und fand, zu meiner Freude, den gesuchten Schwerspath häufig, meist in unvollkommener Gestalt, an mehreren Stellen des eben zerfallenden Gebirgs hervorschauen, theils ziemlich rein, theils noch von dem Thon, in welchem er steckt, genau umgeben. Daß es keine Geschiebe seyen, davon kann man sich beim ersten Anblick überzeugen. Ob sie gleichzeitig mit der Schieferthonlage, oder ob sie erst bei Auflösung oder Zersetzung derselben entstanden, verdient eine nähere Untersuchung. Die von mir aufgefundenen Stücke nähern sich, größer oder kleiner, einer unvollkommnen Gestalt, die kleinsten gehen auch wohl in eine undeutliche Krystallform über. Das schwerste Stück, welches ich gefunden, wiegt siebzehn Loth. Auch fand ich in demselben Thon reine, vollkommene Gypskrystalle. Nähere Bestimmung werden Kenner an den Stellen, die ich mitbringe, zu entwickeln wissen. Und ich wäre nun also schon wieder mit Steinen belastet! Ein Schreibcomptoir dieses Schwertpatho habe ich ausgedacht.

Den 20. Oktober 1786. In der Nacht.

Wie viel hätte ich noch zu sagen, wenn ich alles sprechen wollte was mir an diesem schönen Tage durch den Kopf ging. Aber mein Verlangen ist stärker als meine Gedanken. Ich fühle mich unwiderstehlich vorwärts gezogen, nur mit Mühe sammle ich mich an dem Gegenwärtigen. Und es scheint; der Himmel erhört mich. Es meldet sich ein Vetturin gerade nach Rom, und so werde ich übermorgen unaufhaltsam dorthin abgehen. Da muß ich denn wohl heute und morgen nach meinen Sachen sehen, manches besorgen und vorarbeiten.

Logano auf den Apenninen, den 21. Oktober 1786. Abends.

Ob ich mich heute selbst aus Bologna getrieben, oder ob ich daraus gejagt worden, wüßte ich nicht zu sagen. Genug, ich ergriff mit Leidenschaft einen schnellern Anlaß abzureisen. Nun bin ich hier in einem elenden Wirthshause, in Gesellschaft eines päpstlichen Officiers, der nach Perugia, seiner Vaterstadt, geht. Als ich mich zu ihm in den zweirädrigen Wagen setzte, machte ich ihm, um etwas zu erben, das Compliment, daß ich, als ein Deutscher, der gewohnt sey mit Soldaten umzugehen, sehr angenehm finde, nun mit einem päpstlichen Officier in Gesellschaft zu reisen. — Nehmt mir nicht übel, versetzte er darauf, ihr könnt wohl eine Neigung zum Soldatenstande haben, denn ich höre, in Deutschland ist alles Militär; aber was mich betrifft, obgleich unser Dienst sehr läßlich ist, und ich in Bologna, wo ich in Garnison stehe, meiner Bequemlichkeit vollkommen pflegen kann, so wollte ich doch, daß ich diese Jacke los wäre, und das Gütchen meines Vaters verwaltete. Ich bin aber der jüngere Sohn, und so muß ich mir's gefallen lassen.

Den 22. October 1786. Abends.

Ferrara, auch ein kleiner Rest auf den Apenninen, wo ich mich nicht glücklich fühle, meinen Wünschen entgegen eilend. Heute gesellten sich reitend ein Herr und eine Dame zu uns, ein Engländer mit einer sogenannten Schwester. Ihre Pferde sind schön, sie reiten aber ohne Bedienung, und der Herr macht, wie es scheint, zugleich den Reitknecht und den Kammerdiener. Sie finden überall zu klagen, man glaubt einige Blätter bei Archenholz zu lesen.

Die Apenninen sind mir ein merkwürdiges Stück Welt. Auf die große Fläche der Regionen des Po's folgt ein Gebirg, das sich aus der Tiefe erhebt, um, zwischen zwei Meeren, südwärts das feste Land zu endigen. Wäre die Gebirgsart nicht zu steil, zu hoch über der Meeresfläche, nicht so sonderbar verschlungen, daß Ebbe und Fluth vor alten Zeiten mehr und länger hätten hereinwirken, größere Flächen bilden und überspülen können, so wäre es eins der schönsten Länder in dem herrlichsten Klima, etwas höher als das andere Land. So aber ist's ein seltsam Gewebe von Bergrücken gegen einander; oft sieht man gar nicht ab, wohin das Wasser seinen Ablauf nehmen will. Wären die Thäler besser ausgefüllt, die Flächen mehr eben und überschwemmt, so könnte man das Land mit Böhmen vergleichen, nur daß die Berge auf alle Weise einen andern Charakter haben. Doch muß man sich keine Bergwüste, sondern ein meist bebautes, obgleich gebirgiges Land vorstellen. Castanien kommen hier sehr schön, der Weizen ist trefflich, und die Saat schon hübsch grün. Immergrüne Eichen mit kleinen Blättern stehen am Wege, um die Kirchen und Kapellen aber schlanke Cypressen.

Gestern Abend war das Wetter trübe, heute ist's wieder hell und schön.

Den 25. October 1786. Abends. Perugia.

Zwei Abende habe ich nicht geschrieben. Die Herbergen waren so schlecht, daß an kein Ausbreiten eines Blattes zu denken war. Auch fängt es mir an ein bißchen verworren zu werden; denn seit der Abreise von Venedig spult sich der Faden meiner Reise nicht so schön und glatt mehr ab.

Den dreiundzwanzigsten früh, unserer Uhr um Zehne, kamen wir aus den Apenninen hervor, und sahen Florenz liegen, in einem weiten Thal, das unglaublich bebaut und ins Unendliche mit Villen und Häusern besät ist.

Die Stadt hatte ich eilig durchlaufen, den Dom, das Baptisterium. Hier that sich wieder eine ganz neue mir unbekannte Welt auf, an der ich nicht verweilen will. Der Garten Boboli liegt köstlich. Ich eilte so schnell heraus als hinein.

Der Stadt sieht man den Volksreichthum an, der sie erbaut hat; man erkennt, daß sie sich einer Folge von glücklichen Regierungen erfreut. Ueberhaupt fällt es auf, was in Toscana gleich die öffentlichen Werke, Wege, Brücken für ein schönes grandioses Ansehen haben: Es ist hier alles zugleich tüchtig und reinlich, Gebrauch und Nutzen mit Anmuth sind beabsichtigt, überall läßt sich eine belebende Sorgfalt bemerken. Der Staat des Papstes hingegen scheint sich nur zu erhalten, weil ihn die Erde nicht verschlingen will.

Wenn ich neulich von den Apenninen sagte, was sie seyn könnten, das ist nun Toscana; weil es so viel tiefer lag, so hat das alte Meer recht seine Schuldigkeit gethan, und tiefen Lehmboden aufgehäuft. Er ist hellgelb und leicht zu verarbeiten. Sie pflügen tief, aber noch recht auf die ursprüngliche Art: ihr Pflug hat keine Räder, und die Pflugschar ist nicht beweglich. So schleppt sie der Bauer, hinter seinen Ochsen gebückt, einher, und wühlt die Erde auf. Es wird bis fünf mal gepflügt, wenigen und nur sehr leichten Dünger streuen sie mit den Händen. Endlich säen sie den Weizen, dann häufen sie schmale Gösseln auf, dazwischen entstehen tiefe Furchen, alles so gerichtet; daß das Regenwasser ablaufen muß. Die Frucht wächst man auf den Gösseln in die Höhe, in den Furchen gehen sie hin und her wenn sie jäten. Diese Verfahrungsart ist begreiflich, wo Nässe zu fürchten ist; warum sie es aber auf den schönsten Gebreiten thun, kann ich nicht einsehen. Diese Betrachtung machte ich bei Arezzo, wo sich eine herrliche Plaine aufthut. Reiner kann man kein Feld sehen, nirgends auch nur eine Erdscholle, alles klar wie gesiebt. Der Weizen gedeiht hier recht schön, und er scheint hier alle seiner Natur gemäßen Bestimmungen[1] zu finden.

[1] Bedingungen.

Das zweite Jahr bauen sie Bohnen für die Pferde, die hier keinen Hafer bekommen. Es werden auch Lupinen gesäet, die jetzt schon vortrefflich grün stehen und, im März Früchte bringen. Auch der Wein hat schon gelitten, er bleibt den Winter über und wird durch den Frost nur dauerhafter.

Die Oelbäume sind wunderliche Pflanzen; sie sehen fast wie Weiden, verlieren auch den Kern, und die Rinde klafft aus einander. Aber sie haben demungeachtet ein festeres Ansehen. Man sieht auch dem Holze an, daß es langsam wächst, und sich unsäglich fein vegetabilisirt. Das Blatt ist weißlichartig, nur wenige Blätter am Zweige. Um Florenz, an den Bergen, ist alles mit Oelbäumen und Weinstöcken bepflanzt, dazwischen wird das Erdreich zu Körnern benutzt. Bei Arezzo und so weiter läßt man die Felder freier. Ich finde daß man dem Epheu nicht genug abwehrt, der den Oelbäumen und andern schädlich ist, da es so ein leichtes wäre ihn zu zerstören. Wiesen sieht man gar nicht. Man sagt das Türkische Korn zehre den Boden aus; seitdem es eingeführet worden, habe der Ackerbau in anderm Betracht verloren. Ich glaube es wohl, bei dem geringen Dünger.

Heute Abend habe ich von meinem Hauptmann Abschied genommen, mit der Versicherung, mit dem Versprechen, ihn auf meiner Rückreise in Bologna zu besuchen. Er ist ein wahres Repräsentativum vieler seiner Landsleute. Hier einiges, das ihn besonders bezeichnet. Da ich oft still und nachdenklich war, sagte er einmal: „Che pensa! non deve mai pensar l'uomo, pensando s'invecchia." das ist verdolmetscht, „Was denn ihr wollt, der Mensch muß niemals denken, denkend altert man nur." Und nach einigem Gespräch: „Non deve fermarsi l'uomo in una sola cosa, perchè allora divien matto; bisogna aver mille cose, una confusione nella testa." auf Deutsch: „Der Mensch muß sich nicht auf eine einzige Sache setzen, denn da wird er toll, man muß tausend Sachen, eine Confusion im Kopfe haben."

Der gute Mann konnte freilich nicht wissen, daß ich eben darum still und nachdenkend war, weil eine Confusion von alten und neuen Gegenständen mir den Kopf verwirrte. Die Bildung eines solchen Italieners wird man noch baß aus folgendem erkennen. Da er wohl merkte daß ich Protestant sey, sagte er nach einigem Vorschwanz, ich möchte ihm doch gewisse Fragen erlauben, denn er hätte so viel wunderliches von uns Protestanten gehört, worüber er endlich einmal Gewißheit zu haben wünsche. „Dürft ihr denn,“ so fragte er, „mit einem hübschen Mädchen auf einem guten Fuß leben, ohne mit ihr gerade verheirathet zu seyn? — erlauben euch das eure Priester?“ Ich erwiederte darauf: unsere Priester sind kluge Leute, welche von solchen Kleinigkeiten keine Notiz nehmen. Freilich, wenn wir sie darum fragen wollten, so würden sie es uns nicht erlauben. „Ihr braucht sie also nicht zu fragen?“ rief er aus, „o ihr Glücklichen! und da ihr ihnen nicht beichtet, so erfahren sie's nicht.“ Hierauf erging er sich in Schelten und Mißbilligen seiner Pfaffen, und in dem Preise unserer seligen Freiheit. — „Was jedoch die Beichte betrifft,“ fuhr er fort, „wie verhält es sich damit? Man erzählt uns, daß alle Menschen, auch die keine Christen sind, dennoch beichten müssen; weil sie aber in ihrer Verstockung nicht das rechte treffen können, so beichten sie einem alten Baume, welches denn freilich lächerlich und gottlos genug ist, aber doch beweist, daß sie die Nothwendigkeit der Beichte anerkennen.“ Hierauf erklärte ich ihm unsere Begriffe von der Beichte, und wie es dabei zugehe. Das kam ihm sehr bequem vor, er meinte aber, es sey ungefähr eben so gut als wenn man einem Baum beichte. Nach einigem Zaudern ersuchte er mich sehr ernstlich, über einen andern Punkt ihm redlich Auskunft zu geben: er habe nämlich, aus dem Munde eines seiner Priester, der ein wahrhafter Mann sey, gehört, daß wir unsere Schwestern heirathen dürften, welches denn doch eine starke Sache sey. Als ich diesen Punkt verneinte, und ihm einige menschliche Begriffe von unserer Lehre beibringen wollte, mochte er nicht sonderlich darauf merken, denn es kam ihm zu alltäglich vor, und er wandte sich zu einer neuen Frage: — „Man versichert uns,“ sagte er, „daß Friedrich der Große, welcher so viele Siege, selbst über die Gläubigen, davon getragen, und die Welt mit seinem Ruhm erfüllt, daß er, den jedermann für einen Ketzer hält, wirklich katholisch sey, und vom Pabste die Erlaubniß habe, es zu verheimlichen; denn er komme, wie man weiß, in keine eurer Kirchen, verrichtet aber seinen Gottesdienst in einer unterirdischen Capelle, mit zerknirschtem Herzen, daß er die heilige Religion nicht öffentlich bekennen darf; denn freilich, wenn er das thäte, würden ihn seine Preußen, die ein halsstarriges Volk und wüthende Ketzer sind, auf der Stelle todt schlagen, wodurch denn der

jetzt der Platz heißt. Dieser neigt selbst ein wenig an, und es kommen auf demselben vier Straßen zusammen, die ein sehr gedrücktes Andreaskreuz machen, zwei von unten herauf, zwei von oben herunter. Wahrscheinlich standen zur alten Zeit die Häuser noch nicht, die jetzt, dem Tempel gegenüber gebaut, die Aussicht versperren. Dächt' man sie weg, so blickte man gegen Mittag in die reichste Gegend, und zugleich würde Minervens Heiligthum von allen Seiten her gesehen. Die Anlage der Straßen mag alt seyn; denn sie folgen aus der Gestalt und dem Abhange des Berges. Der Tempel steht nicht in der Mitte des Platzes, aber so gerichtet, daß er dem von Rom Heraufkommenden verkürzt gar schön sichtbar wird. Nicht allein das Gebäude sollte man zeichnen, sondern auch die glückliche Stellung.

An der Façade konnte ich mich nicht satt sehen, wie genialisch consequent auch hier der Künstler gehandelt. Die Ordnung ist corinthisch, die Säulenweiten etwas über zwei Model. Die Säulenfüße und die Platten darunter scheinen auf Piedestalen zu stehen, aber es scheint auch nur: denn der Sockel ist fünfmal durchschnitten und jedesmal gehen fünf Stufen zwischen den Säulen hinauf, da man denn auf die Fläche gelangt, worauf eigentlich die Säulen stehen, und von welcher man auch in den Tempel hinein geht. Das Wagstück, den Sockel zu durchschneiden, war hier am rechten Platze, denn da der Tempel am Berge liegt, so hätte die Treppe, die zu ihm hinauf führte, viel zu weit vorgesetzt werden müssen, und würde den Platz beengt haben. Wie viel Stufen noch unterhalb gelegen, läßt sich nicht bestimmen: sie sind, außer wenigen, verschüttet und zugepflastert. Ungern riß ich mich von dem Anblick los, und nahm mir vor, alle Architekten auf dieses Gebäude aufmerksam zu machen, damit uns ein genauer Riß davon zukäme. Denn was Ueberlieferung für ein schlechtes Ding sey, mußte ich diesmal wieder bemerken. Palladio, auf den ich alles vertraute, giebt zwar dieses Tempels Bild, er kann ihn aber nicht selbst gesehen haben, denn er setzt wirklich Piedestale auf die Fläche, wodurch die Säulen unmäßig in die Höhe kommen und ein garstiges, Palmyrisches Ungeheuer entsteht, anstatt daß in der Wirklichkeit ein ruhiger, lieblicher, das Auge und den Verstand befriedigender Anblick erfreut. Was sich noch bei Beschauung dieses Werks in mir entwickelt, ist nicht auszusprechen, und wird ewige Früchte bringen. Wir sind am schönsten

Abend, die Römische Straße hergab, im Gemüth zum schönsten beruhiget, als ich hinter mir rauhe heftige Stimmen vernahm, die unter einander stritten. Ich vermuthete, daß es die Sbirren seyn möchten, die ich schon in der Stadt bemerkt hatte. Ich ging gelassen vor mich hin, und horchte hinterwärts. Da konnte ich nun gar bald bemerken, daß es auf mich gemünzt sey. Vier schöne Menschen, zwei davon mit Pistolen bewaffnet, in unerfreulicher Gestalt, gingen vor mir vorbei, brummten, kehrten nach einigen Schritten zurück und umgaben mich. Sie fragten wer ich wäre, und was ich hier thäte? Ich erwiederte ich sey ein Fremder der seinen Weg über Assisi zu Fuße mache, indessen der Vetturin nach Foligno fahre. Dieß kam ihnen nicht wahrscheinlich vor, daß jemand einen Wagen bezahle und zu Fuße gehe. Sie fragten ob ich im Gran Convento gewesen sey. Ich verneinte dieß und versicherte ihnen, ich kenne das Gebäude von alten Zeiten her; da ich aber ein Baumeister sey, habe ich dießmal nur die Maria della Minerva in Augenschein genommen, welches, wie sie wüßten, ein musterhaftes Gebäude sey. Das läugneten sie nicht, nahmen aber sehr übel, daß ich dem Heiligen meine Aufwartung nicht gemacht, und gaben ihren Verdacht zu erkennen, daß wohl mein Handwerk seyn möchte, Contrebande einzuschwärzen. Ich zeigte ihnen das Lächerliche, daß ein Mensch, der allein auf der Straße gehe, ohne Ranzen, mit leeren Taschen, für einen Contrebandisten gehalten werden solle. Darauf erbot ich mich mit ihnen nach der Stadt zurück und zum Podesta zu gehn, ihm meine Papiere vorzulegen, da er mich denn als einen ehrenvollen Fremden anerkennen werde. Sie brummten hierauf und meinten, es sey nicht nöthig, und als ich mich ununterbrochen mit entschiedenem Ernst betrug, entfernten sie sich endlich wieder nach der Stadt zu. Ich sah ihnen nach. Da gingen nun diese rohen Kerle im Vordergrunde, und hinter ihnen her blickte mich die liebliche Minerva noch einmal sehr freundlich und tröstend an, dann schaute ich links auf den tristen Dom des heiligen Franciscus, und wollte meinen Weg verfolgen, als einer der unbewaffneten sich von der Truppe sonderte, und ganz freundlich auf mich los kam. Gegrüßt sagte er sogleich; ihr solltet, mein Herr Fremder, wenigstens mir ein Trinkgeld geben, denn ich versichere, daß ich euch alsobald für einen braven Mann gehalten, und dieß laut gegen meine Gefährten erklärt habe. Das Hin- und Hübsche und gleich vorn hinaus, und haben keine Weltkenntniß. Auch werdet ihr bemerkt haben, daß ich euren Worten zuerst Beifall und Gewicht gab. Ich lobte ihn deßhalb und ersuchte ihn ehrenhafte Fremde, die nach Assisi, sowohl wegen der Religion, als wegen der Kunst kämen, zu beschützen, besonders die Baumeister, die zum Ruhme der Stadt den Minervatempel, den man noch niemals recht gezeichnet und in Kupfer gestochen, nunmehr messen und abzeichnen wollten. Er möchte ihnen zur Hand gehen, da sie sich denn gewiß dankbar erweisen würden, und somit drückte ich ihm einige Silberstücke in die Hand, die ihn über seine Erwartung erfreuten. Er bat mich, ja wieder zu kommen, besonders müsse ich das Fest des Heiligen nicht versäumen, wo ich mich gewiß erbauen und vergnügen sollte. Ja, wenn es mir, als einem hübschen Manne, wie billig, um ein hübsches Frauenzimmer zu thun sey, so könne er mir versichern, daß die schönste und ehrbarste Frau von ganz Assisi, auf seine Empfehlung, mich mit Freuden aufnehmen würde. Er schied nun, betheuernd, daß er noch heute Abend, bei dem Grabe des Heiligen, meiner in Andacht gedenken, und für meine fernere Reise beten wolle. So trennten wir uns, und mir war sehr wohl mit der Natur und mir selbst wieder allein zu seyn. Der Weg nach Foligno war einer der schönsten und anmuthigsten Spaziergänge, die ich jemals zurückgelegt. Vier volle Stunden, an einem Berge hin, rechts ein reichbebautes Thal.

Mit den Vetturinen ist es eine leidige Fahrt; das beste, daß man ihnen bequem zu Fuße folgen kann. Von Ferrara lasse ich mich nun immer bis hieher so fortschleppen. Dieses Italien, von Natur höchlich begünstigt, blieb in allem Mechanischen und Technischen, worauf doch eine bequemere und frischere Lebensweise gegründet ist, gegen alle Länder unendlich zurück. Das Fuhrwerk der Vetturine, welches noch Sedia, ein Sessel, heißt, ist gewiß aus den alten Tragsesseln entstanden, in welchen sich Frauen, ältere und vornehme Personen, von Maulthieren tragen ließen. Statt des hintern Maulthiers, das man zwischen die Gabel spannte, setzte man zwei Räder unter, und an keine weitere Verbesserung ward gedacht. Man wird, wie vor Jahrhunderten, noch immer fortgeschaukelt, und so sind sie in ihren Wohnungen und allem.

Wenn man die erste poetische Zeit, daß die Menschen meist unter neuem Himmel leben, und sich gelegentlich manchmal aus Noth in Höhlen zurückziehen, noch wildleben sehen will, so muß man die Gebäude hier herum, besonders auf dem Lande betreten, ganz im Sinn und Geschmack der Höhlen. Eine so unglaubliche Sorglosigkeit haben sie, um über dem Nachbarten nicht zu verarten. Mit unerhörtem Leichtsinn versäumen sie, sich auf den Winter, auf längere Nächte vorzubereiten, und leben deßhalb einen guten Theil des Jahres wie die Hunde. Hier in Foligno, in einer völlig Homerischen Haushaltung, wo alles um ein auf der Erde brennendes Feuer, in einer großen Halle versammelt ist, schreit und lärmt, an langen Tische speiset, wie das Hochzeit von Cana gemalt wird, ergreife ich die Gelegenheit dieses zu schreiben, da einer ein Dintenfaß holen läßt, woran ich unter solchen Umständen nicht gedacht hätte. Aber man sieht auch diesem Blatt die Kälte und die Unbequemlichkeit meines Schreibtisches an.

Erst fühle ich doch die Verlegenheit unvorbereitet und unbegleitet in dieses Land zu gehen. Mit dem verschiedenen Gelde, den Vetturinen, den Preisen, den schlechten Wirthshäusern ist es eine tägliche Noth, daß einer, der zum erstenmale, wie ich, allein geht, und ununterbrochnen Genuß hoffte und suchte, sich unglücklich genug fühlen müßte. Ich habe nichts gewollt als das Land sehen, auf welche Kosten es sei, und wenn Sie mich auf Jxions Rad nach Rom schleppten, so will ich mich nicht beklagen.

Terni, den 27. October 1786. Abends.

Wieder in einer Höhle sitzend, die vor einem Jahr vom Erdbeben gelitten: das Städtchen liegt in einer köstlichen Gegend, die ich auf einem Rundgange um dasselbe her, mit Freuden beschaute, am Anfang einer schönen Plaine, zwischen Bergen die alle noch Kalk sind. Wie Bologna drüben, so ist Terni hüben an den Fuß des Gebirgs gesetzt.

Nun da der päpstliche Soldat mich verlassen, ist ein Priester mein Gefährte. Dieser scheint schon mehr mit seinem Zustande zufrieden, und belehrt mich, den er freilich schon als Ketzer erkennt, auf meine Fragen sehr gern von dem Ritus und andern dahin gehörigen Dingen. Dadurch daß ich immer wieder unter neue Menschen komme, erreiche ich durchaus meine Absicht; man muß das Volk nur unter einander reden hören, was das für ein lebendiges Bild des ganzen Landes giebt. Sie sind auf die wunderbarste Weise sämmtlich Widersacher, haben den sonderbarsten Provinzial- und Stadtneid, können sich alle nicht leiden, die Stände sind in ewigem Streit und das alles mit inniger, lebhafter, gegenwärtiger Leidenschaft, daß sie einem den ganzen Tag Komödie geben und sich bloßstellen; und doch fassen sie zugleich wieder auf, und merken gleich wo der Fremde sich in ihr Thun und Lassen nicht finden kann.

Spoleto habe ich bestiegen, und war auf der Wasserleitung, die zugleich Brücke von einem Berg zu einem andern ist. Die zehn Bogen, welche über das Thal reichen, stehen von Backsteinen ihre Jahrhunderte so ruhig da, und das Wasser quillt immer noch in Spoleto an allen Orten und Enden. Das ist nun das dritte Werk der Alten das ich sehe, und immer derselbe große Sinn. Eine zweite Natur die zu bürgerlichen Zwecken handelt, das ist ihre Baukunst; so steht das Amphitheater, der Tempel und der Aquäduct. Nun fühle ich erst wie mir mit Recht alle Willkürlichkeiten verhaßt waren, wie z. B. der Winterkasten auf dem Weißenstein, ein Nichts um Nichts, ein ungeheurer Confectaufsatz, und so mit tausend andern Dingen. Das steht nun alles todtgeboren da, denn was nicht eine wahre innere Existenz hat, hat kein Leben, und kann nicht groß seyn und nicht groß werden.

Was bin ich nicht den letzten acht Wochen schuldig geworden, an Freuden und Einsicht; aber auch Mühe hat mich's genug gekostet. Ich halte die Augen nur immer offen und drücke mir die Gegenstände recht ein. Urtheilen möchte ich gar nicht, wenn es nur möglich wäre.

San Crocefisso, eine wunderliche Kapelle am Berge, halte ich nicht für den Rest eines Tempels der am Orte stand, sondern man hat Säulen, Pfeiler, Gebälke gefunden und zusammengeflickt, nicht dumm aber toll. Beschreiben läßt sich's gar nicht; es ist wohl irgendwo in Kupfer gestochen.

Und so wird es einem denn doch wunderbar zu Muthe, daß uns, indem wir bemüht sind, einen Begriff des Alterthums zu erwerben, nur Ruinen entgegen stehen, aus denen man sich nun wieder das Nimmerlich aufzuerbauen hätte, wovon man noch keinen Begriff hat.

Mit dem was man classischen Boden nennt, hat es eine andere Bewandtniß. Wenn man hier nicht phantastisch verfährt, sondern die Gegend real nimmt, wie sie daliegt, so ist sie doch immer der entscheidende

Schauplatz, der die größten Thaten bedingt; und so habe ich immer bisher den geologischen und landschaftlichen Blick benutzt, um Einbildungskraft und Empfindung zu unterdrücken, und mir ein freies, klares Anschauen der Localität zu erhalten. Da schließt sich denn auf eine wundersame Weise die Geschichte lebendig an, und man begreift nicht wie einem geschieht, und ich fühle die größte Sehnsucht den Tacitus in Rom zu lesen.

Das Wetter darf ich auch nicht ganz hintan setzen. Da ich von Bologna die Apenninen herauf kam, zogen die Wolken noch immer nach Norden, späterhin veränderten sie ihre Richtung und zogen nach dem Trasimenischen See. Hier blieben sie hangen, zogen auch wohl gegen Mittag. Statt also daß die große Plaine des Po den Sommer über alle Wolken nach dem Tyroler Gebirg schickt, sendet sie jetzt einen Theil nach den Apenninen, daher mag die Regenzeit kommen.

Man fängt nun an die Oliven abzulesen. Sie thun es hier mit den Händen, an andern Orten schlagen sie mit Stöcken drein. Kommt ein frühzeitiger Winter, so bleiben die übrigen bis gegen das Frühjahr hängen. Heute habe ich auf sehr steinigem Boden die größten, ältesten Bäume gesehen.

Die Gunst der Musen, wie die der Dämonen, besucht uns nicht immer zur rechten Zeit. Heute ward ich aufgeregt etwas auszubilden, was gar nicht an der Zeit ist. Dem Mittelpunkte des Katholicismus mich nähernd, von Katholiken umgeben, mit einem Pfaffen in eine Sedie eingesperrt, indem ich mit reinstem Sinn die wahrhafte Natur und die edle Kunst zu beobachten und aufzufassen trachte, trat mir so lebhaft vor die Seele, daß vom ursprünglichen Christenthum alle Spur verloschen ist; ja wenn ich mir es in seiner Reinheit vergegenwärtigte, so wie wir es in der Apostelgeschichte sehen, so mußte mir schaudern, was nun auf jenen gemüthlichen Anfängen ein unförmliches, ja barockes Heidenthum lastet. Da fiel mir der ewige Jude wieder ein, der Zeuge aller dieser wundersamen Ent- und Aufwicklungen gewesen, und so einen wunderlichen Zustand erlebt, daß Christus selbst, als er zurückkommt, um sich nach den Früchten seiner Lehre umzusehen, in Gefahr geräth, zum zweitenmal gekreuzigt zu werden. Jene Legende: venio iterum crucifigi, [1] sollte mir bei dieser Katastrophe zum Stoff dienen.

[1] Ich komme um nochmals gekreuzigt zu werden.

Dergleichen Träume schweben mir vor. Denn aus Ungeduld weiter zu kommen, schlafe ich ungekleidet, und weiß nichts Hübscheres als vor Tag aufgeweckt zu werden, mich schnell in den Wagen zu sehen, und zwischen Schlaf und Wachen dem Tag entgegen zu fahren, und dabei die ersten besten Phantasiebilder nach Belieben walten zu lassen.

Citta Castellana, den 28. October 1786.

Den letzten Abend will ich nicht fehlen. Es ist noch nicht acht Uhr, und alles schon zu Bette; so kann ich noch zu guter Letzt des Vergangenen gedenken, und mich auf's nächst Künftige freuen. Heute war ein ganz heiterer herrlicher Tag, der Morgen sehr kalt, der Tag klar und warm. Der Abend etwas windig, aber sehr schön.

Von Terni fuhren wir sehr früh aus; Narni kamen wir hinauf, ehe es Tag war, und so habe ich die Brücke nicht gesehen. Thäler und Tiefen, Nähe und Fernen, köstliche Gegenden, alles Kalkgebirg, auch nicht eine Spur eines andern Gesteins.

Otricoli liegt auf einem der von den ehemaligen Strömungen zusammen geschwemmten Kieshügel und ist von Lava gebaut, jenseits des Flusses hergeholt.

Sobald man über die Brücke hinüber ist, findet man sich im vulkanischen Terrain, es sey nun unter wirklichen Laven, oder unter früherm Gestein, durch Röstung und Schmelzung verändert. Man steigt einen Berg hinauf, den man für graue Lava ansprechen möchte. Sie enthält viele weiße, granatförmig gebildete Krystalle. Die Chaussee, die von der Höhe nach Citta Castellana geht, von eben diesem Stein, sehr schön glatt gefahren, die Stadt auf vulkanischen Tuff gebaut, in welchem ich Asche, Bimsstein und Lavastücke zu entdecken glaubte. Vom Schlosse ist die Aussicht sehr schön; der Berg Soracte steht einzeln gar malerisch da, wahrscheinlich ein zu den Apenninen gehöriger Kalkberg. Die vulkanisirenden Strecken sind viel niedriger als die Apenninen, und nur das durchreißende Wasser hat aus ihnen Berge und Felsen gebildet, da denn herrlich malerische Gegenstände, überhangende Klippen und sonstige landschaftliche Zufälligkeiten gebildet werden.

Morgen Abend also in Rom. Ich glaube es noch jetzt kaum,

und wenn dieser Wunsch erfüllt ist, was soll ich mir nachher wünschen; ich wüßte nichts als daß ich mit meinem Julchen glücklich zu Hause landen und meine Freunde gesund, froh und wohlwollend antreffen möge.

Rom.

Endlich kann ich den Mund aufthun und meine Freunde mit Frohsinn begrüßen. Verzeihen sie mir das Geheimniß und die gleichsam unterirdische Reise hierher. Kaum wagte ich mir selbst zu sagen wohin ich ging, selbst unterwegs fürchtete ich noch, und nur unter der Porta del Popolo war ich mir gewiß, Rom zu haben.

Und laßt mich nun auch sagen, daß ich tausendmal, ja beständig Eurer gedenke, in der Nähe der Gegenstände, die ich alles zu sehen niemals glaubte. Nur da ich jedermann mit Leib und Seele in Norden gefesselt, alle Anmuthung nach diesen Gegenden verschwunden sah, konnte ich mich entschließen, einen langen einsamen Weg zu machen, und den Mittelpunkt zu suchen, nach dem mich ein unwiderstehliches Bedürfniß hinzog. Ja die letzten Jahre wurde es eine Art von Krankheit, von der mich nur der Anblick und die Gegenwart heilen konnte. Jetzt darf ich es gestehen, zuletzt durft ich kein Lateinisch Buch mehr ansehen, keine Zeichnung einer italiänischen Gegend. Die Begierde dieses Land zu sehen, war überreif; da sie befriedigt ist, werden mir Freunde und Vaterland erst wieder recht aus dem Grunde lieb, und die Rückkehr wünschenswerth, ja um desto wünschenswerther, da ich mit Sicherheit empfinde, daß ich so viele Schätze nicht zu eignem Besitz und Privatgebrauch mitbringe, sondern daß sie mir und andern durchs ganze Leben zur Leitung und Förderniß dienen sollen.

Ja ich bin endlich in dieser Hauptstadt der Welt angelangt. Wenn ich sie in guter Begleitung, angeführt von einem recht verständigen

Manne, vor funfzehn Jahren gesehen hätte, wollte ich mich glücklich preisen. Sollte ich sie aber allein, mit eignen Augen sehen und besuchen, so ist es gut, daß mir diese Freude so spät zu Theil wird.

Ueber das Tyroler Gebirg bin ich gleichsam weggeflogen. Verona, Vicenz, Padua, Venedig habe ich gut, Ferrara, Cento, Bologna flüchtig und Florenz kaum gesehen. Die Begierde nach Rom zu kommen war so groß, wuchs so sehr mit jedem Augenblicke, daß kein Bleiben mehr war, und ich mich nur drei Stunden in Florenz aufhielt. Nun bin ich hier und ruhig, und wie es scheint auf mein ganzes Leben beruhigt. Denn es geht, man darf wohl sagen, ein neues Leben an, wenn man das Ganze mit Augen sieht, das man theilweise in- und auswendig kennt. Alle Träume meiner Jugend seh' ich nun lebendig; die ersten Kupferbilder, deren ich mich erinnere, (mein Vater hatte die Prospecte von Rom auf einem Vorsaale aufgehängt) seh' ich nun in Wahrheit, und alles was ich in Gemälden und Zeichnungen, Kupfern und Holzschnitten, in Gyps und Kork schon lange gekannt, steht nun beisammen vor mir; wohin ich gehe, finde ich eine Bekanntschaft in einer neuen Welt; es ist alles wie ich mir's dachte und alles neu. Eben so kann ich von meinen Beobachtungen, von meinen Ideen sagen. Ich habe keinen ganz neuen Gedanken gehabt, nichts ganz fremd gefunden, aber die alten sind so bestimmt, so lebendig, so zusammenhängend geworden, daß sie für neu gelten können.

Da Pygmalion's Elise[1], die er sich ganz nach seinen Wünschen geformt, und ihr so viel Wahrheit und Dasein gegeben hätte, als der Künstler vermag, endlich auf ihn zukam und sagte: ich bin's! wie anders war die Lebendige als der gebildete Stein.

Wie moralisch heilsam ist mir es darin auch, unter einem ganz sinnlichen Volke zu leben. Aber das so viel Redens und Schreibens ist, daß jeder Fremde nach dem Maßstabe beurtheilt den er mitbringt. Ich verzeihe jedem der sie tadelt und schilt, sie stehn zu weit von uns ab, und als Fremder mit ihnen zu verkehren, ist beschwerlich und kostspielig.

---

[1] Ist wohl ein Irrthum, eine Verwechslung mit der Dido oder Elissa, Schwester des Pygmalion, Königs von Tyrus, die Goethe hier mit dem Bildner Pygmalion zusammenbringt.

Rom, den 2. November 1786.

Einer der Hauptbeweggründe, die ich mir vorspiegelte, um nach Rom zu eilen, war das Fest Allerheiligen, der erste November; denn ich dachte: geschieht dem einzelnen Heiligen so viel Ehre, sonst mich es erst mit allen zusammen. Allein *wie sehr* betrog ich mich. Kein auffallend allgemeines Fest hatte die Römische Kirche beliebt, **und jeder** Orden mochte im besondern das Andenken seines Patrons im Stillen feiern, denn das Namensfest und der ihm zugetheilte Ehrentag ist's eigentlich, wo jeder in seiner Glorie erscheint.

Gestern aber, am Tage aller Seelen, gelang mir's besser. Das Andenken dieser feiert der Papst in seiner Hauscapelle auf dem Quirinal. Jedermann hat freien Zutritt. Ich eile mit Tischbein auf den Monte Cavallo. Der Platz vor dem Palaste hat was ganz eignes Individuelles, so unregelmäßig als grandios und lieblich, die beiden Rosseführer erblickt ich nun! Weder Auge noch Geist sind hinreichend sie zu fassen. Wir eilen mit der Menge durch den heiligen geräumigen Hof, eine übergeräumige Treppe hinauf. In jenen Vorhallen, der Capelle gegenüber, in der Ansicht der Reihe von Zimmern, fühlt man sich wunderbar unter Einem Dache mit dem Statthalter Christi.

Die Function war angegangen, **Papst** und **Cardinäle** schon in der Kirche. Der heilige Vater, die schönste würdigste Männergestalt, Cardinäle von verschiedenem Alter und Bildung.

Mich ergriff ein wunderbar Verlangen das Oberhaupt der Kirche möge den goldenen Mund aufthun und, von dem unaussprechlichen Heil der seligen Seelen mit Entzücken sprechend, uns in Entzücken versetzen. Da ich ihn aber vor dem Altar sich nur hin und her bewegen sah, bald nach dieser bald nach jener Seite sich wendend, sich wie ein gemeiner Pfaffe gebärdend und murmelnd, da regte sich die protestantische Erbsünde, und mir wollte das bekannte und gewohnte Meßopfer hier keineswegs gefallen. Hat doch Christus schon als Knabe durch mündliche Auslegung der Schrift, und in seinem Jünglingsleben gewiß nicht schweigend gelehrt und gewirkt, denn er sprach gern, geistreich und gut, wie wir aus den Evangelien wissen. Was würde der sagen, dachte ich, wenn er hereinträte und sein Ebenbild auf Erden summen und hin und wieder munkeln anträfe? Das *venio iterum crucifigi* fiel

wir ein, und ich zupfte meinen Gefährten, daß wir in's Freie der gewölbten und gemalten Säle kämen.

Hier fanden wir eine Menge Personen, die köstlichen Gemälde aufmerksam betrachtend, denn dieses Fest Allerseelen ist auch zugleich das
Fest aller Künstler in Rom. Ebenso wie die Capelle ist der ganze Palast und die sämmtlichen Zimmer jedem zugänglich und diesen Tag
für viele Stunden frei und offen; man braucht kein Trinkgeld zu geben
und wird von dem Castellan nicht gedrängt.

Die Wandgemälde beschäftigten mich, und ich lernte da neue, mir
kaum dem Namen nach bekannte treffliche Männer kennen, so wie z. B.
den heitern Carl Maratti, schätzen und lieben.

Vorzüglich willkommen aber waren mir die Meisterstücke der Künstler,
deren Art und Weise ich mir schon eingeprägt hatte. Ich sah mit Bewunderung die heilige Petronilla von Guercin, ehmals in St. Peter,
wo nun eine musivische Copie anstatt des Originals aufgestellt ist. Der
Heiligen Leichnam wird aus dem Grabe gehoben und dieselbe Person
neubelebt in der Himmelshöhe von einem göttlichen Jüngling empfangen.
Was man auch gegen diese doppelte Handlung sagen mag, das Bild
ist unschätzbar.

Noch mehr erstaunte ich vor einem Bilde von Tizian. Es über-
leuchtet alle die ich gesehen habe. Ob mein Sinn schon geübter, oder
ob es wirklich das vortrefflichste sey, weiß ich nicht zu unterscheiden.
Ein ungeheures Meßgewand, das von Stickerei, ja von getriebenen
Goldfiguren starrt, umhüllt eine ansehnliche bischöfliche Gestalt. Den
massiven Hirtenstab in der Linken blickt er entzückt in die Höhe, mit
der Rechten hält er ein Buch, woraus er so eben eine göttliche Berührung empfangen zu haben scheint. Hinter ihm eine schöne Jungfrau,
die Palme in der Hand, mit lieblicher Theilnahme nach dem aufge-
schlagenen Buche hinschauend. Ein ernster Alter dagegen zur Rechten,
dem Buche ganz nahe, scheint er dessen nicht zu achten: die Schlüssel in
der Hand mag er sich wohl eigenen Aufschluß zutrauen. Dieser Gruppe
gegenüber ein nackter, wohlgebildeter, gebundener, von Pfeilen verletzter
Jüngling, vor sich hinsehend, beschieden ergeben. In dem Zwischen-
raume zwei Mönche, Kreuz und Lilie tragend, andächtig gegen die
Himmlischen gekehrt. Denn oben offen ist das halbrunde Gemäuer,
das sie sämmtlich umschließt. Dort bewegt sich in höchster Gloria eine

herabwärts theilnehmende Mutter. Das lebendig muntere Kind in ihrem Schooße reicht mit heiterer Gebärde einen Kranz herüber, ja scheint ihn herunter zu werfen. Auf beiden Seiten schweben Engel, Kränze schon im Vorrath haltend. Ueber allen aber und über dreifachem Strahlenkreise waltet die himmlische Taube, als Mittelpunkt und Schlußstein zugleich.

Wir sagen uns, hier muß ein heiliges altes Ueberliefertes zum Grunde liegen, daß diese verschiedenen, unpassenden Personen so kunstreich und bedeutungsvoll zusammengestellt werden konnten. Wir fragen nicht nach wie und warum, wir lassen es geschehen und bewundern die unschätzbare Kunst.

Weniger unverständlich, aber doch geheimnißvoll ist ein Wandbild von Guido in seiner Capelle. Die kindlich lieblichste, frömmste Jungfrau sitzt still vor sich hin und näht, zwei Engel ihr zur Seite erwarten jeden Wink ihr zu dienen. Daß jugendliche Unschuld und Fleiß von den Himmlischen bewacht und geehrt werde, sagt uns das liebe Bild. Es bedarf hier keiner Legende, keiner Auslegung.

Nun aber, zu Milderung des künstlerischen Ernstes, ein heiteres Abenteuer: Ich bemerkte wohl, daß mehrere Deutsche Künstler, zu Tische bei mir als Bekannte tretend, mich beobachteten und sodann hin und wieder gingen. Er, der mich einige Augenblicke verlassen hatte, trat wieder zu mir und sagte: „Da giebt's einen großen Spaß! das Gerücht Sie seyen hier, hatte sich schon verbreitet, und die Künstler wurden auf den einzigen unbekannten Fremden aufmerksam. Nun ist einer unter uns, der schon längst behauptet, er sey mit Ihnen umgegangen, ja er wollte mit Ihnen in freundschaftlichem Verhältniß gelebt haben, woran wir nicht so recht glauben wollten. Dieser ward aufgefordert, Sie zu betrachten und den Zweifel zu lösen, er versicherte aber kurz und gut, Sie seyen es nicht und an dem Fremden keine Spur Ihrer Gestalt und Aussehens. So ist doch wenigstens das Incognito für den Moment gerettet und in der Folge giebt es etwas zu lachen."

Ich mischte mich nun freimüthiger unter die Künstlerschaar und fragte nach den Meistern verschiedener Bilder, deren Kunstweise mir noch nicht bekannt geworden. Endlich zog mich ein Bild besonders an, den heiligen Georg, den Drachenüberwinder und Jungfrauenbefreier vorstellend. Niemand konnte mir den Meister nennen. Da trat ein

Reiner, beſcheidener, bisher lautloſer Mann hervor und belehrte mich, es ſey von Porbenone, dem Benetianer, eines ſeiner beſten Bilder, an dem man ſein ganzes Verdienſt erkenne. Nun konnt'-ich meine Neigung gar wohl erklären: das Bild hatte mich angemuthet, weil ich mit der Benetianiſchen Schule ſchon näher bekannt, die Tugenden ihrer Meiſter beſſer zu ſchätzen wußte.

Der belehrende Künſtler iſt Heinrich Meyer, ein Schweizer, der mit einem Freunde Namens Kölla ſeit einigen Jahren hier ſtudirt, die antiken Büſten in Sepia vortrefflich nachbildet und in der Kunſtgeſchichte wohl erfahren iſt.

Rom, den 7. November 1786.

Nun bin ich ſieben Tage hier, und nach und nach tritt in meiner Seele der allgemeine Begriff dieſer Stadt hervor. Wir gehn fleißig hin und wieder, ich mache mir die Plane des alten und neuen Roms bekannt, betrachte die Ruinen, die Gebäude, beſuche ein und die andere Villa, die größten Merkwürdigkeiten werden ganz langſam behandelt, ich thue nur die Augen auf, und ſeh' und geh' und komme wieder, denn man kann ſich nur in Rom auf Rom vorbereiten.

Geſtehen wir jedoch, es iſt ein ſaures und trauriges Geſchäft, das alte Rom aus dem neuen herauszuklauben, aber man muß es denn doch thun, und zuletzt eine unſchätzbare Befriedigung hoffen. Man trifft Spuren einer Herrlichkeit und einer Zerſtörung, die beide über unſere Begriffe gehen. Was die Barbaren ſtehen ließen, haben die Baumeiſter des neuen Roms verwüſtet.

Wenn man ſo-eine Exiſtenz anſieht, die zwei tauſend Jahre und darüber alt iſt, durch den Wechſel der Zeiten ſo mannichfallig und vom Grund aus verändert, und doch noch derſelbe Boden, derſelbe Berg, ja oft dieſelbe Säule und Mauer, und im Volke noch die Spuren des alten Charakters, ſo wird man ein Mitgenoſſe der großen Rathſchlüſſe des Schickſals und ſo wird es dem Betrachter von Anfang ſchwer zu entwickeln, wie Rom auf Rom folgt, und nicht allein das neue auf das alte, ſondern die verſchiedenen Epochen des alten und neuen ſelbſt auf einander. Ich ſuche nur erſt ſelbſt die halbverdeckten Punkte hier auszufühlen, dann laſſen ſich erſt die ſchönen·Vorarbeiten recht weitläuftig regen; denn seit dem fünfzehnten Jahrhundert bis auf unsere Tage haben sich treffliche Künstler und Gelehrte mit diesen Gegenständen ihr ganzes Leben durch beschäftigt.

Und dieses Ungeheuere wirkt ganz ruhig auf uns ein, wenn wir in Rom hin und her eilen, um zu den höchsten Gegenständen zu gelangen. Andrer Orten muß man das Bedeutende aufsuchen, hier werden wir davon überdrängt und überfüllt. Wie man geht und steht zeigt sich ein landschaftliches Bild aller Art und Weise, Paläste und Ruinen, Gärten und Wildniß, Fernen und Engen, Häuschen, Ställe, Triumphbögen und Säulen, oft alles zusammen so nah, daß es auf ein Blatt gebracht werden könnte. Man müßte mit tausend Griffeln schreiben, was soll hier eine Feder! und dann ist man Abends müde und erschöpft vom Schauen und Staunen.

Den 7. November 1786.

Verzeihen mir noch meine Freunde, wenn ich künftig weitläufig erfunden werde, während eines Reisezugs rafft man unterwegs auf was man kann, jeder Tag bringt etwas Neues, und man eilt auch darüber zu denken und zu urtheilen. Hier aber kommt man in eine gar große Schule, wo ein Tag so viel sagt, daß man von dem Tage nichts zu sagen wagen darf. Ja man thäte wohl, wenn man, Jahre lang hier verweilend, ein Pythagoräisches Stillschweigen beobachtete.

An denselben.

Ich bin nicht wohl. Das Wetter ist, wie die Römer sagen, brutto, es geht ein Mittagwind, Sirocco, der täglich mehr oder weniger Regen herbeiführt; ich kann aber diese Witterung nicht unangenehm finden, es ist warm dabei, wie es bei uns im Sommer tägliche Tage nicht sind.

Rom, den 7. November 1786.

Tischbein's Talente, so wie seine Vorsätze und Kunstabsichten lerne ich nun immer mehr kennen und schätzen. Er legte mir seine

Zeichnungen und Skizzen vor, welche sehr viel Gutes geben und verkünden. Durch den Aufenthalt bei Bodmer sind seine Gedanken auf die ersten Zeiten des menschlichen Geschlechts geführt worden, da; wo es sich auf die Erde gesetzt fand, und die Aufgabe lösen sollte, Herr der Welt zu werden.

Als geistreiche Einleitung zu dem Ganzen bestrebte er sich das hohe Alter der Welt sinnlich darzustellen. Berge mit herrlichen Wäldern bewachsen, Schluchten von Wasserbächen ausgerissen, ausgebrannte Vulcane, kaum noch leise dampfend. Im Vordergrund ein mächtiger in der Erde übriggebliebener Stock eines vieljährigen Eichbaumes, an dessen halbentblößten Wurzeln ein Hirsch die Stärke seines Geweihes versucht, so gut gedacht, als lieblich ausgeführt.

Dann hat er auf einem höchst merkwürdigen Blatte den Mann zugleich als Pferdebändiger und allen Thieren der Erde, der Luft und des Wassers, wo nicht an Stärke doch an List überlegen dargestellt. Die Composition ist außerordentlich schön, als Oelbild müßte es eine große Wirkung thun. Eine Zeichnung davon müssen wir nothwendig in Weimar besitzen. Sodann denkt er an eine Versammlung der Alten, Weisen und geprüften Männer, wo er Gelegenheit nehmen kann, herrliche Gestalten darzustellen. Mit dem größten Enthusiasmus aber spricht er an einer Schlacht, wo sich zwei Partien Reiterei wechselseitig mit gleicher Wuth angreifen, und zwar an einer Stelle, wo eine ungeheure Felsschlucht sie trennt, über welche das Pferd nur mit größter Anstrengung hinübersetzen kann. An Vertheidigung ist hier nicht zu denken, kühner Angriff, wilder Entschluß, Gelingen oder Sturz in den Abgrund. Dieses Bild wird ihm Gelegenheit geben, die Kenntnisse, die er von dem Pferde, dessen Bau und Bewegung besitzt, auf eine höchst bedeutende Weise zu entfalten.

Diese Bilder sodann, und eine Reihe von folgenden und ausgeschälteren, wünscht er durch ein Gedicht verknüpft, welche dem Dargestellten zur Erklärung dienen, und ihm dagegen wieder durch bestimmte Gestalten Körper und Reiz verliehen.

Der Gedanke ist schön, nur müßte man freilich mehrere Jahre zusammen seyn, um ein solches Werk auszuführen.

Den 7. November 1786.

Die Logen von Raphael und die großen Gemälde der Schule von Athen ꝛc. hab' ich nur erst einmal gesehen, und da ist's, als wenn man den Homer aus einer zum Theil verloschenen, beschädigten Handschrift herausstudiren sollte. Das Vergnügen des ersten Eindrucks ist unvollkommen, nur wenn man nach und nach alles recht durchgesehn und studirt hat, wird der Genuß ganz. Am erhaltensten sind die Deckenstücke der Logen, die biblische Geschichten vorstellen, so frisch, wie gestern gemalt, zwar die wenigsten von Raphael's eigner Hand, doch aber gar trefflich nach seinen Zeichnungen und unter seiner Aufsicht.

Den 7. November 1786.

Ich habe manchmal in früherer Zeit die wunderliche Grille gehabt, daß ich mir sehnlichst wünschte, von einem wohlunterrichteten Manne, von einem kunst- und geschichtskundigen Engländer, nach Italien geführt zu werden; und nun hat sich das alles indessen schöner gebildet als ich hätte ahnen können. Tischbein lebte so lange hier als mein herzlicher Freund, er lebte hier mit dem Wunsche, mir Rom zu zeigen; unser Verhältniß ist alt durch Briefe, neu durch Gegenwart; wo hätte mir ein besserer Führer erscheinen können? Ist auch meine Zeit nur beschränkt, so werde ich doch das Möglichste genießen und lernen.

Und bei allem dem seh' ich voraus, daß ich wünschen werde anzukommen, wenn ich weggehe.

Rom, den 8. November 1786.

Mein wunderliches und vielleicht grillenhaftes Halbincognito bringt mir Vortheile, an die ich nicht denken konnte. Da sich jedermann verpflichtet, zu ignoriren wer ich sey, und also auch niemand mit mir von mir reden darf, so bleibt den Menschen nichts übrig als von sich selbst oder von den Gegenständen zu sprechen, die ihnen interessant sind, dadurch erfahre ich nun umständlich, womit sich ein jeder beschäftigt, oder was irgend Merkwürdiges entsteht und hervorgeht. Hofrath Reiffenstein fand sich auch in diese Grille; da er aber den Namen den ich angenommen hatte, aus einer besondern Ursache nicht leiden konnte, so

batonifirte er mich geschwind, und ich heiße nun der Baron gegen Kondanini
über; dadurch bin ich bezeichnet genug, um so mehr als der Italiäner
die Menschen nur nach den Vornamen oder Spitznamen benennet. Genug, ich habe meinen Willen und entgehe der unendlichen Unbequemlichkeit, von mir und meinen Arbeiten Rechenschaft geben zu müssen.

Rom, den 9. November 1786.

. Manchmal stehe ich wie einen Augenblick still, und überschaue die
höchsten Gipfel des schon Gewonnenen. Sehr gerne blicke ich nach Venedig
zurück, auf jenes große Daseyn, dem Schooße des Meeres, wie Pallas
aus dem Haupte Jupiters entsprossen. Hier hat mich die Rotonda, so
die äußere wie die innere, zu einer freudigen Verehrung ihrer Großheit
bewogen. In St. Peter habe ich begreifen lernen, wie die Kunst sowohl
als die Natur alle Maaßvergleichung aufheben kann. Und so hat mich
Apoll von Belvedere aus der Wirklichkeit hinausgerückt. Denn wie von
jenen Gebäuden die richtigsten Zeichnungen keinen Begriff geben, so ist
es hier mit dem Original von Marmor gegen die Gypsabgüsse, deren
ich doch sehr schöne früher gekannt habe.

Rom, den 10. November 1786.

Ich lebe nun hier mit einer Klarheit und Ruhe, von der ich lange
kein Gefühl hatte. Meine Uebung, alle Dinge wie sie sind zu sehen
und abzulesen, meine Treue das Auge Licht seyn zu lassen, meine völlige
Entäußerung von aller Prätention, kommen mir einmal wieder recht zu
statten und machen mich im Stillen höchst glücklich. Alle Tage ein
neuer merkwürdiger Gegenstand, täglich frische, große, seltsame Bilder
und ein Ganzes, das man sich lange denkt und träumt, nie mit der
Einbildungskraft erreicht.

Heute war ich bei der Pyramide des Cestius, und Abends auf dem
Palatin, oben auf den Ruinen der Kaiser-Paläste, die wie Felsenwände
dastehn. Hievon läßt sich nun freilich nichts überliefern! Wahrlich, es
giebt hier nichts Kleines, wenn auch wohl hier und da etwas Scheltens-
werthes und Abgeschmacktes; doch auch ein solches hat Theil an der
allgemeinen Großheit genommen.

Kehr ich nun in mich selbst zurück, wie man doch so gern thut bei jedem Schiergraben, so entdecke ich ein Gefühl, das mich unendlich freut, ja das ich sogar auszusprechen wage. Wer sich mit Ernst hier umsieht und Augen hat zu sehen, muß solid werden, er muß einen Begriff von Solidität fassen, der ihm nie so lebendig ward.

Der Geist wird zur Tüchtigkeit gestempelt, gelangt zu einem Ernst ohne Trockenheit, zu einem gesetzten Wesen mit Freude. Mir wenigstens ist es, als wenn ich die Dinge dieser Welt nie so richtig geschätzt hätte als hier. Ich freue mich der gesegneten Folgen auf mein ganzes Leben.

Und so laßt mich auffassen wie es kommen will, die Ordnung wird ich geben. Ich bin nicht hier um nach meiner Art zu genießen; belehrigen will ich mich auch der großen Gegenstände, lernen und mich ausbilden, ehe ich vierzig Jahr alt werde.

Rom, den 11. November 1786.

Heut hab' ich die Nymphe Egeria besucht, dann die Rennbahn des Caracalla, die zerstörten Grabstätten längs der Via Appia ¹ und das Grab der Metella, das einem erst einen Begriff von solidem Mauerwerk giebt. Diese Menschen arbeiteten für die Ewigkeit, es war auf alles calculirt, nur auf den Unsinn der Verwüster nicht, dem alles weichen mußte. Recht schnlich habe ich dich herzugewünscht. Die Reste der großen Wasserleitung sind höchst ehrwürdig. Der schöne große Zweck, ein Volk zu tränken durch eine so ungeheure Anstalt! Abends kamen wir an's Coliseo, da es schon dämmrig war. Wenn man das ansieht, scheint wieder alles andere klein, es ist so groß, daß man das Bild nicht in der Seele behalten kann; man erinnert sich dessen nur kleiner wieder, und kehrt man dahin zurück, kommt es einem auf's neue größer vor.

Frascati, den 15. November 1786.

Die Gesellschaft ist zu Bette, und ich schreibe noch aus der Tuschmuschel, aus welcher gezeichnet worden ist. Wir haben ein paar schöne

¹ Appische Straße.

vergnügte Tage hier gehabt, warm und freundlichen Sonnenschein, daß
man den Sommer nicht vermißt. Die Gegend ist sehr angenehm, der
Ort liegt auf einem Hügel, vielmehr an einem Berge, und jeder Schritt
bietet dem Zeichner die herrlichsten Gegenstände. Die Aussicht ist un-
begränzt, man sieht Rom liegen und weiter die See, an der rechten
Seite die Gebirge von Tivoli und so fort. In dieser lustigen Gegend
sind Landhäuser recht zur Lust angelegt, und wie die alten Römer schon
hier ihre Villen hatten, so haben vor hundert Jahren und mehr, reiche
und übermüthige Römer ihre Landhäuser auch auf die schönsten Platze
gepflanzt. Zwei Tage gehen wir schon hier herum und es ist immer
etwas Neues und Reizendes.

Und doch läßt sich kaum sagen, ob nicht die Abende noch vergnügter als der Tag hingehen. Sobald die stattliche Wirthin die ein-
fingerig breiarmige Lampe **auf den großen runden Tisch** gesetzt und felicissima **notte!**[1] gesagt hat, versammelt sich alles im Kreise und legt
die Blätter vor, welche den Tag über gezeichnet und skizzirt worden.
Darüber spricht man: ob der Gegenstand hätte günstiger aufgenommen
werden sollen, ob der Charakter getroffen ist, und was solche erste allgemeine Forbernisse sind, wovon man sich schon bei dem ersten Entwurf
Rechenschaft geben kann. Hofrath Reiffenstein weiß diese Sitzungen
durch seine Einsicht und Autorität zu erhöhen und zu leiten. Diese löbliche Anstalt aber schreibt sich eigentlich von Philipp Hackert her,
welcher höchst geschmackvoll die wirklichen Aussichten zu zeichnen und
auszuführen wußte. Künstler und Liebhaber, Männer und Frauen,
Alte und Junge ließ er nicht ruhen, er munterte jeden auf, nach seinen
Gaben und Kräften sich gleichfalls zu versuchen, und ging mit gutem
Beispiel vor. Diese Art, eine Gesellschaft zu versammeln und zu unterhalten, hat Hofrath Reiffenstein nach die Abreise jener Freundes herzlich
fortgesetzt, und um so mehr, wie nützlich es sey, den thätigen Antheil eines
jeden zu wecken. Die Natur und Eigenschaft der verschiedenen Gesell-
schaftsglieder tritt auf eine anmuthige Weise hervor. Tischbein z. B.
sieht als Historienmaler die Landschaft ganz anders an, als der Landschaftszeichner. Er findet bedeutende Gruppen und andere anmuthige
bedeutende Gegenstände da, wo ein anderer nichts gewahr wurde, und

[1] Die glücklichste **Nacht**.

179

so glückt es ihm auch manchen menschlichen netten Zug zu erhalten, es sey nun an Kindern, Landleuten, Bettlern und andern dergleichen Naturmenschen, oder auch an Thieren, die er mit wenigen charakteristischen Strichen gar glücklich darzustellen weiß, und wodurch der Unterhaltung immer neuer angenehmer Stoff unterliegt.

Auch die Gemälde mögten, so wie Hogarths nach Butlers Hudibras, in Sulzer's Theorie gehören, und wenn man gleich von einem höhern Standpunkte mit diesen Werke nicht ganz zufrieden seyn kann, so bemerkt man doch mit Vergnügen den guten Einfluß auf Personen, die auf einer mittlern Stufe der Bildung stehen.

Rom, den 17. November 1786.

Wir sind zurück! Heute Nacht fiel ein entsetzlicher Regenguß mit Donner und Blitzen, nun regnet es fort und ist immer warm dabei.

Ich aber kann nur mit wenig Worten das Glück dieses Tages bezeichnen. Ich habe die Frescogemälde von Dominichin in Andrea della Valle, imgleichen die Farnesische Galerie von Carracci gesehen. Freilich zuviel für Monate, geschweige für einen Tag.

Rom, den 18. November 1786.

Es ist wieder schön Wetter, ein heller, freundlicher, warmer Tag.

Ich sah in der Farnesina die Geschichte der Psyche, deren farbige Nachbildungen so lange meine Zimmer erheitern, dann zu St. Peter in Montorio die Verklärung von Raphael. Alles alte Bekannte, wie Freunde die man sich in der Ferne durch Briefwechsel gemacht hat, und die man nun von Angesicht sieht. Das Mitleben ist doch ganz was anders, jedes wahre Verhältniß und Mißverhältniß spricht sich sogleich aus.

Auch heben sich aller Orten und Enden herrliche Sachen, von denen nicht so viel Redens ist, die nicht so oft durch Kupfer und Nachbildungen in die Welt gestreut sind. Hievon bringe ich manches mit, gezeichnet von guten, jungen Künstlern.

Rom, den 18. November 1786.

Daß ich mit Tischbein schon so lange durch Briefe in dem besten
Verhältniß stehe, daß ich ihm so manchen Wunsch, sogar ohne Hoffnung
nach Italien zu kommen, mitgetheilt, machte unser Zusammentreffen
sogleich fruchtbar und erfreulich. Er hatte immer an mich gedacht und
für mich gesorgt. Auch was die Steine betrifft, mit welchen die Alten
und Neuen gebaut, ist er vollkommen zu Hause, er hat sie recht gründlich studirt, wobei ihm sein Künstlerauge und die Künstlerlust an sinnlichen Dingen sehr zu statten kommt. Eine für mich ausgewählte Sammlung von Musterstücken hat er vor kurzem nach Weimar abgesendet, die
mich bei meiner Zurückkunft freundlich empfangen soll. Ein bedeutender
Nachtrag hat sich indessen gefunden. Ein Geistlicher, der sich jetzt in
Frankreich aufhält, und über die antiken Steinarten ein Werk auszuarbeiten dachte, erhielt durch die Gunst der Propaganda ansehnliche
Stücke Marmor von der Insel Paros. Diese wurden hier zu Muster-
stücken verschnitten,[1] und zwölf verschiedene Stücke auch für mich bei
Eile gelegt, vom feinsten bis zum gröbsten Korn, von der größten
Reinheit und dann rauher und mehr mit Glimmer gemischt, jene zur
Bildhauerei, diese zur Architektur anwendbar. Wie viel eine genaue
Kenntniß des Materials, worin die Künste arbeiten, zu ihrer Beur-
theilung hilft, fällt genugsam in die Augen.

Gelegenheit giebt's genug dergleichen hier zusammen zu schleppen.
Auf den Ruinen des Neronischen Palastes gingen wir durch frisch auf-
gehäufelte Artischockenländer, und konnten uns nicht enthalten die Taschen
vollzustecken von Granit, Porphyr[2] und Marmorstückchen, die zu Tausenden hier herum liegen, und von der alten Herrlichkeit der damit
überkleideten Wände noch als unerschöpfliche Zeugen gelten.

Rom, den 16. November 1786.

Nun muß ich aber auch von einem wunderbaren problematischen Bilde
sprechen, das sich auf jene trefflichen Dinge noch immer gut sehen läßt.

Schon vor mehrern Jahren hielt sich hier ein Franzos auf, als
Liebhaber der Kunst und Sammler bekannt. Er kommt zum Besitz

---

[1] zerschnitten. [2] Granit', Porphyr'.

eines antiken Gemäldes auf Kalk, niemand weiß woher; er läßt das
Bild durch Mengs restauriren und hat es als ein geschätztes Werk in
seiner Sammlung. Winkelmann spricht irgendwo mit Enthusiasmus
davon. Es stellt den Bacchus vor, der dem Jupiter eine Schale Wein
reicht und dagegen einen Kuß empfängt. Der Franzos stirbt und hinter-
läßt das Bild seiner Wirthin als antik. Mengs stirbt und sagt auf
seinem Todbette: es sey nicht antik, er habe es gemalt. Und
nun streitet alles gegen einander. Der eine behauptet, es sey von Mengs
zum Scherz nur so leicht hingemacht, der andere Theil sagt, Mengs
habe nie so etwas machen können, ja es sey beinahe für Raphael zu
schön. Ich habe es gestern gesehen und muß sagen, daß ich auch nichts
schöneres kenne, als die Figur Ganymeds, Kopf und Rücken, das andere
ist viel geschaucht. Indessen ist das Bild disereditirt, und die arme
Frau will niemand von dem Schatz erlösen. *

Rom, den 20. November 1786.

Da uns die Erfahrung genugsam belehrt, daß man zu Gedichten
jeder Art Zeichnungen und Kupfer wünscht, ja der Maler selbst seine
ausführlichsten Bilder der Stelle irgend eines Dichters widmet, so ist
Tischbein's Gedanke höchst beifallswürdig, daß Dichter und Künstler
zusammen arbeiten sollten, um gleich vom Ursprunge herauf eine Einheit zu bilden. Die Schwierigkeit würde um vieles freilich vermindert,
wenn es kleine Gedichte wären, die sich leicht übersehen und sondern
ließen.

Tischbein hat auch hiezu sehr angenehme idyllische Gedanken, und
es ist wirklich sonderbar, daß die Gegenstände, die er auf diese Weise
bearbeitet wünscht, von der Art sind, daß weder dichtende noch bildende
Kunst, jede für sich zur Darstellung hinreichend wären. Er hat mir
davon auf unsern Spaziergängen erzählt, um mir Lust zu machen, daß
ich mich darauf einlassen möge. Das Titelkupfer zu unserm gemeinsamen
Werke ist schon entworfen, fürchtete ich mich nicht in etwas neues einzugehen, so könnte ich mich wohl verführen lassen.

* Eine Abbildung davon befindet sich in der Kupfer von Winkelmanns
Werken von Meyer, auch bestimmtere Nachricht in den Anmerkungen.

Rom, den 22. November 1786, am Cäcilien-Feste.

Das Andenken dieses glücklichen Tages muß ich durch einige Zeilen lebhaft erhalten und, was ich genossen, wenigstens historisch mittheilen. Es war das schönste, ruhigste Wetter, ein ganz heiterer Himmel und warme Sonne. Ich ging mit Tischbein nach dem Petersplatze, wo wir erst auf und ab gehend, und, wenn es uns zu warm wurde, im Schatten des großen Obelisks, der eben für zwei breit genug geworfen wird, spazierten und Trauben verzehrten, die wir in der Nähe gekauft hatten. Dann gingen wir in die Sixtinische Capelle, die wir auch hell und heiter, die Gemälde wohl erleuchtet fanden. Das jüngste Gericht und die mannichfaltigen Gemälde der Decke, von Michel Angelo, theilten unsere Bewunderung. Ich konnte nur sehen und anstaunen. Die innere Sicherheit und Männlichkeit des Meisters, seine Großheit geht über allen Ausdruck. Nachdem wir alles wieder und wieder gesehn, verließen wir dieses Heiligthum und gingen nach der Peterskirche, die von dem heitern Himmel das schönste Licht empfing und in allen Theilen hell und klar erschien. Wir ergötzten uns als genießende Menschen an der Größe und der Pracht, ohne durch allzu eilen und zu verständigen Geschmack uns diesmal irre machen zu lassen, und unterdrückten jedes schärfere Urtheil. Wir erfreuten uns des Erfreulichen.

Endlich bestiegen wir das Dach der Kirche, wo man das Bild einer wohlgebauten Stadt im Kleinen findet. Häuser und Magazine, Brunnen (dem Ansehn nach), Kirchen und einen großen Tempel, alles in der Luft, und schöne Spaziergänge dazwischen. Wir bestiegen die Kuppel und besahen die hellheitere Gegend der Apenninen, den Berg Soracte, nach Tivoli die vulcanischen Hügel, Frascati, Castelgandolfo und die Plaine und weiter das Meer. Nahe vor uns die ganze Stadt Rom in ihrer Breite und Weite, mit ihren Berg-Palästen, Kuppeln rc. Es rührte sich keine Luft und in dem kupfernen Knopf war es heiß, wie in einem Treibhause. Nachdem wir das alles beherzigt hatten, stiegen wir herab, und ließen uns die Thüren zu den Gesimsen, der Kuppel, des Tambours und des Schiffs aufschließen; man kann um selbe herumgehen und diese Theile und die Kirche von oben betrachten. Als wir auf dem Gesimse des Tambours standen, ging der Papst unten in der Tiefe vorbei, seine Nachmittagsandacht zu halten. Es fehlte uns also nichts zur

Petruskirche. Sie stiegen völlig wieder herab, nahmen in einem benachbarten Gasthofe ein fröhliches, frugales Mahl, und zogen andern Weges nach der Cäcilienkirche fort.

Viele Worte würde ich brauchen, um die Auszierung der ganz mit Menschen angefüllten Kirche zu beschreiben. Man sah eben keinen Stein der Architektur¹ mehr. Die Säulen waren mit rothem Sammt überzogen und mit goldenen Treffen umwunden, die Capitäle mit geschlitztem Sammt in angestimmter Capitälform, so alle Gesimse und Pfeiler bekleidet und bedeckt. Alle Zwischenräume der Mauern mit lebhaft gemalten Stücken belebtet, daß die ganze Kirche mit Mosaik ausgelegt schien, und aber zweitausend Wachskerzen brannten um und neben dem Hochaltar, so daß die ganze eine Wand mit Lichtern besetzt, und das Schiff der Kirche vollkommen erleuchtet war. Die Seitengänge und Seitenaltäre eben so geziert und erhellt. Gegen dem Hochaltar aber, unter der Orgel, zwei Gerüste, auch mit Sammt überzogen, auf deren einem die Sänger, auf dem andern die Instrumente standen, die anhaltend Musik machten. Die Kirche war voll gedrängt.

Eine schöne Art musikalischer Aufführung hört ich hier. Wie man Violin oder andere Concerte hat, so führen sie Concerte mit Stimmen auf, daß die eine Stimme, der Sopran z. B., herrschend ist und Solo singt, den Chor von Zeit zu Zeit einfällt und ihn begleitet, es versteht sich, immer mit dem ganzen Orchester. Es thut gute Wirkung. — Ich muß endigen, wie wir den Tag enden mußten. Den Abend gelangten wir noch ins Opernhaus, wo eben die Litiganti² aufgeführt wurden, und hatten des Guten so viel genossen, daß wir darüber gingen.

Rom, den 23. November 1786.

Damit es mir denn aber doch mit meinem beliebten Incognito nicht wie dem Vogel Strauß ergehe, der sich für verstedt hält, wenn er den Kopf verbirgt, so gebe ich auf gewisse Weise nach, meine alte These immerfort behauptend. Den Fürsten von Liechtenstein, den Bruder der mir so werthen Gräfin Harrach, habe ich gern begrüßt, und einigemal bei ihm gespeist, und konnte bald merken, daß diese meine

¹ Architekten. ² Die Streitenden.

Nachgiebigkeit nicht weiter führen würde; und so kam es auch. Man sprach mir von dem Abbate Monti präludiert, von seinem Aristodem, einer Tragödie, die nächstens gegeben werden sollte. Der Verfasser, sagte man, wünsche sie mir vorzulesen, und meine Meinung darüber zu hören. Ich ließ die Sache fallen, ohne sie abzulehnen; endlich fand ich einmal den Dichter und einen seiner Freunde beim Fürsten, und das Stück ward vorgelesen.

Der Held ist, wie bekannt, ein König von Sparta, der sich wegen allerlei Gewissensskrupel selbst entleibt, und man gab mir auf eine artige Weise zu verstehen, der Verfasser des Werthers würde wohl nicht übel finden, wenn er in diesem Stücke einige Stellen seines trefflichen Buches braucht finde. Und so konnte ich selbst in den Mauern von Sparta den erzürnten Manen des unglücklichen Jünglings nicht entgehen.

Das Stück hat einen sehr einfachen ruhigen Gang, die Gesinnungen, wie die Sprache sind dem Gegenstande gemäß, kräftig und doch weichmütig. Die Arbeit zeigt von einem sehr schönen Talente.

Ich verfehlte nicht, nach meiner Weise, freilich nicht nach der Italiänischen, alles Gute und Lobenswürdige des Stücks herauszuheben, womit man zwar leidlich zufrieden war, aber doch mit südlicher Ungeduld etwas mehr verlangte. Besonders sollte ich weissagen was von dem Effect des Stücks auf das Publicum zu hoffen sey. Ich entschuldigte mich mit meiner Unkunde des Landes, der Vorstellungsart und des Geschmacks, war aber aufrichtig genug hinzuzusetzen, daß ich nicht recht einsehe, wie die verwöhnten Römer, die ein completes Lustspiel von drei Acten und eine complete Oper von zwei Acten als Zwischenspiel, oder eine große Oper, mit ganz fremdartigen Ballets als Intermezzi, zu sehen gewohnt seyen, sich an dem edlen ruhigen Gang einer ununterbrochen fort gehenden Tragödie ergötzen könnten. Alsdann schien mir auch der Gegenstand des Selbstmordes ganz außer dem Kreise Italiänischer Begriffe zu liegen. Daß man andere todt schlage, davon hätte ich fast Tag für Tag zu hören, daß man sich aber selbst das liebe Leben raube, aber es nur für möglich hielte, davon sey mir noch nichts vorgekommen.

Es ist das eine Verwechslung: der Held der Tragödie des Abbate Monti, Aristodem, war König der Messenier. S. das Personenverzeichniß.

Hierauf ließ es sich noch gern umständlich unterrichten, was gegen meinen Baugedanken einzuwenden sein möchte, und ergab sich sehr gern in die plausibeln Argumente, versicherte auch, daß sie nichts mehr wünsche, als das Stück aufführen zu sehen, und demselben mit einem Chor von Freunden den aufrichtigsten lautesten Beifall zu zollen. Diese Erklärung wurde freundlich aufgenommen, und ich habe alle Ursache, diesmal mit meiner Nachgiebigkeit zufrieden zu sein — wie denn Fürst Liechtenstein die Gefälligkeit selbst ist, und mir Gelegenheit geschafft hat, mit ihm gar manche Kunstschätze zu sehen, wozu besondere Erlaubniß des Besitzer und also eine höhere Einwirkung nöthig ist.

Dagegen aber reichte mein guter Humor nicht hin, als die Tochter des Hausherren das fremde Marmorbilder gleichfalls zu sehen verlangte. Das habe ich abgelehnt, und bin ganz entschieden wieder untergetaucht.

Und doch ist das auch nicht die ganz rechte Art, und ich fühle hier sehr lebhaft, was ich schon früher im Leben bemerken konnte, daß der Mensch der das Gute will, sich eben so thätig und rührig gegen andere verhalten müsse, als der Eigennützige, der Kleine, der Böse. Einsehen läßt sich das wol. Es ist aber schwer in diesem Sinne handeln.

<hr>

Den 24. November 1786.

Von der Nation wüßte ich nichts weiter zu sagen, als daß es Naturmenschen sind, die unter Pracht und Würde der Religion und der Künste nicht ein Haar anders sind, als sie in Höhlen und Wäldern auch sein würden. Was allen Fremden auffällt, und was heute wieder die ganze Stadt reden, aber auch nur reden macht, sind die Todtschläge, die gewöhnlich vorkommen. Viere sind schon in unserm Bezirk in diesen drei Wochen ermordet worden. Heute ward ein braver Künstler Schwendimann, ein Schweizer, Medailleur, der letzte Schüler von Hedlinger, überfallen, völlig wie Winckelmann. Der Mörder mit dem er sich herumbalgte, gab ihm an die zwanzig Stiche, und da die Wache hinzukam, erstach sich der Bösewicht selbst. Das ist sonst hier nicht Mode. Der Mörder erreicht eine Kirche und so ist er frei.

Und so sollte ich denn, um auch Schatten in meine Gemälde zu bringen, von Verbrechen und Unheil, Erdbeben und Wasserfluth reden melden; doch jetzt das gegenwärtige Ausbrechen des Feuers des Vesuvs die meisten Fremden hier in Bewegung, und man muß sich Gewalt anthun, um nicht mit fortgerissen zu werden. Diese Naturerscheinung hat wirklich etwas Klapperschlangenartiges und zieht die Menschen unwiderstehlich an. Es ist in dem Augenblick als wenn alle Kunstschätze Roms zu nichte würden; die sämmtlichen Fremden durchbrechen den Lauf ihrer Betrachtungen und eilen nach Neapel. Ich aber will aushalten in Hoffnung, daß der Berg noch etwas für mich aufheben wird.

Rom, den 1. December 1786.

Moritz ist hier, der uns durch Anton Reiser und die Wanderungen nach England merkwürdig geworden. Es ist ein reiner trefflicher Mann, an dem wir viel Freude haben.

―――――――

Den 1. December 1786.

Hier in Rom, wo man so viel Fremde sieht, die nicht alle der höhern Kunst wegen diese Hauptstadt der Welt besuchen, sondern auch wohl auf andere Art unterhalten seyn wollen, ist man auf allerlei vorbereitet. Es gibt so gewisse Halbkünste, welche Handgeschicklichkeit und Handwerkslust verlangen, worin man es hier sehr weit gebracht hat, und die Fremden gern mit in's Interesse zieht.

Dahin gehört die Wachsmalerei, die einen jeden, der sich einigermaßen mit Wasserfarben abgegeben hat, durch ihre Vorarbeiten und Vorbereitungen, sodann zuletzt durch das Einbrennen und was sonst noch dazu gehört, mechanisch beschäftigen, und einen oft geringen Kunstwerth durch die Neuheit des Unternehmens erhöhen kann. Es giebt geschickte Künstler die hierin Unterricht geben, und unter dem Vorwand der Anleitung, oft das beste bei der Sache thun, so daß zuletzt, wenn das von Wachs erhöhte und glänzende Bild in goldenen Rahmen erscheint, die schöne Schülerin ganz überrascht von ihrem unbewußten Talent dasteht.

Eine andere artige Beschäftigung ist, hohl geschnittene Steine in einen feinen Thon abzudrucken, welches auch wohl mit Medaillen geschieht, wo beide Seiten zugleich nachgebildet werden.

Mehr Geschick, Aufmerksamkeit und Fleiß erfordern denn endlich das Verfertigen der Glas-Pasten selbst. Zu allen diesen Dingen hat Hofrath Reiffenstein in seinem Hause, oder wenigstens in seinen nächsten Umgebungen, die nöthigen Geräthschaften und Anstalten.

Den 2. December 1786.

Zufällig habe ich hier Archenholzens Italien gefunden. Wie so ein Büchelchen an Ort selbst zusammenschrumpft, eben als wenn man ein Büchlein auf Kohlen lege, daß es nach und nach braun und schwarz würde, die Blätter sich krümmten und in Rauch aufgingen. Freilich hat er die Sachen gesehen; aber, um eine großsprüige, verachtende Manier halten zu machen, besitzt er viel zu wenig Kenntnisse und schwatzt sobald und sobald.

Rom, den 1. December 1786.

Das schöne warme, ruhige Wetter, das nur manchmal von einigen Regentagen unterbrochen wird, ist mir zu Ende Novembers ganz was Neues. Wir gebrauchen die gute Zeit in freier Luft, die böse im Zimmer; überall findet sich etwas zum Freuen, Lernen und Thun.

Am 28. November kehrten wir zur Sixtinischen Capelle zurück, ließen die Galerie aufschließen, wo man den Plafond näher sehen kann; man drängt sich zwar, da sie sehr eng ist, mit einiger Beschwerlichkeit und mit unbequemer Gefahr an den eisernen Stäben weg, deswegen auch die Schwindlichen zurück bleiben; alles wird aber durch den Anblick des großen Meisterstücks ersetzt. Und ich bin in dem Augenblicke so für Michel Angelo eingenommen, daß mir nicht einmal die Natur nach ihm schmeckt, da ich sie doch nicht mit so großen Augen wie er sehen kann. Wäre nur ein Mittel, sich solche Bilder in der Seele recht zu fixiren. Wenigstens was ich von Kupfern und Zeichnungen nach ihm erobern kann bring' ich mit.

Wir gingen von da auf die Logen Raphael's, und kaum darf ich sagen, daß man sich nicht ansehen durfte. Das Auge war von jenen großen Formen, und der herrlichen Vollendung aller Theile so ausgeweitet und verwöhnt, daß man die geistreichen Spielereien der

Arabesken nicht ansehen mochte, und die biblischen Geschichten, so schön sie sind, hielten auch jene nicht Stich. Diese Werke man öfter gegen einander zu sehen, mit mehr Muße und ohne Vorurtheil zu vergleichen, muß eine große Freude gewähren; denn anfangs ist doch alle Theilnahme nur einseitig.

Von da schlichen wir, fast bei zu warmen Sonnenschein, auf die Villa Pamfili, wo sehr schöne Gartenpartien sind, und blieben bis an den Abend. Eine große mit immergrünen Eichen und hohen Pinien eingefaßte flache Wiese war ganz mit Maasliebchen besäet, die ihre Köpfchen alle nach der Sonne wendeten; nun gingen meine botanischen Speculationen an, denn ich den andern Tag auf einem Spaziergange nach dem Monte Mario, der Villa Melini und Villa Madama weiter nachhing. Es ist gar interessant zu bemerken, wie eine lebhaft fortgesetzte und durch starke Kälte nicht unterbrochene Vegetation wirkt; hier gibt's keine Knospen, und man lernt erst begreifen, was eine Knospe sey. Der Erdbeerbaum (arbutus unedo) blüht jetzt wieder, indem seine letzten Früchte reif werden, und so zeigt sich der Orangenbaum mit Blüthen, halb und ganz reifen Früchten (doch werden letztere Bäume, wenn sie nicht zwischen Gebäuden stehen, nun bedeckt). Ueber die Cypresse, den respectabelsten Baum, wenn er recht alt und wohl gewachsen ist, gibt's genug zu denken. Ehstens werd' ich den botanischen Garten besuchen, und hoffe da manches zu erfahren. Ueberhaupt ist mit dem neuen Leben, das einem nachdenkenden Menschen die Betrachtung eines neuen Landes gewährt, nichts zu vergleichen. Ob ich gleich noch immer derselbe bin, so mein' ich bis auf's innerste Knochenmark verändert zu seyn.

Für dießmal schließ ich, und werde das nächste Blatt einmal ganz von Unheil, Mord, Erdbeben und Unglück anfüllen, daß doch auch Schatten in meine Gemälde komme.

Rom, den 8. December 1786.

Die Witterung hat bisher meist von sechs zu sechs Tagen abgewechselt. Zwei ganz herrliche, ein trüber, zwei bis drei Regentage, und dann wieder schöne. Ich suche jeden nach seiner Art auf's beste zu nutzen.

Doch immer sind mir noch diese herrlichen Gegenstände wie neue Bekanntschaften. Man hat nicht mit ihnen gelebt, ihre Eigenthümlichkeit nicht gewonnen. Einige reißen uns mit Gewalt an sich, daß man eine Zeit lang gleichgültig, ja ungerecht gegen andere wird. So haben z. B. das Pantheon, der Apoll von Belvedere, einige kolossale Köpfe, und neuerlich die Sixtinische Capelle, so mein Gemüth eingenommen, daß ich daneben fast nichts mehr sehe. Wie will man sich aber, klein wie man ist, und an's Kleine gewöhnt, diesem Edlen, Ungeheuren, Gebildeten gleichstellen? Und wenn man es einigermaßen zurecht rücken möchte, so drängt sich abermals eine ungeheure Menge von allen Seiten zu, begegnet dir auf jedem Schritt, und jedes fodert für sich den Tribut der Aufmerksamkeit. Wie will man sich da heraus ziehen? anders nicht, als daß man es geduldig wirken und wachsen läßt, und auch fleißig auf das merkt was andere zu unsern Gunsten gearbeitet haben.

Winckelmann's Kunstgeschichte, übersetzt von Fea, die neue Ausgabe, ist ein sehr brauchbares Werk, das ich gleich angeschafft habe, und hier am Ort, in guter, auslegender und belehrender Gesellschaft sehr nützlich finde.

Auch die Römischen Alterthümer fangen mich an zu freuen. Geschichte, Inschriften, Münzen, von denen ich sonst nichts wissen mochte, alles drängt sich heran. Wie mir's in der Naturgeschichte erging, geht es auch hier, denn an diesen Ort knüpft sich die ganze Geschichte der Welt an, und ich zähle einen zweiten Geburtstag, eine wahre Wiedergeburt, von dem Tage, da ich Rom betrat.

Den 6. December 1786.

In den wenigen Wochen die ich hier bin, habe ich schon manchen Fremden kommen und gehen sehen, und mich über die Leichtigkeit verwundert, mit welcher so viele diese würdigen Gegenstände behandeln. Gott sei Dank, daß mir von diesen Zugvögeln künftig keiner mehr unnütze, wenn er mir im Norden von Rom spricht, keiner mir die Eingeweide mehr erregt, denn ich hab's doch auch gesehen, und weiß schon einigermaßen, woran ich bin.

Den 8. December 1786.

Wir haben mitunter die schönsten Tage. Der Regen, der von Zeit zu Zeit fällt, macht Gras und Gartenkräuter grün. Die immergrünen Bäume stehen auch hier hin und wieder, so daß man das abgefallene Laub der übrigen kaum vermißt. In den Gärten stehen Pomeranzenbäume, voller Früchte, aus der Erde wachsend und unbedeckt.

Von einer sehr angenehmen Spazierfahrt, die wir an's Meer machten, und von dem Fischfang daselbst dachte ich umständlich zu erzählen, als Abends der gute Moritz herein reitend den Arm brach, indem sein Pferd auf dem glatten Römischen Pflaster ausglitschte. Das zerstörte die ganze Freude, und brachte in unsern kleinen Cirkel ein böses Hauskreuz.

Rom, den 13. December 1786.

Wie herzlich freut es mich, daß Ihr mein Briefschweigen so ganz wie ich wünschte genommen habt. Versöhnt sei nun auch jedes Gemüth, das daran dürfte Anstoß genommen haben. Ich habe niemand kränken wollen, und kann nun auch nichts sagen um mich zu rechtfertigen. Gott behüte mich daß ich jemals mit den Prämissen zu diesem Entschlusse einen Freund betrübe.

Ich erhole mich nun hier nach und nach von meinem salto mortale, und studire mehr als daß ich genieße. Rom ist eine Welt, und man braucht Jahre um sich nur erst drinnen gewahr zu werden. Wie glücklich finde ich die Reisenden, die sehen und gehen.

Heute früh fielen mir Windelmann's Briefe, die er aus Italien schrieb, in die Hand. Mit welcher Rührung habe ich sie zu lesen angefangen! Vor einunddreißig Jahren, in derselben Jahreszeit kam er, ein noch ärmerer Narr als ich, hieher, ihm war es auch so Teutsch Ernst um das Gründliche und Sichere der Alterthümer und der Kunst. Wie brav und gut arbeitete er sich durch! Und was ist mir nun aber auch das Andenken dieses Mannes auf diesem Platze!

Außer den Gegenständen der Natur, die in allen ihren Theilen wahr und consequent ist, spricht doch nichts so laut als die Spur eines guten verständigen Mannes, als die ächte Kunst die eben so folgerecht ist als jene. Hier in Rom kann man das recht fühlen, wo so manche

Wahrscheinlichkeit gewaltet hat, wo ja mancher Unsinn durch Macht und Geld vertheidigt werden.

Eine Stelle in Winckelmann's Brief an Franken freute mich besonders. „Man muß alle Sachen in Rom mit einem gewissen Phlegma suchen, sonst wird man für einen Franzosen gehalten. In Rom, glaube ich, ist die hohe Schule für alle Welt, und auch ich bin geläutert und geprüft."

Das Gesagte paßt recht auf meine Art den Sachen hier nachzugehen, und gewiß, man hat außer Rom keinen Begriff, wie man hier geschult wird. Man muß, so zu sagen, wiedergeboren werden, und man sieht auf seine vorigen Begriffe wie auf Kinderschuhe zurück. Der gemeinste Mensch wird hier zu etwas, wenigstens gewinnt er einen ungemeinen Begriff, wenn es auch nicht in sein Wesen übergehen kann.

Dieser Brief kommt Euch zum neuen Jahre, alles Glück zum Anfange! Vor Ende sehen wir uns wieder, und das wird sehr geringe Freude seyn. Das vergangene war das wichtigste meines Lebens; ich mag nun sterben oder noch eine Weile dauern, in beiden Fällen war es gut. Jetzt noch ein Wort an die Kleinen.

Den Kindern mögt Ihr folgendes lesen oder erzählen: Man merkt den Winter nicht, die Gärten sind mit immergrünen Bäumen bepflanzt, die Sonne scheint hell und warm, Schnee sieht man nur auf den entferntesten Bergen gegen Norden. Die Citronenbäume, die in den Gärten an den Wänden gepflanzt sind, werden nun nach und nach mit Decken von Rohr überdeckt, die Pomeranzenbäume aber bleiben frei stehen. Es hängen viele Hunderte der schönsten Früchte an so einem Baum, der nicht wie bei uns beschnitten und in einen Kübel gepflanzt ist, sondern in der Erde frei und froh, in einer Reihe mit seinen Brüdern steht. Man kann sich nichts lustigers denken als einen solchen Anblick. Für ein geringes Trinkgeld ißt man deren so viel man will. Sie sind schon jetzt recht gut, im März werden sie noch besser seyn.

Neulich waren wir am Meere und ließen einen Fischzug thun, da kamen die wunderlichsten Gestalten zum Vorschein, an Fischen, Krebsen und seltsamen Ungeziefern; auch der Fisch der dem Berührenden einen elektrischen Schlag giebt.

Rom, den 20. December 1786.

Und doch ist das alles mehr Mühe und Sorge als Genuß. Die Wiedergeburt, die mich von innen heraus umarbeitet, wirkt immer fort. Ich dachte wohl hier was rechts zu lernen; daß ich aber so weit in die Schule zurück gehen, daß ich so viel verlernen, ja durchaus umlernen müßte, dachte ich nicht; nun bin ich aber einmal überzeugt, und habe mich ganz hingegeben, und je mehr ich mich selbst verläugnen muß, desto mehr freut es mich. Ich bin wie ein Baumeister, der einen Thurm aufführen wollte, und ein schlechtes Fundament gelegt hatte; er wird es noch bei Zeiten gewahr, und bricht gern wieder ab, was er schon aus der Erde gebracht hat; seinen Grundriß sucht er zu erweitern, zu veredeln, sich seines Grundes mehr zu versichern, und freut sich schon im voraus der gewissern Festigkeit des künftigen Baues. Gebe der Himmel, daß bei meiner Rückkehr auch die moralischen Folgen an mir zu fühlen seyn möchten, die mir das Leben in einer weitern Welt gebracht hat. Ja es ist zugleich mit dem Kunstsinn der sittliche, welcher große Erneuerung leidet.

Doktor Münter ist hier, von seiner Reise nach Sicilien zurückkehrend, ein energischer heftiger Mann; seine Zwecke kenne ich nicht. Er wird im Mai zu euch kommen, und mancherlei zu erzählen wissen. Er reiste zwei Jahr in Italien. Mit den Italiänern ist er unzufrieden, welche die bedeutenden Empfehlungsschreiben, die er mitgebracht, und die ihm manches Archiv, manche geheime Bibliothek eröffnen sollten, nicht genugsam respektirt, so daß er nicht völlig zu seinen Wünschen gelangt.

Schöne Münzen hat er gesammelt und besitzt, wie er mir sagte, ein Manuscript, welches die Münzwissenschaft auf scharfe Kennzeichen, wie die Linné'schen sind, zurückführet. Herder erkundigt sich wohl mehr darum, vielleicht wird eine Abschrift erlaubt. Es etwas zu machen ist möglich, gut wenn es gemacht ist, und wir müssen doch auch, früh oder spat, in dieses Fach ernstlicher hinein.

Rom, den 25. December 1786.

Ich fange nun schon an die besten Sachen zum zweitenmal zu sehen; wo denn das erste Staunen sich in ein Miterleben und erneutes

Gefühl des Meisters zur Sache auflöst. Um den höchsten Begriff dessen
was die Menschen geleistet haben in sich aufzunehmen, muß die Seele
erst zur vollkommenen Freiheit gelangen.

Der Marmor ist ein seltsames Material, deswegen ist Apoll vom
Belvedere im Urbilde so gränzenlos erfreulich, denn der höchste Hauch
des lebendigen, jünglingsfreien, ewig jungen Wesens, verschwindet
gleich im besten Gypsabguß.

Gegen uns über, im Palast Rondanini steht eine Medusenmaske,
wo, in einer hohen und schönen Gesichtsform, über Lebensgröße, das
ängstliche Starren des Todes unsäglich trefflich ausgedrückt ist. Ich
besitze davon einen guten Abguß, aber der Zauber des Marmors ist
nicht übrig geblieben. Das edle Halbdurchsichtige des gelblichen, dem
Fleischfarbe sich nähernden Steins, ist verschwunden. Der Gyps sieht
immer dagegen kreidenhaft und todt.

Und doch, was für eine Freude bringt es, zu einem Gypsgießer
hineinzutreten, wo man die herrlichen Glieder der Statuen einzeln aus
der Form herausgehen sieht, und dadurch ganz neue Ansichten der Gestalten gewinnt. Alsdann erblickt man neben einander, was sich in
Rom zerstreut befindet, welches zur Vergleichung unschätzbar dienlich
ist. Ich habe mich nicht enthalten können, den kolossalen Kopf eines
Jupiters anzuschaffen. Er steht meinem Bette gegenüber wohl beleuchtet,
damit ich sogleich meine Morgenandacht an ihn richten kann, und der
uns, bei aller seiner Größe und Würde, das lustigste Geschichtchen
veranlaßt hat.

Unserer alten Wirthin schleicht gewöhnlich, wenn sie das Bett zu
machen hereinkommt, ihre vertraute Katze nach. Ich saß im großen
Saale und hörte die Frau drinne ihr Geschäft treiben. Auf einmal
sehr eilig und heftig, gegen ihre Gewohnheit, öffnet sie die Thüre, und
ruft mich eilig zu kommen, und ein Wunder zu sehen. Auf meine
Frage was es sey, erwiderte sie, die Katze bete Gott Vater an. Sie
habe dieses Thiere wohl längst angemerkt, daß es Verstand habe wie
ein Christ, dieses aber sey doch ein großes Wunder. Ich eilte mit
eigenen Augen zu sehen, und es war wirklich wunderbar genug. Die
Büste steht auf einem hohen Fuße, und der Körper ist weit unter der
Brust abgeschnitten, so daß also der Kopf in die Höhe ragt. Nun war
die Katze auf den Tisch gesprungen, hatte ihre Pfoten dem Gott auf

die Bruſt gelegt, und reichte mit ihrer Schnauze, indem ſie die Glieder ＿＿＿＿ ausdehnte, gerade bis an den ＿＿＿＿ ＿＿＿, ＿＿ ſie mit der größten Zierlichkeit beleckte und ſich ＿＿＿＿ ＿＿＿ die Interjection der Wirthin, noch durch meine Dazwiſchenkunft in ＿＿＿＿ ſtören ließ. Der guten Frau ließ ich ihre Verwunderung, erklärte mir aber dieſe ſeltſame Katzenandacht dadurch, daß dieſes ſcharf riechende Thier wohl das Fell möchte geſpürt haben, das ſich aus der Form in die Vertiefungen des Bartes geſenkt und dort verhalten hatte.

Rom, den 29. December 1786.

Von Tiſchbein muß ich noch vieles erzählen und rühmen, wie ganz original Deutſch er ſich aus ſich ſelbſt herausbildete, ſodann aber dankbar melden, daß er die Zeit ſeines zweiten Aufenthalts in Rom über für mich gar freundſchaftlich geſorgt hat, indem er mir eine Reihe Copien, nach den beſten Meiſtern, fertigen ließ, einige in ſchwarzer Kreide, andere in Sepia und Aquarell, die erſt in Deutſchland, wo man von den Originalen entfernt iſt, an Werth gewinnen und mich an das Beſte erinnern werden.

Auf ſeiner Künſtlerlaufbahn, da er ſich erſt zum Portrait beſtimmte, kam Tiſchbein mit bedeutenden Männern, beſonders auch zu Zürich, in Berührung, und hatte an ihnen ſein Gefühl geſtärkt und ſeine Einſicht erweitert.

Den zweiten Theil der zerſtreuten Blätter brachte ich mit hierher und war doppelt willkommen. Wie gut dieß Büchlein auch bei wiederholtem Leſen wirkt, ſollte wohl Herder zu ſeiner Belehrung noch umſtändlich erfahren. Tiſchbein wollte gar nicht begreifen, wie man ſo etwas habe ſchreiben können, ohne in Italien geweſen zu ſein.

Den 29. December 1786.

In dieſem Künſtlerweſen lebt man wie in einem Spiegelzimmer, wo man auch wider Willen ſich ſelbſt und andere oft wiederholt ſieht. Ich bemerkte wohl, daß Tiſchbein mich öfters aufmerkſam betrachtete, und nun zeigt ſich's, daß er mein Portrait zu malen gedenkt. Sein

Leinwand, er hat die Leinwand schon aufgespannt. Ich soll in Lebensgröße als Reisender, in einen weißen Mantel gehüllt, in freier Luft auf einem umgestürzten Obelisken sitzend vorgestellt werden, die sich im Hintergrunde liegenden Ruinen der Campagna di Roma überschauend. Es giebt ein schönes Bild, nur zu groß für unsere nordischen Wohnungen. Ich werde wohl wieder dort unterkriechen, das Porträt aber wird keinen Platz finden.

Den 29. December 1786.

Wie viel Versuche man übrigens macht, mich aus meiner Dunkelheit herauszuziehen, wie die Poeten mir schon ihre Sachen vorlesen oder vorlesen lassen, wie es nur von mir abhinge, eine Rolle zu spielen, irrt mich nicht, und ist mir unterhaltend genug, da ich schon abgepaßt habe, wo es in Rom hinaus will. Denn die vielen kleinen Cirkel zu den Füßen der Herrscherin der Welt deuten hie und da auf etwas Kleinstädtisches.

Ja, es ist hier wie allenthalben, und was mit mir und durch mich geschehen könnte, macht mir schon Langeweile ehe es geschieht. Man muß sich zu einer Partei schlagen, ihre Leidenschaften und Cabalen verfechten helfen, Künstler und Dilettanten loben, Mitwerber verkleinern, sich von Großen und Reichen alles gefallen lassen. Diese sämmtliche Litanei, um derentwillen man aus der Welt laufen möchte, sollte ich hier mitbetern und ganz ohne Zweck?

Nein, ich gehe nicht tiefer, als nur um das auch zu kennen, und kann auch von dieser Seite zu Hause zufrieden zu seyn, und mir und andern alle Lust in die liebe weite Welt zu benehmen. Ich will Rom sehen, das Bleibende, nicht das mit jedem Jahrzehnt vorübergehende. Hätte ich Zeit, ich wollte sie besser anwenden. Besonders läßt sich Geschichte von hier aus ganz anders als an jedem Orte der Welt. Anderwärts liest man von außen hinein, hier glaubt man von innen hinaus zu lesen, es lagert sich alles um uns her und geht wieder aus von uns. Und das gilt nicht allein von der Römischen Geschichte, sondern von der ganzen Weltgeschichte. Kann ich doch von hieraus die Eroberer bis an die Weser, und bis an den Euphrat begleiten, oder wenn ich ein Maulaffe seyn will; die zurückkehrenden Triumphatoren in der heiligen Straße erwarten, indessen habe ich mich von Korn· und Geldstraßen genährt, und nehme behaglich Theil an aller dieser Herrlichkeit.

Rom, den 2. Januar 1787.

Man mag zu Gunsten einer schriftlichen und mündlichen Ueberlieferung sagen was man will, in den wenigsten Fällen ist sie hinreichend, denn den eigentlichen Charakter irgend eines Wesens kann sie doch nicht mittheilen, selbst nicht in geistigen Dingen. Hat man aber erst einen sichern Blick gethan, dann mag man gerne lesen und hören, denn das schließt sich an an den lebendigen Eindruck; nun kann man denken und beurtheilen.

Ihr habt mich oft ausgescholten und zurückziehen wollen, wenn ich Steine, Kräuter und Thiere mit besonderer Neigung, aus gewissen entschiedenen Gesichtspunkten betrachtete: nun richte ich meine Aufmerksamkeit auf den Baumeister, Bildhauer und Maler, und werde mich auch hier finden lernen.

Ohne Datum.

Nach allem diesem muß ich noch von der Unschlüssigkeit reden,. die mich wegen meines Aufenthaltes in. Italien anwandelt. In meinem letzten Brief schrieb ich meinen Vorsatz: gleich nach Ostern von Rom zu gehen und meiner Heimath zuzurücken. Ich werde bis dahin noch einige Schalen aus dem großen Ocean geschöpft haben und mein dringendstes Bedürfniß wird befriedigt seyn. Ich bin von einer ungeheuren Leidenschaft und Krankheit geheilt, wieder zum Lebensgenuß, zum Genuß der Geschichte, der Dichtkunst, der Alterthümer genesen und habe Vorrath auf Jahre lang auszubilden und zu completiren.

Nun aber kommen mir die freundlichen Stimmen, daß ich nicht eilen, daß ich mit vollständigerem Gewinn nach Hause kommen soll, ich erhalte einen gütigen, mitfühlenden Brief vom Herzog, der mich auf eine unbestimmte Zeit von meinen Pflichten losbindet und mich über meine Ferne beruhigt. Mein Geist wendet sich dem ungeheuern Felde zu, das ich ganz unbetreten verlassen müßte; so hab' ich z. B. im Fache der Münzen, der geschnittenen Steine noch gar nichts thun können. Winkelmann's Geschichte der Kunst hab' ich angefangen zu lesen, und habe erst Aegypten zurückgelegt und fühle wohl daß ich nun erst wieder von vorne sehen muß: auch hab' ich es in Absicht auf die Aegyptischen Sachen gethan. Je weiter herauf, desto unübersehlicher wird die Kunst, und wer sichre Schritte thun will muß sie langsam thun.

Das Carneval warte ich hier ab und gehe also etwa Aschermittwochen nach Neapel, ich nehme Tischbein mit, weil ich ihm Freude mache und in seiner Gesellschaft dreifach lebe. Vor Ostern bin ich wieder hier, wegen der Feierlichkeiten der Charwoche.

Nun aber liegt Sicilien noch da unten. Dahin wäre eine Reise, nur mehr vorbereitet und im Herbste zu thun, auch nicht eine bloße Durch- und Umreise, die bald gemacht ist, wovon man aber nur das: ich hab's gesehen! für seine Mühe und Geld mitbringt. Man müßte in Palermo, nachher in Catania sich erst festsetzen, um sichre und nützliche Excursionen zu machen und vorher darüber Riedesel ec. wohl studirt haben.

Bliebe ich also den Sommer in Rom, und studirte mich hier recht ein und bereitete mich auf Sicilien vor, wohin ich im September erst gehen könnte und November und December bleiben müßte, so würde ich erst Frühjahr 1788 nach Hause kommen können. Dann wäre noch ein medius terminus: Sicilien liegen zu lassen, einen Theil des Sommers in Rom zu bleiben, sodann nach Florenz zu rücken und gegen den Herbst nach Hause zu ziehen.

Allein alle diese Aussichten werden mir durch des Herzogs Unfall verbittert. Seit den Briefen die mir dieses Ereigniß melden, hab' ich keine Ruhe und ich möchte am liebsten, mit den Fragmenten meiner Eroberungen beladen, nach Ostern gleich aufbrechen, den obern Theil Italiens kurz abthun und im Juni wieder in Weimar seyn.

Ich bin zu einsam um mich zu entscheiden, und schreibe diese ganze Lage so ausführlich, daß Sie die Güte haben mögen, in einem Concilio derer die mich lieben und die Umstände zu Hause besser kennen, über mein Schicksal zu entscheiden, vorausgesetzt, wie ich betheuern kann, daß ich geneigter bin zurückzukehren als zu bleiben. Das stärkste was mich in Italien hält ist Tischbein, ich werde nie, und wenn auch mein Schicksal wäre das schöne Land zum zweitenmal zu besuchen, so viel in so kurzer Zeit lernen können als jetzt in Gesellschaft dieses ausgebildeten, erfahrenen, feinen, richtigen, mir mit Leib und Seele anhängenden Mannes. Ich sage nicht wie es mir schuppenweise von den Augen fällt. Wer in der Nacht steckt, hält die Dämmerung schon für Tag, und einen grauen Tag für helle, was ist's aber wenn die Sonne aufgeht?

Denn hab' ich mich bisher aller Welt enthalten, die mich so nach und nach zu fassen kriegt und die ich auch wohl gern mit flüchtigen Blicken beobachtete.

Ich habe Fritzen scherzend von meiner Aufnahme in der [1] Arcadia geschrieben, es ist auch nur darüber zu scherzen, denn das Institut ist zu einer Armseligkeit zusammengeschwunden.

Montag über acht Tage wird das Trauerspiel des Abbate Monti aufgeführt, es ist ihm sehr bang und er hat Ursache, es ist ein ungläubiges Publicum, das von Moment zu Moment amüsirt seyn will, und sein Stück hat nichts brillantes. Er hat mich gebeten, mit in seine Loge zu gehen, um ihm als Beichtvater in diesem kritischen Augenblicke beizustehn. Ein anderer wird meine Iphigenie übersetzen, ein dritter — Gott weiß was — zu meinen Ehren thun. Sie sind sich alle unter einander so ungünstig, jeder möchte seine Partei verstärken; meine Landsleute sind auch wie mit einer Stimme für mich, daß wenn ich sie gehen ließe und nur ein wenig einstimmte, so fingen sie noch hundert Thorheiten mit mir an und krönten mich zuletzt auf dem Capitol, worauf sie schon im Ernste gesonnen haben, so toll es ist einen Fremden und Protestanten zum Protagonisten einer solchen Komödie auszusuchen. Wie das alles aber zusammenhängt und wie ich ein großer Thor wäre zu glauben, daß das alles um meinetwillen geschähe, bereinst mündlich.

Rom, den 6. Januar 1787.

Eben komme ich von Moritz, dessen geheilter Arm heute aufgebunden worden. Es steht und geht recht gut. Was ich diese vierzig Tage bei diesem Leidenden als Wärter, Beichtvater und Vertrauter, als Finanzminister und geheimer Secretär erfahren und gelernt, mag uns in der Folge zu gute kommen. Die fatalsten Leiden und die edelsten Genüsse gingen diese Zeit her immer einander zur Seite.

[1] die

Zu meiner Erquickung habe ich gestern einen Abguß des kolossalen Junokopfes, wovon das Original in der Villa Ludovisi steht, in den Saal gestellt. Es war dieses meine erste Liebschaft in Rom und nun besitz ich sie. Keine Worte geben eine Ahnung davon. Es ist wie ein Gesang Homers.

Ich habe aber auch, für die Zukunft, die Nähe einer so guten Gesellschaft wohl verdient, denn ich kann nun vermelden, daß Iphigenia endlich fertig geworden ist, d. h. daß sie in zwei ziemlich gleich lautenden Exemplaren vor mir auf dem Tische liegt, wovon das eine nächstens zu euch wandern soll. Nehmt es freundlich auf, denn freilich steht nicht auf dem Papiere was ich gesollt, wohl aber kann man errathen was ich gewollt habe.

Ihr beklagtet euch schon einigemal über dunkle Stellen meiner Briefe, die auf einen Druck hindeuten, den ich unter den herrlichsten Erscheinungen erlebe. Hieran hatte diese Griechische Reisegefährtin nicht geringen Antheil, die mich zur Thätigkeit nöthigte, wenn ich hätte schauen sollen.

Ich erinnerte mich jenes trefflichen Freundes, der sich auf eine große Reise eingerichtet hatte, die man wohl eine Entdeckungsreise hätte nennen können. Nachdem er einige Jahre darauf studirt und klommen hatte, fiel es ihm zuletzt noch ein, die Tochter eines angesehenen Hauses zu entführen, weil er dachte es ging' in Einem hin.

Eben so frevelhaft entschloß ich mich Iphigenien nach Carlsbad mitzunehmen. An welchem Orte ich mich besonders mit ihr unterhalten, will ich kürzlich aufzeichnen.

Als ich den Brenner verließ, nahm ich sie aus dem größten Paket und steckte sie zu mir. Am Garda-See, als der gewaltige Mittagswind die Wellen an's Ufer trieb, wo ich wenigstens so allein war, als meine Heldin am Gestade von Tauris, zog ich die ersten Linien der neuen Bearbeitung, die ich in Verona, Vicenz, Padua, am fleißigsten aber in Venedig fortsetzte. Sodann aber gerieth die Arbeit in Stocken, ja ich ward auf eine neue Erfindung geführt, nämlich Iphigenia auf Delphi zu schreiben, welches ich auch sogleich gethan hätte, wenn nicht die Stimmung und ein Pflichtgefühl gegen das ältere Stück mich abgehalten hätte.

In Rom aber ging die Arbeit in ziemlicher Stätigkeit fort

Abends beim Schlafengehen bereitete ich mich auf's morgende Pensum, welches denn sogleich beim Erwachen angegriffen wurde. Mein Verfahren dabei war ganz einfach: ich schrieb das Stück ruhig ab, und ließ es Zeile vor Zeile, Periode vor Periode, regelmäßig erklingen. Was daraus entstanden ist, werdet Ihr beurtheilen. Ich habe dabei mehr gelernt als gethan. Mit dem Stücke selbst erfolgen noch einige Bemerkungen.

Den 6. Januar 1787.

Daß ich auch einmal wieder von kirchlichen Dingen rede, so will ich erzählen, daß wir die Christnacht herumschwärmten und die Kirchen besuchten, wo Functionen gehalten werden. Eine besonders ist sehr besucht, denn Orgel und Musik überhaupt so eingerichtet ist, daß zu einer Pastoral-Musik nichts an Klängen abgeht, weder die Schalmeien der Hirten, noch das Zwitschern der Vögel, nach das Blöcken der Schafe.

Am ersten Christfeste sah ich den Papst und die ganze Klerisey in der Peterskirche, da er zum Theil vor dem Thron, zum Theil vom Throne herab das Hochamt hielt. Es ist ein einziges Schauspiel in seiner Art, prächtig und würdig genug, ich bin aber im protestantischen Diogenismus so alt geworden, daß mir diese Herrlichkeit mehr nimmt als giebt; ich möchte auch, wie mein frommer Vorfahr, zu diesen geistlichen Weltüberwindern sagen: verdeckt mir doch nicht die Sonne höherer Kunst und reiner Menschheit.

Heute, als am Drei-Königs-Feste, habe ich die Messe noch Griechischem Ritus vortragen sehen und hören. Die Ceremonien scheinen mir stattlicher, strenger, nachdenklicher und doch populärer als die Lateinischen.

Auch da hab' ich wieder gefühlt, daß ich für alles zu alt bin, nur für's Wahre nicht. Ihre Ceremonien und Opern, ihre Umgänge und Ballete, es fließt alles wie Wasser von einem Wachstuchmantel an mir herunter. Eine Wirkung der Natur hingegen, wie der Sonnenuntergang von Villa Madama gesehen, ein Werk der Kunst, wie die viel verehrte Juno, machen tiefen und belebenden Eindruck.

Nun graut mir schon vor dem Theaterwesen. Die nächste Woche werden sieben Bühnen eröffnet. Antossi ist selbst hier und giebt Alexander in Indien; auch wird ein Cyrus gegeben, und die Eroberung von Troja als Ballet. Das wäre was für die Kinder.

Rom, den 10. Januar 1787.

Hier folgt denn also das Schmerzenskind, denn dieses Beiwort verdient Iphigenia, aus mehr als Einem Sinne. Bei Gelegenheit daß ich sie unsern Künstlern vorlas, strich ich verschiedene Zeilen an, von denen ich einige nach meiner Ueberzeugung verbesserte, die andern aber stehen lasse, ob vielleicht Herder ein paar Federzüge hineinthun will. Ich habe mich daran ganz stumpf gearbeitet.

Denn warum ich die Prosa seit mehreren Jahren bei meinen Arbeiten vorzog, daran war doch eigentlich schuld, daß unsere Prosodie in der größten Unsicherheit schwebt, wie denn meine einsichtigen, gelehrten, mitarbeitenden Freunde die Entscheidung mancher Fragen dem Gefühl, dem Geschmack anheim gaben, wodurch man denn doch aller Richtschnur ermangelte.

Iphigenia in Jamben zu übersetzen hätte ich nie gewagt, wäre mir in Moritzens Prosodie nicht ein Leitstern erschienen. Der Umgang mit dem Verfasser, besonders während seines Krankenlagers, hat mich noch mehr darüber aufgeklärt, und ich ersuche die Freunde, darüber mit Wohlwollen nachzudenken.

Es ist auffallend, daß wir in unserer Sprache nur wenige Sylben finden, die entschieden kurz oder lang sind. Mit den andern verfährt man nach Geschmack oder Willkür. Nun hat Moritz ausgeklügelt, daß es eine gewisse Rangordnung der Sylben gebe, und daß die dem Sinne nach bedeutendere, gegen eine wenig bedeutendere lang sey, und jene[1] kurz mache, dagegen aber auch wieder kurz werden könne, wenn sie in die Nähe von einer andern geräth, welche mehr Geistesgewicht hat. Hier ist doch ein Anhalten, und wenn auch damit nicht alles gethan wäre, so hat man doch indessen einen Leitfaden an dem man sich hinschlingen kann. Ich habe diese Maxime öfters zu Rathe gezogen und sie mit meiner Empfindung übereinstimmend getroffen.

Da ich oben von einer Vorlesung sprach, so muß ich doch auch, wie es damit zugegangen, kürzlich erwähnen. Diese jungen Männer, an jene früheren, heftigen, vordringenden Arbeiten gewöhnt, erwarteten etwas Berlichingisches, und konnten sich in den ruhigen Gang nicht gleich finden; doch verfehlten die edlen und reinen Stellen nicht ihre

[1] diese.

Wirkung. Tischbein, dem auch diese fast gänzliche Entäußerung der Leidenschaft kaum zu Sinne wollte, brachte ein artiges Gleichniß oder Symbol zum Vorschein. Er verglich es einem Opfer, dessen Rauch, von einem sanften Luftdruck niedergehalten, an der Erde hinzieht, indessen die Flamme freier nach der ¹ Höhe zu gewinnen sucht. Er zeichnete dieß sehr hübsch und bedeutend. Das Blättchen lege ich bei.

Und so hat mich denn diese Arbeit, über die ich bald hinauszukommen dachte, ein völliges Vierteljahr unterhalten und aufgehalten, mich beschäftigt und gequält. Es ist nicht das erstemal, daß ich das Wichtigste nebenher thue, und wir wollen darüber nicht weiter grilisiren und rechten.

Einen hübschen geschnittenen Stein lege ich bei, ein Löwchen, dem eine Bremse vor der Nase schnurrt. Die Alten liebten diesen Gegenstand und haben ihn oft wiederholt. Ich wünsche daß Ihr damit künftig eure Briefe siegelt, damit, durch diese Kleinigkeit, eine Art von Kunst-Echo von euch zu mir herüber schalle.

Rom, den 13. Januar 1787.

Wie viel hätte ich jeden Tag zu sagen, und wie sehr hält mich Anstrengung und Zerstreuung ab, ein kluges Wort aufs Papier zu bringen. Dazu kommen noch die frischen Tage, wo es überall besser ist als in den Zimmern, die ohne Ofen und Kamin uns nur zum Schlafen oder Mißbehagen aufnehmen. Einige Vorfälle der letzten Woche darf ich jedoch nicht unberührt lassen.

Im Palaste Giustiniani steht eine Minerva, die meine ganze Verehrung hat. Windelmann gedenkt ihrer kaum, wenigstens nicht an der rechten Stelle, und ich fühle mich nicht würdig genug über sie etwas zu sagen. Als wir die Statue besahen und uns lang dabei aufhielten, erzählte uns die Frau des Custode: es sey dieß ein ehemals heiliges Bild gewesen, und die Inglesi, welche von dieser Religion seyen, pflegten es noch zu verehren, indem sie ihm die eine Hand küßten, die auch wirklich ganz weiß war, da die übrige Statue bräunlich ist. Auch setzte sie hinzu: eine Dame dieser Religion sey vor kurzem da gewesen, habe sich auf die Knie niedergeworfen, und die Statue angebetet. Eine so

¹ freier (oder frei) die Höhe zu gewinnen sucht.

wunderliche Handlung habe sie, eine Christin, nicht ohne Lachen ansehen können, und sey zum Saal hinausgelaufen, um nicht loszuplatzen.
Da ich auch von der Statue nicht weg wollte, fragte sie mich: ob ich
etwa eine Schöne hätte, die diesem Marmor ähnlich sähe, daß er mich
so sehr anzöge. Das gute Weib kannte nur Anbetung und Liebe, aber
von der reinen Bewunderung eines herrlichen Werkes, von der brüder-
lichen Verehrung eines Menschengeistes konnte sie keinen Begriff haben.
Wir freuten uns über das englische Frauenzimmer und gingen weg mit
der Begier umzukehren, und ich werde gewiß bald wieder hingehen.
Wollen meine Freunde ein näheres Wort hören, so lesen sie was Winkelmann vom hohen Styl der Griechen sagt. Leider führt er dort diese
Minerva nicht an. Wenn ich aber nicht irre, so ist sie von jenem
hohen strengen Styl, da er in den schönen übergeht, die Knospe indem
sie sich öffnet, und nun eine Minerva deren Charakter eben dieser Uebergang so wohl ansteht!

Nun von einem Schauspiel anderer Art! Am Drei-Königstage,
am Feste des Heils das den Heiden verkündigt worden, waren wir in
der Propaganda. Dort war in Gegenwart dreier Cardinäle und eines
großen Auditorii erst eine Rede gehalten: an welchem Orte Maria die
drei Magos empfangen? im Stalle? oder wo sonst? dann, nach ver-
lesenen einigen lateinischen Gedichten ähnliches Gegenstandes, traten bei
dreißig Seminaristen nach und nach auf, und lasen kleine Gedichte, jeder
in seiner Landessprache: Malabarisch, Epirotisch, Türkisch, Moldauisch,
Elenisch, Persisch, Colchisch, Hebräisch, Arabisch, Syrisch, Coptisch,
Saracenisch, Armenisch, Hybernisch, Madagascarisch, Isländisch, Boisch,
Aegyptisch, Griechisch, Isaurisch, Aethiopisch 2c. und mehrere die ich
nicht verstehen konnte. Die Gedichtchen schienen meist im Nationalsylben-
maaße verfaßt, mit der Nationaldeclamation vorgetragen zu werden,
denn es kamen barbarische Rhythmen und Töne hervor. Das Griechische
klang, wie ein Stern in der Nacht erscheint. Das Auditorium lachte
unbändig über die fremden Stimmen, und so ward auch diese Vorstellung zur Farce.

Nun noch ein Geschichtchen, wie lose man im heiligen Rom das
heilige behandelt. Der verstorbene Cardinal Albani war in einer solchen
Festversammlung wie ich sie eben beschrieben. Einer der Schüler fing
in einer fremden Mundart an, gegen die Cardinäle gewendet: gnaja!

ganz! so daß es ungefähr klang, wie canaglia! canaglia! Der Cardinal wendete sich zu seinen Mitbrüdern und sagte: der kennt uns doch!

Den 15. Januar 1787.

Wie viel that Windelmann nicht, und wie viel ließ er uns zu wünschen übrig. Mit den Materialien, die er sich zueignete, hatte er so geschwind gebaut, um unter Dach zu kommen. Lebte er noch, und er könnte noch frisch und gesund seyn, so wäre er der erste, der uns eine Umarbeitung seines Werks gäbe. Was hätte er nicht noch beobachtet, was berichtigt, was benutzt, das von andern nach seinen Grundsätzen gethan und beobachtet, neuerdings ausgegraben und entdeckt worden. Und dann wäre der Cardinal Albani todt, dem zu Liebe er manches geschrieben und vielleicht manches verschwiegen hat.

Rom, den 15. Januar 1787.

Und so ist denn endlich auch Aristodem und zwar sehr glücklich und mit dem größten Beifall aufgeführt. Da Abbate Monti zu den Hausverwandten des Nepoten gehört, und in den oberen Ständen sehr geschätzt ist, so war von daher alles Gute zu hoffen. Auch sparten die Logen ihren Beifall nicht. Das Parterre war gleich von vorn herein durch die schöne Diction des Dichters und die treffliche Recitation der Schauspieler gewonnen, und man versäumte keine Gelegenheit seine Zufriedenheit an den Tag zu legen. Die deutsche Künstlertafel zeichnete sich dabei nicht wenig aus, und es war dießmal ganz am Platze, da sie überhaupt ein wenig vorlaut ist.

Der Verfasser war zu Hause geblieben, voller Sorge wegen des Gelingens des Stücks; von Act zu Act kamen günstige Botschaften, welche nach und nach seine Besorglichkeit in die größte Freude verwandelten. Nun fehlt es nicht an Wiederholung der Vorstellung, und alles ist in dem besten Gleise. So kann man durch die entgegengesetztesten Dinge, wenn nur jedes sein ausgesprochenes Verdienst hat, den Beifall der Menge sowohl als der Kenner erwerben.

Aber die Vorstellung war auch sehr löblich, und der Hauptacteur, der das ganze Stück ausfüllt, sprach und spielte vortrefflich: man glaubte einen der alten Kaiser auftreten zu sehen. Sie hatten das Costüm, das uns an den Statuen so sehr imponirt, recht gut in Theatertracht übersetzt, und man sah dem Schauspieler an, daß er die Antiken studirt hatte.

———————

Den 16. Januar 1787.

Ein großer Kunstverlust steht Rom bevor. Der König von Neapel läßt den Herkules Farnese in seine Residenz bringen. Die Künstler trauern sämmtlich, indessen werden wir bei dieser Gelegenheit etwas sehen, was unsern Vorfahren verborgen blieb.

Gedachte Statue nämlich, vom Kopf bis an die Knie und sodann die untern Füße mit dem Sockel worauf sie stehen, wurde auf Farnesischem Grund und Boden gefunden, die Beine aber, vom Knie bis an die Knöchel, fehlten und wurden durch Wilhelm Porta ersetzt. Auf diesen steht er nun bis auf den heutigen Tag. Indessen waren auf Borghesischem Grund und Boden die ächten alten Beine gefunden worden, die man denn auch in der Borghesischen Villa aufgestellt sah.

Gegenwärtig gewinnt es Prinz Borghese über sich und verehrt diese köstlichen Reste dem König von Neapel. Die Beine des Porta werden abgenommen, die ächten an die Stelle gesetzt, und man verspricht sich, ob man gleich mit jenen bisher ganz wohl zufrieden geworden, nunmehr eine ganz neue Anschauung und mehr harmonischen Genuß.

———————

Rom, den 18. Januar 1787.

Gestern, als am Feste des heiligen Antonius Abbas, machten wir uns einen lustigen Tag, es war das schönste Wetter von der Welt, hatte die Nacht Eis gefroren, und der Tag war heiter und warm.

Es läßt sich bemerken, daß alle Religionen, die entweder ihren Cultus oder ihre Speculationen ausdehnten, zuletzt dahin gelangen mußten, daß sie auch die Thiere einigermaßen geistlicher Begünstigungen theilhaft werden ließen. Sanct Anton der Abt oder Bischof ist Patron der vierfüßigen Geschöpfe, sein Fest ein Saturnalischer Feiertag für die sonst belasteten Thiere, so wie für ihre Wärter und Lenker. Alle Herrschaften müssen heute zu Hause bleiben, oder zu Fuß gehen, man verfehlt niemals bedenkliche Geschichten zu erzählen, wie ungläubige Vornehme, welche ihre Kutscher an diesem Tage zu fahren genöthigt, durch große Unfälle gestraft worden.

Die Kirche liegt an einem so weitschichtigen Platz, daß er beinahe für öde gelten könnte, heute ist er aber auf das lustigste belebt: Pferde und Maulthiere, deren Mähnen und Schweife mit Bändern schön, ja prächtig eingeflochten zu schauen, werden vor die kleine, von der Kirche etwas abstehende Capelle geführt, wo ein Priester, mit einem großen Wedel versehen, das Weihwasser, das in Butten und Kübeln vor ihm steht, nicht schonend, auf die muntern Geschöpfe derb losspritzt, manchmal sogar schalkhaft, um sie zu reizen. Andächtige Kutscher bringen größere oder kleinere Kerzen, die Herrschaften senden Almosen und Geschenke, damit die kostbaren, nützlichen Thiere, ein Jahr über vor allem Unfall sicher bleiben mögen. Esel und Hornvieh, ihren Besitzern eben so nützlich und werth, nehmen gleichfalls an¹ diesem Segen ihr bescheiden Theil.

Nachher ergötzten wir uns an einer großen Wanderung unter einem so glücklichen Himmel, umgeben von den interessantesten Gegenständen, denen wir doch diesmal wenig Aufmerksamkeit schenkten, vielmehr Lust und Scherz in voller Maße walten ließen.

Rom, den 18. Januar 1787.

So hat denn der große König, dessen Ruhm die Welt erfüllte, dessen Thaten ihn sogar des katholischen Paradieses werth machten, endlich auch das Zeitliche gesegnet, um sich mit den Heroen seines Gleichen im Schattenreiche zu unterhalten. Wie gern ist man still, wenn man einen solchen zur Ruh' gebracht hat.

Heute machten wir uns einen guten Tag, besahen einen Theil des Capitols, den ich bisher vernachlässigt, dann setzten wir über die Tiber und tranken spanischen Wein auf einem neugelandeten Schiffe. In dieser Gegend will man Romulus und Remus gefunden haben, und so kann man, wie an einem doppelt und dreifachen Pfingstfeste zugleich vom heiligen Kunstgeiste, von der mildesten Atmosphäre, von antiquarischen Erinnerungen, und von süßem Weine trunken werden.

¹ ren, oder bloß: nehmen gleichfalls an diesem Segen Theil.

Den 20. Januar 1787.

Was im Anfang einen frohen Genuß gewährte, wenn man es oberflächlich hinnahm, das drängt sich hernach beschwerlich auf, wenn man sieht, daß ohne gründliche Kenntniß doch auch der wahre Genuß ermangele.

Auf Anatomie bin ich so ziemlich vorbereitet, und ich habe mir die Kenntniß des menschlichen Körpers, bis auf einen gewissen Grad, nicht ohne Mühe erworben. Hier wird man durch die ewige Betrachtung der Statuen immerfort, aber auf eine höhere Weise hingewiesen. Bei unserer medicinisch-chirurgischen Anatomie kommt es bloß darauf an, den Theil zu kennen, und hierzu dient auch wohl ein kümmerlicher Muskel. In Rom aber wollen die Theile nichts heißen, wenn sie nicht zugleich eine edle, schöne Form darbieten.

In dem großen Lazareth San Spirito hat man den Künstlern zu lieb einen sehr schönen Muskelkörper dergestalt bereitet, daß die Schönheit desselben in Verwunderung setzt. Er könnte wirklich für einen geschundenen Halbgott, für einen Marsyas gelten.

So pflegt man auch, nach Anleitung der Alten, das Skelett nicht als eine künstlich zusammengeraffte Knochenmasse[1] zu studiren, vielmehr zugleich mit den Bändern, wodurch es schon Leben und Bewegung erhält.

Sage ich nun, daß wir auch Abends Perspectiv studirten, so zeigt es doch wohl, daß wir nicht müßig sind. Bei allem dem aber hofft man immer mehr zu thun, als wirklich geschieht.

Rom, den 22. Januar 1787.

Von dem Deutschen Kunstsinn und dem dortigen Kunstleben kann man wohl sagen: man hört läuten, aber nicht zusammen läuten. Wedenke ich jetzt, was für herrliche Sachen in unserer Nachbarschaft sind, und wie wenig sie von uns genutzt werden, so möchte ich verzweifeln, und dann kann ich mich wieder auf den Rückweg freuen, wenn ich hoffen kann, jene Meisterwerke zu erkennen, an denen ich nur herumzagte.

[1] Knochenmasse. Eine künstlich zusammengeraffte Knochenmasse hat keinen Sinn, ist ein Schreib- oder Druckfehler.

Doch auch in Rom ist zu wenig für den gesorgt, dem es Ernst ist
ums Ganze zu studiren. Er muß alles aus unendlichen, obgleich zahlreichen Trümmern zusammenstoppeln. Freilich ist wenigen Fremden
reiner Ernst, etwas rechts zu sehen und zu lernen. Sie folgen ihren
Grillen, ihrem Dünkel, und das merken sich alle diejenigen wohl die
mit Fremden zu thun haben. Jeder Führer hat Absichten, jeder will
irgend einen Handelsmann empfehlen, einen Künstler begünstigen, und
warum sollte er es nicht? Denn schlägt der Unerfahrne nicht das Vortrefflichste aus das man ihm anbietet?

Einen außerordentlichen Vortheil hätte es der Betrachtung bringen
können, ja es wäre ein eignes Museum entstanden, wenn die Regierung, die doch erst die Erlaubniß geben muß, wenn ein Alterthum
ausgeführt werden soll, fest darauf bestanden hätte, daß jedesmal ein
Abguß geliefert werden müsse. Hätte aber auch ein Papst solch einen
Gedanken gehabt, alles hätte sich widersetzt, denn man wäre in wenigen
Jahren erschrocken über Werth und Würde solcher ausgeführten Dinge,
wozu man die Erlaubniß in einzelnen Fällen heimlich und durch allerlei
Mittel zu erlangen weiß.

Den 22. Januar 1787.

Schon früher, aber besonders bei der Aufführung des Aristodem,
erwachte der Patriotismus unserer Deutschen Künstler. Sie unterließen
nicht, gutes von meiner Iphigenia zu reden, einzelne Stellen wurden
wieder verlangt, und ich fand mich zuletzt zu einer Wiederholung des
Ganzen genöthigt. Auch da entdeckte ich manche Stelle die mir ge-
lenker aus dem Munde ging, als sie auf dem Papier stand. Freilich
ist die Poesie nicht für's Auge gemacht.

Dieser gute Ruf erscholl nun bis zu Reiffenstein und Angelica,
und da sollt ich denn meine Arbeit abermals produciren. Ich erbat
mir einige Frist, trug aber sogleich die Fabel und den Gang des Stücks
mit einiger Umständlichkeit vor. Mehr als ich glaubte gewann sich
nach Darstellung die Gunst gedachter Personen, auch Herr Zucchi,
von dem ich es am wenigsten erwartet, nahm recht freien und wohl
empfundenen Antheil. Dieses klärt sich aber dadurch sehr gut auf, daß
das Stück sich der Form nähert, die man im Griechischen, Italiänischen,

Französischen längst gewohnt ist, und welche demjenigen noch immer am besten zusagt, welcher sich an die Englischen Räumereien noch nicht gewöhnt hat.

Rom, den 25. Januar 1787.

Nun wird es mir immer schwerer von meinem Aufenthalt in Rom Rechenschaft zu geben; denn wie man die See immer tiefer findet, je weiter man hineingeht, so geht es auch mir in Betrachtung dieser Stadt.

Man kann das Gegenwärtige nicht ohne das Vergangene erkennen, und die Vergleichung von beiden erfordert mehr Zeit und Ruhe. Schon die Lage dieser Hauptstadt der Welt führt uns auf ihre Erbauung zurück. Wir sehen bald, hier hat sich kein wanderndes, großes, wohlgeführtes Volk niedergelassen, und den Mittelpunkt eines Reiches weislich festgesetzt; hier hat kein mächtiger Fürst einen schicklichen Ort zum Wohnsitz einer Colonie bestimmt. Nein, Hirten und Gesindel haben sich hier zuerst eine Stätte bereitet, ein paar rüstige Jünglinge haben auf dem Hügel den Grund zu Palästen der Herren der Welt gelegt, an dessen Fuß sie die Willkür des Nachrichters zwischen Morast und Schilf einst hinlegte. So sind die sieben Hügel Roms nicht Erhöhungen gegen das Land das hinter ihnen liegt, sie sind es gegen die Tiber und gegen das uralte Bette der Tiber, was Campus Martius ward. Erlaubt mir das Frühjahr weitere Excursionen, so will ich die unglückliche Lage ausführlicher schildern. Schon jetzt nehm' ich den herzlichsten Antheil an dem Jammergeschrei und den Schmerzen der Weiber von Alba, die ihre Stadt zerstören sehen, und den schönen, von einem klugen Anführer gewählten Platz verlassen müssen, um an den Nebeln der Tiber Theil zu nehmen, den elenden Hügel Coelius zu bewohnen und von da nach ihrem verlassenen Paradiese zurück zu sehn. Ich kenne noch wenig von der Gegend, aber ich bin überzeugt, kein Ort der ältern Völker lag so schlecht als Rom, und da die Römer endlich alles verschlungen hatten, mußten sie wieder mit ihren Landhäusern hinaus und an die Plätze der zerstörten Städte rücken, um zu leben und das Leben zu genießen.

Rom, den 25. Januar 1787.

In einer recht friedlichen Betrachtung giebt es Anlaß, wie viele Menschen hier im Stillen leben, und wie sich jeder nach seiner Weise beschäftigt. Wir sahen bei einem Geistlichen, der ohne großes angebornes Talent sein Leben der Kunst widmete, sehr interessante Copien trefflicher Gemälde, die er in Miniatur nachgebildet hat. Sein vorzüglichstes nach dem Abendmahl des Leonard da Vinci in Mailand. Der Moment ist genommen da Christus den Jüngern, mit denen er vergnügt und freundschaftlich zu Tische sitzt, erklärt und sagt: aber doch ist einer unter euch, der mich verräth. —

Man hofft einen Kupferstich entweder nach dieser Copie oder nach andern mit denen man sich beschäftigt. Es wird das größte Geschenk seyn, wenn eine treue Nachbildung im großen Publicum erscheint.

Vor einigen Tagen besuchte ich den Pater Jacquier, einen Franziskaner, auf Trinita de' Monti. Er ist Franzos von Geburt, durch mathematische Schriften bekannt, hoch in Jahren, sehr angenehm und verständig. Er kannte zu seiner Zeit die besten Männer, und hat sogar einige Monate bei Voltaire zugebracht, der ihn sehr in Affection nahm.

Und so habe ich noch mehr gute solide Menschen kennen lernen, dergleichen sich hier anzählige befinden, die ein pfäffisches Mißtrauen auseinander hält. Der Buchhandel giebt keine Verbindung und die litterarischen Neuigkeiten sind selten fruchtbar.

Und so geziemt es dem Einsamen die Einsiedler aufzusuchen. Denn seit der Aufführung des Aristodems, zu dessen Gunsten wir uns wirklich thätig erwiesen hatten, führte man mich abermals in Versuchung; es lag aber nur zu klar am Tage, daß es nicht um mich zu thun sey, man wollte seine Partei verstärken, mich als Instrument brauchen, und wenn ich hätte hervorgehen und mich erklären wollen, hätte ich auch als Phantom eine kurze Rolle gespielt. Nun aber, da sie sehen, daß mit mir nichts anzufangen ist, lassen sie mich gehn, und ich wandle meinen sichern Weg fort.

So meine Existenz hat einen Ballast bekommen, der ihr die gehörige Schwere giebt; ich fürchte mich nun nicht mehr vor den Gespenstern, die so oft mit mir spielten. Seyd auch gutes Muths, Ihr werdet mich schon halten und mich zu euch zurückziehen.

Rom, den ... Januar 1787.

Zwei Betrachtungen, die durch alles durchgehen, welchen sich beigegeben man jeden Augenblick aufgefordert wird, will ich, da sie mir hier geworden, zu bezeichnen nicht verfehlen.

Durch also wird man bei dem ungeheuren und doch nur schwer.... lichsten Reichthum dieser Stadt, bei jedem Kunstgegenstande aufgefordert, nach der Zeit zu fragen, die ihm das Dasein gegeben. Durch Winkelmann sind wir dringend aufgeregt, die Epochen zu sondern, den verschiedenen Styl zu erkennen, dessen sich die Völker bedienten, den sie in Folge der Zeiten nach und nach ausgebildet und zuletzt wieder verbildet. Hiervon überzeugt sich jeder wahre Kunstfreund. Anerkennen thun wir alle die Richtigkeit und das Gewicht der Forderung.

Aber wie nun zu dieser Einsicht gelangen? Angeschaut nicht viel, der Begriff richtig und deutlich aufgestellt, aber das Einzelne im ungewissen Dunkel. Eine vieljährige entschiedene Uebung des Auges ist nöthig, und man muß erst lernen, um fragen zu können. Da hilft kein Zaudern und Zögern, die Aufmerksamkeit auf diesen wichtigen Punkt ist nun einmal rege, und jeder, dem es Ernst ist, sieht wohl ein, daß auch in diesem Felde kein Urtheil möglich ist, als wenn man es historisch entwickeln kann.

Die zweite Betrachtung beschäftigt sich ausschließlich mit der Kunst der Griechen und sucht zu erforschen, wie jene unvergleichlichen Künstler verfahren, um aus der menschlichen Gestalt den Kreis göttlicher Bildung zu entwickeln, welcher vollkommen abgeschlossen ist und worin kein Hauptcharakter, so wenig als die Uebergänge und Vermittlungen fehlen. Ich habe eine Vermuthung, daß sie nach eben den Gesetzen verfahren, nach welchen die Natur verfährt und denen ich auf der Spur bin. Nur ist doch etwas anderes dabei, das ich nicht auszusprechen wüßte.

Rom, den 4. Februar 1787.

Von der Schönheit, im vollen Mondschein Rom zu umwandern, hat man, ohne es gesehen zu haben, keinen Begriff. Alles Einzelne wird von den großen Massen des Lichts und Schattens verschlungen, und nur die größten, allgemeinsten Bilder stellen sich dem Auge dar. Seit drei Tagen haben wir die hellsten und herrlichsten Nächte wohl und vollständig genossen. Einen vorzüglich schönen Anblick gewährt das Coliseo. Es wird Nachts zugeschlossen, ein Eremit wohnt darin an einem Kirchelchen und Bettler nisten in den verfallenen Gewölben. Sie hatten auf flachem Boden ein Feuer angelegt, und eine stille Luft trieb den Rauch erst auf der Arena hin, daß der untere Theil der Ruinen bedeckt war, und die ungeheuern Mauern oben drüber finster hervorragten. Wir standen am Gitter und sahen dem Phänomen zu, der Mond stand hoch und heiter. Nach und nach zog sich der Rauch durch die Wände, Löcher und Oeffnungen, ihn beleuchtete der Mond wie einen Nebel. Der Anblick war köstlich. So muß man das Pantheon, das Capitol beleuchtet sehen, den Vorhof der Peterskirche und andere große Straßen und Plätze. Und so haben Sonne und Mond, eben wie der Menschengeist, hier ein ganz anderes Geschäft als andern Orten, hier, wo ihrem Blick ungeheure und doch gebildete Massen entgegen stehn.

Rom, den 15. Februar 1787.

Eines Glücksfalls muß ich erwähnen, obgleich eines geringen. Doch alles Glück, groß oder klein, ist von Einer Art, und immer erfreulich. Auf Trinita de' Monti wird der Grund zum neuen Obelisk gegraben, dort eben ist alles aufgeschüttetes Erdreich von Ruinen der Gärten des Lucullus, die nachher an die Kaiser kamen. Mein Perückenmacher geht frühe dort vorbei und findet im Schutte ein flach Stück gebranntes Thon mit einigen Figuren, wäscht's und zeigt es uns. Ich eigne es mir gleich zu. Es ist nicht gar eine Hand groß, und scheint von dem Rande einer großen Schüssel zu seyn. Es stehen zwei Greifen an einem Opfertische, sie sind von der schönsten Arbeit und freuen mich ungemein. Stünden sie auf einem geschnittenen Stein, wie gern würde man damit siegeln.

Von vielen andern Sachen sammelt's sich auch um mich, und nichts Vergebliches oder Leeres, welches hier unmöglich wäre; alles unterrichtend und bedeutend. Am liebsten ist mir denn aber doch, was ich in der Seele mitnehme, und was, immer wachsend, sich immer vermehren kann.

Rom, den 16. Februar 1787.

Vor meiner Abreise nach Neapel konnte ich einer nochmaligen Vorlesung meiner Iphigenia nicht entgehen. Madam Angelica und Hofrath Reiffenstein waren die Zuhörer, und selbst Herr Zucchi hatte darauf gedrungen, weil es der Wunsch seiner Gattin war; er arbeitete indeß an einer großen architektonischen Zeichnung, die er in Decorationen vortrefflich zu machen versteht. Er war mit Clerisseau in Dalmatien, hatte sich überhaupt mit ihm associirt, zeichnete die Figuren zu den Gebäuden und Ruinen, die jener herausgab, und lernte dabei so viel Perspective und Effect, daß er sich in seinen alten Tagen auf eine würdige Weise auf dem Papier damit vergnügen kann.

Die zarte Seele Angelica nahm das Stück mit unglaublicher Innigkeit auf; sie versprach mir eine Zeichnung daraus aufzustellen, die ich zum Andenken besitzen sollte. Und nun gerade, als ich mich von Rom zu scheiden bereite, werde ich auf eine zarte Weise mit diesen werthvollesten Personen verbunden. Es ist mir zugleich ein angenehmes und schmerzliches Gefühl, wenn ich mich überzeuge, daß man mich ungern vermißt.

Rom, den 16. Februar 1787.

Die glückliche Ankunft der Iphigenia wurde mir auf eine überraschende und angenehme Weise verkündigt. Auf dem Wege nach der Oper brachte man mir den Brief von wohlbekannter Hand und besonders doppelt willkommen mit dem Zeichen gesiegelt, als verläßliches Wahrzeichen des glücklich angelangten Paktes. Ich drängte mich in das Opernhaus und suchte mir mitten unter dem fremden Volk einen Platz unter dem großen Lüster zu verschaffen. Hier fühlte ich mich so nah an die Meinigen gerückt, daß ich hätte aufspringen und sie umarmen mögen. Herzlich dank' ich, daß mir die rasche Ankunft gemeldet worden, möget ihr euer nächstes mit einem guten Worte des Beifalls begleiten.

Hier folgt das Verzeichniß wie die Exemplare, die ich von Göschen zu erwarten habe, unter die Freunde vertheilt werden sollen, denn ob es mir gleich ganz gleichgültig ist, wie das Publikum diese Sachen betrachtet, so wünsche ich doch dadurch meinen Freunden einige Freude bereitet zu haben.

Man unternimmt nur zu viel. Denke ich an meine vier letzten Bände im Ganzen, so möchte mir schwindelnd werden, ich muß sie einzeln angreifen, und so wird es gehn.

Hätte ich nicht besser gethan, nach meinem ersten Entschluß diese Dinge fragmentarisch in die Welt zu schicken, und neue Gegenstände, an denen ich frischeren Antheil nehme, mit frischem Muth und Kräften zu unternehmen? Thät' ich nicht besser Iphigenia auf Delphi zu schreiben, als mich mit den Grillen des Tasso herum zu schlagen? und auch habe ich auch dahinein schon zu viel von meinem Eignen gelegt, als daß ich es fruchtlos aufgeben sollte.

Ich habe mich auf den Vorsaal an's Kamin gesetzt, und die Wärme eines dießmal gut genährten Feuers gibt mir frischen Muth, ein neues Blatt anzufangen, denn es ist doch gar zu schön, daß man mit seinen neusten Gedanken so weit in die Ferne reichen, ja seine nächsten Umgebungen durch Worte dorthin versetzen kann. Das Wetter ist ganz herrlich, die Tage nehmen merklich zu, Lorbeeren und Buchsbäume blühen, auch die Mandelbäume. Heute früh überraschte mich ein wundersamer Anblick: ich sah von Ferne hohe stangenähnliche Bäume, über und über von dem schönsten Biolet bekleidet. Bei näherer Untersuchung war es der Baum, in unsern Treibhäusern unter dem Namen Judasbaum bekannt, den Botaniker als cercis siliquastrum. Seine violetten Schmetterlingsblumen bringt er unmittelbar aus dem Stamme hervor. Abgeholzt den letzten Winter waren die Stangen, die ich vor mir sah, aus deren Rinde die wohlgebildete und gefärbte Blume zu Tausenden hervorbrach. Die Maaslieben bringen wie Ameisen aus dem Boden, Crocus und Adonis erscheinen seltner, aber desto zierlicher und gezierter.

Was wird mir nicht erst das mittägigere Land für Freuden und Einsichte geben, aus denen für mich neue Resultate hervortreten. Es ist mit natürlichen Dingen wie mit der Kunst; es ist so viel darüber geschrieben, und jeder, der sie sieht, kann sie doch wieder in neue Combination setzen.

Denke ich an Neapel, ja gar nach Sicilien, so fällt es einem sowohl in der Erzählung als in Bildern auf, daß in diesen Paradiesen der Welt sich zugleich die vulcanische Hölle so gewaltsam aufthut und seit Jahrtausenden die Wohnenden und Genießenden aufschreckt und irre macht.

Doch schlage ich mir die Hoffnung, jener viel bedeutenden Ansichten gern aus dem Sinne, um vor meiner Abreise die alte Hauptstadt der Welt noch recht zu brauchen.

Seit vierzehn Tagen bin ich von Morgen bis in die Nacht in Bewegung; was ich noch nicht gesehn such' ich auf. Das Vorzüglichste wird zum zweiten und drittenmal betrachtet, und nun ordnet sich's einigermaßen. Denn indem die Hauptgegenstände an ihre rechte Stelle kommen, so ist für viele mindere dazwischen Platz und Raum. Meine Liebschaften reinigen und entscheiden sich, und nun erst kann mein Gemüth vom Größeren und Rechtesten mit gelassener Theilnahme sich entgegen heben.

Dabei findet man denn wohl den Künstler beneidenswerth, der durch Nachbildung und Nachahmung auf alle Weise jenen großen Intentionen sich mehr nähert, sie besser begreift als der bloß Beschauende und Denkende. Doch muß am Ende jeder thun was er vermag, und so spanne ich denn alle Segel meines Geistes auf, um diese Küsten zu umschiffen.

Das Kamin ist diesmal recht durchgewärmt, und die schönsten Kohlen aufgehäuft, welches bei uns selten geschieht, weil nicht leicht jemand Lust und Zeit hat dem Kaminfeuer ein paar Stunden Aufmerksamkeit zu widmen; und so will ich denn dieses schöne Klima benutzen, um einige Bemerkungen aus meiner Schreibtafel zu retten, die schon halb verloschen sind.

Am zweiten Februar begaben wir uns in die Sixtinische Kapelle zur Fauxlion, bei welcher die Kerzen geweiht werden. Ich fand mich gleich sehr unbehaglich, und zog mit den Freunden bald wieder hinaus. Denn ich dachte: das sind ja grade die Kerzen, welche seit dreihundert Jahren diese herrlichen Gemälde verdüstern, und das ist ja eben der Gebrauch, der mit heiliger Unverschämtheit die einzige Kunstsonne nicht nur umwölkt, sondern von Jahr zu Jahren mehr trübe macht, und zuletzt gar in Finsterniß versenkt.

Darauf suchten wir der Frische kaum nach einem großen Spaziergange auf St. Onofrio, wo Tasso in einem Winkel begraben liegt. Auf der Klosterbibliothek steht seine Büste. Das Gesicht ist von Wachs, und ich glaube gern, daß es über seinen Leichnam abgeformt sey. Nicht ganz scharf, auch hie und da verdorben, deutet es doch im

Ganzen mehr als irgend ein anderes seiner Bildnisse auf einen talentvollen, zarten, feinen, in sich geschlossenen Mann.

So viel für diesmal. Jetzt will ich an des ehrlichen Volkmann's zweiten Theil, der Rom enthält, um auszuziehen, was ich noch nicht gesehen habe. Ehe ich nach Neapel reise, muß die Ernte wenigstens niedergemäht seyn; sie in Garben zu binden werden auch schon gute Tage kommen.

Rom, den 17. Februar 1787.

Das Wetter ist unglaublich und unsäglich schön, den ganzen Februar, bis auf vier Regentage, ein reiner heller Himmel, gegen Mittag fast zu warm. Nun sucht man das Freie, und wenn man bisher sich nur mit Göttern und Helden abgeben mochte, so tritt die Landschaft auf einmal wieder in ihre Rechte, und was heftet sich an die Umgebungen, die der herrlichste Tag belebt. Manchmal erinnere ich mich, wie der Künstler in Norden den Strohdächern und verfallenen Schlössern etwas abzugewinnen sucht, wie man sich an Bach und Busch und zer bröckeltem Gestein herumdrückt, um eine malerische Wirkung zu erhaschen, und ich komme mir ganz wunderbar vor, wie so mehr, als jene Dinge nach so langer Gewohnheit einem noch immer anstehen; nun habe ich mir aber seit vierzehn Tagen einen Muth gefaßt, und bin mit kleinen Blättern hinausgegangen, durch die Tiefen und Höhen der Villen, und habe mir, ohne viel Besinnens, kleine auffallende, wahrhaft südliche und Römische Gegenstände entworfen, und suche nun, mit Hülfe des guten Glücks, ihnen Licht und Schatten zu geben. Es ist gar eigen, daß man deutlich sehen und wissen kann, was gut und besser sey, will man sich's aber zueignen, so schwindet's gleichsam unter den Händen, und wir greifen nicht nach dem Rechten, sondern nach dem was wir zu fassen gewohnt sind. Nur durch geregelte Uebung könnte man vorwärts kommen; wo aber sollte ich Zeit und Sammlung finden? Indessen fühle ich mich denn doch durch das leidenschaftliche, vierzehntägige Streben um vieles gebessert.

Die Künstler belehren mich gerne, denn ich fasse geschwind. Nun ist aber das Begriffne nicht gleich gethan: etwas schnell zu begreifen ist ja ahnahin die Eigenschaft des Geistes, aber etwas recht zu thun, dazu gehört die Uebung des ganzen Lebens.

Und doch soll der Liebhaber, so schwach er auch nachstrebt, sich nicht abschrecken lassen. Die wenigen Linien die ich aufs Papier ziehe, oft übereilt, selten richtig, erleichtern mir jede Vorstellung von sinnlichen Dingen, denn man erhebt sich ja eher zum Allgemeinen, wenn man die Gegenstände genauer und schärfer betrachtet.

Mit dem Künstler nur muß man sich nicht vergleichen, sondern nach seiner eigenen Art verfahren; denn die Natur hat für ihre Kinder gesorgt, der Geringste wird nicht, auch durch das Daseyn des Trefflichsten, an seinem Daseyn gehindert: „ein kleiner Mann ist auch ein Mann!" und dabei wollen wir's denn bewenden lassen.

Ich habe zweimal das Meer gesehen, erst das adriatische, dann das mittelländische, nur gleichsam zum Besuch. In Neapel wollen wir bekannter werden. Es rückt alles auf einmal in mir herauf! warum nicht früher, warum nicht wohlfeiler! Wie viele tausend Sachen, manche ganz neu und von vorn hätte ich mitzutheilen.

Rom, den 16. Februar 1787
Werde nach verlangener Carneval-Thorheit.

Ich lasse bei meiner Abreise Moritzen ungern allein. Er ist auf gutem Wege, doch wie er für sich geht, so macht er sich gleich beliebte Schlupfwinkel. Ich habe ihn aufgemuntert an Herdern zu schreiben, der Brief liegt bei, ich wünsche eine Antwort, die etwas Zierliches und Höflisches enthalte. Es ist ein sonderbar guter Mensch, er wäre viel weiter, wenn er von Zeit zu Zeit Personen gefunden hätte, fähig und liebevoll genug, ihn über seinen Zustand aufzuklären. Gegenwärtig kann er kein gelegneteres Verhältniß anknüpfen, als wenn ihm Herder erlaubt, manchmal zu schreiben. Er beschäftigt sich mit einem lobenswürdigen antiquarischen Unternehmen, das wohl verdient gefördert zu werden. Freund Herder wird nicht leicht seine Mühe besser angewendet, und gute Saat kaum in einen fruchtbarern Boden gelegt haben.

Das große Portrait, welches Tischbein von mir unternommen, wächst schon aus der Leinwand heraus. Der Künstler hat sich durch einen fertigen Bildhauer ein kleines Modell von Thon machen lassen, welches gar zierlich mit einem Mantel drapirt worden. Darnach malt er fleißig, denn es sollte freilich vor unserer Abreise nach Neapel schon auf einen gewissen Punkt gebracht seyn, und es gehört schon Zeit dazu, eine so große Leinwand mit Farben auch nur zu bedecken.

Rom, den 19. Februar 1787.

Das Wetter fährt fort über allen Ausdruck schön zu seyn; heute war ein Tag, den ich mit Schmerzen unter den Narren zubrachte. Mit Anbruch der Nacht erholte ich mich auf der Villa Medici; Neumond ist eben vorbei, und neben der zarten Mondsichel konnte ich die ganze dunkle Scheibe, fast mit bloßen Augen, durchs Perspectiv ganz deutlich sehn. Ueber der Erde schwebt ein Duft des Tags über, den man nur aus Gemälden und Zeichnungen des Claude kennt, das Phänomen in der Natur aber nicht leicht so schön sieht als hier. Nun kommen mir Blumen aus der Erde, die ich noch nicht kenne, und neue Blüthen von den Bäumen; die Mandeln blühen, und machen eine neue luftige Erscheinung zwischen den dunkelgrünen Eichen; der Himmel ist wie ein hellblauer Tafft von der Sonne beschienen. Wie wird es erst in Neapel seyn! Wir finden das meiste schon grün. Meine botanischen Grillen bekräftigen sich an allem diesen, und ich bin auf dem Wege neue schöne Verhältnisse zu entdecken, wie die Natur solch ein Ungeheures, das wie nichts aussieht, aus dem Einfachen das Mannigfaltigste entwickelt.

Der Vesuv wirft Steine und Asche aus, und bei Nacht sieht man den Gipfel glühen. Gebe uns die wirkende Natur einen Lavafluß. Nun kann ich kaum erwarten bis auch diese großen Gegenstände mir eigen werden.

Rom, den 21. Februar 1787. Aschermittwoch.

Nun ist der Narrheit ein Ende. Die unzähligen Lichter gestern Abend wären noch ein toller Spectakel. Das Carneval in Rom muß man gesehen haben, um den Wunsch völlig los zu werden, es je wieder zu sehen. Zu schreiben ist davon gar nichts, bei einer mündlichen Darstellung möchte es allenfalls unterhaltend seyn. Was man dabei unangenehm empfindet, daß die innere Fröhlichkeit den Menschen fehlt, und es ihnen an Gelde mangelt, das Bißchen Lust was sie noch haben mögen auszulassen. Die Großen sind ökonomisch und halten zurück, der Mittelmann unvermögend, das Volk lahm. An den letzten Tagen war ein unglaublicher Lärm, aber keine Herzensfreude. Der Himmel, so unendlich rein und schön, blickte so edel und unschuldig auf diese Possen.

Da man aber doch das Nachbilden hier nicht lassen kann, so sind zur Lust der Kinder Masken des Carnevals und Römische eigenthümliche Kleidungen gezeichnet, dann mit Farben angestrichen worden, da sie denn ein fehlendes Capitel des Orbis pictus den lieben Kleinen ersetzen mögen.

Rom, den 21. Februar 1787.

Ich benutze die Augenblicke zwischen dem Einpacken um noch einiges nachzuholen. Morgen gehn wir nach Neapel. Ich freue mich auf das Neue, das unaussprechlich schön seyn soll, und hoffe in jener paradiesischen Natur wieder neue Freiheit und Lust zu gewinnen, hier im ernsten Rom wieder an das Studium der Kunst zu gehen.

Das Einpacken wird mir leicht, ich thue es mit leichterem Herzen als vor einem halben Jahre, da ich mich von allem loslös'te was mir so lieb und werth war. Ja es ist schon ein halbes Jahr, und von den vier Monaten, in Rom zugebracht, habe ich keinen Augenblick verloren, welches zwar viel heißen will, aber doch nicht zu viel gesagt ist.

Daß Iphigenia angekommen, weiß ich; möge ich am Fuße des Besuvs erfahren, daß ihr eine gute Aufnahme zu Theil geworden.

Mit Tischbein, der so einen herrlichen Blick in Natur als Kunst hat, diese Reise zu machen, ist für mich von der größten Wichtigkeit: doch können wir, als ächte Deutsche, uns doch nicht losmachen von Vorsätzen und Aussichten auf Arbeit. Das schönste Papier ist gekauft, und wir nehmen uns vor daran zu zeichnen, obgleich die Menge, die Schönheit und der Glanz der Gegenstände höchst wahrscheinlich unserm guten Willen Gränzen setzt.

Eins habe ich über mich gewonnen, daß ich von meinen poetischen Arbeiten nichts mitnehme als Tasso allein, zu ihm habe ich die beste

Hoffnung. Wüßt' ich nun was ihr zu Iphigenien sagt, so könnte mir dieß zur Leitung dienen, denn es ist doch eine ähnliche Arbeit, der Gegenstand fast noch beschränkter als jener, und will im Einzelnen noch mehr ausgearbeitet seyn; doch weiß ich noch nicht was es werden kann; das Vorhandene muß ich ganz zerstören, das hat zu lange gelegen, und weder die Personen, noch der Plan, noch der Ton, haben mit meiner jetzigen Ansicht die mindeste Verwandtschaft.

Beim Aufräumen fallen mir einige Eurer lieben Briefe in die Hand, und da treffe ich beim Durchlesen auf den Vorwurf, daß ich mir in meinen Briefen widerspreche. Das kann ich zwar nicht merken, denn was ich geschrieben habe, schicke ich gleich fort, es ist mir aber selbst sehr wahrscheinlich, denn ich werde von ungeheuern Mächten hin und wieder geworfen, und da ist es wohl natürlich daß ich nicht immer weiß wo ich stehe.

Man erzählt von einem Schiffer, der, von einer stürmischen Nacht auf der See überfallen, nach Hause zu steuern trachtete. Sein Söhnchen, in der Finsterniß an ihn geschmiegt, fragte: Vater, was ist denn das für ein närrisches Lichtchen dort, das ich bald über uns, bald unter uns sehe? Der Vater versprach ihm die Erklärung des andern Tags, und da fand es sich, daß es die Flamme des Leuchtthurms gewesen die einem von wilden Wogen auf und niedergeschaukelten Auge bald unten bald oben erschien.

Auch ich steure auf einem leidenschaftlich bewegten Meere dem Hafen zu, und halte ich die Gluth des Leuchtthurms nur scharf im Auge, wenn sie mir auch den Platz zu verändern scheint, so werde ich doch zuletzt am Ufer genesen.

Bei der Abreise fällt einem doch immer jedes frühere Scheiden und auch das künftige letzte unwillkürlich in den Sinn, und mir drängt sich, dießmal stärker als sonst, dabei die Bemerkung auf, daß wir viel zu viel Voranstalten machen um zu leben, denn so lehren auch wir, Tischbein und ich, so vielen Herrlichkeiten, sogar unserm wohlausgestatteten, eignen Museum den Rücken. Da stehn nun drei Junonen zur Vergleichung neben einander, und wir verlassen sie als wenn's keine wäre:

Neapel.

Velletri, den 22. Februar 1787.

Bei guter Zeit sind wir hier angelangt. — Schon vorgestern verfinsterte sich das Wetter, die schönen Tage hatten uns trübe gebracht, doch deuteten einige Luftzeichen, daß es sich wieder zum Guten bequemen werde, wie es denn auch eintraf. Die Wolken trennten sich nach und nach, hier und da erschien der blaue Himmel, und endlich beleuchtete die Sonne unsere Bahn. Wir kamen durch Albano, nachdem wir vor Genzano an dem Eingang eines Parks gehalten hatten, den Prinz Chigi, der Besitzer, auf eine wunderliche Weise hält, nicht unterhält, deshalb auch nicht will daß sich jemand darin umsehe. Hier bildet sich eine wahre Wildnis: Bäume und Gesträuche, Kräuter und Ranken wachsen wie sie wollen, verdorren, stürzen um, verfaulen. Das ist alles recht und nur desto besser. Der Platz vor dem Eingang ist unsäglich schön. Eine hohe Mauer schließt das Thal, eine vergitterte Pforte läßt hineinblicken, dann steigt der Hügel aufwärts, wo dann oben das Schloß liegt. Es gäbe das größte Bild wenn es ein rechter Künstler unternähme.

Nun darf ich nicht weiter beschreiben, und sage nur: daß, als wir von der Höhe die Gebirge von Sezza, die Pontinischen Sümpfe, das Meer und die Inseln erblickten, daß in dem Moment ein starker Streifregen über die Sümpfe nach dem Meer zog, Licht und Schatten, abwechselnd und bewegt, die öde Fläche gar mannichfaltig belebten. Sehr schön wirkten hiezu mehrere von der Sonne erleuchtete Rauchsäulen, die aus zerstreuten, kaum sichtbaren Hütten emporstiegen.

Velletri liegt sehr angenehm auf einem vulkanischen Hügel, der nur gegen Norden mit andern zusammenhängt, über drei Himmelsgegenden aber den freisten Anblick gewährt.

Nun besahen wir das Cabinet des Cavaliere Borgia, welcher, begünstigt durch die Verwandtschaft mit dem Cardinal und der Propaganda, treffliche Alterthümer und sonstige Merkwürdigkeiten hier zusammen stellen konnte: Ägyptische Götzen, aus dem härtesten Steine gebildet, kleinere Metallfiguren früherer und späterer Zeit; in der Gegend ausgegrabene aus Thon gebrannte, flach erhobene Bildwerke, durch welche veranlaßt man den alten Volskern einen eignen Styl zuschreiben will

Von allerlei andern Raritäten besitzt das Museum mancherlei. Ich merkte mir zwei Chinesische Tuschkästchen, wo auf den Stücken des einen die ganze Zucht der Seidenwürmer, auf dem andern der Reisbau vorgestellt ist, beides höchst nach genommen und ausführlich gearbeitet. Das Kästchen so wie die Entwicklung desselben sind ausnehmend schön und dürfen sich neben dem von mir schon gelobten Buch auf der Bibliothek der Propaganda wohl sehen lassen.

Es ist freilich unverantwortlich daß man diesen Schatz so nahe bei Rom hat und denselben nicht öfter besucht. Doch mag die Unbequemlichkeit einer jeden Nachsucht in diesen Gegenden und die Gewalt des Römischen Zauberkreises zur Entschuldigung dienen. Als wir nach der Herberge gingen, riefen uns einige vor ihren Hausthüren sitzende Weiber an, ob wir nicht auch Alterthümer zu kaufen Lust hätten, und als wir uns darnach sehr begierig erwiesen, holten sie alte Kessel, Feuerzange nebst anderem schlechtem Hausgeräthe, und wollten sich zu Tod lachen uns angeführt zu haben. Als wir uns deßhalb entrüsteten, brachte unser Führer die Sache wieder in's Gleiche: denn er versicherte daß dieser Spaß hergebracht sey und daß alle Fremden denselben Tribut entrichten müßten.

Dieß schreib' ich in einer sehr übeln Herberge und fühle in mir weder Kraft noch Behagen weiter fortzufahren. Also die freundlichste gute Nacht!

Fondi, den 23. Februar 1787.

Schon früh um drei Uhr waren wir auf dem Wege. Als es tagte, fanden wir uns in den Pontinischen Sümpfen, welche kein so übles Ansehn haben, als man sie in Rom gemeiniglich beschreibt. Man kann zwar ein so großes und weitläufiges Unternehmen, als die beabsichtigte Austrocknung ist, auf der Durchreise nicht beurtheilen, allein es scheint mir doch, daß die Arbeiten welche der Papst angeordnet, die gewünschten Endzwecke wenigstens zum größten Theil erreichen werden. Man denke sich ein weites Thal, das sich von Norden nach Süden mit wenigem Falle hinzieht, ostwärts gegen die Gebirge zu vertieft, westwärts aber gegen das Meer zu erhöht liegt.

Der ganzen Länge nach, in gerader Linie, ist die alte Via Appia wieder hergestellt, an der rechten Seite desselben der Hauptcanal gezogen, und das Wasser fließt darin gelind hinab, dadurch ist das Erdreich der rechten Seite nach dem Meere zu ausgetrocknet und dem Feldbau übergeben; so weit das Auge sehen kann ist es bebaut oder kann es werden, wenn sie Pächter finden; einige Flecke ausgenommen die allzu tief liegen.

Die linke Seite nach dem Gebirg zu ist schon schwerer zu behandeln. Zwar gehen Quercanäle unter der Chaussee in den Hauptcanal; da jedoch der Boden gegen die Berge zu abfällt, so kann es auf diese Weise nicht vom Wasser bedeckt werden. Man will, sagt man, einen zweiten Canal am Gebirge hinführen. Große Strecken, besonders gegen Terracina, sind mit Weiden und Pappeln angeflogen.

Eine Poststation besteht aus einer bloßen langen Strohhütte. Tischbein zeichnete sie und genoß zur Belohnung dafür ein Vergnügen, das nur er völlig zu genießen weiß. Auf dem abgetrockneten Terrain hatte sich ein Schimmel losgemacht, der, sich seiner Freiheit bedienend, auf dem braunen Boden wie ein Lichtstrahl hin und wieder fuhr; wirklich war es ein herrlicher Anblick, durch Tischbein's Entzücken erst recht bedeutend.

Da wo sonst der Ort Mesa stand, hat der Papst ein großes und schönes Gebäude, als den Mittelpunkt der Fläche bezeichnend, aufrichten lassen. Der Anblick desselben vermehrt Hoffnung und Zutrauen für das ganze Unternehmen. Und so ruckten wir immer fort, und lebhaft unterhaltend, weil eingedenk der Warnung daß man auf diesen Wege nicht einschläfen dürfe; und freilich erinnerte uns der blaue Dunst, der schon in dieser Jahrszeit in gewisser Höhe über dem Boden schwebte, an eine gefährliche Lustigkeit. Desto erfreulicher und erwünschter war uns die Felderlage von Terracina, und kaum hatten wir uns dann verfolgt, als wir das Meer gleich davor erblickten. Kurz darauf ließ uns die andere Seite des Standortes ein Schmuckbild neuer Vegetation sehen. Indianische Feigen steckten ihre großen, fetten Blätterstücke zwischen niedrigen graulichgrünen Myrten, unter gelbgrünen Granatbäumen und falbgrünen Olivenzweigen. Am Wege sahen wir neue, uns gesehene Blumen und Sträuche. Anemonen und Narcissi blühten auf den Wiesen. Man behält das Meer eine Zeit lang weiter; die Felspartien aber stießen stets in der Nähe. Diese sind die Fortsetzung der Apenninen, welche sich von Tivoli herziehen und an's Meer anschließen, wovon sie, erst durch die Campagna di Roma, dann durch die Frascatanischen, Albanischen, Belletrischen Vulcane und endlich durch die Pontinischen Sümpfe getrennt wurden. Der Monte Circello, das Vorgebirg Terracina gegenüber, wo die Pontinischen Sümpfe sich endigen, mag gleichfalls aus gereihten Kalkfelsen bestehen.

Wir verließen das Meer und kamen bald in die reizende Ebene von Fondi. Dieser kleine Raum fruchtbaren und bebauten Erdreichs, von einem nicht allzurauhen Gebirg umschlossen, muß jedermann anlachen. Noch hängt die Mehrzahl der Orangen an den Bäumen, die Saat steht grün, durchaus Weizen, Oliven auf den Aeckern, das Städtchen im Grunde. Ein Palmbaum zeichnet sich aus und ward begrüßt. So viel für diesen Abend. Verzeihung der laufenden Feder. Ich muß schreiben ohne zu denken, damit ich nur schreibe. Der Gegenstände sind zu viel, der Aufenthalt zu schlecht und doch meine Begierde allzugroß einiges dem Papiere anzuvertrauen. Mit einbrechender Nacht kamen wir an, und es ist wan Zeit Ruhe zu suchen.

St. Agata, den 24. Februar 1787.

In einer kalten Kammer muß ich Nachricht von einem schönen Tage geben. Als wir aus Fondi herausfuhren ward es eben helle und wir wurden sogleich durch die über die Mauern hängenden Pomeranzen auf beiden Seiten des Wegs begrüßt. Die Bäume hängen so voll, als man sich's nur denken kann. Obenher ist das junge Laub gelblich, unten aber und in der Mitte von dem saftigsten Grün. Mignon hatte wohl Recht sich dahin zu sehnen.

Dann fuhren wir durch wohlgeackerte und bestellte Weizenfelder, in schicklichen Räumen mit Oliven bepflanzt. Der Wind bewegte sie und brachte die Unterfläche der Blätter an's Licht, die Aeste bogen sich leicht und zierlich. Es war ein grauer Morgen, ein starker Nordwind versprach alles Gewölk völlig zu zerteilen.

Dann zog der Weg im Thale hin, zwischen steinichten über gut bebauten Aeckern, die Saat von schönstem Grün. An einigen Orten sah man geräumige, runde, gepflasterte Plätze, mit niedrigen Mäuerchen umgeben; hier bricht man die Frucht sogleich aus, ohne sie in Garben nach Hause zu fahren. Das Thal ward schmäler, der Weg ging bergan, Kalkfelsen standen nackt an beiden Seiten. Der Sturm war heftiger hinter und her. Es fielen Graupeln die sehr langsam thauten.

Einige Mauern antiker Gebäude mit netzförmiger Arbeit überraschten uns. Auf der Höhe sind die Plätze felsig, doch mit Olivenbäumen bepflanzt, wo nur das geringste Erdreich sie aufnehmen konnte. Nun über eine Planie mit Oliven, sodann durch ein Städtchen. Eingemauert fanden wir nun Altäre, antike Grabsteine, Fragmente aller Art in den Gartenumfriedigungen, dann trefflich gemauerte, jetzt aber mit Erdreich ausgefüllte Untergeschosse alter Landhäuser, nunmehr von Olivenwäldchen bewachsen. Dann erblicken wir den Vesuv, eine Rauchwolke auf seinem Scheitel.

Mola di Gaeta begrüßte uns abermals mit den reichsten Pomeranzenbäumen. Wir blieben einige Stunden. Die Bucht vor dem Städtchen gewährt eine der schönsten Aussichten, das Meer spült bis heran. Folgt das Auge dem rechten Ufer und erreicht es zuletzt das Hornende des halben Monds, so sieht man auf einem Felsen die Festung Gaeta in mäßiger Ferne. Das linke Horn erstreckt sich viel weiter; erst sieht man eine Reihe Gebirge, dann den Vesuv, dann die Inseln. Ischia liegt fast der Mitte gegenüber.

Hier fand ich am Ufer die ersten Seesterne und Seeigel ausgespült. Ein schönes grünes Blatt, wie das feinste Velinpapier, dann aber merkwürdige Geschiebe: am häufigsten die gewöhnlichen Kalksteine, sodann aber auch Serpentin, Jaspis, Quarz, Kieselbreccien, Granite, Porphyre, Marmorarten, Glas von grüner und blauer Farb. Die zuletzt genannten Steinarten sind schwerlich in dieser Gegend erzeugt, sind wahrscheinlich Trümmer alter Gebäude, und so sehen wir denn, wie die Welle vor unsern Augen mit den Herrlichkeiten der Vorwelt spielen darf. Wir verweilten gern und hatten unsere Lust an der Natur der Menschen, die sich brutal als Wilde betragen. Von Mola sich entfernend, hat man immer schöne Aussicht, bis sich auch das Meer verliert. Der letzte Blick darauf ist eine liebliche Seebucht, die gezeichnet ward. Nun folgt gutes Fruchtfeld mit Aloen eingezäunt. Wir erblicken eine Wasserleitung, die sich vom Gebirg her nach undeutlichen verworrenen Ruinen zog.

Dann folgt die Ueberfahrt über den Fluß Garigliano. Man

wandert sodann durch ziemlich fruchtbare Gegenden auf ein Gebirg los.
Nichts auffallendes. Endlich der erste vulcanische Aschenhügel. Hier
beginnt eine große herrliche Gegend von Bergen und Gründen, über
welche zuletzt Schneegipfel hervorragen. Auf der nähern Höhe eine
lange, wohl in die Augen fallende Stadt. In dem Thal liegt St. Agata,
ein ansehnlicher Gasthof, wo ein lebhaftes Feuer in einem Kamin, das
als Cabinet angelegt ist, brannte. Indessen ist unsere Stube kalt, keine
Fenster, nur Läden, und ich eile zu schließen.

Neapel, den 25, Februar 1787.

Endlich auch hier glücklich und mit guten Vorbereitungen angekommen. Von der Tagereise nur so viel: St. Agata verließen wir
mit Sonnenaufgang, der Wind blies heftig hinter uns her, und dieser
Nordost hielt den ganzen Tag an. Erst Nachmittag ward er Herr von
den Wolken; wir litten von Kälte.

Unser Weg ging wieder durch und über vulcanische Hügel, wo ich
nur noch wenige Kalkfelsen zu bemerken glaubte. Endlich erreichten
wir die Plaine von Capua, bald darnach Capua selbst, wo wir Mittag hielten. Nachmittag that sich ein schönes, flaches Feld vor uns
auf. Die Chaussee geht breit zwischen grünen Weizenfeldern durch, der
Weizen ist wie ein Teppich und wohl spannenhoch. Pappeln sind reihen-
weise auf den Feldern gepflanzt, hoch ausgezweigt und Wein hinange-
zogen. So geht es bis Neapel hinein. Ein klarer, herrlich lockerer
Boden und gut bearbeitet. Die Weinstöcke von ungewöhnlicher Stärke
und Höhe, die Ranken wie Netze von Pappel zu Pappel schwebend.

Der Vesuv blieb uns immer zur linken Seite, gewaltsam dampfend,
und ich war still für mich erfreut, daß ich diesen merkwürdigen Gegenstand endlich auch mit Augen sah. Der Himmel ward immer klärer,
und zuletzt schien die Sonne recht heiß in unsere enge, rollende Wohnung. Bei ganz rein heller Atmosphäre kamen wir Neapel näher;
und nun fanden wir uns wirklich in einem andern Lande. Die Gebäude mit flachen Dächern deuten auf eine andere Himmelsgegend, inwendig mögen sie nicht sehr freundlich seyn. Alles ist auf der Straße,
sitzt in der Sonne so lange sie scheinen will. Der Neapolitaner glaubt
im Besitz des Paradieses zu seyn und hat von den nördlichen Ländern

einen sehr traurigen Begriff: Sempre neve, case di legno, gran igno-
ranza, ma denari assai. Solch ein Bild machen sie sich von unserm
Zustande. Zur Erbauung sämmtlicher deutschen Völkerschaften heißt diese
Charakteristik übersetzt: Immer Schnee, hölzerne Häuser, große Un-
wissenheit, aber Geld genug.

Neapel selbst kündigt sich froh, frei und lebhaft an, unzählige
Menschen rennen durch einander, der König ist auf der Jagd, die Königin
guter Hoffnung und so kann's nicht besser gehn.

Neapel, Montag den 26. Februar 1787.

Alla Locanda del Sgr. Moriconi al Largo del Castello.[1] Unter dieser
eben so heiter als prächtig klingenden Aufschrift würden uns Briefe aus
allen vier Theilen der Welt nunmehr anfinden. In der Gegend des
am Meere liegenden großen Castells erstreckt sich eine große Weitung,
die man, obgleich von allen vier Seiten mit Häusern umgeben, nicht
Platz sondern Weite (largo) genannt hat, wahrscheinlicherweise von
den ersten Zeiten her, da dieses noch ein unbegränztes Feld war. Hier
nun tritt an der einen Seite ein großes Eckhaus herein und wir faßten
Fuß in einem geräumigen Ecksaale, der einen freien und frohen Ueberblick über die immer bewegte Fläche gewährt. Ein eiserner Balkon
zieht sich außen an mehreren Fenstern vorbei, selbst um die Ecke hin.
Man würde davon nicht wegkommen, wenn der scharfe Wind nicht
höchst fühlbar wäre.

Der Saal ist munter verziert, besonders aber die Decke, deren
Arabesken in hundert Abtheilungen schon die Nähe von Pompeji und
Herculanum verkünden. Das wäre nun alles schön und gut, aber
keine Feuerstätte, kein Kamin ist zu bemerken und der Februar übt
hier doch auch seine Rechte. Ich sehnte mich nach einiger
Erwärmung.

Man brachte mir einen Dreifuß, von der Erde dergestalt erhöht,
daß man die Hände bequem drüber halten konnte. Auf demselben war
ein flaches Becken befestigt, dieses enthielt ganz zarte, glühende Kohlen,
gar glatt mit Asche bedeckt. Hier gilt es nun haushältig seyn, wie

---

[1] Im Gasthaus des Herrn Moriconi am Castell-Platz.

wir es in Rom schon gelernt. Mit dem Ohr eines Schlüssels zieht man von Zeit zu Zeit die oberflächliche Asche behutsam weg, so daß von den Kohlen wieder etwas an die freie Luft gelange. Wollte man jedoch ungeduldig die Gluth aufwühlen, so würde man einen Augenblick größere Wärme spüren, aber sehr bald die ganze Gluth erschöpft haben, da denn das Becken abermals, gegen Erlegung einer gewissen Summe, zu füllen wäre.

Ich befand mich nicht ganz wohl und hätte freilich mehr Bequemlichkeit gewünscht. Eine Schilfmatte diente gegen die Einflüsse des Estrichs; Pelze sind nicht gewöhnlich und ich entschloß mich eine Schifferkutte, die wir aus Scherz mitgenommen hatten, anzuziehen, die mir gute Dienste leistete, besonders nachdem ich sie mit einem Kofferstrick um den Leib befestigt hatte, da ich mir denn als Mittelding zwischen Matrosen und Kapuziner sehr komisch vorkommen mußte. Tischbein, der von Besuchen bei Freunden zurückkehrte, konnte sich des Lachens nicht enthalten.

Neapel, den 27. Februar 1787.

Gestern brachte ich den Tag in Ruhe zu, um eine kleine körperliche Unbequemlichkeit erst abzuwarten, heute ward geschwelgt und die Zeit mit Anschauung der herrlichsten Gegenstände zugebracht. Man sage, erzähle, male was man will, hier ist mehr als alles. Die Ufer, Buchten und Busen des Meeres, der Vesuv, die Stadt, die Vorstädte, die Castelle, die Lusträume! — Wir sind auch noch Abends in die Grotte des Posilippo gegangen, da eben die untergehende Sonne zur andern Seite hereinschien. Ich verzieh es allen die in Neapel von Sinnen kommen und erinnerte mich mit Rührung meines Vaters, der einen unauslöschlichen Eindruck, besonders von denen Gegenständen die ich heut zum erstenmal sah, erhalten hatte. Und wie man sagt, daß einer dem ein Gespenst erschienen nicht wieder froh wird, so konnte man umgekehrt von ihm sagen, daß er nie ganz unglücklich werden konnte, weil er sich immer wieder nach Neapel dachte. Ich bin nun nach meiner Art ganz stille, und mache nur, wenn's gar zu toll wird, große, große Augen.

Neapel, den 28. Februar 1787.

Heute besuchten wir Philipp Hackert, den berühmten Landschaftsmaler, der eines besondern Vertrauens, einer vorzüglichen Gnade des Königs und der Königin genießt. Man hat ihm einen Flügel des Palastes Francavilla eingeräumt, den er mit Künstlergeschmack meubliren ließ und mit Zufriedenheit bewohnt. Es ist ein sehr bestimmter, kluger Mann, der, bei unausgesetztem Fleiß, das Leben zu genießen versteht.

Dann gingen wir an's Meer und sahen allerlei Fische und wunderliche Gestalten aus den Wellen ziehen. Der Tag war herrlich, die Tramontane leidlich.

Neapel, den 1. März 1787.

Schon in Rom hatte man meinem eigensinnigen Einsiedlersinne, mehr als mir lieb war, eine gesellige Seite abgewonnen. Freilich scheint es ein wunderlich Beginnen, daß man in die Welt geht um allein bleiben zu wollen. So hatte ich denn auch dem Fürsten von Wáldeck nicht widerstehen können, der mich aufs freundlichste einlud und, durch Rang und Einfluß, mir Theilnahme an manchem Guten verschaffte. Kaum waren wir in Neapel angekommen, wo er sich schon eine Zeit lang aufhielt, als er uns einladen ließ, mit ihm eine Fahrt nach Puzzuol und der anliegenden Gegend zu machen. Ich dachte heute schon auf den Vesuv, Tischbein aber nöthigt mich zu jener Fahrt, die, an und für sich angenehm, bei dem schönsten Wetter, in Gesellschaft eines so vollkommen und gutgerichteten Fürsten, sehr viel Freude und Nutzen verspricht. Auch haben wir schon in Rom eine schöne Dame gesehen, deren werthen Gemahl, von dem Fürsten unzertrennlich; diese soll gleichfalls von der Partie seyn und man hofft alles Erfreuliche.

Auch war ich dieser edlen Gesellschaft durch frühere Unterhaltung genauer bekannt. Der Fürst nämlich fragte bei unserer ersten Bekanntschaft, womit ich mich jetzt beschäftige, und meine Iphigenia war mir so gegenwärtig, daß ich sie einen Abend umständlich genug erzählen konnte. Man ging darauf ein; aber ich glaubte doch zu merken, daß man etwas Lebhafteres, Wilderes von mir erwartet hatte.

Von dem heutigen Tage wäre schwerlich Rechenschaft zu geben. Wer hat es nicht erfahren daß die flüchtige Lesung eines Buchs, das ihn unwiderstehlich fortriß, auf sein ganzes Leben den größten Einfluß hatte und schon die Wirkung entschied, zu der Wiederlesen und ernstliches Betrachten kaum in der Folge mehr hinzuthun konnte. So ging es mir einst mit Sakontala und geht es uns mit bedeutendern Menschen nicht gleicher Weise? Eine Wasserfahrt bis Puzzuoli, leichte Landfahrten, heitere Spaziergänge durch die wundersamste Gegend von der Welt. Unterm reinsten Himmel der unsicherste Boden. Trümmern undenkbarer Wohlhäbigkeit, zerklüftet und unerfreulich. Siedende Wasser, Schwefel aushauchende Grüfte, dem Pflanzenleben widerstrebende Schlackenberge, kahle, widerliche Räume und damit doch zuletzt eine immer üppige Vegetation, eingreifend wo sie nur irgend vermag, sich über alles Erstorbene erhebend um Landseen und Bäche umher, ja den herrlichsten Eichwald an den Wänden eines alten Kraters behauptend.

Und so wird man zwischen Natur und Völkerereignissen hin und wieder getrieben. Man wünscht zu denken und fühlt sich dazu zu ungeschickt. Indessen lebt der Lebendige lustig fort, woran wir es denn auch nicht fehlen ließen. Gebildete Personen, der Welt und ihrem Wesen angehörend, aber auch durch ernstes Geschick gewarnt, zu Betrachtungen aufgelegt. Unbegränzter Blick über Land, Meer und Himmel, zurückgerufen in die Nähe einer liebenswürdigen jungen Dame, Huldigung anzunehmen gewohnt und geneigt.

Unter allem diesem Taumel jedoch verfehl' ich nicht manches anzumerken. Zu künftiger Redaktion wird die an Ort und Stelle benutzte Charte und eine flüchtige Zeichnung von Tischbein die beste Hülfe geben; heute ist mir nicht möglich auch nur das mindeste hinzuzufügen.

—

Den 2. März.

bestieg ich den Vesuv, obgleich bei trübem Wetter und umwölltem Gipfel. Fahrend gelangte ich nach Resina, sodann auf einem Maulthiere den Berg zwischen Weingärten hinauf; nun zu Fuß über die Lava vom Jahre einundsiebenzig, die schon seines aber festes Moos auf sich erzeugt hatte: dann an der Seite der Lava her. Die Hütte des Einsiedlers blieb uns links auf der Höhe. Ferner den Aschenberg hinauf, welches eine saure Arbeit ist. Zwei Drittheile dieses Gipfels waren mit Wolken bedeckt. Endlich erreichten wir den alten nun ausgefüllten Krater, fanden die neuen Laven von zwei Monaten vierzehn Tagen, ja eine schwache von fünf Tagen schon erkaltet. Wir stiegen über sie an einem erst aufgeworfenen vulkanischen Hügel hinauf, er dampfte aus allen Enden. Der Rauch zog von uns weg und ich wollte nach dem Krater gehen. Wir waren ungefähr fünfzig Schritte in den Dampf hinein, als er so stark wurde daß ich kaum meine Schuhe sehen konnte. Das Schnupftuch vorgehalten half nichts, der Führer war uns auch verschwunden, die Tritte auf den aufgeworfenen Lavaklößchen unsicher, ich fand für gut umzukehren und mir den gewünschten Anblick auf einen heitern Tag und verminderten Rauch zu sparen. Indeß weiß ich doch auch wie schlecht es sich in solcher Atmosphäre Athem holt.

Uebrigens war der Berg ganz still. Weder Flamme, noch Brausen, noch Steinwurf, wie er doch die ganze Zeit her trieb. Ich habe ihn nun recognoscirt, um ihn förmlich, sobald das Wetter gut werden will, zu belagern.

Die Laven die ich fand, waren mir meist bekannte Gegenstände. Ein Phänomen habe ich aber entdeckt, das mir sehr merkwürdig schien und das ich näher untersuchen, nach welchem ich mich bei Kennern und Sammlern erkundigen will. Es ist eine tropfsteinförmige Bekleidung einer vulkanischen Esse, die ehemals zugewölbt war, jetzt aber aufgeschlagen ist und aus dem alten nun ausgefüllten Krater herausragt. Dieses feste, zuackliche, tropfsteinförmige Gestein scheint mir durch Sublimation der allerfeinsten vulkanischen Ausdünstungen, ohne Mitwirkung von Feuchtigkeit und ohne Schmelzung, gebildet worden zu seyn, es giebt zu weitern Gedanken Gelegenheit.

Heute, den dritten März, ist der Himmel bedeckt und ein Sirocco weht, zum Posttage gutes Wetter.

Sehr gemischte Menschen, schöne Pferde und wunderliche Fische habe ich hier übrigens schon genug gesehen.

Von der Lage der Stadt und ihren Herrlichkeiten, die so oft beschrieben und belobt sind, kein Wort. Vedi Napoli e poi muori! sagen sie hier. Siehe Neapel und stirb!

Neapel, den 3. März 1787.

Daß kein Neapolitaner von seiner Stadt weichen will, daß ihre Dichter von der Glückseligkeit der hiesigen Lage in gewaltigen Hyperbeln singen, ist ihnen nicht zu verdenken, und wenn auch noch ein paar Vesuve in der Nachbarschaft stünden. Man mag sich hier an Rom gar nicht zurück erinnern; gegen die hiesige freie Lage kommt einem die Hauptstadt der Welt im Tibergrunde wie ein altes, übelplacirtes Kloster vor.

Das See- und Schiffwesen gewährt auch ganz neue Zustände. Die Fregatte nach Palermo ging mit reiner, starker Tramontane gestern ab. Diesmal hat sie gewiß nicht über sechsunddreißig Stunden auf der Fahrt zugebracht. Mit welcher Sehnsucht sah ich den vollen Segeln nach, als das Schiff zwischen Capri und Cap Minerva durchfuhr und endlich verschwand. Wenn man jemand Geliebtes so fortfahren sähe, müßte man vor Sehnsucht sterben! Jetzt weht der Scirocco; wenn der Wind stärker wird, werden die Wellen um den Molo lustig genug seyn.

Heute, als an einem Freitage, war die große Spazierfahrt des Adels, wo jeder seine Equipagen, besonders Pferde, producirt. Man kann unmöglich etwas Zierlicheres sehen als diese Geschöpfe hier: es ist das erstemal in meinem Leben daß mir das Herz gegen sie aufgeht.

Neapel, den 3. März 1787.

Hier schicke ich einige gedrängte Blätter als Nachricht von dem Einstande den ich hier gegeben. Auch ein an der Ecke angeschmauchtes Couvert Eures letzten Briefes, zum Zeugniß daß er mit auf dem Vesuv gewesen. Doch muß ich Euch nicht, weder im Traume noch im Wachen, von Gefahr umgeben erscheinen; seyd versichert, da wo ich gehe ist nicht mehr Gefahr als auf der Chaussee nach Belvedere. Die Erde ist überall des Herrn! kann man wohl bei dieser Gelegenheit sagen. Ich suche seine Abenteuer aus Vorwitz noch Sonderbarlein, aber weil ich weiß klar bin und dem Gegenstand bald seine Eigenthümlichkeit abgewinne, so kann ich mehr thun und wagen als ein anderer. Nach Sicilien ist's nichts weniger als gefährlich. Vor einigen Tagen fuhr die Fregatte nach Palermo mit günstigem Nordostwind ab, sie ließ Capri rechts und hat gewiß den Weg in sechsunddreißig Stunden zurückgelegt. Drüben sieht es auch in der Wirklichkeit nicht so gefährlich aus, als man es in der Ferne zu machen beliebt.

Vom Erdbeben spürt man jetzt im untern Theile von Italien gar nichts, im obern ward neulich Rimini und nahliegende Orte beschädigt. Es hat wunderliche Mucken, man spricht hier davon wie von Wind und Wetter und in Thüringen von Feuersbrünsten.

Mich freut daß Ihr nun mit der neuen Bearbeitung der Iphigenia euch befreundet, noch lieber wäre mir's, wenn euch der Unterschied fühlbarer geworden wäre. Ich weiß was ich daran gethan habe und darf davon reden, weil ich es noch weiter treiben könnte. Wenn es eine Freude ist das Gute zu genießen, so ist es eine größere das Bessere zu empfinden und in der Kunst ist das Beste gut genug.

Neapel, den 5. März 1787.

Den zweiten Fastensonntag benutzten wir von Kirche zu Kirche zu wandern. Wie in Rom alles höchst ernsthaft ist, so treibt sich hier alles lustig und wohlgemuth. Auch die Neapolitanische Malerschule begreift man nur zu Neapel. Hier sieht man mit Verwunderung die ganze Vorderseite einer Kirche von unten bis oben gemalt, über der Thüre Christus, der die Käufer und Verkäufer zum Tempel hinaus treibt, welche zu beiden Seiten munter und zierlich erschreckt die Treppen herunter purzeln. Innerhalb einer andern Kirche ist der Raum über dem Eingang reichhaltig mit einem Frescogemälde geziert, die Vertreibung Heliodor's vorstellend. Luca Giordano mußte sich freilich sputen, um solche Flächen auszufüllen. Auch die Kanzel ist nicht immer, wie anderwärts, ein Katheder, Lehrstuhl für eine einzelne Person, sondern eine Galerie, auf welcher ich einen Kapuziner hin und her schreiten und bald von dem einen bald von dem andern Ende dem Volk seine Sündhaftigkeit vorhalten sah. Was wäre da nicht alles zu erzählen!

Aber weder zu erzählen noch zu beschreiben ist die Herrlichkeit einer Vollmondnacht wie wir sie genossen, durch die Straßen über die Plätze wandelnd, auf der Chiaja, dem unermeßlichen Spaziergang, sodann am Meeresufer hin und wieder. Es übernimmt einen wirklich das Gefühl von Unendlichkeit des Raums. So zu träumen ist denn doch der Mühe werth.

Neapel, den 5. März 1787.

Von einem trefflichen Manne, den ich diese Tage kennen gelernt, muß ich kürzlich das Allgemeinste erwähnen. Es ist Ritter Filangieri, bekannt durch sein Werk über die Gesetzgebung. Er gehört zu den ehrwürdigen jungen Männern, welche das Glück der Menschen und eine löbliche Freiheit derselben im Auge behalten. An seinem Betragen kann man den Soldaten, den Ritter und Weltmann erkennen, gemildert ist jedoch dieser Anstand durch den Ausdruck eines zarten, sittlichen Gefühls, welches, über die ganze Person verbreitet, aus Wort und Wesen gar anmuthig hervorleuchtet. Auch er ist seinem Könige und dessen Königreich im Herzen verbündet, wenn er auch nicht alles billigt was geschieht; aber auch er ist gedrückt durch die Furcht vor Joseph dem Zweiten. Das Bild eines Despoten, wenn es auch nur in der Luft schwebt, ist edlen Menschen schon fürchterlich. Er sprach mit mir ganz offen, was Neapel von jenem zu fürchten habe. Er unterhält sich gern über Montesquieu, Beccaria, auch über seine eigenen Schriften, alles in demselben Geiste des besten Wollens und einer herzlichen, jugendlichen Lust das Gute zu wirken. Er mag noch in den Dreißigen stehen.

Gar bald machte er mich mit einem alten Schriftsteller bekannt, an dessen unergründlicher Tiefe sich diese neuern Italiänischen Gesetzfreunde höchlich erquicken und erbauen, er heißt Johann Baptista Vico, sie ziehen ihn dem Montesquieu vor. Bei einem flüchtigen Ueberblick des Buches, das sie mir als ein Heiligthum mittheilten, wollte mir scheinen, hier seyen Sibyllinische Vorahnungen des Guten und Rechten das einst kommen soll oder sollte, gegründet auf ernste Betrachtungen des Ueberlieferten und des Lebens. Es ist gar schön wenn ein Volk solch einen Aeltervater besitzt; den Deutschen wird einst Hamann ein ähnlicher Codex werden.

Neapel, den 6. März 1787.

Obgleich ungern, doch aus treuer Geselligkeit begleitete Tischbein mich heute auf den Vesuv. Ihm, dem bildenden Künstler, der sich nur immer mit den schönsten Menschen- und Thierformen beschäftigt, ja das Ungeformte selbst, Felsen und Landschaften durch Sinn und Geschmack vermenschlicht, ihm mußte eine solche furchtbare, ungestalte Aufhäufung, die sich immer wieder selbst verzehrt und allem Schönheitsgefühl den Krieg ankündigt, ganz abscheulich vorkommen.

Wir fuhren auf zwei Calessen, weil wir uns als Selbstführer durch das Gewühl der Stadt nicht durchzuwinden getrauten. Der Fahrende schreit unaufhörlich: Platz, Platz! damit Esel, Holz oder Kehricht Tragende, entgegen rollende Calessen, lastschleppende oder freiwandelnde Menschen, Kinder und Greise sich vorsehen, ausweichen, ungehindert aber der scharfe Trab fortgesetzt werde.

Der Weg durch die äußersten Vorstädte und Gärten sollte schon auf etwas Plutonisches hindeuten. Denn da es lange nicht geregnet waren von dickem aschgrauem Staube die von Natur immergrünen Blätter überpackt, alle Dächer, Gurtgesimse und was nur irgend eine Fläche hat, gleichfalls übergraut, so daß nur der herrliche blaue Himmel und die hereinscheinende mächtige Sonne ein Zeugniß gab, daß man unter den Lebendigen wandle.

Am Fuße des steilen Hanges empfingen uns zwei Führer, ein älterer und ein jüngerer, beides tüchtige Leute. Der erste schleppte mich, der zweite Tischbein den Berg hinauf. Sie schleppten sage ich: denn ein solcher Führer umgürtet sich mit einem ledernen Riemen, in welchen der Reisende greift und, hinaufwärts gezogen, sich an einem Stabe, auf seinen eigenen Füßen desto leichter empor hilft.

So erlangten wir die Fläche über welcher sich der Kegelberg erhebt, gegen Norden die Trümmer der Somma.

Ein Blick rückwärts über die Gegend nahm, wie ein heilsames Bad, alle Schmerzen der Anstrengung und alle Müdigkeit hinweg und wir umkreisten nunmehr den immer qualmenden, Stein und Asche auswerfenden Kegelberg. So lange der Raum gestattete in gehöriger Entfernung zu bleiben, war es ein großes geisterhebendes Schauspiel. Erst ein gewaltsamer Donner, der aus dem tiefsten Schlunde hervortönte, sodann Steine, größere und kleinere zu Tausenden in die Luft geschleudert, von Aschenwolken eingehüllt. Der größte Theil fiel in den Schlund zurück. Die andern nach der Seite zu getriebenen Broden, auf die Außenseite des Kegels niederfallend, machten ein wunderbares Geräusch: erst plumpten die schwereren und hupften mit dumpfem Getön an die Kegelseite hinab, die geringeren klapperten hinterdrein und zuletzt rieselte die Asche nieder. Dieses alles geschah in regelmäßigen Pausen, die wir durch ein ruhiges Zählen sehr wohl abmessen konnten.

Zwischen der Somma und dem Kegelberge ward aber der Raum enge genug, schon fielen mehrere Steine um uns her und machten den Umgang unerfreulich. Tischbein fühlte sich nunmehr auf dem Berge noch verdrießlicher, da dieses Ungethüm, nicht zufrieden, häßlich zu seyn, auch noch gefährlich werden wollte.

Wie aber durchaus eine gegenwärtige Gefahr etwas Reizendes hat und den Widerspruchsgeist im Menschen auffordert, ihr zu trotzen, so bedachte ich, daß es möglich seyn müsse in der Zwischenzeit von zwei Eruptionen, den Kegelberg hinauf an den Schlund zu gelangen und auch in diesem Zeitraum den Rückweg zu gewinnen. Ich rathschlagte hierüber mit den Führern unter einem überhängenden Felsen der Somma, wo wir, in Sicherheit gelagert, uns an den mitgebrachten Vorräthen erquickten. Der jüngere getraute sich das Wagestück mit mir zu bestehen, unsere Hutköpfe fütterten wir mit leinenen und seidenen Tüchern, wir stellten uns bereit, die Stäbe in der Hand, ich seinen Gürtel fassend.

Noch klapperten die kleinen Steine um uns herum, noch rieselte die Asche, als der rüstige Jüngling mich schon über das glühende Gerölle hinaufriß. Hier standen wir an dem ungeheuern Rachen, dessen Rauch eine leise Luft von uns ablenkte, aber zugleich das Innere des Schlundes verhüllte, der ringsum aus tausend Ritzen dampfte. Durch einen Zwischenraum des Qualmes erblickte man hie und da geborstene Felsenwände. Der Anblick war weder unterrichtend noch erfreulich, aber eben deßwegen, weil man nichts sah, verweilte man, um etwas heraus zu sehen. Das ruhige Zählen war versäumt, wir standen auf einem scharfen Rande vor dem ungeheuern Abgrund. Auf einmal erscholl der Donner, die furchtbare Ladung flog an uns vorbei, wir duckten uns unwillkürlich, als wenn uns das vor den niederstürzenden

Massen gerettet hätte; die kleineren Steine klapperten schon, und wir, ohne zu bedenken daß wir abermals eine Pause vor uns hatten, froh die Gefahr überstanden zu haben, kamen mit der noch rieselnden Asche am Fuße des Kegels an, Hüte und Schultern genugsam eingeäschert.

Von Tischbein auf's freundlichste empfangen, gescholten und erquickt, konnte ich nun den älteren und neueren Laven eine besondere Aufmerksamkeit widmen. Der betagte Führer wußte genau die Jahrgänge zu bezeichnen. Aeltere waren schon mit Asche bedeckt und ausgeglichen, neuere, besonders die langsam geflossenen, boten einen seltsamen Anblick: denn indem sie, fortschleichend, die auf ihrer Oberfläche erstarrten Massen eine Zeit lang mit sich hinschleppen, so muß es doch begegnen daß diese von Zeit zu Zeit stocken, aber, von den Gluthströmen noch fortbewegt, übereinander geschoben, wunderbar zackig erstarrt verharren, seltsamer als im ähnlichen Fall die über einander geriebenen Eisschollen. Unter diesem geschmolzenen wüsten Wesen fanden sich auch große Blöcke, welche, angeschlagen, auf dem frischen Bruch einer Urgebirgsart völlig ähnlich sehen. Die Führer behaupteten es seyen alte Laven des tiefsten Grundes, welche der Berg manchmal auswerfe.

Auf unserer Rückkehr nach Neapel wurden mir kleine Häuser merkwürdig: einstöckig, sonderbar gebaut, ohne Fenster, die Zimmer nur durch die auf die Straße gehende Thüre erleuchtet. Von früher Tageszeit bis in die Nacht sitzen die Bewohner davor, bis sie sich denn zuletzt in ihre Höhlen zurückziehen.

Die auf eine etwas verschiedene Weise am Abend tumultuirende Stadt entlockte mir den Wunsch einige Zeit hier verweilen zu können, um das bewegliche Bild nach Kräften zu entwerfen. Es wird mir nicht so wohl werden.

Neapel, Mittwoch den 7. März 1787.

Und so hat mir diese Woche Tischbein redlich einen großen Theil der Kunstschätze von Neapel gezeigt und ausgelegt. Er, ein trefflicher

Thierkenner und Zeichner, machte mich schon früher aufmerksam auf einen Pferdekopf von Erz im Palast Colombrano. Wir gingen heute dahin. Dieser Kunstrest steht gerade der Thorfahrt gegenüber, im Hofe in einer Nische, über einem Brunnen, und setzt in Erstaunen; was muß das Haupt erst, mit den übrigen Gliedern zu einem Ganzen verbunden, für Wirkung gethan haben! Das Pferd im Ganzen war viel größer als die auf der Markuskirche, auch läßt hier das Haupt, näher und einzeln beschaut, Charakter und Kraft nur desto deutlicher erkennen und bewundern. Der prächtige Stirnknochen, die schnaubende Nase, die aufmerkenden Ohren, die starre Mähne! ein mächtig aufgeregtes, kräftiges Geschöpf.

Wir kehrten uns um, eine weibliche Statue zu bemerken, die über dem Thorwege in einer Nische stand. Sie wird für die Nachbildung einer Tänzerin schon von Winkelmann gehalten, wie denn solche Künstlerinnen in lebendiger Bewegung auf das mannichfaltigste dasjenige vorstellen was die bildenden Meister uns als erstarrte Nymphen und Göttinnen aufbewahren. Sie ist sehr leicht und schön, der Kopf war abgebrochen, ist aber gut wieder aufgesetzt, übrigens nichts daran versehrt und verdiente wohl einen bessern Platz.

Neapel, den 9. März 1787.

Heute erhalte ich die liebsten Briefe vom 16. Februar. Schreibet nur immer fort. Ich habe meine Zwischenposten wohl bestellt und werde es auch thun wenn ich weiter gehen sollte. Gar sonderbar kommt es mir vor in so großer Entfernung zu lesen, daß die Freunde nicht zusammenkommen, und doch ist nichts natürlicher, als daß man nicht zusammen kommt, wenn man so nahe beisammen ist.

Das Wetter hat sich verdunkelt, es ist im Wechseln, das Frühjahr tritt ein und wir werden Regentage haben. Noch ist der Gipfel des Vesuvs nicht heiter geworden seit ich droben war. Diese letzten Nächte sah man ihn manchmal flammen, jetzt hält er wieder inne, man erwartet stärkeren Ausbruch.

Die Stürme dieser Tage haben uns ein herrliches Meer gezeigt, da ließen sich die Wellen in ihrer würdigen Art und Gestalt studiren; die Natur ist doch das einzige Buch das auf allen Blättern großen

Gehalt bietet. Dagegen giebt mir das Theater gar keine Freude mehr. Sie spielen hier in der Fasten geistliche Opern, die sich von den weltlichen in gar nichts unterscheiden, als daß keine Ballete zwischen den Akten eingeschaltet sind: übrigens aber so bunt als möglich. Im Theater St. Carlo führen sie auf: Zerstörung von Jerusalem durch Nebukadnezar. Mir ist es ein großer Guckkasten; es scheint ich bin für solche ████ verdorben.

Heute waren wir mit dem Fürsten von Waldeck auf Capo di Monte, wo die große Sammlung von Gemälden, Münzen u. dgl. sich befindet, nicht angenehm aufgestellt, doch kostbare Sachen. Wir bestimmen und berichtigen sich nunmehr so viele Traditionsbegriffe. Was von Münzen, Gemmen, Vasen einzeln, wie die gestutzten Citronenbäume, nach Norden kommt, sieht in Masse hier ganz anders aus, da wo diese Schätze einheimisch sind. Denn wo Werke der Kunst rar sind, giebt auch die Rarität ihnen einen Werth, hier lernt man nur das Würdige schätzen.

Sie bezahlen jetzt großes Geld für die Etrurischen Vasen und gewiß finden sich schöne und treffliche Stücke darunter. ████ Reisender, der nicht etwas davon besitzen wollte. Man schlägt sein Geld nicht so hoch an als zu Hause, ich fürchte selbst noch verführt zu werden.

Neapel, Freitag den 9. März 1787.

Das ist das Angenehme auf Reisen, daß auch das Gewöhnliche durch Neuheit und Ueberraschung das Ansehen eines Abenteuers gewinnt. Als ich von Capo di Monte zurück kam, machte ich noch einen Abendbesuch bei Filangieri, wo ich auf dem Canape neben der Hausfrau ein Frauenzimmer sitzend fand, deren Aeußeres mir nicht zu dem vertraulichen Betragen zu passen schien, dem sie sich ganz ohne Zwang hingab. In einem leichten, gestreiften, seidenen Fähnchen, den Kopf wunderlich aufgeputzt, sah die kleine, niedliche Figur einer Putzmacherin ähnlich, die, für die Zierde anderer sorgend, ihrem eigenen Ansehen wenig Aufmerksamkeit schenkt. Sie sind so gewohnt ihre Arbeit bezahlt zu sehen, daß sie nicht begreifen wie sie für sich selbst etwas gratis thun sollen. Durch meinen Eintritt ließ sie sich in ihrem Plaudern nicht stören und brachte eine Menge possierliche Geschichten vor, welche ihr dieser Tage begegnet, oder vielmehr durch ihre Zutraulichkeit veranlaßt worden.

Die Dame vom Hause wollte mir auch zum Wort verhelfen, sprach aber die herrliche Lage von Capo di Monte und die Schätze daselbst. Das muntere Weibchen dagegen sprang in die Höhe und war, auf ihren Füßen stehend, noch artiger als zuvor. Sie empfahl sich stumm nach der Thüre und sagte mir im Vorbeigehen: Filangieri kommen diese Tage zu mir zu Tische, ich hoffe Sie auch zu sehen! Fort war sie ehe ich noch zusagen konnte. Nun vernahm ich, es sey die Prinzessin ***, mit dem Hause nah verwandt. Filangieri's waren nicht reich und lebten in anständiger Einschränkung. So dachte ich mir das Prinzeßchen auch, da ohnehin solche hohe Titel in Neapel nicht selten sind. Ich merkte mir den Namen, Tag und Stunde und überließ mich, mich am rechten Orte zu gehöriger Zeit einzufinden.

Neapel, Sonntag den 11. März 1787.

Da mein Aufenthalt in Neapel nicht lange dauern wird, so nehme ich gleich die entferntesten Punkte zuerst, das Nähere giebt sich. Mit Tischbein fuhr ich nach Pompeji, da wir denn¹ alle die herrlichen Ansichten links und rechts neben uns liegen sahen, welche durch so manche landschaftliche Zeichnung uns wohl bekannt, nunmehr in ihrem zusammenhängenden Glanze erschienen. Pompeji setzt jedermann wegen seiner Enge und Kleinheit in Verwunderung. Schmale Straßen, obgleich grade und an der Seite mit Schrittplatten versehen, kleine Häuser ohne Fenster, aus den Höfen und offenen Galerien die Zimmer nur durch die Thüren erleuchtet. Selbst öffentliche Werke, die Bank am Thor, der Tempel, sodann auch eine Villa in der Nähe, mehr Modell und Puppenschrank als Gebäude. Diese Zimmer, Gänge und Galerien aber² aufs heiterste gemalt, die Wandflächen einförmig, in der Mitte ein ausführliches Gemälde, jetzt meist ausgebrochen, an Kanten und Enden leichte und geschmackvolle Arabeßken, aus welchen sich auch wohl niedliche Kinder- und Nymphengestalten entwickeln, wenn an einer andern Stelle aus mächtigen Blumengewinden wilde und zahme Thiere hervordringen. Und so deutet der jetzige ganz wüste Zustand einer erst

¹ sind statt aber.

durch Stein- und Aschenregen bedeckten, dann aber durch die Aufgra-
benden geplünderten Stadt auf eine Kunst- und Bilderlust eines ganzen
Volkes, von der jetzt der eifrigste Liebhaber weder Begriff, noch Gefühl, noch Bedürfniß hat.

Bedenkt man die Entfernung dieses Orts von Vesuv, so kann die
bedeckende vulkanische Masse weder durch ein Schleudern noch durch
einen Anstoß herher getrieben seyn; man muß sich vielmehr vorstellen
daß diese Steine und Asche eine Zeit lang wolkenartig in der Luft geschwebt, bis sie endlich über diesen unglücklichen Ort niedergegangen.

Wenn man sich nun dieses Ereigniß noch mehr versinnlichen will,
so denke man allenfalls an ein eingeschneites Bergdorf. Die Räume zwischen den Gebäuden, ja die gedeckten Gebäude selbst wurden ausgefüllt, allein Mauerwerk mochte hier und da noch heraussehen, als
nahen oder unter der Hügel zu Weinbergen und Gärten benutzt wurde.
Es hat nun gewiß mancher Eigenthümer, auf seinen Anteil nieder-
grabend, eine bedeutende Vorlese gehalten. Mehrere Zimmer fand man
hier und in der Ecke des einen einen Haufen Asche, wo mancherlei
kleine Hausgeräthe und Kunstarbeiten versteckte.

Den unnahbaren, halb unangenehmen Eindruck dieser mumisirten
Stadt löschen wir wieder aus den Gemüthern, als wir in der Laube,
zunächst des Meeres, in einem geringen Gasthof stehend ein frugales
Mahl verzehrten und uns an der Himmelbläue, an des Meeres Glanz
und Licht ergötzten, in Hoffnung, wenn dieses Fleckchen mit Weinlaub
bedeckt seyn würde, als hier wieder zu sehen und uns zusammen zu
finden.

Näher an der Stadt stehen nur die kleinen Häuser wieder auf,
die als vollkommene Nachbildungen der Pompejanischen dastehen. Wir
erbaten uns die Erlaubniß in eins hinein zu treten und fanden es sehr
reinlich eingerichtet. Nett geflochtene Rohrstühle, eine Kommode ganz
vergoldet, mit bunten Blumen lackirt und lackei, so daß nach so vielen
Jahrhunderten, nach unzähligen Veränderungen, diese Gegend ihren
Bewohnern ähnliche Lebensart und Sitte, Neigungen und Liebhabereien
einflößt.

Neapel, Montag den 12. März 1787.

Heute schlich ich beobachtend, meiner Weise nach, durch die Stadt und notirte mir viele Punkte zu dereinstiger Schilderung derselben, wovon ich leider gegenwärtig nichts mittheilen kann. Alles deutet dahin, daß ein glückliches, die ersten Bedürfnisse reichlich anbietendes Land auch Menschen von glücklichem Naturell erzeugt, die, ohne Kummerniß, erwarten können, der morgende Tag werde bringen, was der heutige gebracht und deßhalb sorgenlos dahin leben. Augenblickliche Befriedigung, mäßiger Genuß, vorübergehender Leiden heiteres Dulden! — Von dem letzteren ein artiges Beispiel:

Der Morgen war kalt und feuchtlich, es hatte wenig geregnet. Ich gelangte auf einen Platz wo die großen Quadern des Pflasters reinlich gelehrt erschienen. Zu meiner großen Verwunderung sah ich auf diesem völlig ebenen gleichen Boden eine Anzahl zerlumpter Knaben im Kreise langend, die Hände gegen den Boden gewendet, als wenn sie sich wärmten. Erst hielt ich's für eine Posse, als ich aber ihre Mienen völlig ernsthaft und beruhigt sah, wie bei einem befriedigten Bedürfniß, so strengte ich meinen Scharfsinn möglichst an, er wollte mich aber nicht begünstigen. Ich mußte daher fragen, was denn diese Restchen zu der sonderbaren Positur verleite und sie in diesen regelmäßigen Kreis versammle?

Hierauf erfuhr ich daß ein anwohnender Schmied auf dieser Stelle eine Radschiene heiß gemacht, welches auf folgende Weise geschieht. Der eiserne Reif wird auf den Boden gelegt und auf ihn im Kreise so viel Eichenspäne gehäuft, als man nöthig hält ihn bis auf den erforderlichen Grad zu erweichen. Das entzündete Holz brennt ab, die Schiene wird um's Rad gelegt und die Asche sorgfältig weggekehrt. Die dem Pflaster mitgetheilte Wärme benutzen sogleich die kleinen Huronen und rühren sich nicht eher von der Stelle als bis sie den letzten warmen Hauch ausgesogen haben. Beispiele solcher Genügsamkeit und aufmerksamen Benutzens dessen was sonst verloren ginge, giebt es hier unzählige. Ich finde in diesem Volk die lebhafteste und geistreichste Industrie, nicht um reich zu werden, sondern um sorgenfrei zu leben.

Damit ich ja zur bestimmten Zeit heute bei dem wunderlichen
Prinzchen wäre und das Haus nicht verfehlte, berief ich einen Lohnbedienten. Er brachte mich vor das Hofthor eines großen Palastes,
und da ich ihm keine so prächtige Wohnung zutraute, buchstabirte ich
ihm noch einmal auf's deutlichste den Namen; er versicherte daß ich
recht sey. Nun fand ich einen geräumigen Hof, einsam und still, reinlich und leer, von Haupt- und Seitengebäuden umgeben. Bauart, die
bekannte heitere Neapolitanische, so auch die Färbung. Gegen mir
aber ein großes Portal und eine breite, gelinde Treppe. An beiden
Seiten derselben hinaufwärts, in kostbarer Livree, Bedienten gereiht,
die sich, wie ich an ihnen vorbeistieg, auf's tiefste bückten. Ich schien
mir der Sultan in Wieland's Feenmährchen und faßte mir nach dessen
Beispiel ein Herz. Nun empfingen mich die höheren Hausbedienten,
bis endlich der anständigste die Thüre eines großen Saals eröffnete,
da sich denn ein Raum vor mir aufthat den ich eben so heiter aber
auch so menschenleer fand als das Uebrige. Beim Auf- und Abgehen
erblickte ich, in einer Seitengalerie, etwa für vierzig Personen, prächtig,
von Gamen gewiß eine Tafel bereitet. Ein Weltgeistlicher trat herein;
ohne mich zu fragen wer ich sey, noch woher ich komme, nahm er meine
Gegenwart als bekannt an und sprach von den allgemeinsten Dingen.

Ein paar Flügelthüren thaten sich auf, hinter einem ältlichen
Herrn der herein trat gleich wieder verschlossen. Der Geistliche ging
auf ihn los, ich auch, wir begrüßten ihn mit wenigen, höflichen Worten,
die er mit bellenden, stotternden Tönen erwiederte, so daß ich mir
keine Sylbe des hottentottischen Dialekts enträthseln konnte. Als er
sich an's Kamin gestellt, zog sich der Geistliche zurück und ich mit ihm.
Ein stattlicher Benedictiner trat herein, begleitet von einem jüngeren
Gefährten; auch er begrüßte den Wirth, auch er wurde angebellt, worauf er sich denn zu uns an's Fenster zurückzog. Die Ordensgeistlichen,
besonders die eleganter gekleideten, haben in der Gesellschaft die größten
Vorzüge; ihre Kleidung deutet auf Demuth und Entsagung, indem sie
ihnen zugleich entschiedene Würde verleiht. In ihrem Betragen können
sie, ohne sich wegzuwerfen, unterwürfig erscheinen und kann, wenn sie
wieder sind auf ihre Würden treten, treibt sie eine gewisse Selbst-
gefälligkeit sogar wohl, welche man allen übrigen Ständen nicht zu

gute gehen ließe. So war dieser Mann. Ich fragte nach Monte
Cassino, er lud mich dahin und versprach mir die beste Aufnahme.
Indessen hatte sich der Saal bevölkert: Offiziere, Hofleute, Weltgeist-
liche, ja sogar einige Capuziner waren gegenwärtig. Vergebens suchte
ich nach einer Dame, und daran sollte es denn auch nicht fehlen.
Abermals ein paar Flügelthüren thaten sich auf und schlossen sich.
Eine alte Dame war herein getreten, wohl noch älter als der Herr,
und nun gab mir die Gegenwart der Hausfrau die völlige Versicherung
daß ich in einem fremden Palast, unbekannt völlig den Bewohnern sey.
Schon wurden die Speisen aufgetragen und ich hielt mich in der Nähe
der geistlichen Herrn, um mit ihnen in das Paradies des Tafelzimmers
zu schlüpfen, als auf einmal Filangieri mit seiner Gemahlin herein-
trat, sich entschuldigend daß er verspätet habe. Kurz darauf sprang
Prinzeßchen auch in den Saal, fuhr unter Knixen, Beugungen, Kopf-
nicken an allen vorbei auf mich los. Es ist recht schön daß Sie Wort
halten! rief sie, setzen Sie sich bei Tafel zu mir, Sie sollen die besten
Bissen haben. Warten Sie nur! ich muß mir erst den rechten Platz
aussuchen, dann setzen Sie sich gleich an mich. So aufgefordert folgte
ich den verschiedenen Winkelzügen die sie machte und wir gelangten endlich zum Sitze, die Benedictiner gerade gegen uns über, Filangieri an
meiner andern Seite. — Das Essen ist durchaus gut, sagte sie, alles
Fastenspeisen, aber ausgesucht, das Beste will ich Ihnen anbruten.
Jetzt muß ich aber die Pfaffen scheren. Die Kerls kann ich nicht ausstehen; sie bücken unserm Hause tagtäglich etwas ab. Was wir haben,
sollten wir selbst mit Freunden verzehren! — Die Suppe war herum-
gegeben, der Benedictiner aß mit Anstand. — Bitte sich nicht zu ge-
niren, Hochwürden, rief sie aus, ist etwa der Löffel zu klein? Ich will
einen größern holen lassen, die Herren sind ein tüchtiges Maulvoll gewohnt. — Der Pater versetzte: Es sey in ihrem fürstlichen Hause alles
so vortrefflich angerichtet, daß ganz andere Gäste als er eine vollkommenste Zufriedenheit empfinden würden.

Von den Pastetchen nahm sich der Pater nur Eins, sie rief ihm
zu: er möchte doch ein halb Dutzend nehmen! Blätterteig, wisse er ja,
verdaue sich leicht genug. Der verständige Mann nahm noch ein Pastetchen,
für die gnädige Attention dankend, als habe er den lästerlichen Scherz
nicht vernommen. Und so mußte ihr auch bei einem derbern Backwerk

Gelegenheit werden ihre Bosheit auszulaßen; denn als der Pater ein
Stück anstach und es auf seinen Teller zog, rollte ein zweites nach. —
Ein drittes, rief sie, Herr Pater, Sie scheinen einen guten Grund
legen zu wollen! — Wenn so vortreffliche Materialien gegeben sind,
hat der Baumeister leicht arbeiten, versetzte der Pater. — Und so ging
es immer fort, ohne daß sie eine andere Pause gemacht hätte, als mir
gewissenhaft die besten Bissen zuzutheilen.

Ich sprach indessen mit meinem Nachbar von den ernstesten Dingen.
Ueberhaupt habe ich Filangieri nie ein gleichgültiges Wort reden hören.
Er gleicht darin, wie in manchem andern, unserm Freunde Georg
Schlosser, nur daß er, als Neapolitaner und Weltmann, eine weichere
Natur und einen bequemern Umgang hat.

Diese ganze Zeit war den gefälligen Herren von dem Muthwillen
meiner Nachbarin keine Ruhe gegeben, besonders gaben ihr die zur
Fastenzeit in Fleischgestalt verwandelten Fische unerschöpflichen Anlaß,
gott und sittenlose Bemerkungen anzubringen, besonders aber auch die
Fleischgestalt hervorzuheben und zu billigen daß man sich wenigstens an
der Form ergötze, wenn auch das Wesen verboten sey.

Ich habe nur noch mehr solcher Scherze gemerkt, die ich jedoch
mitzutheilen nicht Muth habe. Dergleichen mag sich im Leben, und
aus einem schönen Munde noch ganz erträglich anzunehmen, schwarz
auf weiß dagegen wollen sie mir selbst nicht mehr gefallen. Und dann
hat freche Gegenwart das Eigene, daß sie in der Gegenwart erheitert,
weil sie in Erstaunen setzt, erzählt aber erscheint sie uns beleidigend
und widerlich.

Das Dessert war aufgetragen und ich fürchtete nun gehe es immer
so fort; unerwartet aber wandte sich meine Nachbarin ganz beruhigt
zu mir und sagte: den Syrakuser sollen die Pfaffen in Ruhe ver-
schluden, es gelingt mir doch nicht einen zu Tode zu ärgern, nicht einmal daß ich ihnen den Appetit verderben könnte. Nun lassen Sie uns
ein vernünftiges Wort reden! Denn was war das wieder für ein Gespräch mit Filangieri! Der gute Mann! er macht sich viel zu schaffen.
Schon oft habe ich ihm gesagt: wenn ihr neue Gesetze macht, so müssen
wir uns wieder neue Mühe geben um auszusinnen, wie wir auch die
zunächst übertreten können, bei den alten haben wir es schon weg.
Sehen Sie nun einmal wie schön Neapel li, die Menschen leben seit

so vielen Jahren sorglos und vergnügt und wenn von Zeit zu Zeit einmal einer gehängt wird so geht alles Uebrige seinen herrlichen Gang. Sie that mir hierauf den Vorschlag, ich solle nach Sorrent gehen, wo sie ein großes Gut habe, ihr Haushofmeister werde mich mit den besten Fischen und dem köstlichsten Milch-Kalbfleisch (mongana) herausfüttern. Die Bergluft und die himmlische Aussicht sollten mich von aller Philosophie curiren, dann wollte sie selbst kommen und von den sämmtlichen Runzeln, die ich ohnehin zu früh einreißen lasse, solle keine Spur übrig bleiben, wir wollten zusammen ein recht lustiges Leben führen.

Neapel, den 13. März 1787.

Auch heute schreib ich einige Worte, damit ein Brief den andern treibe. Es geht mir gut, doch sehe ich weniger als ich sollte. Der Ort inspirirt Nachlässigkeit und gemächlich Leben, indessen wird mir das Bild der Stadt nach und nach runder.

Sonntag waren wir in Pompeji — Es ist viel Unheil in der Welt geschehen, aber wenig das den Nachkommen so viel Freude gemacht hätte. Ich weiß nicht leicht etwas Interessanteres. Die Häuser sind klein und eng, aber alle inwendig aufs zierlichste gemalt. Das Stadtthor merkwürdig, mit den Gräbern gleich daran. Das Grab einer Priesterin als Bank im Halbcirkel, mit steinerner Lehne, daran die Inschrift mit großen Buchstaben eingegraben. Ueber die Lehne hinaus sieht man das Meer und die untergehende Sonne. Ein herrlicher Platz, des schönen Gedankens werth.

Wir fanden gute, muntere Neapolitanische Gesellschaft daselbst. Die Menschen sind durchaus natürlich und leicht gesinnt. Wir aßen zu Torre dell' Annunziata, zunächst des Meeres tafelnd. Der Tag war höchst schön, die Aussicht nach Castell a Mare und Sorrent nah und köstlich. Die Gesellschaft fühlte sich so recht an ihrem Wohnplatz, einige meinten, es müsse ohne den Anblick des Meeres doch gar nicht zu leben seyn. Mir ist schon genug, daß ich das Bild in der Seele habe und mag nun wohl gelegentlich wieder in das Bergland zurückkehren.

Glücklicherweise ist ein sehr treuer Landschaftsmaler hier, der das

Gefühl der freien und reichen Umgebung seinen Blättern mittheilt. Er hat schon Einiges für mich gearbeitet.

Die vesuvianischen Produkte hab' ich auch nun gut studiert; es wird doch alles anders wenn man es in Verbindung sieht. Eigentlich sollte ich den Rest meines Lebens auf Beobachtung wenden, ich würde manches aussinden, was die menschlichen Kenntnisse vermehren dürfte. Heckern bitte zu melden, daß meine botanischen Aufklärungen weiter und weiter gehen; es ist immer dasselbe Prinzip, aber es gehörte ein Leben dazu um es durchzuführen. Vielleicht bin ich noch im Stande die Hauptlinien zu ziehen.

Nun freue ich mich auf das Museum von Portici. Man sieht es sonst zuerst, wir werden es zuletzt sehen. Noch weiß ich nicht wie es weiter mit mir werden wird; alles will mich auf Ostern nach Rom zurück haben. Ich will es ganz gehen lassen. Angelica hat auch meiner Iphigenie ein Bild zu malen unternommen; der Gedanke ist sehr glücklich und sie wird ihn trefflich ausführen; den Moment da sich Orest in der Nähe der Schwester und des Freundes wiederfindet. Das was die drei Personen hinter einander sprechen, hat sie in eine gleichzeitige Gruppe gebracht und jene Worte in Gebärden verwandelt. Man sieht auch hieran wie zart sie fühlt und wie sie sich ihr eigen zu machen weiß, was in ihr Fach gehört. Und es ist wirklich die Achse des Stücks.

Lebt wohl und liebt mich! Hier sind mir die Menschen alle gut, wenn sie auch nichts mit mir anzufangen wissen; Tischbein dagegen befriedigt sie besser, er malt ihnen Abends gleich einige Köpfe in Lebensgröße dar, wobei sie sich wie Neuseeländer bei Erblickung eines Kriegsschiffes gebärden. Hiervon sogleich die lustige Geschichte.[*]

Tischbein hat nämlich die große Gabe, Götter- und Heldengestalten in Lebensgröße und drüber mit der Feder zu umreißen. Er schraffirt wenig hinein und legt mit einem breiten Pinsel den Schatten tüchtig an, so daß der Kopf rund und erhaben dasteht. Die Beiwohnenden schauten mit Verwunderung, wie das so leicht ablief und freuten sich recht herzlich darüber. Nun kam es ihnen in die Finger auch so malen zu wollen; sie faßten die Pinsel und — malten sich Bärte wechselweise und besudelten sich im Gesichte. Ist dann nicht etwas

[*] Die lustigste oder eine lustige Geschichte.

Ursprüngliches der Menschengattung? Und es war eine gebildete Gesellschaft in dem Hause eines Mannes der selbst recht wacker gezeichnet und malt. Man macht sich von diesem Geschlecht keine Begriffe wenn man sie nicht gesehen hat.

Caserta, Mittwoch den 14. März 1787.

Bei Hackert in seiner höchst behaglichen Wohnung, die ihm in dem alten Schlosse gebaut ist. Das neue, freilich ein ungeheurer Palast, escurialartig, in's Viereck gebaut, mit mehrern Höfen, königlich genug. Die Lage außerordentlich schön auf der fruchtbarsten Ebene von der Welt, und doch erstrecken sich die Gartenanlagen bis an's Gebirge. Da führt nun ein Aquäduct einen ganzen Strom heran, um Schloß und Gegend zu tränken, und die ganze Wassermasse kann, auf künstlich angelegte Felsen geworfen, zur herrlichsten Cascade gebildet werden. Die Gartenanlagen sind schön und gehören recht in eine Gegend welche ganz Garten ist.

Das Schloß, wahrhaft königlich, schien mir nicht genug belebt und unser einem können die ungeheuern leeren Räume nicht behaglich vorkommen. Der König mag ein ähnliches Gefühl haben, denn es ist im Gebirge für eine Anlage gesorgt, die, enger an den Menschen sich anschließend, zur Jagd- und Lebenslust geeignet ist.

Caserta, Donnerstag den 15. März 1787.

Hackert wohnt im alten Schlosse gar behaglich, es ist räumlich genug für ihn und Gäste. Immerfort beschäftigt mit Zeichnen oder Malen, bleibt er doch gesellig und weiß die Menschen an sich zu ziehen, indem er einen jeden zu seinem Schüler macht. Auch mich hat er ganz gewonnen, indem er mit meiner Schwäche Geduld hat, vor allen Dingen auf Bestimmtheit der Zeichnung, sodann auf Sicherheit und Klarheit der Haltung dringt. Drei Linien stehen, wenn er tuscht, immer bereit, und, indem er von hinten hervorarbeitet und eine nach der andern braucht, so entsteht ein Bild, man weiß nicht woher es kommt. Wenn es nur so leicht auszuführen wäre als es aussieht. Er sagte zu mir mit seiner gewöhnlichen, bestimmten Aufrichtigkeit: Sie haben Anlage, aber Sie können nichts machen. Bleiben Sie achtzehn Monat bei mir, so sollen Sie etwas hervorbringen das Ihnen und andern Freude macht. — Ist das nicht ein Text über den man allen Dilettanten eine ewige Predigt halten sollte? Was sie mir tauchet wollen wir erleben.

Von dem besondern Vertrauen, womit ihn die Königin beehrt, zeugt nicht allein daß er den Prinzessinnen praktischen Unterricht giebt, sondern vorzüglich, daß er über Kunst und was daran grenzt Abends öfters zu belehrender Unterhaltung gerufen wird. Er legt dabei Sulzer's Wörterbuch zum Grunde, woraus er, nach Belieben und Ueberzeugung, einen oder den andern Artikel wählt.

Ich mußte das billigen und dabei über mich selbst lächeln. Welch ein Unterschied ist nicht zwischen einem Menschen der sich von innen aus auferbauen und einem, der auf die Welt wirken und sie zum Hausgebrauch belehren will! Sulzer's Theorie war mir wegen ihrer falschen Grundmaxime immer verhaßt und nun sah ich, daß dieses Werk noch viel mehr enthält als die Leute brauchen. Die vielen Kenntnisse die hier mitgetheilt werden, die Denkart in welcher ein so wackerer Mann als Sulzer sich beruhigte, sollten die nicht für Weltleute hinreichend seyn?

Mehrere vergnügte und belehrende Stunden brachten wir bei dem Restaurator Andres zu, welcher, von Rom berufen, auch hier in dem alten Schloße wohnt und seine Arbeiten, für die sich der König interessirt, emsig fortsetzt. Von seiner Gewandtheit, alte Bilder wieder herzustellen, darf ich zu erzählen nicht anfangen, weil man zugleich die schwere Aufgabe und die glückliche Lösung, womit sich diese eigene Handwerkskunst beschäftigt, entwickeln müßte.

Caserta, den 16. März 1787.

Die lieben Briefe vom 19. Februar kommen heute mir zur Hand und gleich soll ein Wort dagegen abgehen. Wie gerne mag ich, an die Freunde denkend, zur Besinnung kommen.

Neapel ist ein Paradies, jedermann lebt in einer Art von trunkener Selbstvergessenheit. Mir geht es eben so, ich erkenne mich kaum, ich scheine mir ein ganz anderer Mensch. Gestern dachte ich entweder du warst sonst toll, oder du bist es jetzt.

Die Reste des alten Capua und was sich daran knüpft habe ich nun von hier aus auch besucht.

In dieser Gegend lernt man erst begreifen was Begetation ist und warum man den Acker baut. Der Lein ist schon nah am Blühen und der Weizen anderthalb Spannen hoch. Um Caserta das Land völlig eben, die Aecker so gleich und klar gearbeitet wie Gartenbeete. Alles mit Pappeln besetzt, an denen sich die Rebe hinaufschlingt, und, ungeachtet solcher Beschattung, trägt der Boden noch die vollkommenste Frucht. Wenn nun erst das Frühjahr mit Gewalt eintritt! Bisher haben wir bei schöner Sonne sehr kalte Winde gehabt, das macht der Schnee in den Bergen.

In vierzehn Tagen muß sich's entscheiden ob ich nach Sicilien gehe. Noch nie bin ich so sonderbar in einem Entschluß hin und her gebogen worden. Heute kommt etwas das mir die Reise anräth, morgen ein Umstand der sie abräth. Es stritten sich zwei Geister um mich.

Im Vertrauen zu den Freundinnen allein, nicht daß es die Freunde vernehmen! Ich merke wohl daß es meiner Iphigenia wunderlich gegangen ist, man war die erste Form so gewohnt, man kannte die Ausdrücke, die man sich bei öfterm Hören und Lesen zugeeignet hatte; nun klingt das alles anders und ich sehe wohl, daß im Grunde mir niemand für die unendlichen Bemühungen dankt. So eine Arbeit wird eigentlich nie fertig, man muß sie für fertig erklären, wenn man nach Zeit und Umständen das Möglichste gethan hat.

Doch das soll mich nicht abschrecken, mit Tasso eine ähnliche Operation vorzunehmen. Lieber würfe ich ihn in's Feuer, aber ich will bei meinem Entschluß beharren, und da es einmal nicht anders ist, so wollen wir ein wunderlich Werk daraus machen. Deßhalb ist mir's ganz angenehm, daß es mit dem Abdruck meiner Schriften so langsam geht. Und dann ist es doch wieder gut, sich in einiger Ferne vom Setzer bedroht zu sehen. Wunderlich genug, daß man zu der freisten Handlung doch einige Nöthigung erwartet, ja fordert.

Caserta, den 16. März 1787.

Wenn man in Rom gern studiren mag, so will man hier nur leben; man vergißt sich und die Welt, und für mich ist es eine verständliche Empfindung nur mit genießenden Menschen umzugehen. Der Ritter Hamilton, der noch immer als englischer Gesandter hier lebt, hat nun, nach so langer Kunstliebhaberei, nach so langem Naturstudium, den Gipfel aller Natur- und Kunstfreude in einem schönen Mädchen gefunden. Er hat sie bei sich, eine Engländerin von etwa zwanzig Jahren. Sie ist sehr schön und wohlgebaut. Er hat ihr ein griechisch Gewand machen lassen, das sie trefflich kleidet, dazu löst sie ihre Haare auf, nimmt ein paar Shawls und macht eine Abwechslung von Stellungen, Gebärden, Mienen ꝛc., daß man zuletzt wirklich meint man träume. Man schaut, was so viele tausend Künstler gerne geleistet hätten, hier ganz fertig, in Bewegung und überraschender Abwechslung. Stehend, knieend, sitzend, liegend, ernst, traurig, neckisch, ausschweifend, bußfertig, lockend, drohend, ängstlich ꝛc., eins folgt aufs andere und aus dem andern. Sie weiß zu jedem Ausdruck die Falten des Schleiers zu wählen, zu wechseln, und macht sich hundert Arten von Kopfputz mit denselben Tüchern. Der alte Ritter hält das Licht dazu und hat mit ganzer Seele sich diesem Gegenstand ergeben. Er findet in ihr alle Antiken, alle schönen Profile der Sicilianischen Münzen, ja den Belvederschen Apoll selbst. Soviel ist gewiß, der Spaß ist einzig! Wir haben ihn schon zwei Abende genossen. Heute früh malt sie Tischbein.¹

Vom Personal des Hofs und den Verhältnissen, was ich erfahren und combinirt, muß erst geprüft und geordnet werden. Heute ist der König auf die Wolfsjagd, man hofft wenigstens fünfe zu erlegen.

Neapel, zum 17. März 1787.

Wenn ich Worte schreiben will, so stehen mir immer Bilder vor Augen, des fruchtbaren Landes, des freien Meeres, der duftigen Inseln, des rauchenden Berges, und mir fehlen die Organe das alles darzustellen.

¹ Ein Cartelstück, die Lady als Sängerin, von Tischbein gemalt, findet sich in den Weimarischen Sammlungen.

Hier zu Lande begreift man erst, wie es dem Menschen einfallen konnte, das Feld zu bauen, hier wo der Acker alles bringt, und wo man drei bis fünf Ernten des Jahres hoffen kann. In den besten Jahren will man auf demselben Acker dreimal Mais gebaut haben.

Ich habe viel gesehen, und noch mehr gedacht: die Welt eröffnet sich mehr und mehr, auch alles was ich schon lange weiß wird mir erst eigen. Welch ein früh wissendes und spät anwendes Geschöpf ist doch der Mensch!

Nur Schade daß ich nicht in jedem Augenblick meine Beobachtungen mittheilen kann; zwar ist Tischbein mit mir, aber als Mensch und Künstler wird er von tausend Gedanken hin und her getrieben, von hundert Personen in Anspruch genommen. Seine Lage ist eigen und wunderbar, er kann nicht freien Theil an eines andern Existenz nehmen, weil er sein eigenes Bestreben so eingeengt fühlt.

Und doch ist die Welt nur ein einfach Rad, in dem ganzen Umkreise sich gleich und gleich, das uns aber so wunderlich vorkommt, weil wir selbst mit herumgetrieben werden.

Was ich mir immer sagte ist eingetroffen: daß ich so manche Phänomene der Natur und manche Verworrenheiten der Meinungen erst in diesem Lande verstehen und entwickeln lerne. Ich lasse von allen Seiten zusammen und bringe viel zurück, auch gewiß viel Vaterlandsliebe und Freude am Leben mit wenigen Freunden.

Ueber meine Sicilianische Reise halten die Götter noch die Wage in Händen; das Zünglein schlägt herüber und hinüber.

Wer mag der Freund seyn den man mir so geheimnißvoll ankündigt? Daß ich ihn nur nicht über meiner Irr- und Inselfahrt versäume!

Die Fregatte von Palermo ist wieder zurück, heut über acht Tage geht sie abermals von hier ab; ob ich noch mitsegele, zur Charwoche nach Rom zurückkehre, weiß ich nicht. Noch nie bin ich so unentschieden gewesen; ein Augenblick, eine Kleinigkeit mag entscheiden.

Mit den Menschen geht mir es schon besser, man muß sie nur mit dem Krämergewicht, keineswegs mit der Goldwage wiegen, wie es, leider, sogar oft Freunde untereinander aus hypochondrischer Grille und seltsamer Anforderung zu thun pflegen.

Hier wissen die Menschen gar nichts von einander, sie merken kaum daß sie neben einander hin und her laufen; sie rennen den ganzen Tag in einem Paradiese hin und wieder, ohne sich viel umzusehen, und wenn der benachbarte Höllenschlund zu toben anfängt, hilft man sich mit dem Blute des heiligen Januarius, wie sich die übrige Welt gegen Tod und Teufel auch wohl mit. — Blute hilft, oder helfen möchte.

Zwischen einer so unzählbaren und rastlos bewegten Menge durchzugehen ist gar merkwürdig und heilsam. Wie alles durcheinander strömt und doch jeder Einzelne Weg und Ziel findet. In so großer Gesellschaft und Bewegung fühle ich mich erst recht still und einsam; jemehr die Straßen toben desto ruhiger werde ich.

Manchmal gedenke ich Rousseau's und seines hypochondrischen Jammers, und doch wird mir begreiflich, wie eine so schöne Organisation verschoben werden konnte. Fühlte ich nicht solchen Antheil an den natürlichen Dingen und sähe ich nicht daß in der scheinbaren Verwirrung hundert Beobachtungen sich vergleichen und ordnen lassen, wie der Feldmesser mit einer durchgezogenen Linie viele einzelne Messungen probirt, ich hielte mich oft selbst für toll.

Neapel, den 18. März 1787.

Nun durften wir nicht länger säumen Herculanum und die ausgegrabene Sammlung in Portici zu sehen. Jene alte Stadt, am Fuße des Vesuvs liegend, war vollkommen mit Lava bedeckt, die sich durch nachfolgende Ausbrüche erhöhte, so daß die Gebäude jetzt sechzig Fuß unter der Erde liegen. Man entdeckte sie indem man einen Brunnen grub und auf gereihte Marmorfußböden traf. Jammerschade daß die Ausgrabung nicht durch Deutsche Bergleute recht planmäßig geschehen; denn gewiß ist bei einem zufällig räuberischen Nachwühlen manches edle Alterthum vergeudet worden. Man steigt sechzig Stufen hinunter, in eine Gruft, wo man das ehmals unter freiem Himmel stehende Theater bei Fackelschein anstaunt und sich erzählen läßt, was alles da gefunden und hinaufgeschafft worden.

In das Museum traten wir wohl empfohlen und doch empfangen. Doch war auch uns irgend etwas aufzuzeichnen nicht erlaubt. Vielleicht gaben wir nur desto besser Acht und versetzten uns desto lebhafter in die verschwundene Zeit, wo alle diese Dinge zu lebendigem Gebrauch und Genuß um die Eigenthümer umherstanden. Jene kleinen Häuser und Zimmer in Pompeji erschienen mir nun zugleich enger und weiter; enger, weil ich sie mir von so viel würdigen Gegenständen vollgedrängt dachte, weiter, weil gerade diese Gegenstände nicht bloß als nothdürftig vorhanden, sondern, durch bildende Kunst auf's geistreichste und anmuthigste verziert und belebt, den Sinn erfreuen und erweitern, wie es die größte Hausgeräumigkeit nicht thun könnte.

Man sieht z. B. einen herrlich geformten Eimer, oben mit dem zierlichsten Rande, näher beschaut schlägt sich dieser Rand von zwei Seiten in die Höhe, man faßt die verbundenen Halbkreise als Handhabe und trägt das Gefäß auf das bequemste. Die Lampen sind, nach Anzahl ihrer Dochte, mit Masken und Rankenwerk verziert, so daß jede Flamme ein wirkliches Kunstgebilde erleuchtet. Hohe, schlanke, eherne Gestelle sind bestimmt, die Lampen zu tragen, aufzuhängende Lampen hingegen mit allerlei geistreich gedachten Figuren behängt, welche die Absicht zu gefallen und zu ergötzen, sobald sie schaukeln und baumeln, sogar übertreffen.

In Hoffnung wiederzukehren folgten wir den Vorzeigenden von Zimmer zu Zimmer und haschten, wie es der Moment erlaubte, Ergötzung und Belehrung weg, so gut es sich schicken wollte.

Neapel, Montag den 19. März 1787.

In den letzten Tagen hat sich ein neues Verhältniß über angeknüpft. Nachdem ich diese vier Wochen Tischbein mir zum treuen Geleit durch Natur- und Kunstgegenstände herzlich geliebt und wir gestern noch zusammen in Portici gewesen, ergab sich aus wechselseitiger Betrachtung, daß seine Kunstzwecke sowohl als dießmaligen Geschäfte, die er, eine künftige Anstellung in Neapel hoffend, in der Stadt und bei Hofe zu betreiben pflichtig ist, mit meinen Absichten, Wünschen und Liebhabereien nicht zu verbinden seyen. Er schlug mir daher, immer für mich besorgt, einen jungen Mann vor, als beständigen Gesellschafter, den ich seit den ersten Tagen öfter sah, nicht ohne Theilnahme und Neigung. Es ist Kniep, der sich eine Zeit lang in Rom aufgehalten, sodann sich aber nach Neapel, in das eigentliche Element des Landschafters begeben hatte. Schon in Rom hörte ich ihn als einen geschickten Zeichner preisen, nur seiner Thätigkeit wußte man nicht gleiches Lob ertheilen. Ich habe ihn schon ziemlich kennen gelernt und möchte diesen gerügten Mangel eher Unentschlossenheit nennen, die gewiß zu überwinden ist, wenn wir eine Zeit lang beisammen sind. Ein glücklicher Anfang bestätigt mir diese Hoffnung, und wenn es mir nach geht, sollen wir auf geraume Zeit gute Gesellen bleiben.

Neapel, zum 19. März 1787.

Man darf nur auf der Straße wandeln und Augen haben, man sieht die unnachahmlichsten Bilder.

Am Molo, einer Hauptbewegung der Stadt, sah ich gestern einen Pulcinell, der sich auf einem Brettergerüste mit einem kleinen Affen stritt, drüber einen Balkon, auf dem ein recht artiges Mädchen ihre Reize feil bot. Neben dem Affengerüste ein Wunderdoktor, der seine Arcana gegen alle Uebel den bedrängten Gläubigen darbot; von Gerhard Dow gemalt, hätte solch ein Bild bereitet, Zeitgenossen und Nachwelt zu ergötzen.

Es war auch heute Fest des heiligen Joseph, er ist der Patron aller Fritarnolen, d. h. Gebäckenbacker, versteht sich Gebacknes im gröbsten Sinne. Weil nun immerfort starke Flammen unter schwarzen und siedendem Öl herniederschlagen, so gehört auch alle Feuerqual in ihr Fach; deswegen hatten sie gestern Abend vor den Häusern mit Gemälden zum besten aufgeputzt: Kessel im Feuer, jüngste Gerichte glühten und flammten umher. Große Pfannen standen vor der Thüre auf leicht gebauten Herden. Ein Gesell wirkte den Teig, ein anderer formte, zog ihn zu Kringeln und warf sie in die siedende Fettigkeit. An der Pfanne stand ein dritter, mit einem kleinen Bratspieße, er holte die Kringeln, wie sie gar wurden, heraus, schob sie einem vierten auf ein ander Stäbchen der sie den Umstehenden anbot; die beiden letzten waren junge Bursche mit blonden und lockenreichen Perücken, welche hier Engel bedeutet. Noch einige Figuren vollendeten die Gruppe, welche Wein den Beschäftigten, tranken selbst und schrieen die Waare zu loben; auch die Engel, die Köche, alle schrieen. Das Volk drängte sich herzu, denn alles Gebackene wird diesen Abend wohlfeiler gegeben und sogar ein Theil der Einnahme den Armen.

Dergleichen könnte man endlos erzählen; so geht es mit jedem Tage, immer etwas Neues und Tolleres, nur die Mannichfaltigkeit von Kleidern die einem auf der Straße begegnet, die Menge Menschen in der einzigen Straße Toledo!

Und so giebt es noch manche originale Unterhaltung, wenn man mit dem Volke lebt; es ist so natürlich, daß man mit ihm natürlich werden könnte. Da ist z. B. der Pulcinell, die eigentliche Nationalmaske, der Harlekin aus Bergamo, Hanswurst aus Tyrol gebürtig. Pulcinell nun, ein wahrhaft gelassener, ruhiger, bis auf einen gewissen Grad gleichgültiger, beinahe fauler und doch humoristischer Knecht. Und so findet man überall Kellner und Hausknecht. Mit dem unsrigen machte ich mir heute eine besondere Lust, und es war weiter nichts als daß ich ihn schickte, Papier und Federn zu holen. Halber Mißverstand, Zaudern, guter Wille und Schalkheit brachte die anmuthigste Scene hervor, die man auf jedem Theater mit Glück produciren könnte.

Neapel, Dienstag den 20. März 1787.

Die Kunde einer so eben ausbrechenden Lava, die, für Neapel unsichtbar, nach Ottajano hinunter fließt, reizte mich zum drittenmale den Vesuv zu besuchen. Kaum war ich am Fuße desselben aus meinem

zweirädrigen, einspännigen Fuhrwerk gesprungen, so zeigten sich
jene beiden Führer, die uns früher hinauf begleitet hatten. Ich wollte
keinen missen und nahm den einen aus Gewohnheit und Dankbarkeit,
den andern aus Vertrauen, beide der mehreren Bequemlichkeit wegen
mit mir.

Auf die Höhe gelangt, blieb der eine bei den Mänteln und Be-
wassen, der jüngere folgte mir, und wir gingen muthig auf einen ungeheuern Dampf los, der unterhalb des Kegelschlundes aus dem Berge
brach; sodann schritten wir an dessen Seite her gelind hinabwärts, bis
wir endlich, unter klarem Himmel aus dem wilden Dampfgewölk die
Lava hervorquellen sahen.

Man habe auch tausendmal von einem Gegenstande gehört, das
Eigenthümliche desselben spricht nur zu uns aus dem unmittelbaren
Anschauen. Die Lava war schmal, vielleicht nicht breiter als zehn Fuß;
allein die Art, wie sie eine sanfte, ziemlich ebene Fläche hinabfloß, war
auffallend genug: denn indem sie während des Fortfließens an den
Seiten und an der Oberfläche verkühlt, so bildet sich ein Canal, der
sich immer erhöht, weil das geschmolzene Material auch unterhalb des
Feuerstroms erstarrt, welcher die auf der Oberfläche schwimmenden
Schlacken rechts und links gleichförmig hinunter wirft, wodurch sich denn
nach und nach ein Damm erhöht, auf welchem der Gluthstrom ruhig
fortfließt wie ein Mühlbach. Wir gingen neben dem ansehnlich erhöhten Damme her, die Schlacken rollten regelmäßig an den Seiten
herunter bis zu unsern Füßen. Durch einige Lücken des Canals konnten
wir den Gluthstrom von unten sehen und, wie er weiter hinabfloß,
ihn von oben beobachten.

Durch die heiße Sonne erschien die Gluth verdüstert, nur ein
mäßiger Rauch stieg in die reine Luft. Ich hatte Verlangen mich dem
Punkte zu nähern wo sie aus dem Berge bricht; dort sollte sie, wie
mein Führer versicherte, sogleich Gewölb' und Dach über sich her bilden, auf welchem er öfters gestanden habe. Auch dieses zu sehen und
zu erfahren, stiegen wir den Berg wieder hinauf, um jenem Punkte
von hinten her bei zu kommen. Glücklicherweise fanden wir die Stelle
durch einen lebhaften Windzug entblößt; freilich nicht ganz, denn ringsum qualmte der Dampf aus tausend Ritzen, und nun standen wir
wirklich auf der dreiartiggewundenen, erstarrten Decke, die sich aber

so weit vorwärts erstreckte daß wir die Lava nicht konnten herausquellen sehen.

Wir versuchten noch ein paar Dutzend Schritte, aber der Boden ward immer glühender; sonneverfinsternd und erstickend wirbelte ein unüberwindlicher Qualm. Der vorausgegangene Führer kehrte bald um, ergriff mich, und wir entwanden uns diesem Höllenbrudel.

Nachdem wir die Augen an der Aussicht, Gaumen und Brust aber an Aether gelabt, gingen wir umher, noch andere Zufälligkeiten dieses mitten im Paradies aufgethürmten Höllengipfels zu beobachten. Einige Schlünde, die als vulkanische Essen keinen Rauch, aber eine glühende Luft fortwährend gewaltsam ausstoßen, betrachtete ich wieder mit Aufmerksamkeit. Ich sah sie durchaus mit einem tropfsteinartigen Material tapezirt, welches zacken- und zapfenartig die Schlände bis oben bekleidete. Bei der Ungleichheit der Essen fanden sich mehrere dieser herabhängenden Dunstprodukte ziemlich zur Hand, so daß wir sie mit unsern Stäben und einigen hakenartigen Vorrichtungen gar wohl gewinnen konnten. Bei dem Lavahändler hatte ich schon dergleichen Exemplare unter der Rubrik der wirklichen Laven gefunden, und ich freute mich, entdeckt zu haben, daß es vulkanischer Ruß sey, abgesetzt aus den heißen Schwaden, die darin enthaltenen verflüchtigten mineralischen Theile offenbarend.

Der herrlichste Sonnenuntergang, ein himmlischer Abend erquickten mich auf meiner Rückkehr; doch konnte ich empfinden, wie sinnverwirrend ein ungeheurer Gegensatz sich erweise. Das Schreckliche zum Schönen, das Schöne zum Schrecklichen, beides hebt einander auf und bringt eine gleichgültige Empfindung hervor. Gewiß wäre der Neapolitaner ein anderer Mensch, wenn er sich nicht zwischen Gott und Satan eingeklemmt fühlte.

Neapel, den 22. März 1787.

Triebe mich nicht die Deutsche Sinnesart und das Verlangen, mehr zu lernen und zu thun als zu genießen, so sollte ich in dieser Schule des leichten und lustigen Lebens noch einige Zeit verweilen und mehr zu profitiren suchen. Es ist hier gar vergnüglich seyn, wenn man sich nur ein klein wenig einrichten könnte. Die Lage der Stadt, die Milde

des Klima's kann nie genug gerühmt werden, aber darauf ist auch der
Fremde fast allein angewiesen.

Freilich wer sich Zeit nimmt, Geschick und Vermögen hat, kann
sich auch hier breit und gut niederlassen. So hat sich Hamilton eine
schöne Existenz gemacht und genießt sie nun am Abend seines Lebens.
Die Zimmer, die er sich in Englischem Geschmack einrichtete, sind allerliebst, und die Aussicht aus dem Eckzimmer vielleicht einzig. Unter
uns das Meer, im Angesicht Capri, rechts der Posilippo, näher der
Spaziergang Villa reale, links ein altes Jesuitengebäude, weiterhin die
Küste von Sorrent bis an's Cap Minerva. Dergleichen möcht' es wohl
in Europa schwerlich zum zweitenmale geben, wenigstens nicht im Mittelpunkte einer großen bevölkerten Stadt.

Hamilton ist ein Mann von allgemeinem Geschmack, und, nachdem er alle Reiche der Schöpfung durchwandert, an ein schönes Weib,
das Meisterstück des großen Künstlers, gelangt.

Und nun nach allen diesem und hundertfältigem Genuß locken mich
die Sirenen jenseits des Meeres, und, wenn der Wind gut ist, gehe
ich mit diesem Briefe zugleich ab, er nordwärts, ich südwärts. Des
Menschen Sinn ist unbändig, ich besonders bedarf der Weite gar sehr.
Nicht sowohl das Beharren als ein schnelles Auffassen muß jetzt
mein Augenmerk seyn. Habe ich einem Gegenstande nur die Spitze des
Fingers abgewonnen, so kann ich mir die ganze Hand durch Hören und
Denken wohl zueignen.

Seltsamerweise erinnert mich ein Freund in diesen Tagen an
Wilhelm Meister und verlangt dessen Fortsetzung; unter diesem
Himmel möchte sie wohl nicht möglich seyn, vielleicht läßt sich von
diesen Himmelsluft den letzten Büchern etwas mittheilen. Möge meine
Existenz sich dazu genugsam entwickeln, der Stengel mehr in die Länge
rücken und die Blumen reicher und schöner hervorbrechen. Gewiß, es
wäre besser, ich käme gar nicht weiter, wenn ich nicht wiedergeboren
zurückkommen kann.

Neapel, zum 22. März 1787.

Heute sahen wir ein Bild von Correggio das verkäuflich ist,
zwar nicht vollkommen erhalten, das aber doch das glücklichste Gepräg

des Reizes unausgelöscht mit sich führt. Es stellt eine Mutter Gottes vor, das Kind in dem Augenblicke, da es zwischen der Mutter Brust und einigen Birnen, die ihm ein Engelchen darreicht, zweifelhaft ist. Also eine Entwöhnung Christi. Mir scheint die Idee äußerst zart, die Composition bewegt, natürlich und glücklich, höchst reizend ausgeführt. Es erinnert sogleich an das Verlöbniß der heiligen Catharina und scheint mir unbezweifelt von Correggio's Hand.

Neapel, Freitag den 23. März 1787.

Nun hat sich das Verhältniß zu Kniep auf eine recht praktische Weise ausgebildet und befestigt. Wir waren zusammen in Pästum, woselbst er, so wie auf der Hin- und Herreise, mit Zeichnen sich auf das thätigste erwies. Die herrlichsten Umrisse sind gewonnen, ihn freut nun selbst dieses bewegte, arbeitsame Leben, wodurch ein Talent aufgeregt wird, das er sich selbst kaum zutraute. Hier gilt es resolut seyn; aber gerade hier zeigt sich seine genaue und reinliche Fertigkeit. Das Papier, worauf gezeichnet werden soll, mit einem rechtwinklichen Bierect zu umziehen versäumt er niemals, die besten Englischen Bleistifte zuspitzen, und immer wieder zuspitzen, ist ihm fast eine eben so große Lust als zu zeichnen; dafür sind aber auch seine Contoure was man wünschen kann.

Nun haben wir folgendes verabredet. Von heute an leben und reisen wir zusammen, ohne daß er weiter für etwas sorgt als zu zeichnen, wie diese Tage geschehen. Alle Contoure gehören mein, damit aber nach unserer Rückkehr daraus ein ferneres Wirken für ihn entspringe, so führt er eine Anzahl auszuwählender Gegenstände bis auf eine gewisse bestimmte Summe für mich aus; da sich denn indessen bei seiner Geschicklichkeit, bei der Bedeutsamkeit der zu erobernden Aussichten und sonst wohl das Weitere ergeben wird. Diese Einrichtung macht mich ganz glücklich, und jetzt erst kann ich von unserer Fahrt kurze Rechenschaft geben.

Auf dem zweirädrigen, leichten Fuhrwerk sitzend und wechselsweise die Zügel führend, einen gutmüthigen rohen Knaben hintenauf, rollten wir durch die herrliche Gegend, welche Kniep mit malerischem Auge begrüßte. Nun erreichten wir die Gebirgsschlucht, die man auf dem glänzendem Laubdache durchrennend an den lieblichsten Wald- und Felspartien vorüber fliegt. Da konnte denn Kniep zuletzt sich nicht enthalten, in der Gegend von Alla Cava, einen prächtigen Berg, welcher sich gerade vor uns scharf am Himmel abzeichnete, nicht weniger die Seiten, so wie den Fuß dieser Höhe, reinlich und charakteristisch im Umriß auf's Papier zu befestigen. Wir freuten uns beide daran, als an dem Einstand unserer Verbindung.

Ein gleicher Umriß ward Abends aus den Fenstern von Salern genommen, welcher mich aller Beschreibung überheben wird, einer ganz einzig lieblichen und fruchtbaren Gegend. Wer wäre nicht geneigt gewesen an diesem Orte zu studieren, zur schönen Zeit der blühenden hohen Schule! Beim frühsten Morgen fuhren wir auf ungebahnten, oft morastigen Wegen einem Paar schön geformten Bergen zu, wir kamen durch Bach und Gewässer, wo wir den nilpferdischen Büffeln in die blutrothen wilden Augen sahen.

Das Land ward immer flacher und wüster, wenige Gebäude deuteten auf kärgliche Landwirthschaft. Endlich, ungewiß, ob wir durch Felsen oder Trümmer führen, konnten wir einige große länglichviereckige Massen, die wir in der Ferne schon bemerkt hatten, als überbliebene Tempel und Denkmale einer ehemals so prächtigen Stadt unterscheiden. Kniep, welcher schon unterwegs die zwei malerischen Kalkgebirge umrissen, suchte sich schnell einen Standpunkt, von wo aus das Eigenthümliche dieser völlig unmalerischen Gegend aufgefaßt und dargestellt werden könnte.

Von einem Landmanne ließ ich mich indessen in den Gebäuden herumführen; der erste Eindruck konnte nur Erstaunen erregen. Ich befand mich in einer völlig fremden Welt. Denn wie die Jahrhunderte sich aus dem Ernsten in das Gefällige bilden, so bilden sie den Menschen mit, ja sie erzeugen ihn so. Nun sind unsere Augen und durch sie unser ganzes inneres Wesen an schlankere Baukunst hinangetrieben und entschieden bestimmt, so daß uns diese stumpfen, kegelförmigen, enggedrängten Säulenmassen lästig, ja furchtbar erscheinen. Doch nahm ich mich bald zusammen, erinnerte mich der Kunstgeschichte, gedachte der Zeit, deren Geist solche Bauart gemäß fand, vergegenwärtigte mir den strengen Styl der Plastik, und in weniger als einer Stunde fühlte ich mich befreundet, ja ich pries den Genius, daß er mich diese so wohl erhaltenen Reste mit Augen sehen ließ, da sich von ihnen durch Abbildung kein Begriff geben läßt. Denn im architektonischen Aufriß erscheinen sie eleganter, in perspectivischer Darstellung plumper als sie sind, nur wenn man sich um sie her, durch sie durch bewegt, theilt man ihnen das eigentliche Leben mit; man fühlt es wieder aus ihnen heraus, welches der Baumeister beabsichtigte, ja hineinschuf. Und so verbrachte ich den ganzen Tag, indessen Kniep nicht säumte, uns die genausten Umrisse zuzueignen. Wie froh war ich von dieser Seite ganz unbesorgt zu seyn und für die Erinnerung so sichere Merkzeichen zu gewinnen. Leider war keine Gelegenheit, hier zu übernachten, wir kehrten nach Salern zurück, und den andern Morgen ging es zeitig nach Neapel. Der Vesuv, von der Rückseite gesehen, in der fruchtbarsten Gegend; Pappeln pyramidalförmig an der Chaussee im Vordergrunde. Dieß war auch ein angenehmes Bild, das wir durch ein kurzes Stillhalten erwarben.

Nun erreichten wir eine Höhe; der größte Anblick that sich vor uns auf. Neapel in seiner Herrlichkeit, die meilenlange Reihe von Häusern am flachen Ufer des Golfs hin, die Vorgebirge, Erdzungen, Felswände, dann die Inseln und dahinter das Meer war ein entzückender Anblick.

Ein gräßlicher Gesang, vielmehr Lustgeschrei und Jubelgeheul des hinten auffahrenden Knaben, erschreckte und störte mich. Heftig fuhr ich ihn an, er hatte noch kein böses Wort von uns gehört, er war der gutmüthigste Junge.

Eine Weile rührte er sich nicht, dann klopfte er mir sachte auf die Schulter, streckte seinen rechten Arm mit aufgehobenem Zeigefinger zwischen uns durch und sagte: Signor perdonate! questa è la mia patria! — Das heißt verdolmetscht: Herr, verzeiht! Ist das doch mein Vaterland! — Und so war ich zum zweitenmale überrascht. Mir armen Nordländer kam etwas thränenartiges in die Augen.

Neapel, den 16. März 1787.
Verkündigung Mariä.

Ob ich gleich empfand daß Kniep sehr gern mit mir nach Sicilien gehe, so konnte ich doch bemerken, daß er ungern etwas zurückließ. Bei seiner Aufrichtigkeit blieb mir nicht lange verborgen, daß ihm ein Liebchen eng und treu verbunden sey. Wie sie zusammen bekannt geworden, war artig genug zu hören; wie sich das Mädchen bisher betragen, konnte für sie einnehmen; nun sollte ich sie aber auch sehen, wie hübsch sie sey. Hiezu war Anstalt getroffen und zwar so, daß ich zugleich eine der schönsten Aussichten über Neapel genießen könnte. Er führte mich auf das flache Dach eines Hauses, von wo man besonders den untern Theil der Stadt nach dem Molo zu, den Golf, die Küste von Sorrent vollkommen übersehen konnte; alles weiter rechts liegende verschob sich auf die sonderbarste Weise, wie man es, ohne auf diesem Punkte zu stehen, nicht leicht sehen wird. Neapel ist überall schön und herrlich.

Als wir nun die Gegend bewunderten, stieg, obgleich erwartet, doch unversehens, ein gar artiges Köpfchen aus dem Boden hervor. Denn zu einem solchen Söller macht nur eine länglich viereckige Oeffnung im Estrich, welche mit einer Fallthüre zugedeckt werden kann, den Eingang. Als da nun das Engelchen völlig hervortrat, fiel mir ein, daß ältere Künstler die Verkündigung Mariä also vorstellen, daß der Engel eine Treppe herauf kommt. Dieser Engel aber war nun wirklich von gar schöner Gestalt, hübschem Gesichtchen und einem guten natürlichen Betragen. Es freute mich, unter dem herrlichen Himmel und im Angesichte der schönsten Gegend von der Welt, meinen neuen Freund so glücklich zu sehen. Er gestand mir, als sie sich wieder entfernt hatte, daß er eben deßhalb eine freiwillige Armuth bisher getragen, weil er dabei sich zugleich ihrer Liebe erfreut und ihre Genügsamkeit schätzen lernen, nun sollten ihm auch seine bessern Aussichten und ein reichlicher Zustand vorzüglich deßhalb wünschenswerth seyn, damit er auch ihr bessere Tage bereiten könne.

Neapel, den 25. März 1787.

Nach diesem angenehmen Abenteuer spazierte ich am Meere hin und war still und vergnüglich. Da kam mir eine gute Erleuchtung über botanische Gegenstände. Herdern bitte ich zu sagen, daß ich mit der Urpflanze bald zu Stande bin; nur fürchte ich, daß niemand die übrige Pflanzenwelt darin wird erkennen wollen. Meine saubere Lehre von den Kotylebonen ist so sublimirt, daß man schwerlich wird weiter gehen können.

Neapel, den 22. März 1787.

Morgen geht dieser Brief von hier zu Euch. Donnerstag den zweiten geh' ich mit der Corvette, die ich, des Seewesens unkundig, in meinem vorigen Briefe zum Rang einer Fregatte erhob, endlich nach Palermo. Der Zweifel ob ich reisen oder bleiben sollte, machte einen Theil meines hiesigen Aufenthaltes unruhig; nun da ich entschlossen bin geht es besser. Für meine Sinnesart ist diese Reise heilsam, ja nothwendig. Sicilien deutet mir nach Asien und Afrika, und auf dem wundersamen Punkte, wohin so viele Radien der Weltgeschichte gerichtet sind, selbst zu stehen, ist keine Kleinigkeit.

Neapel habe ich nach seiner eignen Art behandelt; ich war nichts weniger als fleißig, doch hab' ich viel gesehen und mir einen allgemeinen Begriff von dem Lande, seinen Einwohnern und Zuständen gebildet. Bei der Wiederkehr soll manches nachgeholt werden; freilich nur manches, denn vor dem 29sten Juny muß ich wieder in Rom seyn. Hab' ich die heilige Woche versäumt, so will ich dort wenigstens den St. Petersdtag feiern. Meine Sicilianische Reise darf mich nicht allzuweit von meiner ersten Absicht weglenken.

Vorgestern hatten wir ein gewaltiges Wetter mit Donner, Blitz und Regengüssen; jetzt hat sich's wieder aufgehellt, eine herrliche Tramontane weht herüber: bleibt sie beständig, so haben wir die schnellste Fahrt.

Gestern war ich mit meinem Gefährten, unser Schiff zu besehen und das Kämmerchen zu besuchen das uns aufnehmen soll. Eine Seereise fehlte mir ganz in meinen Begriffen; diese kleine Ueberfahrt, vielleicht eine Küstenumschiffung, wird meiner Einbildungskraft nachhelfen und mir die Welt erweitern. Der Capitän ist ein junger, munterer Mann, das Schiff gar zierlich und nett, in Amerika gebaut, ein guter Segler.

Hier fängt nun alles an grün zu werden, in Sicilien find' ich es noch weiter. Wenn Ihr diesen Brief erhaltet, bin ich auf der Rückreise und habe Trinakrien hinter mir. So ist der Mensch: immer springt er in Gedanken vor- und rückwärts, ich war noch nicht dort und bin schon wieder bei Euch. Doch an der Verworrenheit dieses Briefes bin ich nicht Schuld; jeden Augenblick werd' ich unterbrochen und möchte doch gern dieß Blatt zu Ende schreiben.

So eben besuchte mich ein Marchese Berio, ein junger Mann der viel zu wissen scheint. Er wollte den Verfasser des Werther doch auch kennen lernen. Ueberhaupt ist hier großer Drang und Lust nach Bildung und Wissen. Sie sind nur zu glücklich, um auf den rechten Weg zu kommen. Hätte ich nur mehr Zeit, so wollt' ich ihnen gern mehr Zeit geben. Diese vier Wochen — was waren die gegen das ungeheure Leben! Nun gehabt euch wohl! Reisen lern' ich wohl auf dieser Reise, ob ich leben lerne, weiß ich nicht. Die Menschen, die es zu verstehen scheinen, sind in Art und Wesen zu sehr von mir verschieden, als daß ich auf dieses Talent sollte Anspruch machen können.

Lebet wohl und liebt mich, wie ich Eurer von Herzen gedenke.

- - - - -

Neapel, den 25. März 1787.

Diese Tagen gehen mir nun gänzlich mit Einpacken und Abschiednehmen, mit Besorgen und Bezahlen, Nachholen und Vorbereiten, sie gehen mir völlig verloren.

Der Fürst von Waldeck beunruhigte mich noch beim Abschied, denn er sprach von nichts weniger, als daß ich bei meiner Rückkehr mich einrichten sollte, mit ihm nach Griechenland und Dalmatien zu gehen. Wenn man sich einmal in die Welt macht und sich mit der Welt einläßt, so mag man sich ja hüten, daß man nicht entrückt oder wohl gar verrückt wird. Zu keiner Sylbe weiter bin ich fähig.

Neapel, den 26. März 1787.

Seit einigen Tagen machte sich das Wetter ungewiß, heute, am bestimmten Tage der Abfahrt, ist es so schön als möglich. Die günstigste Tramontane, ein klarer Sonnenhimmel, unter dem man sich in die weite Welt wünscht. Nun sag' ich noch allen Freunden in Weimar

und Gotha ein treues Lebewohl! Eure Liebe begleite mich, denn ich
möchte ihrer wohl immer bedürfen. Heute Nacht träumte ich mich
wieder in meinen Geschäften. Es ist denn doch als wenn ich mein
Fasanenschiff nirgends als bei Euch ausladen könnte. Möge es nur
erst recht stattlich geladen seyn!

Sicilien.

Seefahrt, Donnerstag den 29. März 1787.

Nicht, wie bei dem letzten Abgange des Packetboots, wehte dießmal
ein förderlicher frischer Nord-Ost, sondern leider von der Gegenseite ein
lauer Süd-West, der allerhinderlichste; und so erfuhren wir denn wie
der Seefahrer vom Eigensinne des Wetters und Windes abhängt. Ungeduldig verbrachten wir den Morgen bald am Ufer, bald im Kaffee-
haus; endlich bestiegen wir zu Mittag das Schiff und genossen beim
schönsten Wetter des herrlichsten Anblicks. Unfern vom Molo lag die
Corvette vor Anker. Bei klarer Sonne eine dunstreiche Atmosphäre,
daher die beschatteten Felsenwände von Sorrent vom schönsten Blau.
Das beleuchtete, lebendige Neapel glänzte von allen Farben. Erst mit
Sonnenuntergang bewegte sich das Schiff, jedoch nur langsam, von
der Stelle, der Widerwind schob uns nach dem Posilippo und dessen
Spitze hinüber. Die ganze Nacht ging das Schiff ruhig fort. Es war
in Amerika gebaut, schnellsegelnd, inwendig mit artigen Kämmerchen
und einzelnen Lagerstätten eingerichtet. Die Gesellschaft anständig
munter: Operisten und Tänzer, nach Palermo verschrieben.

Freitag den 30. März 1787.

Bei Tagesanbruch fanden wir uns zwischen Ischia und Capri,
ungefähr von letzterem eine Meile. Die Sonne ging hinter den Gebirgen von Capri und Capo Minerva herrlich auf. Kniep zeichnete
fleißig die Umrisse der Küsten und Inseln und ihre verschiedenen Ansichten; die langsame Fahrt kam seiner Bemühung zu statten. Wir

segten mit schwachem und halbem Winde unsern Weg fort. Der Besuv
verlor sich gegen vier Uhr aus unsern Augen, als Capo Minerva und
Ischia noch gesehen wurden. Auch diese verloren sich gegen Abend. Die
Sonne ging unter in's Meer, begleitet von Wollen und einem langen,
meilenweit reichenden Streifen, alles purpurglänzende Lichter. Auch
dieses Phänomen zeichnete Kniep. Nun ward kein Land mehr zu sehen,
der Horizont ringsum ein Wasserkreis, die Nacht hell und schöner
Mondschein.

Ich hatte doch dieser herrlichen Ansichten nur Augenblicke genießen
können, die Seekrankheit überfiel mich bald. Ich begab mich in meine
Kammer, wählte die horizontale Lage, enthielt mich, außer weißem
Brod und rothem Wein, aller Speisen und Getränke und fühlte mich
ganz behaglich. Abgeschlossen von der äußern Welt, ließ ich die innere
walten, und, da eine langsame Fahrt vorauszusehen war, gab ich mir
gleich zu bedeutender Unterhaltung ein starkes Pensum auf. Die zwei
ersten Akte des Tasso, in poetischer Prosa geschrieben, hatte ich von
allen Papieren allein mit über See genommen. Diese beiden Akte,
in Absicht auf Plan und Gang ungefähr den gegenwärtigen gleich,
aber schon vor zehn Jahren geschrieben, hatten etwas Weichliches,
Nebelhaftes, welches sich bald verlor, als ich nach neuern Ansichten
die Form vorwalten und den Rhythmus einzeln ließ.

Sonnabend den 31. März 1787.

Die Sonne tauchte klar aus dem Meere herauf. Um sieben Uhr
erreichten wir ein Französisches Schiff, welches zwei Tage vor uns abgegangen war; um so viel besser segelten wir, und doch sahen wir noch
nicht das Ende unserer Fahrt. Einigen Trost gab uns die Insel
Ustica, doch leider zur linken, da wir sie eben, wie auch Capri, hätten
rechts lassen sollen. Gegen Mittag war uns der Wind ganz zuwider
und wir kamen nicht von der Stelle. Das Meer fing an höher zu
gehen, und im Schiffe war fast alles krank.

Ich blieb in meiner gewohnten Lage, das ganze Stück ward, um
und um, durch und durch gedacht. Die Stunden gingen worüber, ohne
daß ich ihre Eintheilung bemerkt hätte, wenn nicht der schelmische Kniep,
auf dessen Appetit die Wellen keinen Einfluß hatten, von Zeit zu Zeit,

indem er mir Wein und Brod brachte, die treffliche Mittagstafel, die
Heiterkeit und Anmuth des jungen tüchtigen Capitäns, dessen Bedauern,
daß ich meine Portion nicht mitgenieße, zugleich schadenfroh gerühmt
hätte. Eben so gab ihm der Uebergang von Scherz und Lust zu Mißbehagen und Krankheit, und wie sich dieses bei einzelnen Gliedern der
Gesellschaft gezeigt, reichen Stoff zu muthwilliger Schilderung.

Nachmittags vier Uhr gab der Capitän dem Schiff eine andere
Richtung. Die großen Segel wurden wieder aufgezogen und unsere
Fahrt gerade auf die Insel Ustica gerichtet, hinter welcher wir, zu
großer Freude, die Berge von Sicilien erblickten. Der Wind besserte
sich, wir fuhren schneller auf Sicilien los, auch kamen uns noch einige
Inseln zu Gesichte. Der Sonnenuntergang war trübe, das Himmels-
licht hinter Nebel versteckt. Den ganzen Abend ziemlich günstiger Wind.
Gegen Mitternacht fing das Meer an sehr unruhig zu werden.

Sonntag den 1. April 1787.

Um drei Uhr Morgens heftiger Sturm. Im Schlaf und Halb-
traum setzte ich meine dramatischen Plane fort, indessen auf dem Verdeck große Bewegung war. Die Segel mußten eingenommen werden,
das Schiff schwebte auf den hohen Fluthen. Gegen Anbruch des Tages
legte sich der Sturm, die Atmosphäre klärte sich auf. Nun lag die
Insel Ustica völlig links. Eine große Schildkröte zeigte man uns in
der Weite schwimmend, durch unsere Fernröhre als ein lebendiger
Punkt wohl zu erkennen. Gegen Mittag konnten wir die Küste Siciliens mit ihren Vorgebirgen und Buchten ganz deutlich unterscheiden,
aber wir waren sehr unter den Wind gekommen, wir lavirten an und
ab. Gegen Nachmittag waren wir dem Ufer näher. Die westliche
Küste, vom Lilybäischen Vorgebirge bis Capo Gallo, sahen wir ganz
deutlich, bei heiterem Wetter und hell scheinender Sonne.

Eine Gesellschaft von Delphinen begleitete das Schiff an beiden
Seiten des Vordertheils und schossen immer voraus. Es war lustig
anzusehen wie sie, bald von den klaren durchscheinenden Wellen überdeckt, hinschwammen, bald mit ihren Rückenstacheln und Floßfedern,
grün- und goldspielenden Seiten sich über dem Wasser springend
bewegten.

Da wir weit unter dem Winde waren, fuhr der Capitän gerade auf eine Bucht zu, gleich hinter Capo Gallo. Kniep versäumte die schöne Gelegenheit nicht, die mannichfaltigsten Ansichten ziemlich im Detail zu zeichnen. Mit Sonnenuntergang wendete der Capitän das Schiff wieder dem hohen Meer zu und fuhr nordostwärts, um die Höhe von Palermo zu erreichen. Ich wagte mich manchmal aufs Verdeck, doch ließ ich meinen dichterischen Vorsatz nicht aus dem Sinne, und ich war des ganzen Stücks so ziemlich Herr geworden. Bei trüblichem Himmel heller Mondschein, der Widerschein auf dem Meer unendlich schön. Die Maler, um der Wirkung willen, lassen uns oft glauben, der Widerschein der Himmelslichter im Wasser habe zunächst dem Beschauer die größte Breite, wo er die größte Energie hat. Hier aber sah man am Horizont den Widerschein am breitesten, der sich, wie eine zugespitzte Pyramide, zunächst am Schiff in blinkenden Wellen endigte. Der Capitän veränderte die Nacht noch einigemal das Manoeuvre.

Montag, den 2. April 1787, früh 8 Uhr

fanden wir uns Palermo gegenüber. Dieser Morgen erschien für mich höchst erfreulich. Der Plan meines Drama's war diese Tage daher, im Walfischbauch, ziemlich gediehen. Ich befand mich wohl und konnte nun auf dem Verdeck die Küsten Siciliens mit Aufmerksamkeit betrachten. Kniep zeichnete emsig fort, und durch seine gewandte Genauigkeit wurden mehrere Streifen Papier zu einem sehr schätzbaren Andenken dieses verspäteten Landens.

Palermo, Montag den 2. April 1787.

Endlich gelangten wir mit Noth und Anstrengung Nachmittags um drei Uhr in den Hafen, wo uns ein höchst erfreulicher Anblick entgegen trat. Völlig hergestellt, wie ich war, empfand ich das größte Vergnügen. Die Stadt gegen Norden gekehrt, am Fuß hoher Berge liegend; über ihr, der Tageszeit gemäß, die Sonne herüberscheinend. Die klaren Schattenseiten aller Gebäude sahen wir an, vom Widerschein erleuchtet. Monte Pelegrino rechts, seine zierlichen Formen im vollkommenſten Lichte, links das weit hingeſtreckte Ufer mit Buchten, Landzungen und Vorgebirgen. Was ferner eine allerliebſte Wirkung hervorbrachte, war das junge Grün zierlicher Bäume, deren Gipfel, von hinten erleuchtet, wie große Maſſen vegetabiliſcher Johanniswürmer vor den dunkeln Gebäuden hin und wieder wogten. Ein klarer Duft blaute alle Schatten.

Anſtatt ungeduldig an's Ufer zu eilen, blieben wir auf dem Verbeck bis man uns wegtrieb; wo hätten wir einen gleichen Standpunkt, einen ſo glücklichen Augenblick ſobald wieder hoffen können!

Durch die wunderbare, aus zwei ungeheuern Pfeilern beſtehende Pforte, die oben nicht geſchloſſen ſeyn darf, damit der thurmhohe Wagen der heiligen Roſalia an dem berühmten Feſte durchfahren könne, führte man uns in die Stadt und ſogleich links in einen großen Gaſthof. Der Wirth, ein älter behaglicher Mann, von jeher Fremde aller Nationen zu ſehen gewohnt, führte uns in ein großes Zimmer, von deſſen Ballon wir das Meer und die Rhede, den Roſalienberg und das Ufer überſchauten, auch unſer Schiff erblickten und unſern erſten Standpunkt bemerken konnten. Ueber die Lage unſeres Zimmers höchſt vergnügt, bemerkten wir kaum, daß im Grunde deſſelben ein erhöhter Alcoven hinter Vorhängen verſteckt ſey, wo ſich das weitläufigſte Bett ausbreitete, das, mit einem ſeidenen Thronhimmel prangend, mit den übrigen altadelichen ſtattlichen Mobilien völlig übereinſtimmte. Ein ſolches Prunkgemach ſetzte uns gewiſſermaßen in Verlegenheit, wir verlangten herkömmlicherweiſe Bedingungen abzuſchließen. Der Alte ſagte dagegen: es bedürfe keiner Bedingung, er wünſche, daß es uns bei ihm wohl gefalle. Wir ſollten uns auch des Vorſaals bedienen, welcher kühl und luſtig, durch mehrere Ballone luſtig, gleich an unſer Zimmer ſtieß.

Wir vergnügten uns an der unendlich mannichfaltigen Ausſicht und ſuchten ſie im einzelnen zeichneriſch und maleriſch zu entwickeln, denn hier konnte man gränzenlos eine Ernte für den Künſtler überſchauen.

Der helle Mondſchein lockte uns des Abends noch auf die Rhede und hielt nach der Rückkehr uns noch eine lange Zeit auf dem Altan. Die Beleuchtung war ſonderbar, Ruhe und Anmuth groß.

Unbeſchreiblich erwünſcht, auch wegen des Folgenden.

Palermo, Dienstag den 3. April 1787.

Unser erstes war, die Stadt näher zu betrachten, die sehr leicht zu überschauen und schwer zu kennen ist, leicht, weil eine meilenlange Straße, vom untern zum obern Thor, vom Meere bis gegen das Gebirg, sie durchschneidet und diese, ungefähr in der Mitte, von einer andern abermals durchschnitten wird; was auf diesen Linien liegt ist bequem zu finden; das Innere der Stadt hingegen verwirrt den Fremden und er entwirrt sich nur mit Hülfe eines Führers diesem Labyrinthe.

Gegen Abend schenkten wir unsre Aufmerksamkeit der Kutschenreihe, der bekannten Fahrt vornehmerer Personen, welche sich, zur Stadt hinaus, auf die Reede begaben, um frische Luft zu schöpfen; sich zu unterhalten und allenfalls zu courtoisieren.

Zwei Stunden vor Nacht war der Vollmond eingetreten und verherrlichte den Abend unaussprechlich. Die Lage von Palermo, gegen Norden, macht daß sich Stadt und Ufer sehr wunderfam gegen die großen Himmelslichter verhält, deren Widerschein man niemals in den Wellen erblickt. Deßwegen wir auch heute an dem heitersten Tage das Meer dunkelblau, ernsthaft und zudringlich fanden, anstatt daß es bei Neapel, von der Mittagsstunde an, immer heiterer, luftiger und ferner glänzt.

Laien hatte mich schon heute manchen Weg und manche Betrachtung allein machen lassen, um einen genauen Contour des Monte Pellegrino zu nehmen, des schönsten aller Vorgebirge der Welt.

Palermo, den 3. April 1787.

Hier noch einiges zusammenfassend, nachträglich und vertraulich:

Wir liefen Donnerstag den 29 März mit Sonnenuntergang von Neapel und landeten erst nach vier Tagen, um drei Uhr, im Hafen von Palermo. Ein kleines Diarium, das ich beilege, erzählt überhaupt unsre Schicksale. Ich habe nie eine Reise so ruhig angetreten als diese; habe nie eine ruhigere Zeit gehabt als auf der durch beständigen Gegenwind sehr verlängerten Fahrt, selbst auf dem Bette im engen Kämmerchen, wo ich mich die ersten Tage halten mußte, weil mich die Seekrankheit stark angriff. Nun denke ich ruhig zu Euch hinüber, denn wenn irgend etwas für mich entscheidend war, so ist es diese Reise.

Hat man sich nicht ringsum vom Meere umgeben gesehen, so hat man keinen Begriff von Welt und von seinem Verhältniß zur Welt. Als Landschaftszeichner hat mir diese große, simple Linie ganz neue Gedanken gegeben.

Wir haben, wie das Diarium ausweist, auf dieser kurzen Fahrt mancherlei Abwechslungen und gleichsam die Schicksale der Seefahrer im Kleinen gehabt. Uebrigens ist die Sicherheit und Bequemlichkeit des Packetboots nicht genug zu loben. Der Capitän ist ein sehr braver und recht artiger Mann. Die Gesellschaft war ein ganzes Theater, ausgesucht, leidlich und angenehm. Mein Künstler, den ich bei mir habe, ist ein munterer, treuer, guter Mensch, der mit der größten Ac- curatesse zeichnet; er hat alle Inseln und Küsten wie sie sich zeigten aufnehmen müssen, es wird euch große Freude machen wenn ich alles mitbringe. Uebrigens hat er mir, die langen Stunden der Ueberfahrt zu ver- kürzen, das Mechanische der Wasserfarbenmalerei (Aquarell), die man in Italien jetzt sehr hoch getrieben hat, aufgeschrieben: versteht sich den Gebrauch gewisser Farben, um gewisse Töne hervorzubringen, an denen man sich, ohne das Geheimniß zu wissen, zu Tode mischen würde. Ich hatte wohl in Rom manches davon erfahren, aber niemals im Zusammenhange. Die Künstler haben es in einem Lande ausstudirt wie Italien, wie dieses ist. Mit keinen Worten ist die dunstige Klar- heit auszudrücken, die um die Küsten schwebte, als wir am schönsten Nachmittage gegen Palermo anfuhren. Die Reinheit der Contoure, die Weichheit des Ganzen, das Auseinanderweichen der Töne, die Har- monie von Himmel, Meer und Erde. Wer es gesehen hat der hat es auf sein ganzes Leben. Nun versteh' ich erst die Claude Lorrain, und habe Hoffnung, auch dereinst in Norden aus meiner Seele Schatten- bilder dieser glücklichen Wohnung hervorzubringen. Wäre nur alles Kleinliche so rein daraus weggewaschen als die Kleinheit der Stroh- dächer aus meinen Zeichenbegriffen. Wir wollen sehen, was diese Königin der Inseln thun kann.

Wie sie uns empfangen hat habe ich keine Worte auszudrücken: mit frischgrünenden Maulbeerbäumen, immer grünendem Oleander, Citronenhecken rc. In einem öffentlichen Garten stehn weite Beete von Ranunkeln und Anemonen. Die Luft ist mild, warm und wohl- riechend, der Wind lau. Der Mond ging dazu voll hinter einem

Vorgebirge herauf und schien in's Meer; und diesen Gruß nachdem man vier Tage und Nächte auf den Wellen geschwebt! Verzeiht wenn ich mit einer stumpfen Feder aus einer Tusch-Muschel, aus der mein Gefährte die Umrisse nachzieht, dieses hinkritzle. Es kommt doch wie ein Lispeln zu Euch hinüber, indeß ich allen die mich lieben ein ander Denkmal dieser meiner glücklichen Stunden bereite. Was es wird, sag' ich nicht, wann Ihr es erhaltet, kann ich auch nicht sagen.

Palermo, Dienstag, den 8. April 1787.

Dieses Blatt sollte nun, meine Geliebten, Euch des schönsten Genußes, in sofern es möglich wäre, theilhaft machen; es sollte die Schilderung der unvergleichlichen, eine große Wassermasse umfassenden Bucht überliefern. Von Osten herauf, wo ein flächeres Vorgebirg weit in die See greift, an vielen schroffen, wohlgebildeten, waldbewachsenen Felsen hin bis an die Fischerwohnungen der Vorstädte herauf, dann an der Stadt selbst her, deren äußere Häuser alle nach dem Hafen schauen, wie unsere Wohnung auch, bis zu dem Thore durch welches wir hereinkamen.

Dann geht es westwärts weiter fort an dem gewöhnlichen Landungsplatz, wo kleinere Schiffe anlegen, bis zu dem eigentlichen Hafen an dem Molo, die Station größerer Schiffe. Da erhebt sich nun, sämmtliche Fahrzeuge zu schützen, in Westen der Monte Pelegrino in seinen schönen Formen, nachdem er ein liebliches, fruchtbares Thal, das sich bis zum jenseitigen Meer erstreckt, zwischen sich und dem eigentlichen festen Land gelassen.

Kniep zeichnete, ich schematisirte, beide mit großem Genuß, und nun, da wir fröhlich nach Hause kommen, fühlen wir beide weder Kräfte noch Muth zu wiederholen und auszuführen. Unsere Entwürfe müssen also für künftige Zeiten liegen bleiben, und dieses Blatt giebt Euch bloß ein Zeugniß unseres Unvermögens, diese Gegenstände genugsam zu fassen, oder vielmehr unserer Anmaßung, sie in so kurzer Zeit erobern und beherrschen zu wollen.

Palermo, Mittwoch den 4. April 1787.

Nachmittags besuchten wir das fruchtreiche und angenehme Thal, welches die südlichen Berge herab an Palermo vorbeizieht, durch schlängelt von dem Fluß Oreto. Auch hier wird ein malerisches Auge und eine geschickte Hand gefordert, wenn ein Bild soll gefunden werden, und doch erhaschte Kniep einen Standpunkt, da wo das gestemmte Wasser von einem halbzerstörten Wehr herunterstießt, beschattet von einer fröhlichen Baumgruppe, dahinter, das Thal hinaufwärts, die freie Aussicht und einige landwirthschaftliche Gebäude.

Die schönste Frühlingswitterung und eine hervorquellende Fruchtbarkeit verbreitete das Gefühl eines belebenden Friedens über das ganze Thal, welches mir der ungeschickte Führer durch seine Gelehrsamkeit verkümmerte, umständlich erzählend, wie Hannibal hier vormals eine Schlacht geliefert und was für ungeheure Kriegsthaten an dieser Stelle geschehen. Unfreundlich verwies ich ihm das fatale Hervorrufen solcher abgeschiedenen Gespenster. Es sey schlimm genug, meinte ich, daß von Zeit zu Zeit die Saaten, wo nicht immer von Elephanten, doch von Pferden und Menschen zerstampft werden müßten. Man solle wenigstens die Einbildungskraft nicht mit solchem Nachgetümmel aus ihrem friedlichen Traume aufschrecken.

Er verwunderte sich sehr, daß ich das classische Andenken an so einer Stelle verschmähte, und ich konnte ihm freilich nicht deutlich machen, wie mir bei einer solchen Vermischung des Vergangenen und des Gegenwärtigen zu Muthe sey.

Noch wunderlicher erschien ich diesem Begleiter, als ich auf allen seichten Stellen, deren der Fluß gar viele trocken läßt, nach Steinchen suchte und die verschiedenen Arten derselben mit mir forttrug. Ich konnte ihm abermals nicht erklären, daß man sich von einer gebirgigen Gegend nicht schneller einen Begriff machen kann, als wenn man die Gesteinarten untersucht, die in den Bächen herabgeschoben werden, und daß hier auch die Aufgabe sey, durch Trümmer sich eine Vorstellung von jenen ewig classischen Höhen des Erdalterthums zu verschaffen.

Auch war meine Ausbeute aus diesem Flusse reich genug, ich brachte beinahe vierzig Stücke zusammen, welche sich freilich in wenige

Andern untergeordnen ließen. Das meiste war eine Gebirgsart, die man bald für Jaspis oder Hornstein, bald für Thonschiefer ansprechen konnte. Ich fand sie theils in abgerundeten, theils unförmigen Geschieben, theils rhombisch gestaltet, von vielerlei Farben. Ferner kamen viele Abänderungen des ältern Kalkes vor, nicht weniger Brecien, deren Bindemittel Kalk, die verbundenen Steine aber bald Jaspis, bald Kalk waren. Auch fehlte es nicht an Geschieben von Muschelkalk.

Die Pferde füttern sie mit Gerste, Häckerling und Kleien; im Frühjahr geben sie ihnen geschnittene grüne Gerste, um sie zu erfrischen, per rinfrescar, wie sie es nennen. Da sie keine Wiesen haben, fehlt es an Heu. Auf den Bergen giebt es einige Weide, auch auf den Aeckern, da ein Drittel als Brache liegen bleibt. Sie halten wenig Schafe, deren Race aus der Berberei kommt, überhaupt auch mehr Maulthiere als Pferde, weil jenen die hitzige Nahrung besser bekommt als diesen.

Die Plaine worauf Palermo liegt, so wie außer der Stadt die Gegend El Colli, auch ein Theil der Baggaria hat im Grunde Muschelkalk, woraus die Stadt gebaut ist, daher man denn auch große Steinbrüche in diesen Lagern findet. In der Nähe von Monte Pelegrino sind sie an einer Stelle über fünfzig Fuß tief. Die untern Lager sind weißer von Farbe. Man findet darin viel versteinte Corallen und Schalthiere, vorzüglich große Pilgermuscheln. Das obere Lager ist mit rothem Thon gemischt und enthält wenig oder gar keine Muscheln. Ganz obenauf liegt rother Thon, dessen Lage jedoch nicht stark ist.

Der Monte Pelegrino hebt sich aus allem diesem hervor; er ist ein älterer Kalk, hat viele Löcher und Spaltungen, welche, genau betrachtet, obgleich sehr unregelmäßig, sich doch nach der Ordnung der Bände richten. Das Gestein ist fest und klingend.

Palermo, Donnerstag, den 6. April 1787.

Wir gingen die Stadt im Besondern durch. Die Bauart gleicht meistens der von Neapel, doch stehen öffentliche Monumente, z. B.

Brunnen, noch weiter entfernt vom guten Geschmack. Hier ist nicht, wie in Rom, ein Kunstgeist welcher die Arbeit regelt; nur von Zufälligkeiten erhält das Bauwerk Gestalt und Daseyn. Ein von dem ganzen Inselvolke angestaunter Brunnen existirte schwerlich, wenn es in Sicilien nicht schönen, bunten Marmor gäbe, und wenn nicht gerade ein Bildhauer, geübt in Thiergestalten, damals Gunst gehabt hätte. Es wird schwer halten diesen Brunnen zu beschreiben. Auf einem mäßigen Platze steht ein rundes, architektonisches Werk, nicht gar hochhoch, Sockel, Mauer und Gesims von farbigem Marmor; in die Mauer sind, in einer Flucht, mehrere Nischen angebracht, aus welchen, von weißem Marmor gebildet, alle Arten Thierköpfe auf gestreckten Hälsen heraus schauen: Pferd, Löwe, Kameel, Elephant wechseln mit einander ab, und man erwartete kaum hinter dem Kreise dieser Menagerie einen Brunnen, zu welchem, von vier Seiten, durch gelassene Lücken, marmorne Stufen hinaufführen, um das reichlich gespendete Wasser schöpfen zu lassen.

Etwas ähnliches ist es mit den Kirchen, wo die Prachtliebe der Jesuiten noch überboten ward, aber nicht aus Grundsatz und Absicht, sondern zufällig, wie allenfalls ein gegenwärtiger Handwerker, Figuren- oder Laubschnitzer, Vergolder, Lackirer und Marmorirer gerade das was er vermochte, ohne Geschmack und Leitung, an gewissen Stellen anbringen wollte.

Dabei findet man eine Fähigkeit, natürliche Dinge nachzuahmen, wie denn z. B. jene Thierköpfe gut genug gearbeitet sind. Dadurch wird freilich die Bewunderung der Menge erregt, deren ganze Kunst- freude nur darin besteht, daß sie das Nachgebildete mit dem Urbilde vergleichbar findet.

Gegen Abend machte ich eine heitere Bekanntschaft, indem ich auf der langen Straße bei einem lieben Handelsmanne eintrat, um ver- schiedene Kleinigkeiten einzukaufen. Als ich vor dem Laden stand, die Waare zu besehen, erhob sich ein geringer Luftstoß, welcher, längs der Straße herwirbelnd, einen unendlichen erregten Staub in alle Buden und Fenster sogleich vertheilte. Bei allen Heiligen! sagt mir, rief ich aus, woher kommt die Unreinlichkeit eurer Stadt, und ist derselben denn nicht abzuhelfen? Diese Straße wetteifert, an Länge und Schön- heit, mit dem Corso zu Rom; an beiden Seiten Schrittsteine, die

jeder Laden- und Werkstattbesitzer mit unablässigem Kehren reinlich
hält, indem er alles in die Mitte hinunter schiebt, welche dadurch nur
immer unreinlicher wird und euch mit jedem Windeshauch den Unrath
zurücksendet den ihr der Hauptstraße zugewiesen habt! In Neapel
tragen geschäftige Esel jeden Tag das Kehricht nach Gärten und Feldern, sollte denn bei euch nicht irgend eine ähnliche Einrichtung entstehen oder getroffen werden?

Es ist bei uns nun einmal wie es ist, versetzte der Mann: was
wir aus dem Hause werfen, verfault gleich vor der Thüre über einander. Ihr seht hier Schichten von Stroh und Rohr, von Küchen-
abgängen und allerlei Unrath, das trocknet zusammen auf und kehrt
als Staub zu uns zurück. Gegen den wehren wir uns den ganzen
Tag. Aber seht, unsere schönen, geschäftigen, niedlichen Esel vermehren, zuletzt abgestumpft, mit den Unrath vor unsern Häusern.

Und, lustig genommen, war es wirklich an dem. Sie haben zier-
liche Bäschen von Zwergpalmen, die man, mit weniger Abänderung,
zum Köcherdienst eignen könnte; sie schleifen sich leicht ab und die
stumpfen liegen zu Tausenden in der Straße. Auf meine wiederholte
Frage, ob dagegen keine Anstalt zu treffen sey, entgegnete er; die Rede
gehe im Volke, daß gerade die, welche für Reinlichkeit zu sorgen hätten,
wegen ihres großen Einflusses nicht genöthigt werden könnten die Gelder
pflichtmäßig zu verwenden, und dabei sey noch der wunderliche Umstand, daß man fürchte, nach weggeschafftem misthastem Weströdde werde
erst deutlich zum Vorschein kommen, wie schlecht das Pflaster darunter
beschaffen sey, wodurch denn abermals die unredliche Verwaltung einer
andern Gasse zu Tage kommen würde. Das alles aber sey, setzte er
mit possierlichem Ausdruck hinzu, nur Auslegung der Uebelgesinnten,
er aber von der Meinung derjenigen, welche behaupten: der Adel erhalte seinen Carossen diese weiche Unterlage, damit sie des Abends
ihre herkömmliche Lustfahrt auf elastischem Boden bequem vollbringen
könnten. Und da der Mann einmal im Zuge war, bescherzte er noch
mehrere Polizeimißbräuche, mit zu possirlichem Beweis, daß der Mensch
noch immer Humor genug hat, sich über das Unabwendbare lustig

Palermo, den 6. April 1787.

Die heilige Rosalie, Schutzpatronin von Palermo, ist durch die Beschreibung, welche Brydone von ihrem Feste gegeben hat, so allgemein bekannt geworden, daß es den Freunden gewiß angenehm seyn muß, etwas von dem Orte und der Stelle, wo sie besonders verehrt wird, zu lesen.

Der Monte Pelegrino, eine große Felsenmasse, breiter als hoch, liegt an dem nordwestlichen Ende des Golfs von Palermo. Seine schöne Form läßt sich mit Worten nicht beschreiben; eine unvollkommene Abbildung davon findet sich in dem Voyage pittoresque de la Sicile.[1] Er besteht aus einem grauen Kalkstein der früheren Epoche. Die Felsen sind ganz nackt, kein Baum, kein Strauch wächst auf ihnen, kaum daß die flachliegenden Theile mit etwas Rasen und Moos bedeckt sind.

In einer Höhle dieses Berges entdeckte man zu Anfang des vorigen Jahrhunderts die Gebeine der Heiligen und brachte sie nach Palermo. Ihre Gegenwart befreite die Stadt von der Pest, und Rosalie war seit diesem Augenblicke die Schutzheilige des Volks; man baute ihr Capellen und stellte ihr zu Ehren glänzende Feierlichkeiten an.

Die Andächtigen wallfahrteten fleißig auf den Berg, und man erbaute mit großen Kosten einen Weg, der wie eine Wasserleitung auf Pfeilern und Bogen ruht und in einem Zickzack zwischen zwei Klippen hinaufsteigt.

Der Andachtsort selbst ist der Demuth der Heiligen, welche sich dahin flüchtete, angemessener, als die prächtigen Feste, welche man ihrer völligen Entäußerung von der Welt zu Ehren anstellte. Und vielleicht hat die ganze Christenheit, welche nun achtzehnhundert Jahre ihren Besitz, ihre Pracht, ihre feierlichen Lustbarkeiten auf das Elend ihrer ersten Stifter und eifrigsten Bekenner gründet, keinen heiligen Ort aufzuweisen, der auf eine so unschuldige und gefühlvolle Art verziert und verehrt wäre.

Wenn man den Berg erstiegen hat, wendet man sich um eine Felsenecke, wo man einer steilen Felswand nah gegenüber steht, an welcher die Kirche und das Kloster gleichsam festgebaut sind.

Die Außenseite der Kirche hat nichts Einladendes noch Versprechendes;

[1] Malerische Reise durch Sicilien.

man eröffnet die Thüre ohne Erwartung, wird aber auf das Unerwartete überrascht, indem man hineintritt. Man befindet sich unter einer Halle, welche in der Breite der Kirche hinläuft und gegen das Schiff zu offen ist. Man sieht in derselben die gewöhnlichen Becken mit Weihwasser und einige Beichtstühle. Das Schiff der Kirche ist ein offner Hof, der an der rechten Seite von rauhen Felsen, auf der linken von einer Continuation der Halle zugeschlossen wird. Er ist mit Steinplatten etwas abhängig belegt, damit das Regenwasser ablaufen kann; ein kleiner Brunnen steht ungefähr in der Mitte.

Die Höhle selbst ist zum Chor umgebildet, ohne daß man ihr von der natürlichen rauhen Gestalt etwas genommen hätte. Einige Stufen führen hinauf; gleich steht der große Pult mit dem Chorbuche entgegen, auf beiden Seiten die Chorstühle. Alles wird von dem aus dem Hofe oder Schiff einfallenden Tageslicht erleuchtet. Ziel hinten, in dem Dunkel der Höhle, steht der Hauptaltar in der Mitte.

Man hat, wie schon gesagt, an der Höhle nichts verändert, allein da die Felsen immer von Wasser träufeln, war es nöthig, den Ort trocken zu halten. Man hat dieses durch bleierne Rinnen bewirkt, welche man an den Kanten der Felsen hergeführt und verschiedentlich mit einander verbunden hat. Da sie oben breit sind und unten spitz zulaufen, auch mit einer schmutzig grünen Farbe angestrichen sind, so sieht es fast aus, als wenn die Höhle inwendig mit großen Cactusarmen bewachsen wäre. Das Wasser wird theils seitwärts, theils hinten in einen klaren Behälter geleitet, woraus es die Gläubigen schöpfen und gegen allerlei Uebel gebrauchen.

Da ich diese Gegenstände genau betrachtete, trat ein Geistlicher zu mir und fragte mich, ob ich etwa ein Genueser sey und einige Messen wollte lesen lassen? Ich versetzte ihm darauf, ich sey mit einem Genueser nach Palermo gekommen, welcher morgen, als an einem Festtage, herauf steigen würde. Da immer einer von uns zu Hause bleiben müßte, wäre ich heute herauf gestiegen, mich umzusehen. Er versetzte darauf: ich möchte mich aller Freiheit bedienen, alles wohl betrachten und meine Devotion verrichten. Besonders wies er mich an einen Altar, der links in der Höhle stand, als ein besonderes Heiligthum, und empfahl sich.

Ich sah durch die Oeffnungen eines großen, aus Messing getriebenen Laubwerks, Lampen unter dem Altar hervorschimmern, kniete ganz nahe davor hin und blickte durch die Oeffnungen. Es war inwendig noch ein Gitterwerk von feinem geflochtenem Meßingdraht vorgezogen, so daß man nur wie durch einen Flor den Gegenstand dahinter unterscheiden konnte. — Ein schönes Frauenzimmer erblick' ich bei dem Schein einiger stillen Lampen.

Sie lag wie in einer Art von Entzückung, die Augen halb geschlossen, den Kopf nachläßig auf die rechte Hand gelegt, die mit vielen Ringen geschmückt war. Ich konnte das Bild nicht genug betrachten; es schien mir ganz besondere Reize zu haben. Ihr Gewand ist aus einem vergoldeten Blech getrieben, welches einen reich von Gold gewirkten Stoff gar gut nachahmt. Kopf und Hände von weißem Marmor, sind, ich darf nicht sagen in einem hohen Styl, aber doch so natürlich und gefällig gearbeitet, daß man glaubt, sie müßte Atem holen und sich bewegen.

Ein kleiner Engel steht neben ihr und scheint ihr mit einem Lilienstengel Kühlung zuzuwehen.

Unterdessen waren die Geistlichen in die Höhle gekommen, hatten sich auf ihre Stühle gesetzt und sangen die Vesper.

Ich setzte mich auf eine Bank gegen dem Altar über, und hörte ihnen eine Weile zu; alsdann begab ich mich wieder zum Altare, kniete wieder und suchte das schöne Bild der Heiligen noch deutlicher gewahr zu werden. Ich überließ mich ganz der reizenden Illusion der Gestalt und des Orts.

Der Gesang der Geistlichen verklang nun in der Höhle, das Wasser rieselte in das Behältniß gleich neben dem Altare zusammen, die überhangenden Felsen des Vorhofs, des eigentlichen Schiffs der Kirche, schlossen die Scene noch mehr ein. Es war eine große Stille in dieser gleichsam wieder ausgestorbenen Wüste, eine große Reinlichkeit in einer wilden Höhle; der Flitterputz des katholischen, besonders Sicilianischen Gottesdienstes hier noch zunächst seiner natürlichen Einfalt; die Illusion, welche die Gestalt der schönen Schläferin hervorbrachte, auch einem geübten Auge noch reizend, — genug; ich konnte mich nur mit Schwierigkeit von diesem Orte trennen, und kam erst in später Nacht wieder in Palermo an.

In dem öffentlichen Garten, unmittelbar an der Rhede, brachte ich im Stillen die vergnügtesten Stunden zu. Es ist der wunderbarste Ort von der Welt. Regelmäßig angelegt, scheint er uns doch feenhaft; vor nicht gar langer Zeit gepflanzt, versetzt er in's Alterthum. Grüne Beeteinfassungen umschließen fremde Gewächse, Citronenspaliere wölben sich zum niedlichen Laubengange, hohe Wände des Oleanders, geschmückt von tausend rothen nelkenhaften Blüthen, locken das Auge. Ganz fremde, mir unbekannte Bäume, noch ohne Laub, wahrscheinlich aus wärmern Gegenden, verbreiten seltsame Zweige. Eine hinter dem flachen Raum erhöhte Bank läßt einen so wundersam verschlungenen Wachsthum übersehen und lenkt den Blick zuletzt auf große Bassins, in welchen Gold- und Silberfische sich gar lieblich bewegen, bald sich unter bemoos'te Röhren verbergen, bald wieder schaarenweis, durch einen Bissen Brod gelockt, sich versammeln. An den Pflanzen erscheint durchaus ein Grün, das wir nicht gewohnt sind, bald gelblicher bald blaulichter als bei uns. Was aber dem Ganzen die wundersamste Anmuth verlieh, war ein starker Duft der sich über alles gleichförmig verbreitete, mit so merklicher Wirkung, daß die Gegenstände, auch nur einige Schritte hinter einander entfernt, sich entschiedener hellblau von einander absetzten, so daß ihre eigenthümliche Farbe zuletzt verloren ging, oder wenigstens sehr überbläut sie sich dem Auge darstellten.

Welche wundersame Ansicht ein solcher Duft entfernteren Gegenständen, Schiffen, Vorgebirgen ertheilt, ist für ein malerisches Auge merkwürdig genug, indem die Distanzen genau zu unterscheiden, ja zu messen sind; deßwegen auch ein Spaziergang auf die Höhe höchst reizend ward. Man sah keine Natur mehr, sondern nur Bilder, wie sie der künstlichste Maler durch Lasuren auseinander gestuft hätte.

Aber der Eindruck jenes Wundergartens war mir zu tief geblieben; die schwärzlichen Wellen am nördlichen Horizonte, ihr Anstreben an die Buchtkrümmungen, selbst der eigene Geruch des dünstenden Meeres, das alles rief mir die Insel der seligen Phäaken in die Sinne so wie in's Gedächtniß. Ich eilte sogleich einen Homer zu kaufen, jenen Gesang mit großer Erbauung zu lesen und eine Uebersetzung aus dem

Siegreif Anieren vorzutragen, der wohl verdiente, bei einem guten Glase Wein von seinen strengen heutigen Bemühungen behaglich auszuruhen.

Palermo, den 8. April 1787.
Ostersonntag.

Nun aber ging die lärmige Freude über die glückliche Auferstehung des Herrn mit Tagesanbruch los. Petarden, Lauffeuer, Schläge, Schwärmer und dergleichen wurden lastenweis vor den Kirchthüren losgebrannt, indessen die Gläubigen sich zu den eröffneten Flügelpforten drängten. Glocken- und Orgelschall, Chorgesang der Processionen und der ihnen entgegnenden geistlichen Chöre konnten wirklich das Ohr derjenigen verwirren, die an eine so lärmende Gottesverehrung nicht gewöhnt waren.

Die frühe Messe war kaum geendigt, als zwei wohlgeputzte Laufer des Vicekönigs unsern Gasthof besuchten, in der doppelten Absicht, einmal den sämmtlichen Fremden zum Feste zu graluliren und dagegen ein Trinkgeld einzunehmen, mich sodann zur Tafel zu laden, weshalb meine Gabe etwas erhöht werden mußte.

Nachdem ich den Morgen zugebracht, die verschiedenen Kirchen zu besuchen und die Volksgesichter und Gestalten zu betrachten, fuhr ich zum Palast des Vicekönigs, welcher am obern Ende der Stadt liegt. Weil ich etwas zu früh gekommen, fand ich die großen Säle noch leer, nur ein kleiner, munterer Mann ging auf mich zu, den ich sogleich für einen Malteser erkannte.

Als er vernahm daß ich ein Deutscher sey, fragte er: ob ich ihm Nachricht von Erfurt zu geben wisse, er habe daselbst einige Zeit sehr angenehm zugebracht. Auf seine Erkundigungen nach der von Dacherödischen Familie, nach dem Coadjutor von Dalberg konnte ich ihm hinreichende Auskunft geben, worüber er sehr vergnügt nach dem übrigen Thüringen fragte. Mit besonderlichem Antheil erkundigte er sich nach Weimar. Wie steht es denn, sagte er, mit dem Manne, der zu meiner Zeit jung und lebhaft, daselbst Regen und schönes Wetter machte? Ich habe seinen Namen vergessen, genug aber, es ist der Verfasser des Werthers.

Nach einer kleinen Pause, jetzt wenn ich mich besinne, erwiderte
ich: die Person, nach der ihr euch erkundigt, bin ich selbst!" — Mit dem
sichtbarsten Zeichen des Erstaunens fuhr er zurück und rief aus: da
muß sich viel verändert haben? O ja! versetzte ich, zwischen Weimar
und Palermo hab' ich manche Veränderung gehabt.

In dem Augenblick trat mit seinem Gefolge der Vicekönig herein
und betrug sich mit anständiger Freimüthigkeit, wie es einem solchen
Herrn geziemt. Er enthielt sich jedoch nicht des Lächelns über den
Maltheser, welcher seine Verwunderung, mich hier zu sehen, auszudrücken
fortfuhr. Bei Tafel sprach der Vicekönig, neben dem ich saß, über die
Anlässe meiner Reise und versicherte, daß er Befehl geben wolle, mich
in Palermo alles sehen zu lassen und mich auf meinem Wege durch
Sicilien auf alle Weise zu fördern.

Palermo, Montag den 9. April 1787.

Heute den ganzen Tag beschäftigte uns der Unsinn des Prinzen
Pallagonia, und auch diese Thorheiten waren ganz etwas anders
als wir sie lesend und hörend vorgestellt. Denn, bei der größten Wahr-
heitsliebe, kommt derjenige, der vom Absurden Rechenschaft geben soll,
immer in's Gedränge: er will einen Begriff davon überliefern, und so
macht er es schon zu etwas, da es eigentlich ein Nichts ist, welches
für etwas gehalten seyn will. Und so muß ich noch eine andere allgemeine Reflexion vorausschicken: daß weder das Abgeschmackteste noch
das Vortrefflichste ganz unmittelbar aus Einem Menschen, aus Einer
Zeit hervorspringe, daß man vielmehr beiden, mit einiger Aufmerksamkeit, eine Stammtafel der Herkunft nachweisen könne.

Jener Brunnen in Palermo gehört unter die Vorfahren der Pallagonischen Raserei, nur daß diese hier, auf eignem Grund und Boden,
in der größten Freiheit und Breite sich hervorthut. Ich will den Verlauf des Entstehens zu entwickeln suchen.

Wenn ein Lustschloß in diesen Gegenden mehr oder weniger in der
Mitte des ganzen Besitzthums liegt, und man also, um zu der herr-
schaftlichen Wohnung zu gelangen, durch gebaute Felder, Küchengärten
und dergleichen landwirthschaftliche Nützlichkeiten zu fahren hat, erweisen sie sich haushälterischer als die Nordländer, die oft eine große

Strede guten Bodens zu einer Parkanlage verwenden, um mit unfrucht-
barem Gesträuche dem Auge zu schmeicheln. Diese Südländer hingegen
führen zwei Mauern auf, zwischen welchen man zum Schloß gelangt,
ohne daß man gewahr werde, was rechts oder links vorgeht. Dieser
Weg beginnt gewöhnlich mit einem großen Portal, wohl auch mit einer
gewölbten Halle und endigt im Schloßhofe. Damit nun aber das
Auge zwischen diesen Mauern nicht ganz unbefriedigt sey, so sind sie
oben ausgebogen, mit Schnörkeln und Postamenten verziert, worauf
allenfalls hie und da eine Base steht. Die Flächen sind abgetüncht,
in Felder getheilt und angestrichen. Der Schloßhof macht ein Rund
von einstöckigen Häusern, wo Gesinde und Arbeitsleute wohnen; das
vierädle Schloß steigt über alles empor.

Dieß ist die Art der Anlage, wie sie herkömmlich gegeben ist, wie
sie auch schon früher mag bestanden haben, bis der Vater des Prinzen
das Schloß baute, zwar auch nicht in dem besten, aber doch erträg-
lichem Geschmack. Der jetzige Besitzer aber, ohne jene allgemeinen
Grundzüge zu verlassen, erlaubt seiner Lust und Leidenschaft zu miß-
gestalteten, abgeschmackten Gebilde den freisten Lauf, und man erzeigt
ihm viel zu viel Ehre, wenn man ihm nur einen Funken Einbildungskraft zuschreibt.

Wir treten also in die große Halle, welche mit der Gränze des
Besitzthums selbst anfängt, und finden ein Achteck, sehr hoch zur Breite.
Vier ungeheure Riesen, mit modernen, zugelnöpften Gamaschen, tragen
das Gesims, auf welchem, dem Eingang gerade gegenüber, die heilige
Dreieinigkeit schwebt.

Der Weg nach dem Schlosse zu ist breiter als gewöhnlich, die
Mauer in einen fortlaufenden hohen Sockel verwandelt, auf welchem
ausgezeichnete Basamente seltsame Gruppen in die Höhe tragen, indessen in dem Raum von einer zur andern mehrere Basen aufgestellt
sind. Das Widerliche dieser von den gemeinsten Steinhauern gepfuschten
Mißbildungen wird noch dadurch vermehrt, daß sie aus dem losesten
Muscheltuff gearbeitet sind; doch würde ein besseres Material den Unwerth der Form nur desto mehr in die Augen setzen. Ich sagte vorhin Gruppen und bediente mich eines falschen, an dieser Stelle uneigent-
lichen Ausdrucks; denn diese Zusammenstellungen sind durch keine Art
von Reflexion oder auch nur Willkür entstanden, sie sind vielmehr

zusammengewürfelt. Jedesmal drei bilden den Schmuck eines solchen widrigen Postaments, indem ihre Basen so eingerichtet sind, daß sie zusammen in verschiedenen Stellungen den viereckigen Raum ausfüllen. Die vorzüglichste besteht gewöhnlich aus zwei Figuren, und ihre Basis nimmt den größten vordern Theil des Piedestals ein; diese sind meistentheils Ungeheuer von thierischer und menschlicher Gestalt. Um nun den untern Raum der Piedestalfläche auszufüllen, bedarf es noch zweier Stücke; das von mittlerer Größe stellt gewöhnlich einen Schäfer oder eine Schäferin, einen Cavalier oder eine Dame, einen tanzenden Affen oder Hund vor. Nun bleibt auf dem Piedestal noch **eine Lücke**: diese wird meistens durch einen Zwerg ausgefüllt, wie denn **überall dieses** Geschlecht bei geistlosen Scherzen eine große Rolle spielt.

Daß wir aber die Elemente der Tollheit des Prinzen Pallagonia vollständig überliefern, geben wir nachstehendes Verzeichniß: Menschen: Bettler, Bettlerinnen, Spanier, Spanierinnen, Mohren, Türken, Buckelige, alle Arten Verwachsene, Zwerge, Musikanten, Pulcinelle, antikkostümirte Soldaten, Götter, Göttinnen, altfranzösisch Gekleidete, Soldaten mit Patrontaschen und Gamaschen; Mythologie mit fratzenhaften Zuthaten: Achill und Chiron mit Pulcinell. Thiere: nur Theile derselben, Pferd mit Menschenhänden, Pferdekopf auf Menschenkörper, entstellte Affen, viele Drachen und Schlangen, alle Arten von Pfoten an Figuren aller Art, Verdoppelungen, Verwechselungen der Köpfe. Vasen, alle Arten von Monstern und Schnörkeln, die unterwärts zu Postamentbäuchen und Untersätzen endigen.

Denkt man sich nun dergleichen Figuren schaarweise verfertigt und ganz ohne Sinn und Verstand entsprungen, auch ohne Wahl und Absicht zusammengestellt, denkt man sich diesen Sockel, diese Piedestale und Unterarme in einer unabsehbaren Reihe, so wird man das unangenehme Gefühl mit empfinden, das einen jeden überfallen muß, wenn er durch diese Spitzruthen des Wahnsinns durchgejagt wird.

Wir nähern uns dem Schlosse und werden durch die Kurve eines halbrunden Vorhofs empfangen; die entgegenstehende Hauptmauer, wodurch das Thor geht, ist burgartig aufgeführt. Hier finden wir eine ägyptische Figur eingemauert, einen Springbrunnen ohne Wasser, ein Monument, zerstreut umherliegende Vasen, Statuen, verdrießlich auf die Nase gelegt. Wir treten in den Schloßhof und finden das herkömmliche

mit kleinen Gebäuden umgebene Rund in kleineren Halbkreisen ausgebogen, damit es ja an Mannichfaltigkeit nicht fehle.

Der Boden ist größtentheils mit Gras bewachsen. Hier stehen,
wie auf einem verfallenen Kirchhofe, seltsam geschnörkelte Marmorvasen
vom Vater her, Zwerge und sonstige Ungestalten aus der neuern Epoche
zufällig durch einander, ohne daß sie bis jetzt einen Platz finden können;
sogar tritt man vor eine Laube, vollgepfropft von alten Vasen und anderem geschnörkeltem Gestein.

Das Widersinnige einer solchen geschmacklosen Denkart zeigt sich
aber im höchsten Grade darin, daß die Gesimse der kleinen Häuser
durchaus schief nach einer oder der andern Seite hinhängen, so daß das
Gefühl der Wasserwage und des Perpendikels, das uns eigentlich zu
Menschen macht und der Grund aller Eurythmie ist, in uns zerrissen
und gequält wird. Und so sind denn auch diese Dachtraufen mit Hydern
und kleinen Büsten, mit musicirenden Affenchören und ähnlichem Wahnsinn verbrämt. Drachen mit Göttern abwechselnd, ein Atlas, der statt
der Himmelskugel ein Weinfaß trägt.

Gedenkt man sich aber aus allem diesem in das Schloß zu retten,
welches, vom Vater erbaut, ein relativ vernünftiges äußeres Ansehn
hat, so findet man nicht weit vor der Pforte den lorbeerbekränzten
Kopf eines römischen Kaisers auf einer Zwerggestalt, die auf einem
Delphin sitzt.

Im Schlosse selbst nun, dessen Aeußeres ein leidliches Innere erwarten läßt, fängt das Fieber des Prinzen schon wieder zu rasen an.
Die Stuhlsitze sind ungleich abgesägt, so daß niemand Platz nehmen
kann und vor den sitzbaren Stühlen warnt der Castellan, weil sie
unter ihren Sammetpolstern Stacheln verbergen. Candelaber von
Chinesischem Porcellan stehen in den Eden, welche, näher betrachtet,
aus einzelnen Schalen, Ober- und Untertassen u. d. g. zusammen ge-
littet sind. Kein Winkel, wo nicht irgend eine Willkür hervorblickt.
Sogar der unschätzbare Blick über die Vorgebirge in's Meer wird durch
farbige Scheiben verkümmert, welche durch einen unwahren Ton die
Gegend entweder verkälten oder entzünden. Eines Cabinets muß ich
noch erwähnen, welches aus alten vergoldeten, zusammengeschnittenen
Rahmen aneinander getäfelt ist. Alle die hundertfältigen Schnitzmuster,
alle die verschiedenen Abstufungen einer ältern oder jüngern, mehr

oder weniger bestaubten und beschädigten Vergoldung bedecken hier, hart an einander gedrängt, die sämmtlichen Wände und geben den Begriff von einem zerstückelten Nichts.

Die Capelle zu beschreiben, wäre allein ein Heftchen nöthig. Hier findet man den Aufschluß über den ganzen Wahnsinn, der nur in einem bigotten Geiste bis auf diesen Grad wuchern konnte. Wie manches Frazenbild einer verkehrten Devotion sich hier befinden mag, geb' ich zu vermuthen; das Beste jedoch will ich nicht vorenthalten. Flach an der Decke nämlich ist ein geschnitztes Crucifix von ziemlicher Größe befestigt, nach der Natur angemalt, lackirt, mit untermischter Vergoldung. Dem Gekreuzigten in den Nabel ist ein Haken enge geschraubt, eine Kette aber, die davon herabhängt, befestigt sich in den Kopf eines hinaufblickenden, in der Luft schwebenden Mannes, der, angemalt und lackirt, wie alle übrigen Bilder der Kirche, wohl ein Sinnbild der ununterbrochenen Andacht des Besitzers darstellen soll.

Uebrigens ist der Palast nicht ausgebaut, ein großer, von dem Vater bunt und reich angelegter, aber doch nicht wunderlich verzierter Saal war unvollendet geblieben; wie denn der gränzenlose Wahnsinn des Besitzers mit seinen Narrheiten nicht zu Stande kommen kann.

Kniep, dessen Künstlersinn innerhalb dieses Tollhauses zur Verzweiflung getrieben wurde, sah ich zum erstenmal ungeduldig; er trieb mich fort, da ich mir die Elemente dieser Unschöpfung einzeln zu vergegenwärtigen und zu skizzieren suchte. Gutmüthig genug zeichnete er zuletzt noch eine von den Zusammenstellungen, die einzige die noch wenigstens eine Art von Bild gab. Sie stellt ein Pferd-Weib, auf einem Sessel sitzend, gegen einen, unterwärts altmodisch gekleideten, mit Greifenkopf, Krone und großer Perücke gezierten Cavalier Kartenspielend vor, und erinnert an das nach aller Tollheit noch immer höchst merkwürdige Wappen des Hauses Palagonia: ein Satyr hält einem Weib das einen Pferdekopf hat, einen Spiegel vor.

Palermo, Samstag den 10. April 1787.

Heute fuhren wir bergauf nach Monreale. Ein herrlicher Weg, welchen der Abt jenes Klosters, zur Zeit eines überschwenglichen Reichthurm angelegt hat; breit, bequemen Anstiege, Bäume hie und da, besonders aber weitläufige Spring- und Röhrenbrunnen, beinah pallagonisch verschnörkelt und verzirrt, demungeachtet aber Thiere und Menschen erquickend.

Das Kloster San Martin, auf der Höhe liegend, ist eine respectable Anlage. Ein Hagestolz allein, wie man am Prinzen Pallagonia sieht, hat selten etwas Vernünftiges hervorgebracht, mehrere zusammen hingegen die allergrößten Werke, wie Kirchen und Klöster zeigen. Doch wirkten die geistlichen Gesellschaften wohl nur deßwegen so viel, weil sie noch mehr als irgend ein Familienvater einer unbegränzten Nachkommenschaft gewiß waren.

Die Mönche ließen uns ihre Sammlungen sehen. Von Alterthümern und natürlichen Sachen verwahren sie manches Schöne. Besonders fiel uns auf eine Medaille mit dem Bilde einer jungen Göttin, das Entzücken erregen mußte. Gern hätten uns die guten Männer einen Abdruck mitgegeben, es war aber nichts bei Handen, was zu irgend einer Art von Form tauglich gewesen wäre.

Nachdem sie uns alles vorgezeigt, nicht ohne traurige Vergleichung der vorigen und gegenwärtigen Zustände, brachten sie uns in einen angenehmen kleinen Saal, von dessen Balcon man eine liebliche Aussicht genoß; hier war für uns beide gedeckt und es fehlte nicht an einem sehr guten Mittagessen. Nach dem aufgetragenen Dessert trat der Abt herein, begleitet von seinem ältesten Mönchen, setzte sich zu uns und blieb wohl eine halbe Stunde, in welcher Zeit wir manche Frage zu beantworten hatten. Wir schieden auf's freundlichste. Die Jüngern begleiteten uns nochmals in die Zimmer der Sammlung und zuletzt nach dem Wagen.

Wir fuhren mit ganz andern Gesinnungen nach Hause als gestern. Heute hatten wir eine große Anstalt zu bedauern, die eben zu der Zeit versinkt, indessen an der andern Seite ein abgeschmacktes Unternehmen mit frischem Wachsthum hervorsteigt.

Der Weg nach San Martin geht das ältere Kalkgebirg hinauf. Man zertrümmert die Felsen und brennt Kalk daraus, der sehr weiß wird. Zum Brennen brauchen sie eine starke, lange Grasart, in Bündeln getrocknet. Hier entsteht nun die Calcara. Bis an die steilsten Höhen liegt rother Thon angeschwemmt, der hier die Dammerde vorstellt, je höher, je röther, wenig durch Vegetation geschwärzt. Ich sah in der Entfernung eine Grube fast wie Zinnober.

Das Kloster steht mitten im Kalkgebirg, das sehr quellenreich ist. Die Gebirge umher sind wohlbebaut.

Palermo, Mittwoch den 11. April 1787.

Nachdem wir nun zwei Hauptpunkte außerhalb der Stadt betrachtet, begaben wir uns in den Palast, wo der geschäftige Laufer die Zimmer und ihren Inhalt vorzeigte. Zu unserm großen Schrecken war der Saal, worin die Antiken sonst aufgestellt sind, eben in der größten Unordnung, weil man eine neue architektonische Decoration im Werke hatte. Die Statuen waren von ihren Stellen weggenommen, mit Tüchern verhängt, mit Gerüsten verstellt, so daß wir, trotz allem guten Willen unsres Führers und einiger Bemühung der Handwerksleute, doch nur einen sehr unvollständigen Begriff davon erwerben konnten. Am meisten war mir um die zwei Widder von Erz zu thun, welche, auch nur unter diesen Umständen gesehen, den Kunstsinn höchlich erbauten. Sie sind liegend vorgestellt, die eine Pfote vorwärts, als Gegenbilder die Köpfe nach verschiedenen Seiten gekehrt; mächtige Gestalten aus der mythologischen Familie, Phrixus und Helle zu tragen würdig. Die Wolle nicht kurz und kraus, sondern lang und wellenartig herabfallend, mit großer Wahrheit und Eleganz gebildet, aus der besten Griechischen Zeit. Sie sollen in dem Hafen von Syrakus gestanden haben.

Nun führte uns der Laufer außerhalb der Stadt in Katakomben, welche, mit architektonischem Sinn angelegt, keineswegs zu Grabplätzen benutzte Steinbrüche sind. In einem ziemlich verhärteten Tuff und dessen senkrecht gearbeiteter Wand sind gewölbte Oeffnungen und, innerhalb dieser, Särge ausgegraben, mehrere übereinander, alles aus der Masse, ohne irgend eine Nachhülfe von Mauerwerk. Die obern Särge sind kleiner und in den Räumen über den Pfeilern sind Grabstätten für Kinder angebracht.

Palermo, Donnerstag den 12. April 1787.

Man zeigte uns heute das Medaillen-Cabinet des Prinzen Torre-muzza. Gewissermaßen ging ich ungern hin. Ich verstehe von diesem Fach zu wenig und ein bloß neugieriger Reisender ist wahren Kennern und Liebhabern verhaßt. Da man aber doch einmal anfangen muß, so bequemte ich mich, und hatte zuvor viel Vergnügen und Vortheil. Welch ein Gewinn, wenn man auch nur vorläufig übersieht, wie die alte Welt mit Städten übersäet war, deren kleinste, wo nicht eine ganze Reihe der Kunstgeschichte, wenigstens doch einige Epochen derselben uns in köstlichen Münzen hinterließ. Aus diesen Schubladen lacht uns ein unendlicher Frühling von Blüthen und Früchten der Kunst, eines in höherem Sinne geführten Lebensgewerbes und was nicht alles noch mehr hervor. Der Glanz der Sicilischen Städte, jetzt verdunkelt, glänzt aus diesen geformten Metallen wieder frisch entgegen.

Leider haben wir andern in unserer Jugend nur die Familienmünzen besessen, die nichts sagen, und die Kaisermünzen, welche dasselbe Profil bis zum Ueberdruß wiederholen; Bilder von Herrschern, die eben nicht als Musterbilder der Menschheit zu betrachten sind. Wie traurig hat man nicht unsere Jugend auf das gestaltlose Palästina und auf das gestaltenwirrende Rom beschränkt. Sicilien und Neugriechenland läßt mich nun wieder ein frisches Leben hoffen.

Daß ich über diese Gegenstände mich in allgemeine Betrachtungen ergebe, ist ein Beweis, daß ich noch nicht viel davon verstehen gelernt habe; doch das wird sich mit dem übrigen nach und nach schon geben.

Palermo, Donnerstag den 12. April 1787.

Heute am Abend ward mir noch ein Wunsch erfüllt und zwar auf eigene Weise. Ich stand in der großen Straße auf den Schritt-steinen, an jenem Laden mit dem Kaufherrn scherzend; auf einmal tritt ein Läufer, groß, wohlgekleidet, an mich heran, einen silbernen Teller rasch vorhaltend, worauf mehrere Kupferpfennige, wenige Silber-stücke lagen. Da ich nicht wußte, was es heißen solle, so zuckte ich, den Kopf duckend, die Achseln, das gewöhnliche Zeichen, wodurch man sich lossagt, man mag nun Antrag oder Frage nicht verstehen, oder nicht wollen. Eben so schnell als er gekommen, war er fort, und nun bemerkte ich, auf der entgegengesetzten Seite der Straße, seinen Kameraden in gleicher Beschäftigung.

Was das bedeutet? fragte ich den Handelsmann, der mit bedeutlicher Gebärde, gleichsam verstohlen, auf einen langen, hagern Herrn deutete, welcher in der Straßenmitte, hofmäßig gekleidet, anständig und gelassen über den Mist einherschritt. Frisirt und gepudert, den Hut unter dem Arm, in seidenem Gewande, den Degen an der Seite, ein nettes Fußwerk mit Steinschnallen geziert; so trat der Bejahrte ernst und ruhig einher; aller Augen waren auf ihn gerichtet.

Dieß ist der Prinz Pallagonia, sagte der Händler, welcher von Zeit zu Zeit durch die Stadt geht und für die in der Barbarei gefangenen Sklaven ein Lösegeld zusammen heischt. Zwar beträgt dieses Einsammeln niemals viel, aber der Gegenstand bleibt doch im Andenken und oft vermachen diejenigen, welche bei Lebzeiten zurückhielten, schöne Summen zu solchem Zweck. Schon viele Jahre ist der Prinz Vorsteher dieser Anstalt und hat unendlich viel Gutes gestiftet.

Statt auf die Thorheiten seines Landsitzes, rief ich aus, hätte er lieber jene großen Summen verwenden sollen. Kein Fürst in der Welt hätte mehr geleistet.

Dagegen sagte der Kaufmann: Sind wir doch alle so! unsere Narrheiten bezahlen wir gar gerne selbst, ja unsern Tugenden sollen andere das Geld hergeben.

Palermo, Freitag den 13. April 1787.

Vorgearbeitet in dem Steinreiche Siciliens hat uns Graf Borch sehr emsig, und wer nach ihm, gleichen Sinnes, die Insel besucht, wird ihm recht gern Dank zollen. Ich finde es angenehm, so wie pflichtmäßig, das Andenken eines Vorgängers zu feiern. Bin ich doch nur ein Vorfahr von künftigen andern, im Leben wie auf der Reise!

Die Thätigkeit des Grafen scheint mir übrigens größer als seine Kenntnisse, er verfährt mit einem gewissen Selbstbehagen, welches dem bescheidenen Ernst zuwider ist, mit welchem man wichtige Gegenstände behandeln sollte. Indessen ist sein Heft, in Quart, ganz dem Sicilianischen Steinreich gewidmet, mir von großem Vortheil, und ich konnte, dadurch vorbereitet, die Steinschleifer mit Nutzen besuchen, welche, früher mehr beschäftigt, zur Zeit als Kirchen und Altäre noch mit Marmor und Achaten überlegt werden mußten, das Handwerk reich noch immer forttreiben. Bei ihnen bestellte ich Muster von weichen und harten Steinen, denn so unterscheiden sie Marmor und Achate hauptsächlich deswegen, weil die Verschiedenheit des Preises sich nach diesem Unterschiede richtet. Doch wissen sie, außer diesen beiden, sich noch viel mit einem Material, einem Feuererzeugniß ihrer Kalköfen. In diesen findet sich nach dem Brande eine Art Glasfluß, welcher von der hellsten blauen Farbe zur dunkelsten, ja zur schwärzesten übergeht. Diese Klumpen werden, wie anderes Gestein, in dünne Tafeln geschnitten, nach der Höhe ihrer Farbe und Reinheit geschätzt und anstatt Lapis Lazuli beim Einquicken von Altären, Grabmälern und andern kirchlichen Verzierungen mit Glück angewendet.

Eine vollständige Sammlung, wie ich sie wünsche, ist nicht fertig, man wird sie mir erst nach Neapel schicken. Die Achate sind von der größten Schönheit, besonders diejenigen, in welchen unregelmäßige Flecken von gelbem oder rothem Jaspis mit weißem gleichsam gefrornen Quarz abwechseln und dadurch die schönste Wirkung hervorbringen.

Eine genaue Nachahmung solcher Achate, auf der Rückseite dünner Glasscheiben durch Lackfarben bemalt, ist das einzige Vernünftige was ich aus dem Pallagonischen Unsinn jener Tage herausfand. Solche Tafeln nehmen sich zur Decoration schöner aus als der ächte Achat, indem dieser aus vielen kleinen Stücken zusammengesetzt werden muß, bei jenen hingegen die Größe der Tafeln vom Architekten abhängt. Dieses Kunststück verdiente wohl nachgeahmt zu werden.

Palermo den 13. April 1787.

Julien ohne Sicilien macht gar kein Bild in der Seele: hier ist der Schlüssel zu allem.

Vom Klima kann man nicht Gutes genug sagen: jetzt ist's Regenzeit, aber immer unterbrochen; heute donnert und blitzt es und alles wird mit Macht grün. Der Lein hat schon zum Theil Knoten gewonnen, der andere Theil blüht. Man glaubt in den Gründen kleine Teiche zu sehen, so schön blaugrün liegen die Leinfelder unten. Der

reizenden Gegenstände sind unzählige! Und mein Geselle ist ein gut-
lauter Mensch, der wahre Hossegut, so wie ich redlich den Treufreund fortspiele. Er hat schon recht schöne Contoure gemacht und
wird noch das Beste mitnehmen. Welche Aussicht, mit meinen Schätzen
dereinst glücklich nach Hause zu kommen!

Vom Essen und Trinken hier zu Land hab' ich noch nichts gesagt
und doch ist es kein kleiner Artikel. Die Gartenfrüchte sind herrlich,
besonders der Salat von Zartheit und Geschmack wie eine Milch; man
begreift warum ihn die Alten Lactuca genannt haben. Das Oel, der
Wein alles sehr gut, und sie könnten noch besser seyn, wenn man auf
ihre Bereitung mehr Sorgfalt verwendete. Fische die besten, zartesten.
Auch haben wir diese Zeit her sehr gut Rindfleisch gehabt, ob man es
gleich sonst nicht loben will.

Nun vom Mittagessen an's Fenster! auf die Straße! Es ward
ein Missethäter begnadigt, welches immer zu Ehren der heilbringenden
Osterwoche geschieht. Eine Brüderschaft führt ihn bis unter einen zum
Schein aufgebauten Galgen, dort muß er vor der Leiter eine Andacht
verrichten, die Leiter küssen und wird dann wieder weggeführt. Es
war ein hübscher Mensch vom Mittelstande, frisirt, einen weißen Frack,
weißen Hut, alles weiß. Er trug den Hut in der Hand, und man
hätte ihm hie und da nur bunte Bänder anheften dürfen, so konnte er
als Schäfer auf jede Redoute gehen.

Palermo den 13. und 14. April 1787.

Und so sollte mir denn kurz vor dem Schlusse ein sonderbares
Abenteuer bescheert seyn, wovon ich sogleich umständliche Nachricht
ertheile.

Schon die ganze Zeit meines Aufenthalts hörte ich an unserm
öffentlichen Tische manches über Cagliostro, dessen Herkunft und Schicksale reden. Die Palermitaner waren darin einig, daß ein gewisser Joseph Balsamo, in ihrer Stadt geboren, wegen mancherlei schlechter
Streiche berüchtigt und verbannt sey. Ob aber dieser mit dem Grafen
Cagliostro nur Eine Person sey, darüber waren die Meinungen getheilt.
Einige, die ihn ehemals gesehen hatten, wollten seine Gestalt in jenem

Kupferstiche wieder finden, der bei uns bekannt genug ist und auch nach
Palermo gekommen war.

Unter solchen Gesprächen berief sich einer der Gäste auf die Bemühungen, welche ein Palermitanischer Rechtsgelehrter übernommen,
diese Sache in's Klare zu bringen. Er war durch das Französische Mini-
sterium veranlaßt worden, dem Herkommen eines Mannes nachzuspüren,
welcher die Frechheit gehabt hatte, vor dem Angesichte Frankreichs, ja
man darf wohl sagen der Welt, bei einem wichtigen und gefährlichen
Processe die albernsten Mährchen vorzubringen.

Es habe dieser Rechtsgelehrte, erzählte man, den Stammbaum des
Joseph Balsamo aufgestellt und ein erläuterndes Memoire mit beglau-
bigten Beilagen nach Frankreich abgeschickt; wo man wahrscheinlich davon
öffentlichen Gebrauch machen werde.

Ich äußerte den Wunsch, diesen Rechtsgelehrten, von welchem
außerdem viel Gutes gesprochen wurde, kennen zu lernen, und der Er-
zähler erbot sich, mich bei ihm anzumelden und zu ihm zu führen.

Nach einigen Tagen gingen wir hin und fanden ihn mit seinen
Clienten beschäftigt. Als er diese abgefertigt und wir das Frühstück
genommen hatten, brachte er ein Manuscript hervor, welches den Stammbaum Cagliostro's, die zu dessen Begründung nöthigen Documente in
Abschrift und das Concept eines Memoire enthielt, das nach Frankreich abgegangen war.

Er legte mir den Stammbaum vor und gab mir die nöthigen Er-
klärungen darüber, wovon ich hier so viel anführe als zu leichterer
Einsicht nöthig ist.

Joseph Balsamo's Urgroßvater mütterlicher Seite war Matthäus
Martello. Der Geburtsname seiner Urgroßmutter ist unbekannt. Aus
dieser Ehe entsprangen zwei Töchter, eine Namens Maria, die an
Joseph Bracconeri verheirathet und Großmutter Joseph Balsamo's ward.
Die andere, Namens Vincenza, verheirathete sich an Joseph Cagliostro,
der von einem kleinen Orte La Noara, acht Meilen von Messina, gebürtig war. Ich bemerke hier, daß zu Messina noch zwei Glocken-
gießer dieses Namens leben. Die Großtante war in der Folge Pathe
bei Joseph Balsamo; er erhielt den Taufnamen ihres Mannes und
nahm endlich auswärts auch den Zunamen Cagliostro von seinem Groß-
onkel an.

Die Eheleute Bracconen hatten drei Kinder: Felicitas, Matthäus und Antonia.

Felicitas ward an Peter Balsamo verheirathet, den Sohn eines Bandhändlers in Palermo, Antonin Balsamo, der vermuthlich von jüdischem Geschlecht abstammte. Peter Balsamo, der Vater des berüchtigten Joseph, machte Bankerott und starb in seinem fünfundvierzigsten Jahre. Seine Wittwe, welche noch gegenwärtig lebt, gab ihm, außer dem benannten Joseph, noch eine Tochter, Johanna Joseph-Maria, welche an Johann Baptista Capitummino verheirathet wurde, der mit ihr drei Kinder zeugte und starb.

Das Memoire, welches uns der gefällige Verfasser vorlas und mir, auf mein Ersuchen, einige Tage anvertraute, war auf Taufscheine, Ehrontralle und Instrumente gegründet, die mit Sorgfalt gesammelt waren. Es enthielt ungefähr die Umstände (wie ich aus einem Auszug, den ich damals gemacht, ersehe), die uns nunmehr aus den Römischen Processakten bekannt geworden sind: daß Joseph Balsamo Anfangs Juni 1743 zu Palermo geboren, von Vincenza Martello, verheirathete Cagliostro, aus der Taufe gehoben sey, daß er in seiner Jugend das Kleid der barmherzigen Brüder genommen, eines Ordens, der besondere Kranke verpflegt, daß er bald viel Geist und Geschick für die Medicin gezeigt, doch aber wegen seiner übeln Aufführung fortgeschickt worden, daß er in Palermo nachher den Zauberer und Schatzgräber gemacht.

Seine große Gabe, alle Hände nachzuahmen, ließ er nicht unbenutzt (so fährt das Memoire fort). Er verfälschte oder verfertigte vielmehr ein altes Dokument, wodurch das Eigenthum einiger Güter in Streit gerieth. Er kam in Untersuchung, in's Gefängniß, entfloh und ward edictaliter citirt. Er reis'te durch Calabrien nach Rom, wo er die Tochter eines Gürtlers heirathete. Von Rom kehrte er nach Neapel unter dem Namen Marchese Pellegrini zurück. Er wagte sich wieder nach Palermo, ward erkannt, gefänglich eingezogen und kam nur auf eine Weise los, die werth ist, daß ich sie umständlich erzähle.

Der Sohn eines der ersten Sicilianischen Prinzen und großen Güterbesitzers, eines Mannes, der an dem Neapolitanischen Hofe ansehnliche Stellen bekleidete, verband mit einem starken Körper und einer unbändigen Gemüthsart allen Uebermuth, zu dem sich der Reiche und Große ohne Bildung berechtigt glaubt.

Donna Lorenza suchte ihn zu gewinnen und auf ihn baute der verstellte Marchese Pellegrini seine Sicherheit. Der Prinz zeigte öffentlich, daß er dich angekommene Paar beschütze; aber in welche Wuth gerieth er, als Joseph Balsamo auf Anrufen der Partei, welche durch seinen Betrug Schaden gelitten, abermals in's Gefängniß gebracht wurde! Er versuchte verschiedene Mittel, ihn zu befreien, und da sie ihm nicht gelingen wollten, drohte er im Vorzimmer des Präsidenten, den Advokaten der Gegenpartei aufs grimmigste zu mißhandeln, wenn er nicht sogleich die Verhaftung des Balsamo wieder aufhöbe. Als der gegenseitige Sachwalter sich weigerte, ergriff er ihn, schlug ihn, warf ihn auf die Erde, trat ihn mit Füßen und war kaum von mehreren Mißhandlungen abzuhalten, als der Präsident selbst auf den Lärm herauseilte und Frieden gebot.

Dieser, ein schwacher, abhängiger Mann, wagte nicht den Beleidiger zu bestrafen; die Gegenpartei und ihre Sachwalter wurden kleinmüthig und Balsamo ward in Freiheit gesetzt, ohne daß es den Alten sich eine Registratur über seine Loslassung befindet, weder wie sie verfügt, noch wie sie geschehen.

Bald darauf entfernte er sich von Palermo und that verschiedene Reisen, von welchen der Verfasser nur unvollständige Nachrichten geben konnte.

Das Memoire endigte sich mit einem scharfsinnigen Beweise, daß Cagliostro und Balsamo eben dieselbe Person sey, eine These, die damals schwerer zu behaupten war, als sie es jetzt ist, da wir von dem Zusammenhang der Geschichte vollkommen unterrichtet sind.

Hätte ich nicht damals vermuthen müssen, daß man in Frankreich einen öffentlichen Gebrauch von jenem Aufsatz machen werde, daß ich ihn vielleicht bei meiner Zurückkunft schon gedruckt anträfe, so wäre es mir erlaubt gewesen eine Abschrift zu nehmen und meine Freunde und das Publikum früher von manchen interessanten Umständen zu unterrichten.

Indessen haben wir das meiste, und mehr als jenes Memoire enthalten konnte, von einer Seite her erfahren, von der sonst nur Irrthümer auszuströmen pflegen. Wer hätte geglaubt daß Rom einmal zur Aufklärung der Welt, zur völligen Entlarvung eines Betrügers so viel beitragen sollte, als es durch die Herausgabe jenes Auszugs aus

den Proceßakten geschehen ist! Denn obgleich diese Schrift weit interessanter seyn könnte und sollte, so bleibt sie doch immer ein schönes
Dokument in den Händen eines jeden Vernünftigen, der es mit Verdruß ansehen mußte, daß Betrogene, Halbbetrogene und Betrüger
diesen Menschen und seine Possenspiele Jahre lang verehrten, sich durch
die Gemeinschaft mit ihm über andere erhoben fühlten und von der
Höhe ihres gläubigen Dünkels den gesunden Menschenverstand bedauerten,
wo nicht geringschätzten.

Aber schwieg nicht gern während dieser Zeit? und auch nur jetzt,
nachdem die ganze Sache geendigt und außer Streit gesetzt ist, kann
ich es über mich gewinnen, zu Complettirung der Alten dasjenige, was
mir bekannt ist, mitzutheilen.

Als ich in dem Stammbaume so manche Personen, besonders Mutter
und Schwester, noch als lebend angegeben fand, bezeigte ich dem Verfasser des Memoire meinen Wunsch, sie zu sehen und die Verwandten
eines so sonderbaren Menschen kennen zu lernen. Er versetzte, daß es
schwer seyn werde dazu zu gelangen, indem diese Menschen, arm aber
ehrbar, sehr eingezogen lebten, keine Fremden zu sehen gewohnt seyen,
und der argwöhnische Charakter der Nation sich aus einer solchen Erscheinung allerlei deuten werde; doch er wolle mir seinen Schreiber
schicken, der bei der Familie Zutritt habe und durch den er die Nachrichten und Dokumente, woraus der Stammbaum zusammengesetzt
worden, erhalten.

Den folgenden Tag erschien der Schreiber und äußerte wegen des
Unternehmens einige Bedenklichkeiten. Ich habe, sagte er, bisher immer
vermieden, diesen Leuten wieder unter die Augen zu treten: denn um
ihre Ehelenrolle, Taufscheine und andere Papiere in die Hände zu
bekommen und von selbigen legale Copien machen zu können, mußte
ich mich einer eigenen List bedienen. Ich nahm Gelegenheit, von einem
Familienstipendio zu reden, das irgendwo vacant war, machte ihnen
wahrscheinlich, daß der junge Capitummino sich dazu qualificire, daß
man vor allen Dingen einen Stammbaum aufsetzen müsse, um zu
sehen, in wiefern der Knabe Ansprache darauf machen könne; es werde
freilich nachher allerlei Negociation ankommen, die ich übernehmen
wolle, wenn man mir einen billigen Theil der zu erhaltenden Summe
für meine Bemühungen verspräche. Mit Freuden willigten die guten

Leute in allem; ich erhielt die nöthigen Papiere, die Copien wurden genommen, der Stammbaum ausgearbeitet, und seit der Zeit hätte ich mich, vor ihnen zu erscheinen. Noch vor einigen Wochen wurde mich die alte Capitummino gewahr und ich wußte mich nur mit der Bang-samkeit, womit hier dergleichen Sachen vorwärts gehen, zu ent-schuldigen.

So sagte der Schreiber. Da ich aber von meinem Vorsatz nicht abging, wurden wir nach einiger Ueberlegung dahin einig, daß ich mich für einen Engländer ausgeben und der Familie Nachrichten von Cagliostro bringen sollte, der eben aus der Gefangenschaft der Bastille nach London gegangen war.

Zur gesetzten Stunde, es mochte etwa drei Uhr nach Mittag seyn, machten wir uns auf den Weg. Das Haus lag in dem Winkel eines Gäßchens, nicht weit von der Hauptstraße, il Cafaro genannt. Wir stiegen eine elende Treppe hinauf und kamen sogleich in die Küche. Eine Frau von mittlerer Größe, stark und breit, ohne fett zu seyn, war beschäftigt das Küchengeschirr aufzuwaschen. Sie war reinlich ge-kleidet und schlug, als wir hinein traten, das eine Ende der Schürze hinauf, um vor uns die schmutzige Seite zu verstecken. Sie sah meinen Führer freudig an und sagte: Signor Giovanni, bringen Sie uns gute Nachrichten? Haben Sie etwas ausgerichtet?

Er versetzte: in unserer Sache hat mir's noch nicht gelingen wollen; hier ist aber ein Fremder, der einen Gruß von Ihrem Bruder bringt und Ihnen erzählen kann, wie er sich gegenwärtig befindet.

Der Gruß, den ich bringen sollte, war nicht ganz in unserer Ab-rede; indessen war die Einleitung einmal gemacht. — Sie kennen meinen Bruder? fragte sie. — Es kennt ihn ganz Europa, versetzte ich, und ich glaube, es wird Ihnen angenehm seyn zu hören, daß er sich in Sicherheit und wohl befindet, da Sie bisher wegen seines Schicksals gewiß in Sorgen gewesen sind. — Treten Sie hinein, sagte sie, ich folge Ihnen gleich; und ich trat mit dem Schreiber in das Zimmer.

Es war groß und hoch, daß es bei uns für einen Saal gelten würde; es schien aber auch beinah die ganze Wohnung der Familie zu seyn. Ein einziges Fenster erleuchtete die großen Wände, die einmal Farbe gehabt hatten und auf denen schwarze Heiligenbilder in goldenen Rahmen herum hingen. Zwei große Betten ohne Vorhänge standen an der einen Wand, ein braunes Schränkchen, das die Gestalt eines Schreibtisches hatte, an der andern. Alte mit Rohr durchflochtene Stühle, deren Lehnen ehmals vergoldet gewesen, standen darneben und die Nachsteine des Fußbodens waren an vielen Stellen tief ausgetreten. Uebrigens war alles reinlich und wie näherten uns der Familie, die am andern Ende des Zimmers an dem einzigen Fenster versammelt war.

Indem mein Führer der alten Balsamo, die in der Ecke saß, die Ursach unsers Besuchs erklärte und seine Worte wegen der Taubheit der guten Alten mehrmals laut wiederholte, hatte ich Zeit das Zimmer und die übrigen Personen zu betrachten. Ein Mädchen von ungefähr sechzehn Jahren, wohlgewachsen, deren Gesichtszüge durch die Blattern undeutlich geworden waren, stand am Fenster; neben ihr ein junger Mensch, dessen unangenehme, durch die Blattern entstellte Bildung mir auch auffiel. In einem Lehnstuhl saß oder lag vielmehr; gegen dem Fenster über, eine kranke sehr ungestaltete Person, die mit einer Art Schlafsucht behaftet schien.

Als mein Führer sich deutlich gemacht hatte, nöthigte man uns zum Sitzen. Die Alte that einige Fragen an mich, die ich mir aber mußte behülflich lassen, ob ich sie beantworten konnte, da mir der Sicilianische Dialekt nicht geläufig war.

Ich betrachtete indessen die alte Frau mit Vergnügen. Sie war von mittler Größe, aber wohlgebildet; über ihre regelmäßigen Gesichtszüge, die das Alter nicht entstellt hatte, war der Friede verbreitet, dessen gewöhnlich die Menschen genießen, die des Gehörs beraubt sind; der Ton ihrer Stimme war sanft und angenehm.

Ich beantwortete ihre Fragen, und meine Antworten mußten ihr auch wieder verdolmetscht werden.

Die Langsamkeit unserer Unterredung gab mir Gelegenheit meine Worte abzustellen. Ich erzählte ihr, daß ihr Sohn in Frankreich losgesprochen worden und sich gegenwärtig in England befinde, wo er wohl aufgenommen sey. Ihre Freude, die sie über diese Nachrichten äußerte, war mit Ausdrücken einer herzlichen Frömmigkeit begleitet, und da sie nun etwas lauter und langsamer sprach, konnt ich sie eher verstehen.

Indessen war ihre Tochter hereingekommen und hatte sich zu meinem Führer gesetzt, der ihr das, was ich erzählt hatte, getreulich wiederholte. Sie hatte eine reinliche Schürze vorgebunden und ihre Haare in Ordnung unter das Netz gebracht. Je mehr ich sie ansah und mit ihrer Mutter verglich, desto auffallender war mir der Unterschied beider Gestalten. Eine lebhafte, gesunde Sinnlichkeit blickte aus der ganzen Bildung der Tochter hervor; sie mochte eine Frau von vierzig Jahren seyn. Mit muntern blauen Augen sah sie klug umher, ohne daß ich in ihrem Blick irgend einen Argwohn spüren konnte. Indem sie saß, versprach ihre Figur mehr Länge als sie zeigte, wenn sie aufstand; ihre Stellung war determinirt, sie saß mit vorwärts gebogenem Körper und die Hände auf die Knie gelegt. Uebrigens erinnerte mich ihre mehr stumpfe als scharfe Gesichtsbildung an das Bildniß ihres Bruders, das wir in Kupfer kennen. Sie fragte mich verschiednes über meine Reise, über meine Absicht, Sicilien zu sehen und war überzeugt, daß ich gewiß zurückkommen und das Fest der heiligen Rosalie mit ihnen feiern würde.

Da indessen die Großmutter wieder einige Fragen an mich gethan hatte und ich ihr zu antworten beschäftigt war, sprach die Tochter halblaut mit meinem Gefährten, doch so, daß ich Anlaß nehmen konnte zu fragen: wovon die Rede sey? Er sagte darauf: Frau Capitummino erzähle ihm, daß ihr Bruder ihr noch vierzehn Unzen schuldig sey; sie habe bei seiner schnellen Abreise von Palermo verschiedene Sachen für ihn eingelöset; seit der Zeit aber weder etwas von ihm gehört, noch Geld, noch irgend eine Unterstützung von ihm erhalten, ob er gleich, wie sie höre, große Reichthümer besitze und einen fürstlichen Aufwand mache. Ob ich nicht über mich nehmen wolle, nach meiner Zurückkunft ihn auf eine gute Weise an die Schuld zu erinnern und eine Unterstützung für sie auszuwirken, ja, ob ich nicht einen Brief mitnehmen oder allenfalls bestellen wolle? Ich erbot mich dazu. Sie fragte: wo ich wohne? Wohin sie mir den Brief zu schicken habe? Ich lehnte ab, meine Wohnung zu sagen und erbot mich, den andern Tag gegen Abend den Brief selbst abzuholen.

Sie erzählte mir darauf ihre mißliche Lage; sie sey eine Wittwe mit drei Kindern, von denen das eine Mädchen im Kloster erzogen werde; die andere sey hier gegenwärtig und ihr Sohn eben in die Lehrstunde gegangen. Außer diesen drei Kindern habe sie ihre Mutter bei sich, für deren Unterhalt sie sorgen müsse, und überdieß habe sie aus christlicher Liebe die unglückliche kranke Person zu sich genommen, die ihre Last noch vergrößere; alle ihre Arbeitsamkeit reiche kaum hin, sich und den Ihrigen das Nothdürftige zu verschaffen. Sie wisse zwar, daß Gott diese guten Werke nicht unbelohnt lasse, seufze aber doch sehr unter der Last, die sie schon lange getragen habe.

Die jungen Leute mischten sich auch in's Gespräch und die Unterhaltung wurde lebhafter. Indem ich mit den andern sprach, hört' ich, daß die Alte ihre Tochter fragte: ob ich denn auch wohl ihrer heiligen Religion zugethan sey? Ich konnte bemerken, daß die Tochter auf eine kluge Weise der Antwort auszuweichen suchte, indem sie, so viel ich verstand, der Mutter bedeutete: daß der Fremde gut für sie gestimmt zu seyn scheine, und daß es sich wohl nicht schicke, jemanden sogleich über diesen Punkt zu befragen.

Da sie hörten, daß ich bald von Palermo abreisen wollte, wurden sie dringender und ersuchten mich, daß ich doch ja wiederkommen möchte; besonders rühmten sie die paradiesischen Tage des Rosalienfestes, dergleichen in der ganzen Welt nicht möchte gesehen und genossen werden.

Mein Begleiter, der schon lange Lust gehabt hatte sich zu entfernen, machte endlich der Unterredung durch seine Gebärden ein Ende, und ich versprach den andern Tag gegen Abend wieder zu kommen und den Brief abzuholen. Mein Begleiter freute sich, daß alles so glücklich gelungen sey und wir schieden zufrieden von einander.

Man kann sich den Eindruck denken, den diese arme, fromme, wohlgesinnte Familie auf mich gemacht hatte. Meine Neugierde war befriedigt, aber ihr natürliches und gutes Betragen hatte einen Antheil in mir erregt, der sich durch Nachdenken nach vermehrte.

Sogleich aber entstand in mir die Sorge wegen des folgenden Tags. Es war natürlich, daß diese Erscheinung, die sie im ersten Augenblick überrascht hatte, nach meinem Abschiede manches Nachdenken bei ihnen erregen mußte. Durch den Stammbaum war mir bekannt, daß noch mehrere von der Familie lebten; es war natürlich, daß sie ihre Freunde zusammen beriefen, um sich in ihrer Gegenwart dasjenige wiederholen zu lassen, was sie Tags vorher mit Verwunderung von mir gehört hatten. Meine Absicht hatte ich erreicht, und es blieb mir nur noch übrig dieses Abenteuer auf eine schickliche Weise zu endigen. Ich begab mich daher des andern Tages gleich nach Tische allein in ihre

Wohnung. Sie verwunderten sich da ich hineintrat. Der Brief sey noch nicht fertig sagten sie, und einige ihrer Verwandten wünschten mich auch kennen zu lernen, welche sich gegen Abend einfinden würden.

Ich versetzte: daß ich morgen früh schon abreisen müsse, daß ich noch Visiten zu machen, auch einzupacken habe und also lieber früher als gar nicht hätte kommen wollen.

Indessen trat der Sohn herein, den ich des Tags vorher nicht gesehen hatte. Er glich seiner Schwester an Wuchs und Bildung. Er brachte den Brief den man mir mitgeben wollte, den er, wie es in jenen Gegenden gewöhnlich ist, außer dem Hause, bei einem der öffentlich sitzenden Notarien hatte schreiben lassen. Der junge Mensch hatte ein stilles, trauriges und beschreibenes Wesen, erkundigte sich nach seinem Oheim, fragte nach dessen Reichthum und Ausgaben und setzte traurig hinzu: warum er seine Familie doch so ganz vergessen haben möchte? Es wäre unser größtes Glück, fuhr er fort, wenn er einmal hieher käme und sich unserer annehmen wollte; aber, fuhr er fort, wie hat er Ihnen entdeckt, daß er noch Anverwandte in Palermo habe? Man sagt, daß er uns überall verläugne und sich für einen Mann von großer Geburt ausgebe. Ich beantwortete diese Frage, welche durch die Unvorsichtigkeit meines Führers bei unserm ersten Eintritt veranlaßt worden war, auf eine Weise, die es wahrscheinlich machte, daß der Oheim, wenn er gleich gegen das Publikum Ursache habe seine Abkunft zu verbergen, doch gegen seine Freunde und Bekannten kein Geheimniß daraus mache.

Die Schwester, welche während dieser Unterredung herbeigetreten war und durch die Gegenwart des Bruders, wahrscheinlich auch durch die Abwesenheit des gestrigen Freundes mehr Muth bekam, fing gleichfalls an sehr artig und lebhaft zu sprechen. Sie baten sehr, sie ihrem Onkel, wenn ich ihm schriebe, zu empfehlen; eben so sehr aber, wenn ich diese Reise durch's Königreich gemacht, wieder zu kommen und das Rosalienfest mit ihnen zu begehen.

Die Mutter stimmte mit den Kindern ein. Mein Herr, sagte sie, ob es sich zwar eigentlich nicht schickt, da ich eine erwachsene Tochter habe, fremde Männer in meinem Hause zu sehen, und man Ursache hat, sich sowohl vor der Gefahr, als der Nachrede zu hüten, so sollen Sie uns doch immer willkommen seyn, wenn Sie in diese Stadt zurückkehren.

O ja, versetzten die Kinder, wir wollen den Herrn beim Feste herumführen, wir wollen ihm alles zeigen, wir wollen uns auf die Gerüste setzen, wo wir die Feierlichkeit am besten sehen können. Wie wird er sich über den großen Wagen und besonders über die prächtige Illumination freuen!

Indessen hatte die Großmutter den Brief gelesen und wieder gelesen. Da sie hörte, daß ich Abschied nehmen wollte, stand sie auf und übergab mir das zusammengefaltete Papier. Sagen Sie meinem Sohn, fing sie mit einer edlen Lebhaftigkeit, ja einer Art von Begeisterung an, sagen Sie meinem Sohn, wie glücklich mich die Nachricht gemacht hat, die Sie mir von ihm gebracht haben! sagen Sie ihm, daß ich ihn so an mein Herz schließe — hier streckte sie die Arme aus einander und drückte sie wieder auf ihre Brust zusammen — daß ich täglich Gott und unsere heilige Jungfrau für ihn im Gebet anflehe, daß ich ihm und seiner Frau meinen Segen gebe, und daß ich nur wünsche, ihn vor meinem Ende noch einmal mit diesen Augen zu sehen, die so viele Thränen über ihn vergossen haben.

Die eigne Zierlichkeit der Italienischen Sprache begünstigte die Wahl und die edle Stellung dieser Worte, welche nach überdieß von lebhaften Gebärden begleitet wurden, womit jene Nation einen unglaublichen Reiz zu verbreiten gewohnt ist.

Ich nahm nicht ohne Rührung von ihnen Abschied. Sie reichten mir alle die Hände, die Kinder geleiteten mich hinaus, und indeß ich die Treppe hinunterging, sprangen sie auf den Balcon des Fensters, das aus der Küche auf die Straße ging, riefen mir nach, winkten mir Grüße zu und wiederhollten: daß ich ja nicht vergessen möchte wieder zu kommen. Ich sah sie noch auf dem Balcon stehen, als ich um die Ecke herumging.

Ich brauche nicht zu sagen, daß der Antheil, den ich an dieser Familie nahm, den lebhaften Wunsch in mir erregte, ihr nützlich zu seyn und ihrem Bedürfniß zu Hülfe zu kommen. Sie war nun durch mich abermals hintergangen und ihre Hoffnungen auf eine unerwartete Hülfe waren durch die Neugierde des nördlichen Europa's auf dem Wege zum zweitenmal getäuscht zu werden.

Mein erster Vorsatz war, ihnen vor meiner Abreise jene vierzehn Unzen zuzustellen die ihnen der Flüchtling schuldig geblieben, und durch

die Vermuthung, daß ich diese Summe von ihm wieder zu erhalten
hoffte, mein Geschäul zu bedecken; allein als ich zu Hause meine Rechnung machte, meine Casse und Papiere überschlug, sah ich wohl, daß
in einem Lande, wo durch Mangel von Communication die Entfernung
gleichsam in's Unendliche wächst, ich mich selbst in Verlegenheit setzen
würde, wenn ich mir anmaßte, die Ungerechtigkeit eines frechen Menschen durch eine herzliche Gutmüthigkeit zu verbessern.

Der spätere Verlauf dieser Angelegenheit möge hier sogleich
eintreten.

Ich reis'te von Palermo weg, ohne wieder zurückzukehren, und unerachtet der großen Zerstreuung meiner Sicilianischen und übrigen Italiänischen Reise, verlor ich jenen einfachen Eindruck nicht aus meiner Seele.

Ich kam in mein Vaterland zurück, und als jener Brief unter
andern Papieren, die von Neapel den Weg zur See gemacht hatten,
sich endlich auch vorfand, gab es Gelegenheit, von diesem, wie von
andern Abenteuern zu sprechen.

Hier ist eine Uebersetzung jenes Blattes, durch welche ich das
Eigenthümliche des Originals mit Willen durchscheinen lasse:

Geliebtester Sohn!

Den 16ten April 1787 hatte ich Nachricht von Dir durch Herrn
Wilton, und ich kann Dir nicht ausdrücken, wie tröstlich sie mir
gewesen ist: denn seit Du Dich aus Frankreich entfernt hattest, konnte
ich nichts mehr von Dir erfahren.

Lieber Sohn, ich bitte Dich, meiner nicht zu vergessen: denn ich
bin sehr arm und von allen Verwandten verlassen, außer von meiner
Tochter Maria Anna, Deiner Schwester, in deren Hause ich lebe. Sie
kann mir nicht den völligen Unterhalt geben, aber sie thut, was sie
kann; sie ist Wittwe mit drei Kindern; eine Tochter ist im Kloster
der heil. Katharina, zwei andere sind zu Hause.

Ich wiederhole, lieber Sohn, meine Bitte, schick mir nur so viel,
daß ich mir einigermaßen helfen kann, indem ich nicht einmal die nöthigen Kleidungsstücke habe, um die Pflichten einer katholischen Christin
zu erfüllen; denn mein Mantel und Ueberkleid sind ganz zerrissen.

Wenn Du mir etwas schickst oder auch nur einen Brief schreibst, so sende ihn nicht durch die Post, sondern über's Meer, weil Don Matteo (Bracconeri), mein Bruder, Oberpostcommissarius ist.

Lieber Sohn, ich bitte Dich, mir des Tages einen Tari ausgesetzten, damit Deiner Schwester einigermaßen die Last abgenommen werde und damit ich nicht vor Mangel umkomme. Erinnere Dich des göttlichen Gebotes, und hilf einer armen Mutter, die auf's Letzte gebracht ist. Ich gebe Dir meinen Segen und umarme Dich von Herzen, auch so Deine Lorenza, Deine Frau.

Deine Schwester umarmt Dich von Herzen, und ihre Kinder küssen Dir die Hände. Deine Mutter, die Dich zärtlich liebt und die Dich an ihr Herz drückt,

Palermo, den 16. April 1787.

Felice Balsamo.

Verehrungswürdige Personen, denen ich dieses Document vorlegte und die Geschichte erzählte, theilten meine Empfindungen und setzten mich in den Stand, jener unglücklichen Familie meine Schuld abtragen zu können und ihr eine Summe zu übermachen, die sie zu Ende des Jahres 1788 erhielt, und von deren Wirkung folgender Brief ein Zeugniß ablegt.

Palermo, den 26. December 1788.

Geliebtester Sohn!
Lieber getreuer Bruder!

Die Freude, die wir gehabt haben, zu hören, daß Ihr lebt und Euch wohl befindet, können wir mit keiner Feder ausdrücken. Ihr habt eine Mutter und eine Schwester, die von allen Menschen verlassen sind und zwei Töchter und einen Sohn zu erziehen haben, durch die Hülfe, die Ihr ihnen übersendet, mit der größten Freude und Vergnügen erfüllt. Denn nachdem Herr Jacob Joff, ein Englischer Kaufmann, sich viele Mühe gegeben, die Frau Joseph-Maria Capitummino, geborne Balsamo, aufzusuchen, weil man mich nur gewöhnlich Marana Capitummino nennt, fand er uns endlich in einem kleinen Hause, wo wir mit der gebührenden Schicklichkeit leben. Er zeigte uns an, daß Ihr uns eine Summe Geldes anweisen lassen, und daß eine Quittung dabei sey, die ich, Eure Schwester, unterzeichnen sollte, wie es auch geschehen ist. Denn er hat uns das Geld schon eingehändigt, und der günstige Wechselcours hat uns noch einigen Vortheil gebracht.

Nun bedenkt, mit welchem Vergnügen wir eine solche Summe empfangen haben, zu einer Zeit, da wir im Begriff waren, die Weihnachtsfeiertage zu begehen, ohne Hoffnung irgend einer Beihülfe.

Unser Mensch gewordene Jesus hat Euer Herz bewegt, uns diese Summe zu übermachen, die nicht allein gedient hat, unsern Hunger zu stillen, sondern auch uns zu bekleiden, weil uns wirklich alles mangelte.

Es würde uns die größte Zufriedenheit seyn, wenn Ihr unser Verlangen stillet, und wie Euch nochmals sehen könnten, besonders wir, Euer Mutter, die nicht aufhört das Unglück zu beweinen, ihren von ihrem einzigen Sohne entfernt zu seyn, den ich vor meinem Tode noch einmal sehen möchte.

Wenn aber dieses wegen Eurer Verhältnisse nicht geschehen könnte, so unterlaßt doch nicht meinem Mangel zu Hülfe zu kommen, besonders da Ihr je einen trefflichen Canal gefunden habt und einen so genauen und redlichen Kaufmann, der, ohne daß wir davon benachrichtigt waren, und alles in seiner Hand lag, uns redlich aufgesucht und treulich die überfandte Summe ausgeliefert hat.

Für Euch will uns wohl nichts sagen, aber uns scheint eine jede Beihülfe ein Schatz. Eure Schwester hat zwei erwachsene Mädchen, und ihr Sohn braucht auch Unterstützung. Ihr wißt, daß sie nichts besitzen, und welches treffliche Werk würdet Ihr thun, wenn Ihr so viel sendetet, als nöthig ist, sie schicklich auszustatten.

Gott erhalte Euch bei guter Gesundheit! Wir rufen ihn dankbar an und wünschen, daß er Euch das Glück erhalten möge, dessen Ihr genießt, und daß er Euer Herz bewegen möge, sich unserer zu erinnern. In seinem Namen segne ich Euch und Eure Frau als liebevolle Mutter, ich umarme Euch, ich Eure Schwester; dasselbe thut der Vater Joseph (Barronen) der diesen Brief geschrieben hat, wir bitten Euch um Euren Segen, wie es auch die beiden Schwestern Antonie und Therese thun. Wir umarmen Euch und nennen uns

Eure Schwester,   Eure Mutter, die Euch
die Euch liebt,   liebt und segnet,
Joseph Maria   die Euch alle Tauben segnet,
Capriummune   Felice Balsamo
und Balsamo.   und Braconeri.

Die Unterschriften dieses Briefes sind eigenhändig.

Ich hatte die Summe, ohne Dank und ohne Anzeige, von wem sie eigentlich komme, überreichen lassen, um so natürlicher war ihr Irrthum und um so wahrscheinlicher ihre Hoffnung für Michael, dahin zu ...

Jetzt, da sie von der Gefangenschaft und Verurtheilung ihres Verwandten unterrichtet sind, bleibt mir noch übrig, zu ihrer Aufklärung und zu ihrem Troste etwas zu thun. Ich habe noch eine Summe für sie in Händen, die ich ihnen überbringen und zugleich das unserer Bekannten entgegnen will. Sollten einige meiner Freunde, sollten einige meiner reichen und edlen Landsleute mir das Vergnügen machen, und jene kleine Summe, die noch bei mir liegt, durch Beiträge vermehren wollen; so bitte ich, mir solche bis Michael zuzuschicken und an dem Dank auch der Zufriedenheit einer guten Familie Theil zu nehmen, aus welcher eine der sonderbarsten Ungeheuer entsprungen ist, welche in unserm Zeitpunkt erschienen sind.

Ich werde nicht verfehlen, den weitern Verlauf dieser Geschichte und die Nachricht von dem Zustande, worin meine nächste Sendung die Familie antreffen wird, öffentlich bekannt zu machen, und vielleicht alsdann einige Anmerkungen beizufügen, die sich mir bei dieser Gelegenheit aufgedrungen haben, deren ich mich aber gegenwärtig enthalte, um meinen Lesern in ihrem ersten Urtheile nicht vorzugreifen.

Palermo, Sonnabend den 14. April 1787.

Gegen Abend trat ich noch zu meinem Hammelsmanne und fragte ihn: wie denn das Fest morgen ablaufen werde, da eine große Procession durch die Stadt ziehen und der Vicekönig selbst das Heilige zu Fuß begleiten solle? Der geringste Windstoß müsse, ja Gott und Menschen in die dickste Staubwolke verhüllen.

Der muntere Mann versetzte, daß man in Palermo sich gern auf ein Wunder verlasse. Schon mehrmals in ähnlichen Fällen sey ein gewaltsamer Platzregen gefallen und habe die meist abhängige Straße, wenigstens zum Theil, rein abgeschwemmt und der Procession reinen Weg gebahnt. Auch diesmal hege man die gleiche Hoffnung nicht ohne Grund, denn der Himmel überziehe sich und verspreche Regen auf die Nacht.

Palermo, Sonntag den 15. April 1787.

Und so geschah es denn auch! der gewaltsamste Regenguß fiel vergangene Nacht vom Himmel. Sogleich morgens eilte ich auf die Straße, um Zeuge des Wunders zu seyn. Und es war wirklich seltsam genug. Der zwischen den beiderseitigen Schrittsteinen eingeschränkte Regenstrom hatte das leichteste Kehricht die abhängige Straße herunter, theils nach dem Meere, theils in die Abzüge, in sofern sie nicht verstopft waren, fortgetrieben, das gröbere Gesträube wenigstens von einem Orte zum andern geschoben und dadurch wundersame, reine Mäander auf das Pflaster gezeichnet. Nun waren hundert und aber hundert Menschen mit Schaufeln, Besen und Gabeln dahinterher, diese reinen Stellen zu erweitern und in Zusammenhang zu bringen, indem sie die noch übrig gebliebenen Unreinigkeiten bald auf diese, bald auf jene Seite häuften. Daraus erfolgte denn, daß die Procession, als sie begann, wirklich einen reinlichen Schlangenweg durch den Morast gebahnt sah, und sowohl die sämmtliche langbekleidete Geistlichkeit als der wohlfüßige Adel, den Vicekönig an der Spitze, ungehindert und unbesudelt durchschreiten konnte. Ich glaubte die Kinder Israel zu sehen, denen durch Moor und Moder von Engelshand ein trockner Pfad bereitet wurde, und veredelte mir in diesem Gleichnisse den unerträglichen Anblick, so viel andächtige und anständige Menschen durch eine Allee von feuchten Kothhaufen durchbeten und durchprunken zu sehen.

Auf den Schrittsteinen hatte man nach wie vor reinlichen Wandel, im Innern der Stadt hingegen, wohin uns die Absicht, verschiedenes bis jetzt Vernachlässigtes zu sehen, gerade heute gehen hieß, war es fast unmöglich durchzukommen, obgleich auch hier das Kehren und Aufhäufen nicht versäumt war.

Diese Feierlichkeit gab uns Anlaß, die Hauptkirche zu besuchen und ihre Merkwürdigkeiten zu betrachten, auch, weil wir einmal auf den Beinen waren, uns nach andern Gebäuden umzusehen; da uns denn ein maurisches, bis jetzt wohlerhaltenes Haus gar sehr ergötzte — nicht groß, aber mit schönen, weiten und wohlproportionirten, harmonischen Räumen, in einem nördlichen Klima nicht eben begreiflich, in südlichen ein höchst vollkommener Aufenthalt. Die Baukundigen mögen uns davon Grund- und Aufriß überliefern.

Auch sahen wir in einem umfangreichen Local verschiedene Reste antiker, marmorner Statuen, die wir aber zu entziffern keine Geduld hatten.

                Palermo, Montag den 16. April 1787.

Da wir uns nun selbst mit einer nahen Abreise aus diesem Paradies bedrohen müssen, so hoffte ich heute noch im öffentlichen Garten ein vollkommenes Labsal zu finden, indem Pensum in der Odyssee zu lesen und auf einem Spaziergang nach dem Thale, am Fuße des Rosalienbergs, den Plan der Nausikaa weiter durchzudenken und zu versuchen, ob diesem Gegenstande eine dramatische Seite abzugewinnen sey. Dieß alles ist, wo nicht mit großem Glück, doch mit vielem Behagen geschehen. Ich verzeichnete den Plan, und konnte nicht unterlassen, einige Stellen, die mich besonders anzogen, zu entwerfen und auszuführen.

                Palermo, Dienstag den 17. April 1787.

Es ist ein wahres Unglück, wenn man von vielerlei Geistern verfolgt und versucht wird! Heute früh ging ich mit dem festen, ruhigen Vorsatz, meine dichterischen Träume fortzusetzen, nach dem öffentlichen Garten, allein, ehe ich mich's versah, erhaschte mich ein anderes Gespenst, das mir schon diese Tage nachgeschlichen. Die vielen Pflanzen, die ich sonst nur in Kübeln und Töpfen, ja die größte Zeit des Jahres nur hinter Glasfenstern zu sehen gewohnt war, stehen hier froh und frisch unter freiem Himmel und, indem sie ihre Bestimmung vollkommen erfüllen, werden sie uns deutlicher. Im Angesicht so vielerlei neuer und erneuter Gebilde fiel mir die alte Grille wieder ein: ob ich nicht unter dieser Schaar die Urpflanze entdecken könnte! Eine solche muß es denn doch geben! Woran würde ich sonst erkennen, daß dieses oder jenes Gebilde eine Pflanze sey, wenn sie nicht alle nach einem Muster gebildet wären.

Ich bemühte mich, zu untersuchen, worin denn die vielen abweichenden Gestalten von einander unterschieden seyen. Und ich fand sie immer mehr ähnlich als verschieden, und wollte ich meine botanische Terminologie anbringen, so ging das wohl, aber es fruchtete nicht, es machte noch unruhig, ohne daß es mir weiter half. - Gestört war mein guter poetischer Vorsatz, der Garten des Alcinous war verschwunden; ein Weltgarten hatte sich aufgethan. Warum sind wir Neuern doch so zerstreut, warum gereizt zu Forderungen, die wir nicht erreichen noch erfüllen können!

Alcamo, Mittwoch den 18. April 1787.

Bei Zeiten ritten wir aus Palermo. Kniep und der Vetturin hatten sich beim Ein- und Aufpacken vortrefflich erwiesen. Wir zogen langsam die herrliche Straße hinauf, die uns schon beim Besuch auf San Martino bekannt geworden, und bewunderten abermals eine der Pracht-Fontainen am Wege, als wir auf die mäßige Sitte dieses Landes vorbereitet wurden. Unser Reitknecht nämlich hatte ein kleines Wein-fäßchen am Riemen umgehängt, wie unsere Marketenderinnen pflegen, und es schien für einige Tage genugsam Wein zu enthalten. Wir verwunderten uns daher, als er auf eine der vielen Springröhren los ritt, den Stropf eröffnete und Wasser einlaufen ließ. Wir fragten, mit wahrhaft Deutschem Erstaunen, was er da vorhabe? ob das Fäßchen nicht voll Wein sey? Worauf er mit großer Gelassenheit erwiderte: er habe ein Drittheil davon leer gelassen, und weil niemand ungemischten Wein trinke, so sey es besser, man mische ihn gleich im Ganzen, da vereinigten sich die Flüssigkeiten besser, und man sey ja nicht sicher überall Wasser zu finden. Indessen war das Fäßchen gefüllt und wir mußten uns diesem altorientalischen Hochzeitsgebrauch gefallen lassen.

Als wir nun hinter Montreale auf die Höhen gelangten, sahen wir wunderschöne Gegenden, mehr im historischen als ökonomischen Styl. Wir blickten rechter Hand bis an's Meer, das zwischen den wunder-samsten Vorgebirgen, über baumreiche und baumlose Gefilde seine schnur-gerade Horizontallinie hinzog und so, entschieden ruhig, mit den wilden Kalkfelsen herrlich contrastirte. Kniep enthielt sich nicht, deren in kleinem Format mehrere zu umreißen.

Nun sind wir in Alcamo, einem stillen, reinlichen Städtchen, dessen wohleingerichteter Gasthof als eine schöne Anstalt zu rühmen ist, da man von hieraus den abseits und einsam belegenen Tempel von Segest bequem besuchen kann.

Alcamo, Donnerstag den 19. April 1787.

Die gefällige Wohnung in einem ruhigen Bergstädtchen zieht uns an, und wir fassen den Entschluß den ganzen Tag hier zuzubringen. Da mag denn vor allen Dingen von gestrigen Ereignissen die Rede seyn. Schon früher läugnete ich dem Prinzen Palldgonia Originalität; er hat Vorgänger gehabt und Muster gefunden. Auf dem Wege nach Monreale stehen zwei Ungeheuer an einer Fontaine und auf dem Geländer einige Vasen, völlig als wenn sie der Fürst bestellt hätte.

Hinter Monreale, wenn man den schönen Weg verläßt und in steinichte Gebirge kommt, liegen oben auf dem Rücken Steine im Weg, die ich ihrer Schwere und Anwitterung nach für Eisenstein hielt. Alle Landesflächen sind bebaut und tragen besser oder schlechter. Der Kalk stein zeigte sich roth, die verwitterte Erde an solchen Stellen desgleichen. Diese rothe, thonig kalkige Erde ist weit verbreitet, der Boden schwer, kein Sand darunter, trägt aber trefflichen Weizen. Wir fanden alte, sehr starke, aber verstümmelte Oelbäume.

Unter dem Obdach einer luftigen, an der schlechten Herberge vorgebauten Halle erquickten wir uns an einem mäßigen Imbiß. Hunde verzehrten begierig die weggeworfenen Schalen unserer Würste, ein Betteljunge vertrieb sie und speiste mit Appetit die Schalen der Aepfel die wir verzehrten, dieser aber ward gleichfalls von einem alten Bettler verjagt. Handwerksneid ist überall zu Hause. In einer zerlumpten Toga lief der alte Bettler hin und wieder, als Hausknecht oder Kellner. So hatte ich auch schon früher gesehen, daß, wenn man Etwas von einem Wirthe verlangt, was er grade nicht im Hause hat, so läßt er es durch einen Bettler beim Krämer holen.

Doch sind wir gewöhnlich vor einer so unerfreulichen Bedienung bewahrt, da unser Vetturin vortrefflich ist — Stallknecht, Cicerone, Garde, Einläufer, Koch und alles.

Auf den höheren Bergen findet sich noch immer der Oelbaum, Caruba, Fraximus. Ihr Feldbau ist auch in drei Jahre getheilt: Bohnen, Getreide und Ruhe, wobei sie sagen: Mist thut mehr Wunder als die Heiligen. Der Weinstock wird sehr niedrig gehalten.

Die Lage von Alcamo ist herrlich: auf der Höhe, in einiger Entfernung vom Meerbusen; die Großheit der Gegend zog uns an. Hohe Felsen, tiefe Thäler dabei, aber Weite und Mannichfaltigkeit. Hinter

Monreale erblickt man in ein schönes doppeltes Thal, in dessen Mitte sich noch ein Felsrücken herzieht. Die fruchtbaren Felder stehen grün und still, aber auf dem breiten Wege wildes Gebüsch und Stauden massen wie Lasurmuß von Blüthen glänzt: der Linsenbusch, ganz gelb von Schmetterlingsblümchen überdeckt, kein grünes Blatt zu sehen, der Weißdorn, Strauch an Strauch, die Aloen rücken in die Höhe und deuten auf Blüthen, reiche Teppiche von amaranthrothem Klee, die Jn- sekten-Ophrid, Alpenröslein, Hyacinthen mit geschlossenen Glocken, Borrak, Allien, Asphodelen.

Das Wasser, das von Segest herunter kommt, bringt außer Kalk- steinen viele Hornstein-Geschiebe; sie sind sehr fest, dunkelblau, roth, gelb, braun, von den verschiedensten Schattirungen. Auch entsteckte die Gänge sah ich Horn- oder Feuersteine in Kalkfelsen, mit Salt- band von Kalk. Von solchem Geschiebe findet man ganze Hügel, ehe man nach Alcamo kommt.

Segest, den 20. April 1787.

Der Tempel von Segest ist nie fertig geworden; und man hat den Platz um denselben nie verglichen, man ebnete nur den Umkreis wor- auf die Säulen gegründet werden sollten; denn noch jetzt stehen die Stufen an manchen Orten neun bis zehn Fuß in der Erde, und es ist kein Hügel in der Nähe, von dem Steine und Erdreich hätten herunter kommen können. Auch liegen die Steine in ihrer meist natürlichen Lage, und man findet keine Trümmer darunter.

Die Säulen stehen alle; zwei, die umgefallen waren, sind neuer- dings wieder hergestellt. In wiefern die Säulen Sockel haben sollten, ist schwer zu bestimmen und ohne Zeichnung nicht deutlich zu machen. Bald sieht es aus als wenn die Säule auf der vierten Stufe stände, da muß man aber wieder eine Stufe zum Innern des Tempels hinab; bald ist die oberste Stufe durchschnitten, dann sieht es aus als wenn die Säulen Basen hätten; bald sind diese Zwischenräume wieder aus- gefüllt, und da haben wir wieder den ersten Fall. Der Architekt mag dieß genauer bestimmen.

Die Nebenseiten haben zwölf Säulen, ohne die Ecksäulen, die vor- dere und hintere Seite sechs, mit den Ecksäulen. Die Zapfen, an denen man die Steine transportirt, sind an den Stufen des Tempels ringsum nicht weggehauen, zum Beweis, daß der Tempel nicht fertig geworden. Am meisten zeigt davon aber der Fußboden; derselbe ist von den Seiten herein an einigen Orten durch Platten angegeben, in der Mitte aber steht noch der rohe Kalkfels höher als das Niveau des angelegten Bodens; er kann also nie gepflastert gewesen seyn. Auch ist keine Spur der innern Halle. Noch weniger ist der Tempel mit Stuck überzogen gewesen, daß es aber die Absicht war, läßt sich vermuthen: an den Platten der Capitäle sind Vorsprünge, wo sich vielleicht der Stuck anschließen sollte. Das Ganze ist aus einem travertinartigen Kalkstein gebaut, jetzt sehr verfressen.[1] Die Restauration von 1781 hat dem Gebäude sehr wohl gethan. Die Steinschnitt, der die Theile zusammenfügt, ist einfach aber schön. Die großen besonders Steine, deren Riedesel erwähnt, konnt ich nicht finden; sie sind vielleicht zu Restauration der Säulen verbraucht worden.

Die Lage des Tempels ist sonderbar: am höchsten Ende eines weiten langen Thales, auf einem isolirten Hügel, aber doch rings von Klippen umgeben, sieht er über viel Land in eine weite Ferne, aber nur ein Eckchen Meer. Die Gegend ruht in trauriger Fruchtbarkeit, alles beackert und fast nirgend eine Wohnung. Auf blühenden Disteln schwärmten unzählige Schmetterlinge, wilder Fenchel stand, auch bis an den Fuß hoch, verdorret, von vorigem Jahr her so reichlich und in scheinbarer Ordnung, daß man es für die Anlage einer Baumschule hätte halten können. Der Wind sauste in den Säulen wie in einem Walde, und Raubvögel schwebten schreiend über dem Gebälk.

Die Mühseligkeit, in den unscheinbaren Trümmern eines Theaters herumzusteigen, benahm uns die Lust, die Trümmer der Stadt zu besuchen. Am Fuße des Tempels finden sich große Stücke jenes Hornsteins, und der Weg nach Alcamo ist mit unendlichen Geschieben desselben gemischt. Dadurch kommt ein Antheil Kieselerde in den Boden, wodurch er lockrer wird. An trocknem Fenchel bemerkte ich den Unterschied der untern und obern Blätter, und es ist doch nur immer dasselbe Organ, das sich aus der Einfachheit zur Mannichfaltigkeit entwickelt. Man zählt hier sehr fleißig, die Männer gehen, wie bei einem

¹ verfressen.

Treibjagen, das ganze Feld durch. Insekten lassen sich auch sehen. In Palermo hatte ich nur Gewürm bemerkt. Eidechsen, Schnecken, Schnecken, nicht schöner gefärbt als unsere, ja nur grau.

Castel Vetrano, Sonnabend den 21. April 1787.

Von Alcamo auf Castel Vetrano kommt man am Kallgebirge her über Kieshügel. Zwischen den steilen unfruchtbaren Kallbergen weite, hügliche Thäler, alles bebaut, aber fast kein Baum. Die Kieshügel voll großer Geschiebe, auf alte Meeresströmungen hindeutend; der Boden schön gemischt, leichter als bisher, wegen des Antheils von Sand. Salemi blieb uns eine Stunde rechts, hier kamen wir über Gypsfelsen, dem Kalke vorliegend, das Erdreich immer trefflicher gemischt. In der Ferne sieht man das westliche Meer. Im Vordergrund das Erdreich durchaus hüglich. Wir fanden ausgeschlagne Feigenbäume; was aber Lust und Bewunderung erregte, waren unübersehbare Blumenmassen, die sich auf dem überbreiten Wege angesiedelt hatten und in großen, bunten, an einander stoßenden Flächen sich absonderten und wieder hielten. Die schönsten Winden, Hibiscus und Malven, vielerlei Arten Klee herrschten wechselsweise, dazwischen das Allium, Galegagesträuche. Und durch diesen bunten Teppich wand man sich mitend hindurch, denen sich kreuzenden unzähligen schmalen Pfaden nachfolgend. Dazwischen weidet schönes rothbraunes Vieh, nicht groß, sehr nett gebaut, besonders zierlicher Gestalt der kleinen Hörner.

Die Gebirge in Nordost stehen alle reihenweis, ein einziger Gipfel, Cuniglione, ragt aus der Mitte hervor. Die Kieshügel zeigen wenig Wasser, auch müssen wenig Regengüsse hier niedergehen, man findet keine Wasserrisse noch sonst Verschwemmtes.

In der Nacht begegnete mir ein eignes Abenteuer. Wir hatten uns, in einem freilich nicht sehr zierlichen Lokal, sehr müde auf die Betten geworfen, zu Mitternacht wach' ich auf und erblicke über mir die angenehmste Erscheinung: einen Stern, so schön als ich ihn nie glaubte gesehen zu haben. Ich erquicke mich an dem lieblichen, alles Gute weißsagenden Anblick, bald aber verschwindet mein holdes Licht und läßt mich in der Finsterniß allein. Bei Tagesanbruch bemerkte ich erst die Veranlassung dieses Wunders: es war eine Lücke im Dach und einer der schönsten Sterne des Himmels war in jenem Augenblick durch meinen Meridian gegangen. Dieses natürliche Ereigniß jedoch legten die Reisenden mit Sicherheit zu ihren Gunsten aus.

Sciacca, den 22. April 1787.

Der Weg hieher, mineralogisch uninteressant, geht immerfort über Kieshügel. Man gelangt an's Ufer des Meers, dort ragen mitunter Kalkfelsen hervor. Alles flache Erdreich unendlich fruchtbar, Gerste und Hafer von dem schönsten Stande; Salsola Kali gepflanzt; die Aloes haben schon höhere Fruchtstämme getrieben als gestern und ehegestern. Die vielerlei Aloearten verließen uns nicht. Endlich kamen wir an ein Kalkchen, buschig, die höheren Bäume nur einzeln; endlich auch Pantoffelholz!

Girgenti, den 23. April 1787. Abends.

Von Sciacca hieher starke Tagreise. Gleich vor genanntem Orte betrachteten wir die Bäder; ein heißer Quell dringt aus dem Felsen mit sehr starkem Schwefelgeruch, das Wasser schmeckt sehr salzig aber nicht faul. Sollte der Schwefeldunst nicht im Augenblick des Hervorbrechens sich erzeugen? Etwas höher ist ein Brunnen, kühl, ohne Geruch. Ganz oben liegt das Kloster, wo die Schwitzbäder sind, ein starker Dampf steigt davon in die reine Luft.

Das Meer rollt hier nur Kalkgeschiebe, Quarz und Hornstein sind abgeschnitten. Ich beobachtete die kleinen Flüsse: Calta Bellotta und Maccasoli bringen auch nur Kalkgeschiebe, Platani gelben Marmor und Feuersteine, die ewigen Begleiter dieses edlen Kalkgesteins. Wenige Stückchen Lava machten mich aufmerksam, allein ich vermuthe hier in der Gegend nichts Vulkanisches, ich denke vielmehr es sind Trümmer von Mühlsteinen, oder zu welchem Gebrauch man solche Stücke aus der Ferne geholt hat. Bei Monte allegro ist alles Gyps, dichter Gyps und Fraueneis, ganze Felsen vor und zwischen dem Kalk. Die wunderliche Felsenlage von Calta Bellotta! ...

Girgenti, Dienstag den 24. April 1787.

So ein herrlicher Frühlingsblick wie der heutige, bei aufgehender Sonne, ward uns freilich nie durch's ganze Leben. Auf dem hohen, uralten Burgraume liegt das neue Girgenti in einem Umfang, groß genug, um Einwohner zu fassen. Aus unsern Fenstern erblicken wir den weiten und breiten sanften Abhang der ehemaligen Stadt, ganz von Gärten und Weinbergen bedeckt, unter deren Grün man kaum eine Spur ehemaliger großer, bevölkerter Stadt-Quartiere vermuthen dürfte. Nur gegen das mittägige Ende dieser grünenden und blühenden Fläche sieht man den Tempel der Concordia hervorragen, in Osten die wenigen Trümmer des Juno-Tempels, die übrigen, mit den genannten in grader Linie gelegenen Trümmer anderer heiliger Gebäude bemerkt das Auge nicht von oben, sondern eilt hoher südwärts nach der Strandfläche, die sich noch eine halbe Stunde bis gegen das Meer erstreckt. Verlangt ward heute, uns in jene so herrlich grünenden, blühenden, fruchtversprechenden Räume, zwischen Zweige und Ranken hinabzubegeben, denn unser Führer, ein kleiner guter Wettgeistlicher, ersuchte uns, vor allen Dingen diesen Tag der Stadt zu widmen.

Erst ließ er uns die ganz wohlgebauten Straßen beschauen, dann führte er uns auf höhere Puncte, wo sich der Anblick durch größere Weite und Breite noch mehr verherrlichte, sodann zum Kunstgenuß in die Hauptkirche. Diese enthält einen wohlerhaltenen Sarkophag, zum Altar geweiht: Hippolyt, mit seinen Jagdgesellen und Pferden, wird von der Amme Phädra's aufgehalten, die ihm ein Täfelchen zustellen will. Hier war die Hauptabsicht, schöne Jünglinge darzustellen, deßwegen auch die Alte, ganz leidig und zwerghaft, als ein Nebenwerk, das nicht stören soll, dazwischen gebildet ist. Mich dünkt von halberhobener Arbeit nichts Herrlichers gesehen zu haben, zugleich vollkommen erhalten. Es soll mir einstweilen als ein Beispiel der anmuthigsten Zeit Griechischer Kunst gelten.

In frühere Epochen wurden wir zurückgeführt durch Betrachtung einer köstlichen Vase von bedeutender Größe und vollkommner Erhaltung. Ferner schienen sich manche Reste der Baukunst in der neuen Kirche hie und da untergesteckt zu haben.

Da es hier keine Gasthöfe giebt, so hatte uns eine freundliche Familie Platz gemacht und einen erhöhten Alkoven an einem großen Zimmer eingeräumt. Ein grüner Vorhang trennte uns und unser Gepäck von den Hausgliedern, welche in dem großen Zimmer Nudeln fabricirten und zwar von der feinsten, weißesten und kleinsten Sorte, [...] diejenigen am theuersten bezahlt werden, die, nachdem sie erst in die Gestalt von gliedslangen Stäbten gebracht sind, noch von [...] Mädchenfingern einmal in sich selbst gedreht, eine schneckenhafte Gestalt annehmen. Wir setzten uns zu den hübschen Kindern, ließen uns die Behandlung erklären und vernahmen, daß sie aus dem besten und schwersten Weizen, Grano forte genannt, fabricirt würden. Dabei kommt vielmehr Handarbeit als Maschinen und Formwesen vor. Und so hatten sie uns denn auch das trefflichste Nudelgericht bereitet, be- [...] jedoch, daß grade von der allervollkommensten Sorte, die außer Girgenti, ja außer ihrem Hause nicht gefertigt werden konnte, nicht einmal ein Gericht vorräthig sey. An Weiße und Zartheit schienen diese ihres Gleichen nicht zu haben.

Auch den ganzen Abend wußte unser Führer die Ungeduld zu be- [...], der uns fragweise trieb, indem er uns abermals auf die Höhe zu herrlichen Aussichtspunkten führte, und uns dabei die Ueber- sicht der Lage gab aller der Merkwürdigkeiten, die wir morgen in der Nähe sehen sollten.

Girgenti, Mittwoch den 25. April 1787.

Mit Sonnenaufgang wandelten wir nun hinunter, wo sich bei jedem Schritt die Umgebung malerischer anließ. Mit dem Bewußtseyn, daß es zu unserm Besten gereiche, führte uns der kleine Mann unauf- haltsam quer durch die reiche Vegetation, an tausend Einzelheiten ver- über, wovon jede das Local zu idyllischen Scenen barbot. Hierzu trägt die Ungleichheit des Bodens gar vieles bei, der sich wellenförmig über verborgene Ruinen hinbewegt, die um so eher mit fruchtbarer Erde überdacht werden konnten, als die vormaligen Gebäude aus einem leichten Muscheltuff bestanden. Und so gelangten wir an das östliche Ende der Stadt, wo die Trümmer des Junotempels jährlich mehr ver- fallen, weil eben der lockere Stein von Luft und Witterung aufgezehrt wird. Heute sollte nur eine cursorische Beschauung angestellt werden, aber schon wählte sich Kniep die Punkte, von welchen aus er morgen zeichnen wollte.

Der Tempel steht gegenwärtig auf einem verwitterten Felsen; von hieraus erstreckten sich die Stadtmauern gerade ostwärts, auf einem Kalklager hin, welches, senkrecht über dem flachen Strande, den das Meer, früher und später, nachdem es diese Felsen gebildet und ihren Fuß bespült, verlassen hatte. Theils aus den Felsen gehauen, theils aus denselben erbaut, waren die Mauern, hinter welchen die Reihe der Tempel hervorragte. Kein Wunder also, daß der untere, der aufsteigende und der höchste Theil von Girgenti zusammen, von dem Meere her einen bedeutenden Anblick gewährte.

Der Tempel der Concordia hat so vielen Jahrhunderten widerstanden; seine schlanke Bauart nähert ihn schon unserem Maßstabe des Schönen und Gefälligen, er verhält sich zu denen von Pästum wie Göttergestalt zum Riesenbilde. Ich will mich nicht beklagen, daß der neuere löbliche Vorsatz, diese Monumente zu erhalten, geschmacklos ausgeführt worden, indem man die Lücken mit blendend weißem Gyps ausbesserte; dadurch steht dieses Monument auch auf gewisse Weise zertrümmert vor dem Auge; wie leicht wäre es gewesen, dem Gyps die Farbe des verwitterten Steins zu geben. Sieht man freilich den so leicht sich bröckelnden Muschelkalk der Säulen und Mauern, so wundert man sich, daß er noch so lange gehalten. Aber die Erbauer, hoffend auf eine ähnliche Nachkommenschaft, hatten deßhalb Vorkehrung getroffen: man findet noch Ueberreste eines feinen Ueberzugs an den Säulen, der zugleich dem Auge schmeichelt und die Dauer verbürgen sollte.

Die nächste Station ward sodann bei den Ruinen des Jupitertempels gehalten. Dieser liegt weit gestreckt, wie die Knochenmasse eines Riesengerippes, innen und unterhalb mehrerer kleinen Besitzungen, von Zäunen durchschnitten, von höhern und niedern Pflanzen durchwachsen. Alles Gebildete ist aus diesen Schutthaufen verschwunden, außer einem ungeheuren Triglyph und einem Stück einer dagegen proportionirten Halbsäule. Jenen maß ich mit ausgespannten Armen und konnte ihn nicht erlangen, von der Rinnung der Säule hingegen kann ich einen Begriff geben, daß ich, statt daß ich sonst, dicht an eine solche Säule gelehnt, mit beiden Schultern anstoße. Zwei-

undzwanzig Männer, im Kreise neben einander gestellt, würden ungefähr die Peripherie einer solchen Säule bilden. Wir schieden mit
dem unangenehmen Gefühle, daß hier für den Zeichner gar nichts zu
thun sey.

Der Tempel des Hercules hingegen ließ noch Spuren vormaliger
Symmetrie entdecken. Die zwei Säulenreihen, die den Tempel hüben
und drüben begleiteten, lagen in gleicher Richtung, wie auf einmal
zusammen hingelegt; von Norden nach Süden; jene einen Hügel hinaufwärts, diese hinabwärts. Der Hügel mochte aus der zerfallenen Zelle
entstanden seyn. Die Säulen, wahrscheinlich durch das Gebälk zusammengehalten, stürzten auf einmal, vielleicht durch Sturmwuth nieder-
gestreckt, und sie liegen noch regelmäßig, in die Stücke, aus denen sie
zusammengesetzt waren, zerfallen. Dieses merkwürdige Vorkommen genau
zu zeichnen, spitzte Kniep schon in Gedanken seine Stifte.

Der Tempel des Aesculap, von dem schönsten Johannisbrodbaum
beschattet und in ein kleines feldwirthschaftliches Haus beinahe eingemauert, bietet ein freundliches Bild.

Nun stiegen wir zum Grabmahl Theron's hinab und erfreuten
uns der Gegenwart dieses so oft nachgebildet gesehenen Monuments,
besonders da es uns zum Vorgrunde diente einer wundersamen Ansicht:
denn man schaute von Westen nach Osten an dem Felslager hin, auf
welchem die lückenhaften Stadtmauern, so wie durch sie und über ihnen
die Reste der Tempel zu sehen waren. Unter Hackert's hülfreicher
Hand ist diese Ansicht zum erfreulichen Bilde geworden; Kniep wird
einen Umriß auch hier nicht fehlen lassen.

Girgenti, Donnerstag den 26. April 1787.

Als ich erwachte war Kniep schon bereit, mit einem Knaben, der
ihm den Weg zeigen und die Pappen tragen sollte, seine zeichnerische
Reise anzutreten. Ich genoß des herrlichsten Morgens am Fenster,
meinen geheimen, stillen aber nicht stummen Freund an der Seite.
Aus frommer Scheu habe ich bisher den Namen nicht genannt des
Mentors, auf den ich von Zeit zu Zeit hinblicke und hinhorche; es ist
der treffliche von Riedesel, dessen Büchlein ich wie ein Brevier oder
Talisman am Busen trage. Sehr gern habe ich mich immer in solchen

Wesen gespiegelt, wie das besten was uns abgeht; und so ist es grade hier: ruhiger Vorsatz, Sicherheit des Zwecks, zweckliche, schickliche Mittel, Vorbereitung und Kenntniß, inniges Verhältniß zu einem meisterhaft Belehrenden, zu Winckelmann; dieß alles geht uns ab und alles übrige was daraus entspringt. Und doch kann ich mir nicht Feind seyn, daß ich doch zu erschleichen, zu erstürmen, zu erhalten suche, was mir wohl nach meines Lebens auf dem gewöhnlichen Wege versagt war. Möge jener treffliche Mann in diesem Augenblick, mitten in dem Weltgetümmel empfinden, wie ein dankbarer Nachfahr seine Verdienste feiert, einsam in dem einsamen Orte, der auch für ihn soviel Reize hatte, daß er sogar hier, vergessen von den Seinigen und ihrer vergessend, seine Tage zuzubringen wünschte.

Nun durchzog ich die gestrigen Wege mit meinem neuen geistlichen Führer, die Gegenstände von mehrern Seiten betrachtend und meinen ferneren Freund hie und da besuchend.

Auf eine schöne Anstalt der alten mächtigen Stadt machte mich mein Führer aufmerksam. In den Felsen und Gemäuermassen, welche Girgenti zum Bollwerk dienen, fanden sich Gräber, wahrscheinlich den Laufern und Guten zur Ruhestätte bestimmt. Wo konnten diese schauer, zu eigener Gloria und zu ewig lebendiger Aufheiterung bei jetzt verehnt!

In dem weiten Raume zwischen den Mauern und dem Meere finden sich auch die Reste eines kleinen Tempels, als christliche Capelle erhalten. Auch hier sind Halbsäulen mit den Quaderstücken der Mauern aufs schönste verbunden, und beides zu einander geurtheilt; fast es herrlich dem Auge. Man glaube genau den Punkt zu fühlen, wo die Dorische Ordnung ihr vollendetes Maaß erhalten hat.

Manches unscheinbare Denkmal des Alterthums ward obenhin angesehen, sodann mit mehr Aufmerksamkeit die jetzige Art den Weizen unter der Erde, in großen ausgemauerten Gewölben zu verwahren. Ueber den bürgerlichen und kirchlichen Zustand erzählte mir der gute Alte gar manches. Ich hörte von nichts was zur einigermaßen in Aufnahme wäre. Das Gespräch schickte sich recht gut zu den unaufhaltsam verwitternden Trümmern.

Die Schichten des Waschkalks fallen alle gegen das Werk. Wunderſam von unten und hinten ausgefreſſene Feldbänke, deren Oberes und Unteres ſich theilweiſe erhalten, ſo daß ſie wie herunter hängende Franzen ausſehen. Haß auf die Franzoſen, weil ſie mit den Barbaresken Frieden haben und man ihnen Schuld giebt, ſie verrieten die Chriſten an die Ungläubigen.

Vom Meere her war ein antikes Thor in Felſen gehauen. Die noch beſtehenden Mauern ſtufenweis auf den Felſen gegründet. Unſer Cicerone hieß Don Michael Vella, Antiquar, wohnhaft bei Meiſter Gerio in der Nähe von St. Maria.

*   *   *

Die Puffbohnen zu pflanzen, verfahren ſie folgendermaßen: ſie machen in gehöriger Weite von einander Löcher in die Erde darein thun ſie eine Hand voll Miſt, ſie erwarten Regen und dann ſtecken ſie die Bohnen. Das Bohnenſtroh verbrennen ſie, mit der daraus entſtehenden Aſche waſchen ſie die Leinwand. Sie bedienen ſich keiner Seife. Auch die äußern Mandelſchalen verbrennen ſie und bedienen ſich derſelben ſtatt Soda. Erſt waſchen ſie die Wäſche mit Waſſer und dann mit ſolcher Lauge.

*   *   *

Die Folge ihres Fruchtbaues iſt: Bohnen, Weizen, Tumenia, das vierte Jahr laſſen ſie es zur Wieſe liegen. Unter Bohnen werden hier die Puffbohnen verſtanden. Ihr Weizen iſt unendlich ſchön. Tumenia, deren Namen ſich von bimenia oder trimenia herſchreiben ſoll, iſt eine herrliche Gabe der Ceres: es iſt eine Art von Sommerkorn, das in drei Monaten reif wird. Sie ſäen es vom erſten Januar bis zum Juni, wo es denn immer zur beſtimmten Zeit reif iſt. Sie braucht nicht viel Regen, aber ſtarke Wärme; anfangs hat ſie ein ſehr zartes Blatt, aber ſie wächſt dem Weizen nach und macht ſich zuletzt ſehr ſtark. Das Korn ſäen ſie im Oktober und November, es trifft im Juni. Die im November geſäete Gerſte iſt den erſten Juni reif, an der Küſte ſchneller, in Gebirgen langſamer.

*   *   *

Der Lein ist schon reif. Der Akanth hat seine prächtigen Blätter entfaltet. Salsola fruticosa wächst üppig.

Auf unbebauten Hügeln wächst reichlicher Esparsett. Er wird theilweis verpachtet und bündelweis in die Stadt gebracht. Ebenso verkaufen sie bündelweis den Hafer, den sie aus dem Weizen ausgältern.

Sie machen artige Eintheilungen mit Ränddchen in dem Erdreich, wo sie Kohl pflanzen wollen, zum Behuf der Wässerung.

An den Feigen waren alle Blätter heraus und die Früchte hatten angesetzt. Sie werden zu Johanni reif, dann setzt der Baum noch einmal an. Die Mandeln hingen sehr voll; ein gestutzter Carubenbaum trug unendliche Schoten. Die Trauben zum Essen werden an Lauben gezogen, durch hohe Pfeiler unterstützt. Melonen legen sie im März, bis im Juni reifen. In den Ruinen des Jupitertempels wachsen sie munter, ohne eine Spur von Feuchtigkeit.

—————

Der Vetturin aß mit größtem Appetit rohe Artischoken und Kohlrabi; freilich muß man gestehen, daß sie viel zärter und saftiger sind als bei uns. Wenn man durch Äcker kommt, so lassen die Bauern z. B. junge Puffbohnen essen so viel man will.

—————

Als ich auf schwarze, feste Steine aufmerksam ward, die einer Lava glichen, sagte mir der Antiquar, sie seyen vom Aetna, auch am Hafen oder vielmehr Landungsplatz stünden solche.

Der Vögel giebts hier zu Lande nicht viel. Wachteln. Die Zugvögel sind: Nachtigallen, Lerchen und Schwalben. Rinnine, kleine schwarze Vögel, die aus der Levante kommen, in Sicilien hecken und weiter gehen oder zurück. Rödene kommen im December und Januar aus Afrika, lassen auf dem Atragas nieder und dann ziehen sie sich in die Berge.

Von der Base des Doms noch ein Wort. Auf derselben steht ein
Held in völliger Rüstung, gleichsam als Ankömmling, vor einem sitzenden Alten, der durch Kranz und Scepter als König bezeichnet ist. Hinter
diesem steht ein Weib, das Haupt gesenkt, die linke Hand unter dem
Kinn; aufmerksam nachdenkende Stellung. Gegenüber, hinter dem Helden,
ein Alter, gleichfalls bekränzt, er spricht mit einem hinzutretenden Manne,
der von der Leibwache seyn mag. Der Alte scheint den Helden eingeführt zu haben und zu der Wache zu sagen: laßt ihn nur mit dem
König reden, es ist ein braver Mann.

Das Rothe scheint der Grund dieser Base, das Schwarze darauf
gesetzt. Nur an dem Frauengewande scheint Roth auf Schwarz zu stehen.

Girgenti, Freitag den 27. April 1787.

Wenn Kniep alle Vorsätze ausführen will, muß er unablässig
zeichnen, indeß ich mit meinem alten kleinen Führer umherziehe. Wir
spazierten gegen das Meer, von woher sich Girgenti, wie uns die Alten
versichern, sehr gut ausgenommen habe. Der Blick ward in die Wellen-
welle gezogen und mein Führer machte mich aufmerksam auf einen
langen Wolkenstreif, der südwärts, einem Bergrücken gleich, auf der
Horizontallinie aufzuliegen schien: dieß sey die Andeutung der Küste
von Afrika, sagte er. Mir fiel indeß ein anderes Phänomen als seltsam auf: es war aus leichtem Gewölk ein schmaler Bogen, welcher,
mit dem einen Fuß auf Sicilien aufstehend, sich hoch am blauen,
übrigens ganz reinen Himmel hinwölbte und mit dem andern Ende in
Süden auf dem Meer zu ruhen schien. Von der niedergehenden Sonne
gar schön gefärbt und wenig Bewegung zeigend, war es dem Auge
eine so seltsame als erfreuliche Erscheinung. Es stehe dieser Bogen,
versicherte man mir, gerade in der Richtung nach Malta, und möge
wohl auf dieser Insel seinen andern Fuß niedergelassen haben, das
Phänomen komme manchmal vor. Sonderbar genug wäre es, wenn
die Anziehungskraft der beiden Inseln gegen einander sich in der Atmosphäre auf diese Art kund thäte.

Durch dieses Gespräch ward bei mir die Frage wieder rege: ob ich
den Vorsatz, Malta zu besuchen, aufgeben sollte? allein die schon früher

überdachten Schwierigkeiten und Gefahren blieben noch immer dieselben, und wir nahmen uns vor, unſern Vetturin bis Meſſina zu bringen.

Dabei aber ſollte wieder nach einer gewiſſen eigenſinnigen Grille gehandelt werden. Ich hatte nämlich auf dem bisherigen Wege in Sicilien wenig lernreiche Gegenden geſehen, ſodann war der Horizont überall von nahen und fernen Bergen beſchränkt, ſo daß es der Inſel ganz an Flächen zu fehlen ſchien, und man nicht begriff, wie Ceres dieſes Land ſo vorzüglich begünſtigt haben ſollte. Als ich mich darnach erkundigte, erwiederte man mir: daß ich, um dieſes einzuſehen, ſtatt über Syratus, quer durch's Land gehen müſſe, wo ich denn der Weizenſtriche genug antreffen würde. Wir folgten dieſer Lockung, Syratus aufzugeben, indem uns nicht unbekannt war, daß von dieſer herrlichen Stadt wenig mehr als der prächtige Name geblieben ſey. Allenfalls war ſie von Catania aus leicht zu beſuchen.

Caltaniſſetta, Sonnabend den 28. April 1787.

Heute können wir denn endlich ſagen, daß uns ein anſchaulicher Begriff geworden, wie Sicilien den Ehrennamen einer Kornkammer Italiens erlangen können. Eine Strecke, nachdem wir Girgent verlaſſen, fing der fruchtbare Boden an. Es ſind keine großen Flächen, aber ſanft gegen einander laufende Berg- und Hügelrücken, durchgängig mit Weizen und Gerſte beſtellt, die eine ununterbrochene Maſſe von Fruchtbarkeit dem Auge darbieten. Der dieſen Pflanzen geeignete Boden wird ſo genuzt und ſo geſchont, daß man nirgends einen Baum ſieht, ja alle die kleinen Ortſchaften und Wohnungen liegen auf Rücken der Hügel, wo eine hinſtreichende Reihe Kalkfelſen den Boden ohnehin unbrauchbar macht. Dort wohnen die Weiber das ganze Jahr, mit Spinnen und Weben beſchäftigt, die Männer hingegen bringen, zur eigentlichen Epoche der Feldarbeit, nur Sonnabend und Sonntag bei ihnen zu, die übrigen Tage bleiben ſie unten und ziehen ſich Nachts in Rohrhütten zurück. Und ſo war denn unſer Wunſch bis zum Ueberdruß erfüllt, wir hätten uns Triptolems Flügelwagen gewünſcht, um dieſer Einförmigkeit zu entfliehen.

Nun ritten wir bei heißem Sonnenſchein durch dieſe wüſte Fruchtbarkeit und freuen uns in dem wohlgelegenen und wohlgebauten

Caltanisetta zuletzt anzukommen, wo wir jedoch abermals vergeblich um
eine leidliche Herberge bemüht waren. Die Maulthiere stehen in prächtig gewölbten Ställen, die Knechte schlafen auf dem Klee, der den
Thieren bestimmt ist, der Fremde aber muß seine Haushaltung von
vorn anfangen. Ein allenfalls zu beziehendes Zimmer muß erst gereinigt werden. Stühle und Bänke gibt es nicht, man sitzt auf niedrigen Böcken von starkem Holz, Tische sind auch nicht zu finden.

Will man jene Böcke in Bettstätte verwandeln, so geht man zum
Tischler und borgt so viel Bretter als nöthig sind, gegen eine gewisse
Miethe. Der große Juchtensack, den uns Hadert geliehen, kam dieß-
mal sehr zu gute und ward vorläufig mit Häckerling angefüllt.

Vor allem aber mußte wegen des Essens Anstalt getroffen werden.
Wir hatten unterwegs eine Henne gekauft, der Bettlurm war gegangen,
Reis, Salz und Specereien anzuschaffen, weil es aber nie hier gewesen,
so blieb lange unerörtert, wo denn eigentlich gekocht werden sollte, wozu in der Herberge selbst keine Gelegenheit war. Endlich bequemte sich
ein ältlicher Bürger, Herd und Holz, Küchen- und Tischgeräthe, gegen
ein billiges herzugeben und uns, indessen gekocht würde, in der Stadt
herumzuführen, endlich auf den Markt, wo die angesehensten Einwohner nach antiker Weise umhersaßen, sich unterhielten und von uns
unterhalten seyn wollten.

Wir mußten von Friedrich dem Zweiten erzählen, und ihre Theilnahme an diesem großen Könige war so lebhaft, daß wir seinen Tod
verhehlten, um nicht durch eine so unselige Nachricht unsern Wirthen
verhaßt zu werden.

Caltanisetta, Sonnabend den 28. April 1787.

Geologisches, nachträglich. Von Girgenti, die Muschelkalkfelsen
hinab, zeigt sich ein weißliches Erdreich, das sich nachher erklärt: man
findet den älteren Kalk wieder und Gyps unmittelbar daran. Weite
flache Thäler, Fruchtbau bis an die Gipfel, oft darüber weg; älterer
Kalk mit verwittertem Gyps gemischt. Nun zeigt sich ein loseres, gelb-
liches, leicht verwitterndes neues Kalkgestein: in den geackerten Feldern
kann man dessen Farbe deutlich erkennen, die oft in's Dunklere, ja in's
Violette zieht. Etwas über halben Weg tritt der Gyps wieder hervor.

Auf demselben wächs't häufig ein schön violettes, fast rosenrothes Schaum, und an den Kalkfelsen ein schön gelbes Moos.

Jenes verwitterliche Kalkgestein zeigt sich öfters wieder, am Bächsten gegen Caltanisetta, wo es in Lagern liegt. Die einzelne Muscheln enthalten; dann zeigt sich's röthlich, beinahe wie Mennige, mit wenigem Violett, wie oben bei San Martino bemerkt worden.

Quarzgeschiebe habe ich nur etwa auf halbem Wege, in einem Thälchen gefunden, das an drei Seiten geschlossen, gegen Morgen, und also gegen das Meer zu, offen stand.

Links in der Ferne war der hohe Berg bei Camerata merkwürdig, und ein anderer wie ein gestutzter Kegel. Die große Hälfte des Wegs kein Baum zu sehen. Die Frucht stand herrlich, obgleich nicht so hoch wie zu Girgenti und am Meeresufer, jedoch so recht als möglich, in den unabsehbaren Weizenäckern kein Unkraut. Erst sahen wir nichts als grünende Felder, dann gepflügte, an feuchtlichen Oertern ein Stückchen Wiese. Hier kommen auch Pappeln vor. Gleich hinter Girgent fanden wir Reseal und Ulmen, übrigens an den Höhen und in der Nähe der wenigen Ortschaften etwas Feigen.

Diese drißig Miglien, nebst allem was ich rechts und links erkennen konnte, ist älterer und neuerer Kalk, dazwischen Gyps. Der Verwitterung und Bearbeitung dieser drei unter einander hat das Erdreich seine Fruchtbarkeit zu verdanken. Wenig Sand mag es enthalten, es knirscht kaum unter den Zähnen. Eine Vermuthung wegen des Flußes Achates wird sich morgen bestätigen.

Die Thäler haben eine schöne Form, und ob sie gleich nicht ganz flach sind, so bemerkt man doch keine Spur von Regengüssen, nur kleine Bäche, kaum merklich, rieseln hin, denn alles stürzt gleich unmittelbar nach dem Meere. Wenig wilder Klee ist zu sehen, die übrige Palme verschwindet auch, so wie alle Blumen und Sträuche der südwestlichen Seite. Den Disteln ist nur erlaubt sich der Wege zu bemächtigen, alles andere gehört der Ceres an. Uebrigens hat die Gegend viel ähnliches mit Deutschen hügeligen und fruchtbaren Gegenden, z. B. mit der zwischen Erfurt und Gotha, besonders wenn man nach den Gleichen hinsieht. Sehr vieles muster zusammen kommen, um Sicilien zu einem der fruchtbarsten Länder der Welt zu machen.

Man sieht wenig Pferde auf der ganzen Tour, sie pflügen mit

Ochsen und es besteht ein Verbot, keine Kühe und Kälber zu schlachten. Ziegen, Esel und Maulthiere begegneten uns viele. Die Pferde sind meist Eselschimmel mit schwarzen Füßen und Mähnen, man findet die prächtigsten Stalldämme mit gemauerten Barthstellen. Das Land wird zu Bohnen und Linsen gedüngt, die übrigen Feldfrüchte wachsen nach dieser Sommerung. In Aehren geschoßt, noch grüne Gerste in Büscheln, rother Klee dergleichen, werden dem Vorbeireitenden zu Kauf angeboten.

Auf dem Berge über Caltanisetta fand sich fester Kalkstein mit Versteinerungen; die großen Muscheln lagen unten, die kleinen oben auf. Im Pflaster des Städtchens fanden wir Kalkstein mit Pettiniten.

Zum 28. April 1787.

Hinter Caltanisetta senkten sich die Hügel jäh herunter in mancherlei Thäler, die ihre Wasser in den Fluß Salso ergießen. Das Erdreich ist röthlich, sehr thonig, vieles lag unbestellt, auf dem bestellten die Früchte ziemlich gut, doch, mit den vorigen Gegenden verglichen, noch zurück.

Castro Giovanni, Sonntag den 29. April 1787.

Noch größere Fruchtbarkeit und Menschenöde hatten wir heute zu bemerken. Regenwetter war eingefallen und machte den Reisezustand sehr unangenehm, da wir durch mehrere stark angeschwollene Gewässer hindurch mußten. Am Flusse Salso, wo man sich nach einer Brücke vergeblich umsieht, überraschte uns eine wunderliche Anstalt. Kräftige Männer waren bereit, die immer zwei und zwei das Maulthier, mit Reiter und Gepäck in die Mitte faßten und so, durch einen tiefen Stromtheil hindurch, bis auf eine große Kiesfläche führten; war nun die sämmtliche Gesellschaft hier beisammen, so ging es auf eben diese Weise durch den zweiten Arm des Flusses, wo die Männer denn abermals, durch Stämmen und Drängen, das Thier auf dem rechten Pfade und im Stromzug aufrecht erhielten. An dem Wasser her ist etwas Buschwerk, das sich aber landeinwärts gleich wieder verliert. Der

Fiume Salso bringt Granit, einen Uebergang in Gneiß, breccirten und einfarbigen Marmor.

Nun sahen wir den einzeln stehenden Bergrücken vor uns, worauf Castro Giovanni liegt und welcher der Gegend einen ernsten, sonderbaren Charakter ertheilt. Als wir den langen, an der Seite sich hinanziehenden Weg ritten, fanden wir den Berg aus Muschelkalk bestehend; große, nur calcinirte Schalen wurden aufgepackt. Man sieht Castro Giovanni nicht eher, als bis man ganz oben auf den Bergrücken gelangt, denn es liegt am Felsabhang gegen Norden. Das wunderliche Städtchen selbst, der Thurm, links in einiger Entfernung das Oertchen Caltascibetta stehen gar ernsthaft gegen einander. In der Plaine sah man die Bohnen in voller Blüthe, wer hätte sich aber dieses Anblicks erfreuen können! Die Wege waren erschrecklich, noch schrecklicher, weil sie ehemals gepflastert gewesen, und es regnete immer fort. Das alte Enna empfing uns sehr unfreundlich: ein Estrichzimmer mit Läden ohne Fenster, so daß wir entweder im Dunkeln sitzen, oder den Sprühregen, dem wir so eben entgangen waren, wieder erdulden mußten. Einige Ueberreste unseres Reisevorraths wurden verzehrt, die Nacht kläglich zugebracht. Wir thaten ein feierliches Gelübde, nie wieder nach einem mythologischen Namen unser Wegziel zu richten.

Montag den 30. April 1787.

Von Castro Giovanni herab führt ein rauher, unbequemer Stieg, wir mußten die Pferde führen. Die Atmosphäre vor uns lief herab mit Wolken bedeckt, wobei sich ein wunderbar Phänomen in der größten Höhe sehen ließ. Es war weiß und grau gestreift und schien etwas Körperliches zu seyn, aber wie käme das Körperliche in den Himmel! Unser Führer belehrte uns, diese unsere Verwunderung gelte einer Seite des Aetna, welche durch die zerrissenen Wolken durchsehe. Schnee und Bergglanz abwechselnd bildeten die Streifen, es sey nicht einmal der höchste Gipfel.

Des alten Enna steiler Felsen lag nun hinter uns, wir zogen durch lange, lange, einsame Thäler; unbebaut und unbewohnt lagen sie da, dem weidenden Vieh überlassen, das wir schön braun fanden, nicht groß, mit kleinen Hörnern, gar nett, schlank und munter wie die Hirschchen. Diese guten Geschöpfe hatten zwar Weide genug, sie war ihnen aber doch durch ungeheure Distelmassen beengt und nach und nach verkümmert. Diese Pflanzen finden hier die schönste Gelegenheit sich zu besamen und ihr Geschlecht auszubreiten, sie nehmen einen unglaublichen Raum ein, der zur Weide von ein paar großen Landgütern hinreichte. Da sie nicht perenniren, so wären sie jetzt, vor der Blüthe wiedergemäht, gar wohl zu vertilgen.

Indessen wir nun diese landwirthlichen Kriegspläne gegen die Disteln ernstlich durchdachten, mußten wir, zu unserer Beschämung bemerken, daß sie doch nicht ganz unnütz seyen. Auf einem einsam stehenden Gasthofe, wo wir fütterten, waren zugleich ein paar Sicilianische Edelleute angekommen, welche quer durch das Land, eines Processes wegen, nach Palermo zogen. Mit Verwunderung sahen wir diese beiden ernsthaften Männer, mit scharfen Taschenmessern, vor einer solchen Distelgruppe stehen und die obersten Theile dieser emporstrebenden Gewächse niederhauen; sie faßten alsdann diesen stachlichen Gewinn mit spitzen Fingern, schälten den Stengel und verzehrten das Innere desselben mit Wohlgefallen. Damit beschäftigten sie sich eine lange Zeit, indessen wir uns an Wein, diesmal ungemischt, und gutem Brod erquickten. Der Vetturin bereitete uns dergleichen Stengelmark und versicherte, es sey eine gesunde, kühlende Speise, sie wollte uns aber so wenig schmecken als der rohe Kohlrabi zu Segeste.

Unterwegs den 30. April 1787.

In das Thal gelangt, wodurch der Fluß St. Paolo sich schlängelt, fanden wir das Erdreich röthlich schwarz und verwitterlichen Kalk; viel Brache, sehr weite Felder, schönes Thal, durch das Flüßchen sehr angenehm. Der gemischte gute Lehmboden ist mitunter ziemlich tief und meistens gleich: Die Aloes hatten stark getrieben. Die Frucht stand schön, doch mitunter unrein und, gegen die Mittagseite berauscht, weit zurück. Hie und da kleine Wohnungen; kein Baum als unmittelbar unter Castro Giovanni. Am Ufer des Flusses viel Weide, durch ungeheure Distelmassen eingeschränkt. Im Flußgeschiebe das Quarzgestein wieder, theils einfach, theils brecienartig.

Molimenti, ein neues Oertchen, sehr klug in der Mitte schöner

Felder angelegt, am Flüßchen St. Paolo. Der Weizen stand in der Nähe ganz unvergleichlich, schon den zwanzigsten Mai zu schneiden. Die ganze Gegend zeigt noch keine Spur von vulcanischem Wesen, auch selbst der Fluß führt keine dergleichen Geschiebe. Der Boden gut gemischt, eher schwer als leicht, ist im Ganzen kaffebraun violettlich anzusehen. Alle Gebirge links, die den Fluß einschließen, sind Kalk- und Sandstein, deren Abwechselung ich nicht beobachten konnte, welche jedoch, verwitternd, die große durchaus gleiche Fruchtbarkeit des untern Thals bereitet haben.

Dienstag; den 1. Mai 1787.

Durch ein so ungleich angebautes, obwohl von der Natur zu durchgängiger Fruchtbarkeit bestimmtes Thal ritten wir einigermaßen verdrießlich herunter, weil, nach so viel ausgestandenen Unbilden, unsern malerischen Zwecken gar nichts entgegen kam. Kniep hatte eine recht bedeutende Ferne umrissen, weil aber der Mittel- und Vordergrund gar zu abscheulich war, setzte er, geschmackvoll scherzend, ein Pouffinsches Vordertheil daran, welches ihm nichts kostete und das Blatt zu einem ganz hübschen Bildchen machte. Wie viel malerische Reisen mögen dergleichen Halbwahrheiten enthalten.

Unser Reitmann versprach, um unser mürrisches Wesen zu begütigen, für den Abend eine gute Herberge, brachte uns auch wirklich in einen vor wenig Jahren gebauten Gasthof, der auf diesem Wege, gerade in gehöriger Entfernung von Catania gelegen, dem Reisenden willkommen seyn mußte, und wir ließen es uns, bei einer leidlichen Einrichtung, seit zwölf Tagen wieder einigermaßen bequem werden. Merkwürdig aber war uns eine Inschrift an die Wand, bleistiftlich, mit schönen Englischen Schriftzügen geschrieben; sie enthielt folgendes: „Reisende, wer ihr auch seyd, hütet euch in Catania vor dem Wirthshause zum goldenen Löwen; es ist schlimmer als wenn ihr Cyclopen, Scyllen und Charybden zugleich in die Klauen fielet." Ob wir nun schon wußten, der wohlmeinende Warner möchte die Gefahr etwas mythologisch vergrößert haben, so setzten wir uns doch fest vor, den goldenen Löwen zu vermeiden, der uns als ein so grimmiges Thier angekündigt war. Als uns daher der Maulthiertreibende befragte, wo wir in Catania einkehren wollten, so verseßten wir: überall, nur nicht im Löwen! worauf er den Vorschlag that, da vorlieb zu nehmen, wo er seine Thiere unterstelle, nur müßten wir uns daselbst auch verköstigen, wie wir es schon bisher gethan. Wir waren alle zufrieden: dem Rachen des Löwen zu entgehen, war unser einziger Wunsch.

Gegen Jbla Major melden sich Lavageschiebe, welche das Wasser von Norden herunter bringt. Ueber der Fähre findet man Kalkstein, welcher allerlei Arten Geschiebe, Hornstein, Lava und Kalk verbunden, hat, dann verhärtete vulcanische Asche mit Kalktuff überzogen. Die gemischten Kieshügel dauern immer fort bis gegen Catania, bis an dieselbe und über dieselbe¹ finden sich Lavaströme des Aetna. Einem wahrscheinlichen Krater läßt man links. (Gleich unter Molimenti rauften die Bauern den Flachs.) Wie die Natur das Bunte liebt, läßt sie hier sehen, wo sie sich an der schwarzblau-grauen Lava erlustigt; hochgelbes Moos überzieht sie, ein schön rothes Sedum wächs't üppig darauf, andere schöne violette Blumen. Eine sorgsame Cultur beweis't sich an den Cactuspflanzungen und Weinranken. Aus drängen sich ungeheure Lavaflüsse heran. Motta ist ein schöner bedeutender Fels. Hier stehen die Bohnen als sehr hohe Stauden. Die Aecker sind veränderlich, bald sehr kiesig, bald besser gemischt.

Der Vetturin, der diese Frühlingsvegetation der Südostseite lange nicht gesehen haben mochte, verfiel in großes Ausrufen über die Schönheit der Frucht und fragte uns mit selbstgefälligem Patriotismus: ob es in unsern Landen auch wohl solche gäbe? Ihr ist hier alles auf geopfert, man sieht wenig, ja gar keine Bäume. Ueberliebt war ein Mädchen von prächtiger schlanker Gestalt, eine ältere Bekanntschaft unseres Vetturins, die seinem Maulthiere gleichlief, schnurrte und dabei mit solcher Zierlichkeit als möglich ihren Faden spann. Nur fingen gelbe Blumen zu herrschen an. Gegen Misterbianco fanden wir Cactus schon wieder in Zäunen; Zäune aber, ganz von diesen wunderbar gebildeten Gewächsen, werden in der Nähe von Catania immer regelmäßiger und schöner.

¹ bis an dasselbe und über dasselbe (Catania) oder: bis an dieselben und über denselben (Kieshügeln).

Catania, Mittwoch den 2. Mai 1787.

In unserer Herberge befanden wir uns freilich sehr übel. Die Kost, wie sie der Maulthierknecht bereiten konnte, war nicht die beste. Eine Henne in Reis gekocht, wäre dennoch nicht zu verachten gewesen, hätte sie nicht ein unmäßiger Saffran so gelb als ungenießbar gemacht. Das unbequemste Nachtlager hätte uns beinahe genöthigt, Hackerts Juchtensack wieder hervorzuholen, deshalb sprachen wir Morgens zeitig mit dem freundlichen Wirthe. Er bedauerte, daß er uns nicht besser versorgen könne: da drüben aber ist ein Haus wo Fremde gut aufgehoben sind, und alle Ursache haben zufrieden zu seyn. — Er zeigte uns ein großes Eckhaus, von welchem die uns zugekehrte Seite viel Gutes versprach. Wir eilten sogleich hinüber, fanden einen rührigen Mann, der sich als Lohnbedienter angab und, in Abwesenheit des Wirths, uns ein schönes Zimmer neben einem Saal anwies, auch zugleich versicherte, daß wir aufs billigste bedient werden sollten. Wir erkundigten uns ungesäumt, hergebrachter Weise, was für Quartier, Tisch, Wein, Frühstück und sonstiges Bestimmbare zu bezahlen sey: das war alles billig und wir schafften eilig unsere Wenigkeiten herüber, sie in die wohlässigen, vergoldeten Commoden einzuordnen. Kniep fand zum erstenmale Gelegenheit seine Mappen auszubreiten; er ordnete seine Zeichnungen, ich mein Bemerktes. Sodann, vergnügt über die schönen Räume, traten wir auf den Balcon des Saals, der Aussicht zu genießen. Nachdem wir diese genugsam betrachtet und gelobt, lehrten wir um nach unsern Geschäften, und siehe! da drohte über unserm Haupte ein großer goldener Löwe. Wir sahen einander bedenklich an, lächelten und lachten. Von nun an aber blickten wir umher, ob nicht irgendwo eins der Homerischen Schreckbilder hervorschauen möchte.

Nichts dergleichen war zu sehen, dagegen fanden wir im Saal eine hübsche, junge Frau, die mit einem Kinde von etwa zwei Jahren herumtändelt, aber sogleich von dem beweglichen Halbwirth derb angeschrieen ward: Sie solle sich hinweg verfügen hieß es, er habe hier nichts zu thun. — Es ist doch hart, daß du mich verjagst, sagte sie, das Kind ist zu Hause nicht zu beruhigen, wenn du leer bist, und die Herrn erlauben mir gewiß in deiner Gegenwart das Kleine zu beruhigen. Der Gemahl ließ es dabei nicht bewenden, sondern suchte sie fortzuschaffen, das Kind schrie in der Thür ganz erbärmlich und wir mußten zuletzt ernstlich verlangen, daß das häßliche Rabenmschen dabliebe.

Durch den Engländer gewarnt war es keine Kunst, die Komödie zu durchschauen, wir spielten die Neulinge, die Unschuldigen, er aber machte seine liebreiche Vaterschaft auf das Beste gelten. Das Kind wirklich war am freundlichsten mit ihm, wahrscheinlich hatte es die angebliche Mutter unter der Thüre gekneipt.

Und so war sie auch in der größten Unschuld dabeiblieben, als der Mann wegging, ein Empfehlungsschreiben an den Hausgeistlichen des Prinzen Biscaris zu überbringen. Sie bahlte fort bis er zurückkam und anzeigte, der Abbé würde selbst erscheinen, uns von dem Näheren zu unterrichten.

———

Catania, Donnerstag den 3. Mai 1787.

Der Abbé, der uns gestern Abend schon begrüßt hatte, erschien heute zeitig und führte uns in den Palast, welcher auf einem hohen Sockel einstöckig gebaut ist, und zwar sahen wir zuerst das Museum, wo marmorne und eherne Bilder, Vasen und alle Arten solcher Alterthümer beisammenstehen. Wir hatten abermals Gelegenheit, unsere Kenntnisse zu erweitern, besonders aber fesselte uns der Sturz eines Jupiters, dessen Abguß ich schon aus Tischbein's Werkstatt kannte, und welcher größere Vorzüge besitzt, als wir zu beurtheilen vermochten. Ein Hausgenosse gab die nöthigste historische Auskunft, und nun gelangten wir in einen großen hohen Saal. Die vielen Stühle an den Wänden umher zeugten, daß große Gesellschaft sich manchmal hier versammle. Wir setzten uns, in Erwartung einer günstigen Aufnahme. Da kamen ein paar Frauenzimmer herein und gingen der Länge nach auf und ab. Sie sprachen angelegentlich mit einander. Als sie uns gewahrten, stand der Abbé auf, ich desgleichen, wir neigten uns und ich fragte wer sie seyen? und erfuhr, die jüngere sey die Prinzessin, die ältere eine edle Catanierin. Wir hatten uns wieder gesetzt, sie gingen auf und ab, wie man auf einem Marktplatze thun würde.

Wir wurden zum Prinzen geführt, der, wie man mir schon bemerkt hatte, uns seine Münzsammlung aus besonderem Vertrauen bewies, da wohl früher seinem Herrn Vater und auch ihm nachher bei

solchem Vorzeigen manches abhanden gekommen und seine gewöhnliche
Bereitwilligkeit dadurch einigermaßen vermindert worden. Hier konnte
ich nun schon etwas kenntnißreicher scheinen, indem ich mich bei Betrachtung der Sammlung des Prinzen Torremuzza belehrt hatte. Ich
lernte wieder, und half mir an jenem dauerhaften Winckelmannischen
Faden, der uns durch die verschiedenen Kunstepochen durchleitet, so
ziemlich hin. Der Prinz, von diesen Dingen völlig unterrichtet, da er
seine Kenner, aber aufmerksame Liebhaber vor sich sah, mochte uns gern
in allem, wornach wir forschten, belehren.

Nachdem wir diesen Betrachtungen geraume Zeit, aber doch noch
immer zu wenig gewidmet, standen wir im Begriff uns zu beurlauben,
als er uns zu seiner Frau Mutter führte, woselbst die übrigen kleineren
Kunstwerke zu sehen waren.

Wir fanden eine ansehnliche, natürlich edle Frau, die uns mit
den Worten empfing: sehen Sie sich bei mir um, meine Herrn, Sie
finden hier alles noch wie es mein seliger Gemahl gesammelt und geordnet hat. Dieß danke ich der Frömmigkeit meines Sohnes, der mich
in seinen besten Zimmern nicht nur wohnen, sondern auch hier nicht
das geringste entfernen oder verrücken läßt, was sein seliger Herr Vater
anschaffte und aufstellte; wodurch ich den doppelten Vortheil habe, sowohl auf die so lange Jahre her gewohnte Weise zu leben, als auch,
wie von jeher, die trefflichen Fremden zu sehen und näher zu kennen,
die, unsere Schätze zu betrachten, von so weiten Orten herkommen.

Sie schloß uns darauf selbst den Glasschrank auf, worin die Arbeiten in Bernstein aufbewahrt standen. Der Sicilianische unterscheidet
sich von dem nordischen darin, daß er von der durchsichtigen und un-
durchsichtigen Wachs- und Honigfarbe, durch alle Abschattungen eines
gesättigten Gelbes bis zum schönsten Hyacinthroth hinansteigt. Urnen,
Becher und andere Dinge waren daraus geschnitten, wozu man große
bewunderungswürdige Stücke des Materials mitunter voraussetzen mußte.
An diesen Gegenständen, so wie an geschnittenen Muscheln, wie sie in
Trapani gefertigt werden, ferner an ausgesuchten Elfenbeinarbeiten,
hatte die Dame ihre besondere Freude, und wußte dabei manche heitere
Geschichte zu erzählen. Der Fürst machte uns auf die ernstern Gegenstände aufmerksam, und so flossen einige Stunden vergnügt und belehrend vorüber.

Indessen hatte die Fürstin vernommen, daß wir Deutsche seyen, sie fragte daher nach Herrn von Riedesel, Bartels, Münter, welche sie sämmtlich gekannt und ihren Charakter und Betragen gar wohl unterscheidend zu würdigen wußte. Wir trennten uns ungern von ihr, und sie schien uns ungern wegzulassen. Dieser Inselzustand hat doch immer etwas einsames, nur durch vorübergehende Theilnahme aufgefrischt und erhalten.

Uns führte der Geistliche alsdann in das Benedictinerkloster, in die Zelle eines Bruders, dessen, bei mäßigem Alter, trauriges und in sich zurückgezogenes Ansehn wenig frohe Unterhaltung versprach. Er war jedoch der kunstreiche Mann, der die ungeheuere Orgel dieser Kirche allein zu bändigen wußte. Als er unsere Wünsche mehr errathen als vernommen, erfüllte er sie schweigend; wir begaben uns in die sehr geräumige Kirche, die er, das herrliche Instrument bearbeitend, bis in den letzten Winkel mit leisestem Hauch sowohl als gewaltsamsten Tönen durchsäuselte und durchschmetterte.

Wer den Mann nicht vorher gesehen, hätte glauben müssen, es sey ein Riese, der solche Gewalt ausübe; da wir aber seine Persönlichkeit schon kannten, bewunderten wir nur, daß er in diesem Kampf nicht schon längst aufgerieben sey.

Catania, Freitag den 4. Mai 1787.

Bald nach Tische kam der Abbé mit einem Wagen, da er uns den entlegnern Theil der Stadt zeigen sollte. Beim Einsteigen ereignete sich ein wunderbarer Rangstreit. Ich war zuerst eingestiegen und hätte ihm zur linken Hand gesessen, er einsteigend, verlangte ausdrücklich, daß ich herumrücken und ihn zu meiner Linken nehmen sollte; ich bat ihn dergleichen Ceremonien zu unterlassen. Verzeiht! sagt er, daß wir also sitzen, denn wenn ich meinen Platz zu eurer Rechten nehme, so glaubt jedermann, daß ich mit euch fahre; sitze ich aber zur Linken, so ist es ausgesprochen, daß ihr mit mir fahrt, mit mir nämlich, der ich euch im Namen des Fürsten die Stadt zeige. Dagegen war freilich nichts einzuwenden, und also geschah es.

Wir fuhren die Straßen hinaufwärts, wo die Lava, welche 1669 einen großen Theil dieser Stadt zerstörte, noch bis auf unsere Tage sichtbar blieb. Der starre Feuerstrom ward bearbeitet wie ein anderer Fels, selbst auf ihm waren Straßen vorgezeichnet und theilweise gebaut. Ich schlug ein unbegreifliches Stück des Geschmolzenen herunter, bedenkend, daß vor meiner Abreise aus Deutschland schon der Streit über die Rationalität der Basalte sich entzündet hatte. Und so that ich's an mehreren Stellen, um zu mancherlei Abänderungen zu gelangen.

Wären jedoch Einheimische nicht selbst Freunde ihrer Gegend, nicht selbst bemüht, entweder eines Vortheils oder der Wissenschaft willen, das was in ihrem Revier merkwürdig ist zusammen zu stellen, so müßte der Reisende sich lang vergebens quälen. Schon in Neapel hatte mich der Lavenhändler sehr gefördert, hier, in einem weit höheren Sinne, der Ritter Gioeni. Ich fand in seiner reichen, sehr galant aufgestellten Sammlung die Laven des Aetna, die Basalte am Fuß desselben, verschiedenes Gestein, mehr oder weniger zu erkennen; alles wurde freundlichst vorgezeigt. Am meisten hatte ich Zeolithe zu bewundern, aus den Schroffen, im Meere stehenden Felsen unter Jaci.

Als wir den Ritter um die Mittel befragten, wie man sich benehmen müsse, um den Krater zu besteigen, wollte er von einer Anstalt nach dem Gipfel, besonders in der gegenwärtigen Jahreszeit, gar nichts hören. Überhaupt, sagte er, nachdem er uns um Verzeihung gebeten, die hier ankommenden Fremden sehen die Sache für allzuleicht an, wir andern Nachbarn des Berges sind schon zufrieden, wenn wir ein paarmal in unserm Leben die beste Gelegenheit abgepaßt und den Gipfel erreicht haben. Brydone, der zuerst durch seine Beschreibung die Lust nach diesem Feuergipfel entzündet, ist gar nicht hinauf gekommen; Graf Borch läßt den Leser in Ungewißheit, aber auch er ist nur bis auf eine gewisse Höhe gelangt, und so könnte ich von mehrern sagen. Für jetzt erstreckt sich der Schnee noch allzuweit herunter und setzt unüberwindliche Hindernisse entgegen. Wenn Sie meinem Rathe folgen wollen, so reiten Sie morgen, bei guter Zeit, bis an den Fuß des Monte Rosso; besteigen Sie diese Höhe; Sie werden von da des herrlichsten Anblicks genießen und zugleich die alte Lava bemerken, welche dort, 1669 entsprungen, unglücklicherweise sich nach der Stadt herniederstürzte. Die Aussicht ist herrlich und deutlich; man thut besser sich das Übrige erzählen zu lassen.

Catania, **Sonnabend** den 6. Mai 1787.

Folgsam dem guten Rathe, machten wir uns zeitig auf den Weg, und verrichten auf unsern Maulthieren, immer rückwärts schauend, die Region der durch die Zeit noch ungebändigten Laven. Zackige Klumpen und Inseln starrten uns entgegen, durch welche nur ein zufälliger Pfad von den Thieren gefunden wurde. Auf der ersten bedeutenden Höhe hielten wir still. Kniep zeichnete mit großer Präcision was hinabwärts vor uns lag: die Lavenmassen im Vorgrunde, den Doppelgipfel des Monte Rosso links, grade über uns die Wälder von Nicolosi, aus denen der beschneite, wenig rauchende Gipfel hervorstieg. Wir rückten dem rothen Berge näher; ich stieg hinauf: er ist ganz aus rothem vulcanischen Gries, Asche und Steinen zusammengehäuft. Um die Mündung hätte sich bequem herumgehen lassen, hätte nicht ein gewaltsam stürmischer Morgenwind jeden Schritt unsicher gemacht; wollte ich nur einigermaßen fortkommen, so mußte ich den Mantel ablegen, nun aber war der Hut jeden Augenblick in Gefahr, in den Krater getrieben zu werden; ich hinterdrein. Deßhalb setzte ich mich nieder, um mich zu fassen und die Gegend zu überschauen; aber auch dieß half nur wenig; der Sturm kam gerade von Osten her, über das herrliche Land, das nah und fern bis an's Meer unter mir lag. Den ausgedehnten Strand von Messina bis Syrakus, mit seinen Krümmungen und Buchten sah ich vor Augen, entweder ganz frei oder durch Felsen des Ufers nur wenig bedeckt. Als ich ganz betäubt wieder herunter kam, hatte Kniep im Schauer seine Zeit gut angewendet und mit zarten Linien auf dem Papier gesichert, was der wilde Sturm mich kaum sehen, vielweniger festhalten ließ.

Zu dem Rachen des goldenen Löwen wieder angelangt, fanden wir den Hospitalanten, der uns nur mit Mühe und zu begleiten abgehalten hatten. Er lobte, daß wir den Gipfel aufgegeben, schlug aber für Morgen eine Spazierfahrt auf dem Meere, zu den Felsen von Jaci, angelegentlich vor; das sey die schönste Lustpartie, die man von Catania aus machen könne! man nehme Trank und Speise mit, auch wohl Gesellschaften, um etwas zu wärmen. Seine Frau erbot sich, dieses Geschäft zu übernehmen. Ferner animirte er sich des Guides, wie Großstädter wohl gar einen Kahn und Nasil zur Begleitung genommen hätten, welche Lust über alle Vorstellung sey.

Die Felsen von Jaci zogen mich heftig an, ich hatte großes Verlangen, mir so schöne Zeolithe herauszuschlagen als ich bei Giveni gesehen. Man konnte ja die Sache kurz fassen, die Begleitung der Frau ablehnen. Aber der warnende Geist des Engländers behielt die Oberhand, wir thaten auf die Zeolithe Verzicht und dünkten uns nicht wenig wegen dieser Enthaltsamkeit.

Catania, Sonntag den 6. Mai 1787.

Unser geistlicher Begleiter blieb nicht aus. Er führte uns, die Reste alter Baukunst zu sehen, zu welchen der Beschauer freilich ein starkes Restaurationstalent mitbringen muß. Man zeigte die Reste von Wasserbehältern, einer Naumachie und andere dergleichen Ruinen, die aber bei der vielfachen Zerstörung der Stadt durch Laven, Erdbeben und Krieg dergestalt verschüttet und versenkt sind, daß Freude und Belehrung nur dem genausten Kenner alterthümlicher Baukunst daraus entspringen kann.

Eine nochmalige Aufwartung beim Prinzen lehnte der Pater ab, und wir schieden beiderseits mit lebhaften Ausdrücken der Dankbarkeit und des Wohlwollens.

Taormina, Montag den 7. Mai 1787.

Gott sey Dank, daß alles, was wir heute gesehen, schon genugsam beschrieben ist, mehr aber noch, daß Kniep sich vorgenommen hat, morgen den ganzen Tag oben zu zeichnen. Wenn man die Höhe der Felsenwände erstiegen hat, welche unfern des Meerstrandes in die Höhe streben, findet man zwei Gipfel durch ein Halbrund verbunden. Was dieß auch von Natur für eine Gestalt gehabt haben mag, die Kunst hat nachgeholfen und daraus den amphitheatralischen Halbcirkel für Zuschauer gebildet; Mauern und andere Angebäude von Ziegelsteinen, sich anschließend, supplirten die nöthigen Gänge und Hallen. Am Fuße des steinartigen Halbcirkels erbaute man die Scene quer vor, verband dadurch die beiden Felsen und vollendete das ungeheuerste Natur- und Kunstwerk.

Sezt man sich nun dahin, wo ehmals die obersten Zuschauer saßen, so muß man gestehen, daß wohl nie ein Publikum im Theater solche Gegenstände vor sich gehabt. Rechts zur Seite, auf höheren Felsen, erheben sich Castelle, weiter unten liegt die Stadt, und ob schon diese Baulichkeiten aus neueren Zeiten sind, so stunden doch vor Alters wohl eben dergleichen auf derselben Stelle. Nun sieht man an dem ganzen langen Gebirgsrücken des Aetna hin, links das Meerufer bis nach Catania, ja Syrakus, dann schließt der ungeheure, dampfende Feuerberg das weite, breite Bild, aber nicht schrecklich, denn die mildernde Atmosphäre zeigt ihn entfernter und sanfter als er ist. Wendet man sich von diesem Anblick in die an der Rückseite der Zuschauer angebrachten Gänge, so hat man die sämmtlichen Felswände links, zwischen denen und dem Meer sich der Weg nach Messina hinschlingt, Felsgruppen und Felsinseln im Meere selbst, die Küste von Calabrien in der weitesten Ferne, nur mit Aufmerksamkeit von gelind sich erhebenden Wolken zu unterscheiden.

Wir stiegen gegen das Theater hinab, verweilten in dessen Ruinen, an welchen ein geschickter Architekt seine Restaurationsgabe, wenigstens auf dem Papier versuchen sollte, unternahmen sodann, und durch die Gärten eine Bahn nach der Stadt zu brechen. Allein hier erfuhren wir, was ein Zaun von nebeneinander gepflanzten Agaven für ein undurchdringliches Bollwerk sey: durch die verschränkten Blätter sieht man durch und glaubt auch hindurch dringen zu können, allein die kräftigen Stacheln der Blatträder sind empfindliche Hindernisse; tritt man auf ein solches kolossales Blatt, in Hoffnung, es werde uns tragen, so bricht es zusammen, und anstatt hinüber in's Freie zu kommen, fallen wir einer Nachbarspflanze in die Arme. Zuletzt entwickelten wir uns doch diesem Labyrinthe, genossen Weniges in der Stadt, konnten aber vor Sonnenuntergang von der Gegend nicht scheiden. Unendlich schön war es, zu beobachten, wie diese in allen Punkten bedeutende Gegend nach und nach in Finsterniß versank.

Unter Liparina, am Meer, Dienstag den 8. Mai 1787.

Amicum, wie vom Glück gezaubert, kann ich nicht genug preisen, daß es nach einer Woche entledigt, die mir unerträglich wäre, und mich

meiner eigenen Natur wiedergiebt. Er ist hinaufgegangen, im Einzelnen
zu zeichnen, was wir obenhin betrachtet. Er wird seine Bleistifte manchmal spitzen, und ich sehe nicht, wie er fertig werden will. Das hätte
ich nun auch alles wiedersehen können! Erst wollte ich mit hinauf-
gehen, dann aber reizte mich's hier zu bleiben, die Enge sucht' ich, wie
der Vogel, der sein Nest bauen möchte. In einem schlechten, verwahr-
losten Bauergarten habe ich mich auf Orangenäste gesetzt und mich in
Grillen vertieft. Orangenäste, worauf der Reisende sitzt, klingt etwas
wunderbar, wird aber ganz natürlich, wenn man weiß, daß der Orangenbaum, seiner Natur überlassen, sich bald über der Wurzel in Zweige
trennt, die mit der Zeit zu entschiedenen Aesten werden.

Und so faß ich, den Plan zu Nausikaa weiter denkend, eine
dramatische Concentration der Odyssee. Ich halte sie nicht für unmöglich, nur müßte man den Grundunterschied des Drama und der Epopöe
recht in's Auge fassen.

Kniep ist herabgekommen und hat zwei ungeheure Blätter, rein-
lichst gezeichnet, zufrieden und vergnügt zurück gebracht. Beide wird er
zum ewigen Gedächtniß an diesen herrlichen Tag für mich ausführen.

Zu vergessen ist nicht, daß wir auf diesem schönen Ufer unter dem
reinsten Himmel von einem kleinen Altan herabschauten, Rosen erblickten und Nachtigallen hörten. Diese singen hier, wie man uns versichert, sechs Monate hindurch.

Aus der Erinnerung.

War ich nun durch die Gegenwart und Thätigkeit eines geschickten
Künstlers und durch eigne, obgleich nur einzelne und schwächere Bemühungen gewiß, daß mir von den interessantesten Gegenden und ihren
Theilen feste wohlgewählte Bilder, im Umriß und nach Belieben auch
ausgeführt, bleiben würden; so gab ich um so mehr einem nach und
nach aufsehenden Drange nach: die gegenwärtige herrliche Umgebung,
das Meer, die Inseln, die Häfen, durch poetische, würdige Gestalten zu
beleben und mir auf und aus diesem Lokal eine Composition zu bilden,
in einem Sinne und in einem Ton, wie ich sie noch nicht hervor-

gebracht. Die Klarheit des Himmels, der Hauch des Meeres, die Düfte, wodurch die Gebirge mit Himmel und Meer gleichsam in Ein Element aufgelöst wurden, alles dieß gab Nahrung meinen Vorsätzen, und in dem ich in jenem schönen öffentlichen Garten zwischen blühenden Hecken von Oleander, durch Lauben von fruchttragenden Orangen- und Citronenbäumen wandelte, und zwischen andern Bäumen und Sträuchen, die mir unbekannt waren, verweilte, fühlte ich den fremden Einfluß auf das allerangenehmste.

Ich hatte mir, überzeugt, daß es für mich keinen bessern Kommentar zur Odyssee geben könne, als eben gerade diese lebendige Umgebung, ein Exemplar verschafft und las es nach meiner Art mit unglaublichem Antheil. Doch wurde ich gar bald zu eigner Production angeregt, die, so seltsam sie auch im ersten Augenblicke schien, mir doch immer lieber ward und mich endlich ganz beschäftigte. Ich ergriff nämlich den Gedanken, den Gegenstand der Nausikaa als Tragödie zu behandeln.

Es ist mir selbst nicht möglich anzugeben, was ich daraus würde gemacht haben, aber ich war über den Plan bald mit mir einig. Der Hauptsinn war der: in der Nausikaa eine treffliche, von vielen umworbene Jungfrau darzustellen, die, sich keiner Neigung bewußt, alle Freier bisher ablehnend behandelt, durch einen seltsamen Fremdling aber gerührt, aus ihrem Zustand heraustritt und durch eine voreilige Aeußerung ihrer Neigung sich comprommittirt, was die Situation vollkommen tragisch macht. Diese einfache Fabel sollte durch den Reichthum der subordinirten Motive und besonders durch das Meer- und Inselhafte der eigentlichen Ausführung und des besondern Tons erhaltlich werden.

Der erste Akt begann mit dem Ballspiel. Die unerwartete Bekanntschaft wird gemacht und die Bedenklichkeit, den Fremden nicht selbst in die Stadt zu führen, wird schon zur Vorbote der Neigung.

Der zweite Akt exponirte das Haus des Alcinous, die Charactere der Freier, und endigte mit Eingriff des Ulysses.

Der dritte war ganz der Bedeutsamkeit des Abenteurers gewidmet, und ich hoffte in der dialogirten Erzählung seiner Abenteuer, die von den verschiedenen Zuhörern sehr verschieden aufgenommen werden, etwas Künstliches und Erfreuliches zu leisten. Während der Erzählung

erhoben sich die Leidenschaften, und der lebhafte Antheil Nausikaa's an
dem Fremdling wird durch Wirkung und Gegenwirkung endlich hervor-
geschlagen.

Im vierten Akte bethätigt Ulysses außer der Scene seine Tapfer-
keit, indessen die Frauen zurückbleiben und der Neigung, der Hoffnung
und allen zarten Gefühlen Raum lassen. Bei den großen Vortheilen,
welche der Fremdling davon trägt, hält sich Nausikaa noch weniger zusammen und compromittirt sich unwiderruflich mit ihren Landsleuten.
Ulyß. der, halb schuldig halb unschuldig, dieses alles veranlaßt, muß
sich zuletzt als einen scheidenden erklären, und es bleibt dem guten
Mädchen nichts übrig, als im fünften Akte den Tod zu suchen.

Es war in dieser Composition nichts, was ich nicht aus eignen Erfahrungen, nach der Natur hätte ausmalen können. Selbst auf der
Reise, selbst in Gefahr Neigungen zu erregen, die, wenn sie auch kein
tragisches Ende nehmen, doch schmerzlich genug, gefährlich und schädlich werden können; selbst in dem Falle, in einer so großen Entfernung
von der Heimath abgelegne Gegenstände, Reiseabenteuer, Lebensvor-
fälle zu Unterhaltung der Gesellschaft mit lebhaften Farben auszumalen,
von der Jugend für einen Halbgott, von gesetztern Personen für einen
Aufschneider gehalten zu werden, manche unverdiente Gunst, manches
unerwartete Hinderniß zu erfahren; das alles gab mir ein solches At-
tachement an diesen Plan, an diesen Vorsatz, daß ich darüber meinen
Aufenthalt zu Palermo, ja den größten übrigen Theil meiner Sicilianischen Reise verträumte. Weßhalb ich denn auch von allen Unbe-
quemlichkeiten wenig empfand, da ich mich auf dem überclassischen
Boden in einer poetischen Stimmung fühlte, in der ich das, was ich
erfuhr, was ich sah, was ich bemerkte, was mir entgegen kam, alles
auffassen und in einem erfreulichen Gefäß bewahren konnte.

Nach meiner löblichen oder unlöblichen Gewohnheit schrieb ich wenig
oder nichts davon auf, arbeitete aber den größten Theil bis auf's letzte
Detail im Geiste durch, wo es denn, durch nachfolgende Zerstreuungen
zurück gedrängt, liegen geblieben, bis ich gegenwärtig nur eine flüchtige Erinnerung davon zurückrufe.

Den 8. Mai 1787. Auf dem Wege nach Meſſina.

Man hat hohe Kalkfelſen ſucht. Sie werden färbiger und machen ſchöne Gebirgsart; denn folgt eine Art Geſtein, das man Thonſchiefer oder Grauwacke nennen möchte. In den Bächen finden ſich ſchöne Granitgeſchiebe. Der gelbe Kerſel des Salamins, die rothen Blüthen des Oleanders machen die Landſchaft luſtig. Der Fiume Niſi bringt Blumenſchiefer, ſo wie auch die folgenden Bäche.

Mittwoch den 9. Mai 1787.

Vom Oſtwinde beſtürmt, ritten wir zwiſchen dem rechter Hand wogenden Meere und den Feldwänden hin, an denen wir vorgeſtern oben herab geſehen hatten, dieſen Tag beſtändig mit dem Waſſer im Kampfe; wir kamen über unzählige Bäche, unter welchen ein größerer, Niſi, den Ehrentitel eines Fluſſes führt; doch dieſe Gewäſſer, ſo wie das Gerölle, das ſie mitbringen, waren leichter zu überwinden als das Meer, das heftig ſtürmte und an vielen Stellen über den Weg hinweg, bis an die Felſen ſchlug und zurück auf die Wanderer ſpritzte. Herrlich war das anzuſehen, und die ſeltſame Begebenheit ließ uns das Unbequeme übertragen.

Zugleich ſollte es nicht an mineralogiſcher Betrachtung fehlen. Die angeheiterten Kalkfelſen, verwitternd, ſtürzen herunter, deren weiche Theile, durch die Bewegung der Wellen aufgerieben, die zugemiſchten, feſteren übrig laſſen; und ſo iſt der ganze Strand mit bunten, horn-ſteinartigen Feuerſteinen überdeckt, wovon mehrere Muſter aufgepackt wurden.

Meſſina, Donnerstag den 10. Mai 1787.

Und ſo gelangten wir nach Meſſina, bequemten uns, weil wir keine Gelegenheit kannten, die erſte Nacht in dem Quartier des Vet-turino zuzubringen, um uns den andern Morgen nach einem beſſern Wohnort umzuſehen. Dieſer Entſchluß gab gleich beim Eintritt den fürchterlichen Begriff einer zerſtörten Stadt: denn wir ritten eine Viertel-ſtunde lang an Trümmern nach Trümmern vorbei, ehe wir zur Her-berge kamen, die, in dieſem ganzen Revier allein wieder aufgebaut, aus ben Fenstern des obern Stocks nur eine zackige Ruinenwüste übersehen ließ. Außer dem Bezirk dieses Gehöftes spürte man weder Mensch noch Thier, es war Nachts eine furchtbare Stille. Die Thüren ließen sich weder verschließen noch verriegeln, auf menschliche Gäste war man hier so wenig eingerichtet als in ähnlichen Herbergswohnungen, und doch schliefen wir ruhig auf einer Matratze, welche der dienstfertige Vetturin dem Wirthe unter dem Leibe weggeschwatzt hatte.

Freitag den 11. Mai 1787.

Heute trennten wir uns von dem wackern Führer, ein gutes Trinkgeld belohnte seine sorgfältigen Dienste. Wir schieden freundlich, nachdem er uns vorher noch einen Lohnbedienten verschafft, der uns gleich in die beste Herberge bringen und alles Merkwürdige von Messina vorzeigen sollte. Der Wirth, um seinen Wunsch, uns los zu werden, schleunigst erfüllt zu sehen, half Koffer und sämmtliches Gepäck auf das schnellste in eine angenehme Wohnung schaffen, näher dem belebtern Theile der Stadt, das heißt, außerhalb der Stadt selbst. Damit aber verhält es sich folgendermaßen. Nach dem ungeheuren Unglück, das Messina betraf, blieb, nach zwölftausend umgekommenen Einwohnern, für die übrigen dreißigtausend keine Wohnung: die meisten Gebäude waren niedergestürzt, die zerrissenen Mauern der übrigen gaben einen unsichern Aufenthalt; man errichtete daher eiligst im Norden von Messina, auf einer großen Wiese, eine Bretterstadt, von der sich, um sich einen schnellsten Begriff macht, der zu Metzzeiten den Römerberg zu Frankfurt, den Markt zu Leipzig durchwanderte; denn alle Krambuden und Werkstätten sind gegen die Straße geöffnet, vieles ereignet sich außerhalb. Daher sind nur wenig größere Gebäude, auch nicht sonderlich, gegen das Oeffentliche verschlossen, indem die Bewohner manche Zeit unter freiem Himmel zubringen. So wohnen sie nun schon drei Jahre, und diese Buden, Hütten, ja Zeltwirthschaft hat auf den Charakter der Einwohner entschiedenen Einfluß. Das Entsetzen über jenes ungeheure Ereigniß, die Furcht vor einem ähnlichen, treibt sie, der Freuden des Augenblicks mit gutmüthigem Frohsinn zu genießen. Die Sorge vor neuem Unheil ward am einundzwanzigsten April, also ungefähr vor zwanzig Tagen, erneuert: ein merklicher Erdstoß erschütterte den Boden abermals. Man zeigte uns eine kleine Kirche, wo eine Masse Menschen, gerade in dem Augenblick zusammengedrängt, diese Erschütterung empfanden. Einige Personen, die darin gewesen, schienen sich von ihrem Schrecken noch nicht erholt zu haben.

Beim Aufsuchen und Betrachten dieser Gegenstände leitete uns ein freundlicher Consul, der, unaufgefordert, vielfache Sorge für uns trug — in dieser Trümmerwüste mehr als irgendwo dankbar anzuerkennen. Zugleich auch, da er vernahm, daß wir bald abzureisen wünschten, machte er uns einem französischen Kauffahrer bekannt, der im Begriff stehe, nach Neapel zu segeln; doppelt erwünscht, da die weiße Flagge vor den Seeräubern schützt.

Eben hatten wir unserem gütigen Führer den Wunsch zu erkennen gegeben, eine der größern, obgleich auch nur einstöckigen Hütten inwendig, ihre Einrichtung und extemporirte Haushaltung zu sehen, als ein freundlicher Mann sich an uns anschloß, der sich bald als französischer Sprachmeister bezeichnete, welchem der Consul, nach vollbrachtem Spaziergange, unsern Wunsch, solch ein Gebäude zu sehen, eröffnete, mit dem Ersuchen, uns bei sich einzuführen und mit den Seinigen bekannt zu machen.

Wir traten in die mit Brettern beschlagene und gedeckte Hütte. Der Eindruck war völlig wie der jener Meßbuden, wo man wilde Thiere oder sonstige Abenteuer für Geld sehen läßt; das Zimmerwerk an den Wänden, wie am Dache sichtbar, ein grüner Vorhang sonderte den vordern Raum, der, nicht gedielt, tennenartig geschlagen schien. Stühle und Tische befanden sich da, nichts weiter von Hausgeräthe. Erleuchtet war der Platz von oben durch zufällige Oeffnungen der Bretter. Wir discurrirten eine Zeit lang und ich betrachtete mir die grüne Hülle und das darüber sichtbare innere Dachgebälke, als auf einmal, hüben und drüben des Vorhangs, ein paar allerliebste Mädchenköpfchen neugierig herausguckten, schwarzäugig, schwarzlockig, die aber, sobald sie sich bemerkt sahen, wie der Blitz verschwanden, auf Ansuchen des Consuls jedoch, nach so viel verflossener Zeit als nöthig war, sich anzuziehen, auf wohlgeputzten und niedlichen Körperchen wieder hervortraten und sich mit ihren bunten Kleidern gar zierlich vor dem grünen Teppich ausnahmen. Aus ihren Fragen konnten wir wohl merken, daß sie uns für fabelhafte Wesen aus einer andern Welt hielten, in welchem liebenswürdigem Irrthum sie unsere Antworten nur mehr bestärken mußten. Auf eine heitere Weise malte der Consul unsere wahrscheinhafte Erscheinung aus, die Unterhaltung war sehr angenehm, schwer sich zu trennen. Vor der Thür erst fiel uns auf, daß wir die innern Räume nicht gesehen und die Hausconstruction über die Bewohnerinnen vergessen hatten.

Messina, Sonnabend den 13. Mai 1787.

Der Consul, unter andern, sagte, daß es, wo nicht unumgänglich nöthig, doch wohl gethan sey, dem Gouverneur aufzuwarten, der, ein wunderlicher alter Mann, nach Laune und Vorurtheil, eben so gut schaden als nutzen könne: dem Consul werde es zu Gunsten gerechnet, wenn er bedeutende Fremde vorstelle, auch wisse der Ankömmling nie, ob er dieses Mannes auf eine oder andere Weise bedürfe. Dem Freunde zu gefallen ging ich mit.

In's Vorzimmer tretend hörten wir drinne ganz entsetzlichen Lärm, ein Kaufer mit Pulcinell-Gebärden raunte dem Consul in's Ohr: böser Tag! gefährliche Stunde! Doch traten wir hinein und fanden den uralten Gouverneur, uns den Rücken zugewandt, zunächst des Fensters an einem Tische sitzen. Große Haufen vergelbter alter Briefschaften lagen vor ihm, von denen er die unbeschriebenen Blätter mit größter Gelassenheit abschnitt und seinen haushälterischen Charakter dadurch zu erkennen gab. Während dieser friedlichen Beschäftigung schalt und fluchte er fürchterlich auf einen anständigen Mann los, der, seiner Kleidung nach, mit Malta verwandt seyn konnte und sich mit vieler Gemüthsruhe und Präcision vertheidigte, wozu ihm jedoch wenig Raum blieb. Der Gescholtene und Angeschriene suchte mit Fassung einen Verdacht abzulehnen, den der Gouverneur, so schien es, auf ihn, als einen ohne Befugniß mehrmals An' und Abreisenden, machte geworfen haben; der Mann berief sich auf seine Pässe und bekannten Verhältnisse in Neapel. Dieß aber half alles nichts, der Gouverneur verschnitt seine alten Briefschaften, sonderte das weiße Papier sorgfältig und lebte fortwährend.

Außer uns beiden standen noch etwa zwölf Personen in einem weiten Kreise, dieses Thiergefechtes Zeugen, uns wahrscheinlich den

Platz an der Thüre bemerkend, als gute Gelegenheit, wenn der Extrem- allenfalls den Leuchtstock erheben und dreinschlagen sollte. Die Be- sichtigung des Consuls dauern sich bei dieser Scene wacklich verlängert, mich tröstete des Teufels possenhafte Nähe, der, brauchte vor der Schwelle, hinter mir allerlei Fazen schnitt, mich, wenn ich manchmal umblickte, zu beruhigen, als habe das so viel nicht zu bedeuten.

Auch entwirrte sich der peinliche Handel noch ganz gelinde, der Gouverneur schloß damit, es halte ihn zwar nichts ab, den Betroffenen einzuziehen und in Verwahrung zappeln zu lassen, allein er möge doch nicht fürchten, er solle die vorab bestimmten Tage in Messina bleiben, alsdann aber sich fortpacken und niemals wiederkehren. Ganz ruhig, ohne die Miene zu verändern, beurlaubte sich der Mann, grüßte an- ständig die Versammlung und uns besonders, die er durchschreiten mußte, um zur Thüre zu gelangen. Als der Gouverneur ihm noch etwas nachzuschelten, sich ingrimmig umkehrte, erblickte er uns, faßte sich sogleich, winkte den Consul und wir traten zu ihm heran.

Ein Mann von sehr hohem Alter, gebückten Hauptes, unter grauen kraußigen Augenbrauen schwarze, tiefliegende Blicke hervor- sendend, nun ein ganz anderer als kurz zuvor. Er hieß mich zu sich sitzen, bragte, in seinem Geschäft ununterbrochen fortfahrend, nach mancherlei, worüber ich ihm Bescheid gab, zuletzt sagte er, so lange ich hier bliebe, zu seiner Tafel geladen. Der Consul, zu- frieden daß ich, ja noch zufriedener, weil er die Gefahr, der wir ent- ronnen, besser kannte, stieg die Treppe hinunter und mir war alle Lust vergangen, dieser Löwenhöhle je wieder nah zu treten.

Messina, Sonntag den 13. Mai 1787.

Zwar bei herrlichem Sonnenschein in einer angenehmen Wohnung erwachend fanden wir uns doch immer in dem unseligen Messina. Ganz unangenehm ist der Anblick des sogenannten Palazzata, einer schlossbirnigen Reihe von wahrhaften Palästen, die, nicht in der Länge einer Viertelstunde, die Rhede einschließen und bezeichnen. Alles waren hammere, vierstöckige Gebäude, von welchen mehrere Vorderseiten bis aufs Hauptgesims noch völlig stehen, andere bis auf den britten, zweiten, ersten Stock heruntergebrochen sind, so daß hier ehemalige

Prachtreihe nun auf's widerlichste jämmerlich errichtet und auch durch löchert; denn der blaue Himmel schaut beinahe durch alle Fenster. Die innern eigentlichen Wohnungen sind sämtlich zusammengestürzt.

An diesem seltsamen Phänomen ist Ursache, daß, nach der den Reichen begonnenen architektonischen Prachtanlage, weniger begüterte Nachbarn, mit dem Scheine wetteifernd, ihre alten, aus größern und kleinern Flußgeschieben und vielem Kalk zusammengekneteten Häuser hinter neuen, aus Quaderstücken aufgeführten Vorderseiten verbargen. Jenes an sich schon unsichere Gefüge mußte, von der ungeheuern Erschütterung aufgelös't und gebröckelt, zusammen stürzen; wie man denn unter manchen, bei so großem Unglück vorgekommenen wunderbaren Rettungen, auch folgenden erzählt: der Bewohner eines solchen Gebäudes sey im fürchterbaren Augenblick gerade in die Mauervertiefung eines Fensters getreten, das Haus aber hinter ihm völlig zusammengestürzt, und so habe er, in der Höhe gerettet, den Augenblick seiner Befreiung aus diesem luftigen Kerker beruhigt abgewartet. Daß jene, aus Mangel näher Bruchsteine so schlechte Bauart hauptsächlich Schuld an dem völligen Ruin der Stadt gewesen, zeigt die Dauerhaftigkeit solider Gebäude. Der Jesuiten Collegium und Kirche, von tüchtigen Quadern aufgeführt, stehen noch unverletzt in ihrer anfänglichen Tüchtigkeit. Dem sey aber wie ihm wolle, Messina's Anblick ist äußerst verdrießlich und erinnert an die Urzeiten, wo Silaner und Glaukus diesen unruhigen Erdboden verließen und die westliche Küste Siciliens bebauten.

Und so brachten wir unsern Morgen zu, gingen dann, im Gasthof ein frugales Mahl zu verzehren. Wir saßen noch ganz vergnügt bei sammen als der Bediente des Consuls athemlos hereinsprang und mir verkündigte: der Gouverneur lasse mich in der ganzen Stadt suchen, er habe mich zur Tafel geladen und nun bleibe ich aus. Der Consul lasse mich auf's inständigste bitten, auf der Stelle hinzugehen, ich möchte gespeist haben oder nicht, möchte aus Vergessenheit oder aus Vorsatz die Stunde versäumt haben. Nun fühlte ich erst den unglaublichen Leichtsinn, womit ich die Einladung des Obristen aus dem Sinn geschlagen, froh, daß ich das ejenmal entwischt. Der Bediente ließ mich nicht gewahren, seine Vorstellungen waren die dringendsten und triftigsten: der Consul fürchte, daß zwei wetternde Obrist ihn und die ganze Nation auf den Kopf stelle.

Indessen ich mein Haare und Kleider zurechte putzte, faßte ich mir ein Herz und folgte mit heiterm Sinne meinem Führer, Odysseus, den Patron, anrufend und mir seine Vorsprache bei Pallas Athene erbittend.

In der Höhle des Löwen angelangt, ward ich vom lustigen Laufer in einen großen Speisesaal geführt, wo etwa vierzig Personen, ohne daß man einen Laut vernommen hätte, an einer länglichrunden Tafel saßen. Der Platz zur Rechten des Gouverneurs war offen, wohin mich der Laufer geleitete.

Nachdem ich den Hausherrn und die Gäste mit einer Verbeugung gegrüßt, setzte ich mich neben ihn, entschuldigte mein Außenbleiben mit der Weitläuftigkeit der Stadt und dem Irrthum, in welchen mich die ungewöhnliche Stundenzahl schon mehrmals geführt. Er versetzte mit glühendem Blick: man habe sich in fremden Landen nach den jedesmaligen Gewohnheiten zu erkundigen und zu richten. Ich erwiederte, dieß sey jederzeit mein Bestreben, nur hätte ich gefunden, daß bei den besten Vorsätzen man gewöhnlich die ersten Tage, wo uns ein Ort noch neu und die Verhältnisse unbekannt seyen, in gewisse Fehler verfalle, welche unverzeihlich scheinen müßten, wenn man nicht die Ermüdung der Reise, die Zerstreuung durch Gegenstände, die Sorge für ein leidliches Unterkommen, ja sogar für eine weitere Reise als Gründe der Entschuldigung möchte gelten lassen.

Er fragte darauf, wie lange ich hier zu bleiben gedächte. Ich versetzte, daß ich mir einen recht langen Aufenthalt wünsche, damit ich ihm die Dankbarkeit für die mir erwiesene Gunst durch die genaueste Befolgung seiner Befehle und Anordnungen bethätigen könne. Nach einer Pause fragte er sodann: was ich in Messina gesehen habe. Ich erzählte kürzlich meinen Morgen mit einigen Bemerkungen und fügte hinzu, daß ich am meisten bewundert die Reinlichkeit und Ordnung in den Straßen dieser zerstörten Stadt. Und wirklich war bewunderungswürdig, wie man die sämmtlichen Straßen von Trümmern gereinigt, indem man den Schutt in die zerfallenen Mauerstätten selbst geworfen, die Steine dagegen an die Häuser angereiht, und dadurch die Mitte der Straßen frei, dem Handel und Wandel offen wieder übergeben. Hiebei konnte ich dem Ehrenmanne mit der Wahrheit schmeicheln, indem ich ihm versicherte, daß alle Messineser dankbar erkennten, diese

Wohlthat seiner Vorsorge schuldig zu seyn. — Erkennen sie es? brummte er, haben sie doch früher genug über die Härte geschrien, mit der man sie zu ihrem Vortheile nöthigen mußte. Ich sprach von weisen Absichten der Regierung, von höheren Zwecken, die erst später eingesehen und geschätzt werden könnten und dergleichen. Er fragte, ob ich die Jesuitenkirche gesehen habe, welches ich verneinte; worauf er mir denn zusagte, daß er mir sie wolle zeigen lassen, und zwar mit allem Zubehör.

Während diesem, durch wenige Pausen unterbrochenen Gespräche sah ich die übrige Gesellschaft in dem tiefsten Stillschweigen, nicht mehr sich bewegen als nöthig, die Bissen zum Munde zu bringen. Und so standen sie, als die Tafel aufgehoben und der Kaffee gereicht war, wie Wachspuppen rings an den Wänden. Ich ging auf den Hausgeistlichen los, der mir die Kirche zeigen sollte, ihm zum voraus für seine Bemühungen zu danken; er wich zur Seite, indem er demüthig versicherte: die Befehle Ihro Excellenz habe er ganz allein vor Augen. Ich redete darauf einen jungen, nebenstehenden Fremden an, dem es auch, ob er gleich ein Franzose war, nicht ganz wohl in seiner Haut zu seyn schien; denn auch er war verstummt und erstarrt, wie die ganze Gesellschaft, worunter ich mehrere Gesichter sah, die der gestrigen Scene mit dem Maskerettier bedenklich beigewohnt hatten.

Der Gouverneur entfernte sich, und nach einiger Zeit sagte mir der Geistliche: es sey nun an der Stunde zu gehen. Ich folgte ihm; die übrige Gesellschaft hatte sich stille verloren. Er führte mich an das Portal der Jesuitenkirche, das, nach der bekannten Architektur dieser Väter, prunkhaft und wirklich imposant in die Luft steht. Ein Schließer kam uns schon entgegen und lud zum Eintritt, der Geistliche hingegen hielt mich zurück, mit der Weisung, daß wir zuvor auf den Gouverneur zu warten hätten. Dieser fuhr auch bald heran, hielt auf dem Platze, unfern der Kirche und winkte, worauf wir drei ganz nah an seinen Kutschenschlag uns vereinigten. Er gebot dem Schließer, daß er mir nicht allein die Kirche in allen ihren Theilen zeigen, sondern auch die Geschichte der Altäre und anderer Stiftungen umständlich erzählen solle; ferner habe er auch die Sakristien aufzuschließen und mich auf alles das darin enthaltene Merkwürdige aufmerksam zu machen. Ich sey ein Mann, den er ehren wolle, der alle Ursache haben solle, in seinem Vaterlande rühmlich von Messina zu sprechen. Versäumen Sie nicht, sagte er darauf zu mir gewandt mit einem Lächeln, in sofern seine Züge dessen fähig waren, versäumen Sie nicht, so lange Sie hier sind, zur rechten Stunde an Tafel zu kommen, Sie sollen immer wohl empfangen seyn. Ich hatte kaum Zeit, ihm hierauf schicklich zu erwiedern. Der Wagen bewegte sich fort.

Von diesem Augenblick an waren auch der Geistliche heiterer, wir traten in die Kirche. Der Castellan, wie man ihn wohl in diesem entgottesdienstlichen Zauberpalaste nennen dürfte, schickte sich an, die ihm stark empfohlene Pflicht zu erfüllen, als der Consul und Knier in das leere Heiligthum herein stürzten, mich umarmten und eine leidenschaftliche Freude ausdrückten, mich, den sie schon in Gefangenschaft geglaubt, wieder zu sehen. Sie hatten in Höllenangst gesessen, bis der gewandte Knier, wahrscheinlich vom Consul gut vernünftig, einen glücklichen Ausgang des Abenteuers unter hundert Possen erzählte, worauf denn ein erschütterndes Frohsinn sich über die beiden ergoß, die mich sogleich aufsuchten, als die Aufmerksamkeit des Gouverneurs wegen der Kirche ihnen bekannt geworden.

Indessen sanden wir vor dem Hochaltare, die Auslegung aller Kostbarkeiten vernehmend. Säulen von Lapis Lazuli, durch bronzene, vergoldete Stäbe gleichsam cannelirt, nach Florentinischer Art eingelegte Platten und Füllungen, die prächtigen Sicilianischen Achate sich Ueberaus, Erz und Vergoldung sich wiederholend und Alles verbindend.

Nun war es aber eine wunderbare contrapunctische Fuge, wenn Knier und der Consul die Verlegenheit des Abenteuers, der Verzeichner dagegen die Kostbarkeiten der noch wohlerhaltenen Pracht wechselseitig vortrugen, beide von ihrem Gegenstand durchdrungen; wobei ich denn das doppelte Vergnügen hatte, den Werth meiner glücklichen Errettung noch zu fühlen und zugleich die Sicilianischen Gebirgsprodukte, um die ich mir schon manche Mühe gegeben, architektonisch angewendet zu sehen.

Die genaue Kenntniß der einzelnen Theile, woraus dieser Prunk zusammengesetzt war, verhalf mir zur Entdeckung, daß der sogenannte Lapis Lazuli jener Säulen eigentlich nur Calcara sey, aber freilich von so schöner Farbe als ich sie noch nicht gesehn, und herrlich zusammengefügt. Aber auch so blieben diese Säulen doch immer ehrwürdig, denn es lag eine ungeheure Menge jenes Materials voraus, und Stücke

um je schöner und gleicher Farbe aushauchen zu können; und dann ist
die Bemühung des Schneidens, Schleifens und Polirens höchst beloh-
nend. Doch was will jenen Müttern unüberwindlich!

Der Consul hatte indessen nicht aufgehört, auch über mein bevor-
stehendes Schicksal aufzuklären. Der Gouverneur nämlich, mit sich selbst
unzufrieden, daß ich von seinem gewaltsamen Betragen gegen den Quasi-
Malteser, gleich beim ersten Entree, Zeuge gewesen, habe sich vorgenommen, mich besonders zu ehren und sich darüber einen Plan festgelegt;
diesen habe durch mein Außenbleiben gleich zu Anfang der Ausführung
einen Strich erlitten. Nach langem Warten sich endlich zur Tafel
setzend, habe der Despot sein ungeduldiges Mißvergnügen nicht verbergen können, und die Gesellschaft sey in Furcht gestanden, entweder
bei meinem Kommen oder nach aufgehobener Tafel eine Scene zu
erleben.

Indessen suchte der Küster immer wieder das Wort zu erhalten,
öffnete die geheimen Räume, nach schönen Verhältnissen gebaut, anständig, ja prächtig verziert; auch war darin noch manches beträchtliche
Kirchengeräthe übrig geblieben, dem Ganzen gemäß geformt und geputzt. Von edeln Metallen sah ich nichts, so wenig als von ältern
und neuern schönen Kunstwerken.

Unsere Italienisch-Deutsche Frage, denn Vater und Küster pla-
udirten in der ersten, Knep und Consul in der zweiten Sprache,
neigte sich zu Ende, als ein Officier sich zu uns gesellte, den ich bei
Tafel gesehen. Er gehörte zum Gefolge des Gouverneurs. Dieß konnte
wieder einige Besorgniß erregen, besonders da er sich erbot, mich an
den Hafen zu führen, wo er mich an Bande bringen wollte, die Fremden sonst unzugänglich seyen. Meine Freunde sahen sich an, ich ließ
mich jedoch nicht abhalten, allein mit ihm zu gehen. Nach einigen gleich-
gültigen Gesprächen, begann ich ihn zutraulich anzureden und gestand,
bei Tafel gar wohl bemerkt zu haben, daß mehrere stille Beisitzer mir
durch ein freundliches Zeichen zu verstehen gegeben, daß ich nicht unter
widerstrebenden Menschen allein, sondern unter Freunden, ja Brüdern mich
befinde, und deshalb nichts zu besorgen habe. Ich halte für Pflicht
ihm zu danken und um Erstattung gleichen Danks an die übrigen
Freunde zu ersuchen. Hierauf erwiderte derselbe, daß sie mich um so
mehr zu beruhigen gesucht, als sie bei Kenntniß der Gemüthsart ihres

Vorgesehen für mich eigentlich nichts getäuschet hätten; denn eine Gestalten wie die gegen den Malteser sey gar selten, und gerade wegen
einer solchen mache sich der würdige Greis selbst Vorwürfe, hüte sich
lange, lebe dann eine Weile in einer sorglosen Sicherheit seiner Pflicht,
bis er denn endlich, durch einen unerwarteten Verfall überrascht, wieder
zu neuen Heftigkeiten hingerissen werde. Der wackere Freund setzte
hinzu, daß ihm und seinen Genossen nichts wünschenswerther wäre,
als mit mir sich genauer zu verbinden, weßhalb ich die Gefälligkeit
haben möchte, mich näher zu bezeichnen, wozu sich heute Nacht die beste
Gelegenheit finden werde. Ich wich diesem Verlangen höflich aus, indem ich ihn bat, mir eine Grille zu verzeihen: ich wünsche nämlich auf
Reisen bloß als Mensch angesehen zu werden, könne ich als ein solcher
Vertrauen erregen und Theilnahme erlangen, so sey es mir angenehm
und erwünscht; in andere Verhältnisse einzugehen, verböten mir mancherlei Gründe.

Ueberzeugen wollt' ich ihn nicht, denn ich durfte ja nicht sagen,
was eigentlich mein Grund war. Merkwürdig genug aber schien mir's,
wie schön und unschuldig die wohldenkenden Männer unter einem despo-
tischen Regiment sich zu eigenem und zu der Fremdlinge Schutz verbündet
hatten. Ich verhehlte ihm nicht, daß ich ihre Verhältnisse zu andern
Deutschen Reisenden recht wohl kenne, verbreitete mich über die löblichen Zwecke, die erreicht werden sollten und setzte ihn immer mehr in
Erstaunen über meine vertrauliche Hartnäckigkeit. Er versuchte alles
Mögliche, mich aus meinem Incognito hervorzuziehen, welches ihm nicht
gelang, theils weil ich, einer Gefahr entronnen, mich nicht gerne los in
eine andere begeben konnte, theils weil ich gar wohl bemerkte, die Ansichten dieser wackern Insulaner seyen von den meinigen so sehr verschieden, daß ihnen mein näherer Umgang weder Freude noch Trost
bringen könne.

Dagegen wurden Abends mit dem theilnehmenden und thätigen
Consul noch einige Stunden verbracht, der denn auch die Scene mit
dem Malteser aufklärte. Es sey dieses zwar kein eigentlicher Abenteurer,
aber ein unruhiger Ortwechsler. Der Gouverneur, aus einer großen
Familie, wegen Ernst und Tüchtigkeit verehrt, wegen bedeutender Dienste
geschätzt, habe doch im Rufe unbegränzten Eigenwillens, zaumloser
Heftigkeit und ehernen Starrsinns. Argwöhnisch als Greis und Despot,

mehr besorgt als überzeugt, daß er Feinde bei Hofe habe, haßte er solche hin und wieder ziehende Figuren, die er durchaus für Spione hielt. Diesmal sey ihm der Rothrock in die Quer gekommen, da er nach einer ziemlichen Pause sich wieder einmal im Zorn habe ergeben müssen, um die Leber zu befreien.

Messina und auf der See. Montag den 14. Mai 1787.

Beide wir erwachten mit gleicher Empfindung, verdrießlich, daß wir, durch den ersten wüsten Anblick von Messina zur Ungeduld gereizt, uns entschlossen hatten, mit dem französischen Kauffahrer die Rückfahrt abzuschließen. Nach dem glücklich beendigten Abenteuer mit dem Gouverneur, bei dem Verhältniß zu wackern Männern, denen ich mich nur näher zu bezeichnen brauchte, aus dem Besuch bei meinem Banquier, der auf dem Lande in der angenehmsten Gegend wohnte, ließ sich für einen längern Aufenthalt in Messina das Angenehmste hoffen. Kniep, von ein paar hübschen Kindern wohl unterhalten, wünschte nichts mehr als die längere Dauer des sonst verhaßten Gegenwindes. Indessen war die Lage unangenehm: alles mußte gepackt bleiben, und wir jeden Augenblick bereit seyn zu scheiden.

So geschah denn auch dieser Aufruf gegen Mittag; wir eilten an Bord und fanden unter der am Ufer versammelten Menge auch unsern guten Consul, von dem wir dankbar Abschied nahmen. Der gelbe Läufer drängte sich auch herbei, seine Ergötzlichkeiten abzuholen. Dieser ward nun belohnt und beauftragt, seinem Herrn unsere Abreise zu melden und mein Außenbleiben von Tafel zu entschuldigen. — Wer absegelt, ist entschuldigt! rief er aus; sodann, mit einem seltsamen Sprung sich umkehrend, war er verschwunden.

Zur Schiffe selbst sah es nun anders aus als auf der Neapolitanischen Corvette; doch beschäftigte uns, bei allmähliger Entfernung vom Ufer, die herrliche Ansicht des Palastkreises, der Citadelle, der hinter der Stadt aufsteigenden Berge. Calabrien an der andern Seite. Nun der freie Blick in die Meerenge nord- und südwärts, bei einer ausgedehnten, an beiden Seiten schön bewachsenen Breite. Als wir dieses nach und nach anstaunten, ließ man uns links, in ziemlicher Ferne, einige Bewegung im Wasser, nichts aber, etwas näher, einem vom

Ufer sich auszeichnenden Felsen bemerken, jene als Charybdis, diesen als Scylla. Man hat sich bei Gelegenheit beider in der Natur so weit aus einander stehenden, von dem Dichter so nah zusammengerückten Merkwürdigkeiten über die Fabelei der Poeten beschwert und nicht bedacht, daß die Einbildungskraft aller Menschen durchaus Gegenstände, wenn sie sich solche bedeutend vorstellen will, höher als breit imaginirt und dadurch dem Bilde mehr Charakter, Ernst und Würde verschafft. Tausendmal habe ich klagen hören, daß ein durch Erzählung gekannter Gegenstand in der Gegenwart nicht mehr befriedige; die Ursache hievon ist immer dieselbe: Einbildung und Gegenwart verhalten sich wie Poesie und Prosa, jene wird die Gegenstände mächtig und steil denken, diese sich immer in die Fläche verbreiten. Landschaftsmaler des sechszehnten Jahrhunderts, gegen die unsrigen gehalten, geben das auf lehrreiche Beispiel. Eine Zeichnung von Jodocus Momper neben einem Kniep'schen Contour würde den ganzen Contrast sichtbar machen.

Mit solchen und ähnlichen Gesprächen unterhielten wir uns, in dem selbst für Kniep die Küsten, welche zu zeichnen er schon Anstalt getroffen hatte, nicht reizend genug waren.

Mich aber befiel abermals die unangenehme Empfindung der Seekrankheit, und hier war dieser Zustand nicht, wie bei der Ueberfahrt, durch bequeme Absonderung gemildert; doch fand sich die Cajüte groß genug, um mehrere Personen einzunehmen, auch an guten Matratzen war kein Mangel. Ich nahm die horizontale Stellung wieder an, in welcher mich Kniep gar vorsorglich mit rothem Wein und gutem Brod ernährte. In dieser Lage wollte mir unsere ganze Sicilianische Reise in keinem angenehmen Lichte erscheinen. Wir hatten doch eigentlich nichts gesehen als durchaus eitle Bemühungen des Menschengeschlechts, sich gegen die Gewaltsamkeit der Natur, gegen die hämische Tücke der Zeit und gegen den Groll ihrer eigenen feindseligen Spaltungen zu erhalten. Die Karthager, Griechen und Römer und so viele nachfolgende Völkerschaften haben gebaut und zerstört. Selinunt liegt methodisch umgeworfen, die Tempel von Girgenti niederzulegen waren zwei Jahrtausende nicht hinreichend, Catania und Messina zu verderben wenige Stunden, wo nicht gar Augenblicke. Diese wahrhaft seekranken Betrachtungen einer auf der Woge des Lebens hin und wieder Geschaukelten ließ ich nicht Herrschaft gewinnen.

Auf der See, Dienstag den 15. Mai 1787.

Meine Hoffnung, dießmal schneller nach Neapel zu gelangen, oder von der Seekrankheit eher befreit zu seyn, war nicht eingetroffen. Verschiedene-mal versuchte ich, durch Kniep angeregt, auf das Verdeck zu treten, allein der Genuß eines so mannichfaltigen Schönen war mir versagt, nur einige Vorfälle ließen mich meinen Schwindel vergessen. Der ganze Himmel war mit einem weißlichen Wolkendunst umzogen, durch welchen die Sonne, ohne daß man ihr Bild hätte unterscheiden können, das Meer überleuchtete, welches die schönste Himmelsbläue zeigte, die man nur sehen kann. Eine Schaar Delphine begleitete das Schiff, schwimmend und springend blieben sie ihm immer gleich. Mich däucht, sie hatten das aus der Tiefe und Ferne ihnen als ein schwarzer Punkt erscheinende Schwimmgebäude für irgend einen Raub und willkommene Zehrung gehalten. Vom Schiff aus wenigstens behandelte man sie nicht als Geleitsmänner, sondern wie Feinde: einer ward mit dem Harpun getroffen, aber nicht heran-gebracht.

Der Wind blieb ungünstig, den unser Schiff, in verschiedenen Rich-tungen fortstreichend, nur überlisten konnte. Die Ungeduld hierüber ward vermehrt, als einige erfahrne Reisende versicherten: weder Haupt-mann noch Steurer verstünden ihr Handwerk, jener möge wohl als Kaufmann, dieser als Matrose gelten, für den Werth so vieler Men-schen und Güter seyen sie nicht geeignet einzustehen.

Ich ersuchte diese übrigens braven Personen, ihre Besorgnisse ge-heim zu halten. Die Anzahl der Passagiere war groß, darunter Weiber und Kinder von verschiedenem Alter, denn alles hatte sich auf das Französische Fahrzeug gedrängt, die Sicherheit der weißen Flagge vor Seeräubern, sonst nichts weiter bedenkend. Ich stellte vor, daß Miß-trauen und Sorge jeden in die peinlichste Lage versetzen würde, da bis jetzt alle in der farb- und wappenlosen Leinwand ihr Heil gesehen.

Und wirklich ist zwischen Himmel und Meer dieser weiße Zipfel als entscheidender Talisman merkwürdig genug. Wie sich Abfahrende und Zurückbleibende noch mit geschwungenen weißen Taschentüchern be-grüßen und dadurch wechselseitig ein sonst nie zu empfindendes Ge-fühl der scheidenden Freundschaft und Neigung erregen, so ist hier in dieser einfachen Fahne der Ursprung geheiligt; eben als wenn einer sein

Taschentuch an eine Stange befestigte, um der ganzen Welt anzukündigen, es komme ein Freund über Meer.

Mit Wein und Brod von Zeit zu Zeit erquickt, zum Verdruß des Hauptmanns, welcher verlangte, daß ich essen sollte, was ich bezahlt hatte, konnte ich doch auf dem Verdeck sitzen und an mancher Unterhaltung Theil nehmen. Kniep wußte mich zu erheitern, indem er nicht, wie auf der Corvette über die vortreffliche Kost triumphirend, meinen Neid zu erregen suchte, mich vielmehr dießmal glücklich pries, daß ich keinen Appetit habe.

Mittwoch den 16. Mai 1787.

Und so war der Nachmittag vorübergegangen, ohne daß wir unsern Wünschen gemäß in den Golf von Neapel eingefahren wären. Wir wurden vielmehr immer westwärts getrieben, und das Schiff, indem es sich der Insel Capri näherte, entfernte sich immer mehr von dem Cap Minerva. Jedermann war verdrießlich und ungeduldig, wir beiden aber, die wir die Welt mit malerischen Augen betrachteten, konnten damit sehr zufrieden seyn, denn bei Sonnenuntergang genossen wir des herrlichsten Anblicks, den uns die ganze Reise gewährt hatte. In dem glänzendsten Farbenschmuck lag Cap Minerva mit den daranstoßenden Gebirgen vor unsern Augen, indeß die Felsen, die sich südwärts hinabziehen, schon einen bläulichen Ton angenommen hatten. Vom Cap an zog sich die ganze erleuchtete Küste bis Sorrent hin. Der Vesuv war uns sichtbar, eine ungeheure Dampfwolke über ihm aufgethürmt, von der sich ostwärts ein langer Streif weit hinzog, so daß wir den stärksten Ausbruch vermuthen konnten. Links lag Capri, steil in die Höhe strebend; die Formen seiner Felswände konnten wir durch den durchsichtigen, bläulichen Dunst vollkommen unterscheiden. Unter einem ganz reinen, wolkenlosen Himmel glänzte das ruhige, kaum bewegte Meer, das, bei einer völligen Windstille, endlich wie ein klarer Teich vor uns lag. Wir entzückten uns an dem Anblick. Kniep trauerte, daß alle Farbenkunst nicht hinreiche, diese Harmonie wiederzugeben, so wie der feinste Englische Bleistift, die geübteste Hand nicht in den Stand setze, diese Linien nachzuziehen. Ich dagegen, überzeugt, daß ein weit geringeres Andenken als dieser geschickte Künstler zu erhalten vermochte, in der Zukunft höchst wünschenswerth seyn würde. Ich ermunterte ihn, Hand und Auge zum letztenmal anzustrengen; er ließ sich bereden und lieferte eine der genausten Zeichnungen, die er nachher colorirt und ein Beispiel zurückließ, daß bildlicher Darstellung das Unmögliche möglich wird. Den Uebergang vom Abend zur Nacht verfolgten wir mit eben so begierigen Augen. Capri lag nun ganz finster vor uns, und zu unserm Erstaunen entzündete sich die vesuvische Wolke, so wie auch der Wolkenstreif, je länger je mehr, und wir sahen zuletzt einen ansehnlichen Strich der Atmosphäre im Grunde unseres Bildes erleuchtet, ja wetterleuchten.

Ueber diese uns so willkommenen Scenen hatten wir unbemerkt gelassen, daß uns ein großes Unheil bedrohe; doch ließ uns die Bewegung unter den Passagieren nicht lange in Ungewißheit. Sie, der Meeresereignisse kundiger als wir, machten dem Schiffsherrn und seinem Steuermanne bittere Vorwürfe, daß über ihre Ungeschicklichkeit nicht allein die Meerenge verfehlt sey, sondern auch die ihnen anvertraute Personenzahl, Güter und alles umzukommen in Gefahr schwebe. Wir erkundigten uns nach der Ursache dieser Unruhe, indem wir nicht begriffen, daß bei völliger Windstille irgend ein Unheil zu befürchten sey. Aber eben diese Windstille machte jene Männer trostlos: wir befinden uns, sagten sie, schon in der Strömung, die sich um die Insel bewegt und durch einen sonderbaren Wellenschlag so langsam als unwiderstehlich nach dem schroffen Felsen hinzieht, wo uns auch nicht ein Breiten Vorsprung oder Bucht zur Rettung gegeben ist.

Aufmerksam durch diese Reden, betrachteten wir nun unser Schicksal mit Grauen: denn obgleich die Nacht die zunehmende Gefahr nicht unterscheiden ließ, so bemerkten wir doch, daß das Schiff, schwankend und schwippend, sich den Felsen näherte, die immer finsterer vor uns standen, während über das Meer hin noch ein leichter Abendschimmer verbreitet lag. Nicht die geringste Bewegung war in der Luft zu bemerken: Schnupftücher und leichte Bänder wurden von jedem in die Höhe und in's Freie gehalten, aber keine Andeutung eines erwünschten Hauches zeigte sich. Die Menge ward immer lauter und wilder. Nicht etwa laut weinend kauerten die Weiber mit ihren Kindern auf dem Verdeck, sondern, weil der Raum zu eng war, sich darauf zu bewegen, tragen sie gehörig an einander. Sie noch mehr als die Männer, welche besonnen auf Hülfe und Rettung dachten, schalten und tobten gegen den Capitän. Nun ward ihm alles vorgeworfen, was man auf der ganzen Reise schweigend zu rügen gehabt: für theures Geld einen schlechten Schiffsraum, geringe Kost, ein zwar nicht unfreundliches, aber doch stummes Betragen. Er hatte niemand von seinen Handlungen Rechenschaft gegeben, ja selbst noch den letzten Abend ein hartnäckiges Stillschweigen über seine Manöver beobachtet. Nun hieß er und der Steuermann hergelaufene Krämer, die, ohne Kenntniß der Schifffahrt, sich aus bloßem Eigennuz den Besitz eines Fahrzeuges zu verschaffen gewußt und nun, durch Unfähigkeit und Ungeschicklichkeit alle, die ihnen anvertraut, zu Grunde richteten. Der Hauptmann schwieg und schien immer noch auf Rettung zu sinnen; mir aber, dem von Jugend auf Knurbis verdrießlicher gewesen als der Tod selbst, war es unmöglich, länger zu schweigen. Ich trat vor sie hin und redete ihnen zu, mit ungefähr eben so viel Gemüthsruhe als den Vögeln von Maisesene. Ich stellte ihnen vor, daß gerade in diesem Augenblick ihr Lärmen und Schreien denen, von welchen noch allein Rettung zu hoffen sey, Ohr und Kopf verwirrten, so daß sie weder denken noch sich unter einander verständigen könnten. Was euch betrifft, rief ich aus, lebrt in euch selbst zurück, und dann wendet euer brünstiges Gebet zur Mutter Gottes, auf die es ganz allein ankommt, ob sie sich bei ihrem Sohne verwenden mag, daß er für euch thue, was er damals für seine Apostel gethan, als auf dem stürmenden See Tiberias die Wellen schon in das Schiff schlugen, der Herr aber schlief, als ihn die Trost und Hülflosen aufweckten; sogleich dem Winde zu ruhen gebot, wie er jetzt der Lust gebieten kann, Ach zu regen, wenn es anders sein heiliger Wille ist.

Diese Worte thaten die beste Wirkung. Eine unter den Frauen, mit der ich mich schon früher über sittliche und geistliche Gegenstände unterhalten hatte, rief aus: Ah! U Balarmó! benedetto U Balarmó! und wirklich fingen sie, da sie ohnehin schon auf den Knien lagen,

---

¹ Es ist dieß vielleicht der Name eines damals in Ansehen stehenden Geistlichen, mit dem man Gorize in dem Moment vergleicht; dann dürfte es heißen: Ah! Balarmó! Heil dem Balarmó!

ihre Litaneien mit mehr als herkömmlicher Inbrunst leidenschaftlich zu beten an. Sie konnten dieß mit desto größerer Beruhigung thun, als die Schiffsleute noch ein Rettungsmittel versuchten, das wenigstens in die Augen fallend war; sie ließen das Boot hinunter, das freilich nur jedes bis acht Männer fassen konnte, befestigten es durch ein langes Seil an das Schiff, welches die Matrosen durch Ruderschläge nach sich zu ziehen kräftig bemüht waren. Auch glaubte man einen Augenblick, daß sie es innerhalb der Strömung bewegten und hoffte es bald aus derselben herausgerettet zu sehen. Ob aber gerade diese Bemühungen die Gegengewalt der Strömung vermehrt, oder wie es damit beschaffen seyn mochte, so ward mit einmal an dem langen Seile das Boot und seine Mannschaft im Bogen rückwärts nach dem Schiffe geschleudert, wie die Schnur einer Peitsche, wenn der Fuhrmann einen Zug thut. Auch diese Hoffnung ward aufgegeben — Gebet und Klagen wechselten ab und der Zustand wuchs um so schauerlicher, da nun oben auf den Felsen die Ziegenhirten, deren Feuer man schon längst gesehen hatte, hohl aufschrien; da unten strebte das Schiff! Sie riefen einander noch viele unverständliche Töne zu, in welchen einige, mit der Sprache bekannt, zu vernehmen glaubten, als freuten sie sich auf manche Beute, die sie am andern Morgen aufzusuchen gedachten. Sogar der tröstliche Zweifel, ob denn auch wirklich das Schiff den Felsen sich so drohend nähere, war leider nur zu bald gehoben, indem die Mannschaft zu großen Stangen griff, um das Fahrzeug, wenn es zum äußersten käme, damit von den Felsen abzuhalten, bis denn endlich auch diese brächen und alles verloren sey. Immer stärker schwankte das Schiff, die Brandung schien sich zu vermehren, und meine durch alles dieses wiederkehrende Seekrankheit drängte mir den Entschluß auf, hinunter in die Cajüte zu steigen. Ich legte mich halb betäubt auf meine Matraze, doch aber mit einer gewissen angenehmen Empfindung, die sich vom See Tiberias herzuschreiben schien: denn ganz deutlich schwebte mir das Bild aus Merian's Kupferbibel vor Augen. Und so bewähert sich die Kraft aller sinnlich sittlichen Eindrücke jedesmal am stärksten, wenn der Mensch ganz auf sich selbst zurückgewiesen ist. Wie lange ich so in halbem Schlafe gelegen, wußte ich nicht zu sagen, aufgeweckt aber ward ich durch ein gewaltsames Getöse über mir; ich konnte deutlich vernehmen, daß es die großen Seile waren, die man auf dem Verdeck hin

und wieder schleppte; dieß gab mir Hoffnung, daß man von den Segeln
Gebrauch mache. Nach einer kleinen Weile sprang Kniep herunter und
kündigte mir an, daß man gerettet sey, der gelindeste Windshauch
habe sich erhoben; in dem Augenblick sey man bemüht gewesen, die
Segel aufzuziehen, er selbst habe nicht versäumt Hand anzulegen. Man
entfernte sich schon sichtbar vom Felsen, und obgleich noch nicht völlig
außer der Strömung, hoffe man nun doch sie zu überwinden. Oben
war alles stille; sodann kamen mehrere der Passagiere, verkündigten
den glücklichen Ausgang und legten sich nieder.

Als ich früh am vierten Tage unserer Fahrt erwachte, befand ich
mich frisch und gesund, so wie ich auch bei der Ueberfahrt zu eben
dieser Epoche gewesen war; so daß ich also auf einer längern Seereise
wahrscheinlich mit einer dreitägigen Unpäßlichkeit meinen Tribut würde
bezahlt haben.

Vom Verdeck sah ich mit Vergnügen die Insel Capri in ziemlicher
Entfernung zur Seite liegen und unser Schiff in solcher Richtung, daß
wir hoffen konnten in den Golf hineinzufahren, welches denn auch bald
geschah. Nun hatten wir die Freude nach einer ausgestandenen harten
Nacht dieselben Gegenstände, die uns Abends vorher entzückt hatten,
im aufgegengesetzten Lichte zu bewundern. Bald ließen wir jene gefährliche Felseninsel hinter uns. Hatten wir gestern die rechte Seite des
Golfs von weitem bewundert, so erschienen nun auch die Castelle und
die Stadt gerade vor uns, sodann links der Posilippo und die Erdzungen, die sich bis gegen Procida und Ischia erstrecken. Alles war
auf dem Verdeck, voran ein für seinen Orient sehr eingenommener
Griechischer Priester, der den Landesbewohnern, die ihr herrliches
Vaterland mit Entzücken begrüßten, auf ihre Frage: wie sich denn
Neapel zu Constantinopel verhalte, sehr pathetisch antwortete: anche
questa è una città! — Auch dieses ist eine Stadt! — Wir langten
zur rechten Zeit im Hafen an, umsummt von Menschen; es war der
lebhafteste Augenblick des Tages. Kaum waren unsere Koffer und
sonstigen Geräthschaften ausgeladen und standen am Ufer, als gleich
zwei Lastträger sich derselben bemächtigten, und kaum hatten wir ausgesprochen, daß wir bei Moriconi logiren würden, so liefen sie mit
dieser Last wie mit einer Beute davon, so daß wir ihnen durch die
menschenreichen Straßen und über den bewegten Platz nicht mit den

Augen folgen konnten. Kniep hatte das Portefeuille unter dem Arm, und wir hätten wenigstens die Zeichnungen gerettet, wenn jene Träger, weniger ehrlich als die Neapolitanischen armen Teufel, uns um dasjenige gebracht hätten, was die Brandung verschont hatte.

Neapel.

An Herder.

Neapel, den 17. Mai 1787.

Hier bin ich wieder, meine Lieben, frisch und gesund. Ich habe die Reise durch Sicilien leicht und schnell getrieben; wenn ich wiederkomme, sollt Ihr beurtheilen, wie ich gesehen habe. Daß ich sonst so an den Gegenständen klebte und haftete, hat mir nun eine unglaubliche Fertigkeit verschafft, alles gleichsam vom Blatt weg zu spielen, und ich finde mich recht glücklich, den großen, schönen, unvergleichbaren Gedanken von Sicilien so klar, ganz und lauter in der Seele zu haben. Nun bleibt meiner Sehnsucht kein Gegenstand mehr im Mittag, da ich auch gestern von Pästum zurückgekommen bin. Das Meer und die Inseln haben mir Genuß und Leiden gegeben, und ich kehre befriedigt zurück. Laßt mich jedes Detail bis zu meiner Wiederkehr aufsparen. Auch ist hier in Neapel kein Besinnens; diesen Ort werde ich Euch nun besser schildern, als es meine ersten Briefe thaten. Den ersten Juni reise ich nach Rom, wenn mich nicht eine höhere Macht hindert, und Anfangs Juli denke ich von dort wieder abzugehen. Ich muß Euch sobald als möglich wiedersehen, es sollen gute Tage werden. Ich habe unsäglich aufgeladen und brauche Ruhe, es wieder zu verarbeiten.

Für alles, was Du liebes und gutes an meinen Schriften thust, danke ich Dir tausendmal; ich wünschte immer etwas besseres auch Dir zur Freude zu machen. Was mir auch von Dir begegnen wird und wo, soll mir willkommen seyn, wir sind so nah in unsern Vorstellungsarten, als es möglich ist, ohne Eins zu seyn, und in den Hauptpunkten am nächsten. Wenn Du diese Zeit her viel aus Dir selbst geschöpft hast, so hab' ich viel erworben, und ich kann einen guten Tausch hoffen.

Ich bin freilich, wie Du sagst, mit meiner Vorstellung sehr an's Gegenwärtige geheftet, und jemehr ich die Welt sehe, desto weniger kann ich hoffen, daß die Menschheit je Eine weise, kluge, glückliche Masse werden könne. Vielleicht ist unter den Millionen Welten eine, die sich dieses Vorzugs rühmen kann: bei der Constitution der unsrigen bleibt mir so wenig für sie, als für Sicilien bei der seinigen zu hoffen.

In einem beiliegenden Blatte sag' ich etwas über den Weg nach Salerno und über Pästum selbst; es ist die letzte und, fast möcht' ich sagen, herrlichste Idee, die ich nun nordwärts vollständig mitnehme. Auch ist der mittlere Tempel, nach meiner Meinung, allem vorzuziehen, was man noch in Sicilien sieht.

Was den Homer betrifft, ist mir wie eine Decke von den Augen gefallen. Die Beschreibungen, die Gleichnisse ꝛc. kommen uns poetisch vor, und sind doch unsäglich natürlich, aber freilich mit einer Reinheit und Innigkeit gezeichnet, vor der man erschrickt. Selbst die sonderbarsten, erlogenen Begebenheiten haben eine Natürlichkeit, die ich nie so gefühlt habe, als in der Nähe der beschriebenen Gegenstände. Laß mich meinen Gedanken kurz so ausdrücken: sie[1] stellten die Existenz dar, wir gewöhnlich den Effect; sie schilderten das Fürchterliche, wir schildern fürchterlich; sie das Angenehme, wir angenehm u. s. w. Daher kommt alles Uebertriebene, alles Manierirte, alle falsche Grazie, aller Schwulst. Denn wenn man den Effect[2] und auf den Effect arbeitet, so glaubt man ihn nicht fühlbar genug machen zu können. Wenn, was ich sage, nicht neu ist, so hab' ich es doch bei neuem Anlaß recht lebhaft gefühlt. Nun ich alle diese Küsten und Vorgebirge, Golfe und Buchten, Inseln und Erdzungen, Felsen und Sandstreifen, buschige Hügel, sanfte Weiden, fruchtbare Felder, geschmückte Gärten, gepflegte Bäume, hängende Reben, Wolkenberge und immer heitere Ebenen, Klippen und Bänke, und das alles umgebende Meer mit so vielen Abwechselungen und Mannichfaltigkeiten im Geiste gegenwärtig habe, nun ist mir erst die Odyssee ein lebendiges Wort.

[1] Die Alten ist hier einzuschalten oder eingeschaltet zu denken, da sie außerdem kein Beziehungswort hat.

[2] suche.

Ferner muß ich Dir vertrauen, daß ich dem Geheimniß der Pflanzenzeugung und Organisation ganz nahe bin, und daß es das einfachste ist, was nur gedacht werden kann. Unter diesem Himmel kann man die schönsten Beobachtungen machen. Den Hauptpunkt, wo der Keim steckt, habe ich ganz klar und zweifellos gefunden; alles Uebrige seh' ich auch schon im Ganzen, und nur noch einige Punkte müssen bestimmter werden. Die Urpflanze wird das wunderlichste Geschöpf von der Welt, um welches mich die Natur selbst beneiden soll. Mit diesem Modell und dem Schlüssel dazu kann man alsdann noch Pflanzen in's Unendliche erfinden, die consequent seyn müssen, das heißt, die, wenn sie auch nicht existiren, doch existiren könnten, und nicht etwa malerische oder dichterische Schatten und Scheine sind, sondern eine innerliche Wahrheit und Nothwendigkeit haben. Dasselbe Gesetz wird sich auf alles übrige Lebendige anwenden lassen.

Neapel, den 18. Mai 1787.

Tischbein, der nach Rom wieder zurückgekehrt ist, hat, wie wir merken, hier in der Zwischenzeit so für uns gearbeitet, daß wir seine Abwesenheit nicht empfinden sollen. Er scheint seinen sämmtlichen hiesigen Freunden so viel Zutrauen zu uns eingeflößt zu haben, daß sie sich alle offen, freundlich und thätig gegen uns erwiesen, welches ich besonders in meiner gegenwärtigen Lage sehr bedarf, weil kein Tag vergeht, wo ich nicht jemand um irgend eine Gefälligkeit und Beistand anzurufen hätte. So eben bin ich im Begriff, ein summarisches Verzeichniß aufzusetzen von dem was ich noch zu sehen wünschte; da denn die Kürze der Zeit Meisterin bleiben und andeuten wird, was denn auch wirklich nachgeholt werden könne.

Neapel, den 22. Mai 1787.

Heute begegnete mir ein angenehmes Abenteuer, welches mich wohl zu einigem Nachdenken bewegen konnte, und des Erzählens werth ist.

Eine Dame, die mich schon bei meinem ersten Aufenthalt vielfach begünstigt, ersuchte mich, Abends Punkt fünf Uhr bei ihr einzutreffen: es wolle mich ein Engländer sprechen, der mir über meinen Werther etwas zu sagen habe.

Vor einem halben Jahre würde hieraus, und wäre sie mit doppelt werth gewesen, gewiß eine abschlägliche Antwort erfolgt seyn; aber daran, daß ich zusagte, konnte ich wohl merken, meine Sicilianische Reise habe glücklich auf mich gewirkt, und ich versprach zu kommen.

Leider aber ist die Stadt zu groß und der Gegenstände so viel, daß ich eine Viertelstunde zu spät die Treppe hinauf stieg und eben an der verschlossenen Thüre auf der Schilfmatte stand, um zu klingeln, als die Thüre schon aufging und ein schöner Mann in mittlern Jahren heraus trat, den ich sogleich für den Engländer erkannte. Er hatte mich kaum angesehen, als er sagte: Sie sind der Verfasser des Werthers? Ich bekannte mich dazu und entschuldigte mich, nicht früher gekommen zu seyn.

Ich konnte nicht einen Augenblick länger warten, versetzte derselbe, was ich Ihnen zu sagen habe, ist ganz kurz und kann eben so gut hier auf der Schilfmatte geschehen. Ich will nicht wiederholen, was Sie von Tausenden gehört, auch hat das Werk nicht so heftig auf mich gewirkt als auf andere; so oft ich aber daran denke, was dazu gehörte, um es zu schreiben, so muß ich mich immer auf's Neue verwundern.

Ich wollte irgend etwas dankbar dagegen erwidern, als er mir in's Wort fiel und ausrief: ich darf keinen Augenblick länger säumen, mein Verlangen ist erfüllt, Ihnen dieß selbst gesagt zu haben, leben Sie recht wohl und glücklich! und so fuhr er die Treppe hinunter. Ich stand einige Zeit, über diesen ehrenvollen Text nachdenkend, und klingelte endlich. Die Dame vernahm mit Vergnügen unser Zusammentreffen, und erzählte manches Vortheilhafte von diesem seltenen und seltsamen Manne.

Neapel, Freitag den 25. Mai 1787.

Mein lockeres Prinzeßchen werde ich wohl nicht wieder sehen, sie ist wirklich nach Sorrent und hat mir die Ehre angethan, vor ihrer Abreise auf mich zu schelten, daß ich das steinichte und wüste Sicilien ihr habe vorziehen können. Einige Freunde gaben mir Auskunft über diese sonderbare Erscheinung. Aus einem guten, doch unvermögenden

Hause geboren, im Kloster erzogen, entschloß sie sich, einem alten und reichen Fürsten zu heirathen, und man konnte sie um so eher dazu überreden, als die Natur sie zu einem zwar guten, aber zur Liebe völlig unfähigen Wesen gebildet hatte. In dieser reichen, aber durch Familienverhältnisse höchst beschränkten Lage suchte sie sich durch ihren Geist zu helfen, und, da sie in Thun und Lassen gehindert war, wenigstens ihrem Mundwerk freies Spiel zu geben. Man versicherte mir, daß ihr eigentlichster Wandel ganz untadelich sey, daß sie sich aber fest vorgesetzt zu haben scheine, durch ein unbändiges Reden allen Verhältnissen in's Angesicht zu schlagen. Man bemerkte scherzend, daß keine Censur ihre Discurse, wären sie schriftlich verfaßt, könne durchgehen lassen, weil sie durchaus nichts vorbringe, als was Religion, Staat, oder Sitten verletze.

Man erzählte die wunderlichsten und artigsten Geschichten von ihr, wovon eine hier stehen mag, ob sie gleich nicht die anständigste ist.

Kurz vor dem Erdbeben, das Calabrien betraf, war sie auf die dortigen Güter ihres Gemahls gezogen. Auch in der Nähe ihres Schlosses war eine Baracke gebaut, das heißt ein hölzernes, einstöckiges Haus, unmittelbar auf den Boden aufgesetzt; übrigens tapezirt, möblirt und schicklich eingerichtet. Bei den ersten Anzeichen des Erdbebens flüchtete sie dahin. Sie saß auf dem Sopha, strickend ruhspends, vor sich ein Nähtischchen, gegen ihr über ein Abbé, ein alter Hausgeistlicher. Auf einmal wogte der Boden, das Gebäude senkt an ihrer Seite nieder, indem die entgegengesetzte sich empor hob, der Abbé und das Tischchen wurde also auch in die Höhe gehoben. Pfui rief sie, an der sinkenden Wand mit dem Kopfe gelehnt, schickt sich das für einen so ehrwürdigen Mann! Ihr gebärdet euch ja, als wenn Ihr auf mich fallen wolltet. Das ist ganz gegen alle Sitte und Wohlstand.

Indessen hatte das Haus sich wieder niedergesetzt und sie wußte sich vor Lachen nicht zu lassen über die närrische, lüsterne Figur, die der gute Alte sollte gespielt haben, und sie schien über diesen Scherz von allen Calamitäten, ja dem großen Verlust, der ihre Familie und soviel tausend Menschen betraf, nicht das mindeste zu empfinden. Ein wundersam glücklicher Charakter, dem noch eine Posse gelingt, indem ihn die Erde verschlingen will.

Neapel, Sonnabend den 26. Mai 1787.

Genau betrachtet, möchte man doch wohl gut heißen, daß es so
viele Heilige giebt; nun kann jeder Gläubige den seinigen auslesen
und mit vollem Vertrauen sich gerade an den wenden, der ihm
eigentlich zusagt. Heute war der Tag des meinigen, den ich denn,
ihm zu Ehren, nach seiner Weise und Lehre andächtig munter beging.

Philippus Neri steht in hohem Ansehn und zugleich heiterem Andenken; man wird erbaut und erfreut, wenn man von ihm und seiner
hohen Gottesfurcht vernimmt, zugleich aber hört man auch von seiner
guten Laune sehr viel erzählen. Seit seinen ersten Jugendjahren fühlte
er die brünstigsten Religionstriebe, und im Laufe seines Lebens entwickelten sich in ihm die höchsten Gaben des religiösen Enthusiasmus:
die Gabe des unwillkürlichen Gebets, der tiefen wortlosen Anbetung,
die Gabe der Thränen, der Ekstase, und zuletzt sogar des Aufsteigens
vom Boden und Schwebens über demselben, welches vor allen für das
Höchste gehalten wird.

Zu so vielen geheimnißvollen, seltsamen Innerlichkeiten gesellte er
den klarsten Menschenverstand, die reinste Würdigung oder vielmehr
Abwürdigung der irdischen Dinge, den thätigsten Beistand, in leiblicher und geistlicher Noth seinem Nebenmenschen gewidmet. Streng
beobachtete er alle Obliegenheiten, wie sie auch an Fasten, Kirchen-
besuchen, Beten, Fasten und sonst von dem gläubigen, kirchlichen
Manne gefordert werden. Eben so beschäftigte er sich mit Bildung der
Jugend, mit musikalischer und rednerischer Uebung derselben, indem er
nicht allein ge stliche, sondern auch geistreiche Themata vorlegte und
sonst aufregende Gespräche und Disputationen veranlaßte. Hiebei
möchte denn wohl das sonderbarste scheinen, daß er das alles aus
eignem Trieb und Befugniß that und leistete, seinen Weg viele Jahre
stetig verfolgte, ohne zu irgend einem Orden oder Congregation zu
gehören, ja ohne die geistliche Weihe zu haben.

Doch bedeutender muß es auffallen, daß gerade dieß zu Luthers
Zeit geschah, und daß mitten in Rom ein tüchtiger, gottesfürchtiger,
energischer, thätiger Mann gleichfalls den Gedanken hatte, das Geistliche, ja das Heilige mit dem Weltlichen zu verbinden, das Himmlische
in das Seculum einzuführen und dadurch ebenfalls eine Reformation
vorzubereiten. Denn hier liegt doch ganz allein der Schlüssel, der die

Gefängniſſe des Papſtthums öffnen und der freien Welt ihren Gott wiedergeben ſoll.

Der päpſtliche Hof jedoch, der einen ſo bedeutenden Mann in der Nähe, im Bezirk von Rom unter ſeinen Gewahrſam hatte, ließ nicht nach, bis dieſer, der ohnehin ein geiſtliches Leben führte, ſchon ſeine Wohnung in Klöſtern nahm, daſelbſt lehrte, ermunterte, ja ſogar, wo nicht einen Orden, doch eine freie Verſammlung zu ſtiften im Begriff war, endlich beredet ward, die Weihe zu nehmen und alle die Vortheile damit zu empfangen, die ihm denn doch bisher auf ſeinem Lebenswege ermangelt hatten.

Will man auch ſeine körperliche wunderbare Erhebung über den Boden, wie billig, in Zweifel ziehen, ſo war er doch dem Geiſte nach hoch über dieſer Welt erhoben und deßwegen ihm nicht ſo ſehr zu wider als Eitelkeit, Schein, Anmaßung, gegen die er auch immer, als gegen die größten Hinderniſſe eines wahren gottſeligen Lebens, kräftig wirkte, und zwar, wie uns manche Geſchichte überliefert, immer mit gutem Humor.

Er befindet ſich z. B. eben in der Nähe des Papſtes, als dieſem berichtet wird, daß in der Nähe von Rom eine Kloſterfrau mit allerlei wunderlichen, geiſtlichen Gaben ſich hervorthue. Die Wahrhaftigkeit dieſer Erzählungen zu unterſuchen, erhält Neri den Auftrag. Er ſetzt ſich ſogleich zu Maulthier, und iſt bei ſehr böſem Wetter und Weg bald im Kloſter. Eingeführt unterhält er ſich mit der Aebtiſſin, die ihm von allen dieſen Gnadenzeichen mit vollkommener Beiſtimmung genaueſte Kenntniß giebt. Die geforderte Nonne tritt ein, und er, ohne ſie weiter zu begrüßen, reicht ihr den kothigen Stiefel hin, mit dem Anſinnen, daß ſie ihn ausziehen ſolle. Die heilige, reinliche Jungfrau tritt erſchrocken zurück und giebt ihre Entrüſtung über dieſes Zumuthen mit heftigen Worten zu erkennen. Neri erhebt ſich ganz gelaſſen, beſteigt ſein Maulthier und findet ſich wieder vor dem Papſt, ehe dieſer es nur vermuthen konnte: denn wegen Prüfung ſolcher Geiſtesgaben ſind katholiſchen Beichtvätern bedeutende Vorſichtsmaßregeln auf's genaueſte vorgeſchrieben, weil die Kirche zwar die Möglichkeit ſolcher himmliſchen Begünſtigungen zugiebt, aber die Wirklichkeit derſelben nicht ohne die genaueſte Prüfung zugeſteht. Dem verwunderten Papſte eröffnete Neri kürzlich das Reſultat: Sie iſt keine Heilige, ruft er weiß, sie thut keine Wunder! denn die Haupteigenschaft fehlt ihr, die Demuth.

Diese Maxime kann man als leitendes Princip seines ganzen Lebens ansehen; denn, um nur noch Eins zu erzählen, als er der Congregation der Padri dell' Oratorio gestiftet hatte, die sich bald ein großes Ansehn erwarb und gar vielen den Wunsch einflößte, Mitglied derselben zu werden, kam ein junger Römischer Prinz, um Aufnahme bittend, welchem denn auch das Noviciat und die demselben angewiesene Uebung vorstanden wurde. Da aber selbiger nach einiger Zeit um wirklichen Eintritt nachsuchte, hieß es, daß vorher noch einige Prüfungen zu bestehen seyen, wozu er sich denn auch bereit erklärte. Da brachte Neri einen langen Fuchsschwanz hervor und forderte, der Prinz solle diesen sich hinten an das lange Röckchen anheften lassen und ganz ernsthaft durch alle Straßen von Rom gehen. Der junge Mann entsetzte sich, wie aber die Nonne, und äußerte: er habe sich gemeldet, nicht um Schande, sondern um Ehre zu erlangen. Da meinte Vater Neri, dieß sey von ihrem Kreise nicht zu erwarten, wo die höchste Entsagung das erste Gesetz bleibe. Worauf denn der Jüngling seinen Abschied nahm.

In einem kurzen Wahlspruch hatte Neri seine Hauptlehre verfaßt: Spernere mundum, spernere te spsum, spernere te sperni.[1] Und damit wäre freilich alles gesagt. Die beiden ersten Punkte bildet sich ein Hypochondrist wohl manchmal ein erfüllen zu können, um aber sich zum dritten zu bequemen, müßte man auf dem Wege seyn, ein Heiliger zu werden.

Neapel, den 27. Mai 1787.

Die sämmtlichen lieben Briefe vom Ende des vorigen Monats habe ich gestern alle auf einmal von Rom her durch Graf Fries erhalten und mir mit Lesen und Wiederlesen etwas rechts zu gute gethan. Das sehnlich erwartete Schächtelchen war auch dabei, und ich danke tausendmal für alles.

Nun wird es aber bald Zeit, daß ich von hier flüchte, denn indem ich mit Neapel und seinen Umgebungen noch recht zu gut Lust bei

[1] Verachte die Welt, verachte dich selbst, verachte, daß man dich verachte.

gegenwärtigen, den Eindruck erneuern und über manches abschließen möchte, so reißt der Strom des Tages mich fort; und nun schließen auch vorzügliche Menschen sich an, die ich als alte und neue Bekannte unmöglich so geradezu abweisen kann. Ich fand eine liebenswürdige Dame, mit der ich vorigen Sommer in Carlsbad die angenehmsten Tage verlebt hatte. Um wie manche Stunde betrogen wir die Gegenwart in heiterster Erinnerung. Alle die Lieben und Werthen kamen wieder an die Reihe, vor allem der heitere Humor unseres theuren Fürsten. Sie besaß das Gedicht noch, womit ihn bei seinem Wegtritt die Mädchen von Engelhaus überraschten. Es rief die lustigen Scenen alle zurück, die witzigen Neckereien und Mystificationen, die geistreichen Versuche, das Vergeltungsrecht an einander auszuüben. Schnell fühlten wir uns auf Deutschem Boden, in der besten Deutschen Gesellschaft, eingeschränkt von Felswänden, durch ein seltsames Local zusammen gehalten, mehr noch durch Hochachtung, Freundschaft und Neigung vereinigt. Sobald wir jedoch an's Fenster traten, rauschte der Neapolitanische Strom wieder so gewaltsam an uns vorbei, daß jene friedlichen Erinnerungen nicht festzuhalten waren.

Der Bekanntschaft des Herzogs und der Herzogin von Ursel konnt' ich eben so wenig ausweichen. Treffliche Personen, von hohen Sitten, reinem Natur- und Menschensinn, entschiedener Kunstliebe, Wohlwollen für Begegnende. Eine fortgesetzte und wiederholte Unterhaltung war höchst anziehend.

Hamilton und seine Schöne setzten gegen mich ihre Freundlichkeit fort. Ich speis'te bei ihnen, und gegen Abend producirte Miß Harte auch ihre musikalischen und melischen Talente.

Auf Antriek Freund Hackert's, der sein Wohlwollen gegen mich steigert und mir alles Merkwürdige zur Kenntniß bringen möchte, führte uns Hamilton in sein geheimes Kunst- und Gerümpelgewölbe. Da sieht es denn ganz verwirrt aus; die Producte aller Epochen zufällig durch einander gestellt: Büsten, Torse, Vasen, Bronze, von Sicilianischen Achaten allerlei Hauszierrath, sogar ein Capellchen, Geschnitztes, Gemaltes und was er nur zufällig zusammenkaufte. In einem langen Kasten an der Erde, dessen aufgebrochenem Deckel ich neugierig bei Seite schob, lagen zwei ganz herrliche Candelaber von Bronze. Mit einem Wink machte ich Hackerten aufmerksam und lispelte ihm die

Frage zu: ob diese nicht ganz denen in Portici ähnlich seyen? Er winkte mir dagegen Stillschweigen; sie mochten sich freilich aus den Pompejischen Grüften seitwärts hieher verloren haben. Wegen solcher und ähnlicher glücklichen Erwerbnisse mag der Ritter diese verborgenen Schätze nur wohl seinen vertrautesten Freunden sehen lassen.

Auffallend war mir ein aufrechtstehender, an der Vorderseite offener, inwendig schwarzangestrichener Kasten, von dem prächtigsten goldenen Rahmen eingefaßt; der Raum groß genug, um eine stehende menschliche Figur aufzunehmen: und dem gemäß erfuhren wir auch die Absicht. Der Kunst- und Mädchenfreund, nicht zufrieden, das schöne Gebild als bewegliche Statue zu sehen, wollte sich auch an ihr als an einem bunten, unnachahmbaren Gemälde ergötzen; und so hatte sie manchmal innerhalb dieses goldenen Rahmens, auf schwarzem Grund, vielfarbig gekleidet, die antiken Gemälde von Pompeji, und selbst neuere Meisterwerke nachgeahmt. Diese Epoche schien vorüber zu seyn, auch war der Apparat schwer zu transportiren und in's rechte Licht zu setzen; uns konnte also ein solches Schauspiel nicht zu Theil werden.

Hier ist der Ort, noch einer andern entschiedenen Liebhaberei der Neapolitaner überhaupt zu gedenken. Es sind die Krippchen (presepe), die man zu Weihnachten in allen Kirchen sieht, eigentlich die Anbetung der Hirten, Engel und Könige vorstellend, mehr oder weniger vollständig, reich und kostbar zusammen gruppirt. Diese Darstellung ist in dem heitern Neapel bis auf die flachen Hausdächer gestiegen. Dort wird ein leichtes, hüttenartiges Gerüste erbaut, mit immergrünen Bäumen und Sträuchen ausgeschmückt, die Mutter Gottes, das Kind und die sämmtlichen Umstehenden und Umschwebenden kostbar ausgeputzt, auf welche Garderobe das Haus große Summen verwendet. Was aber das Ganze unnachahmlich verherrlicht, ist der Hintergrund, welcher den Vesuv mit seinen Umgebungen einfaßt.[1]

Da mag man nun manchmal auch lebendige Figuren zwischen die Gruppen mit eingemischt haben, und nach und nach ist eine der bedeutendsten Unterhaltungen hoher und reicher Familien geworden, zu ihrer Abendergötzung auch weltliche Bilder, sie mögen nun der Geschichte oder der Dichtkunst angehören, in ihren Palästen aufzuführen.

[1] umfaßt. Der Vesuv mit seinen Umgebungen bildet den Hintergrund.

Darf ich mir eine Bemerkung erlauben, die freilich ein wohl-
behandelter Gaſt nicht wagen ſollte, ſo muß ich geſtehen, daß mir
unſere ſchöne Unterhaltende doch eigentlich als ein geiſtloſes Weſen
vorkommt, die wohl mit ihrer Geſtalt bezahlen, aber durch keinen
ſeelenvollen Ausdruck der Stimme, der Sprache ſich geltend machen
kann. Schon ihr Geſang iſt nicht von zuſagender Fülle.

Und ſo mag es ſich auch am Ende mit jenen ſtarren Bildern
verhalten. Schöne Perſonen giebt's überall, tiefempfindende, zugleich
mit günſtigen Sprachorganen verſehene viel ſeltener, am allerſeltenſten
ſolche, wo zu allem dieſen noch eine einnehmende Geſtalt hinzutritt.

– – – – – –

Auf Herder's dritten Theil freu' ich mich ſehr. Hebet mir ihn
auf, bis ich ſagen kann, wo er mir begegnen ſoll. Er wird gewiß den
ſchönen Traumwunſch der Menſchheit, daß es dereinſt beſſer mit ihr
werden ſolle, trefflich ausgeführt haben. Auch muß ich ſelbſt ſagen,
halt' ich es für wahr, daß die Humanität endlich ſiegen wird, nur
fürcht' ich, daß zu gleicher Zeit die Welt ein großes Hoſpital und einer
des andern humaner Krankenwärter ſeyn werde.

Neapel, den 28. Mai 1787.

Der gute und ſo brauchbare Vollmann nöthigt mich von Zeit zu
Zeit von ſeiner Meinung abzugehen. Er ſpricht z. B.; daß dreißig bis
vierzig tauſend Müßiggänger in Neapel zu finden wären, und wer
ſpricht's ihm nicht nach! Ich vermuthete zwar ſehr bald, nach einiger
erlangter Kenntniß des ſüdlichen Zuſtandes, daß dieß wohl eine nor-
diſche Anſicht ſeyn möchte, wo man jeden für einen Müßiggänger hält,
der ſich nicht den ganzen Tag ängſtlich abmüht. Ich wendete deßhalb
vorzügliche Aufmerkſamkeit auf das Volk, es mochte ſich bewegen oder
in Ruhe verharren, und konnte zwar ſehr viel übelgekleidete Menſchen
bemerken, aber keine unbeſchäftigten.

Ich fragte deßwegen einige Freunde nach den unzähligen Müßig-
gängern, welche ich doch auch wollte kennen lernen; ſie konnten mir
aber ſolche eben ſo wenig zeigen, und ſo ging ich, weil die Unter-
ſuchung mit Betrachtung der Stadt genau zuſammenhing, ſelbſt auf
die Jagd aus.

Ich fing an, mich in dem ungeheuren Gewirre mit den verschiedenen Figuren bekannt zu machen, sie nach ihrer Gestalt, Kleidung,
Betragen, Beschäftigung zu beurtheilen und zu classificiren. Ich fand
diese Operation hier leichter als irgendwo, weil der Mensch sich hier
mehr selbst gelassen ist, und sich seinem Stande auch äußerlich gemäß
bezeigt.

Ich fing meine Beobachtung bei früher Tageszeit an, und alle
die Menschen, die ich hie und da still stehen oder ruhen fand, waren
Leute, deren Beruf es in dem Augenblick mit sich brachte.

Die Lastträger, die an verschiedenen Plätzen ihre privilegirten
Stände haben, und nur erwarten, bis sich jemand ihrer bedienen will;
die Calessaren, ihre Knechte und Jungen, die bei den einspännigen
Caleschen auf großen Plätzen stehen, ihre Pferde besorgen und einem
jeden, der sie verlangt, zu Diensten sind; Schiffer, die auf dem Molo
ihre Pfeife rauchen; Fischer, die an der Sonne liegen, weil vielleicht
ein ungünstiger Wind weht, der ihnen auf das Meer auszufahren ver-
bietet. Ich sah auch wohl noch manche hin und wieder gehen, doch
trug meist ein jeder ein Zeichen seiner Thätigkeit mit sich. Von Bettlern war keiner zu bemerken, als ganz alte, völlig unfähige und
krüppelhafte Menschen. Je mehr ich mich umsah, je genauer ich beobachtete, desto weniger konnt' ich, weder von der geringen, noch von
der mittlern Classe, weder am Morgen, noch den größten Theil des
Tages, ja von keinem Alter und Geschlecht eigentliche Müßiggänger
finden.

Ich gehe in ein näheres Detail, um das, was ich behaupte, glaub-
würdiger und anschaulicher zu machen. Die kleinsten Kinder sind
auf mancherlei Weise beschäftigt. Ein großer Theil derselben trägt
Fische zum Verkauf von Santa Lucia in die Stadt; andre sieht
man sehr oft in der Gegend des Arsenals, oder wo sonst etwas ge-
zimmert wird, wobei es Späne giebt, auch am Meere, welches Reiser
und kleines Holz auswirft, beschäftigt, sogar die kleinsten Stückchen in
Körbchen aufzulesen. Kinder von einigen Jahren, die nur auf der
Erde so hinkriechen, in Gesellschaft älterer Knaben von fünf bis sechs
Jahren, befassen sich mit diesem kleinen Gewerbe. Sie gehen nachher
mit dem Körbchen tiefer in die Stadt und setzen sich mit ihren kleinen
Holzportionen gleichsam zu Markte. Der Handwerker, der kleine Bürger

kauft es ihnen ab, brennt es auf seinem Dreifuß zu Kohlen, um sich daran zu erwärmen, oder verbraucht es in seiner sparsamen Küche.

Andere Kinder tragen das Wasser der Schwefelquellen, welches besonders im Frühjahr sehr stark getrunken wird, zum Verkauf herum. Andere suchen einen kleinen Gewinn, indem sie Obst, gesponnenen Honig, Kuchen und Zuckerwaare einkaufen und wieder als kindische Handelsleute den übrigen Kindern anbieten und verkaufen; allenfalls nur um ihren Theil daran umsonst zu haben. Es ist wirklich artig anzusehen, wie ein solcher Junge, dessen ganzer Kram und Geräthschaft in einem Bret und Messer besteht, eine Wassermelone, oder einen halben gebratenen Kürbis herumträgt, wie sich um ihn eine Schaar Kinder versammelt, wie er sein Bret niedersetzt und die Frucht in kleine Stücke zu zertheilen anfängt. Die Käufer schauen sehr ernsthaft, ob sie auch für ihr klein Stückchen Kupfergeld genug erhalten sollen, und der kleine Handelsmann tractirt gegen die Begierigen der Sache eben so bedächtig, damit er ja nicht um ein Stückchen betrogen werde. Ich bin überzeugt, daß man bei längerem Aufenthalt noch manche Beispiele solches kindlichen Erwerbes sammeln könnte.

Eine sehr große Anzahl von Menschen, theils mittlern Alters, theils Knaben, welche meistentheils sehr schlecht gekleidet sind, beschäftigen sich, das Kehricht auf Eseln aus der Stadt zu bringen. Das nächste Feld um Neapel ist nur Ein Küchengarten, und es ist eine Freude zu sehen, welche unsägliche Menge von Küchengewächsen alle Markttage herein geschafft wird und wie die Industrie der Menschen sogleich die überflüssigen, von der Köchin verworfenen Theile wieder in die Felder bringt, um den Cirkel der Vegetation zu beschleunigen. Bei der unglaublichen Consumtion von Gemüse machen wirklich die Strünke und Blätter von Blumenkohl, Broccoli, Artischocken, Kohl, Salat, Knoblauch einen großen Theil des Neapolitanischen Kehrichts aus; diesem wird denn auch besonders nachgestrebt. Zwei große bequeme Körbe hängen auf dem Rücken eines Esels, und werden nicht allein ganz voll gefüllt, sondern noch auf jeden mit besonderer Kunst ein Haufen aufgethürmt. Kein Garten kann ohne einen solchen Esel bestehen. Ein Knecht, ein Knabe, manchmal der Patron selbst, eilen des Tags so oft als möglich nach der Stadt, die ihnen zu allen Sorten eine reiche Schatzgrube ist. Wie aufmerksam diese Sammler

auf den Mist der Pferde und Maulthiere sind, läßt sich denken. Ungern verlassen sie die Straße, wenn es Nacht wird, und die Reichen,
die nach Mitternacht aus der Oper fahren, denken wohl nicht, daß
schon vor Anbruch des Tages ein emsiger Mensch sorgfältig die Spuren
ihrer Pferde aufsuchen wird. Man hat mir versichert, daß ein paar
solche Leute, die sich zusammen thun, sich einen Esel laufen und einem
größern Besitzer ein Stückchen Krautland abpachten, durch anhaltenden
Fleiß in dem glücklichen Klima, in welchem die Vegetation niemals
unterbrochen wird, es bald so weit bringen, daß sie ihr Gewerbe ansehnlich erweitern.

Ich würde zu weit aus meinem Wege gehen, wenn ich hier von
der mannichfaltigen Krämerei sprechen wollte, welche man mit Vergnügen in Neapel, wie in jedem andern großen Orte bemerkt; allein
ich muß doch hier von den Herumträgern sprechen, weil sie der letztern
Classe des Volks besonders angehören. Einige gehen herum mit Fäßchen
Eiswasser und Citronen, um überall gleich Limonade machen zu können,
einen Trank, den auch der Geringste nicht zu entbehren vermag; andere
mit Credenztellern, auf welchen Flaschen mit verschiedenen Liqueuren
und Spitzgläsern in hölzernen Ringen vor dem Fallen gesichert stehen;
andere tragen Körbe allerlei Backwerks, Röstzerei, Citronen und
anderen Obst umher, und es scheint, als wolle jeder das große Fest
des Genusses, das in Neapel alle Tage gefeiert wird, mitgenießen
und vermehren.

Wie diese Art Herumträger geschäftig sind, so giebt es noch eine
Menge kleiner Krämer, welche gleichfalls herumgehen, und ohne viele
Umstände, auf einem Bret, in einem Schachteldeckel ihre Kleinigkeiten,
oder auf Plätzen, geradezu auf flacher Erde, ihren Kram ausbieten.
Da ist nicht von einzelnen Waaren die Rede, die man auch in größern
Läden fände, es ist der eigentliche Trödelkram. Kein Stückchen Eisen,
Leder, Tuch, Leinwand, Filz u. s. w., das nicht wieder als Trödel-
waare zu Markte käme und das nicht wieder von einem oder dem
andern gekauft würde. Noch sind viele Menschen der niedern Classe
bei Handelsleuten und Handwerkern als Beiläufer und Handlanger
beschäftigt.

Es ist wahr, man thut nur wenig Schritte, ohne einem sehr übel
gekleideten, ja sogar einem zerlumpten Menschen zu begegnen, aber

dieß ist deßwegen noch kein Faullenzer, kein Tagedieb! Ja ich möchte
fast das Paradoxon aufstellen, daß zu Neapel verhältnißmäßig vielleicht noch die meiste Industrie in der ganz niedern Classe zu finden
sey. Freilich dürfen wir sie nicht mit einer nordischen Industrie vergleichen, die nicht allein für Tag und Stunde, sondern am guten und
heitern Tage für den bösen und trüben, im Sommer für den Winter
zu sorgen hat. Dadurch, daß der Nordländer zur Vorsorge, zur Einrichtung von der **Natur** gezwungen wird, daß die Hausfrau einsalzen
und räuchern muß, um die Küche das ganze Jahr zu versorgen, daß
der **Mann** den Holz- und Fruchtvorrath, das Futter für das Vieh
nicht aus der Acht lassen darf u. s. w., dadurch werden die schönsten
Tage und Stunden dem Genuß entzogen und der Arbeit gewidmet.
Mehrere Monate lang entfernt man sich gern aus der freien Luft und
verwahrt sich in Häusern vor Sturm, Regen, Schnee und Kälte; un-
aufhaltsam folgen die Jahreszeiten auf einander, und jeder, der nicht
zu Grunde gehen will, **muß** ein Haushalter werden. Denn es ist hier
gar nicht die **Frage**, ob er entbehren wolle, er darf nicht entbehren
wollen, er kann nicht entbehren wollen, denn er kann nicht entbehren;
die Natur zwingt ihn zu schaffen, vorzuarbeiten. Gewiß haben die
Naturwirkungen, welche sich Jahrtausende gleich bleiben, den Charakter
der in so manchem Betracht ehrwürdigen nordischen Nationen bestimmt.
Dagegen beurtheilen wir die südlichen Völker, mit welchen der Himmel
so gelinde umgegangen ist, aus unserm Gesichtspunkte zu streng. Was
Herr von Paw in seinen Recherches sur les Grecs, bei Gelegenheit, da er von den cynischen Philosophen Ursach zu äußern nimmt,
paßt völlig hierher. Man mache sich, glaubt er, von dem elenden
Zustande solcher Menschen nicht den richtigsten Begriff; ihr Grundsatz,
alles zu entbehren, sey durch ein Klima sehr begünstigt, das alles genährt. Ein armer, und elend scheinender Mensch könne in den dortigen
Gegenden die nöthigsten und nächsten Bedürfnisse nicht allein befriedigen,
sondern die Welt aufs schönste genießen; und eben so möchte ein so
genannter Neapolitanischer Bettler die Stelle eines Vicekönigs zu
Norwegen leicht verschmähen und die Ehre ausschlagen, wenn ihm
die Kaiserin von Rußland das Gouvernement von Sibirien übertragen wollte.

Gewiß würde in unsern Gegenden ein cynischer Philosoph schwer-

ausdauern, da hingegen in südlichen Ländern die Natur gleichsam dazu einladet. Der verlumpte Mensch ist dort noch nicht arm, derjenige, der weder ein eigenes Haus hat, noch zur Miethe wohnt, sondern im Sommer unter den Ueberdächern, auf den Schwellen der Paläste und Kirchen, in öffentlichen Hallen die Nacht zubringt und sich bei schlechtem Wetter irgendwo gegen ein geringes Schlafgeld unterstellt, ist deswegen noch nicht verstoßen und elend; ein Mensch noch nicht arm, weil er nicht für den andern Tag gesorgt hat. Wenn man nur bedenkt, was das fischreiche Meer, von dessen Producten sich jene Menschen gesetzmäßig einige Tage der Woche nähren müssen, für eine Masse von Nahrungsmitteln anbietet; wie allerlei Obst und Gartenfrüchte zu jeder Jahreszeit in Ueberfluß zu haben sind; wie die Gegend, worin Neapel liegt, den Namen Terra di Lavoro (nicht das Land der Arbeit, sondern das Land des Ackerbaues) sich verdienet hat und die ganze Provinz den Ehrentitel der glücklichen Gegend (Campagna felice) schon Jahrhunderte trägt: so läßt sich wohl begreifen, wie leicht dort zu leben seyn möge.

Ueberhaupt würde jenes Paradoxon, welches ich eben gewagt habe, zu manchen Betrachtungen Anlaß geben, wenn jemand ein ausführliches Gemälde von Neapel zu schreiben unternehmen sollte, wozu denn freilich kein geringes Talent, und manches Jahr Beobachtung erforderlich seyn möchte. Man würde alsdann im Ganzen vielleicht bemerken, daß der sogenannte Lazzarone nicht um ein Haar unthätiger ist, als alle übrigen Classen, und oder auch wahrnehmen, daß alle in ihrer Art nicht arbeiten, um bloß zu leben, sondern um zu genießen, und daß sie sogar bei der Arbeit des Lebens froh werden wollen. So erklärt sich dadurch gar manches; daß die Handwerker beinahe durchaus gegen die nördlichen Länder sehr zurück sind; daß Fabriken nicht zu Stande kommen; daß, außer Sachwaltern und Aerzten, in Verhältniß zu der großen Masse von Menschen, wenig Gelehrsamkeit angetroffen wird, so verdiente Männer sich auch im einzelnen bemühen mögen; daß kein Maler der Neapolitanischen Schule jemals gründlich gewesen und groß geworden ist; daß sich die Geistlichen am Müßiggange am wohlsten seyn lassen, und auch die Großen ihre Güter meist nur in sinnlichen Freuden, Pracht und Zerstreuung genießen mögen.

Ich weiß wohl, daß dieß viel zu allgemein gesagt ist, und daß

die Charakterzüge jeder Classe nur erst nach einer genaueren Bekanntschaft und Beobachtung man gezogen werden können, allein im Ganzen
würde man doch, glaube ich, auf diese Resultate treffen.

Ich kehre wieder zu dem geringen Volke in Neapel zurück. Man
bemerkt bei ihnen, wie bei frohen Kindern, denen man etwas auf-
trägt, daß sie zwar ihr Geschäft verrichten, aber auch zugleich einen
Scherz aus dem Geschäft machen. Durchgängig ist diese Classe von
Menschen eines sehr lebhaften Geistes und zeigt einen freien richtigen
Blick. Ihre Sprache soll figürlich, ihr Witz sehr lebhaft und beißend
seyn. Das alte Atella lag in der Gegend von Neapel, und wie ihr
geliebter Pulcinell noch jene Spiele fortsetzt, so nimmt die ganz gemeine Classe von Menschen noch jetzt Antheil an dieser Laune.

Plinius, im fünften Capitel des dritten Buchs seiner Naturgeschichte, hält Companien allein einer weitläufigen Beschreibung werth.
„So glücklich, anmuthig, selig sind jene Gegenden," sagt er, „daß
man erkennt, an diesem Ort habe die Natur sich ihres Werts erfreut.
Denn diese Lebenslust, diese immer heilsame Milde des Himmels, so
fruchtbare Felder, so sonnige Hügel, so unschädliche Waldungen, so
schattige Haine, so nutzbare Wälder, so lustige Berge, so ausgebreitete
Saaten, solch eine Fülle von Reben und Oelbäumen, so edle Wolle
der Schafe, so fette Nacken der Stiere, so viel Seen, so ein Reichthum von durchwässernden Flüssen und Quellen, so viele Meere, so
viele Hafen! Die Erde selbst, die ihren Schooß überall dem Handel
eröffnet und, gleichsam dem Menschen nachzuhelfen begierig, ihre Arme
in das Meer hinaus streckt."

„Ich erwähne nicht die Fähigkeiten der Menschen, ihre Gebräuche,
ihre Kräfte, und wie viele Völker sie durch Sprache und Hand überwunden haben."

„Von diesem Lande fällten die Griechen, ein Volk, das sich selbst
unmäßig zu rühmen pflegte, das ehrenvollste Urtheil, indem sie einen
Theil davon Großgriechenland nannten."

Neapel, den 29. Mai 1787.

Eine ausgezeichnete Fröhlichkeit erblickt man überall mit dem größten theilnehmenden Vergnügen. Die vielfarbigen bunten Blumen und Früchte, mit welchen die Natur sich ziert, scheinen den Menschen einzuladen, sich und alle seine Geräthschaften mit so hohen Farben als möglich auszuputzen. Seidene Tücher und Binden, Blumen auf den Hüten schmücken einen jeden, der es einigermaßen vermag. Stühle und Commoden in den geringsten Häusern sind auf vergoldetem Grund mit bunten Blumen geziert; sogar die einspännigen Caleschen hochroth angestrichen, das Schnitzwerk vergoldet, die Pferde davor mit gemachten Blumen, hochrothen Quasten und Rauschgold ausgeputzt. Manche haben Federbüsche, andere sogar kleine Fähnchen auf den Köpfen, die sich im Laufe nach jeder Bewegung drehen. Wir pflegen gewöhnlich die Liebhaberei zu bunten Farben barbarisch und geschmacklos zu nennen, sie kann es auch auf gewisse Weise seyn und werden, allein unter einem recht heitern und blauen Himmel ist eigentlich nichts bunt, denn nichts vermag den Glanz der Sonne und ihren Widerschein im Meer zu überstrahlen. Die lebhafteste Farbe wird durch das gewaltige Licht gedämpft, und weil alle Farben, jedes Grün der Bäume und Pflanzen, das gelbe, braune, rothe Erdreich in völliger Kraft auf das Auge wirken, so treten dadurch selbst die farbigen Blumen und Kleider in die allgemeine Harmonie. Die scharlachnen Westen und Röcke der Weiber von Nettuno, mit breitem Gold und Silber besetzt, die andern farbigen Nationaltrachten, die gemalten Schiffe, alles scheint sich zu beeifern, unter dem Glanze des Himmels und des Meeres einigermaßen sichtbar zu werden.

Und wie sie leben, so begraben sie auch ihre Todten; da stört kein schwarzer langsamer Zug die Harmonie der lustigen Welt.

Ich sah ein Kind zu Grabe tragen. Ein rothsammetner großer, mit Gold breit gestickter Teppich überdeckte eine breite Bahre; darauf stand ein geschnitztes, stark vergoldetes und versilbertes Kästchen, worin das weißgekleidete Todte mit rosenfarbnen Bändern ganz überdeckt lag. Auf den vier Ecken des Kästchens waren vier Engel, ungefähr jeder zwei Fuß hoch, welche große Blumenbüschel über das ruhende Kind hielten, und, weil sie unten nur an Drähten befestigt waren, so wie die Bahre sich bewegte, wackelten und mild belebende Blumengerüche

auszustreuen schienen. Die Engel schwankten um desto heftiger, als
der Zug sehr über die Straßen wegriß und die vorangehenden Priester
und Kerzenträger mehr liefen als gingen.

Es ist keine Jahreszeit, wo man sich nicht überall von Eßwaaren
umgeben sähe, und der Neapolitaner freut sich nicht allein des Essens,
sondern er will auch, daß die Waare zum Verkauf schön aufgeputzt sey.
Bei Santa Lucia sind die Fische nach ihren Gattungen meist
in reinlichen und artigen Körben, Krebse, Austern, Schalden, kleine
Muscheln, jedes besonders aufgetischt und mit grünen Blättern unter-
legt. Die Läden von getrocknetem Obst und Hülsenfrüchten sind auf
das mannichfaltigste herausgeputzt. Die ausgebreiteten Pomeranzen
und Citronen von allen Sorten, mit dazwischen hervorstechendem grünem
Laub, dem Auge sehr erfreulich. Aber nirgends putzen sie mehr als
bei den Fleischwaaren, nach welchen das Auge des Volks besonders
lüstern gerichtet ist, weil der Appetit durch periodisches Entbehren nur
mehr gereizt wird.
In den Fleischbänken hängen die Theile der Ochsen, Kälber,
Schöpse niemals aus, ohne daß neben dem Fett zugleich die Seite
oder die Keule stark vergoldet sey. Es sind verschiedene Tage im Jahr,
besonders die Weihnachtsfeiertage, als Schmausfeste berühmt; alsdann
feiert man eine allgemeine Cocagna, wozu sich fünfhunderttausend
Menschen das Wort gegeben haben. Dann ist aber auch die Straße
Toledo, und neben ihr mehrere Straßen und Plätze auf das appetit-
lichste verziert. Die Boutiquen, wo grüne Sachen verkauft werden,
wo Rosinen, Melonen und Feigen aufgesetzt sind, erfreuen das Auge
auf das allerangenehmste. Die Eßwaaren hängen in Guirlanden über
die Straßen hinüber, große Paternoster von vergoldeten, mit rothen
Bändern geschnürten Würsten; welsche Hähne, welche alle eine rothe
Fahne unter dem Bürzel stecken haben. Man versicherte, daß deren
dreißigtausend verkauft worden, ohne die zu rechnen, welche die Leute
im Hause gemästet hatten. Außer diesen werden noch eine Menge
Esel, mit grüner Waare, Kapaunen und jungen Lämmern beladen,
durch die Stadt und über den Markt getrieben, und die Haufen Eier,
welche man hier und da sieht, sind so groß, daß man sich ihrer

niemals so viel beisammen gedacht hat. Und nicht genug, daß alles dieses verzehrt wird: alle Jahre reitet ein Polizeidiener mit einem Trompeter durch die Stadt und verkündigt auf allen Plätzen und Kreuzwegen, wie viel tausend Ochsen, Kälber, Lämmer, Schweine u. s. w. der Neapolitaner verzehrt habe. Das Volk hört aufmerksam zu, freut sich unmäßig über die großen Zahlen, und jeder erinnert sich des Antheils an diesem Genusse mit Vergnügen.

Was die Mehl- und Milchspeisen betrifft, welche unsere Köchinnen so mannichfaltig zu bereiten wissen, ist für jenes Volk, das sich in dergleichen Dingen gerne kurz faßt und keine wohleingerichtete Küche hat, doppelt gesorgt. Die Maccaroni, ein zarter, stark durchgearbeiteter, gekochter, in gewisse Gestalten gepreßter Teig von feinem Mehle, sind von allen Sorten überall um ein Geringes zu haben. Sie werden meistens nur in Wasser abgekocht und der geriebene Käse schmälzt und würzt zugleich die Schüssel. Fast an¹ der Ecke jeder großen Straße sind die Backwerksverfertiger mit ihren Pfannen voll siedenden Oels, besonders an Festtagen, beschäftigt, Fische und Backwerk einem jeden nach seinem Verlangen sogleich zu bereiten. Diese Leute haben einen unglaublichen Abgang, und viele tausend Menschen tragen ihr Mittag- und Abendessen von da auf einem Stückchen Papier davon.

Neapel, den 30. Mai 1787.

Nachts durch die Stadt spazierend, gelangt ich zum Molo. Dort saß ich mit einem Blick den Mond, den Schein desselben auf den Wellenschäumen, den sanftbewegten Abglanz im Meere, heller und lebhafter auf dem Saum der nächsten Welle. Und nun die Sterne des Himmels, die Lampen des Leuchtthurms, das Feuer des Vesuvs, den Widerschein davon im Wasser und viele einzelne Lichter ausgestirt über die Schiffe. Eine so mannichfaltige Aufgabe hätt ich wohl von Van der Neer gelöst sehen mögen.

Neapel, Donnerstag den 31. Mai 1787.

Ich habe das Römische Frohnleichnamsfest und habe besonders die nach Raphael gewebten Teppiche so fest in den Sinn gefaßt, daß

¹ An der Ecke fast jeder, oder: Fast an jeder Ecke der großen Straßen.

ich mich alle diese herrlichen Naturerscheinungen, ob sie schon in der Welt ihres Gleichen nicht haben können, keineswegs irren ließ, sondern die Anstalten zur Reise hartnäckig fortsetzte. Ein Paß war bestellt, ein Vetturin hatte mir den Miethpfennig gegeben: denn es geschieht dort zur Sicherheit der Reisenden umgekehrt als bei uns. Kniep war beschäftigt, sein neues Quartier zu beziehen, an Raum und Lage viel besser als das vorige.

Schon früher, als diese Veränderung im Werke war, hatte mir der Freund einigemal zu bedenken gegeben: es sey doch unangenehm und gewissermaßen unanständig, wenn man in ein Haus ziehe und gar nichts mit bringe; selbst ein Bettgestell flöße den Wirthsleuten schon einigen Respect ein. Als wir nun heute durch den unendlichen Trödel der Castell-Weitung hindurchgingen, sah ich so ein paar eiserne Gestelle, bronzeartig angestrichen, welche ich sogleich feilschte und meinem Freund als künftigen Grund zu einer ruhigen und soliden Schlaf-stätte verehrte. Einer der allezeit fertigen Träger brachte sie nebst den erforderlichen Brettern in das neue Quartier, welche Anstalt Kniepen so sehr freute, daß er sogleich von mir weg und hier einzu-ziehen gedachte, große Reisbreter, Papier und alles Nöthige schnell anzuschaffen besorgt war. Einen Theil der Contouren, in beiden Sici-lien gezogen, übergab ich ihm nach unserer Verabredung.

Neapel, den 1. Juni 1787.

Die Ankunft des Marquis Lucchesini hat meine Abreise auf einige Tage weiter geschoben; ich habe viel Freude gehabt, ihn kennen zu lernen. Er scheint mir einer von den Menschen zu seyn, die einen guten moralischen Magen haben, um an dem großen Welttische immer mitgenießen zu können; anstatt daß unser einer, wie ein wiederkäuen-des Thier, sich zu Zeiten überfüllt und dann nichts weiter zu sich nehmen kann, bis er eine wiederholte Kauung und Verdauung ge-endigt hat. Sie gefällt mir auch recht wohl, sie ist ein wackres, Deutsches Wesen.

Ich gehe nun gern aus Neapel, ja ich muß fort. Diese letzten Tage überließ ich mich der Gefälligkeit, Menschen zu sehen; ich habe meist interessante Personen kennen lernen, und bin mit den Stunden,

die ich ihnen gewidmet, sehr zufrieden; aber noch vierzehn Tage, so
hätte es mich weiter und weiter und abwärts von meinem Zwecke geführt. Und dann wird man hier immer unthätiger. Seit meiner
Rückkunft von Pästum habe ich, außer den Schätzen von Portici,
wenig gesehen, und es bleibt mir manches zurück, um dessentwillen ich
nicht den Fuß aufheben mag. Aber jenes Museum ist auch das A
und Ω aller Antiquitäten-Sammlungen: da sieht man recht, was die
alte Welt an freudigem Kunstsinn voraus war, wenn sie gleich in
strenger Handwerksfertigkeit weit hinter uns zurück blieb.

Zum 1. Juni 1787.

Der Lohnbediente, welcher mir den ausgefertigten Paß zustellte,
erzählte, zugleich meine Abreise bedauernd, daß eine starke Lava aus
dem Vesuv hervorgebrochen, ihren Weg nach dem Meer zu nehme; an
den steilern Abhängen des Berges sey sie beinahe schon herab und
könne wohl in einigen Tagen das Ufer erreichen. Nun befand ich
mich in der größten Klemme. Der heutige Tag ging auf Abschieds-
besuche hin, die ich so vielen wohlwollenden und fördernden Personen
schuldig war; wie es mir morgen ergehen wird, sehe ich schon. Einmal kann man sich auf seinem Wege den Menschen doch nicht völlig
entziehen, was sie uns aber auch nutzen und zu genießen geben, sie
reißen uns doch zuletzt von unsern ernstlichen Zwecken zur Seite hin,
ohne daß wir die ihrigen fördern. Ich bin äußerst verdrießlich.

Abends.

Auch meine Dankbesuche waren nicht ohne Freude und Belehrung,
man zeigte mir noch manches freundlich vor, was man bisher verschoben oder versäumt. Cavaliere Venuti ließ mich sogar noch verborgene Schätze sehen. Ich betrachtete abermals mit großer Verehrung
seinen, obgleich verstümmelten, doch unschätzbaren Ulysses. Er führte
mich zum Abschied in die Porcellanfabrik, wo ich mir den Hercules
möglichst einprägte und mir an den Campanischen Gefäßen die Augen
noch einmal recht voll sah.

Wahrhaft gerührt und freundschaftlich Abschied nehmend, vertraute er mir dann noch zuletzt, wo ihn eigentlich der Schuh drücke, und wünschte nichts mehr, als daß ich noch eine Zeit lang mit ihm verweilen könnte. Mein Banquier, bei dem ich gegen Tischzeit eintraf, ließ mich nicht los. Das wäre nun alles schön und gut gewesen, hätte nicht die Lava meine Einbildungskraft an sich gezogen. Unter mancherlei Beschäftigungen, Zahlungen und Einpacken kam die Nacht heran, ich aber eilte schnell nach dem Mole.

Hier sah ich nun alle die Feuer und Lichter und ihre Widerscheine, nur bei bewegtem Meer noch schwankender, den Vollmond in seiner ganzen Herrlichkeit neben dem Sprühfeuer des Vulcans, und nun die Lava, die neulich fehlte, auf ihrem glühenden ernsten Wege. Ich hätte noch hinaus fahren sollen, aber die Anstalten waren zu weitschichtig, ich wäre erst am Morgen dort angekommen. Den Anblick, wie ich ihn genoß, wollte ich mir durch Ungeduld nicht verderben; ich blieb auf dem Mole sitzen, bis mir, ungeachtet des Zu- und Abströmens der Menge, ihres Deutens, Erzählens, Vergleichens, Streitens, wohin die Lava strömen werde, und was dergleichen Unfug noch mehr seyn mochte, die Augen zufallen wollten.

Neapel, Sonnabend den 2. Juni 1787.

Und so hätte ich auch diesen schönen Tag zwar mit vorzüglichen Personen vergnüglich und nützlich, aber doch ganz gegen meine Absichten und mit schwerem Herzen zugebracht. Sehnsuchtsvoll blickte ich nach dem Dampfe, der, den Berg herab langsam nach dem Meer ziehend, den Weg bezeichnete, welchen die Lava stündlich nahm. Auch der Abend sollte nicht frei seyn. Ich hatte versprochen, die Herzogin von Giovane zu besuchen, die auf dem Schlosse wohnte, wo man mich denn, viele Stufen hinauf, durch manche Gänge wandern ließ, deren oberste verengt waren durch Kisten, Schränke und alles Mißfällige eines Hof-Garderobe-Wesens. Ich fand in einem großen und hohen Zimmer, das keine sonderliche Aussicht hatte, eine wohlgestaltete junge Dame von sehr zarter und sittlicher Unterhaltung. Als einer gebornen Deutschen war ihr nicht unbekannt, wie sich unsere Literatur zu einer freieren, weit umherblickenden Humanität gebildet; Herder's Bemühungen, und was ihnen ähnelte, schätzte sie vorzüglich, auch

Glaubens reiner Verstand hatte ihr auf's innigste zugesagt. Mit den Deutschen Schriftstellerinnen suchte sie gleichen Schritt zu halten, und es ließ sich wohl bemerken, daß es ihr Wunsch sey, eine gute und beliebte Feder zu führen. Dahin bezogen sich ihre Gespräche und verriethen zugleich die Absicht, auf die Tochter des höchsten Standes zu wirken; ein solches Gespräch kennt keine Gränzen. Die Dämmerung war schon angebrochen, und man hatte noch keine Kerzen gebracht. Wir gingen im Zimmer auf und ab, und sie, einer durch Läden verschlossenen Fensterseite sich nähernd, stieß einen Laden auf, und ich erblickte, was man in seinem Leben nur einmal sieht. That sie es absichtlich, mich zu überraschen, so erreichte sie ihren Zweck vollkommen. Wir standen an einem Fenster des obern Geschosses, den Vesuv gerade vor uns; die herabfließende Lava, deren Flamme bei längst niedergegangner Sonne schon deutlich glühte und ihren begleitenden Rauch schon zu vergolden anfing; der Berg gewaltsam tobend, über ihm eine ungeheure feststehende Dampfwolke, ihre verschiedenen Maßen bei jedem Auswurf blitzig gesondert und leuchterhaft erhellt. Von da herab bis gegen das Meer an Streif von Gluten und glühenden Dünsten, übrigens Meer und Erde, Fels und Wachsthum deutlich in der Abenddämmerung, klar, friedlich, in einer zauberhaften Ruhe. Dieß alles mit einem Blick zu übersehen und den hinter dem Bergrücken hervortretenden Vollmond als die Erfüllung des wunderbarsten Bildes zu schauen, mußte wohl Erstaunen erregen.

Dieß alles konnte von diesem Standpunkt das Auge mit einmal fassen, und wenn es auch die einzelnen Gegenstände zu mustern nicht im Stande war, so verlor es doch niemals den Eindruck des großen Ganzen. War unser Gespräch durch dieses Schauspiel unterbrochen, so nahm es eine desto gemüthlichere Wendung. Wir hatten nun einen Text vor uns, welchen Jahrtausende zu commentiren nicht hinreichen. Je mehr die Nacht wuchs, desto mehr schien die Gegend an Klarheit zu gewinnen; der Mond leuchtete wie eine zweite Sonne, die Säulen des Rauchs, deren Streifen und Maßen durchleuchtet, bis in's einzelne deutlich, ja man glaubte mit halbweg bewaffnetem Auge die glühend ausgeworfenen Felsklumpen auf der Nacht des Kegelberges zu unterscheiden. Meine Wirthin, so will ich sie nennen, weil mir nicht leicht ein köstlicheres Abendmahl zubereitet war, ließ die Kerzen an die Gegenfeite des Zimmers stellen und die schöne Frau, vom Monde beleuchtet, als Vordergrund dieses unglaublichen Bildes, schien mir immer schöner zu werden, ja ihre Lieblichkeit vermehrte sich besonders dadurch, daß ich in diesem südlichen Paradiese eine sehr angenehme Deutsch-Mundart vernahm. Ich vergaß, wie spät es war, so daß sie mich zuletzt aufmerksam machte: sie müsse mich, wiewohl ungerne, entlassen, die Stunde nahe schon, wo ihre Galerien klostermäßig verschlossen würden. Und so schied ich zaudernd von der Ferne und von der Nähe, mein Geschick segnend, das mich für die widerwillige Artigkeit des Tages noch schön am Abend belohnt hatte. Unter dem freien Himmel gelangt, sagte ich mir vor, daß ich in der Nähe dieser größern Lava doch nur die Wiederholung jener kleinern würde gesehen haben, und daß mir ein solcher Ueberblick, ein solcher Abschied aus Neapel nicht anders als auf diese Weise hätte werden können. Anstatt nach Hause zu gehen, richtete ich meine Schritte nach dem Molo, um das große Schauspiel mit einem andern Vordergrund zu sehen; aber ich weiß nicht, ob die Ermüdung nach einem so reichen Tage, oder ein Gefühl, daß man das letzte, schöne Bild nicht vernichten müsse, mich wieder nach Mariccul zurück zog, wo ich denn auch Kniep fand, der aus seinem neu bezogenen Quartier mir einen Abendbesuch abstattete. Bei einer Flasche Wein besprachen wir unsere künftigen Verhältnisse; ich konnte ihm zusagen, daß er, sobald ich etwas von seinen Arbeiten in Deutschland vorzeigen könnte, gewiß dem trefflichen Herzog Ernst von Gotha empfohlen sein und von dort Bestellungen erhalten würde. Und so schieden wir mit herzlicher Freude, mit sicherer Aussicht künftiger wechselseitig wirkender Thätigkeit.

Neapel, Sonntag den 8. Juni 1787.
Dreieinigkeitsfest.

Und so fuhr ich denn durch das unendliche Leben dieser unvergleichlichen Stadt, die ich wahrscheinlich nicht wieder sehen sollte, halb betäubt hinaus, vergnügt jedoch, daß weder Reue noch Schmerz hinter mir blieb. Ich dachte an den guten Kniep, und gelobte ihm auch in der Ferne meine beste Vorsorge.

An den äußersten Polizeischranken der Vorstadt störte mich einen

Augenblick ein Marqueur, der mir freundlich in's Gesicht sah, aber
schnell wieder hinweg sprang. Die Zollmänner waren noch nicht mit
dem Vetturin fertig geworden, als aus der Kaffeebuben-Thüre, die
größte Chinesische Tasse voll schwarzen Kaffee auf einem Präsentirteller
tragend, Aniep heraustrat. Er nahte sich dem Wagenschlag langsam
mit einem Ernst, der, von Herzen gehend, ihn sehr gut kleidete. Ich
war erstaunt und gerührt, eine solche erkenntliche Aufmerksamkeit hat
nicht ihres Gleichen. Sie haben, sagte er, mir so viel Liebes und
Gutes, auf mein ganzes Leben Wirksames erzeigt, daß ich Ihnen hier
ein Gleichniß anbieten möchte, was ich Ihnen verdanke.

Da ich in solchen Gelegenheiten ohnehin keine Sprache habe, so
brachte ich nur sehr lakonisch vor: daß er durch seine Thätigkeit mich
schon zum Schuldner gemacht, und durch Benutzung und Bearbeitung
unserer gemeinsamen Schätze mich noch immer mehr verbinden werde.

Wir schieden, wie Personen selten von einander scheiden, die sich
zufällig auf kurze Zeit verbunden. Vielleicht hätte man viel mehr
Dank und Vortheil vom Leben, wenn man sich wechselsweise gerade
heraus spräche, was man von einander erwartet. Ist das geleistet, so
sind beide Theile zufrieden, und das Gemüthliche, was das erste und
letzte von allem ist, erscheint als reine Zugabe.

Unterwegs am 4., 5. und 6. Juni.

Da ich dießmal allein reise, habe ich Zeit genug, die Eindrücke der
vergangenen Monate wieder hervorzurufen; es geschieht mit vielem Behagen. Und doch tritt gar oft das Lückenhafte der Bemerkungen hervor, und wenn die Reise dem, der sie vollbracht hat, in einem Flusse
vorüber zu ziehen scheint, und in der Einbildungskraft als eine stetige
Folge hervortritt, so fühlt man doch, daß eine eigentliche Mittheilung
unmöglich sey: Der Erzählende muß alles einzeln hinstellen; wie soll
daraus in der Seele des Dritten ein Ganzes gebildet werden!

Deßhalb konnte mir nichts Tröstlicheres und Erfreulicheres begegnen als die Versicherungen Eurer letzten Briefe: daß Ihr Euch
fleißig mit Italien und Sicilien beschäftigt, Reisebeschreibungen leset
und Kupferwerke betrachtet. Das Zeugniß, daß dadurch meine Briefe
gewinnen, ist mein höchster Trost. Hättet Ihr es früher gethan oder

ausgesprochen, ich wäre noch eifriger gewesen als ich war. Daß treffliche Männer wie Bartels, Münter, Architekten verschiedener Nationen
vor mir hergingen, die gewiß äußere Zwecke sorgfältiger verfolgten als
ich, der ich nur die innerlichsten im Auge hatte, hat mich oft beruhigt,
wenn ich alle meine Bemühungen für unzulänglich halten mußte.

Ueberhaupt, wenn jeder Mensch nur als ein Supplement aller
übrigen zu betrachten ist, und am nützlichsten und liebenswürdigsten
erscheint, wenn er sich als einen solchen giebt, so muß dieses vorzüglich von Reiseberichten und Reisenden gültig seyn. Persönlichkeit,
Zwecke, Zeitverhältnisse, Gunst und Ungunst der Zufälligkeiten, alles
zeigt sich bei einem jeden anders. Kenn' ich seine Vorgänger, so werd'
ich auch an ihm mich freuen, mich mit ihm behelfen, seinen Nachfolger
erwarten und diesem, wäre mir sogar inzwischen das Glück geworden,
die Gegend selbst zu besuchen, gleichfalls freundlich begegnen.

Zweiter Römischer Aufenthalt

vom Juni 1787 bis April 1788.

„Longo sit huic aetas, dominaeque potentia terrae,
Nitgar sub hac orient occiduusque dies."[1]

Juni

Correspondenz

Rom, den 8. Juni 1787.

Vorgestern bin ich glücklich wieder hier angelangt, und gestern
hat der feierliche Frohnleichnamstag mich sogleich wieder zum Römer
eingeweiht. Gern will ich gestehen, meine Abreise von Neapel machte
mir einige Pein; nicht sowohl die herrliche Gegend, als eine gewaltige
Lava hinter mir lassend, die von dem Gipfel aus ihren Weg nach dem
Meere zu nahm, die ich wohl hätte in der Nähe betrachten, deren
Art und Weise, von der man so viel gelesen und erzählt hat, ich in
meine Erfahrungen hätte mit aufnehmen sollen.

Heute jedoch ist meine Sehnsucht nach dieser großen Naturscene
schon wieder in's Gleiche gebracht; nicht sowohl das fromme Festge-
wirre, das bei einem imposanten Ganzen doch hie und da durch abgeschmacktes Einzelne den innern Sinn verletzt, sondern die Anschauung
der Teppiche nach Raphael's Cartonen hat mich wieder in den Kreis
höherer Betrachtungen zurückgeführt. Die vorzüglichsten, die ihm am

---

[1] Lang sey ihr (der Stadt Rom) das Leben, die Macht ob der herrschenden Erde,
Und unterworfen ihr sey Osten und Westen zugleich.
                                        Ovid Fast. 4, 832.

gewiffeſten ihren Urſprung verbanken, ſind zuſammen ausgebreitet; andere, wahrſcheinlich von Schülern, Zeit- und Kunſtgenoſſen erfundene, ſchließen ſich nicht unwürdig an und bedecken die gränzenloſen Räume.

Rom, den 16. Juni 1787.

Laßt mich auch wieder, meine Lieben, ein Wort zu Euch reden. Mir geht es ſehr wohl, ich finde mich immer mehr in mich zurück und lerne unterſcheiden, was mir eigen und was mir fremd iſt. Ich bin fleißig und nehme von allen Seiten ein und wachſe von innen heraus. Dieſe Tage war ich in Tivoli und habe eins der erſten Naturſchauſpiele geſehen. Es gehören die Waſſerfälle dort, mit den Ruinen und dem ganzen Complex der Landſchaft zu den Gegenſtänden, deren Bekanntſchaft uns im tiefſten Grund reicher macht.

Am letztern Poſttage habe ich verſäumt zu ſchreiben. In Tivoli war ich ſehr müde vom Spazierengehen und vom Zeichnen in der Hitze. Ich war mit Herrn Hackert braußen, der eine unglaubliche Meiſterſchaft hat, die Natur abzuſchreiben und der Zeichnung gleich eine Geſtalt zu geben. Ich habe in dieſen wenigen Tagen viel von ihm gelernt. Weiter mag ich gar nichts ſagen. Das iſt wieder ein Gipfel irdiſcher Dinge. Ein ſehr complicirter Fall in der Gegend bringt die herrlichſten Wirkungen hervor.

Herr Hackert hat mich gelobt und getadelt, und mir weiter geholfen. Er that mir halb im Scherz, halb im Ernſt den Vorſchlag, achtzehn Monate in Italien zu bleiben und mich nach guten Grundſätzen zu üben; nach dieſer Zeit, verſprach er mir, ſollte ich Freude an meinen Arbeiten haben. Ich ſehe auch wohl, was und wie man ſtudiren muß, um über gewiſſe Schwierigkeiten hinauszukommen, unter deren Laſt man ſonſt ſein ganzes Leben hinkriecht.

Noch eine Bemerkung. Jetzt fangen erſt die Bäume, die Felſen, ja Rom ſelbſt an mir lieb zu werden; bisher hab' ich ſie immer nur als fremd gefühlt; dagegen freuten mich geringe Gegenſtände, die mit denen Aehnlichkeit hatten, die ich in der Jugend ſah. Nun muß ich auch erſt hier zu Hauſe werden, und doch kann ich's nie ſo innig ſeyn als mit jenen erſten Gegenſtänden des Lebens. Ich habe verſchiedenes, bezüglich auf Kunſt und Nachahmung, bei dieſer Gelegenheit gedacht.

Während meiner Abwesenheit hatte Tischbein ein Gemälde von Daniel da Volterra im Kloster an der Porta del Popolo entdeckt; die Geistlichen wollten es für tausend Scudi hergeben, welche Tischbein als Künstler nicht aufzutreiben wußte. Er machte daher an Madame Angelica durch Meyer den Vorschlag, in den sie willigte, gedachte Summe auszahlte, das Bild zu sich nahm und später Tischbein die ihm contractmäßige Hälfte um ein Namhaftes ablaufte. Es war ein vortreffliches Bild, die Grablegung vorstellend, mit vielen Figuren. Eine von Meyer darnach sorgfältig hergestellte Zeichnung ist noch vorhanden.

——

Rom, den 20. Juni 1787.

Nun hab' ich hier schon wieder treffliche Kunstwerke gesehen, und mein Geist reinigt und bestimmt sich. Doch brauchte ich wenigstens noch ein Jahr allein in Rom, um nach meiner Art den Aufenthalt nutzen zu können, und Ihr wißt, ich kann nichts auf andre Art. Jetzt, wenn ich scheide, werde ich nur wissen, welcher Sinn mir noch nicht aufgegangen ist; und so sey es denn eine Weile genug.

Der Hercules Farnese ist fort, ich hab' ihn noch auf seinen ächten Beinen gesehen, die man ihm nach so langer Zeit wieder gab. Nun begreift man nicht, wie man die ersten, von Porta, hat so lange gut finden können. Es ist nun eins der vollkommensten Werke aller Zeit. In Neapel wird der König ein Museum bauen lassen, wo alles was er von Kunstsachen besitzt, das Herculanische Museum, die Gemälde von Pompeji, die Gemälde von Capo di Monte, die ganze Farnesische Erbschaft, vereinigt aufgestellt werden sollen. Es ist ein großes und schönes Unternehmen. Unser Landsmann Hackert ist die erste Triebfeder dieses Werks. Sogar der Toro Farnese soll nach Neapel wandern und dort auf der Promenade aufgestellt werden. Könnten sie die Carraccische Galerie aus dem Palaste mitnehmen, sie thäten's auch.

——

Rom, den 27. Juni 1787.

Ich war mit Hackert in der Galerie Colonna, wo Poussin's, Claude's, Salvator Rosa's Arbeiten zusammen hängen. Er sagte mir viel Gutes und gründlich Gedachtes über diese Bilder, er hat einige davon copirt und die andern recht aus dem Fundament studirt. Es freute mich, daß ich im allgemeinen, bei den ersten Besuchen in der Galerie, eben dieselbe Vorstellung gehabt hatte. Alles was er mir sagte hat meine Begriffe nicht geändert, sondern nur erweitert und bestimmt. Wenn man nun gleich wieder die Natur ansehn und wieder finden und lesen kann, was jene gefunden und mehr oder weniger nachgeahmt haben, das muß die Seele erweitern, reinigen und ihr zuletzt den höchsten anschauenden Begriff von Natur und Kunst geben. Ich will auch nicht mehr ruhen, bis mir nichts mehr Wort und Tradition, sondern lebendiger Begriff ist. Von Jugend auf war mir dieses mein Trieb und meine Plage, jetzt da das Alter kommt, will ich wenigstens das Erreichbare erreichen und das Thunliche thun, da ich so lange, verdient und unverdient, das Schicksal des Sisyphus und Tantalus erduldet habe.

Bleibt in der Liebe und Glauben an mich. Mit den Menschen hab' ich jetzt ein leidlich Leben und eine gute Art Offenheit; ich bin wohl und freue mich meiner Tage.

Tischbein ist sehr brav, doch fürchte ich, er wird nie in einen solchen Zustand kommen, in welchem er mit Freude und Freiheit arbeiten kann. Nächstlich mehr von diesem auch wunderbaren Menschen. Dein Porträt wird glücklich [1], es gleicht sehr, und der Gedanke gefällt jedermann. Angelica malt mich auch, daraus wird aber nichts. [2] Es verdrießt sie sehr, daß es nicht gleichen und werden will. Es ist immer ein hübscher Bursche, aber keine Spur von mir.

Rom, den 30. Juni 1787.

Das große Fest St. Peter und Paul ist endlich auch herausgekommen; gestern haben wir die Erleuchtung der Kuppel und das Feuerwerk vom Castell gesehen. Die Erleuchtung ist ein Anblick wie ein ungeheures Mährchen, man traut seinen Augen nicht. Da ich neuerdings nur die Sachen und nicht, wie sonst, bei und mit den Sachen

[1] Jetzt im Besitz des Baron Rothschild in Frankfurt am Main.
[2] Im Besitz von Goethe's Schwiegertochter.

sehe, was nicht da ist, so müssen mit so große Schauspiele kommen, wenn ich mich freuen soll. Ich habe auf meiner Reise etwa ein halb Dutzend gezählt, und dieses darf allerdings unter den ersten stehn. Die schöne Form der Colonnade, der Kirche, und besonders der Kuppel, erst in einem feurigen Umrisse und, wenn die Stunde vorbei ist, in einer glühenden Masse zu sehn, ist einzig und herrlich. Wenn man bedenkt, daß das ungeheure Gebäude in diesem Augenblick nur zum Gerüste dient, so wird man wohl begreifen, daß etwas Aehnliches in der Welt nicht seyn kann. Der Himmel war rein und hell, der Mond schien und dämpfte das Feuer der Lampen zum angenehmen Schein; zuletzt aber, wie alles durch die zweite Erleuchtung in Gluth gesetzt wurde, ward das Licht des Mondes ausgelöscht. Das Feuerwerk ist wegen des Orts schön, doch lange nicht verhältnißmäßig zur Erleuchtung. Heute Abend sehen wir beides noch einmal.

Auch das ist vorüber. Es war ein schöner klarer Himmel und der Mond voll; dadurch ward die Erleuchtung sanfter, und es sah ganz aus wie ein Bläschen. Die schöne Form der Kirche und der Kuppel gleichsam in einem feurigen Aufriß zu sehen, ist ein großer und schöner Anblick.

Rom, Ende Juni 1787.

Ich habe mich in eine zu große Schule begeben, als daß ich geschwind wieder aus der Lehre gehen dürfte. Meine Kunstkenntnisse, meine kleinen Talente müssen hier ganz durchgearbeitet, ganz reif werden, sonst bring' ich wieder Euch einen halben Freund zurück, und das Sehnen, Bemühen, Krabbeln und Schleichen geht von neuem an. Ich würde nicht fertig werden, wenn ich Euch erzählen sollte, wie mir auch wieder alles diesen Monat hier geglückt ist, ja wie mir alles auf einem Teller ist präsentirt worden, was ich nur gewünscht habe. Ich habe ein schönes Quartier, gute Hausleute. Tischbein geht nach Neapel, und ich beziehe sein Studium, einen großen kühlen Saal. Wenn Ihr mein gedenkt, so denkt an mich als an einen Glücklichen, ich will oft schreiben, und so sind und bleiben wir zusammen.

Auch neue Gedanken und Einfälle hab' ich genug, ich finde meine erste Jugend bis auf Kleinigkeiten wieder, indem ich mir selbst über laſſen bin, und dann trägt mich die Höhe und Würde der Gegenſtände wieder ſo hoch und weit als meine letzte Exiſtenz nur reicht. Mein Auge bildet ſich unglaublich, und meine Hand ſoll nicht ganz zurückbleiben. Es iſt nur Ein Rom in der Welt, und ich befinde mich hier wie der Fiſch im Waſſer und ſchwimme oben wie eine Stückkugel im Queckſilber, die in jedem andern Fluidum untergeht. Nichts trübt die Atmoſphäre meiner Gedanken, als daß ich mein Glück nicht mit meinen Geliebten theilen kann. Der Himmel iſt jetzt herrlich heiter, ſo daß Rom nur Morgens und Abends einigen Nebel hat. Auf den Gebirgen aber, Albano, Caſtello, Fraſcati, wo ich vergangene Woche drei Tage zubrachte, iſt eine immer heitre, reine Luft. Da iſt eine Natur zu ſtudiren.

Bemerkung.

Indem ich nun meine Mittheilungen den damaligen Zuſtänden, Eindrücken und Gefühlen gemäß einrichten möchte, und daher aus eigenen Briefen, welche freilich mehr als irgend eine ſpätere Erzählung das Eigenthümliche des Augenblicks darſtellen, die allgemein intereſſanten Stellen auszuziehen anfange, ſo find' ich auch Freundes-Briefe mir unter der Hand, welche hiezu noch vorzüglicher dienen möchten. Deßhalb ich denn ſolche briefliche Documente hie und da einzuſchalten mich entſchließe und hier ſogleich damit beginne, von dem aus Rom ſcheidenden, in Neapel anlangenden Tiſchbein die lebhafteſten Erzählungen einzuführen. Sie gewähren den Vortheil, den Leſer ſogleich in jene Gegenden und in die unmittelbarſten Verhältniſſe der Perſonen zu verſetzen, beſonders auch den Charakter des Künſtlers aufzuklären, der ſo lange bedeutend gewirkt, und, wenn er auch mitunter gar wunderlich erſcheinen mochte, doch immer, ſo in ſeinem Beſtreben als in ſeinem Leiſten, ein dankbares Erinnern verdient.

Tischbein an Goethe.

Neapel, den 10. Juli 1787.

Unsere Reise von Rom bis Capua war sehr glücklich und angenehm. In Albano kam Hackert zu uns; in Velctri speis'ten wir bei
Cardinal Borgia und besahen dessen Museum, zu meinem besondern
Vergnügen, weil ich manches bemerkte, das ich im[1] erstenmal über-
gangen hatte. Um drei Uhr Nachmittags reis'ten wir wieder ab,
durch die Pontinischen Sümpfe, die mir dieresmal auch viel besser gefielen als im Winter, weil die grünen Bäume und Heden diesen großen
Ebenen eine anmuthige Verschiedenheit geben. Wir fanden uns kurz
vor der Abendbrämmerung in Mitte der Sümpfe, wo die Post wechselt.
Während der Zeit aber, als die Postillons alle Beredsamkeit anwen-
deten, uns Geld abzunöthigen, fand ein muthiger Schimmelhengst Gelegenheit sich loszureißen und fortzurennen; das gab ein Schauspiel,
welches uns viel Vergnügen machte. Es war ein schneeweißes, schönes
Pferd von prächtiger Gestalt; er zerriß die Zügel, womit er angebunden
war, hackte mit den Vorderfüßen nach dem, der ihn aufhalten wollte,
schlug hinten aus und machte ein solches Geschrei mit Wiehern, daß
alles aus Furcht bei Seite trat. Nun sprang er über'n Graben und
galoppirte über das Feld, beständig schnaubend und wiehernd. Schweif
und Mähnen flatterten hoch in die Luft auf, und seine Gestalt in
freier Bewegung war so schön, daß alles ausrief: che bellezze![2] che
bellezze![2] dann lief er nah an einem andern Graben hin und wieder
und suchte eine schmale Stelle, um überzuspringen, um zu den Fohlen
und Stuten zu kommen, deren viele hundert jenseits weideten. Endlich gelang es ihm hinüberzuspringen, und nun setzte er unter die
Stuten, die ruhig graseten. Die erschraken vor seiner Wildheit und
seinem Geschrei, liefen in langer Reihe und flohen über das flache
Feld vor ihm hin; er aber immer hinterdrein, indem er aufzuspringen
versuchte.

Endlich trieb er eine Stute abseits; die eilte nun auf ein ander
Feld, zu einer andern zahlreichen Versammlung von Stuten. Auch

---

[1] beim. [2] wie schön.

dick, von Schrecken ergriffen, schlugen hinüber zu dem ersten Haufen. Nun war das Feld schwarz von Pferden, wo der weiße Hengst immer drunter herumsprang, alles in Schrecken und Wildheit. Die Heerde lief in langen Reihen auf dem Felde hin und her, es sauste die Luft und donnerte die Erde, wo die Kraft der schweren Pferde übethinstieg. Wir sahen lange mit Vergnügen zu, wie der Trupp von so vielen Hunderten auf dem Feld herumgaloppirte, bald in einem Klump, bald getheilt, jetzt zerstreut einzeln umherlaufend, bald in langen Reihen über den Boden hinrennend.

Endlich beraubte uns die Dunkelheit der einbrechenden Nacht dieses einzigen Schauspiels, und als der blasse Mond hinter den Bergen aufstieg, verlosch das Licht unsrer angezündeten Laternen. Doch da ich mich lange an seinem sanften Schein vergnügt hatte, konnte ich mich des Schlafs nicht mehr erwehren, und mit aller Furcht vor der ungesunden Luft schlief ich länger als eine Stunde, und erwachte nicht eher bis wir zu Terracina ankamen, wo wir die Pferde wechselten.

Hier waren die Postillons sehr artig, wegen der Furcht, welche ihnen der Marchese Luchesini eingejagt hatte; sie gaben uns die besten Pferde und Führer, weil der Weg zwischen den großen Klippen und dem Meer gefährlich ist. Hier sind schon manche Unglücke geschehen, besonders Nachts, wo die Pferde leicht scheu werden. Während des Anspannens, und indessen man den Paß an die letzte Römische Wache vorzeigte, ging ich zwischen den hohen Felsen und dem Meer spazieren, und erblickte den größten Effect: der dunkle Fels, vom Mond glänzend erleuchtet, der ein lebhaft flimmernde Säule in das blaue Meer warf, und bis auf die am Ufer schwankenden Wellen herunterflimmerte.

Da oben, auf der Zinne des Berges, im dämmernden Blau, lagen die Trümmer von Genserich's zerfallener Burg; sie machte mich an vergangene Zeiten denken, ich fühlte des unglücklichen Conradin's Sehnsucht, sich zu retten, wie des Cicero und des Marius, die sich alle in dieser Gegend geängstigt hatten.

Schön war es nun, hierherhin an dem Berg, zwischen den großen herabgerollten Felsenklumpen, am Saume des Meers im Mondenlicht herzufahren. Deutlich beleuchtet waren die Gruppen der Olivenbäume, Palmen und Pinien bei Fondi; aber die Vorzüge der Citronenwälder vermißte man, sie stehen nur in ihrer ganzen Pracht, wenn die Sonne auf die goldglänzenden Früchte scheint. Nun ging es über den Berg, wo die vielen Oliven- und Johannisbrodbäume stehen, und es war schon Tag geworden, als wir bei den Ruinen der antiken Stadt, wo die vielen Ueberbleibsel von Grabmälern sind, anlamen. Das größte darunter soll dem Cicero errichtet worden seyn, eben an dem Ort, wo er ermordet worden. Es war schon einige Stunden Tag, als wir an dem erfreulichen Meerbusen zu Mola di Gaeta anlamen. Die Fischer mit ihrer Beute lehrten schon wieder zurück, das machte den Strand sehr lebhaft. Einige trugen die Fische und Meerfrüchte in Körben weg, die andern bereiteten die Garne schon wieder auf einen künftigen Fang. Von da fuhren wir nach Garigliano, wo Cavaliere Venuti graben läßt. Hier verließ uns Hackert, denn er eilte nach Caserta, und wir gingen, abwärts von der Straße, herunter an das Meer, wo ein Frühstück für uns bereitet war, welches wohl für ein Mittagessen gelten konnte. Hier waren die ausgegrabenen Antiken aufgehoben, die aber jämmerlich zerschlagen sind. Unter andern schönen Sachen findet sich ein Bein von einer Statue, die dem Apoll von Belvedere nicht viel nachgeben mag. Es wär' ein Glück, wenn man das Uebrige dazu fände.

Wir hatten uns aus Müdigkeit etwas schlafen gelegt, und da wir wieder erwachten, fanden wir uns in Gesellschaft einer angenehmen Familie, die in dieser Gegend wohnt, um uns ein Mittagsmahl zu geben: welche Aufmerksamkeit wir freilich Herrn Hackert schuldig seyn mochten, der sich aber schon entfernt hatte. Es stand also wieder auf's neue ein Tisch bereitet; ich aber konnte nicht essen, noch sitzen bleiben, so gut auch die Gesellschaft war, sondern ging am Meer spazieren zwischen den Steinen, worunter sich sehr wunderliche befanden, besonders vieles durch Meerinsecten durchlöchert, deren einige aussahen wie ein Schwamm.

Hier begegnete mir auch etwas recht Vergnügliches: ein Ziegen-hirt trieb an den Strand des Meeres; die Ziegen kamen in das Wasser und kühlten sich ab. Nun kam auch der Schweinehirt dazu, und unter der Zeit, daß die beiden Heerden sich in den Wellen erfrischten, setzten sich beide Hirten in den Schatten und machten Musik, der Schweine-hirt auf einer Flöte, der Ziegenhirt auf dem Dudelsad. Endlich ritt ein erwachsener Knabe nackend heran und ging so tief in das Wasser, so tief, daß das Pferd mit ihm schwamm. Das sah nun gar schön aus, wenn der wohlgewachsene Junge so nah an's Ufer kam, daß man seine ganze Gestalt sah, und er sodann wieder in das tiefe Meer zurückkehrte, wo man nichts weiter sah, als den Kopf des schwimmenden Pferdes, ihn aber bis an die Schultern.

Um drei Uhr Nachmittags fuhren wir weiter, und als wir Capua drei Meilen hinter uns gelassen hatten, es war schon eine Stunde in der Nacht, zerbrachen wir das Hinterrad unsres Wagens. Das hielt uns einige Stunden auf, um ein andres an die Stelle zu nehmen. Da aber dieß geschehen war, und wir abermals einige Meilen zurück gelegt hatten, brach die Achse. Hierüber wurden wir sehr verdrießlich; wir waren so nah bei Neapel und konnten doch unsre Freunde nicht sprechen. Endlich langten wir einige Stunden nach Mitternacht daselbst an, wo wir noch so viele Menschen auf der Straße fanden, als man in einer andern Stadt kaum um Mittag findet.

Hier hab' ich nun alle unsre Freunde gesund und wohl angetroffen, die sich alle freuten, dasselbe von Ihnen zu hören. Ich wohne bei Herrn Hackert im Hause; vorgestern war ich mit Ritter Hamilton zu Pausilippo auf seinem Lusthause. Da kann man denn freilich nichts Herrlicheres auf Gottes Erdboden schauen. Nach Tische schwammen ein Dutzend Jungen in dem Meere, das war schön anzusehen. Die vielen Gruppen und Stellungen, welche sie in ihren Spielen machten! er bezahlt sie dafür, damit er jeden Nachmittag diese Lust habe. Hamilton gefällt mir außerordentlich wohl; ich sprach vieles mit ihm, sowohl hier im Haus, als auch da wir auf dem Meer spazieren fuhren. Es freute mich außerordentlich, so viel von ihm zu erfahren, und hoffe noch viel Gutes von diesem Manne. Schreiben Sie mir doch die Namen Ihrer übrigen hiesigen Freunde, damit ich auch sie kennen lernen und grüßen kann. Bald sollen Sie mehreres von hier vernehmen. Grüßen Sie alle Freunde, besonders Angelica und Reiffenstein.

N.S. Ich finde es in Neapel sehr viel heißer als in Rom, nur mit dem Unterschied, daß die Luft gesünder ist und auch beständig etwas frischer Wind weht, aber die Sonne hat viel mehr Kraft; die ersten Tage war es mir fast unerträglich. Ich habe bloß von Eis und Schneewasser gelebt.

Später, ohne Datum.

Gestern hätt' ich Sie in Neapel gewünscht: einen solchen Lärmen, eine solche Volksmenge, die nur da war, um Eßwaaren einzulaufen, hab' ich in meinem Leben nicht gesehen, aber auch so viele dieser Eßwaaren sieht man nie wieder beisammen. Von allen Sorten war die große Straße Toledo fast bedeckt. Hier bekommt man erst eine Idee von einem Volk, das in einer so glücklichen Gegend wohnt, wo die Jahreszeit täglich Früchte wachsen läßt. Denken Sie sich, daß heute 500,000 Menschen im Schmausen begriffen sind, und das auf Neapolitaner Art. Gestern und heute war ich an einer Tafel, wo gefressen ist worden, daß ich erstaunt bin; ein sündiger Ueberfluß war da. Knieß saß auch dabei und übernahm sich so von allen den leckern Speisen zu essen, daß ich fürchtete, er platze; aber ihn rührte es nicht, und er erzählte dabei immer von dem Appetit, den er auf dem Schiff und in Sicilien gehabt habe, indessen Sie für Ihr gutes Geld, theils aus Uebelbefinden, theils aus Vorsatz, gefastet und so gut als gehungert.

Heute ist schon alles aufgefressen worden, was gestern verkauft wurde, und man sagt, morgen sey die Straße wieder so voll, als sie gestern war. Toledo scheint ein Theater, wo man den Ueberfluß zeigen will. Die Boutiquen sind alle ausgeziert mit Eßwaaren, die sogar über die Straße in Guirlanden hinüber hängen, die Würstchen zum Theil vergoldet und mit rothen Bändern gebunden; die welschen Hahnen haben alle eine rothe Fahne im Hintern stecken, deren sind gestern dreißig tausend verkauft worden; dazu rechne man die, welche die Leute im Hause selt machen. Die Zahl der Esel, mit Capaunen beladen, so wie der andern, mit kleinen Pomeranzen belastet, die großen auf dem Pflaster aufgeschütteten Haufen solcher Goldfrüchte erschrecken einen. Aber am schönsten möchten doch die Boutiquen seyn, wo grüne Sachen verkauft werden, und die, wo Rosinen-Trauben, Feigen und Melonen aufgesetzt sind: alles so zierlich zur Schau geordnet, daß es Auge und Herz erfreut. Neapel ist ein Ort, wo Gott häufig seinen Segen giebt für alle Sinne.

Später, ohne Datum.

Hier haben Sie eine Zeichnung von den Türken, die hier gefangen liegen. Der Hercules, wie es erst hieß, hat sie nicht genommen, sondern ein Schiff, welches die Corallenfischer begleitete. Die Türken sahen dieses christliche Fahrzeug und machten sich dran, um es wegzunehmen, aber sie fanden sich betrogen, denn die Christen waren stärker; und so wurden sie überwältigt und gefangen hierher geführt. Es waren dreißig Mann auf dem christlichen Schiffe, vierundzwanzig auf dem Türkischen; sechs Türken blieben im Gefechte, einer ist verwundet; von den Christen ist kein einziger geblieben, die Madonne hat sie beschützt.

Der Schiffer hat eine große Beute gemacht; er fand sehr viel Geld und Waaren, Seidenzeug und Kaffee, auch einen reichen Schmuck, welcher einer jungen Mohrin gehörte.

Es war merkwürdig, die vielen tausend Menschen zu sehen, welche Kahn an Kahn dahinfuhren, um die Gefangenen zu beschauen, besonders die Mohrin. Es fanden sich verschiedene Liebhaber, die sie laufen wollten und viel Geld boten, aber der Capitän will sie nicht weggeben. Ich fuhr alle Tage hin und fand einmal den Ritter Hamilton und Miß Harte, die sehr gerührt war und weinte. Da das die Mohrin sah, fing sie auch an zu weinen; die Miß wollte sie laufen, der Capitän aber hartnäckig sie nicht hergeben. Jetzo sind sie nicht mehr hier; die Zeichnung besagt das Weitere.

Nachtrag.

Fürstliche Teppiche.

Die große Aufopferung, zu der ich mich entschloß, eine von dem Gipfel des Bergs bis beinahe an's Meer herabströmende Lava hinter mir zu lassen, ward mir durch den erreichten Zweck reichlich vergolten, durch den Anblick der Teppiche, welche, am Frohnleichnamstag aufgehängt, und an Raphael, seine Schüler, seine Zeit auf das glänzendste erinnerten.

In den Niederlanden hatte das Teppichwirken mit stehendem Zettel,
Hautelisse genannt, sich schon auf den höchsten Grad erhoben. Es ist
mir nicht bekannt geworden, wie sich nach und nach die Fertigung der
Teppiche entwickelt und gesteigert hat. In dem zwölften Jahrhundert
mag man noch die einzelnen Figuren durch Stickerei oder auf sonst
eine Weise fertig gemacht, und sodann durch besonders gearbeitete
Zwischenstücke zusammengesetzt haben. Dergleichen finden wir noch
über den Chorstühlen alter Domkirchen, und hat die Arbeit etwas
Aehnliches mit den bunten Fensterscheiben, welche auch zuerst aus ganz
kleinen farbigen Glasstücken ihre Bilder zusammen gesetzt haben. Bei
den Teppichen vertrat Nadel und Faden das Bleß und die Glasstückchen.
Alle frühen Anfänge der Kunst und Technik sind von dieser Art; wir
haben kostbare Chinesische Teppiche auf gleiche Weise gefertigt vor
Augen gehabt.

Wahrscheinlich durch orientalische Muster veranlaßt, hatte man in
den handels- und prachtreichen Niederlanden, zu Anfang des zehnten
Jahrhunderts, diese kunstreiche Technik schon auf's höchste getrieben;
dergleichen Arbeiten gingen schon wieder nach dem Orient zurück und
waren gewiß auch in Rom bekannt, wahrscheinlich nach unvollkommenen,
in Byzantinischem Sinne gewobenen Mustern und Zeichnungen. Der
große und in manchem, besonders auch ästhetischem Sinne freie Geist
des X. mochte nun auch, was er auf Wänden abgebildet sah, gleichmäßig frei und groß in seiner Umgebung auf Teppichen erblicken, und
auf seine Veranlassung fertigte Raphael die Cartone; glücklicherweise
solche Gegenstände, welche Christi Bezug zu seinen Aposteln, sodann
aber die Wirkungen solcher begabten Männer nach dem Heimgange des
Meisters vorstellten.

Am Frohnleichnamstage nun lernte man erst die wahre Bestimmung der Teppiche kennen; hier machten sie Colonnaden und offene
Räume zu prächtigen Sälen und Wandteigängen, und zwar, indem sie
das Vermögen des begabtesten Mannes uns entschieden vor Augen
stellen, und uns das glücklichste Beispiel geben, wo Kunst und Handwerk in beiderseitiger Vollendung sich auf ihrem höchsten Punkte lebendig
begegnen.

Die Raphaelischen Cartone, wie sie bis jetzt in England verwahrt
sind, bleiben noch immer die Bewunderung der Welt; einige rühren

gewiß von dem Meister allein her, andere mögen nach seinen Zeichnungen, seiner Angabe, andere sogar erst nachdem er abgeschieden war
gefertigt seyn. Alles bezeugte große übereintreffende Kunstbestimmung,
und die Künstler aller Nationen strömten hier zusammen, um ihren
Geist zu erheben und ihre Fähigkeiten zu steigern.

Dieß giebt uns Veranlassung, über die Tendenz der Deutschen
Künstler zu denken, welche Hochschätzung und Reigung gegen seine
ersten Werke hinzog und wovon schon damals leise Spuren sich bemerken ließen.

Mit einem talentreichen zarten Jüngling, der im Sanften, Anmuthigen, Natürlichen verweilt, fühlt man sich in jeder Kunst näher
verwandt, man wagt es zwar nicht, sich mit ihm zu vergleichen, doch
im Stillen mit ihm zu wetteifern, von sich zu hoffen, was er geleistet hat.

Nicht mit gleichem Behagen wenden wir uns an den vollendeten
Mann; denn wir ahnen die furchtbaren Bedingungen, unter welchen
allein sich selbst das entschiedenste Naturell zum letztmöglichen des Gelingens erheben kann, und, wollen wir nicht verzweifeln, so müssen
wir uns zurück wenden und uns mit dem strebenden, dem werdenden
vergleichen.

Dieß ist die Ursache, warum die Deutschen Künstler Neigung,
Verehrung, Zutrauen zu dem Aelteren, Unvollkommenen wendeten,
weil sie sich daneben auch für etwas halten konnten und sich mit der
Hoffnung schmeicheln durften, das in ihrer Person zu leisten, wozu
dennoch eine Folge von Jahrhunderten erforderlich gewesen.

Kehren wir zu Raphael's Cartonen zurück und sprechen aus, daß
sie alle männlich gedacht sind: sittlicher Ernst, ahnungsvolle Größe
walten überall, und, obgleich hie und da geheimnißvoll, werden sie
doch denjenigen durchaus klar, welche von dem Abschiede des Erlösers
und den wundervollen Gaben, die er seinen Jüngern hinterließ, aus
den heiligen Schriften genugsam unterrichtet sind.

Nehmen wir vor allen die Beschämung und Bestrafung des Ananias vor Augen, da uns denn jederzeit der kleine, dem Marc Anton
nicht unbillig zugeschriebene Kupferstich, nach einer ausführlichen Zeichnung Raphaels, die Nachbildung der Cartone von Dorigny und die
Vergleichung beider hinlänglichen Dienst leisten.

Wenig Compositionen wird man dieser an die Seite setzen können; hier ist ein großer Begriff, eine in ihrer Eigenthümlichkeit höchstwichtige Handlung in ihrer vollkommensten Mannichfaltigkeit auf das klarste dargestellt:

Die Apostel, als fromme Gabe das Eigenthum eines jeden in den allgemeinen Besitz dargebracht, erwartend; [1] die heranbringenden Gläubigen auf der einen, die empfangenden Dürftigen auf der andern Seite, und in der Mitte der Defraudirende gräßlich bestraft: eine Anordnung, deren Symmetrie aus dem gegebenen hervorgeht und welche wieder durch die Erfordernisse des Darzustellenden nicht sowohl verborgen, als belebt wird; wie ja die unerläßliche symmetrische Proportion des menschlichen Körpers erst durch mannichfaltige Lebensbewegung eindringliches Interesse gewinnt.

Wenn nun bei Anschauung dieses Kunstwerkes der Bemerkungen kein Ende seyn würde, so wollen wir hier nur noch ein wichtiges Verdienst dieser Darstellung auszeichnen. Zwei männliche Personen, welche, heranlaufend, zusammengepackte Kleidungsstücke tragen, gehören nothwendig zu Ananias; aber wie will man hieraus erkennen, daß ein Theil davon zurückgeblieben und dem Gemeingut zuerschlagen worden? Hier werden wir aber auf eine junge hübsche Weibsperson aufmerksam gemacht, welche mit einem heitern Gesichte aus der rechten Hand Geld

---

¹ Diese Stelle ist schon Andern unklar erschienen. In der Ausgabe in zwei Bänden hat man deshalb die Interpunction dahin geändert: „die Apostel als fromme Gabe, das Eigenthum eines jeden in den allgemeinen Besitz dargebracht, erwartend: die heranbringenden Gläubigen auf der einen, die empfangenden Dürftigen auf der andern Seite, und in der Mitte der Defraudirende gräßlich bestraft" u. s. w. Dadurch wird aber der Sinn noch verwirrter. Nimmt man das Bild vor sich, so muß der Text lauten: Die Apostel (in der Mitte), als fromme Gabe das Eigenthum eines jeden in den allgemeinen Besitz dargebracht erwartend; die heranbringenden Gläubigen auf der einen, die empfangenden Dürftigen auf der andern Seite, und in der Mitte der Defraudirende, gräßlich bestraft. Daß dabei „in der Mitte" zweimal vorkömmt, ist freilich nicht gut, es würde aber dieser Uebelstand gemildert, wenn man statt des zweiten Males „in der Mitte," blos vorn setzte, zumal da der Bestrafte nicht in der Mitte liegt, sondern mehr an der Seite. Auf leichtere Weise würde die Deutlichkeit hergestellt, wenn man nur ein Wort versetzte: die Apostel, erwartend als fromme Gabe das Eigenthum eines jeden in den allgemeinen Besitz dargebracht, ꝛc.

in die Linie zählt; und sogleich erinnern wir uns an das edle Wort:
„die Linke soll nicht wissen, was die Rechte giebt," und zweifeln nicht,
daß hier Sapphira gemeint sey, welche das dem Apostel einzureichende
Geld abzahlt, um noch einiges zurückzubehalten, welches ihre heiter
listige Miene anzudeuten scheint. Dieser Gedanke ist erstaunenswürdig
und furchtbar,[1] wenn man sich ihm hingiebt. Vor uns der Gatte,
schon versenkt[2] und bestraft am Boden in gräßlicher Zuckung sich
windend, wenig hinterwärts, das Vorgehende nicht gewahr werdend,
die Gattin, sicher arglistig sinnend, die Göttlichen zu bevortheilen, ohne
Ahnung, welchem Schicksal sie entgegen geht. Ueberhaupt steht dieses
Bild als ein ewiges Problem vor uns da, welches wir immer mehr
bewundern, je mehr uns dessen Auflösung möglich und klar wird. Die
Vergleichung des Marc-Antonischen Kupfers, nach einer gleich großen
Zeichnung Raphael's, und des größeren von Dorigny, nach dem Carton,
führt uns abermals in die Tiefe der Betrachtung, mit welcher Weis-
heit ein solches Talent bei einer zweiten Behandlung derselben Com-
position Veränderungen und Steigerungen zu bewirken gewußt hat.
Bekennen wir gern, daß ein solches Studium uns zu den schönsten
Freuden eines langen Lebens gedient hat.

J. II.

Correspondenz.

Rom, den 3. Juli 1787.

Mein jetziges Leben sieht einem Jugendtraume völlig ähnlich, wir
wollen sehen, ob ich bestimmt bin, ihn zu genießen, oder zu erfahren,
daß auch dieses, wie so vieles andere, nur eitel ist. Tischbein ist fort,
sein Studium aufgeräumt, ausgestäubt und ausgewaschen, so daß ich
nun gerne hier seyn mag. Wie nöthig ist's in der jetzigen Zeit ein
angenehmes Zuhause zu haben. Die Hitze ist gewaltig. Morgens mit
Sonnenaufgang steh' ich auf und gehe nach der Aqua acetosa, einem

Sauerbrunnen, ungefähr eine halbe Stunde von dem Thor, an dem ich
wohne, trinke das Wasser, das wie ein schwacher Schwalbacher schmeckt,
in diesem Klima aber schon sehr wirksam ist. Gegen acht Uhr bin ich
wieder zu Hause und bin fleißig auf alle Weise, wie es die Stimmung
nur geben will. Ich bin recht wohl. Die Hitze schafft alles Flußartige
weg, und treibt, was Schärfe im Körper ist nach der Haut, und es ist
besser, daß ein Uebel juckt als daß es reißt und zieht. Im Zeichnen
habe ich fort Geschmack und Hand zu bilden, ich habe Architektur angefangen ernstlicher zu treiben, es wird mir alles erstaunend leicht, das
heißt der Begriff, denn die Ausübung erfordert ein Leben. Was das
Beste war: ich hatte keinen Eigendünkel und keine Prätension, ich hatte
nichts zu verlangen als ich herkam. Und nun bringe ich nur drauf,
daß mir nichts Name, nichts Wort bleibe. Was schön, groß, ehrwürdig
gefunden wird, will ich mit eignen Augen sehn und erkennen. Ohne
Nachahmung ist dieß nicht möglich. Nun muß ich mich an die Cypo-
lippe legen. (Die rechte Methode wird mir von Künstlern angedeutet.
Ich halte mich zusammen was möglich ist.) Am Anfang der Woche
konnt ich's nicht absagen, hier und da zu essen. Nun wollen sie mich
hier und dahin haben; ich lasse es vorübergehn, und bleibe in meiner
Stille. Moritz, einige Landsleute im Hause, ein wackrer Schweizer
sind mein gewöhnlicher Umgang. Zu Angelica und Rath Reiffenstein
geh ich auch, überall mit meiner nachdenklichen Art, und niemand ist,
dem ich mich eröffnete. Bucholini ist wieder hier, der alte Weh sieht
und der man sieht wie alle Welt; ein Mann, der sein Metier recht
macht, wenn ich mich nicht sehr irre. Nächstens schreib' ich Dir von
einigen Personen, die ich bald zu kennen hoffe.

Egmont ist in der Arbeit, und ich hoffe es wird gerathen. Wenigstens hab' ich immer unter den Nahen Symptome gehabt, die mich
nicht betrogen haben. Es ist recht sonderbar, daß ich so oft bin abgehalten worden, das Stück zu endigen, und daß es nun in Rom fertig
werden soll. Der erste Act ist ins Reine und zur Reise, es sind ganze
Scenen im Stücke, an die ich nicht zu rühren brauche.

Ich habe aber allerlei Kunst so viel Gelegenheit zu denken, daß
mein Wilhelm Meister recht anschwillt. Nun sollen aber die alten
Sachen voraus weg; ich bin alt genug, und wenn ich noch etwas
machen will, darf ich mich nicht säumen. Wie Du Dir leicht denken

kannst, hab' ich hundert neue Dinge im Kopfe, und es kommt nicht auf's Denken, es kommt auf's Machen an; das ist ein verwünschtes Ding, die Gegenstände hinzusetzen, daß sie nun einmal so und nicht anders dastehen. Ich möchte nun recht viel von der Kunst sprechen, doch ohne die Kunstwerke was will man sagen? Ich hoffe über manche Kleinheit wegzurücken, drum gönnt mir meine Zeit, die ich hier so wunderbar und sonderbar zubringe, gönnt mir sie durch den Beifall Eurer Liebe.

Ich muß diesmal schließen und wider Willen eine leere Seite schicken. Die Hitze des Tages war groß und gegen Abend bin ich eingeschlafen.

Rom, den 8. Juli 1787.

Ich will künftig Einiges die Woche über schreiben, daß nicht die Hitze des Posttags oder ein anderer Zufall mich hindre, Euch ein vernünftiges Wort zu sagen. Gestern hab' ich vieles gesehen und wieder gesehen, ich bin vielleicht in zwölf Kirchen getreten, wo die schönsten Altarblätter sind.

Dann war ich mit Angelica bei dem Engländer Moore, einem Landschaftsmaler, dessen Bilder meist trefflich gedacht sind. Unter andern hat er eine Sündfluth gemalt, das etwas Einziges ist. Anstatt daß andere ein offnes Meer genommen haben, das immer nur die Idee von einem weiten, aber nicht hohen Wasser giebt, hat er ein geschlossenes hohes Bergthal vorgestellt, in welches die immer steigenden Wasser endlich auch hereinstürzen. Man sieht an der Form der Felsen, daß der Wasserstand sich den Gipfeln nähert, und dadurch daß es hinten quervor zugeschlossen ist, die Klippen alle steil sind, macht es einen fürchterlichen Effect. Es ist gleichsam nur grau in grau gemalt, das schmutzige aufgewühlte Wasser, der triefende Regen verbinden sich auf's innigste, das Wasser stürzt und trieft von den Felsen, als wenn die ungeheuren Massen sich auch in dem allgemeinen Elemente auflösen wollten, und die Sonne blickt wie ein trüber Mond durch den Wasserflor durch, ohne zu erleuchten, und doch ist es nicht Nacht. In der Mitte des Vordergrundes ist eine flache isolirte Felsenplatte, auf die sich einige hülflose Menschen retten, in dem Augenblick daß die Fluth heranschwillt und sie bedecken will. Das Ganze ist unglaublich gut gedacht. Das

Bild ist groß. Es kann 7—8 Fuß lang und 5—6 Fuß hoch seyn. Von den andern Bildern, einem herrlich schönen Morgen, einer trefflichen Nacht, sag' ich gar nichts.

Drei volle Tage war Fest auf Ara coeli[1] wegen der Beatification zweier Heiligen aus dem Orden des heiligen Franciscus. Die Decoration der Kirche, Musik, Illumination und Feuerwerk des Nachts zog eine große Menge Volks dahin. Das nah gelegene Capitol war mit erleuchtet und die Feuerwerke[2] auf dem Platz des Capitols abgebrannt. Das Ganze zusammen machte sich sehr schön, obgleich es nur ein Nachspiel von St. Peter war. Die Römerinnen zeigen sich bei dieser Gelegenheit, von ihren Männern oder Freunden begleitet, des Nachts weiß gekleidet, mit einem schwarzen Gürtel und sind schön und artig. Auch ist im Ganze jetzt des Nachts häufiger Spaziergang und Fahrt, da man des Tags nicht aus dem Hause geht. Die Hitze ist sehr leidlich und diese Tage her immer ein kühles Windchen wehend. Ich halte mich in meinem kühlen Saale und bin still und vergnügt.

Ich bin fleißig, mein Egmont rückt sehr vor. Sonderbar ist's, daß sie eben jetzt in Brüssel die Scene spielen, wie ich sie vor zwölf Jahren aufschrieb; man wird dieses jetzt für Pasquill halten.

Rom, den 16. Juli 1787.

Es ist schon weit in der Nacht, und man merkt es nicht, denn die Straße ist voll Menschen, die singend, auf Cithern und Violinen spielend, mit einander wechselnd, auf und ab gehn. Die Nächte sind kühl und erquickend, die Tage nicht unleidlich heiß.

Gestern war ich mit Angelica in der Farnesina, wo die Fabel der Psyche gemalt ist. Wie oft und unter wie manchen Situationen hab' ich die bunten Copien dieser Bilder in meinen Zimmern mit Euch angesehn! Es fiel mir recht auf, da ich sie eben durch jene Copien fast auswendig weiß. Dieser Saal oder vielmehr Galerie ist das Schönste was ich von Decoration kenne, so viel auch jetzt dran verdorben und restaurirt ist.

Heute war Thierhetze in dem Grabmal des August. Dieses große,

[1] Eine Kirche auf dem Capitol. [2] Das Feuerwerk, wegen war.

inwendig leere, oben offne, ganz runde Gebäude ist jetzt zu einem Kampfplatz, zu einer Ochsenhetze eingerichtet, wie eine Art Amphitheater. Es wird vier bis fünftausend Menschen fassen können. Das Schauspiel selbst hat mich nicht sehr erbaut.

Dienstag den 17. Juli war ich Abends bei A l b a c i n i, dem Restaurator antiker Statuen, um einen Torso zu sehen, den sie unter den Farnesinischen Besitzungen, die nach Neapel gehen, gefunden haben. Es ist ein Torso eines sitzenden Apolls und hat an Schönheit vielleicht nicht seines Gleichen, wenigstens kann er unter die ersten Sachen gesetzt werden, die vom Alterthum übrig sind.

Ich speis'te bei Graf Frieß; Abbate Casti, der mit ihm reist, recitirte eine seiner Novellen: der Erzbischof von Prag, die nicht sehr ehrbar, aber außerordentlich schön, in Ottave rime, geschrieben ist. Ich schätzte ihn schon als den Verfasser meines beliebten Re Teodoro in Venezia. Er hat nun einem Re Teodoro in Corsica geschrieben, wovon ich den ersten Act gelesen habe; auch ein ganz allerliebstes Ding.

Graf Frieß kauft viel, und hat unter andern eine Madonna von Andrea del Sarto für 600 Zechinen gekauft. Im vergangenen März hatte Angelica schon 450 drauf geboten, hätte auch das Ganze selbst gegeben, wenn ihr artiger Gemahl nicht etwas einzuwenden gehabt hätte. Nun reut sie's beide. Es ist ein unglaublich schön Bild, man hat keine Idee von so etwas, ohne es gesehn zu haben.

Und so kommt tagtäglich etwas Neues zum Vorschein, was, zu dem Alten und Bleibenden gesellt, ein großes Vergnügen gewährt. Mein Auge bildet sich gut aus, mit der Zeit könnte ich Kenner werden.

Tischbein beschwert sich in einem Briefe über die entsetzliche Hitze in Neapel. Hier ist sie auch stark genug. Am Dienstag soll es so heiß gewesen seyn, als Fremde es nicht in Spanien und Portugal empfunden.

Egmont ist schon bis in den vierten Act gediehen, ich hoffe, er soll Euch Freude machen. In drei Wochen denke ich fertig zu seyn, und ich schicke ihn gleich an Herdern ab.

Gezeichnet und illuminirt wird auch fleißig. Man kann nicht aus dem Hause gehn, nicht die kleinste Promenade machen, ohne die würdigsten Gegenstände zu treffen. Meine Vorstellung, mein Gedächtniß füllt sich voll unendlich schöner Gegenstände.

' Kenig Theater in Venedig — König Theater in Corsica.

Ich habe recht diese Zeit her zwei meiner Capitalfehler, die mich mein ganzes Leben verfolgt und gepeinigt haben, entdecken können. Einer ist, daß ich nie das Handwerk einer Sache, die ich treiben wollte oder sollte, lernen mochte. Daher ist gekommen, daß ich mit soviel natürlicher Anlage so wenig gemacht und gethan habe. Entweder es war durch die Kraft des Geistes gezwungen, gelang oder mißlang, wie Glück und Zufall es wollten, oder wenn ich eine Sache gut und mit Ueberlegung machen wollte, war ich furchtsam und konnte nicht fertig werden. Der andere nah verwandte Fehler ist: daß ich nie so viel Zeit auf eine Arbeit oder Geschäft wenden mochte, als dazu erfordert wird. Da ich die Glückseligkeit genieße, sehr viel in kurzer Zeit denken und kombiniren zu können, so ist mir eine schrittweise Ausführung weise und unerträglich. Nun dächt' ich, wäre Zeit und Stunde da, mich zu corrigiren. Ich bin im Land der Künste, laßt uns das Fach durcharbeiten, damit wir für unser übriges Leben Ruh und Freude haben und an was anders gehen können.

Rom ist ein herrlicher Ort dazu. Nicht allein die Gegenstände aller Art sind hier, sondern auch Menschen aller Art, denen es Ernst ist, die auf dem rechten Wegen gehen, mit denen man sich unterhaltend gar bequem und schleunig weiter bringen kann. Gott sey Dank, ich fange an, von andern lernen und annehmen zu können.

Und so befinde ich mich an Leib und Seele wohler als jemals! Möchtet Ihr es an meinen Productionen sehen und meine Abwesenheit prüfen. Durch das, was ich mache und denke, häng' ich mit Euch zusammen; übrigens bin ich freilich sehr allein und muß meine Gespräche modifiziren. Doch das ist hier leichter als irgendwo, weil man mit jedem etwas Interessantes zu reden hat.

Mengs sagt irgendwo vom Apoll von Belvedere, daß eine Statue, die zu gleich großem Styl mehr Wahrheit des Fleisches gesellte, das Größte wäre, was der Mensch sich denken könnte. Und durch jenen Torso eines Apolls, oder Bacchus, dessen ich schon gedacht, scheint sein Wunsch, seine Prophezeiung erfüllt zu seyn. Mein Auge ist nicht genug gebildet, um in einer so delicaten Materie zu entscheiden; aber ich bin selbst geneigt, diesen Rest für das Schönste zu halten, was ich je ge-

sehen habe. Leider ist es nicht allein nur Torso, sondern auch die
Epiderm ist an vielen Orten weggewaschen, er muß unter einer Traufe
gestanden haben.

Montag den 23. Juli

bestieg ich Abends die Trajanische Säule, um des unschätzbaren Anblicks zu genießen. Von dort oben herab, bei untergehender Sonne,
nimmt sich das Coliseum ganz herrlich aus: das Capitol ganz nahe,
der Palatin dahinter, die Stadt, die sich anschließt. Ich ging erst spät
und langsam durch die Straße zurück. Ein merkwürdiger Gegenstand
ist der Platz von Monte Cavallo mit dem Obelisk.

Dienstag den 24. Juli 1787.

Nach der Villa Patrizzi, um die Sonne untergehen zu sehen, der
frischen Luft zu genießen, meinen Geist recht mit dem Bilde der großen
Stadt anzufüllen, durch die langen Linien meinen Gesichtskreis auszu-
weiten und zu vereinfachen, durch die vielen schönen und mannichfaltigen Gegenstände zu bereichern. Diesen Abend sah ich den Platz der
Antoninischen Säule, den Palast Chigi vom Mond erleuchtet, und die
Säule, von Alter schwarz, vor dem helleren Nachthimmel, mit einem
weißen glänzenden Piedestal. Und wie viel andere unzählige schöne
einzelne Gegenstände trifft man auf so einer Promenade an. Aber wie
viel dazu gehört, sich nur einen geringen Theil von allen diesem zuzueignen! Es gehört ein Menschenleben dazu, ja das Leben vieler Menschen, die immer stufenweis von einander lernen.

Mittwoch den 25. Juli 1787.

Ich war mit dem Grafen Fries, die Gemmensammlung des Prinzen von Piombino zu sehen.

Freitag den 27.

Uebrigens helfen mir alle Künstler, alt und jung, um mein
Talentchen zuzustutzen und zu erweitern. In der Perspectiv und Bau-

kunst bin ich vorgerückt, auch in der Composition der Landschaft. An
den lebendigen Creaturen hängt's noch, da ist ein Abgrund; doch wäre
mit Ernst und Application hier auch weiter zu kommen.

Ich weiß nicht, ob ich ein Wort von dem Concert sagte, das ich
zu Ende voriger Woche gab. Ich lud diejenigen Personen dazu, die
mir hier manches Vergnügen verschafft haben, und ließ durch die Sänger
der komischen Oper die besten Stücke der letzten Intermezzen aufführen.
Jedermann war vergnügt und zufrieden.

Nun ist mein Saal schön aufgeräumt und aufgeputzt: es lebt sich
bei der großen Wärme auf's angenehmste darin. Wir haben einen
trüben, einen Regentag, ein Donnerwetter, nun einige heitere, nicht
sehr heiße Tage gehabt.

Sonntags den 29. Juli

aß ich bei Angelica; es ist nun schon hergebracht, daß ich ihr Sonntags-
gast bin. Vorher fuhren wir nach dem Palast Barberini, den trefflichen Leonard da Vinci und die Geliebte des Raphael, von ihm selbst
gemalt, zu sehen. Mit Angelica ist es gar angenehm Gemälde zu betrachten, da ihr Auge sehr gebildet und ihre mechanische Kunstkenntniß
so groß ist. Dabei ist sie sehr für alles Schöne, Wahre, Zarte empfindlich und unglaublich bescheiden.

Nachmittags war ich beim Chevalier d'Agincourt, einem reichen
Franzosen, der seine Zeit und sein Geld anwendet, eine Geschichte der
Kunst, von ihrem Verfall bis zur Ausübung [1], zu schreiben. Die Sammlungen, die er gemacht hat, sind höchst interessant. Man sieht, wie
der Menschengeist während der trüben und dunkeln Zeit immer geschäftig war. Wenn das Werk zusammenkömmt, wird es sehr merkwürdig seyn.

Jetzt habe ich etwas vor, daran ich viel lerne: ich habe eine Landschaft erfunden und gezeichnet, die ein geschickter Künstler, Dies, in
meiner Gegenwart colorirt; dadurch gewöhnt sich Auge und Geist immer
mehr an Farbe und Harmonie. Ueberhaupt geht es gut fort, ich treibe
nur, wie immer, zu viel. Meine größte Freude ist, daß mein Auge

---

[1] bis zu ihrem Wiederaufleben.

fich an fichern Formen bildet und fich an Gestalt und Verhältniß leicht gewöhnt, und dabei mein alt Gefühl für Haltung und Ganzes recht lebhaft wiederkehrt. Auf Uebung käme nun alles an.

Sonntag den 29. Juli 1787

war ich mit Angelica in dem Palast Rondanini. Ihr werdet Euch aus meinen ersten Römischen Briefen einer Medusa erinnern, die mir damals schon so sehr einleuchtete, jetzt nun aber mir die größte Freude giebt. Nur einen Begriff zu haben, daß so etwas in der Welt ist, daß so etwas zu machen möglich war, macht einen zum doppelten Menschen. Wie gern sagt' ich etwas drüber, wenn nicht alles, was man über so ein Werk sagen kann, leerer Windhauch wäre. Die Kunst ist deßhalb da, daß man sie sehe, nicht davon spreche, als höchstens in ihrer Gegenwart. Wie schäme ich mich alles Kunstgeschwätzes, in das ich ehmals einstimmte. Wenn es möglich ist, einen guten Gypsabguß von dieser Medusa zu haben, so bring' ich ihn mit, doch sie müßte neu geformt werden. Es sind einige hier zu Kaufe, die ich nicht möchte, denn sie verderben mehr die Idee, als daß sie uns den Begriff gäben und erhielten. Besonders ist der Mund unaussprechlich und unnachahmlich groß.

Montag den 30.

blieb ich den ganzen Tag zu Hause und war fleißig. Egmont rückt zum Ende, der vierte Act ist so gut wie fertig. Sobald er abgeschrieben ist, schick' ich ihn mit der reitenden Post. Welche Freude wird mir's seyn, von Euch zu hören, daß Ihr dieser Production einigen Beifall gebt. Ich fühle mich recht jung wieder, da ich das Stück schreibe; möchte es auch auf den Leser einen frischen Eindruck machen. Abends war ein kleiner Ball in dem Garten hinter dem Hause, wozu wir auch eingeladen wurden. Ungeachtet jetzt keine Jahreszeit des Tanzes ist, so war man doch ganz lustig. Die Italiänischen Mädchen haben ihre Eigenthümlichkeiten, vor zehn Jahren hätten einige passiren können, nun ist diese Aber verrodnet, und es gab mir diese kleine Feierlichkeit kaum so viel Interesse, um sie bis an's Ende auszuhalten.

Die Mondnächte sind ganz unglaublich schön; der Aufgang, eh' sich der Mond durch die Dünste heraufgearbeitet hat, ganz gelb und warm, come il sole d' Inghilterra,[1] die übrige Nacht klar und freundlich. Ein kühler Wind, und alles fängt an zu leben. Bis gegen Morgen sind immer Partien auf der Straße, die singen und spielen; man hört manchmal Duette, so schön und schöner als in einer Oper oder Concert.

Dienstag den 31. Juli 1787

wurden einige Mondscheine auf's Papier gebracht, dann sonst allerlei gute Kunst getrieben. Abends ging ich mit einem Landsmann spazieren, und wir stritten über den Vorzug von Michel Angelo und Raphael; ich hielt die Partie des ersten, er des andern, und wir schlossen zuletzt mit einem gemeinschaftlichen Lob auf Leonard da Vinci. Wie glücklich bin ich, daß nun alle diese Namen aufhören Namen zu seyn, und lebendige Begriffe des Werthes dieser trefflichen Menschen nach und nach vollständig werden.

Nachts in die komische Oper. Ein neues Intermezz, L' Impresario in angustie[2], ist ganz fürtrefflich und wird uns manche Nacht unterhalten, so heiß es auch im Schauspiele seyn mag. Ein Quintett, da der Poeta sein Stück vorließt, der Impresar und die prima donna auf der einen Seite ihm Beifall geben, der Componist und die seconda donna auf der andern ihn tadeln, worüber sie zuletzt in einen allgemeinen Streit gerathen, ist gar glücklich. Die als Frauenzimmer verkleideten Castraten machen ihre Rollen immer besser und gefallen immer mehr. Wirklich für eine kleine Sommertruppe, die sich nur so zusammen gefunden hat, ist sie recht artig. Sie spielen mit einer großen Natürlichkeit und gutem Humor. Von der Hitze stehen die armen Teufel erbärmlich aus.

Bericht.

Juli.

Um Nachstehendes, welches ich nunmehr einzuführen gedenke, schicklicher Weise vorzubereiten, halte für nöthig, einige Stellen aus dem

____
[1] wie die Sonne in England. [2] Der Theater-Director in Nöthen.

vorigen Bande, welche dort, im Lauf der Ereigniße, der Aufmerksamkeit möchten entgangen seyn, hier einzuschalten und die mir so wichtige Angelegenheit den Freunden der Naturwissenschaft dadurch abermals zu empfehlen.

———

Palermo, Dienstag den 17. April 1787.

Es ist ein wahres Unglück, wenn man von vielerlei Geistern verfolgt und versucht wird! Heute früh ging ich mit dem festen, ruhigen Vorsatz, meine dichterischen Träume fortzusetzen, nach dem öffentlichen Garten, allein, eh' ich mich's versah, erhaschte mich ein anderes Gespenst, das mir schon dieser Tage nachgeschlichen. Die vielen Pflanzen, die ich sonst nur in Kübeln und Töpfen, ja die größte Zeit des Jahres nur hinter Glasfenstern zu sehen gewohnt war, stehen hier froh und frisch unter freiem Himmel, und, indem sie ihre Bestimmung vollkommen erfüllen, werden sie uns deutlicher. Im Angesicht so vielerlei neuen und erneuten Gebildes fiel mir die alte Grille wieder ein: ob ich nicht unter dieser Schaar die Urpflanze entdecken könnte? Eine solche muß es denn doch geben! Woran würde ich sonst erkennen, daß dieses oder jenes Gebilde eine Pflanze sey, wenn sie nicht alle nach Einem Muster gebildet wären?

Ich bemühte mich zu untersuchen, worin denn die vielen abweichenden Gestalten von einander unterschieden seyen. Und ich fand sie immer mehr ähnlich als verschieden, und wollte ich meine botanische Terminologie anbringen, so ging das wohl, aber es fruchtete nicht, es machte mich unruhig, ohne daß es mir weiter half. Gestört war mein guter poetischer Vorsatz, der Garten des Alcinous war verschwunden, ein Weltgarten hatte sich aufgethan. Warum sind wir Neuern doch so zerstreut, warum gereizt zu Forderungen, die wir nicht erreichen noch erfüllen können!

— — —

Neapel den 17. Mai 1787.

Ferner muß ich Dir vertrauen, daß ich dem Geheimniß der Pflanzenzeugung und Organisation ganz nahe bin, und daß es das einfachste ist, was nur gedacht werden kann. Unter diesem Himmel kann man die schönsten Beobachtungen machen. Den Hauptpunkt, wo der Keim steckt, habe ich ganz klar und zweifellos gefunden; alles Uebrige seh ich auch schon im Ganzen, und nur noch einige Punkte müssen bestimmter werden. Die Urpflanze wird das wunderlichste Geschöpf von der Welt, um welches mich die Natur selbst beneiden soll. Mit diesem Modell und dem Schlüssel dazu kann man alsdann noch Pflanzen ins Unendliche erfinden, die consequent seyn müssen, das heißt: die, wenn sie auch nicht existiren, doch existiren könnten, und nicht etwa malerische oder dichterische Schatten und Scheine sind, sondern eine innerliche Wahrheit und Nothwendigkeit haben. Dasselbe Gesetz wird sich auf alles übrige Lebendige anwenden lassen.

———

Soviel aber sey hier, ferneres Verständniß vorzubereiten, kürzlich ausgesprochen: Es war mir nämlich aufgegangen, daß in demjenigen Organ der Pflanze, welches wir als Blatt gewöhnlich anzusprechen pflegen, der wahre Proteus verborgen liege, der sich in allen Gestaltungen verstecken und offenbaren könne. Vorwärts und rückwärts ist die Pflanze immer nur Blatt, mit dem künftigen Keime so untrennlich vereint, daß man eins ohne das andere nicht denken darf. Einen solchen Begriff zu fassen, zu ertragen, ihn in der Natur aufzufinden, ist eine Aufgabe, die uns in einen peinlich süßen Zustand versetzt.

Störende Naturbetrachtungen.

Wer an sich erfahren hat, was ein reichhaltiger Gedanke heißen will, er sey nun aus uns selbst entsprungen, oder von andern mitgetheilt und eingeimpft, wird gestehen, was dadurch für eine leidenschaftliche Bewegung in unserm Geiste hervorgebracht werde, wie wir uns begeistert fühlen, indem wir alles dasjenige in Gesammtheit vorausahnen, was in der Folge sich mehr und mehr entwickeln, wozu das Entwickelte weiter führen soll. Dieses bedenkend wird man mir zugestehen, daß ich von einem solchen Gewahrwerden wie von einer Leidenschaft eingenommen und getrieben werden, auch, wo nicht ausschließlich, doch durch alles übrige Leben hindurch mich damit beschäftigen müsse.

So sehr nun auch diese Neigung mich innerlich erhitzte, so war doch an kein geregeltes Studium nach meiner Rückkehr in Rom zu denken; Poesie, Kunst und Alterthum, jedes forderte mich gewissermaßen ganz, und ich habe in meinem Leben nicht leicht erregter, doch sorgsamer beschäftigte Tage zugebracht. Männern vom Fach wird es vielleicht gar zu naiv vorkommen, wenn ich erzähle, wie ich tagtäglich in einem jeden Garten, auf Spaziergängen, kleinen Lustfahrten, mich der neben mir bemerkten Pflanzen bemächtigte. Besonders bei der eintretenden Samenreife war es mir wichtig, zu beobachten, wie manche davon an das Tageslicht hervortraten. So wendete ich meine Aufmerksamkeit auf das Keimen des während seines Wachsthums unförmlichen Cactus opuntia, und sah mit Vergnügen, daß er ganz unschuldig dikotyledonisch sich in zwei zarten Blättchen enthüllte, sodann aber, bei fernerem Wuchse, sich die künftige Unform entwickelte.

Auch mit Samenkapseln begegnete mir etwas Auffallendes: ich hatte derselben mehrere von Acanthus mollis nach Hause getragen und in einem offenen Kästchen niedergelegt; nun geschah in einer Nacht, daß ich die Kapseln hörte und bald darauf das Umherspringen an Decke und Wände wie von kleinen Körpern. Ich erklärte mir's nicht gleich, sah aber nachher meine Scheren aufgesprungen und die Samen umher gestreut. Die Trockne des Zimmers hatte die Reife bis zu solcher Elasticität in wenigen Tagen vollendet.

Unter den vielen Samen, die ich auf diese Weise beobachtete, muß ich einiger noch erwähnen, weil sie zu meinem Andenken kürzer oder länger in dem alten Rom fortwuchsen. Pinienkerne gingen gar merkwürdig auf, sie huben sich wie in einem Ei eingeschlossen empor, warfen aber diese Haube bald ab und zeigten in einem Kranze von grünen Nadeln schon die Anlage ihrer künftigen Bestimmung.

Galt das Bisherige der Fortpflanzung durch Samen, so ward ich auf die Fortpflanzung durch Augen nicht weniger aufmerksam gemacht, und zwar durch Mad. Reiffenstein, der, auf allen Spaziergängen hier und dort einen Zweig abbrechend, die gar Pedanterie behauptet: in die Erde gesteckt müsse jeder sogleich fortwachsen. Zum entscheidenden Beweise zeigte er dergleichen Stecklinge gar weit angeschlagen in ihrem Garten.

Und wie bedeutend ist nicht in der Folgezeit eine solche allgemein verbreitete Vermehrung für die botanische Gärtnerei geworden, die ich ihm nicht zu erklären gewünscht hätte.

Am auffallendsten war mir jedoch ein strauchartig in die Höhe gewachsener Nelkenstock. Man kennt die gewaltige Lebens- und Vermehrungskraft dieser Pflanze; Auge ist über Auge an ihren Zweigen gedrängt, Knoten in Knoten hineingerichtet; dieses wird nun hier durch Dauer gesteigert, und die Augen aus unerforschlicher Enge zur höchst möglichen Entwicklung getrieben, so daß selbst die vollendete Blume wieder aus vollendete Blumen aus ihrem Busen hervorbrachte.

Zu Aufbewahrung dieser Wundergestalt kein Mittel vor mir sehend, unternahm ich es, sie genau zu zeichnen, wobei ich immer zu mehrerer Einsicht in den Grundbegriff der Metamorphose gelangte. Allein die Zerstreuung durch so vielerlei Obliegenheiten ward nur desto zudringlicher, und mein Aufenthalt in Rom, dessen Ende ich voraussah, immer peinlicher und belästeter.

Nachdem ich mich nun so geraume Zeit ganz im Stillen gehalten, und von aller höhern zerstreuenden Gesellschaft fern geblieben, begingen wir einen Fehler, der die Aufmerksamkeit des ganzen Quartiers, nicht weniger der nach neuen und seltsamen Vorfällen sich umschauenden Societät auf uns richtete. Die Sache verhielt sich aber also: Angelica kam nie in's Theater, wir untersuchten nicht, aus welcher Ursache; aber da wir als leidenschaftliche Bühnenfreunde in ihrer Gegenwart die Anmuth und Gewandtheit der Sänger, so wie die Wirksamkeit der Musik unsers Cimarosa nicht genugsam zu rühmen wußten, und nichts sehnlicher wünschten, als sie solcher Genüsse theilhaftig zu machen, so ergab sich eins aus dem andern, daß nämlich unsere jungen Leute, besonders Bury, der mit den Sängern und Musikverwandten in dem besten Vernehmen stand, es dahin brachte, daß diese sich in heiterer Gesinnung erboten, auch vor uns, ihren leidenschaftlichen Freunden und entschieden Beifall Gebenden, gelegentlich einmal in unserm Saale Musik machen und singen zu wollen. Dergleichen Vorhaben, öfters besprochen, vorgeschlagen und verzögert, gelangte doch endlich, nach dem Wunsche der jüngern Theilnehmer, zur fröhlichen Wirklichkeit. Concertmeister Kranz, ein geübter Violinist, in Herzogl. Weimarischen Diensten, der sich in Italien auszubilden Urlaub hatte, gab zuletzt durch seine unvermuthete Ankunft eine baldige Entscheidung. Sein Talent legte sich auf die Wage der Musikliebenden, und wir sahen uns in den Fall versetzt, Madame Angelica, ihren Gemahl, Hofrath Reiffenstein, die Herren Zucchi, Volpato, und wem wir sonst eine Artigkeit schuldig waren, zu einem anständigen Feste einleben zu können. Jaber und Tapezier hatten den Saal geschmückt, der nächste Kaffeewirth die Erfrischungen übernommen, und so ward ein glänzendes Concert aufgeführt in der schönsten Sommernacht, wo sich große Massen von Menschen unter den offenen Fenstern versammelten, und, als wären sie im Theater gegenwärtig, die Gesänge gehörig beklatschten.

Ja, was das Auffallendste war, ein großer, mit einem Orchester von Musikfreunden besetzter Gesellschaftswagen, der so eben durch die nächtliche Stadt seine Lustrunde zu machen beliebte, hielt unter unsern Fenstern stille, und, **nachdem er den** obern Vorübergehenden lebhaften Beifall geschenkt hatte, ließ **sich eine wackre** Baßstimme vernehmen, die eine der beliebtesten Arien eben **der** Oper, welche mit stückweise vertrugen, von allen Instrumenten begleitet, hinzugesellte. Wir erwiederten den vollsten Beifall, das Volk klatschte mit drein, und jedermann versicherte, an so mancher Nachtlust, niemals aber an einer so vollkommenen, zufällig gelungenen Theil genommen zu haben.

Auf einmal nun zog unsere, zwar anständige, aber doch stille Wohnung, dem Palast Rondanini gegenüber, die Aufmerksamkeit des Corso **auf** sich. Ein reicher Mylord, hieß es, müsse da eingezogen seyn, niemand aber wußte ihn unter den bekannten Persönlichkeiten zu finden und zu entziffern. Freilich, hätte ein dergleichen Fest sollen mit baarem Gelde geleistet werden, so würde dasjenige, was hier von Künstlern Künstlern zu Liebe geschah, und mit mäßigem Aufwand zur Ausführung zu bringen war, bedeutende Kosten verursacht haben. Wir lebten nun zwar unser voriges stilles Leben fort, konnten aber das Vorurtheil von Reichthum und vornehmer Geburt nicht mehr von uns ablehnen.

Zu einer lebhaften Geselligkeit gab sodann auch die Ankunft des Grafen Fries jedoch [1] neuen Anlaß. Er hatte den Abbate Casti bei sich, welcher durch Vorlesung seiner, damals noch ungedruckten galanten Erzählungen große Lust erregte; sein heiterer freier Vortrag schien jene geistreichen, übermäßig genialen Darstellungen vollkommen in's Leben zu bringen. Wir bedauerten nur, daß ein so gut gesinnter reicher Kunstliebhaber nicht immer von den zuverlässigsten Menschen bedient werde. Der Ankauf eines untergeschobenen geschnittenen Steines machte viel Reden und Verdruß. Er konnte sich indessen über den Ankauf einer schönen Statue gar wohl erfreuen, die einen Paris, nach der Auslegung anderer einen Mithras vorstellte. Das Gegenbild steht jetzt im Museo Pio-Clementino, beide waren zusammen in einer Sandgrube gefunden worden. Doch waren es nicht die Unterhändler in Kunstgeschäften allein, die ihm auflauerten, er hatte manches Abenteuer zu bestehen; und da er sich überhaupt in der heißen Jahreszeit nicht zu schonen wußte, so konnt' es nicht fehlen, daß er von mancherlei Uebeln angefallen wurde, welche die letzten Tage seines Aufenthalts verbitterten. Mir aber war es um so schmerzlicher, als ich seiner Gefälligkeit gar manches schuldig geworden; wie ich denn auch die treffliche Gemmensammlung des Prinzen von Piombino mit ihm zu betrachten günstige Gelegenheit fand.

Beim Grafen Fries fanden sich, außer den Kunsthändlern, auch wohl der Art Literatoren, wie sie hier in Abbé-Tracht herumwandern. Mit diesen war kein angenehmes Gespräch. Kaum hatte man von nationaler Dichtung zu sprechen angefangen, und sich über ein und andern Punkt zu belehren gesucht, so mußte man unmittelbar, und ohne weiteres die Frage vernehmen: ob man Ariost oder Tasso, welchen von beiden man für den größern Dichter halte? Antwortete man: Gott und der Natur sey zu danken, daß sie zwei solche vorzügliche Männer Einer Nation gegönnt, deren jeder uns, nach Zeit und Umständen, nach Lagen und Empfindungen, die herrlichsten Augenblicke verliehen, uns beruhigt und entzückt — dieß vernünftige Wort ließ niemand gelten.

[1] jedoch ist wohl aus Versehen stehen geblieben, da sodann auch — genügt.

Nun wurde derjenige, für den man sich entschieden hatte, hoch und höher gehoben, der andere tief und tiefer dagegen herabgesetzt. Die erstenmale sucht' ich die Vertheidigung des Herabgesetzten zu übernehmen und seine Vorzüge geltend zu machen; dieß aber verfing nicht, man hatte Partei ergriffen und blieb auf seinem Sinne. Da nun eben dasselbe immerfort und fort sich wiederholte, und es mir zu ernst war, um dialektisch über dergleichen Gegenstände zu controvertiren, so vermied ich ein solches Gespräch, besonders, da ich merkte, daß es nur Phrasen waren, die man, ohne eigentliches Interesse an dem Gegenstande zu finden, aussprach und behauptete.

Viel schlimmer aber war es, wenn Dante zur Sprache kam. Ein junger Mann von Stande und Geist und wirklichem Antheil an jenem außerordentlichen Manne nahm meinen Beifall und Billigung nicht zum Besten auf, indem er ganz unbewunden versicherte: jeder Ausländer müsse Verzicht thun auf das Verständniß eines so außerordentlichen Geistes, dem ja selbst die Italiäner nicht in allem folgen könnten. Nach einigem Hin- und Widerreden verdroß es mich denn doch zuletzt, und ich sagte: ich müsse bekennen, daß ich geneigt sey, seinen Aeußerungen Beifall zu geben; denn ich habe nie begreifen können, wie man sich mit diesen Gedichten beschäftigen möge. Mir komme die Hölle ganz abscheulich vor, das Fegefeuer zweideutig und das Paradies langweilig; womit er sehr zufrieden war, indem er daraus ein Argument für seine Behauptung zog: dieß eben beweise, daß ich nicht die Tiefe und Höhe dieser Gedichte zum Verständniß bringen könne. Wir schieden als die besten Freunde; er versprach mir sogar, einige schwere Stellen, über die er lange nachgedacht, und über deren Sinn er endlich mit sich einig geworden sey, mitzutheilen und zu erklären.

Leider war die Unterhaltung mit Künstlern und Kunstfreunden nicht erbaulicher. Man verzieh jedoch endlich andern den Fehler, den man an sich bekennen mußte. Bald war es Raphael, bald Michel Angelo, dem man den Vorzug gab, woraus denn am Schluß nur hervorging: der Mensch sey ein so beschränktes Wesen, daß, wenn sein Geist sich auch dem Großen geöffnet habe, er doch niemals die Großheiten verschiedener Art ebenmäßig zu würdigen und anzuerkennen Fähigkeit erlange.

Wenn wir Tischbein's Gegenwart und Einfluß vermißten, so hielt er uns dagegen durch sehr lebendige Briefe möglichst schadlos. Außer manchen geistreich aufgefaßten wunderlichen Vorfällen und genialen Ansichten erfuhren wir das Nähere durch Zeichnung und Skizze von einem Gemälde, mit welchem er sich daselbst¹ hervorthat. In halben Figuren sah man darauf Oresten, wie er am Opferaltar von Iphigenien erkannt wird, und die ihn bisher verfolgenden Furien so eben entweichen. Iphigenie war das wohlgetroffene Bildniß der Lady Hamilton, welche damals auf dem höchsten Gipfel der Schönheit und des Ansehens glänzte. Auch eine der Furien war durch die Aehnlichkeit mit ihr veredelt, wie sie denn überhaupt als Typus für alle Heroinen, Musen und Halbgöttinnen gelten mußte. Ein Künstler, der dergleichen vermochte, war in dem bedeutenden geselligen Kreise eines Ritter Hamilton sehr wohl aufgenommen.

August.

Correspondenz.

Den 1. August 1787.

Den ganzen Tag fleißig und still wegen der Hitze. Meine beste Freude bei der großen Wärme ist die Ueberzeugung, daß ihr auch einen guten Sommer in Deutschland haben werdet. Hier das Heu einführen zu sehen, ist die größte Lust, da es in dieser Zeit gar nicht regnet, und so der Feldbau nach Willkür behandelt werden kann, wenn sie nur Feldbau hätten.

Abends ward in der Tiber gebadet, in wohlangelegten sichern Badhäuschen; dann auf Trinità de Monti spazieri und frische Luft im Mondscheine genossen. Die Mondscheine sind hier, wie man sie sich denkt oder fabelt.

Der vierte Act von Egmont ist fertig, im nächsten Brief hoff ich Dir den Schluß des Stückes anzukündigen.

¹ damals, weil Neapel, wo er lebte und worauf sich daselbst beziehen soll, vorher nicht genannt ist.

Ohne Datum.

Bei meiner Rückreise durch die Schweiz werde ich auf den Magnetismus achten. Die Sache ist weder ganz leer, noch ganz Betrug. Nur die Menschen, die sich bisher damit abgegeben, sind mir verdächtig. Marktschreier, große Herren und Propheten, lauter Menschen, die gern Viel mit Wenigem thun, gern oben sind ꝛc.

Wir haben die famose Hexen-Epoche in der Geschichte, die mir psychologisch noch lange nicht erklärt ist; diese hat mich aufmerksam und mir alles Wunderbare verdächtig gemacht.

Wie wir die Hexen beim Magnetismus einfallen, ist eine etwas weite Ideen-Association, die ich auf diesem Blättchen nicht ausführen kann.

Gestern nach Sonnenuntergang — man mag früher wegen der Hitze nicht ausgehen — war ich in der Villa Borghese. Wie hab' ich dich zu mir gewünscht! Gleich vier herrliche Tableau's habe ich gefunden, die man nur abschreiben dürfte, wenn man's könnte. Ich muß in der Landschaft und im Zeichnen überhaupt fortrücken, es koste was es wolle. Auf eben dem Spaziergange machte ich Anstalten, Egmont zu endigen. Wenn ich dran komme, geht es geschwind. Lebe wohl, und gedenke mein.

Den 11. August 1787.

Ich bleibe noch bis künftige Ostern in Italien. Ich kann jetzt nicht aus der Lehre laufen. Wenn ich aushalte, komme ich gewiß so weit, daß ich meinen Freunden mit mir Freude machen kann. Ihr sollt immer Briefe von mir haben; meine Schriften kommen nach und nach; so habt Ihr den Begriff von mir als eines abwesend Lebenden, da Ihr mich so oft als einen gegenwärtig Todten bedauert habt.

Egmont ist fertig und wird zu Ende dieses Monats abgehen können. Alsdann erwarte ich mit Schmerzen Euer Urtheil.

Kein Tag vergeht, daß ich nicht in Kenntniß und Ausübung der Kunst zunehme. Wie eine Flasche sich leicht füllt, die man eben oft unter das Wasser stößt, so kann man hier leicht sich ausfüllen, wenn man empfänglich und bereitet ist; es drängt das Kunstelement von allen Seiten zu.

Den guten Sommer, den Ihr habt, konnte ich hier voraussagen. Wir haben ganz gleichen reinen Himmel und am hohen Tag entsetzliche Hitze, der ich in meinem kühlen Saale ziemlich entgehe. September und October will ich auf dem Lande zubringen und nach der Natur zeichnen. Vielleicht geh' ich wieder nach Neapel, um Hackert's Unterricht zu genießen. Er hat mich in vierzehn Tagen, die ich mit ihm auf dem Lande war, weiter gebracht, als ich in Jahren für mich würde vorgerückt seyn. Noch schicke ich Dir nichts und halte ein Dutzend kleine Skizzchen zurück, um Dir auf einmal etwas gutes zu senden.

Diese Woche ist still und fleißig hingegangen. Besonders hab' ich in der Perspectiv manches gelernt. Verschaffeldt, ein Sohn des Mannheimer Directors, hat diese Lehre recht durchgedacht, und theilt mir seine Kunststücke mit. Auch sind einige Mondscheine auf's Bret gekommen und ausgetuscht worden, nebst einigen andern Ideen, die fast zu toll sind, als daß man sie mittheilen sollte.

Rom, den 11. August 1787.

Ich habe der Herzogin einen langen Brief geschrieben und ihr gerathen, die Reise nach Italien noch ein Jahr zu verschieben. Geht sie im October, so kommt sie gerade zur Zeit in dieß schöne Land, wenn sich das Wetter umkehrt, und sie hat einen bösen Spaß. Folgt sie mir in diesem und andern, so kann sie Freude haben, wenn das Glück gut ist. Ich gönne ihr herzlich diese Reise.

Es ist sowohl für mich als für andere gesorgt, und die Zukunft wollen wir geruhig erwarten. Niemand kann sich umprägen und niemand seinem Schicksale entgehn. Aus eben diesem Briefe wirst Du meinen Plan sehn und ihn hoffentlich billigen. Ich wiederhole hier nichts.

Ich werde oft schreiben und den Winter durch immer im Geiste unter Euch seyn. Tasso kommt nach dem neuen Jahre. Faust soll auf seinem Mantel als Courier meine Ankunft melden. Ich habe alsdann eine Hauptepoche zurückgelegt, rein geendigt, und kann wieder anfangen und eingreifen, wo es nöthig ist. Ich fühle mir einen leichtern Sinn und bin fast ein andrer Mensch als vorm Jahr.

Ich lebe in Reichthum und Ueberfluß alles dessen, was mir eigens
lieb und werth ist, und habe erst diese paar Monate meine Zeit hier
recht genossen. Denn es legt sich nun aus einander, und die Kunst
wird mir wie eine zweite Natur, die gleich der Minerva aus dem
Haupte Jupiters, so aus dem Haupte der größten Menschen geboren
worden. Davon soll Ihr in der Folge Tage lang, wohl Jahre lang
unterhalten werden.

Ich wünsche Euch allen einen guten Erptember. Am Ende Augusts,
wo alle unsre Geburtstage zusammentreffen, will ich Eurer fleißig gedenken. Wie die Hitze abnimmt, geh' ich auf's Land, dort zu zeichnen;
indeß thu' ich, was in der Stube zu thun ist, und muß oft pausiren.
Abends besonders muß man sich vor Verkältung in Acht nehmen.

Rom, den 18. August 1787.

Diese Woche hab' ich einigermaßen von meiner nordischen Geschäftigkeit nachlassen müssen, die ersten Tage waren gar zu heiß. Ich
habe also nicht so viel gethan, als ich wünschte. Nun haben wir seit
zwei Tagen die schönste Tramontane und eine gar freie Luft. September und October müssen ein paar himmlische Monate werden.

Gestern fuhr ich vor Sonnenaufgang nach Aqua acetosa [1]; es ist
wirklich zum närrisch werden, wenn man die Klarheit, die Mannichfaltigkeit, duftige Durchsichtigkeit und himmlische Färbung der Landschaft, besonders der Fernen ansieht.

Moritz studirt jetzt die Antiquitäten und wird sie zum Gebrauch
der Jugend und zum Gebrauch eines jeden Denkenden vermenschlichen
und von allem Büchermoder und Schulstaub reinigen. Er hat eine
gar glückliche richtige Art, die Sachen anzusehn; ich hoffe, daß er sich
auch Zeit nehmen wird, gründlich zu seyn. Wir gehen des Abends
spazieren, und er erzählt mir, welchen Theil er des Tags durchgedacht,
was er in den Autoren gelesen; und so füllt sich auch diese Lücke aus,
die ich bei meinen übrigen Beschäftigungen lassen müßte und nur spät
und mit Mühe nachholen könnte. Ich sehe indeß Gebäude, Straßen,
Gegend, Monumente an, und wenn ich Abends nach Hause komme,

_____

[1] Gewöhnlich Agua acetosa. Sauerbrunnen.

wird ein Bild, das mir besonders aufgefallen, unterm Plaudern auf's Papier gescherzt. Ich lege Dir eine solche Skizze von gestern Abend bei. Es ist die ungefähre Idee, wenn man von hinten das Capitol heraufkommt.

Mit der guten Angelica war ich Sonntags, die Gemälde des Prinzen Aldobrandini, besonders einen trefflichen Leonard da Vinci, zu sehen. Sie ist nicht glücklich, wie sie es zu seyn verdiente bei dem wirklich großen Talent und bei dem Vermögen, das sich täglich mehrt. Sie ist müde, auf den Kauf zu malen, und doch findet ihr alter Gatte es gar zu schön, daß so schweres Geld für oft leichte Arbeit einkommt. Sie möchte nun sich selbst zur Freude, mit mehr Muße, Sorgfalt und Studium arbeiten und könnte es. Sie haben keine Kinder, können ihre Interessen nicht verzehren und sie verdient täglich, auch mit mäßiger Arbeit, noch genug hinzu. Das ist nun aber nicht und wird nicht. Sie spricht sehr aufrichtig mit mir, ich hab' ihr meine Meinung gesagt, hab' ihr meinen Rath gegeben, und muntre sie auf, wenn ich bei ihr bin. Man rede von Mangel und Unglück, wenn die, welche genug besitzen, es nicht brauchen und genießen können! Sie hat ein unglaubliches und als Weib wirklich ungeheures Talent. Man muß sehen und schätzen, was sie macht, nicht das, was sie zurückläßt. Wie vieler Künstler Arbeiten halten Stich, wenn man rechnen will, was fehlt.

Und so, meine Lieben, wird mir Rom, das Römische Wesen, Kunst und Künstler immer bekannter, und ich sehe die Verhältnisse ein, sie werden mir nah und natürlich durch's Mitleben und Hin- und Herwandeln. Jeder bloße Besuch giebt falsche Begriffe. Sie möchten mich auch hier aus meiner Stille und Ordnung bringen und in die Welt ziehen; ich wahre mich, so gut ich kann: verspreche, verzögre, weiche aus, verspreche wieder, und spiele den Italiäner mit den Italiänern. Der Cardinal Staatssecretair, Buoncompagni, hat mir es gar zu nahe legen lassen, ich werde aber ausweichen, bis ich halb September auf's Land gehe. Ich scheue mich vor den Herren und Damen wie vor einer bösen Krankheit, es wird mir schon weh, wenn ich sie fahren sehe.

Rom, den 23. August 1787.

Euren lieben Brief Nr. 24 erhielt ich vorgestern, eben als ich nach dem Vatican ging, und habe ihn unterwegs und in der Sixtinischen Capelle aber- und abermals gelesen, so oft ich ausruhte von dem Sehen und Aufmerken. Ich kann Euch nicht ausdrücken, wie sehr ich Euch zu mir gewünscht habe, damit Ihr nur einen Begriff fättet, was ein einziger und ganzer Mensch machen und ausrichten kann; ohne die Sixtinische Capelle gesehen zu haben, kann man sich keinen anschauenden Begriff machen, was ein Mensch vermag. Man hört und lies't von viel großen und braven Leuten, aber hier hat man es noch ganz lebendig über dem Haupte, vor den Augen. Ich habe mich viel mit Euch unterhalten und wollte, es stärkte alles auf dem Blatte. Ihr wollt von mir wissen! Wie vieles könnt' ich sagen! denn ich bin wirklich umgeboren und erneuert und ausgefüllt. Ich fühle, daß sich die Summe meiner Kräfte zusammenschließt, und hoffe noch etwas zu thun. Ueber Landschaft und Architektur habe ich diese Zeit her ernstlich nachgedacht, auch einiges versucht, und sehe nun, wo es damit hinauswill, auch wie weit es zu bringen wäre.

Nun hat mich zuletzt das A. und C. aller uns bekannten Dinge, die menschliche Figur, angefaßt, und ich sie, und ich sage: Herr, ich lasse dich nicht, du segnest mich denn, und soll' ich mich lahm ringen. Mit dem Zeichnen geht es gar nicht, und ich habe also mich zum Modelliren entschlossen, und das scheint rücken zu wollen. Wenigstens bin ich auf einen Gedanken gekommen, der mir vieles erleichtert. Es wäre zu weitläufig, es zu detailliren, und es ist besser zu thun, als zu reden. Genug, es läuft darauf hinaus, daß mich nun mein hartnäckig Studium der Natur, meine Sorgfalt, mit der ich in der comparirenden Anatomie zu Werke gegangen bin, nunmehr in den Stand setzen, in der Natur und den Antiken manches im Ganzen zu sehen, was den Künstlern im Einzelnen aufzusuchen schwer wird, und das sie, wenn sie es endlich erlangen, nur für sich besitzen und andern nicht mittheilen können.

Ich habe alle meine physiognomischen Kunststückchen, die ich aus Pil auf den Propheten [1] in den Winkel geworfen, wieder hervorgesucht,

---

[1] Unter Prophet, Zürcher Prophet, ist Lavater gemeint.

und sie kommen mir gut zu passen. Ein Herculeskopf ist angefangen: kann dieser glückt, wollen wir weiter gehen.

So entfernt bin ich jetzt von der Welt und allen weltlichen Dingen; es kommt mir recht wunderbar vor, wenn ich eine Zeitung lese. Die Gestalt dieser Welt vergeht, ich möchte mich nur mit dem beschäftigen, was bleibende Verhältnisse sind und so nach der Lehre des *** meinem Geiste erst die Ewigkeit verschaffen.

Gestern sah ich bei Ch. v. Wortbley, der eine Reise nach Griechenland, Aegypten ꝛc. gemacht hat, viele Zeichnungen. Was mich am meisten interessirte, waren Zeichnungen nach Basreliefs, welche im Fries des Tempels der Minerva zu Athen sind, Arbeiten des Phidias. Man kann sich nichts Schöneres denken, als die wenigen einfachen Figuren. Uebrigens war wenig Reizendes an den vielen gezeichneten Gegenständen; die Gegenden waren nicht glücklich, die Architektur besser.

Lebe wohl für heute. Es wird meine Büste gemacht, und das hat mir drei Morgen dieser Woche genommen.

Den 28. August 1787.

Wie ich diese Tage manches Gute begegnet, und heute zum Feste kam mir Herder's Büchlein voll würdiger Gottesgedanken. Es war mir tröstlich und erquicklich, sie in diesem Babel, der Mutter so vielen Betrugs und Irrthums, so rein und schön zu lesen, und zu denken, daß doch jetzt die Zeit ist, wo sich solche Gesinnungen, solche Denkarten verbreiten können und dürfen. Ich werde das Büchlein in meiner Einsamkeit noch oft lesen und beherzigen, auch Anmerkungen dazu machen, welche Anlaß zu künftigen Unterredungen geben können.

Ich habe diese Tage immer weiter um mich gegriffen in Betrachtung der Kunst, und übersehe nun fast das ganze Pensum, das mir zu absolviren bleibt; und wenn es absolvirt ist, ist noch nichts gethan. Vielleicht giebt's andern Anlaß, dasjenige leichter und besser zu thun, wozu Talent und Geschick bestimmt.

Die Französische Akademie hat ihre Arbeiten ausgestellt, es sind interessante Sachen darunter. Pindar der die Götter um ein glückliches Ende bittet, fällt in die Arme eines Knaben den er sehr liebt, und stirbt. Es ist viel Verdienst in dem Bilde. Ein Architekt hat eine gar

artige Idee ausgeführt, er hat das jetzige Rom von einer Seite gezeichnet, wo es sich mit allen seinen Theilen gut ausnimmt. Dann
hat er auf einem andern Blatte das alte Rom vorgestellt, als wenn
man es aus demselben Standpunkt sähe. Die Orte, wo die alten
Monumente gestanden, weiß man, ihre Form auch meistens, von vielen
stehen noch die Ruinen. Nun hat er alles Neue weggethan und das
Alte wieder hergestellt, wie es etwa zu Zeiten Diocletian's ausgesehen
haben mag, und mit eben so viel Geschmack, als Studium, und allerliebst gefärbt. Was ich thun kann thu' ich, und häufe soviel von
allen diesen Begriffen und Talenten auf mich, als ich schleppen kann,
und bringe auf diese Weise doch das Reellste mit.

Hab' ich Dir schon gesagt, daß Trippel meine Büste arbeitet?
Der Fürst von Waldeck hat sie bei ihm bestellt. Er ist schon meist
fertig, und es macht ein gutes Ganze. Sie ist in einem sehr soliden
Styl gearbeitet. Wenn das Modell fertig ist, wird er eine Gypsform
darüber machen, und dann gleich den Marmor anfangen, welchen er
dann zuletzt nach dem Leben auszuarbeiten wünscht; denn was sich in
dieser Materie thun läßt, kann man in keiner andern erreichen.

Angelica malt jetzt ein Bild, das sehr glücken wird: die Mutter
der Gracchen, wie sie einer Freundin, welche ihre Juwelen auskramt,
ihre Kinder als die besten Schätze zeigt. Es ist eine natürliche und
sehr glückliche Composition.

Wie schön ist es zu säen, damit geerntet werde! Ich habe hier
durchaus verschwiegen, daß heute mein Geburtstag sey, und dachte
beim Aufstehen: sollte mir denn von Hause nichts zur Feier kommen?
Und siehe, da wird mir Euer Packet gebracht, das mich unsäglich erfreut. Gleich setzte ich mich hin, es zu lesen, und bin nun zu Ende und
schreibe gleich meinen herzlichsten Dank nieder.

Nun möchte ich denn erst bei Euch seyn, da sollte es an ein Gespräch gehen, zu Ausführung einiger angedeuteten Punkte. Genug,
das wird uns auch werden, und ich danke herzlich, daß eine Säule
gesetzt ist, von welcher an wir nun unsre Meilen zählen können. Ich
wandle starken Schrittes in den Gefilden der Natur und Kunst herum
und werde Dir mit Freuden von da aus entgegen kommen.

Ich habe es heute, nach Empfang Deines Briefes, noch einmal
durchgedacht und muß darauf beharren: mein Kunststudium, mein

Autorwesen, alles fordert noch diese Zeit. In der Kunst muß ich es
so weit bringen, daß alles anschauende Kenntniß werde, nichts Tradition und Name bleibe, und ich zwing' es in diesem halben Jahre; auch
ist es nirgends als in Rom zu zwingen. Meine Sächelchen, denn sie
kommen mir sehr im Diminutiv vor, muß ich wenigstens mit Sammlung und Freudigkeit enden.

Dann zieht mich alles nach dem Vaterlande zurück. Und wenn
ich auch ein isolirtes, privates Leben führen sollte, habe ich soviel nachzuholen und zu vereinigen, daß ich für zehn Jahre keine Ruhe sehe.

In der Naturgeschichte bring' ich Dir Sachen mit, die Du nicht
erwartest. Ich glaube dem Wie der Organisation sehr nahe zu rücken.
Du sollst diese Manifestationen (nicht Fulgurationen) unsres Gottes
mit Freuden beschauen und mich belehren, wer in der alten und neuen
Zeit dasselbe gefunden, gedacht, es von eben der Seite, oder aus einem
wenig abweichenden Standpunkte betrachtet.

—

Bericht.

August.

Zu Anfang dieses Monats reifte bei mir der Vorsatz, noch den
nächsten Winter in Rom zu bleiben: Gefühl und Einsicht, daß ich aus
diesem Zustande noch völlig unreif mich entfernen, auch daß ich nirgends
solchen Raum und solche Ruhe für den Abschluß meiner Werke finden
würde, bestimmten mich endlich; und nun, als ich solches nach Hause
gemeldet hatte, begann ein Zeitraum neuer Art.

Die große Hitze, welche sich nach und nach steigerte, und einer
allzuraschen Thätigkeit Ziel und Maß gab, machte solche Räume angenehm und wünschenswerth, wo man seine Zeit nützlich in Ruh und
Kühlung zubringen konnte. Die Sixtinische Capelle gab hiezu die
schönste Gelegenheit. Gerade zu dieser Zeit hatte Michel Angelo
auf's neue die Verehrung der Künstler gewonnen; neben seinen übrigen
großen Eigenschaften sollt' er sogar auch im Colorit nicht übertroffen
worden seyn, und es wurde Mode, zu streiten, ob er oder Raphael

mehr Genie gehabt. Die Transfiguration des Letzteren wurde mitunter sehr strenge getadelt und die Disputa das beste seiner Werke genannt, wodurch sich denn schon die später aufgekommene Vorliebe für Werke der alten Schule ankündigte, welche der stille Beobachter nur für ein Symptom halber und unfreier Talente betrachten und sich niemals damit befreunden konnte.

Es ist so schwer, ein großes Talent zu fassen, geschweige denn zwei zugleich. Wir erleichtern uns dieses durch Parteilichkeit: deßhalb denn die Schätzung von Künstlern und Schriftstellern immer schwankt, und einer oder der andere immer ausschließlich den Tag beherrscht. Mich konnten dergleichen Streitigkeiten nicht irre machen, da ich sie auf sich beruhen ließ, und mich mit unmittelbarer Betrachtung alles Werthen und Würdigen beschäftigte. Diese Vorliebe für den großen Florentiner theilte sich von den Künstlern gar bald auch den Liebhabern mit, da denn auch gerade zu jener Zeit Bury und Lips Aquarellcopien in der Sixtinischen Capelle für Grafen Fries zu fertigen hatten. Der Custode ward gut bezahlt, er ließ uns durch die Hinterthür neben dem Altar hinein, und wir hauseten darin nach Belieben. Es fehlte nicht an einiger Nahrung, und ich erinnere mich, ermüdet von großer Tageshitze, auf dem päpstlichen Stuhle einem Mittagsschlaf nachgegeben zu haben.

Sorgfältige Durchzeichnungen der unteren Köpfe und Figuren des Altarbildes, die man mit der Leiter erreichen konnte, wurden gefertigt, erst mit weißer Kreide auf schwarze Florrahmen, dann mit Röthel auf große Papierbogen durchgezeichnet.

Ebnermaßen ward denn auch, indem man sich nach dem Aeltern hinwendete, Leonard da Vinci berühmt, dessen hochgeschätztes Bild, Christus unter den Pharisäern, in der Galerie Aldobrandini ich mit Angelica besuchte. Es war herkömmlich geworden, daß sie Sonntag um Mittag mit ihrem Gemahl und Rath Reiffenstein bei mir vorfuhr, und wir sodann mit möglichster Gemüthsruhe uns durch eine Backofenhitze in irgend eine Sammlung begaben, dort einige Stunden verweilten, und sodann zu einer wohlbesetzten Mittagstafel bei ihr einkehrten. Es war vorzüglich belehrend, mit diesen drei Personen, deren eine jede in ihrer Art theoretisch, praktisch, ästhetisch und technisch gebildet war, sich in Gegenwart so bedeutender Kunstwerke zu besprechen.

Ritter Worthley, der aus Griechenland zurückgekommen war, ließ uns wohlwollend seine mitgebrachten Zeichnungen sehen, unter welchen die Nachbildungen der Arbeiten des Phidias im Fronten der Akropolis einen entschiedenen und unauslöschlichen Eindruck in mir zurückließen, der um desto stärker war, als ich, durch die mächtigen Gestalten des Michel Angelo veranlaßt, dem menschlichen Körper mehr als bisher Aufmerksamkeit und Studium zugewendet hatte.

Eine bedeutende Epoche jedoch in dem regsamen Kunstleben machte die Ausstellung der französischen Akademie zu Ende des Monats. Durch David's Horatier hatte sich das Uebergewicht auf die Seite der Franzosen hingeneigt. Tischbein wurde dadurch veranlaßt, seinen Hektor, der von Paris in Gegenwart der Helena auffordert, lebensgroß anzufangen. Durch Drouais, Gagnereau, des Marés, Goussier, St Ours erhielt sich nunmehr der Ruhm der Franzosen, und Boguet erwirbt als Landschaftsmaler, im Sinne Poussin's, einen guten Namen.

Indessen hatte Moritz sich um die alte Mythologie bemüht; er war nach Rom gekommen, um nach früherer Art durch eine Reisebeschreibung sich die Mittel einer Reise zu verschaffen. Ein Buchhändler hatte ihm Vorschuß geleistet; aber bei seinem Aufenthalt in Rom wurde er bald gewahr, daß ein leichtes loses Tagebuch nicht ungestraft verfaßt werden könne. Durch tagtägliche Gespräche, durch Anschauen so vieler wichtiger Kunstwerke regte sich in ihm der Gedanke, eine Götterlehre der Alten in rein menschlichem Sinne zu schreiben, und solche mit beziehenden Umrissen nach geschnittenen Steinen künftig herauszugeben. Er arbeitete fleißig daran, und unser Verein ermangelte nicht, sich mit demselben entwickelnd darüber zu unterhalten.

Eine höchst angenehme, belehrende Unterhaltung, mit meinen Wünschen und Zwecken unmittelbar zusammentreffend, knüpfte ich mit dem Bildhauer Trippel in seiner Werkstatt an, als er meine Büste modellirte, welche er für den Fürsten von Waldeck in Marmor aus arbeiten sollte. Gerade zum Studium der menschlichen Gestalt, und um über ihre Proportionen, als Kanon und als abweichender Charakter, aufgeklärt zu werden, war nicht wohl unter andern Bedingungen zu kommen. Dieser Augenblick ward auch doppelt interessant dadurch, daß Trippel von Ihnen Apollostatt Kenntniß erhielt, der sich in der

Sammlung des Palastes Giustiniani bisher unbrachtet befunden hatte. Er hielt denselben für eins der edelsten Kunstwerke, und hegte Hoffnung, ihn zu kaufen, welches jedoch nicht gelang. Diese Antike ist seitdem berühmt geworden und später an Herrn v. Pourtalès nach Neufchatel gekommen.

Aber wie derjenige, der sich einmal zur See wagt, durch Wind und Wetter bestimmt wird, seinen Lauf bald dahin, bald dorthin zu nehmen, so erging es auch mir. Verschaffelt eröffnete einen Cursus der Perspective, wo wir uns des Abends versammelten und eine zahlreiche Gesellschaft auf seine Lehren horchte, und sie unmittelbar ausübte. Das Vorzüglichste war dabei, daß man gerade das Hinreichende und nicht zu viel lernte.

Aus dieser contemplativ thätigen, geschäftigen Ruhe hätte man mich gern herausgerissen. Das unglückliche Concert war in Rom, wo das Hin- und Wiederreden des Tags, wie an kleinen Orten, herkömmlich ist, vielfach besprochen; man war auf mich und meine schriftstellerischen Arbeiten aufmerksam geworden; ich hatte die Iphigenie und sonstiges unter Freunden vorgelesen, worüber man sich gleichfalls besprach. Cardinal Buoncompagni verlangte mich zu sehen, ich aber hielt fest in meiner wohlbekannten Einsiedelei, und ich konnte dieß um so eher, als Rath Reiffenstein fest und eigensinnig behauptete: da ich mich durch ihn nicht habe präsentiren lassen, so könne es kein anderer thun. Dieß gereichte mir sehr zum Vortheil, und ich benutzte immer sein Ansehn, um mich in einmal gewählter und ausgesprochener Abgeschiedenheit zu erhalten.

September.

Correspondenz.

Den 1. September 1787.

Heute, kann ich sagen, ist Egmont fertig geworden; ich habe diese Zeit her immer noch hie und da daran gearbeitet. Ich schicke ihn über Zürich, denn ich wünsche, daß Kayser Zwischenacte dazu, und was sonst von Musik nöthig ist, componiren möge. Dann wünsch' ich Euch Freude daran.

Meine Kunststudien gehen sehr vorwärts, mein Princip paßt überall und schließt mir alles auf. Alles, was Künstler nur einzeln mühsam zusammensuchen müßten, liegt nun zusammen offen und frei vor mir. Ich sehe jetzt, wie viel ich nicht weiß, und der Weg ist offen, alles zu wissen und zu begreifen.

Morgen hat Herder's Gotteslehre sehr wohl gethan, er zählt gewiß Epoche seines Lebens daran, er hat ein Gemüth dafür geneigt, und war durch meinen Umgang vorbereitet, er schlug gleich wie wohl getrocknet Holz in lichte Flammen.

Rom, den 3. September 1787.

Heute ist es jährig, daß ich mich aus Carlsbad entfernte. Welch ein Jahr, und welch eine sonderbare Epoche für mich dieser Tag, des Herzogs Geburtstag und ein Geburtstag für mich zu einem neuen Leben! Wie ich dieses Jahr genutzt, kann ich jetzt weder mir noch andern berechnen; ich hoffe, es wird die Zeit kommen, die frohe Stunde, da ich mit Euch alles werde summiren können.

Jetzt gehn hier erst meine Studien an, und ich hätte Rom gar nicht gesehen, wenn ich früher weggegangen wäre. Man denkt sich gar nicht, was hier zu sehen und zu lernen ist; auswärts kann man keinen Begriff davon haben.

Ich bin wieder in die Aegyptischen Sachen gekommen. Diese Tage war ich einigemal bei dem großen Obelisk, der noch zerbrochen, zwischen Schutt und Koth in einem Hofe liegt. Es war der Obelisk des Sesostris, in Rom zu Ehren des August aufgerichtet, und stand als Zeiger der großen Sonnenuhr, die auf dem Boden des Campus Martius gezeichnet war. Dieses älteste und herrlichste dieser Monumente liegt nun da zerbrochen, einige Seiten wahrscheinlich durch's Feuer verunstaltet. Und doch liegt es noch da, und die unzerstörten Seiten sind noch frisch, wie gestern gemacht und von der schönsten Arbeit (in ihrer Art). Ich lasse jetzt eine Spanne der Spitze, und die Gestalten von Sphinxen, Menschen, Vögeln abformen und in Gyps gießen. Diese unschätzbaren Sachen muß man benutzen, besonders da man sagt, der Papst wolle ihn aufrichten lassen, da man dann die Hieroglyphen nicht mehr erreichen kann. So will ich es auch mit den besten hetrurischen Sachen thun u. s. w. Nun modellire ich nach diesen Bildungen in Thon, um mir alles recht eigen zu machen.

Den 5. September 1787.

Ich muß an einem Morgen schreiben, der ein festlicher Morgen für mich wird: denn heute ist Egmont eigentlich recht völlig fertig geworden. Der Titel und die Personen sind geschrieben, und einige Lücken, die ich gelassen hatte, ausgefüllt worden; nun freue ich mich schon zum voraus auf die Stunde, in welcher Ihr ihn erhalten und lesen werdet. Es sollen auch einige Zeichnungen beigelegt werden.

Den 6. September 1787.

Ich hatte mir vorgenommen, Euch recht viel zu schreiben und auf den letzten Brief allerlei zu sagen; nun bin ich unterbrochen worden, und morgen geh' ich nach Frascati. Dieser Brief muß Sonnabends fort, und nun sag' ich nur noch zum Abschied wenige Worte. Wahrscheinlich habt Ihr jetzt auch schönes Wetter, wie wir es unter diesem freieren Himmel genießen. Ich habe immer neue Gedanken, und da die Gegenstände um mich tausendfach sind, so werden sie mich bald zu dieser, bald zu jener Idee. Von vielen Wegen sieht alles gleichsam auf Einen Punkt zusammen, ja ich kann sagen, daß ich nun Licht sehr, wo es mit mir und meinen Fähigkeiten hinaus will; so alt muß man werden, um nur einen leidlichen Begriff von seinem Zustande zu haben. Es sind also die Schwaben nicht allein, die vierzig Jahre brauchen, um klug zu werden.

Ich höre, daß Herder nicht wohl ist und bin darüber in Sorge, ich hoffe bald bessere Nachrichten zu vernehmen.

Mir geht es immer an Leib und Seele gut, und fast kann ich hoffen, radicaliter curirt zu werden; alles geht mir leicht von der Hand, und manchmal kommt ein Hauch der Jugendzeit, mich anzuwehen. Egmont geht mit diesem Brief ab, wird aber später kommen, weil ich

ihn auf die fahrende Post gebe. Ach! neugierig und verlangend bin
ich, was Ihr dazu sagen werdet.

Vielleicht wäre gut, mit dem Druck bald anzufangen. Es würde
mich freuen, wenn das Stück so frisch in's Publicum käme. Seht, wie
Ihr das einrichtet, ich will mit dem Rest des Bandes nicht zurückbleiben.

Der Gott[1] leistet mir die beste Gesellschaft. Moriz ist dadurch
wirklich aufgebaut worden, es fehlt gleichsam nur an diesem Werke,
das nun als Schlußstein seine Gedanken schließt, die immer aus einander fallen wollten. Es[2] wird recht brav. Mich hat er aufgemuntert,
in natürlichen Dingen weiter vorzubringen, wo ich denn, besonders in
der Botanik, auf ein ἓν καὶ πᾶν[3] gekommen bin, das mich in Erstaunen setzt; wie weit es um sich greift, kann ich selbst noch nicht sehn.

Mein Princip, die Kunstwerke zu erklären und das auf einmal
aufzuschließen, woran Künstler und Kenner sich schon seit der Wiederherstellung der Kunst zersuchen und zerstudiren, find' ich bei jeder Anwendung richtiger. Eigentlich ist's auch ein Columbisches Ei. Ohne
zu sagen, daß ich einen solchen Capitalschlüssel besitze, sprech' ich nun
die Theile zweckmäßig mit den Künstlern durch und sehe, wie weit sie
gekommen sind, was sie haben und wo es widerstößt. Die Thüre hab'
ich offen und stehe auf der Schwelle und werde leider mich von da
aus nur im Tempel umsehen können und wieder scheiden.

So viel ist gewiß, die alten Künstler haben eben so große Kenntniß der Natur und einen eben so sichern Begriff von dem, was sich
vorstellen läßt, und wie es vorgestellt werden muß, gehabt, als Homer.
Leider ist die Anzahl der Kunstwerke der ersten Classe gar zu klein.
Wenn man aber auch diese sieht, so hat man nichts zu wünschen, als
sie recht zu erkennen und dann in Frieden hinzufahren. Diese hohen
Kunstwerke sind zugleich als die höchsten Naturwerke von Menschen
nach wahren und natürlichen Gesetzen hervorgebracht worden. Alles
Willkürliche, Eingebildete fällt zusammen, da ist die Nothwendigkeit,
da ist Gott.

In einigen Tagen werde ich die Arbeiten eines geschickten Architekten sehen, der selbst in Palmyra war und die Gegenstände mit

[1] Herder's Werk: Ueber Gott und göttliche Dinge.

[2] Ergänze: Er; da es sich auf nichts bestimmt beziehen läßt.

[3] Eins und Alles.

großem Verstand und Geschmack gezeichnet hat. Ich gebe gleich Nachricht davon und erwarte mit Verlangen Eure Gedanken über diese wichtigen Ruinen.

Freut Euch mit mir, daß ich glücklich bin, ja ich kann wohl sagen, ich war es nie in dem Maße: mit der größten Ruhe und Reinheit eine eingeborne Leidenschaft befriedigen zu können und von einem anhaltenden Vergnügen einen dauernden Nutzen sich versprechen zu dürfen, ist wohl nichts Geringes. Könnte ich meinen Geliebten nur etwas von meinem Genuß und meiner Empfindung mittheilen.

Ich hoffe, die trüben Wolken am politischen Himmel sollen sich zerstreuen. Unsre modernen Kriege machen viele unglücklich, indessen sie dauern, und niemand glücklich, wenn sie vorbei sind.

Den 12. September 1787.

Es bleibt wohl dabei, meine Lieben, daß ich ein Mensch bin, der von der Mühe lebt. Diese Tage her habe ich wieder mehr gearbeitet, als genossen. Nun geht die Woche zu Ende, und Ihr sollt ein Blatt haben.

Es ist ein Leid, daß die Aloe in Belvedere eben das Jahr meiner Abwesenheit wählt, um zu blühen. In Sicilien war ich zu früh, hier blüht dieß Jahr nur Eine, nicht groß, und sie steht so hoch, daß man nicht dazu kann. Es ist allerdings ein Indianisch Gewächs, auch in diesen Gegenden nicht recht zu Hause.

Des Engländers Beschreibungen machen mir wenig Freude. Die Geistlichen müssen sich in England sehr in Acht nehmen, dagegen haben sie auch das übrige Publicum in der Flucht. Der freie Engländer muß in sittlichen Schriften sehr eingeschränkt einhergehn.

Die Schwanzmenschen wundern mich nicht, nach der Beschreibung ist es etwas sehr Natürliches. Es stehen weit wunderbarere Sachen täglich vor unsern Augen, die wir nicht achten, weil sie nicht so nah mit uns verwandt sind.

Daß W., wie mehr Menschen, die kein Gefühl ächter Gottesverehrung während ihres Lebens gehabt haben, in ihrem Alter fromm werden, wie man's heißt, ist auch recht gut, wenn man nur sich nicht mit ihnen erbauen soll.

Einige Tage war ich in Frascati mit Rath Reiffenstein; Angelica kam Sonntags, uns abzuholen. Es ist ein Paradies.

Erwin und Elmire ist zur Hälfte schon umgeschrieben. Ich habe gesucht, dem Stückchen mehr Interesse und Leben zu verschaffen und habe den äußerst platten Dialog ganz weggeschmissen. Es ist Schülerarbeit, oder vielmehr Sudelei. Die artigen Gesänge, worauf sich alles baut, bleiben alle, wie natürlich.

Die Künste werden auch fortgetrieben, daß es saust und braust.

Meine Büste ist sehr gut gerathen, jedermann ist damit zufrieden. Gewiß ist sie in einem schönen und edlen Styl gearbeitet, und ich habe nichts dagegen, daß die Idee, als hätte ich so ausgesehen, in der Welt bleibt. Sie wird nun gleich in Marmor angefangen und zuletzt auch in dem Marmor nach der Natur gearbeitet. Der Transport ist so lästig, sonst schickte ich gleich einen Abguß; vielleicht einmal mit einem Schiffstransport, denn einige Kisten werd' ich **doch zuletzt zu**sammenpacken.

Ist denn Kranz noch nicht angekommen, dem ich eine Schachtel für die Kinder mitgab?

Sie haben jetzt wieder eine gar graziöse Operette auf dem Theater in Valle, nachdem zwei jämmerlich verunglückt waren. Die Leute spielen mit viel Lust, und es harmonirt alles zusammen. Nun wird es bald auf's Land gehen. Es hat einigemal geregnet, das Wetter ist abgekühlt, und die Gegend macht sich wieder grün.

Von der großen Eruption des Aetna werden Euch die Zeitungen gesagt haben oder sagen.

Den 16. September 1787.

Nun hab' ich auch Trenck's Leben gelesen, es ist interessant genug, und lassen sich Reflexionen genug darüber machen.

Mein nächster Brief wird meine Bekanntschaft mit einem merkwürdigen Reisenden erzählen, die ich morgen machen soll.

Freuet Euch übrigens meines hiesigen Aufenthalts. Rom ist mir nun ganz familiär, und ich habe fast nichts mehr drin, was mich überspannte. Die Gegenstände haben mich nach und nach zu sich hinaufgehoben. Ich genieße immer reiner, immer mit mehr Kenntniß, das gute Glück wird immer weiter helfen.

Hier liegt ein Blatt bei, das ich abgeschrieben, den Freunden mitzutheilen bitte. Auch darum ist der Aufenthalt in Rom so interessant, weil es ein Mittelpunkt ist, nach dem sich so vieles hinzieht. Die Sachen des Cassas sind außerordentlich schön. Ich habe ihm manches in Gedanken gestohlen, das ich Euch mitbringen will.

Ich bin immer fleißig. Nun hab' ich ein Köpfchen nach Gyps gezeichnet, um zu sehen, ob mein Principium Stich hält. Ich finde, es paßt vollkommen, und erleichtert erstaunend das Machen. Man wollte nicht glauben, daß ich's gemacht habe, und doch ist es noch nichts. Ich sehe nun wohl, wie weit sich's mit Application bringen ließe.

Montag geht es wieder nach Frascati. Ich will sorgen, daß doch heute über acht Tage ein Brief abgehen kann. Dann werd' ich wohl nach Albano gehen. Es wird recht fleißig nach der Natur gezeichnet werden. Ich mag nun gar nichts mehr wissen, als etwas hervorzubringen und meinen Sinn recht **zu** üben. Ich liege an dieser Krankheit von Jugend auf krank, **und gebe** Gott, daß sie sich **einmal** auflöse.

Den 24. September 1786.

Gestern war eine Procession, wie sie das Blut des heiligen Franciscus herumtrugen: ich speculierte auf Köpfe und Gesichter, indeß die Reihen von Ordensgeistlichen vorbeizogen.

Ich habe mir eine Sammlung von zweihundert der besten antiken Gemmen-Abdrücke angeschafft. Es ist das Schönste, was man von alter Arbeit hat, und zum Theil sind sie auch wegen der artigen Gedanken gewählt. Man kann von Rom nichts Kostbareres mitnehmen, besonders da die Abdrücke so außerordentlich schön und scharf sind.

Wie manches Gute werd' ich mitbringen, wenn ich mit meinem Schiffchen zurückkehre, doch vor allem ein fröhliches Herz, fähiger, das Glück, was mir Liebe und Freundschaft zudenkt, zu genießen. Nur muß ich nichts wieder unternehmen, was außer dem Kreise meiner Fähigkeit liegt, wo ich mich nur abarbeite und nichts fruchte.

Den 22. September 1787.

Noch ein Blatt, meine Lieben, muß ich Euch mit dieser Post eilig schicken. Heute war mir ein sehr merkwürdiger Tag: Briefe von vielen Freunden, von der Herzogin Mutter, Nachricht von meinem gefeierten Geburtsfeste und endlich meine Schriften.

Es ist mir wirklich sonderbar zu Muthe, daß diese vier zarten Bändchen, die Resultate eines halben Lebens, mich in Rom aufsuchen. Ich kann wohl sagen: es ist kein Buchstabe drin, der nicht gelebt, empfunden, genossen, gelitten, gedacht wäre, und sie sprechen mich nun alle desto lebhafter an. Meine Sorge und Hoffnung ist, daß die vier folgenden nicht hinter diesen bleiben. Ich danke Euch für alles, was Ihr an diesen Blättern gethan habt, und wünsche, Euch auch Freude bringen zu können. Sorgt auch für die folgenden mit treuen Herzen.

Ihr dexirt mich über die Provinzen, und ich gestehe, der Ausdruck ist sehr uneigentlich. Da kann man aber sehen, wie man sich in Rom angewöhnt, alles grandios zu denken. Wirklich schein' ich mich zu nationalisiren, denn man giebt den Römern Schuld, daß sie nur von einem großen¹ wissen und reden mögen.

Ich bin immer fleißig und halte mich nun an die menschliche Figur. O wie weit und lang ist die Kunst, und wie unendlich wird die Welt, wenn man sich nur einmal recht an's Endliche halten mag.

Dienstag den 25. geh' ich nach Frascati und werde auch dort mahlen und arbeiten. Es fängt nun an zu gehen. Wenn es nur einmal recht ginge.

Mir ist aufgefallen, daß in einer großen Stadt, in einem weiten Kreis, auch der Aermste, der Geringste sich empfindet, und an einem kleinen Orte der Beste, der Reichste, sich nicht fühlen, nicht Athem schöpfen kann.

Frascati, den 28. September 1787,

Ich bin hier sehr glücklich, es wird den ganzen Tag bis in die Nacht gezeichnet, gemalt, geruscht, gelebt, Handwerk und Kunst recht ex professo getrieben. Rath Reiffenstein, mein Wirth, leistet Gesellschaft, und wir sind munter und lustig. Abends werden die Billen im

¹ Großen Dingen.

Mondschein besucht, und sogar im Dunkeln der krappirtesten Motive nachgezeichnet. Einige haben wir aufgejagt, die ich nur einmal auszuführen wünsche.[1] Nun hoff' ich, daß auch die Zeit des Vollendens kommen wird. Die Vollendung liegt nur zu weit, wenn man weit sieht.

Gestern fuhren wir nach Albano und wieder zurück; auch auf diesem Wege sind viele Vögel im Fluge geschossen worden. Hier wo man recht in der Fülle sitzt, kann man sich was zu gute thun, auch brenne ich recht vor Leidenschaft, mir alles zuzueignen, und ich fühle, daß sich mein Geschmack reinigt, nach dem Maße, wie meine Seele mehr Gegenstände faßt. Wenn ich nur, statt all des Redens, einmal etwas Gutes schicken könnte. Einige Kleinigkeiten gehen mit einem Landsmann an Euch ab.

Wahrscheinlich hab' ich die Freude, Kaysern in Rom zu sehen. So wird sich denn auch noch die Musik zu mir gesellen, um den Reihen zu schließen, den die Künste um mich ziehen, gleichsam, als wollten sie mich verhindern, nach meinen Freunden zu sehen. Und doch darf ich kaum das Capitel berühren, wie sehr allein ich mich oft fühle, und welche Sehnsucht mich ergreift, bei Euch zu seyn. Ich lebe doch nur im Grunde ins Taumel weg, will und kann nicht weiter denken.

Mit Moritz hab' ich recht gute Stunden, und habe angefangen, ihm mein Pflanzensystem zu erklären, und jedesmal in seiner Gegenwart aufzuschreiben, wie weit wir gekommen sind. Auf diese Art kann' ich allein etwas von meinen Gedanken zu Papier bringen. Wie faßlich aber das Abstrakteste von dieser Vorstellungsart wird, wenn es mit der rechten Methode vorgetragen wird, und eine vorbereitete Seele findet, seh' ich an meinem neuen Schüler. Er hat eine große Freude daran, und rückt immer selbst mit Schlüssen vorwärts. Doch auf alle Fälle ist's schwer, zu schreiben, und unmöglich, aus dem bloßen Lesen zu begreifen, wenn auch alles noch so eigentlich und scharf geschrieben wäre.

So lebe ich denn glücklich, weil ich in dem bin, was meines Vaters ist. Grüßt alle, die mir's gönnen und mir direct oder indirect helfen, mich fördern und erhalten.

[1] nimmer die ich nur wünsche, einmal auszuführen, oder nie ganz weg.

Bericht.
September.

Der dritte September war mir heute doppelt und dreifach merkwürdig, um ihn zu feiern. Es war der Geburtstag meines Fürsten, welcher eine treue Neigung mit so mannichfaltigem Guten zu erwiedern wußte; es war der Jahrestag meiner Hegire von Carlsbad, und noch durfte ich nicht zurückschauen, was ein so bedeutend durchlebter, völlig fremder Zustand auf mich gewirkt, mir gebracht und verliehen; wie mir auch nicht Raum zu vielem Nachdenken übrig blieb.

Rom hat den eignen großen Vorzug, daß es als Mittelpunkt künstlerischer Thätigkeit anzusehen ist. Gebildete Reisende sprechen ein, sie sind ihrem kürzeren oder längeren Aufenthalte hier gar vieles schuldig: sie ziehen weiter, wirken und sammeln, und wenn sie bereichert nach Hause kommen, so rechnen sie sich's zur Ehre und Freude, das Erworbene auszulegen, und ein Opfer der Dankbarkeit ihren entfernten und gegenwärtigen Lehrern darzubringen.

Ein Französischer Architekt, mit Namen Cassas, kam von seiner Reise in den Orient zurück; er hatte die wichtigsten alten Monumente, besonders die noch nicht herausgegebenen, gemessen, auch die Gegenden, wie sie anzuschauen sind, gezeichnet, nicht weniger alle zerfallene und zerstörte Zustände bildlich wieder hergestellt, und einen Theil seiner Zeichnungen, von großer Präcision und Geschmack, mit der Feder umrissen und, mit Aquarellfarben belebt, dem Auge dargestellt.

1. Das Serail von Constantinopel von der Seeseite mit einem Theil der Stadt und der Sophien-Moschee. Auf der reizendsten Spitze von Europa ist der Wohnort des Großherrn so luftig angebaut, als man es nur denken kann. Hohe und immer respective Bäume stehen in großen, meist verbundenen Gruppen hinter einander, darunter sieht man nicht etwa große Mauern und Paläste, sondern Häuschen, Gitterwerke, Gänge, Riosk.n, ausgespannte Teppiche, so häuslich klein, und freundlich durch einander gemischt, daß es eine Lust ist. Da die Zeichnung mit Farben ausgeführt ist, macht es einen gar freundlichen Effect. Eine schöne Strecke Meer bespült die so erbaute Küste. Gegenüber liegt Asien, und man sieht in die Meerenge, die nach den Dardanellen führt. Die Zeichnung ist bei sieben Fuß lang und drei bis vier hoch.

2. Generalaussicht der Ruinen von Palmyra, in derselben Weise.

Er zeigte uns vorher einen Grundriß der Stadt, wie er ihn aus den Trümmern herausgesucht. Eine Colonnade, auf eine Italiänische Meile lang, ging vom Thore durch die Stadt bis zum Sonnentempel, nicht in ganz gerader Linie, sie macht in der Mitte ein sanftes Knie. Die Colonnade war von vier Säulenreihen, die Säule zehn Diameter hoch. Man sieht nicht, daß sie oben bedeckt gewesen; er glaubt, es sey durch Teppiche geschehen. Auf der großen Zeichnung erscheint ein Theil der Colonnade noch aufrecht stehend im Vordergrunde. Eine Caravane, die eben quer durchzieht, ist mit **vielem** Glück angebracht. Im Hintergrunde steht der Sonnentempel, und auf der rechten Seite zieht sich eine große Fläche hin, auf welcher einige Janitscharen in Carrière fortritten. Das sonderbarste Phänomen ist: eine blaue Linie, wie eine Meereslinie, schließt das Bild. Er erklärte es uns, daß der Horizont der Wüste, der in der Ferne blau werden muß, so völlig wie das Meer den Gesichtskreis schließt, daß es eben so in der Natur das Auge trägt, wie es uns im Bilde anfangs getrogen, da wir doch wußten, daß Palmyra vom Meere entfernt genug sey.

3. Gräber von Palmyra.

4. Restauration des Sonnentempels zu Balbeck; auch eine Landschaft mit den Ruinen, wie sie stehen.

5. Die große Moschee zu Jerusalem, auf dem Grund des Salomonischen Tempels gebaut.

6. Ruinen eines kleinen Tempels in Phönicien.

7. Gegend am Fuße des Berges Libanon, einsam, wie man sie denken mag. Ein Pinienwäldchen, mit Wasser, daran Hängeweiden und Gräber drunter, der Berg in der Entfernung.

8. Türkische Gräber. Jeder Grabstein trägt den Hauptschmuck des Verstorbenen, und da sich die Türken durch den Kopfschmuck unterscheiden, so sieht man gleich die Würde des Begrabenen. Auf den Gräbern der Jungfrauen werden Blumen mit großer Sorgfalt erzogen.

9. Aegyptische Pyramide mit dem großen Sphinxkopfe. Er ist, sagt Bruce, in einen Felsklotz gehauen, und weil derselbe Sprünge gehabt und Ungleichheiten, habe man den Koloß mit Stuck überzogen und gemalt, wie man noch in den Fugen des Kopfschmuckes bemerkt.

Eine Gesichtspartie ist etwa zehn Schuh hoch. Auf der Unterlippe hat er bequem spazieren können.

10. Eine Pyramide, nach einigen Urkunden, Zulässen und Muthmaßungen restaurirt. Sie hat von vier Seiten vorspringende Hallen mit davorn stehenden Obelisken; nach den Hallen gehen Gänge hin, mit Schlingen bedeckt, wie sich solche noch in Ober-Aegypten befinden. Es ist diese Zeichnung die angewendete Architekturidee, die ich jetzlebend gesehen, und ich glaube nicht, daß man weiter kann.

Abends, nachdem wir alle diese schönen Sachen mit behaglicher Muße betrachtet, gingen wir in die Gärten auf dem Palatin, wodurch die Räume zwischen den Ruinen der Kaiserpaläste urbar und anmuthig gemacht worden. Dort, auf einem freien Gesellschaftsplatze, wo man unter herrlichen Bäumen die Fragmente verzierter Capitäler, glatter und canelirter Säulen, zerhackte Basreliefe, und was man noch der Art im weiten Kreise umhergelegt hatte, wie man unsere Tische, Stühle und Bänke zu heiterer Versammlung im Freien anzubringen pflegt — dort genossen wir der reizenden Zeit nach Herzens Lust, und als wir die mannichfaltigste Aussicht mit frisch gewaschenen und gebildeten Augen bei Sonnenuntergang überschauten, merkten wir gestehen, daß dieses Bild vor alle die andern, die man uns heute gezeigt, noch recht gut anziehen sey. In demselbigen Geschmack dem Gusto gezeichnet und gefärbt, würde es überall Entzücken erregen. Und so wird uns durch künstlerische Arbeiten nach und nach das Auge so geschärft, daß wir für die Gegenwart der Natur immer empfänglicher und für die Schönheiten, die sie darbietet, immer offener werden.

Nun aber mußte des nächsten Tages uns zu verzhaften Unterhaltungen dienen, daß gerade das, weil wir bei dem Künstler Großes und Gränzenloses gesehen, uns in eine niedrige unwürdige Lage zu begeben veranlassen sollte. Die herrlichen Aegyptischen Denkmale erinnerten uns an den mächtigen Obelisk, der auf dem Marsfelde, durch August errichtet, als Sonnenweiser diente, zunächst aber in Stücken, umstaut von einem Bretterverschlag, in einem schmutzigen Winkel auf den kühnen Architekten wartete, der ihn aufzurichten bereiten möchte. (NB. Jetzt ist er auf dem Platz Monte Citorio wieder aufgerichtet und dient, wie zur Römerzeit, abermals als Sonnenweiser.) Er ist aus dem ächtesten Aegyptischen Granit gehauen, überall mit zierlichen naiven

Figuren, obgleich in dem bekannten Styl, überfäet. Merkwürdig war es, als wir neben der sonst in die Luft gerichteten Spitze standen, auf den Zuschärfungen derselben Erhing nach Ephingen auf das zierlichste abgebildet zu sehen, früher keinem menschlichen Auge, sondern nur den Strahlen der Sonne erreichbar. Hier tritt der Fall ein, daß das Gottesdienstliche der Kunst nicht auf einen Effect berechnet ist, den es auf den menschlichen Anblick machen soll. Wir machten Anstalt, diese heiligen Bilder abgießen zu lassen, um das bequem noch vor Augen zu sehen, was sonst gegen die Wolkenregion hinaufgerichtet war.

In dem widerwärtigen Raume, worin wir uns mit dem würdigsten Werke befanden, konnten wir uns nicht entbrechen, Rom als ein Quodlibet anzusehen, aber als einziges in seiner Art; denn auch in diesem Sinne hat diese ungeheure Localität die größten Vorzüge. Hier brachte der Zufall nichts hervor, er zerstörte nur; alles Zertrümmerte ist ehrwürdig, die Uniform der Ruinen deutet auf uralte Regelmäßigkeit, welche sich in neuen großen Formen der Kirchen und Paläste wieder hervorthat.

Jene halb gefertigten Abgüsse brachten in Erinnerung, daß in der großen Debischen Pastensammlung, wovon die Drücke im Ganzen und theilweise verläuflich waren, auch einiges Begnytische zu sehen sey, und wie sich denn eins aus dem andern ergiebt, so wählte ich aus gedachter Sammlung die vorzüglichsten, und bestellte solche bei den Inhabern. Solche Abdrücke sind der größte Schatz und ein Fundament, das der in seinen Mitteln beschränkte Liebhaber zu künftigem großen mannichfaltigen Vortheil bei sich niederlegen kann.

Die vier ersten Bände meiner Schriften, bei Cotten, waren angekommen, und das Prachtexemplar zugleich in die Hände Angelica's gegeben, die daran ihre Muttersprache auf's neue zu beleben ernstlich zu finden glaubte.

Ich aber durfte den Betrachtungen nicht nachhängen, die sich mir bei dem Rückblick auf meine früheren Thätigkeiten lebhaft aufdrangen. Ich wußte nicht, wie weit der eingeschlagene Weg mich führen würde, ich konnte nicht ersehen, in wiefern jene früheren Bestreben gelingen und wiefern der Erfolg dieses Sehens und Wandelns die ausgenommene Mühe belohnen möchte.

Aber es blieb mir auch weder Zeit noch Raum, rückwärts zu schauen und zu denken. Die über organische Natur, deren Bilden und

Umbilden wir gleichsam eingeimpften Ideen, erlaubten keinen Stillstand: und indem mir Nachdenkendem eine Folge nach der andern sich entwickelte, so bedurfte ich, zu eigner Ausbildung, täglich und stündlich irgend einer Art von Mittheilung. Ich versuchte es mit Moritz, und trug ihm, soviel ich vermochte, die Metamorphose der Pflanzen vor, und er, ein seltsames Gefäß, das immer leer und inhaltsbedürftig nach Gegenständen lechzte, die er sich aneignen könnte, griff endlich mit ein, dergestalt wenigstens, daß ich meine Vorträge fortzusetzen Muth behielt.

Hier kam uns ein merkwürdiges Buch, ich will nicht fragen, ob zu Statten, aber doch zu bedeutender Anregung: Herder's Werk, das unter einem lakonischen Titel, über Gott und göttliche Dinge, die verschiedenen Ansichten in Gesprächsform vorzutragen bemüht war. Mich versetzte diese Mittheilung in jene Zeiten, wo ich an der Seite des trefflichen Freundes über diese Angelegenheiten mich mündlich zu unterhalten oft veranlaßt war. Wundersam jedoch contrastirte dieser in den höchsten frommen Betrachtungen versirende Band mit der Verehrung, zu der uns das Fest eines besondern Heiligen aufrief.

Am 21. September ward das Andenken des heil. Franciscus gefeiert, und sein Blut in langgedehnter Procession von Mönchen und Gläubigen in der Stadt umhergetragen. Aufmerksam ward ich bei dem Vorbeiziehen so vieler Mönche, deren einfache Kleidung das Auge nur auf die Betrachtung des Kopfes hinzog. Es war mir auffallend, daß eigentlich Haar und Bart dazu gehören, um sich von dem männlichen Individuum einen Begriff zu machen. Erst mit Aufmerksamkeit, dann mit Erstaunen, musterte ich die vor mir vorüberziehende Reihe, und war wirklich entzückt, zu sehen, daß ein Gesicht, von Haar und Bart in einen Rahmen eingefaßt, sich ganz anders anonahm, als das bartlose Volk umher. Und ich konnte nun wohl finden, daß dergleichen Gesichter, in Gemälden dargestellt, einen ganz unnennbaren Reiz auf den Beschauer ausüben mußten.

Hofrath Reiffenstein, welcher sein Amt, Fremde zu führen und zu unterhalten, gehörig ausstudirt hatte, konnte freilich im Laufe seines Geschäfts nur allzubald gewahr werden, daß Personen, welche wenig mehr nach Rom bringen, als Lust zu sehen und sich zu zerstreuen, mitunter an der grimmigsten Langeweile zu leiden haben, indem ihnen die gewohnte Ausfüllung müßiger Stunden in einem fremden Lande durchaus zu fehlen pflegt. Auch war dem praktischen Menschenkenner gar wohl bekannt, wie sehr ein bloßes Beschauen ermüde, und wie nöthig es sey, seine Freunde durch irgend eine Selbstthätigkeit zu unterhalten und zu beruhigen. Zwei Gegenstände hatte er sich deßhalb ausersehn, worauf er ihre Geschäftigkeit zu richten pflegte: die Wachsmalerei und die Pastenfabrikation. Jene Kunst, eine Wachsbeize zum Bindemittel der Farben anzuwenden, war erst vor kurzem wieder in den Gang gekommen, und da es in der Kunstwelt hauptsächlich darum zu thun ist, die Künstler auf irgend eine Weise zu beschäftigen, so giebt eine neue Art, das Gewohnte zu thun, immer wieder frische Aufmerksamkeit und lebhaften Anlaß, etwas, was man auf die alte Weise zu unternehmen nicht Lust hatte, in einer neuen zu versuchen.

Das schöne Unternehmen, für die Kaiserin Catharine die Raphaelschen Logen in einer Copie zu verwirklichen, und die Wiederholung sämmtlicher Architektur mit der Fülle ihrer Zierrathen in Petersburg möglich zu machen, ward durch diese neue Technik begünstigt, ja wäre vielleicht ohne dieselbe nicht auszuführen gewesen. Man ließ dieselben Felder, Wandtheile, Sockel, Pilaster, Capitäler, Gesimse aus den stärksten Bohlen und Klötzen eines dauerhaften Castanienholzes verfertigen, überzog sie mit Leinwand, welche, grundirt, sodann der Enkaustik zur sichern Unterlage diente. Dieses Werk, womit sich besonders Unterberger, nach Anleitung Reiffenstein's, mehrere Jahre beschäftigt hatte, mit großer Gewissenhaftigkeit ausgeführt, war schon abgegangen, als ich ankam, und es konnte mir nur, was von jenem großen Unternehmen übrig blieb, bekannt und anschaulich werden.

Nun aber war durch eine solche Ausführung die Enkaustik zu hohen Ehren gelangt; Fremde von einigem Talent sollten praktisch damit bekannt werden; zugerichtete Farbengarnituren waren um leichten Preis zu haben; man kochte die Beize selbst, genug, man hatte immer etwas zu thun und zu kramen, wo sich nur ein müßiger loser Augenblick zeigte. Auch mittlere Künstler wurden als Lehrende und Nachbeitende beschäftigt, und ich habe wohl einigemal Freude gesehen, welche ihre Römischen enkaustischen Arbeiten höchst behaglich, als letzte fertig einmalten und mit zurück in's Vaterland nahmen.

Die andere Beschäftigung, Pasten zu fabriciren, war mehr für

Männer geeignet. Ein großes altes Küchengewölbe im Reiffensteinischen Quartier gab dazu die beste Gelegenheit. Hier hatte man mehr als nöthigen Raum zu einem solchen Geschäft. Die refractäre, in Feuer unschmelzbare Masse wurde auf's zarteste pulverisirt und durchgesiebt, der daraus geknetete Teig in Pasten eingedruckt, sorgfältig getrocknet, und sodann, mit einem eisernen Ring umgeben, in die Gluth gebracht; ferner die geschmolzene Glasmasse darauf gedrückt, wodurch doch immer ein kleines Kunstwerk zum Vorschein kam, das einen jeden freuen mußte, der es seinen eigenen Fingern zu verdanken hatte.

Hofrath Reiffenstein, welcher mich zwar willig und geschäftig in diese Thätigkeiten eingeführt hatte, merkte gar bald, daß mir eine fortgesetzte Beschäftigung der Art nicht zusagte, daß mein eigentlicher Trieb nur, durch Nachbildung von Natur- und Kunstgegenständen, Hand und Augen möglichst zu steigern. Nach dem die große Hitze kaum vorübergegangen, als er mich schon, in Gesellschaft von einigen Künstlern, nach Frascati führte, wo man in einem wohl eingerichteten Landhause Unterkommen und das nächste Bedürfniß fand, und man, den ganzen Tag im Freien, sich Abends gern um einen großen Eßentisch versammelte. Georg Schütz, ein Frankfurter, geschickt, ohne reines, aber sein Talent, eher einem gewissen anständigen Behagen, als anhaltender künstlerischer Thätigkeit ergeben, weßwegen ihn die Römer auch il Barone nannten, begleitete mich auf meinen Wanderungen, und ward mir vielfach nützlich. Wenn man bedenkt, daß Jahrhunderte hier im höchsten Sinne architektonisch gewaltet, daß auf übrig gebliebenen mächtigen Substructionen die künstlerischen Gedanken vorzüglicher Geister sich hervorgehoben und den Augen dargestellt, so wird man begreifen, wie sich Geist und Aug' entzücken müssen, wenn man unter jeder Beschauung diese vielfachen horizontalen und tausend verticalen Linien, unterbrochen und geschmückt, wie eine stumme Musik, mit den Augen auffaßt, und wie alles, was klein und beschränkt in uns ist, nicht ohne Schmerz, erregt und ausgetrieben wird. Besonders ist die Fülle der Wolkenschattenbilder über alle Begriffe, wo das einzeln Unterhaltende, vielleicht störend zu Nennende durchaus zurücktritt, und nur die großen Massen von Licht und Schatten ungeheuer anmuthige, symmetrisch harmonische Naturkörper dem Auge entgegentragen. Dagegen fehlt es denn auch Abends nicht an unterrichtender, ist aber auch neckischer Unterhaltung

So darf man nicht verschweigen, daß junge Künstler, die Eigenheiten des wackern Reiffenstein's, die man Schwachheiten zu nennen pflegt, lernend und bemerkend, darüber sich oft im Stillen scherzhaft und spottend unterhielten. Nun war eines Abends der Apoll von Belvedere, als eine unversiegbare Quelle künstlerischer Unterhaltung, wieder zum Gespräch gelangt, und bei der Bemerkung, daß die Ohren an diesem trefflichen Kopfe doch nicht sonderlich gearbeitet seyen, kam die Rede ganz natürlich auf die Würde und Schönheit dieses Organs, die Schwierigkeit, ein schönes in der Natur zu finden, und es künstlerisch ebenmäßig nachzubilden. Da nun Schütz wegen seiner hübschen Ohren bekannt war, ersuchte ich ihn, mir bei der Lampe zu sitzen, bis ich das vorzüglich gut gebildete, es war ohne Frage das rechte, sorgfältig abgezeichnet hätte. Nun kam er mit seiner starren Modellstellung gerade dem Rath Reiffenstein gegenüber zu sitzen, von welchem er die Augen nicht abwenden konnte noch durfte. Jener fing nun an, seine wiederholt angepriesenen Lehren vorzutragen: man müsse sich nämlich nicht gleich unmittelbar an das Beste wenden, sondern erst bei den Carracci's anfangen, und zwar in der Farnesischen Galerie, dann zum Raphael übergehen, und zuletzt den Apoll von Belvedere so oft zeichnen, bis man ihn auswendig könne, da denn nicht viel Glückes zu wünschen und zu hoffen seyn würde.

Der gute Schütz ward von einem solchen innerlichen Anfall von Lachen ergriffen, den er äußerlich kaum zu bergen wußte, welche Pein sich immer vermehrte, je länger ich ihn in ruhiger Stellung zu halten trachtete. So kann der Lehrer, der Wohlthäter immer wegen seines individuellen, unbillig aufgenommenen Zustandes einer spöttischen Undankbarkeit erwarten.

Eine herrliche, obgleich nicht unerwartete Aussicht ward uns aus den Fenstern der Villa des Fürsten Aldobrandini, der, gerade auf dem Lande gegenwärtig, uns freundlich einlud, und uns in Gesellschaft seiner geistlichen und weltlichen Hausgenossen an einer gut besetzten Tafel herrlich bewirthete. Es läßt sich denken, daß man das Schloß dergestalt angelegt hat, die Herrlichkeit der Hügel und des flachen Landes mit Einem Blick übersehen zu können. Man spricht viel von Lustbauten, aber man müßte von hier aus umherblicken, um sich zu überzeugen, daß nicht leicht ein Haus lustiger gelegen seyn könne.

Hier aber finde ich mich gedrängt, eine Betrachtung einzufügen, deren ernste Bedeutung ich wohl empfehlen darf. Sie giebt Licht über das Vorgetragene, und verbreitet's über das Folgende; auch wird mancher gute, sich heranbildende Geist Anlaß daher zur Selbstprüfung gewinnen.

Lebhaft vordringende Geister begnügen sich nicht mit dem Genuße; sie verlangen Kenntniß. Diese treibt sie zur Selbstthätigkeit, und wie es ihr nun auch gelingen möge, so fühlt man zuletzt, daß man nichts richtig beurtheilt, als was man selbst hervorbringen kann. Doch hierüber kommt der Mensch nicht leicht in's Klare, und daraus entstehen gewisse falsche Bestrebungen, welche um desto ängstlicher werden, je redlicher und reiner die Absicht ist. Indeß fingen wir in dieser Zeit an Zweifel und Vermuthungen aufzutragen, die mich mitten in diesen angenehmen Zuständen beunruhigten; denn ich mußte bald empfinden, daß der eigentliche Wunsch und die Absicht meines Hierseyns schwerlich erfüllt werden dürfte.

Nunmehr aber, nach Verlauf einiger vergnügter Tage, kehrten wir nach Rom zurück, wo wir durch eine neue höchst anmuthige Oper im hellen vollgedrängten Saal für die vermißte Himmelsfreiheit entschädigt werden sollten. Die Deutsche Künstlerbank, eine der vordersten im Parterre, war wie sonst dicht besetzt, und dießmal fehlte es nicht an Beifallsklatschen und Rufen, um, sowohl wegen der gegenwärtigen, als vergangenen Genüße, unsre Schuldigkeit abzutragen. Ja wir hatten es erreicht, daß wir durch ein künstliches erst leiseres, dann stärkeres, zuletzt gebietendes Zitti-Rufen, jederzeit, mit dem Kunstwerk einer eintretenden beliebten Arie oder sonst gefälligen Partie, das ganze laut schwätzende Publikum zum Schweigen brachten; weßhalb uns denn unsere Freunde von oben die Artigkeit erwiesen, die interessantesten Expeditionen nach unsrer Seite zu richten.

October.

Correspondenz.

Frascati, den 2. Oktober 1787.

Ich muß bei Zeiten ein Blättchen anfangen, wenn Ihr es zur rechten Zeit erhalten sollt. Eigentlich hab' ich viel und nicht viel zu sagen. Es wird immerfort gezeichnet, und ich denke dabei im Stillen an meine Freunde. Diese Tage empfand ich wieder viel Sehnsucht nach Hause, vielleicht eben, weil es mir hier so wohl geht, und ich doch fühle, daß mir mein Liebstes fehlt.

Ich bin in einer recht wunderlichen Lage, und will mich eben zusammen nehmen, jeden Tag nutzen, thun was zu thun ist, und so diesen Winter durch arbeiten.

Ihr glaubt nicht wie nützlich, aber auch wie schwer es mir war, dieses ganze Jahr absolut unter fremden Menschen zu leben, besonders da Tischbein — dieß sey unter uns gesagt — nicht so einschlug, wie ich hoffte. Es ist ein wirklich guter Mensch, aber er ist nicht so rein, so natürlich, so offen wie seine Briefe. Seinen Charakter kann ich nur mündlich schildern, um ihm nicht unrecht zu thun; und was will eine Schilderung heißen, die man so macht: Das Leben eines Menschen ist sein Charakter. Nun hab' ich Hoffnung, Kayern zu besitzen; dieser wird mir zu großer Freude seyn. Gebe der Himmel, daß sich nichts dazwischen stelle!

Meine erste Angelegenheit ist und bleibt: daß ich es im Zeichnen zu einem gewissen Grade bringe, wo man mit Leichtigkeit etwas macht, und nicht wieder zurücklernt, noch so lange still steht, wie ich wohl leider die schönste Zeit des Lebens versäumt habe. Doch muß man sich selbst entschuldigen. Zeichnen, um zu zeichnen, wäre wie reden, um zu reden. Wenn ich nichts auszudrücken habe, wenn mich nichts antreibt, wenn ich würdige Gegenstände erst mühsam aufsuchen muß, ja mit allem Suchen sie kaum finde, wo soll da der Nachahmungstrieb herkommen? In diesen Gegenden muß man zum Künstler werden, so bringt sich alles auf; man wird voller und voller, und gezwungen etwas zu machen. Nach meiner Anlage und meiner Kenntniß des Weges bin ich überzeugt, daß ich hier in einigen Jahren sehr weit kommen müßte.

Ihr verlangt, meine Lieben, daß ich von mir selbst schreibe, und

sehr, wie ich's thue; wenn wir wieder zusammen kommen, sollt Ihr
gar manches hören. Ich habe Gelegenheit gehabt, über mich selbst
und andre, über Welt und Geschichte viel nachzudenken, wovon ich
manches Gute, wenn gleich nicht Neue, auf meine Art mittheilen
werde. Zuletzt wird alles im Wilhelm gefaßt und geschlossen.

Moritz ist bisher mein liebster Gesellschafter geblieben, ob ich gleich
bei ihm fürchtete, und fast noch fürchte, es möchte aus unserem Umgange nur klüger, und weder richtiger, besser noch glücklicher werden,
eine Sorge, die mich immer zurückhält, ganz offen zu seyn.

Auch im Allgemeinen mit mehreren Menschen zu leben geht mir
ganz gut. Ich sehe eines jeden Gemüthsart und Handelsweise. Der
eine spielt sein Spiel, der andre nicht, dieser wird vorwärts kommen,
jener schwerlich. Einer sammelt, einer zerstreut. Einem genügt alles,
dem andern nichts. Der hat Talent und übt's nicht, jener hat keins
und ist fleißig u. s. w. Das alles sehe ich, und mich mitten drinn; es
vergnügt mich und giebt mir, da ich keinen Theil an den Menschen,
nichts an ihnen zu verantworten habe, keinen bösen Humor. Nur alsdann, meine Lieben, wenn jeder nach seiner Weise handelt, und zuletzt
nach prätendirt, daß ein Ganzes werden, sehn und bleiben lasse, es
zunächst von mir prätendirt, dann bleibt einem nichts übrig, als zu
scheiden, oder toll zu werden.

Rom, den 6. October 1787.

Ich will sehen, daß ich diesen Brief noch zur morgenden Post
nach Rom schaffe, daß ich auf diesem Blatt[1] nur den neuesten Theil
sage von dem, was ich zu sagen habe.

Eure Blätter hab' ich zu gleicher Zeit mit den zerstreuten,
besser gesammelten Blättern, den Ideen, und den vier Saffian-
bänden erhalten, gestern als ich im Begriff war, von Frascati abzu-
fahren. Es ist mir nun ein Schatz auf die ganze Villeggiatur.

Persepolis habe ich gestern Nacht gelesen. Es freut mich unendlich, und ich kann nichts dazu setzen, indem jene Art und Kunst
nicht herüber gekommen ist. Ich will nun die angeführten Bücher auf
irgend einer Bibliothek sehen und Euch auf's neue danken. Fahret

[1] Daß ich nur etwas, wenn auch nur den u.

fort, ich bitte Euch, oder fahret fort, weil Ihr müßt, betrachtet alles mit Eurem Lichte.

Die Ideen, die Gedichte sind noch nicht berührt. Meine Schriften mögen nun gehen, ich will treulich fortfahren. Die vier Kupfer zu den letzten Bänden sollen hier werden.

Mit den Genannten war unser Verhältniß nur ein gutwilliger Waffenstillstand von beiden Seiten, ich habe das wohl gewußt; nur was werden kann, kann werden. Es wird immer weitere Entfernung und endlich, wenn's recht gut geht, leise, lose Trennung werden. Der eine ist ein Narr, der voller Einfaltsprätensionen steckt. „Meine Mutter hat Gänse" singt sich mit bequemerer Redseligkeit als ein „Allein Gott in der Höh' sey Ehr." Er ist einmal auch ein — Sie lassen sich das Heu und Stroh, das Heu und Stroh nicht irren ꝛc. ꝛc. Bleibt von diesem Volke! der erste Undank ist besser, als der letzte. Der andere denkt, er komme aus einem fremden Lande zu den Seinigen, und er kommt zu Menschen, die sich selbst suchen, ohne es gestehn zu wollen. Er wird sich fremd finden, und vielleicht nicht wissen, warum. Ich müßte mich sehr irren, oder die Großmuth des Alcibiades ist ein Taschenspielerstreich des Zürcher Propheten, der klug genug und gewandt genug ist, große und kleine Kugeln mit unglaublicher Behendigkeit einander zu substituiren, durch einander zu mischen, um das Wahre und Falsche nach seinem theologischen Dichtergemüth gelten und verschwinden zu machen. Hole oder erhalte ihn der Teufel! der ein Freund der Lügen, Dämonologie, Ahnungen, Sehnsüchten ꝛc. ist von Anfang.

Und ich muß ein neues Blatt nehmen und bitten, daß Ihr lest, wie ich schreibe, mit dem Geiste mehr als den Augen, wie ich mit der Seele mehr als den Händen.

Fahre Du fort, lieber Bruder, zu sinnen, zu finden, zu vereinigen, zu dichten, zu schreiben, ohne Dich um andere zu bekümmern. Man muß schreiben, wie man lebt, erst um sein selbst willen, und dann existirt man auch für verwandte Wesen.

Plato wollte keinen ἀγεωμέτρον in seiner Schule leiden; wäre ich im Stande, eine zu machen, ich litte keinen, der sich nicht irgend ein Naturstudium ernst und eigentlich gewählt. Newton fand

In der Geometrie, Maßkunst, Unachtsamen.

ich in einer leidig apostolisch-capuzinermäßigen Declamation des Züricher Propheten die unsinnigen Worte: Alles, was Leben hat, lebt durch etwas außer sich. Oder so ungefähr klang's. Das kann nun so ein Heidenbekehrer hinschreiben, und bei der Revision packt ihn der Genius nicht beim Aermel. Nicht die ersten simpelsten Naturwahrheiten haben sie gefaßt, und möchten doch gar zu gern auf den Stühlen um den Thron sitzen, wo andre Leute hingehören oder keiner hingehört. Laß das alles gut seyn, wie ich auch thue, der ich es freilich jetzt leichter habe.

Ich mag von meinem Leben keine Beschreibung machen, es sieht gar zu lustig aus. Vor allem beschäftigt mich das Landschaftzeichnen, wozu dieser Himmel und diese Erde vorzüglich einladt. Sogar hab' ich einige Idyllen gefunden. Was werd' ich nicht noch alles machen! Das seh' ich wohl, unser einer muß nur immer neue Gegenstände um sich haben, dann ist er geborgen.

Lebt wohl und vergnügt, und wenn es Euch noch werden will, so fühlt nur recht, daß Ihr beisammen seyd und was Ihr einander seyd; indeß ich durch eignen Willen exilirt, mit Vorsatz irrend, zweckmäßig unstät, überall fremd und überall zu Hause, mein Leben mehr laufen lasse als führe, und auf alle Fälle nicht weiß, wo es hinaus will.

Lebt wohl, empfehlt mich der Frau Herzogin. Ich habe mit Rath Reiffenstein in Frascati ihren ganzen Aufenthalt projectirt. Wenn alles gelingt, so ist's ein Meisterstück. Wir sind jetzt in Negotiation wegen einer Villa begriffen, welche gewissermaßen sequestrirt ist, und also vermiethet wird, anstatt daß die andern entweder besetzt sind, oder von den großen Familien nur aus Gefälligkeit abgetreten würden, wogegen man in Obligationen und Relationen geräth. Ich schreibe sobald nur etwas Gewisseres zu sagen ist. In Rom ist auch ein schönes freiliegendes Quartier mit einem Garten für sie bereit. Und so wünsche ich, daß sie sich überall zu Hause fände, denn sonst genießt sie nichts; die Zeit verstreicht, das Geld ist ausgegeben, und man sieht sich um, wie nach einem Vogel, der einem aus der Hand entwischt ist. Wenn ich ihr alles einrichten kann, daß ihr Fuß an keinen Stein stoße, so will ich es thun.

Nun kann ich nicht weiter, wenn gleich noch Raum da ist. Lebt wohl und verzeiht die Eilfertigkeit dieser Zeilen.

Castel Gandolfo, den 8. October 1787, eigentlich den 12ten.

denn diese Woche ist hingegangen, ohne daß ich zum Schreiben kommen konnte. Also geht dieses Blättchen nur eilig nach Rom, daß es noch zu Euch gelange.

Wir leben hier, wie man in Bädern lebt; nur mache ich mich des Morgens beiseite, um zu zeichnen; dann muß man den ganzen Tag der Gesellschaft seyn, welches mir denn auch ganz recht ist für diese kurze Zeit; ich sehe doch auch einmal Menschen ohne großen Zeitverlust, und viele auf einmal.

Angelica ist auch hier und wohnt in der Nähe; dann sind einige muntere Mädchen, einige Frauen, Hr. von Maron, Schwager von Mengs, mit der seinigen, theils im Hause, theils in der Nachbarschaft; die Gesellschaft ist lustig und es giebt immer was zu lachen. Abends geht man in die Komödie, wo Pulcinell die Hauptperson ist, und trägt sich dann einen Tag mit den bon-mots des vergangenen Abends. Tout comme chez vous — nur unter einem heitern, köstlichen Himmel. Heute hat sich ein Wind erhoben, der mich zu Hause hält. Wenn man mich außer mir selbst herausbringen könnte, müßten es diese Tage thun, aber ich falle immer wieder in mich zurück, und meine ganze Neigung ist auf die Kunst gerichtet. Jeden Tag geht mir ein neues Licht auf, und es scheint, als wenn ich wenigstens würde sehen lernen.

Erwin und Elmire ist so gut als fertig; es kommt auf ein paar schreibselige Morgen an; gedacht ist alles.

Herder hat mich aufgefordert, Forstern auf seine Reise um die Welt auch Fragen und Muthmaßungen mitzugeben. Ich weiß nicht, wo ich Zeit und Sammlung hernehmen soll, wenn ich es auch von Herzen gerne thäte. Wir wollen sehen.

Ihr habt wohl schon kalte, trübe Tage, wir hoffen noch einen ganzen Monat zum Spazierengehen. Wie sehr mich Herder's Ideen freuen, kann ich nicht sagen. Da ich keinen Messias zu erwarten habe, so ist mir dieß das liebste Evangelium. Grüßt alles, ich bin in Gedanken immer mit Euch, und liebt mich.

Den letzten Posttag, meine Lieben, habt Ihr keinen Brief erhalten; die Bewegung in Castello war zuletzt gar zu arg, und ich wollte doch auch zeichnen. Es war wie ich kaum zu Hause, um da ich in einem Hause wohnte, das immer Zuspruch hat, so mußte ich mich drein geben. Bei dieser Gelegenheit habe ich mehr Italiäner gesehen, als bisher in einem Jahre, und bin auch mit dieser Erfahrung zufrieden.

Eine Mailänderin interessirte mich die acht Tage ihres Bleibens, sie zeichnete sich durch ihre Natürlichkeit, ihren Gemeinsinn, ihre gute Art sehr vortheilhaft vor den Römerinnen aus. Angelica war, wie sie immer ist, verständig, gut, gefällig, zuvorkommend. Man muß ihr Freund seyn, man kann viel von ihr lernen, besonders arbeiten, denn es ist unglaublich, was sie alles endigt.

Diese letzten Tage war das Wetter kühl, und ich bin recht vergnügt, wieder in Rom zu seyn.

Gestern Abend, als ich zu Bette ging, fühlt' ich recht das Vergnügen, hier zu seyn. Es war mir, als wenn ich mich auf einem recht breiten, sichern Grund niederlegte.

Ueber seinen Geist möcht' ich gern mit Herdern sprechen. Zu bemerken ist mir ein Hauptpunkt, von wegen dieses Büchlein wie oben, für Speise, da es eigentlich die Schüssel ist. Wer nichts hinein zu legen hat, findet sie leer. Laßt mich nur wenig weiter allegorisiren, und Herder wird meine Allegorie am besten erklären. Mit Hebel und Walzen kann man schon ziemliche Lasten fortbringen; die Stücke des Obelisks zu bewegen, brauchen sie Erdwinden, Flaschenzüge und so weiter. Je größer die Last, oder je feiner der Zweck (wie z. E. bei einer Uhr), desto zusammengesetzter, desto künstlicher wird der Mechanismus seyn, und doch im Innern die größte Einheit haben. So sind alle Hypothesen, oder vielmehr alle Principien. — Wer nicht viel zu bewegen hat, greift zum Hebel und vergnügt meinen Flaschenzug; was will der Steinhauer mit einer Schraube oder Säge! Wenn L. seine ganze Kraft anwendet, um ein Mährchen wahr zu machen, wenn J. sich abarbeitet, eine hohle Kindergeistempfindung zu vergöldern, wenn E. aus einem Fußboden ein Evangelist werden möchte, so ist offenbar, daß sie alles, was die Tiefen der Natur näher aufschließt, verabscheuen müssen. Würde der eine ungestraft sagen: alles, was lebt, lebt durch etwas außer sich; würde der andere sich der Verwirrung der Begriffe, der Verwechslung der Worte von Wissen und Glauben, von Ueberlieferung und Erfahrung nicht schämen; müßte der dritte nicht um ein paar Bänke tiefer hinunter müssen; wenn sie nicht mit aller Gewalt die Stühle um den Thron des Lamms aufzustellen bemüht wären; wenn sie nicht sich sorgfältig hüteten, den festen Boden der Natur zu betreten, wo jeder nur ist, was er ist, wo wir alle gleiche Ansprüche haben?

Halte man dagegen ein Buch, wie den dritten Theil der Ideen, sehe erst, was es ist, und frage sodann, ob der Autor es hätte schreiben können, ohne jenen Begriff von Gott zu haben? Nimmermehr! denn eben das Rechte, Große, Innerliche, was es hat, hat es in, aus und durch jenen Begriff von Gott und der Welt.

Wenn es also irgendwo fehlt, so mangelt's nicht an der Waare, sondern an Käufern, nicht an der Maschine, sondern an denen, die sie zu brauchen wissen. Ich habe immer mit stillem Lächeln zugesehen, wenn sie mich in metaphysischen Gesprächen nicht für voll ansahen: da ich aber ein Künstler bin, so kann mir's gleich seyn. Mir könnte vielmehr dran gelegen seyn, daß das Principium verborgen bliebe, aus dem und durch das ich arbeite. Ich lasse einem jeden seinen Hebel, und bediene mich der Schraube ohne Ende schon lange, und nun mit noch mehr Freude und Bequemlichkeit.

An Herder.

Castel Gandolfo, den 14. October 1787.

Nur ein flüchtig Wort, und zuerst den lebhaftesten Dank für die Ideen! Sie sind mir als das liebenswertheste Evangelium gekommen, und die interessantesten Studien meines Lebens laufen alle da zusammen. Woran man sich so lange geplackt hat, wird einem nun so vollständig vorgeführt. Wie viel Lust zu allem Guten hast Du mir durch dieses Buch gegeben und erneut! Noch bin ich erst in der Hälfte. Ich bitte Dich, laß mir sobald als möglich die Stelle aus Lavater, die Du pag. 159 anführst, ganz ausschreiben, damit ich sehe, welche Regeln des Griechischen Künstlerideals er ausgefunden hat. Ich erinnere mich nur an den Gang seiner Demonstration des Profils aus dem Kupfer. Schreite mir dazu und excerpire mir sonst, was Du mir nützlich dünkst, daß ich das Plenum wisse, wie weit man in dieser

Expedition gekommen ist, denn ich bin immer das neugeborne Kind. Hat Lavater's Physiognomik etwas Kluges darüber? Deinem Aufruf wegen Forster's will ich gerne gehorchen, wenn ich gleich noch nicht recht sehe, wie es möglich ist; denn ich kann keine einzelnen Fragen thun, ich muß meine Hypothesen völlig aus einander setzen, und vortragen. Du weißt, wie sauer mir das schriftlich wird. Schreibe mir nur den letzten Termin, wann ich fertig seyn, und wohin es geschickt werden soll. Ich sitze jetzt im Rohre und kann vor Pfeifenschneiden nicht zum Pfeifen kommen. Wenn ich es unternehme, muß ich zum Dictiren mich wenden; denn eigentlich seh' ich es als einen Abriß an. Es scheint, ich soll von allen Seiten mein Haus bestellen und meine Bücher schließen.

Was mir am schwersten seyn wird, ist, daß ich absolut alles auf dem Kopfe nehmen muß; ich habe doch kein Blättchen meiner Collectaneen, keine Zeichnung, nichts hab' ich bei mir, und alle neusten Bücher fehlen hier ganz und gar.

Noch vierzehn Tage bleib' ich wohl in Castello und treibe ein Badeleben. Nirgend suche ich, denn giebt's Menschen auf Menschen. Es ist mir lieb, daß ich sie beisammen sehe, einzeln wäre es eine große Seccatur. Angelica ist hier und hilft alles übertragen.

Der Papst soll Nachricht haben. Amsterdam sey von den Preußen eingenommen. Die nächsten Zeitungen werden uns Gewißheit bringen. Das wäre die erste Expedition, wo sich unser Jahrhundert in seiner ganzen Größe zeigt. Das heiß' ich eine sodezza![1] Ohne Schwertstreich, mit ein paar Bomben, und niemand, der sich der Sache weiter annimmt! Lebt wohl! Ich bin ein Kind des Friedens, und will Friede halten für und für, mit der ganzen Welt, da ich ihn einmal mit mir selbst geschlossen habe.

Rom, den 27. October 1787.

Ich bin in diesem Zauberkreise wieder angelangt, und befinde mich gleich wieder wie bezaubert, zufrieden, stille hinarbeitend, vergessend alles, was außer mir ist, und die Gestalten meiner Freunde besuchen mich friedlich und freundlich. Diese ersten Tage hab' ich wie

[1] Festigkeit, Ausdauer.

Briefschreiben zugebracht, habe die Zeichnungen, die ich auf dem Lande gemacht, ein wenig gemustert; die nächste Woche soll es an neue Arbeit gehn. Es ist zu schmeichelhaft, als daß ich es sagen dürfte, was mir Angelica für Hoffnungen über mein Landschaftzeichnen, unter gewissen Bedingungen, giebt. Ich will wenigstens fortfahren, um mich dem zu nähern, was ich wohl nie erreiche.

Ich erwarte mit Verlangen Nachricht, daß Egmont angelangt, und wie Ihr ihn aufgenommen. Ich habe doch schon geschrieben, daß Kayser herkommt? Ich erwarte ihn in einigen Tagen mit der nun vollendeten Partitur unsrer Scapinereien. Du kannst denken, was das für ein Fest seyn wird! Sogleich wird Hand an eine neue Oper gelegt, und Claudine mit Erwin in seiner Gegenwart, mit seinem Beirath verbessert.

Herder's Ideen hab' ich nun durchgelesen, und mich des Buches außerordentlich gefreut. Der Schluß ist herrlich, wahr und erquicklich, und er wird, wie das Buch selbst, erst mit der Zeit, und vielleicht unter fremdem Namen den Menschen wohlthun. Jemehr diese Vorstellungsart gewinnt, je glücklicher wird der nachdenkliche Mensch werden. Auch habe ich dieses Jahr, unter fremden Menschen Acht gegeben, und gefunden, daß alle wirklich klugen Menschen, mehr oder weniger, zärter oder gröber, darauf kommen und bestehen: daß der Moment alles ist, und daß nur der Vorzug eines vernünftigen Menschen darin bestehe, sich so zu betragen, daß sein Leben, in so fern es von ihm abhängt, die möglichste Masse von vernünftigen, glücklichen Momenten enthalte.

Ich müßte wieder ein Buch schreiben, wenn ich sagen sollte, was ich bei dem und jenem Buch gedacht habe. Ich lese jetzt wieder Stellen, so wie ich sie aufschlage, um mich an jeder Seite zu ergötzen, denn es ist durchaus köstlich gedacht und geschrieben.

Besonders schön find' ich das Griechische Zeitalter; daß ich am Römischen, wenn ich mich so ausdrücken darf, etwas Körperlichkeit vermisse, kann man vielleicht denken, ohne daß ich es sage. Es ist auch natürlich. Gegenwärtig ruht in meinem Gemüth die Masse deß, was der Staat war, an und für sich; mir ist er, wie Vaterland, etwas Unschuldverkehrtes. Und ihr müßtei im Verhältniß mit dem ungeheuern Weltganzen den Werth dieser einzelnen Existenz bestimmen, wo denn freilich vieles zusammenschrumpft und in Rauch aufgehn mag.

So bleibt mir das Coliseo immer imposant, wenn ich gleich denke, zu welcher Zeit es gebaut worden, und daß das Volk, welches diesen ungeheuren Kreis ausfüllte, nicht mehr das altrömische Volk war.

Ein Buch über Malerei und Bildhauerkunst in Rom ist auch zu uns gekommen. Es ist ein Deutsches Product, und, was schlimmer ist, eines Deutschen Cavaliers. Es scheint ein junger Mann zu seyn, der Energie hat, aber voller Prätension steckt, der sich Mühe gegeben hat, herumzulaufen, zu notiren, zu hören, zu horchen, zu lesen. Er hat gewußt, dem Werke einen Anschein von Gangheit zu geben; es ist darin viel Wahres und Gutes, gleich daneben Falsches und Albernes, Gedachtes und Nachgeschwätztes, Longueurs und Schappaden. Aber es auch in der Entfernung durchsieht, wird bald merken, welch monströses Mittelding zwischen Compilation und eigen gedachtem Werk dieses voluminöse Opus geworden sey.

Die Ankunft Egmonts erfreut und beruhigt mich, und ich verlange auf ein Wort darüber, das nun wohl unterwegs ist. Das Saffian-exemplar ist angelangt, ich hab' es der Angelica gegeben. Mit Kayser's Oper wollen wir es klüger machen, als man uns gerathen hat. Euer Vorschlag ist sehr gut; wenn Kayser kommt, sollt Ihr mehr hören.

Die Recension ist recht im Styl des Alten, zu viel und zu wenig. Mir ist jetzt nur dran gelegen zu machen, seitdem ich sehe, wie sich am Gemachten, wenn es auch nicht das Vollkommenste ist, Jahrtausende recensiren, das heißt, etwas von seinem Daseyn hererzählen läßt.

Jedermann, verwundert sich, wie ich ohne Tribut durchgekommen bin; man weiß aber auch nicht, wie ich mich betragen habe. Unser October war nicht der schönste, ob wir gleich himmlische Tage gehabt haben.

Es geht mit mir, jetzt eine neue Epoche an. Mein Gemüth ist nun durch das viele Sehen und Erlernen so ausgeweitet, daß ich mich auf irgend eine Arbeit beschränken muß. Die Individualität eines Menschen ist ein wunderlich Ding, da meine hab' ich jetzt recht kennen lernen, da ich einerseits dieses Jahr bloß von mir selbst abgehangen habe, und von der andern Seite mit völlig fremden Menschen umzugehen hatte.

Bericht.

October.

Zu Anfang dieses Monats, bei mildem, durchaus heiterem, herrlichem Wetter, genossen wir eine förmliche Villeggiatur in Castel Gandolfo, wodurch wir uns denn in die Mitte dieser unvergleichlichen Gegend eingeweiht und eingebürgert sahen. Herr Jenkins, der wohlhabende Englische Kunsthändler, bewohnte daselbst ein sehr stattliches Gebäude, den ehmaligen Wohnsitz des Jesuitergenerals, wo es einer Anzahl von Freunden, weder an Zimmern zu bequemer Wohnung, noch an Essen zu heiterem Beisammenseyn, noch an Bogengängen zu munterm Lustwandeln fehlte.

Man kann sich von einem solchen Herbstaufenthalte den besten Begriff machen, wenn man sich ihn wie den Aufenthalt an einem Badorte denkt. Personen, ohne den mindesten Bezug auf einander, werden durch Zufall augenblicklich in die unmittelbarste Nähe versetzt. Frühstück und Mittagessen, Spaziergänge und Lustpartien, ernst- und scherzhafte Unterhaltung bewirken schnell Bekanntschaft und Vertraulichkeit; da es denn ein Wunder wäre, wenn, besonders hier, wo nicht einmal Krankheit und Cur eine Art von Diversion macht, hier im vollkommensten Müßiggange, sich die entschiedensten Wahlverwandtschaften zunächst hervorthun sollten. Hofrath Reiffenstein hatte für gut befunden, und zwar mit Recht, daß wir zeitig hinausgehen sollten, um zu unseren Spaziergängen und sonstigen artistischen Wanderungen in's Gebirg die nöthige Zeit zu finden, ehe noch der Schwall der Gesellschaft sich herandrängte, und uns zur Theilnahme an gemeinschaftlicher Unterhaltung aufforderte. Wir waren die ersten und versäumten nicht, uns in der Gegend, nach Anleitung des erfahrnen Führers, zweckmäßig umzusehen, und ernteten davon die schönsten Genüsse und Belehrungen.

Nach einiger Zeit sah ich eine gar hübsche Römische Nachbarin, nicht weit von uns im Corso wohnend, mit ihrer Mutter herauskommen. Sie hatten beide, seit meiner Mylordschaft, meine Begrüßungen freundlicher als sonst erwiedert, doch hatte ich sie nicht angesprochen, ob ich gleich an ihnen, wenn sie Abends vor der Thür saßen, öfters nah genug vorbei ging; denn ich war dem Gelübde, mich durch dergleichen Verhältnisse von meinem Hauptzwecke nicht abhalten zu lassen, vollkommen treu geblieben. Nun aber fanden wir uns auf einmal wie völlig alte Bekannte; jenes Concert gab Stoff genug zur ersten Unterhaltung; und es ist wohl nichts angenehmer, als eine Römerin der Art, die sich in natürlichem Gespräch heiter gehen läßt, und ein lebhaftes, auf die reine Wirklichkeit gerichtetes Aufmerken, eine Theilnahme, mit anmuthigem Bezug auf sich selbst, in der wohlklingenden Römischen Sprache schnell, doch deutlich vorträgt; und zwar in einer edlen Mundart, die auch die mittlere Classe über sich selbst erhebt, und dem Allernatürlichsten, ja dem Gemeinen einen gewissen Adel verleiht. Diese Eigenschaften und Eigenheiten waren mir zwar bekannt, aber ich hatte sie noch nie in einer so einschmeichelnden Folge vernommen.

Zu gleicher Zeit stellten sie mich einer jungen Mailänderin vor, die sie mitgebracht hatten, der Schwester eines Commis von Herrn Jenkins, eines jungen Mannes, der wegen Fertigkeit und Redlichkeit bei seinem Principal in großer Gunst stand. Sie schienen genau mit einander verbunden, und Freundinnen zu seyn.

Diese beiden Schönen, denn schön durfte man sie wirklich nennen, standen in einem nicht schroffen, aber doch entschiedenen Gegensatz: dunkelbraune Haare die Römerin, hellbraune die Mailänderin; jene braun' von Gesichtsfarbe, diese klar, von zarter Haut; diese zugleich mit fast blauen Augen, jene mit braunen; die Römerin einigermaßen ernst, zurückhaltend, die Mailänderin von einem offnen, nicht sowohl entsprechenden als gleichsam anfragenden Wesen. Ich saß bei einer Art Lottospiel zwischen beiden Frauenzimmern, und hatte mit der Römerin Casse zusammen gemacht; im Laufe des Spiels fügte es sich nun, daß ich auch mit der Mailänderin mein Glück versuchte, durch Wetten oder sonst. Genug, es entstand auch auf dieser Seite eine Art von Partnerschaft, wobei ich in meiner Unschuld nicht gleich bemerkte, daß ein solches getheiltes Interesse nicht gefiel, bis endlich, nach aufgehobener Partie, die Mutter, mich abseits findend, zwar höflich, aber mit wahrhaftem Matronenernst dem werthen Fremden versicherte: daß, da er einmal mit ihrer Tochter in solche Theilnahme gekommen sey, es sich nicht wohl zieme, mit einer andern gleiche Verbindlichkeiten einzugehen; man halte es in einer Billeggiatur für Sitte, daß Personen, die sich einmal auf einen gewissen Grad verbunden, dabei in der Gesellschaft verharrten, und eine unschuldig anmuthige Wechselgefälligkeit durchführten. Ich entschuldigte mich auf's beste jedoch mit der Wendung, daß es einem Fremden nicht wohl möglich sey, dergleichen Verpflichtungen anzuerkennen, indem es in unsern Landen herkömmlich sey, daß man den sämmtlichen Damen der Gesellschaft, einer wie der andern, mit und nach der andern sich dienstlich und höflich erweise, und daß dieses hier um desto mehr gelten werde, da von zwei so eng verbundenen Freundinnen die Rede sey.

Aber leider! indessen ich mich so auszureden suchte, empfand ich auf die wundersamste Weise, daß meine Neigung für die Mailänderin sich schon entschieden hatte, blitzschnell und eindringlich genug, wie es einem müßigen Herzen zu gehen pflegt, das in selbstgefälligen ruhigen Zutrauen nichts befürchtet, nichts wünscht, und das man auf einmal dem Wünschenswerthesten unmittelbar nahe kommt. Uebersieht man doch in solchem Augenblicke die Gefahr nicht, die uns unter diesen schmeichelhaften Zügen bedroht.

Den nächsten Morgen fanden wir uns drei allein, und da vermehrte sich denn das Uebergewicht auf der Seite der Mailänderin. Sie hatte den großen Vorzug vor ihrer Freundin, daß in ihren Aeußerungen etwas Strebsames zu bemerken war. Sie beklagte sich nicht über vernachlässigte, aber allzu ängstliche Erziehung; man lehrt uns nicht schreiben, sagte sie, weil man fürchtet, wir würden die Feder zu Liebesbriefen brauchen; man würde uns nicht lesen lassen, wenn wir uns nicht mit dem Gebetbuch beschäftigen müßten; uns in fremden Sprachen zu unterrichten, daran wird niemand denken; ich gäbe alles darum, Englisch zu können. Herr Zenkird mit meinem Bruder, Mad. Angelika, Herrn Zucchi, die Herren Volpato und Camuccini, hör' ich oft sich untereinander Englisch unterhalten, mit einem Gefühl, das dem Neid ähnlich ist, und die ellenlangen Zeitungen da liegen vor mir auf dem Tische, sie führen Nachrichten darin aus der ganzen Welt, wie ich sehe, und ich weiß nicht, was sie bringen.

Es ist desto mehr Schade, versetzte ich, da das Englische sich so leicht lernen läßt; Sie müßten es in kurzer Zeit fassen und begreifen. Machen wir gleich einen Versuch, fuhr ich fort, indem ich eines der graugrünen Englischen Blätter aufhob, die müßig umherlagen.

Ich blickte schnell hinein und fand einen Artikel, daß ein Frauenzimmer in's Wasser gefallen, glücklich aber gerettet und den Ihrigen wiedergegeben worden. Es fanden sich Umstände bei dem Falle, die ihn verwickelt und interessant machten; es blieb zweifelhaft, ob sie sich in's Wasser gestürzt, um den Tod zu suchen, so wie auch, welcher von ihren Nachbarn, der Begünstigte oder Verschmähte, sich zu ihrer Rettung gewagt. Ich wies ihr die Stelle hin, und bat sie, aufmerksam darauf zu schauen. Darauf übersetzt' ich ihr erst alle Substantiva, und examinirte sie, ob sie auch ihre Bedeutung wohl behalten. Gar bald überschaute sie die Stellung dieser Haupt- und Grundworte, und machte sich mit dem Platz bekannt, den sie im Perioden eingenommen hatten. Ich ging darauf zu den einwirkenden, bewegenden, bestimmenden Worten über, und machte aufmerksam, wie diese das Ganze belebten, auf das heiterste bemerklich, und lateinisirte sie so lange, bis sie mir endlich, unaufgefordert, die ganze Stelle, als stünde sie Italiänisch auf dem Papiere, verlas, welches sie nicht ohne Bewegung ihres zierlichen Wesens leisten konnte. Ich habe noch leicht eine so herzlich geistige Freude gelesen, als sie ausdrückte, indem sie mir für den Einblick in dieses neue Feld, einen allerliebsten Dank aussprach. Sie konnte sich kaum fassen, indem sie die Möglichkeit gewahrte, die Erfüllung ihres sehnlichsten Wunsches so nahe und schon versuchsweise erreicht zu sehen.

Die Gesellschaft hatte sich vermehrt, auch Angelica war angekommen; an einer großen gedeckten Tafel hatte man ihr mich rechter Hand gesetzt, meine Schülerin stand an der entgegengesetzten Seite des Tisches, und besann sich keinen Augenblick, als die Übrigen sich um die Tafelplätze complimentirten, um den Tisch herumzugehen, und sich neben mich nieder zu lassen. Meine ernste Nachbarin schien dieß mit einiger Verwunderung zu bemerken, und es bedurfte nicht des Blicks einer klugen Frau, um zu gewahren, daß hier was vorgegangen sein müsse, und daß ein zeither bis zur trockenen Unhöflichkeit von den Frauen sich entfernender Freund wohl selbst sich endlich zahm und gefangen überrascht gesehen habe.

Ich hielt zwar äußerlich noch ziemlich gut Stand, eine innere Bewegung aber gab sich wohl eher kund durch eine gewisse Verlegenheit, in der ich mein Gespräch zwischen den Nachbarinnen theilte, indem ich die ältere zarte, diesmal schweigsame Freundin beliebend zu unter haltung, und jene, die sich immer noch in der fremden Sprache zu ergehen schien, und sich in dem Zustande befand desjenigen, der mit einemmal von dem erwünscht aufgehenden Lichte geblendet, sich nicht gleich in der Umgebung zu finden weiß, durch eine freundlich ruhige, eher ablehnende Theilnahme zu beschwichtigen suchte.

Dieser aufgeregte Zustand jedoch hatte sogleich die Epoche einer merkwürdigen Umwälzung zu erleben. Gegen Abend die jungen Frauenzimmer aufsuchend, fand ich die älteren Frauen in einem Pavillon, wo die herrlichste der Aussichten sich darbot; ich schweifte mit meinem Blick in die Runde, aber es ging vor meinen Augen etwas anders vor, als das landschaftlich Malerische; es hatte sich ein Ton über die Gegend gezogen, der weder dem Untergang der Sonne, noch den Lüften des Abends allein zuzuschreiben war. Die glühende Beleuchtung der hohen Stellen, die kühlende, blaue Beschattung der Tiefe schien herrlicher als jemals in Oel oder Aquarell; ich konnte nicht genug hinsehen, doch fühlte ich, daß ich den Platz zu verlassen Lust hatte, um in theilnehmender kleiner Gesellschaft dem letzten Blick der Sonne zu huldigen.

Doch hatte ich leider der Einladung der Mutter und Nachbarinnen nicht absagen können, mich bei ihnen niederzulassen, besonders da sie mir an dem Fenster der schönsten Aussicht Raum gemacht hatten. Als ich auf ihre Reden merkte, konnt' ich vernehmen, daß von Ausstattung die Rede sey, einem immer wiederkehrenden und nie zu erschöpfenden Gegenstande. Die Erfordernisse aller Art wurden genannt, Zahl und Beschaffenheit der verschiedenen Gaben, Brautgeschenke der Familie, vielfache Beiträge von Freunden und Freundinnen, theilweise noch ein Geheimniß, und was nicht alles in genauer Herzählung die schöne Zeit hinnahm, mußte von mir geduldig angehört werden, weil die Damen mich zu einem späteren Spaziergang festgenommen hatten.

Endlich gelangte kaum das Gespräch zu den Eigenschaften des Bräutigams, man schilderte ihn günstig genug, wollte sich aber seine Mängel nicht verbergen, in getrüster Hoffnung, daß diese zu mildern und zu bessern, die Anmuth, der Verstand, die Liebenswürdigkeit seiner Braut im künftigen Ehestande hinreichen werde.

Ungeduldig zuletzt, als eben die Sonne sich in das entfernte Meer niedersenkte und einen unschätzbaren Blick durch die langen Schatten

konnte sich ohne Affectation vernichten, und eine wohlgeordnete Höflichkeit, zu der uns eine solche Neigung stimmt, ist in der Gesellschaft überall gut aufgenommen. Mein Betragen gefiel, und ich hatte keine Unannehmlichkeit, keinen Zwist, außer ein einzigesmal mit dem Wirth, Herrn Jenkins. Ich hatte nämlich von einer weiten Berg- und Waldtour die appetitlichsten Pilze mitgebracht und sie dem Koch übergeben, der, aber eine zwar seltene, aber in jenen Gegenden sehr berühmte Speise höchst vergnügt, sie aufs schmackhafteste zubereitet auf die Tafel gab. Sie schmeckten jedermann ganz herrlich, nur, als zu meinen Ehren derselben wurde, daß ich sie aus der Pudding mitgebracht, ergrimmte unser Englischer Wirth, obgleich nur im Verborgenen darüber, daß ein Fremder eine Speise zum Gastmahl beigetragen habe, von welcher der Hausherr nichts wisse, die er nicht befohlen und ungewohnt; es zieme sich nicht wohl, jemanden an seiner eignen Tafel zu überraschen, Speisen aufzutischen, von denen er nicht Rechenschaft geben könne. Dieß alles mußte mir Rath Reiffenstein nach Tafel diplomatisch eröffnen, wogegen ich, der ich an ganz anderm Tisch, als das sich von Schwänken herleiten kann, innerlichst zu halten hatte, bescheidentlich erwiederte: ich hätte vorausgesetzt, der Koch würde das eine Herrn melden, und versicherte, wenn mir wieder dergleichen Dinge unterwegs in die Hände kämen, solche unserm trefflichen Wirthe selbst zur Prüfung und Genehmigung vorzulegen. Dem kein man willig seyn will, muß man gestehen, sein Verdruß entsprang daher, daß diese überhaupt zweideutige Speise ohne gehörige Untersuchung auf die Tafel gekommen war. Der Koch freilich hatte mir versichert, und brachte auch dem Herrn in's Gedächtniß, daß dergleichen, zwar als besondere Rarität, nicht oft, aber doch immer mit großem Beifall, in dieser Jahreszeit vorgesetzt worden.

Dieses culinarische Abenteuer gab uns Anlaß, in stillem Humor zu bedenken, daß ich selbst, bei einem ganz eignen Gift angesichts, in Verdacht gekommen bei, durch gleiche Unvorsichtigkeit die ganze Gesellschaft zu vergiften.

Es war leicht, meinen geehrten Vorsatz fortzuführen. Ich suchte sogleich den Englischen Studien auszuweichen, indem ich mich Morgens entfernte und meinen heimlich gehaßten Schüling niemals anders, als im Stundentheil von andern Personen zu fodern wußte.

Gar bald legte sich auch dieses Verhältniß in meinem so viel beschäftigten Gemüthe wieder zurechte, und zwar auf eine sehr anmuthige Weise, denn indem ich sie als Braut, als künftige Gattin ansah, erhob sie sich vor meinen Augen aus dem trivialen Mädchenzustande und indem ich ihr nun eben dieselbe Neigung, aber in einem höhern, angemeßnern Begriff zuhendete, so war ich, als einer, der ohnehin nicht mehr einem leichtsinnigen Jüngling glich, gar bald gegen sie in dem freundlichsten Behagen. Mein Dienst, wenn man eine feste Aufmerksamkeit so nennen darf, bezeichnete sich durchaus ohne Zudringlichkeit, und beim Begegnen eher mit einer Art von Ehrfurcht. Sie aber, welche nun auch wohl wußte, daß ihr Verhältniß mir bekannt geworden, konnte mit meinem Benehmen vollkommen zufrieden seyn. Die übrige Welt aber, weil ich mich mit jedermann unterhielt, merkte nichts, aber hatte kein Recht daran, und so gingen Tage und Stunden einen ruhigen, behaglichen Gang.

Von der nachhaltigsten Unterhaltung wäre viel zu sagen. Gang, es war auch ein Theater daselbst, wo bei uns so oft im Carneval schlechteste Pulcinell, welcher die übrige Zeit sein Schuster-handwerk trieb und auch übrigens hier als ein anständiger lieber Bürger erschien, uns mit seinen pantomimisch-mimisch lateinischen Abentheuern aufs beste zu vergnügen und uns in die so höchst behagliche Rudität des Daseyns zu versetzen wußte.

Briefe von Hause hatten mich indessen bemerken lassen, daß meine nach Italien so lang projectirte, immer verschobene und endlich so rasch unternommene Reise bei den Zurückgelassenen einige Unruhe und Un-gebühr erregt, ja sogar den Wunsch, mir nachzufolgen und das gleiche Glück zu genießen, von dem unter helrem, auch wohl unterschiebenen Briefe den gültigsten Begriff gaben. Freilich in dem gesinnugten und kunstliebenden Kreise unserer Herzogin Amalie war es herzinniglich, daß Italien jederzeit als das neue Jerusalem wahrer Gebildeten be-trachtet wurde, und ein lebhaftes Streben dahin, wie es nur Wegnen ausbilden konnte, sich immer in Herz und Sinn erhielt. Der Damm war endlich gebrochen, und es ergab sich nach und nach ganz deutlich, daß Herzogin Amalie mit ihrer Umgebung von einer, Herder und der jüngere Dalberg von der andern Seite über die Alpen zu gehen ernstliche Anstalt machten. Mein Rath war, sie möchten den Winter vorübergehen lassen, in der mittleren Jahreszeit bis Rom gelangen, und sodann weiter nach und nach alles das Guten genießen, was die Umgegend der alten Weltstadt u. s. w., der untere Theil von Italien darbieten könnte.

Dieser mein Rath, redlich und sachgemäß wie er war, bezog sich denn doch auch auf meinen eigenen Vortheil. Merkwürdige Tage meines Lebens hatte ich bisher in dem fremdesten Zustande, mit ganz fremden Menschen gelebt, und mich eigentlich wieder frisch des humanen Zustandes erfreut, dessen ich in zwar zufälligen, aber doch natürlichen Bezügen seit langer Zeit erst wieder gewahr worden, da ein geschlossener heimathlicher Kreis, ein Leben unter völlig bekannten und verwandten Personen uns am Ende in die wunderlichste Lage versetzt. Hier ist es, wo durch ein wechselseitiges Dulden und Tragen, Theilnehmen und Entbehren ein gewisses Mittelgefühl von Resignation entsteht, daß Schmerz und Freude, Verdruß und Behagen sich in herkömmlicher Gewohnheit wechselseitig vernichten. Es erzeugt sich gleichsam eine Mittelzahl, die den Charakter der einzelnen Ereignisse durchaus aufhebt, so daß man zuletzt, im Streben nach Bequemlichkeit, weder dem Schmerz noch der Freude sich mit freier Seele hingeben kann.

Ergriffen von diesen Gefühlen und Ahnungen, fühlte ich mich ganz entschieden, die Ankunft der Freunde in Italien nicht abzuwarten. Denn daß meine Art, die Dinge zu sehen, nicht sogleich die ihrige sein würde, konnte ich um so deutlicher wissen, als ich mich selbst seit einem Jahre jener cimmerischen Vorstellungen und Denkweisen des Nordens zu entziehen gesucht, und unter einem himmelblauen Gewölbe mich freier umzuschauen und zu athmen gewöhnt hatte. In der mittlern Zeit waren mir aus Deutschland kommende Reisende immer höchst beschwerlich; sie suchten das auf, was sie vergessen sollten, und konnten das, was sie schon lange gewünscht hatten, nicht erkennen, wenn es ihnen vor Augen lag. Ich selbst fand es noch immer mühsam genug, durch Denken und Thun mich auf dem Wege zu erhalten, den ich als den rechten anerkannt und entschieden hatte.

Fremde Deutsche konnt' ich vermeiden, so nah verbundene, verehrte, geliebte Personen aber hätten mich durch eigenes Irren und Halb- [illegible]

[illegible]

gemachwerden, ja selbst durch Längeres in meine Denkweise gestört und gehindert. Der rastlose Reisende glaubt, er könne nach Rom, um ein Supplement seines Daseyns zu finden, ausgefüllten, was ihm fehlt; allein er wird erst nach und nach mit großer Unbehaglichkeit gewahr, daß er ganz den Sinn ändern und von vorn anfangen müsse.

So deutlich nun auch ein solches Verhältniß mir erschien, so reizte ich mich doch über Tag und Stunde rücksichtig im Ungewissen, und sehr unablässig fort in der sorgfältigsten Benutzung der Zeit. Unabhängiges Nachdenken, Anhören von andern, Beschauen fürstlicher Umgebung, eigene praktische Versuche wechselten unaufhörlich vor, griffen vielmehr vielfältig in einander ein.

Hiebei förderte mich besonders die Theilnahme Heinrich Meyer's von Zürich, dessen Unterhaltung mir, obgleich seltner, günstig zu Statten kam, indem er als ein Fleißiger und gegen sich selbst strenger Künstler die Zeit besser anzuwenden wußte, als der Kreis von jüngeren, die einen ernsten Fortschritt in Begriffen und Technik mit einem reichen lustigen Leben leichtmäßig zu verbinden glaubten.

<hr/>

November.

Correspondenz.

Rom, den 3. November 1787.

Kayser ist angekommen, und ich habe drüber die ganze Woche nicht geschritten. Er ist erst am Clavierstimmen, und nach und nach wird die Oper vorgetragen werden. Es macht seine Gegenwart wieder eine sonderbare, anschließende Epoche, und ich sehe, man soll seinen Weg nur ruhig fortgehn, die Tage bringen das Beste, wie das Schlimmste.

Die Aufnahme meines Egmont macht mich glücklich, und ich hoffe, er soll beim Wiederlesen nicht verlieren, denn ich weiß, was ich hineingearbeitet habe, und daß sich das nicht auf einmal herauslesen läßt. Das was Ihr daran lobt, habe ich machen wollen; wenn Ihr sagt, daß es gemacht ist, so habe ich meinen Endzweck erreicht. Es war eine unsäglich schwere Aufgabe, die ich ohne eine ungemessene Freiheit des Lebens und des Gemüths nie zu Stande gebracht hätte. Man denke, was das sagen will: ein Werk vornehmen, was zwölf Jahre früher geschrieben ist, es vollenden, ohne es umzuschreiben. Die besondern Umstände der Zeit haben mir die Arbeit erschwert und erleichtert. Mir liegen noch so zwei Steine vor mir: Faust und Tasso. Da die barmherzigen Götter mir die Strafe des Sisyphus auf die Zukunft erlassen zu haben scheinen, hoffe ich auch, diese Klumpen den Berg hinauf zu bringen. Bin ich einmal damit oben, dann soll es aufs neue angehn, und ich will mein Möglichstes thun, Euren Beifall zu verdienen, da Ihr mir Eure Liebe ohne mein Verdienst schenkt und erhaltet.

Was Du von Gretchen sagst, verstehe ich nicht ganz, und erwarte Deinen nächsten Brief. Ich sehe wohl, daß Dir eine Blöße zwischen der Dirne und der Göttin zu fehlen scheint. Da ich aber ihr Verhältniß zu Egmont so ausschließlich gehalten habe, da ich ihre Liebe mehr in den Begriff der Vollkommenheit der Geliebten, ihr Entzücken mehr in den Genuß des Unbegreiflichen, daß dieser Mann ihr gehört, als in die Sinnlichkeit lege; da ich sie als Heldin auftreten lasse, da sie im innigsten Gefühl der Ewigkeit der Liebe ihrem Geliebten nachgeht, und endlich vor seiner Seele durch einen verklärenden Traum verherrlicht wird: so weiß ich nicht, wo ich die Zwischenklänge hinsetzen soll, ob ich gleich gestehe, daß, aus Nothdurft des dramatischen Lappen- und Flittenwerks, die Schattirungen, die ich oben herzählte, vielleicht zu abgesetzt und unverbunden, oder vielmehr durch zu leise Andeutungen verbunden sind; vielleicht hilft ein zweites Lesen, vielleicht sagt mir Dein folgender Brief etwas Näheres.

Angelika hat ein Titelkupfer zum Egmont gezeichnet. Was ge= stochen, das wenigstens in Deutschland nicht gezeichnet, nicht gestochen worden wäre.

Rom, den 10. November 1787.

Kayser ist nun da, und es ist ein dreifach Leben, da die Musik sich anschließt. Es ist ein trefflich guter Mann, und paßt zu uns, die wir wirklich ein Naturleben führen, wie es nur irgend auf dem Erd= boden möglich ist. Tischbein kommt von Neapel zurück, und da muß wieder Quartier und alles verändert werden; doch bei unsern guten Na= turen wird alles in acht Tagen wieder im Gleis seyn.

Ich habe der Herzogin Mutter den Vorschlag gethan, sie soll mir erlauben, die Summe von *fünfhundert Zechinen* nach und nach für sie in verschiedenen kleinen Kunstwerken auszugeben. Unterstütze diesen Vorschlag, wie Du ihn in meinem Briefe findest; ich brauche das Geld nicht gleich, nicht auf einmal. Es ist dieses ein wichtiger Punkt, dessen ganzen Umfang Du aber große Entwickelung empfinden wirst, und Du würdest die Nothwendigkeit und Nützlichkeit meines Raths und Erbietens noch mehr erkennen, wenn Du die Verhältnisse hier wüßtest, die so nahe bei mir liegen, wie meine Hand. Ich bereite ihr durch Kleinigkeiten großes Vergnügen, und wenn sie die Sachen, die ich nach und nach machen lasse, hier findet; so hülfe ich die Begierde, zu besitzen, die bei jedem Kunstliebling, er sey, wer er wolle, entsteht, und welche sie nur mit einer schmerzlichen Resignation unterdrücken, oder mit Kosten und Schaden befriedigen könnte. Es ließen sich davon noch Blätter voll schreiben.

Rom, den 3. November 1787.

Leider muß ich jetzt die bildende Kunst ganz zurücksetzen, denn sonst werde ich mit meinen dramatischen Sachen nicht fertig, die auch eine eigne Sammlung und ruhige Bearbeitung fordern, wenn etwas daraus werden soll. Claudine ist nun in der Arbeit, wird, so zu sagen, ganz neu ausgeführt, und die alte Spreu meiner Existenz herausgeschwungen.

Rom, den 10. November 1787.

Daß nun Egmont Beifall erhält, freut mich herzlich. Kein Genie hab' ich mit mehr Freiheit des Gemüths, und mit mehr Gewissenhaftigkeit vollbracht, als dieses; doch fällt es schwer, wenn man schon anderes gemacht hat, dem Leser genug zu thun; er verlangt immer etwas, wie das Vorige war.

Rom, den 24. November 1787.

Du fragst in Deinem letzten Briefe wegen der Farbe der Landschaft dieser Gegenden. Darauf kann ich Dir sagen, daß sie bei heitern

Tages, besonders des Herbstes, so farbig ist, [...] die [...] Bildung [...] scheinen muß. Ich hoffe, Dir in einiger Zeit einige Zeichnungen zu schicken, die ein Deutscher macht, der jetzt in [...] ist, die Wasserfarben bleiben so weit unter dem Glanz der Natur, und doch werdet Ihr glauben, es sey unmöglich. Das Schönste dabei ist, daß die lebhaften Farben in geringer Entfernung schon durch die [...] gemildert werden, und daß die Gegensätze von hellen und braunen Tönen (wie man sie nennt) so sichtbar da stehn. Die blauen, klaren Schatten stechen so reizend von allen erleuchteten Gründen, [...] Röthlichen, Bräunlichen ab, und verlieren sich mit der bläulich bedeckten Ferne. Es ist ein Glanz und zugleich eine Harmonie, eine Abstufung im Ganzen, wovon man nordwärts gar keinen Begriff hat. Bei [...] ist alles entweder hart oder trüb, bunt oder einhellig, [...] in [...] ich mich, selten einzelne Effecte gesehn zu haben, die nur einen Vorschmack von dem gaben, was jetzt täglich und stündlich um mich steht. Vielleicht finde ich jetzt, da mein Auge geübter ist, auch nordwärts mehr Schönheiten.

Uebrigens laß mich Dir sagen, daß ich nun fast die rechten, geraden Wege in allen bildenden Künsten vor mir sehe und schaue, aber auch nun ihre Weiten und Fernen desto besser messe. Ich bin schon zu alt um von jetzt an mehr zu thun, als zu pfuschen, wie es andere [...], sey es auch, [...] manchem auf dem guten Pfad, kommen zu großen Schritten. Es ist also auch damit wie mit Glück und Weisheit, davon uns die Urbilder nur vorschweben, deren Kleidsaum wir höchstens berühren.

Kayser's Ankunft, und bis wir uns ein wenig mit ihm in häusliche Ordnung setzen, hatte mich einigermaßen zurückgebracht, meine Arbeiten stockten. Jetzt geht es wieder, und meine Opern sind nahe, fertig zu seyn. Er ist sehr brav, verständig, ordentlich, gesetzt, in seiner Kunst so fest und sicher, als man seyn kann; einer von denen Menschen, durch deren Nähe man gesunder wird. Dabei hat er eine Herzensgüte, einen richtigen Lebens- und Gesellschaftsblick, wodurch sein übrigens strenger Charakter biegsamer wird, und sein Umgang eine eigene Grazie gewinnt.

Bericht.

November

Nun aber, bei dem stillen Gedanken an ein allmähliges Loslösen, ward ein neues Anknüpfen durch die Ankunft eines wackeren früheren Freundes vorbereitet, des **Christoph Kayler**, eines gebornen Frankfurters, der zu gleicher Zeit mit Klingern und uns andern herangekommen war. Dieser, von Natur mit eigenthümlichem, musikalischem Talente begabt, hatte schon vor Jahren, indem er Scherz, List und Rache zu componiren unternahm, auch eine zu Egmont passende Musik zu liefern begonnen. Ich hatte ihm von Rom aus gemeldet, daß das Stück sey abgegangen und eine Copie in meinen Händen geblieben. Statt weitläufiger Correspondenz darüber ward räthlich gefunden, er solle selbst unverzüglich herankommen; da er denn auch nicht säumend mit dem Courier durch Italien hindurchschoß, sehr bald bei uns eintraf und in dem Künstlerkreis, der sein Hauptquartier im Corso, Rondanini gegenüber, aufgeschlagen hatte, sich freundlich aufgenommen sah.

Hier aber zeigte sich gar bald, statt des so nöthigen Sammelns und Einens, neue Zerstreuung und Zersplitterung.

Vorerst gingen mehrere Tage hin, bis ein Clavier beigeschafft, probirt, gestimmt, und nach des eigensinnigen Künstlers Willen und Wollen zurecht gerückt war, wobei denn immer noch etwas zu wünschen und zu fordern übrig blieb. Indessen belohnte sich baldigst der Aufwand von Mühe und Versäumniß durch die Leistungen eines sehr gewandten, seiner Zeit völlig gemäßen, die damaligen schwierigsten Werke leicht vortragenden Talentes. Und, damit der musikalische Geschichtskenner sogleich wisse, wovon die Rede sey, bemerke ich, daß zu jener Zeit Schubart für unerreichbar gehalten, sodann auch, daß als Probe eines geübten Clavierspielers die Ausführung von Variationen geachtet wurde; wo ein einfaches Thema, auf die künstlichste Weise durchgeführt, endlich durch sein natürliches Wiedererscheinen den Hörer zu Athem kommen ließ.

Die Symphonie zu Egmont brachte er mit, und so belebte sich von dieser Seite mein ferneres Bestreben, welches gegenwärtig mehr als jemals, aus Nothwendigkeit und Liebhaberei, gegen das musikalische Theater gerichtet war.

Erwin und Elmire, so wie Claudine von Villa Bella sollten nun auch nach Deutschland abgesendet werden; ich hatte mich aber durch die Bearbeitung Egmont's in meinen Forderungen gegen mich selbst dergestalt gesteigert, daß ich nicht über mich gewinnen konnte, sie in ihrer ersten Form dahin zu geben. War manches Lyrische, das sie enthalten, war mir lieb und werth; es zeugte von vielen, zwar thörig, aber doch glücklich verlebten Stunden, wie von Schmerz und Kummer, welchen die Jugend in ihrer übereilten Lebhaftigkeit ausgesetzt bleibt. Der prosaische Dialog dagegen erinnerte zu sehr an jene Französischen Operetten, denen wir zwar ein freundliches Andenken zu gönnen haben, indem sie zuerst ein heiteres singbares Wesen auf unser Theater herüber brachten, die mir aber jetzt nicht mehr genügen wollten, als einem eingebürgerten Italiäner, der den melodischen Gesang durch einen recitirenden und declamatorischen wenigstens wollte verknüpft sehen.

In diesem Sinne wird man nunmehr beide Opern bearbeitet sehen; ihre Compositionen haben mir und sehr Freude gemacht, und so sind sie auf dem dramatischen Strom auch zu ihrer Zeit mit vorüber geschwommen.

Gewöhnlich schilt man auf die Italiänischen Texte, und das zwar in solchen Phrasen, wie einer dem andern nachsagen kann, ohne was dabei zu denken; sie sind freilich leicht und heiter, aber sie machen nicht mehr Forderungen an den Componisten und an den Sänger, als in wie weit beide sich hinzugeben Lust haben. Ohne hierüber weitläufig zu seyn, erinnere ich an den Text der heimlichen Heirath; man kennt den Verfasser nicht, aber es war einer der geschicktesten, die in diesem Fache gearbeitet haben, wer er auch mag gewesen seyn. In diesem Sinne zu handeln, in gleicher Freiheit nach bestimmten Zwecken zu wirken, war meine Absicht, und ich wüßte selbst nicht zu sagen, in wie fern ich mich meinem Ziel genähert habe.

Leider aber war ich mit Freund Zelter seit geraumer Zeit schon in einem Unternehmen befangen, das nach und nach immer bedeutsicher und weniger ausführbar schien.

Man vergegenwärtige sich eine sehr unschuldige Zeit des Deutschen Opernwesens, wo noch ein einziges Intermezzo, wie die Serva Padrona von Pergolese, Gesang und Beifall sind. Damals nun producirte sich ein Deutscher Basso Namens Berger, mit einer hübschen, stattlichen, gewandten Frau, welche in Deutschen Städten und Ortschaften mit geringer Verkleidung und schwacher Musik, im Zimmer mancherlei heitere aufregende Vorstellungen gaben, die denn freilich immer auf Betrug und Beschämung eines alten verliebten Gecken hinausliefen.

Ich hatte mir zu ihnen eine dritte mittlere, leicht zu besetzende Summe gedacht, und so war denn schon vor Jahren das Singspiel *Scherz, List und Rache* entstanden, das ich an Kaysern nach Zürich schickte, welcher aber, als ein ernster, gewissenhafter Mann, das Theil zu redlich angriff und zu ausführlich behandelte. Ich selbst war zu schön über das Maß des Intermezzo hinausgegangen, und das kleinlich scheinende Sujet hatte sich in so viel Singstücke entfaltet, daß selbst bei einer vorübergehenden sparsamen Musik drei Personen kaum mit der Darstellung wären zu Ende gekommen. Nun hatte Kayser die Arien umständlich nach alten Schnitt behandelt, und man darf sagen stellenweise glücklich genug, wie nicht ohne Anmuth des Ganzen.

Allein wie und so sollte das zur Erscheinung kommen! **Unglück-** licherweise traf es, nach frühern Müßigkeitsbemerken, zu einer Summen- angreisen, es schlug nicht weiter als bis zum Terzett, und man hätte zuletzt die Theatelöblichkeit des Doctors gern beleben mögen, um ein Chor zu gewinnen. Alles unser Gewölben daher, und die Einfachen und Bescheidenen abzuschließen, ging verloren als Mozart auftrat. Die Entführung aus dem Serail schlug alles nieder, und es ist auf dem Theater von unserem so sorgsam gearbeiteten Stück niemals die Rede geworden.

Die Gegenwart unseres Kaysers erhöhte und erweiterte nun die Liebe zur Musik, die sich bisher nur auf theatralische Exhibitionen ein- geschränkt hatte. Er war sorgfältig, die Kirchenfeste zu bemerken, und wir fanden uns dadurch veranlaßt, auch die an solchen Tagen aufge- führten kirchlichen Musiken mit anzuhören. Wir fanden sie freilich schon sehr weltlich mit vollständigem Orchester, obgleich der Gesang noch immer vorwaltete. Ich erinnere mich, an einem Caecilientage zum erstenmal eine Bravour-Arie mit eingreifendem Chor gehört zu haben; sie that auf mich eine außerordentliche Wirkung, wie sie solche auch noch immer, wenn dergleichen in den Opern vorkommt, auf das Publi- kum ausübt.

Nächst diesem hatte Xavier noch eine Tugend, daß er nämlich, weil ihm sehr um alte Kunst zu thun war, thun auch die Geschichte der Tonkunst ernstlich zu erforschen oblag; sich in Bibliotheken umsah, wie denn sein treuer Fleiß, besonders in der Minerva, gute Aufnahme und Förderniß gefunden hatte. Dabei aber hatte sein Bücherforschen den Erfolg, daß er uns auf die ältern Kupferwerke des sechzehnten Jahrhunderts aufmerksam machte, und z. B. das Speculum romanum magnificentiae,¹ die Architekturen von Lomazzo, nicht weniger die spätern Admiranda Romae² und was sonst noch dergleichen seyn mochte, in Erinnerung zu bringen, nicht zurückließ. Diese Bücher- und Blättersammlungen, zu denen wir andere denn auch wallfahrteten, haben besonders einen großen Werth, wenn man sie in guten Abdrücken vor sich hat. Sie vergegenwärtigen jene frühere Zeit, wo das Alterthum mit Ernst und Scheu betrachtet, und die Ueberbleibsel in tüchtigem Charakter ausgedrückt wurden. So näherte man sich z. B. den Kolossen, wie sie noch auf dem alten Platz, im Garten Colonna standen; die Halbruine des Septizoniums Severi gab nach dem ungefähren Begriff von diesem verschwundenen Gebäude; die Peterskirche ohne Fassade, das große Mittel ohne Kuppel, der alte Vatican, in dessen Hof noch Turniere gehalten werden konnten, alles zog in die alte Zeit zurück, und ließ zugleich auf's deutlichste bemerken, was die zwei folgenden Jahrhunderte für Veränderungen hervorgerufen, und ungeachtet bedeutender Hindernisse, das Zerstörte herzustellen, das Verstümmte nachzuholen getrachtet.

Heinrich Meyer von Zürich, dessen ich schon oft zu gedenken Ursach hatte, so zurückgezogen er lebte, so fleißig er war, fehlte doch nicht leicht, wo etwas Bedeutendes zu schauen, zu erfahren, zu lernen war; denn die Uebrigen suchten und wünschten ihn, indem er sich in Gesellschaft so bescheiden als lehrreich erwies. Er ging den sichern, von Windelmann und Mengs eröffneten Pfad ruhig fort, und weil er

¹ Spiegel römischer Größe.
² Das Bewundernswürdige Roms; ein Kupferwerk von dem Kupferstecher Pietro Santi Bartoli.

in der Seidelmann'schen Manier antike Büsten mit Sepia gar löblich darzustellen wußte, so fand niemand mehr Gelegenheit als er, die zarten Abstufungen der frühern und spätern Kunst zu prüfen und kennen zu lernen.

Als wir nun einen von allen Freunden, Künstlern, Kennern und Laien gleich gewünschten Besuch bei Fackelschein dem Museum, sowohl des Vaticano als auch des Capitols abzustatten, Anstalt machten, so gesellte er sich uns zu; und ich fand unter meinen Papieren einen seiner Aufsätze, wodurch ein solcher genußreicher Umgang durch die herrlichsten Reste der Kunst, welcher meistentheils wie ein entzückender, nach und nach verlöschender Traum vor der Seele schwebt, auch in seinen vortheilhaften Einwirkungen Kenntniß und Einsicht, eine bleibende Bedeutung erhält.

„Der Gebrauch, die großen römischen Museen, z. B. das Museo Pio-Clementino im Vatican, das Capitolinische ⁊c., beim Licht von Wachsfackeln zu besehen, scheint in den achtzigen Jahren des vorigen Jahrhunderts noch ziemlich neu gewesen zu seyn, indessen ist mir nicht bekannt, wann er eigentlich seinen Anfang genommen."

„Vortheile der Fackelbeleuchtung: Jedes Stück wird nur einzeln, abgeschlossen von allen übrigen betrachtet, und die Aufmerksamkeit des Beschauers bleibt lediglich auf dasselbe gerichtet; dann erscheinen in dem gewaltigen, wirksamen Fackellicht alle zarten Nüancen der Arbeit weit deutlicher, alle störenden Widerscheine (zumal bei glänzend polirten Statuen beschwerlich) hören auf, die Schatten werden entschiedener, die beleuchteten Theile treten heller hervor. Ein Hauptvortheil aber ist unstreitig der, daß ungünstig aufgestellte Stücke hierdurch das ihnen gebührende Recht erhalten. So konnte man z. B. den Laokoon in der Nische, wo er stand, nur bei Fackellicht recht sehen; weil kein unmittelbares Licht auf ihn fiel, sondern bloß ein Widerschein aus dem kleinen runden, mit einer Säulenhalle umgebenen Hof des Belvedere; dasselbe war der Fall mit dem Apollo und dem sogenannten Antinous (Mercur). Noch nöthiger war Fackelbeleuchtung, um den Nil, wie auch den Meleager zu sehen, und ihre Verdienste schätzen zu können. Keiner andern Antike ist Fackelbeleuchtung so vortheilhaft, als dem sogenannten

Phorion, weil man nur dann, nicht aber bei gewöhnlichem Licht, indem er ungünstig aufgestellt ist, die wunderbar zart durch das einfache Gewand durchscheinenden Theile des Körpers wahrnehmen kann. Schön nimmt sich auch der vortreffliche Sturz eines sterbenden Bacchus aus, eben so das obere Theil einer Bacchus-Statue mit schönem Kopf, und die Halbfigur eines Triton, vor allen aber, das Wunder der Kunst, der nie genug zu preisende berühmte Torso."

„Die Denkmale im Capitolinischen Museum sind zwar überhaupt weniger wichtig, als die im Musêo Pio-Clementino; doch giebt es einige von großer Bedeutung, und man thut wohl, um sich mit ihren Verdiensten gehörig zu unterrichten, solche bei Fackelbeleuchtung zu sehen. Der sogenannte Pyrrhus, vortrefflich gearbeitet, steht auf der Treppe, und erhält gar kein Tageslicht; auf der Galerie vor den Säulen steht eine schöne halbe Figur, die für eine bekleidete Venus gehalten wird, welche von drei Seiten schwaches Licht erhält. Die nackte Venus, die schönste Statue dieser Art in Rom, erscheint bei Tageslicht nicht zu ihrem Vortheil, da sie in einem Schimmer aufgestellt ist, und die sogenannte schön bekleidete Juno steht an der Wand zwischen Fenstern, wo sie bloß ein wenig Seitenlicht erhält; auch der so berühmte Ariadnen-Kopf, im Miscellaneen-Zimmer, wird, außer bei Fackellicht, nicht in seiner ganzen Herrlichkeit gesehen. Und so sind noch mehrere Stücke dieses Museums ungünstig aufgestellt, so daß Fackelbeleuchtung durchaus nothwendig wird, wenn man solche recht sehen und nach Verdienst schätzen soll."

„Wie übrigens so vieles was geschieht, um die Mode mit zu machen, zum Mißbrauch wird, so ist es auch mit der Fackelbeleuchtung. Sie kann nur in dem Falle Gewinn bringen, wenn verstanden wird, wozu sie nütze ist. Monumente zu sehen, die, wie vorhin von einigen berichtet worden, bloß verkümmertes Tageslicht erhalten, ist sie nothwendig, indem alsdann Höhen und Tiefen, und Uebergang der Theile in einander richtiger erkannt werden. Vornehmlich aber wird sie Werken aus der allerbesten Zeit der Kunst günstig seyn (wenn nämlich der, welcher die Fackel führt und der Beschauer wissen, worauf es ankommt); sie wird die Massen derselben besser zeigen, und die zarten Manieren der Arbeit hervorheben. Werke der alten Kunststyle dagegen, die von mächtigen, und selbst die vom hohen, haben nicht viel zu gewinnen

wenn sie anders sonst in hellem Lichte stehen. Denn da die Künstler
damals noch des Lichts und Schattens nicht kundig waren, wie sollten
sie für ihre Arbeiten auf Licht und Schatten gerechnet haben? So ist
es auch mit spät gearbeiteten Werken, als die Künstler anfingen, nach-
lässiger zu werden, der Geschmack schon so weit gesunken war, daß auf
Licht und Schatten in plastischen Werken nicht weiter geachtet, die Lehre
von den Massen vergessen war. Wozu sollte Fackelbeleuchtung an
Monumenten dieser Art dienen?

Bei einer so feierlichen Gelegenheit ist es der Erinnerung gemäß,
auch Herrn Hirt's zu gedenken, der unserem Verein auf mehr als
eine Weise nützlich und förderlich gewesen. Im Fürstenbergischen 1759
geboren, fand er nach zurückgelegten Studien der alten Schriftsteller
einen unwiderstehlichen Trieb, sich nach Rom zu verfügen. Er war
einige Jahre selber daselbst angekommen als ich, und hatte sich auf
die gründlichste Weise mit alten und neuen Bau- und Bildwerken
jeder Art bekannt gemacht, und sich zu einem unterrichtenden Führer
von wißbegierigen Fremden geeignet. Auch mir erwies er diese Gefälligkeit mit aufopfernder Theilnahme.

Sein Hauptstudium war die Baukunst, ohne daß er den classischen
Localitäten und so viel andern Merkwürdigkeiten seine Beachtung entgegen hätte. Seine theoretischen Ansichten über Kunst gaben in dem
lebens- und parteiischen Rom vielfältige Gelegenheit zu lebhaften Dis-
cussionen. Aus der Verschiedenheit der Ansichten kommen, besonders
dort wo immer und überall von Kunst die Rede ist, gar mannigfaltige
Hin- und Widerreden, wodurch der Geist in der Nähe so blühender
Gegenstände lebhafter angeregt und gefördert wird. Unsres Hirt's
Maxime ruhte auf Ableitungen Griechischer und Römischer Architektur
von der ältesten nothwendigsten Holzconstruction, worauf er denn Bild
und Tadel der neuern Ausführung gründete, und sich dabei der Geschichte und Beispiele geschickt zu bedienen wußte. Andere behaupteten
dagegen, daß in der Baukunst, wie in jeder andern geschmackvolle
Fictionen statt fänden, auf welche der Baukünstler niemals Verzicht
thun dürfe, indem er sich in den mannichfaltigsten Fällen, die ihn

vorkommen, bald auf diese, bald auf jene Weise zu beißen habe, und von der strengen Regel abzuweichen genöthigt sey.

In Absicht auf Schönheit gerieth er auch oft mit andern Künstlern in Thierepang, indem er den Grund derselben in's Charakteristische legte, da ihm denn insofern diejenigen beipflichteten, welche sich dargestellt hielten, daß freilich der Charakter jedem Kunstwerk zum Grunde liegen müsse, die Behandlung aber dem Schönheitssinne und dem Geschmack anempfohlen sey, welche einen jeden Charakter in seiner Angemessenheit sowohl, als in seiner Anmuth darzustellen haben.

Weil aber die Kunst im Thun und nicht im Reden bestehe, man aber dennoch immerfort mehr redet als thut wird, so begreift man leicht, daß dergleichen Unterhaltungen damals gangenes waren, wie sie es bis in die neusten Zeiten geblieben sind.

Wenn die differirenden Meinungen der Künstler zu gar mancherlei Unannehmlichkeiten, ja Entzweiungen unter einander Gelegenheit geben, so traf es sich auch wohl, obgleich selten, daß heitere Vorfälle sich bei solcher Gelegenheit ereigneten. Nachstehendes mag davon ein Beispiel seyn.

Eine Anzahl Künstler hatten den Nachmittag im Freien zugebracht, und gingen spät, um nicht den langen Weg durch die Stadt zu ihrem Quartier zu nehmen, zu dem Thor an der Colonnade hinaus, an den Weinbergen her, bis an die Tiber. Sie hatten sich unterwegs gestritten, kamen streitend an's Ufer, und setzten auf der Ueberfahrt die Unterhaltung lebhaft fort. Nun waren sie, bei Ripetta aussteigend, in den Fall gekommen, sich zu trennen, und die von beiden Seiten noch überflüssig vorhandenen Argumente in die Geburt erstatt zu sehen. Sie wurden also einig, beisammenzubleiben, und wieder hinüber und herüber zu fahren, und auf der schwankenden Fähre ihrer Dialektik den ferneren Lauf zu lassen. Einmal aber kam sich diese Bewegung nicht durchaus; sie waren einmal im Zuge, und verlangten von dem Fährmann mehrmalige Wiederholung. Daher auch ließ er sich wohl gefallen, indem ein jedesmaliges Hinüber und Hinüber ihm von den Person einen Bajocco eintrug, einen ansehnlichen Gewinn, den er so spät nicht mehr zu erwarten hatte. Deßhalb schielte er ganz stillschweigend ihr Verlangen; und da ihn sein Söhnchen mit Verwunderung fragte: was wollen sie denn damit? antwortet' er ganz ruhig: ich weiß nicht, aber sie sind toll.

Ungefähr in dieser Zeit erhielt ich in einem Packet von Hause nachstehenden Brief:

Monsieur, je ne suis pas étonné que vous ayez de mauvais ... tant de gens aiment mieux parler que sentir, mais il faut les plaindre et se féliciter de ne pas leur ressembler. — Oui Monsieur, je vous dois la meilleure action de ma vie, par conséquent la mère de plusieurs autres et pour moi votre livre est bon. Si j'avais le bonheur d'habiter le même pays que vous, j'irais vous embrasser et vous dire mon secret, mais malheureusement j'en habite un, où personne ne croirait au motif qui vient de me déterminer à cette démarche. Soyez satisfait, Monsieur, d'avoir pu à 300 lieues de votre demeure ramener le cœur d'un jeune homme à l'honnêteté et à la vertu, toute une famille va être tranquille et mon cœur jouit d'une bonne action. Si j'avais des talens, des lumières ou un rang qui me fît influer sur le sort des hommes, je vous dirais mon nom, mais je ne suis rien et je sais ce que je ne voudrais être. Je souhaite, Monsieur, que vous soyez jeune, que vous ayez le gout d'écrire, que vous soyez l'époux d'une Charlotte qui n'avait point vu de Werther, et vous serez le plus heureux des hommes, car je crois que vous aimez la vertu. [1]

[1] Mein Herr, ich bin nicht überrascht, daß Sie schlecht reden hören, so viele ... lieber ... daß sie ... man muß sie bedauern und sich gratuliren, ihnen nicht zu gleichen. — Ja, mein Herr, ich verdanke Ihnen die beste Handlung meines Lebens, und folglich die Ursache vieler anderen, und für mich ist Ihr Buch nützlich (trefflich). Wenn ich so glücklich wäre, mit Ihnen dasselbe Land zu bewohnen, würde ich Sie besuchen, Sie umarmen und Ihnen mein ... unglücklicherweise wohne ich aber in ..., wo niemand an den Grund ... zu einem solchen Unternehmen bestimmen würde, glauben würde. Es sei Ihnen zur Genugthuung, 300 Meilen von sich entfernt, das Herz eines jungen Menschen zur Ehre und Tugend zurückzuführen; eine ganze

482

December.

Correspondenz.

Rom, den 1. December 1787.

Soviel versichre ich Dir: ich bin über die wichtigsten Punkte mehr als gewiß, und obgleich die Erkenntniß sich in's Unendliche erweitern könnte, so häb' ich doch vom Endlich-Unendlichen einen sichern, ja klaren und mittheilbaren Begriff.

Ich habe noch die wunderlichsten Sachen vor, und halte mein Erkenntnißvermögen zurück, daß nur meine thätige Kraft einigermaßen fortkomme. Denn da sind herrliche Sachen, und so begreiflich wie die Flachhand, wenn man sie nur gefaßt hat.

Rom, den 7. December 1787.

Diese Woche ist mit Zeichnen zugebracht worden, da es mit der Dichtung nicht fort wollte; man muß sehen und suchen, alle Epochen zu nutzen. Unsre Hausakademie geht immer fort, und wir sind bemüht, den alten Agantyr aus dem Schlafe zu werden; die Perspectiv beschäftigt uns des Abends, und ich suche immer dabei einige Theile des menschlichen Körpers besser und sicherer zeichnen zu lernen. Es ist nur alles Gründliche gar zu schwer, und verlangt große Application in der Ausübung.

Angelica ist gar lieb und gut, sie macht mich auf alle Weise zu ihrem Schuldner. Den Sonntag bringen wir zusammen zu, und in der Woche sehe ich sie Abends einmal. Sie arbeitet so viel und so gut, daß man gar keinen Begriff hat, wie's möglich ist, und glaubt doch immer, sie mache nichts.

Familie wird zufrieden seyn und mein Herz genießt das Glück einer guten Handlung. Hätte ich Talente, Größe oder einen Rang, der mich auf das Loos der Men'chen Einfluß haben ließe, würde ich Ihnen meinen Namen nennen, aber ich bin Nichts und ich weiß, was ich nicht seyn möchte. Ich wünsche, daß Sie jung sind, daß Sie Geschmack am Schreiben haben, daß Sie der Gatte einer Zelle seyen, die Werther nicht gesehen, und Sie werden der glücklichste der Menschen seyn, denn ich glaube, Sie lieben die Tugend.

Rom, den 8. December 1787.

Wie sehr es mich ergötzt, daß Dir mein Liedchen gefallen hat, glaubst Du nicht, wie sehr es mich freut, einen Laut hervorzubringen, der in Deine Stimmung trifft. Eben das wünsch' ich Egmonten, von dem Du so wenig sagst, und eher, daß Dir daran etwas weh als wohl thut. O, wir wissen genug, daß wir eine so große Composition schwer ganz rein stimmen können, es hat doch im Grunde Niemand einen rechten Begriff von der Schwierigkeit der Kunst, als der Künstler selbst.

Es ist weit mehr Positives, das heißt Lehrbares und Ueberlieferbares in der Kunst, als man gewöhnlich glaubt; und der mechanischen Vortheile, wodurch man die geistigsten Effecte (versteht sich immer mit Geist) hervorbringen kann, sind sehr viele. Wenn man diese kleinen Kunstgriffe weiß, ist vieles ein Spiel, was nach Wunder was aussieht, und nirgends glaub' ich, daß man mehr lernen kann, in Hohem und Niedrem, als in Rom.

Rom, den 15. December 1787.

Ich schreibe Dir späte, um nur etwas zu schreiben. Diese Woche hab' ich sehr vergnügt zugebracht. Es wollte die vorige Woche nicht gehen, weder mit einer noch andrer Arbeit, und da es am Montage so schön Wetter war, und meine Kenntniß des Himmels mich gute Tage hoffen ließ, machte ich mich mit Kaysern und meinem zweiten Fritz auf die Beine, und durchging von Dienstag bis heute Abend die Plätze, die ich schon kannte, und verschiedene Seiten, die ich noch nicht kannte.

Dienstag Abend erreichten wir Frascati, Mittwoch besuchten wir die schönsten Villen, und besonders den köstlichen Antinous auf Monte Dragone. Donnerstag gingen wir von Frascati auf Monte Caro über Rocca di Papa, wovon Du einmal Zeichnungen haben sollst, denn Worte und Beschreibungen sind nichts; dann nach Albano herunter. Freitag schied Kayser von uns, dem es nicht ganz wohl war, und ich ging mit Fritz dem zweiten auf Aricia, Genzano, am See von Nemi her, wieder auf Albano zurück. Heute sind wir auf Castell Gandolfo und Marino gegangen, und von da nach Rom zurück. Das Wetter hat uns unglaublich begünstigt, es war fast das schönste Wetter des ganzen Jahre. Außer den immer grünen Bäumen haben noch einige Eichen ihr Laub, auch junge Castanien noch das Laub, wenn gleich gelb. Es sind Töne in der Landschaft von der größten Schönheit, und die herrlichen großen Formen im nächtlichen Dunkel! Ich habe große Freude gehabt, die ich Dir in der Ferne mittheile. Ich war sehr vergnügt und wohl.

Rom, den 21. December 1787.

Daß ich zeichne und die Kunst studire, hilft dem Dichtungsvermögen auf, statt es zu hindern, denn schreiben muß man nur wenig, zeichnen viel. Dir wünsche ich nur den Begriff der bildenden Kunst mittheilen zu können, den ich jetzt habe, so subordinirt er auch noch ist, so erfreulich, weil er wahr ist und immer weiter deutet. Der Verstand und die Consequenz der großen Meister ist unglaublich. Wenn ich bei meiner Ankunft in Italien wie neu geboren war, so fange ich jetzt an, wie neu erzogen zu seyn.

Was ich bisher geschickt habe, sind nur leichtsinnige Versuche. Mit Thurneisen schicke ich eine Rolle, worauf das Beste fremde Sachen sind, die Dich erfreuen werden.

Rom; den 25. December 1787.

Diesmal ist Christus unter Donner und Blitzen geboren worden, wir hatten gerade um Mitternacht ein starkes Wetter.

Der Glanz der größten Kunstwerke blendet mich nicht mehr, ich wandle nun im Anschauen, in der wahren unterscheidenden Erkenntniß. Wie viel ich hierin einem stillen, einsam fleißigen Schweizer, Namens Meyer, schuldig bin, kann ich nicht sagen. Er hat mir zuerst die Augen über das Detail, über die Eigenschaften der einzelnen Formen aufgeschlossen, hat mich in das eigentliche Machen initirt. Er ist in Wenigem genügsam und bescheiden. Er genießt die Kunstwerke eigentlich mehr als die großen Besitzer, die sie nicht verstehen, mehr als andere Künstler, die zu ängstlich von der Nachahmungsbegierde des Unerreichbaren getrieben werden. Er hat eine himmlische Klarheit der Begriffe, und eine englische Güte des Gemüths. Er spricht niemals mit mir, ohne daß ich alles anschreiben möchte, was er sagt, so bestimmt, richtig, die einzige wahre Linie beschreibend sind seine Worte. Sein Unterricht giebt mir, was mir kein Mensch geben konnte, und seine Entfernung wird mir unersetzlich bleiben. In seiner Nähe, in einer Reihe von Zeit hoffe ich noch auf einen Grad im Zeichnen zu kommen, den ich mir jetzt selbst kaum denken darf. Alles, was ich in Deutschland lernte, vornahm, dachte, verhält sich zu seiner Leitung, wie Baumrinde zum Kern der Frucht. Ich habe keine Worte, die stille wache Seligkeit auszudrücken, mit der ich nun die Kunstwerke zu betrachten anfange; mein Geist ist erweitert genug, um sie zu fassen, und bildet sich immer mehr aus, um sie eigentlich schätzen zu können.

Es sind wieder Fremde hier, mit denen ich manchmal eine Galerie sehe; sie kommen mir wie Wespen in meinem Zimmer vor, die gegen die Fenster fahren und die helle Scheibe für Luft halten, dann wieder abprallen und an den Wänden summen.

In den schweigenden, zurücktretenden Zustand mag ich einen Feind nicht wünschen. Und, wie sonst, für krank und borgirt gehalten zu werden, geziemt mir weniger als jemals. Denke also, mein Lieber, thue, wirke das Beste für mich, und erhalte mir mein Leben, das sonst, ohne jemanden zu nutzen, zu Grunde geht. Ja, ich muß sagen, ich bin dieses Jahr moralisch sehr verwöhnt worden. Ganz abgeschnitten von aller Welt, hab ich eine Zeit lang allein gestanden. Nun hat sich wieder ein enger Kreis um mich gezogen, die alle gut sind, alle auf dem rechten Wege, und das ist nun das Kennzeichen, daß sie es bei mir aushalten können, mich mögen, Freude in meiner Gegenwart finden, je mehr sie denkend und handelnd auf dem rechten Wege sind. Denn ich bin unbarmherzig, unduldsam gegen alle, die auf ihrem Wege schlen wern oder irren, und doch für Boten und Neuerer gehalten werden wollen. Mit Scherz und Spaß treib ich's so lang, bis sie ihr Leben ändern, oder sich von mir scheiden. Hier, versteht sich, ist nur von geraden Menschen die Rede. Halb und Schiefköpfe werden gleich beim Instande mit der Wanne gesondert. Zwei Menschen danken mir schon ihre Sinnes- und Lebensänderung, ja viele, und werden sie mir zeitlebens danken. Da, auf dem Gipfel der Wirkung meines Wesens, fühl ich die Gesundheit meiner Natur und ihre Ausbreitung; meine Füße werden nur krank in engen Schuhen, und ich sehe nichts, wenn man mich vor eine Mauer stellt.

Bericht.

December.

Der Monat December war mit heiterem, ziemlich gleichem Wetter eingetreten, wodurch ein Gedanke rege ward, der einer guten, frohen Gesellschaft viel angenehme Tage verschaffen sollte. Man sagte nämlich: stellen wir uns vor, wir kämen so eben in Rom an, und müßten als eilige Fremde geschwind von den vorzüglichsten Gegenständen uns unterrichten. Beginnen wir einen Umgang in diesem Sinne, damit das schon Bekannte möchte in Geist und Sinn wieder neu werden.

Die Ausführung des Gedankens ward alsobald begonnen, und mit einiger Fertigkeit so ziemlich durchgesetzt; leider daß von manchem Guten, welches bei dieser Gelegenheit bemerkt und gedacht worden, nur wenig übrig geblieben. Briefe, Notizen, Zeichnungen und Entwürfe mangeln von dieser Epoche fast gänzlich, einiges werde jedoch hievon künftig mitgetheilt.

Unterhalb Roms eine Strecke, nicht weit von der Tiber, liegt eine mäßig große Kirche, zu den drei Brünnlein genannt; diese sind, so erzählt man, bei Enthauptung des heiligen Paulus durch sein Blut hervorgerufen worden, und quellen noch bis auf den heutigen Tag.

Ohnehin ist die Kirche niedrig gelegen, und da vermehren denn freilich die in ihrem Innern hervordringenden Röhrbrunnen eine dunstige Feuchtigkeit. Das Innere steht wenig geschmückt und beinahe verlassen, nur für einen seltenen Gottesdienst reinlich, wenn gleich moderhaft, gehegt und besorgt. Was ihr aber zur größten Zierde dient, sind Christus und seine Apostel, die Reihe her an den Pfeilern des Schiffs, nach Zeichnungen Raphael's farbig in Lebensgröße gemalt. Dieser außerordentliche Geist hat jene frommen Männer, die er sonst am rechten Orte in versammelter Schaar als übereinstimmend gekleidet vorgeführt, hier, da jeder einzelne abgesondert auftritt, jeden auch mit besonderer Auszeichnung abgebildet, nicht als wenn er im Gefolge des Herrn sich befände, sondern als wenn er, nach der Himmelfahrt desselben, auf seine eignen Füße gestellt, nunmehr seinem Charakter gemäß das Leben durchzuwirken und auszubilden habe.

Um uns aber von den Vorzügen dieser Bilder auch in der Ferne zu belehren, sind uns Nachbildungen der Originalzeichnungen von der treuen Hand Marc Anton's übrig geblieben, welche uns öfters Gelegenheit und Anlaß gaben, unser Gedächtniß aufzufrischen, und unsere Bemerkungen niederzuschreiben. (Siehe im 31. Band den Aufsatz über Christus und die zwölf Apostel.)

Von diesem kleinen beschriebenen Kirchlein ist jedoch nicht weit zu dem größeren, dem hohen Apostel gewidmeten Denkmal: es ist die Kirche St. Paul vor den Mauern genannt, ein aus alten herrlichen Resten[1] groß und kunstreich zusammengestelltes Monument. Der Eintritt in diese Kirche verleiht einen erhabenen Eindruck, die mächtigsten Säulenreihen tragen hohe gemalte Wände, welche oben durch das verschränkte Zimmerwerk des Dachs geschlossen, zwar jetzt unserm verwöhnten Auge einen scheunenartigen Anblick geben, obschon das Ganze, wäre die Contignation an festlichen Tagen mit Teppichen überspannt, von unglaublicher Wirkung seyn müßte. Mancher wundersame Rest kolossaler höchst verzierter Architektur an Capitälen findet sich hier anständig aufbewahrt, aus den Ruinen von dem ehemals nahe gelegenen, jetzo fast ganz verschwundenen Palast des Caracalla entnommen und gerettet.

Die Rennbahn sodann, die von diesem Kaiser noch jetzt den Namen führt, giebt uns, wenn schon großentheils verfallen, doch noch einen Begriff eines solchen immensen Raumes. Stellte sich der Zeichner an den linken Flügel der zum Wettlauf Ausfahrenden, so hätte er rechts in der Höhe, über den zertrümmerten Sitzen der Zuschauer, das Grab der Cäcilia Metella mit dessen neueren Umgebungen, von wo aus die Linie der ehemaligen Sitze ins Gränzenlose hinausläuft und in der Ferne bedeutende Villen und Lusthäuser sich sehen lassen. Kehrt das Auge zurück, so kann es gerade vor sich die Ruinen der Spina noch gar wohl verfolgen, und derjenige, dem architektonische Phantasie gegeben ist, kann sich den Uebermuth jener Tage einigermaßen vergegenwärtigen. Der Gegenstand, in Trümmern, wie er jetzt vor unsern Augen liegt, würde auf jeden Fall, wenn ein geistreicher und kenntniß-

---

[1] Resten. In allen Ausgaben steht Pasten; da aber die Kirche wirklich aus antiken Resten erbaut ist, und Paste in der Baukunst nichts bezeichnet, so mag ein Schreib- oder Druckfehler hier zu Grunde liegen.

gewandter Künstler es unternehmen wollte, immer noch ein angenehmes Bild geben, das freilich um das Doppelte länger als breit sein müßte.

Die Pyramide des Cestius wird für bekannt und den Augen von außen begrüßt, und die Trümmer der Antoninischen oder Caracallischen Bäder, von denen uns Piranesi so manches Effectreiche vorgefabelt, konnten auch dem malerisch gewöhnten Auge in der Gegenwart kaum einige Zufriedenheit geben. Doch sollte bei dieser Gelegenheit die Erinnerung an Hermann von Schwanefeld lebendig werden, welcher mit seiner zarten, das reinste Natur- und Kunstgefühl ausdrückenden Nadel diese Vergangenheiten zu beleben, ja sie zu den anmuthigsten Trägern des lebendig Gegenwärtigen umzuschaffen wußte.

Auf dem Platze vor St. Pier in Montorio begrüßten wir den Wasserschwall der Aqua Paola, welcher durch eines Triumphbogens Pfeiler und Thore, in fünf Strömen, ein großes verhältnißmäßiges Becken bis an den Rand füllt. Durch einen, von Paul V. wieder hergestellten Aquäduct macht diese Stromfülle erst Weg von fünfundzwanzig Miglien hinter dem See Bracciano her, durch ein munterliches, von abwechselnden Höhen gebotenes Zickzack, bis an diesen Ort, versieht die Bedürfnisse verschiedener Mühlen und Fabriken, um sich zugleich in Trastevere zu verbreiten.

Hier nun rühmten Freunde der Baukunst den glücklichen Gedanken, diesen Wassern einen offen schaubaren triumphirenden Eintritt verschafft zu haben. Man wird durch Säulen und Bogen, durch Gesims und Stufen an jene Prachtthore erinnert, wodurch ehmals kriegerische Ueberwinder sonst einzutreten pflegten;[1] hier tritt der friedlichste Genährer mit gleicher Kraft und Gewalt ein, und empfängt für die Mühen seines weiten Laufes sogleich Dank und Bewunderung. Auch sagen uns die Geschichten, daß Vorsehung und Wohlthätigkeit eines Papstes, aus dem Hause Borghese, hier gleichsam einen ewigen, ununterbrochenen, stattlichen Einzug halten.

Ein kurz vorher eingetroffener Ankömmling aus Norden fand jedoch, man würde besser gethan haben, ohne Felsen hier anzuthürmen, um diesen Fluthen einen natürlicheren Eintritt an's Tageslicht zu verschaffen. Man entgegnete ihm, daß dieß kein Natur- sondern ein

---

[1] ehmals — sonst einzutreten pflegten. Wäre wohl eins wegzulassen.

Kunstwasser sey, dessen Anlauf nicht auf eine gleichartige Weise zu schmücken gar wohl berechtigt gewesen wäre.

Doch hierüber ereignete sich eben so wenig, als über das herrliche Bild der Transfiguration, welches man in dem zunächst gelegenen Kloster gleich darauf anzustaunen Gelegenheit fand. Da war denn des Redens viel; der stillere Theil jedoch ärgerte sich, den alten Tadel von doppelter Handlung wiederholt zu sehen. Es ist aber nicht anders in der Welt, als daß eine werthlose Münze neben einer gehaltigen auch immer eine gewisse Art von Cours behält, besonders da, wo man in der Kürze aus einem Handel zu scheiden, und ohne viel Ueberlegung und Zaudern gewisse Differenzen auszugleichen gedenkt. Wundersam bleibt es indeß immer, daß man an der großen Einheit einer solchen Conception jemals hat mäkeln dürfen: In Abwesenheit des Herrn stellen trostlose Eltern einen besessenen Knaben den Jüngern des Heiligen dar; sie mögen schon Versuche gemacht haben, den Geist zu bannen; man hat sogar ein Buch aufgeschlagen, um zu forschen, ob nicht etwa eine überlieferte Formel gegen dieses Uebel wirksam könne gefunden werden; aber vergebens. In diesem Augenblick erscheint der einzig Kräftige, und zwar verklärt, anerkannt von seinem großen Vorfahren; eilig deutet man hinauf nach solcher Vision, als der einzigen Quelle des Heils. Wie will man nun das Obere und Untere trennen? Beides ist eins: unten das Leidende, Bedürftige, oben das Wirksame, Hülfreiche, beides auf einander sich beziehend, in einander einwirkend. Läßt sich denn, um den Sinn auf eine andere Weise auszusprechen, ein ideeller Bezug auf's Wirkliche von diesem lostrennen.

Die Gleichgesinnten bestärkten sich auch dießmal in ihrer Ueberzeugung: Raphael, sagten sie zu einander, zeichnete sich eben durch die Richtigkeit des Denkens aus, und der gottbegabte Mann, den man eben hieran durchaus erkennt, soll in der Blüthe seines Lebens falsch gedacht, falsch gehandelt haben? Nein! er hat, wie die Natur, jederzeit Recht, und gerade da am gründlichsten, wo wir sie am wenigsten begreifen.

Eine Verabredung wie die unsrige, einen flüchtigen Ueberblick von
Rom sich in guter vereinigter Gesellschaft zu verschaffen, konnte nicht
ganz, wie es wohl der Vorsatz gewesen, in völliger Abgesondertheit
durchgeführt werden; ein und der andere fehlte, vielleicht zufällig abgehalten, wieder andere schlossen sich an, auf ihrem Wege dieses oder
jenes Sehenswürdige zu betrachten. Dabei hielt jedoch der Kern zusammen, und wußte bald aufzunehmen, bald abzusondern, bald zurück
zu bleiben, bald vorzueilen. Gelegentlich hatte man freilich gar wunderliche Aeußerungen zu vernehmen. Es giebt eine gewisse Art von
empirischem Urtheil, welches seit längerer Zeit, zumal durch Englische
und Französische Reisende, besonders in den Gang gekommen; man
spricht sein augenblickliches unvorbereitetes Urtheil aus, ohne nur irgend
zu bedenken, daß jeder Künstler auf gar vielfache Weise bedingt ist,
durch sein besonderes Talent, durch Vorgänger und Meister, durch Ort
und Zeit, durch Gönner und Besteller. Nichts von allem dem, welches
freilich zu einer reinen Würderung nöthig wäre, kommt in Betrachtung, und so entsteht daraus ein gräßliches Gemisch von Lob und
Tadel, von Bejahen und Verneinen, wodurch jeder eigenthümliche
Werth der fraglichen Gegenstände ganz eigentlich aufgehoben wird.

Unser guter Vollmann, sonst so aufmerksam und als Führer
nützlich genug, scheint sich durchaus an jene fremden Urtheiler gehalten zu haben, deßwegen denn seine eigenen Schätzungen gar wunderlich hervortreten. Kann man sich z. B. unglücklicher ausdrücken, als
er sich in der Kirche Maria della Pace vernehmen läßt?

„Ueber der ersten Capelle hat Raphael einige Sibyllen gemalt,
die sehr gelitten haben. Die Zeichnung ist richtig, aber die Zusammen-
setzung schwach, welches vermuthlich dem unbequemen Platz beigemessen
werden muß. Die zwote Capelle ist nach des Michael Angelo Zeichnungen mit Arabesken geziert, die hoch-geschätzt werden, aber nicht
simpel genug sind. Unter der Kuppel bemerkt man drei Gemälde, das
erste stellt die Heimsuchung der Maria von Carl Maratti vor, ist
frostig gemalt, aber gut angeordnet; das andere, die Geburt der Maria,
vom Cavaliere Vanni, in der Manier des Peter von Cortona, und das
dritte, den Tod der Maria, von Maria Morandi. Die Anordnung ist
etwas verwirrt, und fällt in's Rohe. Am Gewölbe über dem Chor
hat Albani mit einem schwachen Colorit die Himmelfahrt der Maria

abgebildet. Die von ihm herrührenden Malereien an den Pfeilern unter der Kuppel sind besser gerathen. Den Hof des zu dieser Kirche gehörigen Klosters hat Bramante angegeben."

Dergleichen unzulängliche, schwankende Urtheile verwirren durchaus den Beschauer, der ein solches Buch zum Leitfaden erwählt. Manches ist denn aber auch ganz falsch, z. B. was hier von den Sibyllen gesagt ist. Raphael war niemals von dem Raume genirt, den ihm die Architektur darbot, vielmehr gehört zu der Großheit und Eleganz seines Genies, daß er jeden Raum auf das zierlichste zu füllen und zu schmücken wußte, wie er augenfällig in der Farnesine dargethan hat. Selbst die herrlichen Bilder der Messe von Bolsena, der Befreiung des gefangenen Petrus, des Parnasses, wären ohne die wunderliche Beschränkung des Raumes nicht so unschätzbar geistreich zu denken. Eben so ist auch hier in den Sibyllen die verheimlichte Symmetrie, worauf bei der Composition alles ankommt, auf eine höchst geniale Weise obwaltend; denn wie in dem Organismus der Natur, so thut sich auch in der Kunst, innerhalb der genausten Schranke, die Vollkommenheit der Lebensäußerung kund.

Wie dem aber auch sey, so mag einem jeden die Art und Weise, Kunstwerke aufzunehmen, völlig überlassen bleiben. Mir ward bei diesem Umgang das Gefühl, der Begriff, die Anschauung dessen, was man im höchsten Sinne die Gegenwart des classischen Bodens nennen dürfte. Ich nenne dieß die sinnlich geistige Ueberzeugung, daß hier das Große war, ist und seyn wird. Daß das Größte und Herrlichste vergehe, liegt in der Natur der Zeit und der gegeneinander unbedingt wirkenden sittlichen und physischen Elemente. Wir konnten in allgemeinster Betrachtung nicht traurig an dem Zerstörten vorüber gehen, vielmehr hatten wir uns zu freuen, daß soviel erhalten, soviel wieder hergestellt war, prächtiger und übermäßiger als es je gestanden.

Die Peterskirche ist gewiß so groß gedacht, und wohl größer und kühner als einer der alten Tempel; und nicht allein was zwei tausend Jahre vernichten sollten lag vor unsern Augen, sondern zugleich was eine gesteigerte Bildung wieder hervorzubringen vermochte.

Selbst das Schwanken des Kunstgeschmackes, das Bestreben zum einfachen Großen, das Wiederkehren zum vervielfachten Kleineren, alles deutete auf Leben und Bewegung; Kunst- und Menschengeschichte standen synchronistisch vor unseren Augen.

Es darf uns nicht niederschlagen, wenn sich uns die Bemerkung aufdringt, das Große sey vergänglich: vielmehr wenn wir finden, das Vergangene sey groß gewesen, muß es uns aufmuntern, selbst etwas von Bedeutung zu leisten, das fortan unsre Nachfolger, und wär' es auch schon in Trümmer zerfallen, zu edler Thätigkeit aufrege, woran es unsre Vorvordern niemals haben ermangeln lassen.

Diese höchst belehrenden und geisterhebenden Anschauungen wurden, ich darf nicht sagen gestört und unterbrochen, aber doch mit einem schmerzlichen Gefühl durchflochten, das mich überall hin begleitete; ich erfuhr nämlich, daß der Bräutigam jener artigen Mailänderin, unter, ich weiß nicht welchem Vorwande sein Wort zurückgenommen, und sich von seiner Versprochenen losgesagt habe. Wenn ich mich nun einerseits glücklich pries, meiner Neigung nicht nachgehangen, und mich sehr bald von dem lieben Kinde zurückgezogen zu haben, wie denn auch, nach genauster Erkundigung, unter den Vorwänden jener Villeggiatur auch nicht im mindesten gedacht worden, so war es mir doch höchst empfindlich, das artige Bild, das mich bisher so heiter und freundlich begleitet hatte, nunmehr getrübt und entstellt zu sehen; denn ich vernahm sogleich: das liebe Kind sey aus Schrecken und Entsetzen über dieses Ereigniß in ein gewaltsames Fieber verfallen, welches für ihr Leben fürchten lasse. Indem ich mich nun tagtäglich, und die erste Zeit zweimal erkundigen ließ, hatte ich die Pein, daß meine Einbildungskraft sich etwas Unmögliches hervorzubringen bemüht war, jene heitern, dem offnen, frohen Tag allein gehörigen Züge, diesen Ausdruck unbefangenen, still vorschreitenden Lebens nunmehr durch Thränen getrübt, durch Krankheit entstellt, und eine so frische Jugend durch inneres und äußeres Leiden so frühzeitig blaß und schmächtig zu denken.

In solcher Stimmung war freilich ein so großes Gegengewicht, als eine Reihenfolge des Bedeutendsten, das theils dem Auge durch sein Daseyn, theils der Einbildungskraft durch nie verschollene Würde genug zu thun gab, höchst ersehnt, und nichts natürlicher, als das meiste davon mit inniger Trauer anzublicken.

Waren die alten Monumente nach so vielen Jahrhunderten meistens zu unförmlichen Massen zerfallen, so mußte man bei neueren, aufrechtstehenden Prachtgebäuden gleichermaßen den Verfall so vieler Familien in der späteren Zeit bedauern, ja selbst das noch frisch im Leben Erhaltene schien an einem heimlichen Wurm zu kranken; denn wie wollte sich das Irdische, ohne eigentlich physische Kraft, durch sittliche und religiöse Stützen allein in unsern Tagen aufrecht erhalten? Und wie einem heiteren Sinn auch die Ruine wieder zu beleben, gleich einer frischen, unsterblichen Vegetation, verfallene Mauern und zerstreute Blöcke wieder mit Leben auszustatten gelingt, so entkleidet ein trauriger Sinn das lebendige Dasein von seinem schönsten Schmuck, und möchte es uns gern als ein nacktes Gerippe aufdringen.

Auch zu einer Gebirgsreise, die wir noch vor Winters in heiterer Gesellschaft zu vollbringen gedachten, konnt' ich mich nicht entschließen, bis ich, einer erfolgten Besserung gewiß, und durch sorgfältige Anstalten gesichert, Nachricht von ihrer Genesung auch an denen Orten erhalten sollte, wo ich sie, so munter als liebenswürdig, in den schönsten Herbsttagen kennen gelernt hatte.

Schon die ersten Briefe aus Weimar über Egmont enthielten einige Ausstellungen über dieses und jenes; hiebei erneute sich die alte Bemerkung, daß der unpoetische, in seinem bürgerlichen Behagen bequeme Kunstfreund, gewöhnlich da einen Anstoß nimmt, wo der Dichter ein Problem aufzulösen, zu beschönigen, oder zu verstecken gesucht hat. Alles soll, so will es der behagliche Leser, im natürlichen Gange fortgehen; aber auch das Ungewöhnliche kann natürlich seyn, scheint es aber demjenigen nicht, der auf seinen eigenen Ansichten verharrt. Ein Brief dieses Inhalts war angekommen, ich nahm ihn und ging in die Villa Borghese; da mußt' ich denn lesen, daß einige Scenen für zu lang gehalten würden. Ich dachte nach, hätte sie aber auch jetzt nicht zu verkürzen gewußt, indem so wichtige Motive zu entwickeln waren. Was aber am meisten den Freundinnen tadelnswerth schien, war das lakonische Vermächtniß, womit Egmont sein Clärchen an Ferdinand empfiehlt.

Ein Auszug aus meinem damaligen Antwortschreiben wird über meine Gesinnungen und Zustände den besten Aufschluß geben.

„Wie sehr wünsch' ich nun auch Euren Wunsch erfüllen, und dem Vermächtniß Egmonts einige Modification geben zu können! Ich eilte an einem herrlichen Morgen mit Eurem Briefe gleich in die Villa Borghese, dachte zwei Stunden den Gang des Stücks, die Charaktere, die Verhältnisse durch, und konnte nichts finden, das ich abzukürzen hätte. Wie gerne möcht' ich Euch alle meine Ueberlegungen, mein pro und contra schreiben, sie würden ein Buch Papier füllen, und eine Dissertation über die Oekonomie meines Stücks enthalten. Sonntags kam ich zu Angelica, und legte ihr die Frage vor. Sie hat das Stück studirt und besitzt eine Abschrift davon. Möchtest Du doch gegenwärtig gewesen seyn, wie weiblich zart sie alles aus einander legte, und es darauf hinausging: daß das, was Ihr noch mündlich von dem Helden erklärt wünschtet, in der Erscheinung implicite enthalten sey. Angelica sagte: da die Erscheinung nur vorstelle, was in dem Gemüthe des schlafenden Helden vorgehe, so könne er mit keinen Worten stärker ausdrücken, wie sehr er sie liebe und schätze, als es dieser Traum thue, der das liebenswürdige Geschöpf nicht zu ihm herauf, sondern über ihn hinauf hebe. Ja es wolle ihr wohl gefallen, daß der, welcher durch sein ganzes Leben gleichsam wachend geträumt, Leben und Liebe mehr als geschätzt, oder vielmehr nur durch den Genuß geschätzt, daß dieser zuletzt noch gleichsam träumend wache, und uns still gesagt werde, wie tief die Geliebte in seinem Herzen wohne, und welche vornehme und hohe Stelle sie darin einnehme. — Es kamen noch mehr Betrachtungen dazu, daß in der Scene mit Ferdinand Clärchens nur auf eine subordinirte Weise gedacht werden konnte, um das Interesse des Abschieds von dem jungen Freunde nicht zu schmälern, der ohnehin in diesem Augenblicke nichts zu hören noch zu erkennen im Stande war."

Moritz
als Etymolog.

Schon längst hat ein weiser Mann das wahre Wort ausgesprochen: der Mensch, dessen Kräfte zu dem Nothwendigen und Nützlichen nicht hinreichen, mag sich gern mit dem Unnöthigen und Unnützen beschäftigen! Vielleicht möchte Nachstehendes von manchem auf diese Weise beurtheilt werden.

Unser Geselle Moritz ließ nicht ab, jetzt, in dem Kreise der höchsten Kunst und schönsten Natur, über die Innerlichkeiten des Menschen, seine Anlagen und Entwickelungen fortwährend zu sinnen und zu spinnen: deßhalb er denn auch sich mit dem Allgemeinen der Sprache vorzüglich beschäftigte.

Zu jener Zeit war, in Gefolg der Herderischen Preisschrift über den Ursprung der Sprachen, und in Gemäßheit der damaligen allgemeinen Denkweise, die Vorstellung herrschend: das Menschengeschlecht habe sich nicht von Einem Paare aus dem hohen Orient herab über die ganze Erde verbreitet, sondern zu einer gewissen, merkwürdig productiven Zeit des Erdballs sey, nachdem die Natur die verschiedenartigsten Thiere stufenweis hervorzubringen versucht, da und dort, in mancher günstigen Lage die Menschenart mehr oder weniger vollendet hervorgetreten. Ganz im innersten Bezug, auf seine Organe sowohl als seine Geistesfähigkeiten, sey nun dem Menschen die Sprache angeboren. Hier bedürfe es keiner übernatürlichen Anleitung, so wenig als einer Ueberlieferung. Und in diesem Sinne gebe es eine allgemeine Sprache, welche zu manifestiren ein jeder autochthonische Stamm versucht habe. Die Verwandtschaft aller Sprachen liege in der Uebereinstimmung der Idee, wonach die schaffende Kraft das menschliche Geschlecht und seinen Organismus gebildet. Daher komme denn, daß, theils aus innerm Grundtriebe, theils durch äußere Veranlassung, die sehr beschränkte Vocal- und Consonantenzahl zum Ausdruck von Gefühlen und Vorstellungen richtig oder unrichtig angewendet worden; da es denn natürlich, ja nothwendig sey, daß die verschiedensten Autochthonen theils zusammengetroffen, theils von einander abgewichen und sich diese oder jene Sprache in der Folge entweder verschlimmert oder verbessert habe. Was von den Stammworten gelte, gelte denn auch von den Ableitungen, wodurch die Bezüge der einzelnen Begriffe und Vorstellungen ausgedrückt und bestimmter bezeichnet werden: Dieß möchte denn gut seyn und als ein Unerforschliches, nie mit Gewißheit zu Bestimmendes auf sich beruhen.

Hierüber find' ich in meinen Papieren folgendes Nähere:

„Mir ist es angenehm, daß sich Moritz aus seiner brütenden

Trägheit, aus dem Unmuth und Zweifel an sich selbst zu einer Art von
Thätigkeit wendet, denn da wird er allerliebst. Seine Grillenfängereien
haben alsdann eine wahre Unterlage, und seine Träumereien Zweck
und Sinn. Jetzt beschäftigt ihn eine Idee, in welche ich auch einge-
gangen bin, und die uns sehr unterhält. Es ist schwer, sie mitzutheilen,
weil es gleich toll klingt. Doch will ich's versuchen.

Er hat ein Verstandes- und Empfindungsalphabet erfunden, wodurch
er zeigt, daß die Buchstaben nicht willkürlich, sondern in der menschlichen Natur gegründet sind, und alle gewissen Regionen des innern
Sinnes angehören, welchen sie denn auch, ausgesprochen, ausdrücken.
Nun lassen sich nach diesem Alphabet die Sprachen beurtheilen, und da
findet sich, daß alle Völker versucht haben, sich dem innern Sinn gemäß
auszudrücken; alle sind aber durch Willkür und Zufall vom rechten Wege
abgeleitet worden. Dem zufolge suchen wir in den Sprachen die Worte
auf, die am glücklichsten getroffen sind; bald hat's die eine, bald die
andre; dann verändern wir die Worte, bis sie uns recht dünken,
machen neue u. s. w. Ja, wenn wir recht spielen wollen, machen wir
Namen für Menschen, untersuchen, ob diesem oder jenem sein Name
gehöre ꝛc. ꝛc.

Das etymologische Spiel beschäftigt schon so viele Menschen, und
so giebt es auch uns auf diese heitere Weise viel zu thun. Sobald wir
zusammenkommen, wird es wie ein Schachspiel vorgenommen und hun-
derterlei Combinationen werden versucht, so daß, wer uns zufällig be-
horchte, uns für wahnsinnig halten müßte. Auch möchte ich es nur den
allernächsten Freunden vertrauen. Genug, es ist das witzigste Spiel
von der Welt und übt den Sprachsinn unglaublich.

Philipp Neri,

der humoristische Heilige.

Philipp Neri, in Florenz geboren 1515, erscheint von Kindheit
auf als ein folgsamer sittlicher Knabe von kräftigen Anlagen. Sein

Bildniß als eines solchen ist glücklicherweise aufbewahrt in des Fidanza
Tempe Saalte ¹ Tom. V. Bl. 31. Man wüßte sich keinen tüchtigern,
gesündern, geradsinnigeren Knaben zu denken. Als Abkömmling einer
edlen Familie wird er in allem Guten und Wissenswerthen der Zeit
gemäß unterrichtet, und endlich, um seine Studien zu vollenden, man
meldet nicht, in welchem Alter, nach Rom gelandt. Hier entwickelt er
sich zum vollkommnen Jüngling; sein schönes Antlitz, seine reichen Locken
zeichnen ihn aus; er ist anziehend und ablehnend zugleich, Anmuth und
Würde begleiten ihn überall.

Hier, zur traurigsten Zeit, wenige Jahre nach der grausamen Plün-
derung der Stadt, ergiebt er sich, nach Vorgang und Beispiel vieler
Edlen, ganz den Uebungen der Frömmigkeit, und sein Enthusiasmus
steigert sich mit den Kräften einer frischen Jugend: Unablässiges Besuchen der Kirchen, besonders der sieben Hauptkirchen, brünstiges Beten
zu Herabflehung der Hülfe, fleißiges Beichten und Genuß des Abend-
mahls, Flehen und Ringen nach geistigen Gütern.

In solch einem enthusiastischen Momente wirft er sich einst auf die
Stufen des Altars, und zerbricht ein paar Rippen, welche, schlecht
geheilt, ihm lebenslängliches Herzklopfen verursachen, und die Steige-
rung seiner Gefühle veranlassen.

Um ihn versammeln sich junge Männer zu thätiger Sittlichkeit
und Frömmigkeit, sie erweisen sich unermüdet, die Armen zu versorgen,
die Kranken zu pflegen, und scheuen ihre Studien hintanzusetzen.
Wahrscheinlich bedienen sie sich der Zuschüsse von Haus zu wohlthätigen
Zwecken, genug, sie geben und helfen immer, und behalten nichts für
sich, ja er lehnt nachher ausdrücklich alle Gehälte von den Seinigen
ab, um dasjenige, was Wohlthätigkeit ihnen zuweist, an Bedürftige
zu wenden und selbst zu darben.

Dergleichen fromme Handlungen waren jedoch zu herzlich und lebhaft, als daß man nicht hätte suchen sollen, sich zugleich auf eine geistliche und gefühlvolle Weise über die wichtigsten Gegenstände zu unterhalten. Die kleine Gesellschaft besaß noch kein eigenes Local, sie erbat
sich's bald in diesem, bald in jenem Kloster, wo dergleichen Räume wohl
zu finden seyn mochten. Nach einem kurzen stillen Gebet ward ein

Text der heiligen Schrift verlesen, worüber ein und der andere sich, auslegend oder anwendend, in einer kurzen Rede vernehmen ließ. Man besprach sich auch wohl hierüber, alles in Bezug auf unmittelbare Thätigkeit; dialektische und spitzfindige Behandlung war durchaus verboten. Die übrige Tageszeit ward immerfort einer aufmerksamen Versorgung der Kranken, dem Dienst in Hospitälern, dem Beistande der Armen und Nothleidenden gewidmet.

Da bei diesen Verhältnissen keine Beschränkung vorwaltete und man eben so gut kommen als gehen konnte, so vermehrte sich die Zahl der Theilnehmenden ungemein, so wie sich denn auch jene Versammlung ernster und umsichgreifender beschäftigte. Auch aus dem Leben der Heiligen ward vorgelesen,. Kirchenväter und Kirchengeschichte stellenweise zu Rathe gezogen, worauf denn vier der Theilnehmenden, jeder eine halbe Stunde, zu sprechen das Recht und Pflicht hatten.

Diese fromme tagtägliche, ja familiär praktische Behandlung der höchsten Seelenangelegenheiten erregte immer mehr Aufmerksamkeit, nicht allein unter Einzelnen, sondern sogar unter ganzen Körperschaften. Man verlegte die Versammlungen in die Kreuzgänge und Räume dieser und jener Kirche, der Zugang vermehrte sich, besonders zeigte sich der Orden der Dominicaner dieser Art sich zu erbauen sehr geneigt, und schloß sich zahlreich an die sich immer mehr ausbildende Schaar an, welche durch die Kraft und den hohen Sinn ihres Anführers sich durchaus gleich und, wenn auch geprüft durch mancherlei Widerwärtigkeiten, auf demselben Pfade fortschreitend finden ließ.

Da nun aber nach dem hohen Sinne des trefflichen Vorgesetzten alle Speculation verbannt, jede geregelte Thätigkeit aber auf's Leben gerichtet war, und das Leben sich ohne Heiterkeit nicht denken läßt, so wußte der Mann auch hierin den unschuldigen Bedürfnissen und Wünschen der Seinigen entgegen zu kommen. Bei eintretendem Frühling führte er sie nach San Onofrio, welches, hoch und breit gelegen, in solchen Tagen die angenehmste Deutlichkeit anbot. Hier, wo bei der jungen Jahreszeit alles jung erscheinen sollte, trat, nach stillen Gebeten, ein hübscher Knabe hervor, recitirte eine auswendig gelernte Predigt, Gebete folgten, und ein Chor besonders eingeladener Sänger ließ sich erfreulich und eindringlich zum Schlusse hören, welches um so bedeutender war, als die Musik damals weder ausgebreitet noch ausgebildet

gefunden ward, **und** hier vielleicht zum erstenmal ein religiöser **Gesang**
in freier Luft sich mittheilte.

Immer auf diese Weise fortwirkend, vermehrte sich die Congregation
und wuchs, so wie an Personenzahl, so an Bedeutung. Die Florentiner nöthigten gleichsam ihren Landsmann, das von ihnen abhängige
Kloster San Girolamo zu beziehen, wo denn die Anstalt sich immer
mehr ausdehnte und auf gleiche Weise fortwirkte, bis ihnen endlich der
Papst in der Nähe des Platzes Navona ein Kloster als eigenthümlich
anwies, welches, von Grund aus **neu gebaut**, eine gute Anzahl frommer Genossen aufnehmen konnte. Hier blieb es jedoch bei der früheren
Einrichtung: Gotteswort, das will sagen, heilig edle Gesinnungen dem
gemeinen Verstande, so wie dem gemeinen Alltagsleben anzunähern und
eigen zu machen. Man versammelte sich nach wie vor, betete, **vernahm**
einen Text, hörte darüber sprechen, betete und ward zuletzt durch Musik
ergötzt, und, was damals öfter, ja täglich geschah, geschieht jetzt noch
Sonntags; und gewiß wird jeder Reisende, der nähere Kenntniß von
dem heiligen Stifter genommen, sich künftighin, diesen unschuldigen
Functionen beiwohnend, vorzüglich erbauen, wenn er dasjenige, was
wir vorgetragen haben und zunächst mittheilen, in Gemüth und Gedanken vorüber walten läßt.

Hier sind wir nun in dem Falle, in Erinnerung zu bringen, **daß**
diese ganze Anstalt noch immer an's Weltliche gränzte. Wie denn **nur**
Wenige unter ihnen sich dem eigentlichen Priesterstande gewidmet hatten,
und nur soviel geweihte Geistliche unter ihnen gefunden wurden, als
nöthig, Beichte zu sitzen und das Meßopfer zu verrichten. Und so war
denn auch Philipp Neri selbst sechsunddreißig Jahre alt geworden, ohne
sich zum Priesterthum zu melden, denn er fand sich, wie es scheint, in
seinem gegenwärtigen Zustande frei und weit mehr sich selbst überlassen,
als er sich, mit kirchlichen Banden gefesselt, als Glied der großen Hier-
archie, zwar hochgeehrt, aber doch beschränkt, gefühlt hätte.

Allein von eben her ließ man es dabei nicht bewenden, sein Beichtvater machte es ihm zur Gewissenssache, die Weihe zu nehmen und in
den Priesterstand zu treten. Und so geschah es auch. Nun hatte die
Kirche füglich einen Mann in ihren Kreis eingeschlossen, der, unab-
hängigen Geistes bisher, auf einen Zustand los ging, worin das
Heilige mit dem **Weltlichen**, das Tugendsame mit dem Nützlichen sich

vereinigen und vertragen sollte. Diese Veränderung aber, der Uebergang zur Priesterschaft, scheint auf sein äußeres Benehmen nicht im Mindesten eingewirkt zu haben.

Er übt nur noch strenger als bisher jede Entäußerung, und lebt in einem schlechten Klösterchen mit andern kümmerlich zusammen. So giebt er die bei großer Theurung ihm verehrten Brode einem andern Bedürftigern, und setzt seinen Dienst gegen Unglückliche immer fort.

Aber auf sein Inneres hat das Priesterthum einen merkwürdig steigernden Einfluß. Die Verpflichtung zum Meßopfer versetzt ihn in einen Enthusiasmus, in eine Ekstase, wo man den bisher so natürlichen Mann gänzlich verliert. Er weiß kaum, wohin er schreitet, taumelt auf dem Wege und vor dem Altare. Hebt er die Hostie in die Höhe, so kann er die Arme nicht wieder herunterbringen; es scheint, als zöge ihn eine unsichtbare Kraft empor. Beim Eingießen des Weins zittert und schaudert er; und wenn er nach vollendeter Wandlung dieser geheimnißvollen Gaben genießen soll, erzeigt er sich auf eine wunderliche, nicht auszusprechende schwelgerische Weise. Vor Leidenschaft bebt er in dem Kelch, indeß er ahnungsvoll das Blut zu schlürfen glaubt des kurz vorher gleichsam gierig verschlungenen Leibes. Ist aber dieser Taumel vorüber, so finden wir zwar immer einen leidenschaftlich wundersamen, aber immer höchst verständig praktischen Mann.

Ein solcher Jüngling, ein solcher Mann, so lebhaft und seltsam wirkend, mußte den Menschen wunderlich und mitunter gerade durch seine Tugenden beschwerlich und widerwärtig vorkommen. Wahrscheinlich ist ihm dieses in dem Laufe seines frühern Lebens oft begegnet; nachdem er aber zum Priester geweiht ist, und sich so eng und kümmerlich, gleichsam als Gast in einem armseligen Kloster behülft, treten Widersacher auf, die ihn mit Spott und Hohn unablässig verfolgen.

Doch wir gehen weiter und sagen, er sey ein höchst ausgezeichneter Mensch gewesen, der aber das einem jeden dieser Art angeborne Herrische zu beherrschen, und in Entsagung, Entbehrung, Wohlthätigkeit, Demuth und Schmach den Glanz seines Daseyns zu verhüllen trachtete. Der Gedanke, vor der Welt als thöricht zu erscheinen und dadurch in Gott und göttliche Dinge sich erst recht zu versenken und zu üben, war sein andauerndes Bestreben, wodurch er sich und sodann auch seine

Schüler ausschließlich zu erziehen unternahm. Die Maxime des heiligen Bernhard:

Spernere mundum,
Spernere neminem,
Spernere se ipsum,
Spernere se sperni,[1]

schien ihn ganz durchdrungen zu haben, ja vielmehr aus ihm frisch wieder entwickelt zu seyn.

Aehnliche Absichten, ähnliche Zustände nöthigen den Menschen, in gleichen Maximen sich aufzuerbauen. Man kann gewiß seyn, daß die erhabensten, innerlich stolzesten Menschen sich zu jenen Grundsätzen allein bequemen, indem sie das Widerwärtige einer dem Guten und Großen immer widerstrebenden Welt vorauszuflößen und den bittern Kelch der Erfahrung, eh' er ihnen noch angeboten ist, bis auf den Grund zu leeren sich entschließen. Gränzenlos und in ununterbrochener Reihe machen jene Geschichtchen, wie er seine Schüler geprüft, deren viele bis auf uns gekommen sind, jeden lebenslustigen Menschen, der sie vernimmt, wirklich ungeduldig, so wie diese Gebote demjenigen, der ihnen gehorchen sollte, höchst schmerzlich und nahezu unerträglich fallen mußten. Deßwegen denn auch nicht alle eine solche Feuerprobe bestanden.

Eh' wir uns aber auf dergleichen wunderbare, und dem Leser gewissermaßen unwillkommene Erzählungen einlassen, wenden wir uns lieber noch einmal zu jenen großen Vorzügen, welche die Zeitgenossen ihm zugestehen und höchlich rühmen. Er habe, sagen sie, Kenntnisse und Bildung mehr von Natur, als durch Unterricht und Erziehung erhalten; alles, was andere mühsam erwerben, sey ihm gleichsam eingegossen gewesen. Ferner habe er die große Gabe zu eigen gehabt, Geister zu unterscheiden, Eigenschaften und Fähigkeiten der Menschen zu würdigen und zu schätzen; zugleich habe er mit dem größten Scharfsinn die weltlichen Dinge durchdrungen, auf einen Grad, daß man ihm den Geist

[1] Die Welt verachten,
Keinen Menschen verachten,
Sich selbst verachten,
Verachten, daß man verachtet werde.

der Wahrsagung zuschreiben müssen. Auch ward ihm eine entschiedene Anziehungsgabe, welche auszudrücken die Italiäner sich des schönen Wortes attrattiva bedienen, kräftig verliehen, die sich nicht allein auf Menschen erstreckt, sondern auch auf Thiere. Als Beispiel wird erzählt, daß der Hund eines Freundes sich ihm angeschlossen und durchaus gefolgt sey, auch bei dem ersten Besitzer, der ihn lebhaft zurückgewünscht, und durch mancherlei Mittel ihn wieder zu gewinnen getrachtet, auf keine Weise verbleiben wollen, sondern sich immer zu dem anziehenden Manne zurück begeben, sich niemals von ihm getrennt, vielmehr zuletzt nach mehrern Jahren in dem Schlafzimmer seines erwählten Herrn das Leben geendet habe. Dieses Geschöpf veranlaßt uns nun, auf jene Prüfungen, zu denen es selbst Gelegenheit gegeben, zurückzukommen. Es ist bekannt, daß Hundefüttern, Hundetragen im Mittelalter überhaupt, und wahrscheinlich auch in Rom höchst schimpflich gewesen. In dieser Rücksicht pflegte der fromme Mann jenes Thier an einer Kette durch die Stadt zu führen, auch mußten seine Schüler dasselbe auf den Armen durch die Straßen tragen, und sich auf diese Weise dem Gelächter und Spott der Menge preisgeben.

Auch muthete er seinen Schülern und Genossen andere unwürdige Aeußerlichkeiten zu. Einem jungen Römischen Fürsten, welcher der Ehre, für ein Ordensglied zu gelten, mitgenießen wollte, wurde angesonnen, er solle mit einem hinten angeheftelten Fuchsschwanze durch Rom spazieren, und als er dieß zu leisten sich weigerte, die Aufnahme in den Orden versagt. Einen andern schickte er ohne Ueberkleid, und wieder einen mit zerrissenen Aermeln durch die Stadt. Dieses letztern erbarmte sich ein Edelmann und bot ihm ein Paar neue Aermel an, die der Jüngling anschlug, nachher aber, auf Befehl des Meisters, dankbar abholen und tragen mußte. Beim Bau der neuen Kirche nöthigte er die Seinen, gleich Taglöhnern die Materialien herbeizuschaffen, und sie den Arbeitern zur Hand zu langen.

Gleichermaßen wußte er auch jedes geistige Behagen, das der Mensch an sich empfinden mochte, zu stören und zu vernichten. Wenn die Predigt eines jungen Mannes wohl zu gelingen, und der Redner sich darin selbst zu gefallen schien, unterbrach er ihn in der Mitte des Worts, um an seiner Stelle weiter zu sprechen, befahl auch wohl weniger fähigen Schülern, ungesäumt hinaufzutreten und zu beginnen, welche denn, so unerwartet angeregt, sich aus dem Stegreife besser als je zu erweisen das Glück hatten.

Man versetze sich in die zweite Hälfte des sechzehnten Jahrhunderts und den wüsten Zustand, in welchem Rom unter verschiedenen Päpsten wie ein aufgeregtes Element erschien, und man wird eher begreifen, daß ein solches Verfahren wirksam und mächtig seyn mußte, indem es durch Neigung und Furcht, durch Ergebenheit und Gehorsam dem innersten Wollen des Menschen die große Gewalt verlieh, trotz allem Aeußern sich zu erhalten, um allem, was sich ereignen konnte, zu widerstehen, da es bethätigt, selbst dem Vernünftigen und Verständigen, dem Herkömmlichen und Schicklichen unbedingt zu entsagen.

Eine merkwürdige, obgleich schon bekannte Prüfungsgeschichte wird man hier wegen ihrer besondern Anmuth nicht ungern wiederholt finden. Dem heiligen Vater war angekündigt, in einem Kloster auf dem Lande thue sich eine wunderwirkende Nonne hervor. Unser Mann erhält den Auftrag, eine für die Kirche so wichtige Angelegenheit näher zu untersuchen; er setzt sich auf sein Maulthier, das Befohlene zu verrichten, kommt aber schneller zurück, als der heilige Vater es erwartet. Der Verwunderung seines geistlichen Gebieters begegnet Neri mit folgenden Worten: „Heiligster Vater, diese thut keine Wunder, denn es fehlt ihr an der ersten christlichen Tugend, der Demuth: ich komme, durch schlimmen Weg und Wetter übel zugerichtet, im Kloster an, ich lasse sie, in eurem Namen, vor mich fordern, sie erscheint und ich reiche ihr, statt des Grußes, den Stiefel hin, mit der Andeutung, sie solle mir ihn ausziehen. Entsetzt fährt sie zurück, und mit Schelten und Zorn erwidert sie mein Ansinnen: für was ich sie halte? ruft sie aus, die Magd des Herrn sey sie, aber nicht eines jeden, der daher komme, um knechtische Dienste von ihr zu verlangen. Ich erhub mich gelassen, setzte mich wieder auf mein Thier, stehe wieder vor euch, und ich bin überzeugt, ihr werdet keine weitere Prüfung nöthig finden." Lächelnd beließ es auch der Papst dabei, und wahrscheinlich ward ihr das fernere Wunderthun untersagt.

Wenn er aber dergleichen Prüfungen gegen andere erlaubte, so mußte er solche von Männern erdulden, welche, gleichen Ernsts, den nämlichen Weg der Selbstverläugnung einschlugen. Ein Bettelmönch, der aber auch schon im Geruch der Heiligkeit stand, begegnet ihm in der gangbarsten Straße, und bietet ihm einen Schluck aus der Rheinflasche die er vorsorglich mit sich führt. Philipp Neri bedenkt sich nicht einen Augenblick, und setzt die langhalsige Korbflasche, den Kopf zurückbiegend, dreist an den Mund, indeß das Volk laut lacht und spottet, daß zwei fromme Männer sich dergestalt zutrinken.

Philipp Neri, den es ungeachtet seiner Frömmigkeit und Ergebung einigermaßen durfte verdrossen haben, sagte darauf: Ihr habt mich geprüft, nun ist die Reihe an mir, und drückte zugleich sein viereckiges Barett auf den Kahlkopf, welcher nun gleichfalls ausgelacht wurde, ganz ruhig fort ging und sagte: Wenn mir's einer vom Kopf nimmt, so mög ihr's haben. Neri nahm es ihm ab, und sie schieden.

Freilich dergleichen wagen, und dennoch die größten sittlichen Wirkungen hervor zu bringen, bedurfte es eines Mannes wie Philipp Neri, dessen Handlungen gar oft als Wunder anzusehen waren. Als Beichtiger machte er sich furchtbar, und daher des größten Zutrauens würdig; er entdeckte seinen Beichtkindern Sünden, die sie verschwiegen, Mängel, die sie nicht beachtet hatten; sein brünstiges ekstatisches Gebet setzte seine Umgebungen als übernatürlich in Erstaunen, in einen Zustand, in welchem die Menschen wohl auch durch ihre Sinne zu erfahren glauben, was ihnen die Einbildungskraft, angeregt durch's Gefühl, vorbilden mochte. Wozu denn noch kommt, daß das Wunderbare, ja das Unmögliche, erzählt und wieder erzählt, nun endlich vollkommen die Stelle des Wirklichen, des Alltäglichen einnimmt. Hierher gehört, daß man ihn nicht nur verschiedentlich während des Meßopfers vor dem Altare wollte emporgehoben gesehen haben, sondern daß sich auch Zeugnisse fanden, man habe ihn, knieend um das Leben eines gefährlichst Kranken betend, dergestalt von der Erde emporgehoben erblickt, daß er mit dem Haupte beinahe die Decke des Zimmers berührt.

Bei einem solchen durchaus dem Gefühl und der Einbildungskraft gewidmeten Zustande war es ganz natürlich, daß die Einmischung auch widerwärtiger Dämonen nicht ganz auszubleiben schien.

Oben zwischen dem verfallenen Gemäuer der Antoninischen Bäder sieht wohl einmal der fromme Mann in äffischer Ungestalt ein widerwärtiges Wesen herumhupfen, das aber auf sein Geheiß alsogleich zwischen Trümmern und Spalten verschwindet. Bedeutender jedoch als diese Einzelheit ist, wie er gegen seine Schüler verfährt, die ihn von seligen Erscheinungen, womit sie von der Mutter Gottes und andern

Heiligen beglückt werden, mit Entzücken benachrichten. Er, wohl wissend, daß aus dergleichen Einbildungen ein geistlicher Dünkel, der schlimmste und hartnäckigste von allen, gewöhnlich entspringe, versichert sie deßhalb, daß hinter dieser himmlischen Klarheit und Schönheit gewiß eine teuflische, häßliche Finsterniß verborgen liege. Dieses zu erproben, gebietet er ihnen: bei der Wiederkehr einer so holdseligen Jungfrau ihr gerade in's Gesicht zu speien; sie gehorchen, und der Erfolg bewährt sich, indem auf der Stelle eine Teufelslarve hervortritt.

Der große Mann mag dieses mit Bewußtseyn oder, was wahrscheinlicher ist, aus tiefem Instinct geboten haben; genug, er war sicher, daß jenes Bild, welches eine phantastische Liebe und Sehnsucht hervorgerufen hatte, nun, durch das entgegenwirkende Wagniß von Haß und Verachtung, unmittelbar in eine Fratze sich verwandeln würde.

Ihn berechtigten jedoch zu einer so seltsamen Pädagogik die außerordentlichsten, zwischen den höchst geistigen und höchst körperlichen schwebend erscheinenden Naturgaben: Gefühl einer sich nahenden, noch ungesehenen Person, Ahnung entfernter Begebenheiten, Bewußtseyn der Gedanken eines vor ihm Stehenden, Neigung anderer zu jenen Gedanken.

Diese und dergleichen Gaben sind unter mehreren Menschen ausgetheilt, mancher kann sich derselben ein- und das anderemal rühmen, aber die ununterbrochene Gegenwart solcher Fähigkeiten, die in jedem Falle bereite Ausübung einer so staunenswürdigen Wirksamkeit, dieß ist vielleicht nur in einem Jahrhundert zu denken, wo zusammengehaltene, unzersplitterte Geistes- und Körperkräfte sich mit erstaunenswürdiger Energie hervorthun konnten.

Betrachten wir aber eine solche nach unabhängigem, gränzenlosem geistigen Wirken sich hinsehnende und hingetriebene Natur, wie sie durch die streng umfassenden Römisch kirchlichen Bande sich wieder zusammengehalten fühlen muß.

Die Wirkungen des heiligen Xaverius unter den abgöttischen Heiden mögen freilich damals in Rom großes Aufsehen gemacht haben. Dadurch aufgeregt, fühlten Neri und einige seiner Freunde sich gleichfalls nach dem sogenannten Indien gezogen, und wünschten mit päpstlicher Erlaubniß sich dorthin zu verfügen. Allein der wahrscheinlich von oben her wohl instruirte Beichtvater redete ihnen ab und gab zu bedenken,

daß für gottselige, auf Besserung des Nächsten, auf Ausbreitung der
Religion gerichtete Männer in Rom selbst ein genugsames Indien zu
finden und ein würdiger Schauplatz für deren Thätigkeit offen sey. Man
verkündigte ihnen, daß der großen Stadt selbst zunächst ein großes
Unheil bevorstehen möchte, indem die drei Brunnen vor dem Thore
St. Sebastian trüb und blutig seit einiger Zeit geflossen, welches als
eine untrügliche Andeutung zu betrachten sey.

Mag also der würdige Neri und seine Gesellen, hiedurch beschwich-
tigt, innerhalb Roms ein wohlthätiges, wunderwirkendes Leben fortgesetzt haben: so viel ist gewiß, daß er von Jahr zu Jahr an Vertrauen und Achtung bei Großen und Kleinen, Alten und Jungen zugenommen.

Bedenke man nun die wundersame Complication der menschlichen
Natur, in welcher sich die stärksten Gegensätze vereinigen, Materielles
und Geistiges, Gewöhnliches und Unmögliches, Widerwärtiges und Ent-
zückendes, Beschränktes und Gränzenloses, dergleichen aufzuführen man
noch ein langes Register fortsetzen könnte; bedenke man einen solchen
Widerstreit, wenn er in einem vorzüglichen Menschen sich ereignet und
zu Tage tritt, wie er durch das Unbegreifliche, was sich aufdrängt,
den Verstand irre macht, die Einbildungskraft losbindet, den Glauben
überflügelt, den Aberglauben berechtigt und dadurch den natürlichen
Zustand mit dem unnatürlichsten in unmittelbare Berührung, ja zur
Vereinigung bringt; gehe man mit diesen Betrachtungen an das weitläufig überlieferte Leben unseres Mannes, so wird es uns faßlich scheinen, was ein solcher, der beinahe ein ganzes Jahrhundert auf einem
so großen Schauplatz in einem ungeheuern Elemente ununterbrochen und
unablässig gewirkt, für einen Einfluß müsse erlangt haben. Die hohe
Meinung von ihm ging so weit, daß man nicht allein von seinem gesunden, kräftigen Wirken Nutzen, Heil und seliges Gefühl sich zueignete,
sondern daß sogar seine Krankheiten das Vertrauen vermehrten, indem
man sie als Zeichen seines innigsten Verhältnisses zu Gott und dem
Göttlichsten anzusehen sich bewogen fand. Hier begreifen wir nun, wie
er schon lebend der Würde eines Heiligen entgegen ging, und sein Tod
nur bekräftigen konnte, was ihm von den Zeitgenossen zugedacht und
zugestanden war.

Deßhalb auch, als man bald nach seinem Verscheiden, welches von

noch mehr Wundern als sein Leben begleitet war, an Papst Clemens VIII.
die Frage brachte: Ob man mit der Untersuchung, dem sogenannten
Proceß, welcher einer Seligsprechung vorausgeht, den Anfang machen
dürfe? dieser die Antwort ertheilte: Ich habe ihn immer für einen Heiligen gehalten, und kann daher nichts dagegen einwenden, wenn ihn
die Kirche im Allgemeinen den Gläubigen als solchen erklären und vorstellen wird.

Nun aber dürfte es auch der Aufmerksamkeit werth gehalten werden, daß er in der langen Reihe von Jahren, die ihm zu würden gegönnt wurden, funfzehn Päpste erlebt, indem er unter Leo X. geboren,
unter Clemens VIII. seine Tage beschloß; daher er denn auch eine unabhängige Stellung gegen den Papst selbst zu behaupten sich anmaßte,
und als Glied der Kirche sich zwar ihren allgemeinen Anordnungen
durchaus gleichstellte, [1] aber im Einzelnen sich nicht gebunden, ja sogar
gebieterisch gegen das Oberhaupt der Kirche bewies. Nun läßt es sich
denn auch erklären, daß er die Cardinalswürde durchaus abschlug und
in seiner Chiesa nuova, [2] gleich einem widerspenstigen Ritter in einer
alten Burg, sich gegen den obersten Schutzherrn unartig zu betragen
herausnahm.

Der Charakter jener Verhältnisse jedoch, wie sie sich am Ende des
sechzehnten Jahrhunderts aus den früheren, roheren Zeiten seltsam genug
gestaltet erhielten, kann durch nichts deutlicher vor Augen gestellt, eindringlicher dem Geiste dargebracht werden, als durch ein Memorial,
welches Neri kurz vor seinem Tode an den neuen Papst Clemens VIII.
ergehen ließ, worauf eine gleich wunderliche Resolution erfolgte.

Wir sehen hieraus das auf eine andere Weise nicht zu schildernde
Verhältniß eines bald achtzigjährigen, dem Rang eines Heiligen entgegengehenden Mannes zu einem bedeutenden, tüchtigen, während seiner
mehrjährigen Regierung höchst achtbaren souveränen Oberhaupte der
Römisch-Katholischen Kirche.

---

[1] Der Sinn würde klarer, wenn vor „ihren allgemeinen Anordnungen"
bei eingeschaltet wäre, weil man sonst denken könnte, er habe sich der Kirche
gleichgestellt, wenn dem auch das Folgende widerspricht.

[2] Neue Kirche.

Memorial des Philipp Neri an Clemens VIII.

Heiligster Vater! Und was für eine Person bin ich denn, daß die Cardinäle mich zu besuchen kommen, und besonders gestern Abend die Cardinäle von Florenz und Cusano? Und weil ich ein bißchen Manna in Blättern nöthig hatte, so ließ mir gedachter Cardinal von Florenz zwei Unzen von San Spirito holen, indem der Herr Cardinal in jenes Hospital eine große Quantität geschickt hatte. Er blieb auch bis zwei Stunden in die Nacht, und sagte so viel Gutes von Ew. Heiligkeit, viel mehr als mir billig schien: denn da Sie Papst sind, so sollten Sie die Demuth selber seyn. Christus kam um sieben Uhr in der Nacht, sich mir einzuverleiben, und Ew. Heiligkeit könnte auch wohl einmal in unsere Kirche kommen. Christus ist Mensch und Gott und besucht mich gar manchmal. Ew. Heiligkeit ist nur ein bloßer Mensch, geboren von einem heiligen und rechtschaffenen Mann, jener aber von Gott Vater. Die Mutter von Ew. Heiligkeit ist Signora Agnesia, eine sehr gottesfürchtige Dame; aber jenes die Jungfrau aller Jungfrauen. Was hätte ich nicht alles zu sagen, wenn ich meiner Galle freien Lauf lassen wollte. Ich befehle Ew. Heiligkeit, daß Sie meinen Willen thun wegen eines Mädchens, das ich nach Torre de' specchi schaffen will. Sie ist die Tochter von Claudio Neri, dem Ew. Heiligkeit versprochen hat, daß Sie seine Kinder beschützen will; und da erinnere ich Sie, daß es hübsch ist, wenn ein Papst sein Wort hält. Deßwegen übergeben Sie mir gedachtes Geschäft und so daß ich mich im Nothfall Ihres Namens bedienen könne; um so mehr, da ich den Willen des Mädchens weiß und gewiß bin, daß sie durch göttliche Eingebung bewegt wird; und mit der größten Demuth, die ich schuldig bin, küsse ich die heiligsten Füße.

Eigenhändige Resolution des Papstes, unter das Memorial geschrieben.

Der Papst sagt, daß dieser Aufsatz in seinem ersten Theil etwas vom Geiste der Eitelkeit enthält, indem er dadurch erfahren soll, daß die Cardinäle Dieselben so oft besuchen; wenn uns nicht etwa dadurch angedeutet werden soll, daß diese Herren geistlich gesinnt sind, welches man recht gut weiß. Daß Er nicht gekommen ist, Dieselben zu sehen, darauf sagt Er: daß es Ew. Ehrwürden nicht verdienen, da Sie das Cardinalat nicht haben annehmen wollen, das Ihnen so oft angetragen worden. Was den Befehl betrifft, so ist Er zufrieden, daß Dieselben mit Ihrer gewöhnlichen Befehlshaberei denen guten Müttern einen tüchtigen Filz geben, die es Denenselben nicht nach Ihrem Sinne machen. Nun befiehlt Er Denselben aber, daß Sie sich wahren und nicht Beichte sitzen, ohne seine Erlaubniß. Kommt aber unser Herr, Dieselben zu besuchen, so bitten Sie für uns und für die dringendsten Nothdurften der Christenheit.

Allgemeine Betrachtung.

Zu Anfang des sechzehnten Jahrhunderts hatte sich der Geist der bildenden Kunst völlig aus der Barbarei des Mittelalters emporgehoben, zu freisinnigen heiteren Wirkungen war sie gelangt. Was aber sich in der edlen menschlichen Natur auf Verstand, Vernunft, Religion bezog, genoß keineswegs einer freien Wirkung. Im Norden kämpfte ein gebildeter Menschensinn gegen die plumpen Anmaßungen eines veralteten Herkommens; leider waren Worte und Vernunftgründe nicht hinreichend, man griff zu den Waffen. Tausende und aber Tausende, die ihr Seelenheil auf reinem freien Wege suchten, gingen an Leib und Gütern auf die grausamste Weise zu Grunde.

Im Süden selbst suchten edlere schönere Geister sich von der Gewalt der allbeherrschenden Kirche loszulösen und wir glauben an Philipp Neri einen Versuch zu sehen, wie man wohl ein frommer Mann seyn, auch ein Heiliger werden könne, ohne sich der Alleinherrschaft des Römischen Papstes zu unterwerfen. Freilich findet Neri für Gefühl und Einbildungskraft gerade in dem Element, welches von der Römischen Kirche beherrscht wird, gleichfalls sein Behagen; sich ganz von ihr loszuhalten, wird ihm deßhalb unmöglich. Wie lange zaudert er, bis er sich in den Priesterstand begiebt, wie löst er sich ab von allem

kirchlichen Schlendrian, und wie sucht er Lehre sowohl als Leben heiter-
sinnlich und einwirkend-praktisch zu machen.

Daß er zuletzt den Cardinalshut entschieden verschmäht, auf eine
den Papst beleidigende Weise, zeugt, wie er sich von Banden hat zu
erhalten gesucht hat. Sodann giebt die wunderliche, bis zum Römischen
truppige Correspondenz, womit wir unsern Vortrag schließen, ein lebendiges Zeugniß und versetzt uns einigermaßen in das Jahrhundert, welches
der außerordentliche Mann beinahe durch sein Leben ausfüllt. Und war
es höchst merkwürdig, einen heiligen anzutreffen, Zeitgenossen des Welt-
kindes Cellini, gleichfalls eines Florentiners, dessen Andenken wir so
viele Aufmerksamkeit gewidmet. Auch sollte die Parallele zwischen beiden
ausführlicher behandelt werden und vielleicht noch einige andere bedeutende Existenzen, um durch mehrere Individuen ein lebendiges Bild der
Zeit eigenthümlich hervorzurufen. Möge jedoch dasjenige, was hier von
einem frommen edlen Enthusiasmus vorgeführt worden, zu anmuthigen
Vergleichungen einstweilen Anlaß geben.

Januar.

Correspondenz.

Rom, den 5. Januar 1788.

Verzeiht, wenn ich heute nur wenig schreibe. Dieses Jahr ist mit
Ernst und Fleiß angefangen worden, und ich kann mich kaum umsehen.

Nach einem Stillstand von einigen Wochen, in denen ich mich
leidend verhielt, habe ich wieder die schönsten, ich darf wohl sagen
Offenbarungen. Es ist mir erlaubt, Blicke in das Wesen der Dinge
und ihre Verhältnisse zu werfen, die mir einen Abgrund von Reichthum
eröffnen. Diese Wirkungen entstehen in meinem Gemüthe, weil ich
immer lerne, und zwar von andern lerne. Wenn man sich selbst lehrt,
ist die arbeitende und verarbeitende Kraft eins, und die Fortschritte
müssen kleiner und langsamer werden.

Das Studium des menschlichen Körpers hat mich nun ganz. Alles
andere verschwindet dagegen. Es ist mir damit durch mein ganzes Leben,

auch jetzt wieder sonderbar gegangen. Darüber ist nicht zu reden; was ich noch machen werde, muß die Zeit lehren.

Die Opern unterhalten mich nicht, nur das innig und ewig Wahre kann mich nun erfreuen.

Es spitzt sich bis gegen Ostern eine Epoche zu, das fühl' ich; was werden wird, weiß ich nicht.

Rom, den 10. Januar 1788.

Erwin und Elmire kommt mit diesem Brief, möge Dir das Stückchen auch Vergnügen machen. Doch kann eine Operette, wenn sie gut ist, niemals im Lesen genug thun; es muß die Musik erst dazu kommen, um den ganzen Begriff auszudrücken, den der Dichter sich vorstellte. Claudine kommt bald nach. Beide Stücke sind mehr gearbeitet, als man ihnen ansieht, weil ich erst recht mit Kaspiern die Gestalt des Singspiels studirt habe.

Am menschlichen Körper wird fleißig fortgezeichnet, wie Abends in der Perspectivstunde. Ich bereite mich zu meiner Auflösung, [1] damit ich mich ihr getrosten Muthes hingebe, wenn die Himmlischen sie auf Ostern beschlossen haben. Es geschehe, was gut ist.

Das Interesse an der menschlichen Gestalt hebt nun alles andre auf. Ich fühlte es wohl und wendete mich immer davon weg, wie man sich von der blendenden Sonne wegwendet; auch ist alles vergebens, was man außer Rom darüber studiren will. Ohne einen Faden, den man nur hier spinnen lernt, kann man sich aus diesem Labyrinthe nicht herausfinden. Leider wird mein Faden nicht lang genug, indessen hülft er mir doch durch die ersten Gänge.

Wenn es mit Fertigung meiner Schriften unter gleichen Constellationen fortgeht, so muß ich mich im Laufe dieses Jahrs in eine Prinzessin verlieben, um den Tasso, ich muß mich dem Teufel ergeben, um den Faust schreiben zu können, ob ich mir gleich zu beiden wenig Lust fühle. Denn bisher ist's so gegangen. Um mir selbst meinen Egmont interessant zu machen, fing der Römische Kaiser mit den

[1] Loslösung. Auflösung könnte nur scherzhaft gesagt seyn, was nicht angenehmen ist.

Brabantern Händel an, und um meinen Opern einen Grad von Vollkommenheit zu geben, kam der Züricher Kayser nach Rom. Das
heißt doch ein vornehmer Römer, wie Herder sagt, und ich finde
es recht lustig, eine Endursache der Handlungen und Begebenheiten zu
werden, welche gar nicht auf mich gerichtet sind. Das darf man Glück
nennen. Also die Prinzessin und den Teufel wollen wir in Geduld
abwarten.

. Rom, den 10. Januar 1788.

Hier kommt aus Rom abermals ein Pröbchen Deutscher Art und
Kunst, Erwin und Elmire. Es ward eher fertig als Claudine, doch
wünsch' ich nicht, daß es zuerst gedruckt werde.

Du wirst bald sehen, daß alles auf's Bedürfniß der lyrischen Bühne
berechnet ist, das ich erst hier zu studiren Gelegenheit hatte: alle Personen in einer gewissen Folge, in einem gewissen Maaß zu beschäftigen,
daß jeder Sänger Ruhepunkte genug habe rc. Es sind hundert Dinge
zu beobachten, welchen der Italiäner allen Sinn des Gedichts auf-
opfert; ich wünsche, daß es mir gelungen seyn möge, jene musikalisch
theatralischen Erfordernisse durch ein Stückchen zu befriedigen, das nicht
ganz unsinnig ist. Ich hatte noch die Rücksicht, daß sich beide Opernlein
doch auch müssen lesen lassen, daß sie ihrem Nachbar Egmont keine
Schande machten. Ein Italiänisch Opernbüchelchen liest kein Mensch,
als am Abend der Vorstellung, und es in Einem Band mit einem
Trauerspiel zu bringen, würde hier zu Lande für eben so unmöglich
gehalten werden, als daß man Deutsch singen könne.

Bei Erwin muß ich noch bemerken, daß Du das trochäische Sylben-
maß, besonders im zweiten Act, öfter finden wirst; es ist nicht Zufall
oder Gewohnheit, sondern aus Italiänischen Beispielen genommen. Dieses
Sylbenmaaß ist zur Musik vorzüglich glücklich, und der Componist kann
es durch mehrere Tacte und Bewegungsarten dergestalt variiren, daß es
der Zuhörer nie wieder erkennt. Wie überhaupt die Italiäner auf glatte
einfache Sylbenmaaße und Rhythmen ausschließlich halten.

Der junge Camper ist ein Strudelkopf, der viel weiß, leicht begreift und über die Sachen hinfährt.

Glück zum vierten Theil der Ideen. Der dritte ist uns ein heilig

Buch, das ich verschlossen halte; erst jetzt hat es Moritz zu lesen ge-
kriegt, der sich glücklich preis't, daß er in dieser Epoche der Erziehung
des Menschengeschlechts lebt. Er hat das Buch recht gut gefühlt und
war über das Ende ganz außer sich.

Wenn ich Dich nur einmal für alle das Gute auf dem Capitol
bewirthen könnte! Es ist einer meiner angelegensten Wünsche.

Meine titanischen Ideen waren nur Luftgestalten, die einer ernsteren
Epoche vorspukten. Ich bin nun recht im Studio der Menschengestalt,
welche das von plus ultra alles menschlichen Wissens und Thuns ist.
Meine fleißige Vorbereitung im Studio der ganzen Natur, besonders
die Osteologie, hilft mir starke Schritte machen. Jetzt seh' ich, jetzt
genieß' ich erst das Höchste, was uns vom Alterthum übrig blieb, die
Statuen. Ja, ich sehe wohl ein, daß man ein ganzes Leben studiren
kann und am Ende doch noch ausrufen möchte: Jetzt seh' ich, jetzt
genieß' ich erst!

Ich raffe alles Mögliche zusammen, um Ostern eine gewisse Epoche,
wohin mein Auge nun reicht, zu schließen, damit ich Rom nicht mit
entschiedenem Widerwillen verlasse, und hoffe in Deutschland einige Studien bequem und gründlich fortsetzen zu können, obgleich langsam genug.
Hier trägt einen der Strom fort, sobald man nur das Schifflein bestiegen hat.

Bericht.

Januar.

Cupido, loser, eigensinniger Knabe,
Du bat'st mich um Quartier auf einige Stunden!
Wie viele Tag' und Nächte bist du geblieben,
Und bist nun herrisch und Meister im Hause geworden.

Von meinem breiten Lager bin ich vertrieben;
Nun sitz' ich an der Erde, Nächte gequälet;
Dein Muthwill' schüret Flamm' auf Flamme des Herdes,
Verbrennet den Vorrath des Winters und sengel mich Armen.

Du haft mir mein Geräth verftellt und verfchoben,
Ich fuch', und bin wie blind und irre geworden;
Du lärmft fo ungefchickt; ich fürchte, das Seelchen
Entflieht, um dir zu entfliehn, und räumet die Hütte.

Wenn man vorftehendes Liedchen nicht in buchftäblichem Sinne
nehmen, nicht jenen Dämon, den man gewöhnlich Amor nennet, dabei
denken, fondern eine Verfammlung thätiger Geifter fich vorftellen will,
die das Innerfte des Menfchen anfprechen, auffordern, hin und wieder
ziehen, und durch getheiltes Intreffe verwirren, fo wird man auf eine
fymbolifche Weife an dem Zuftande theilnehmen, in dem ich mich befand, und welchen die Auszüge aus Briefen und die bisherigen Erzählungen genugfam darftellen. Man wird zugeftehen, daß eine große
Anftrengung gefordert ward, fich gegen fo vieles aufrecht zu erhalten, in
Thätigleit nicht zu ermüden und im Aufnehmen nicht läffig zu werden.

Aufnahme in die Gefellfchaft der Arkadier.

Schon zu Ende des vorigen Jahrs ward ich mit einem Antrage
beftürmt, den ich auch als Folge jenes unfeligen Concerts anfah, durch
welches wir unfer Incognito leichtfinniger Weife enthüllt hatten. Es
konnte jedoch andere Anläffe haben, daß man von mehreren Seiten der
mich zu beftimmen fuchte, mich in die Arcadia als einen namhaften
Schäfer aufnehmen zu laffen. Lange widerftand ich, mußte jedoch zuletzt den Freunden, die hierein etwas Befonderes zu fehen fchienen, endlich nachgeben.

Im Allgemeinen ift bekannt, was unter diefer Arkadifchen Gefell-
fchaft verftanden wird, doch fey allmahl nicht unangenehm, etwas darüber
zu vernehmen.

Während dem Laufe des fiebzehnten Jahrhunderts mag die Italiä-
nifche Poefie fich auf mancherlei Weife verfchlimmert haben; denn gegen
Ende diefes Zeitraums werfen ihr gebildete Kennfchaft Männer vor
fie habe den Gehalt, was man damals innere Schönheit nannte, völlig
verfäumt; auch fey fie in Abficht auf die Form, die äußere Schönheit,

durchaus zu tadeln, denn sie habe mit barbarischen Ausdrücken, unleidlich harten Versen, fehlerhaften Figuren und Tropen, besonders mit fortlaufenden und ungemessenen Hyperbeln; Metonymien und Metaphern,
auch ganz und gar das Anmuthige und Süße verscherzt, welches man
am Aeußern zu schätzen sich erfreue.

Jene, auf solchen Irrwegen Befangenen jedoch schalten, wie zu gehen pflegt, das Aechte und Fürtreffliche, damit ihre Mißbräuche fer-
hin unangetastet gelten möchten. Welches denn doch zuletzt von gebildeten und verständigen Menschen nicht mehr erduldet werden konnte,
dergestalt, daß im Jahr 1690 eine Anzahl umsichtiger und kräftiger
Männer zusammentrat und einen andern Weg einzuschlagen sich beredete.

Damit aber ihre Zusammenkünfte nicht Aufsehn machen und Gegenwirkung veranlassen möchten, so wendeten sie sich in's Freie, in ländliche
Gartenumgebungen, deren ja Rom selbst in seinen Mauern genugsame
bezirkt und einschließt. Hiedurch ward ihnen zugleich der Gewinn, sich
der Natur zu nähern, und in frischer Luft den uranfänglichen Geist der
Dichtkunst zu ahnen. Dort, an gefälligen Plätzen, lagerten sie sich auf
den Rasen, setzten sich auf architektonische Trümmer und Steinblöcke,
wo sogar anwesende Cardinäle nur durch ein weicheres Kissen geehrt
werden konnten. Hier besprachen sie sich untereinander von ihren Ueberzeugungen, Grundsätzen, Vorhaben; hier lasen sie Gedichte, in welchen
man den Sinn des höheren Alterthums, der edlen Toscanischen Schule
wieder ins Leben zu führen trachtete. Da rief denn einer in Entzücken
aus: Hier ist unser Arkadien! Dieß veranlaßte den Namen der Gesellschaft, so wie das Idyllische ihrer Einrichtung. Keine Protection eines
großen und einflußreichen Mannes sollte sie schützen; sie wollten kein
Oberhaupt, keinen Präsidenten zugeben. Ein Custos sollte die arkadi-
schen Blätter öffnen und schließen, und in den nothwendigsten Fällen
ihm ein Rath von zu erwählenden Aeltesten zur Seite stehn.

Hier ist der Name Crescimbeni ehrwürdig, welcher gar wohl
als Historiker angesehen werden kann, und als erster Custos sein Amt
mehrere Jahre redlich verrichtet, indem er über einen bessern reinern
Geschmack Wache hielt, und das Nachfolgende immer mehr zu verdrängen suchte.

Seine Dialogen über die Poesia volgare, welche nicht etwa Volks-
poesie zu übersetzen ist, sondern Poesie, wie sie einer Nation wohl

steht, wenn sie durch entschiedene wahre Talente ausgeübt, nicht aber durch Grillen und Eigenheiten einzelner Wirrköpfe entstellt wird, seine Dialogen, worin er die bessere Lehre vorträgt, sind offenbar eine Frucht arkadischer Unterhaltungen, und höchst wichtig in Vergleich mit unserm neuen ästhetischen Bestreben. Auch die von ihm herausgegebenen Gedichte der Arkadia verdienen in diesem Sinne alle Aufmerksamkeit; wir erlauben uns dabei nur folgende Bemerkung.

Zwar hatten die werthen Schäfer, im Freien auf grünem Rasen sich lagernd, der Natur hiedurch näher zu kommen gedacht, in welchem Falle wohl Liebe und Leidenschaft ein menschlich Herz zu überschleichen pflegt; nun aber bestand die Gesellschaft aus geistlichen Herren und sonstigen würdigen Personen, die sich mit dem Amor jener Römischen Triumvirn nicht einlassen durften, den sie deßhalb ausdrücklich beseitigten. Hier also blieb nichts übrig, da dem Dichter die Liebe ganz unentbehrlich ist, als sich zu jener überirdischen und gewissermaßen platonischen Sehnsucht hinzuwenden, nicht weniger in's Allegorische sich einzulassen, wodurch denn ihre Gedichte einen ganz ehrsamen, eigenthümlichen Charakter erhalten, da sie ohnehin ihren großen Vorgängern Dante und Petrarch hierin auf dem Fuße folgen konnten.

Diese Gesellschaft bestand, wie ich nach Rom gelangte, so eben hundert Jahr, und hatte sich, ihrer äußern Form nach, durch mancherlei Orts- und Gesinnungswechsel immer mit Ausland, wenn auch nicht in großem Ansehn erhalten; und man ließ nicht leicht einigermaßen bedeutende Fremde in Rom verweilen, ohne dieselben zur Aufnahme anzuloden, um so mehr, als der Hüter dieser poetischen Ländereien bloß dadurch sich bei einem mäßigen Einkommen erhalten konnte.

Die Function selbst aber ging folgendermaßen vor sich: Zu den Vorzimmern eines anständigen Gebäudes ward ich einem bedeutenden geistlichen Herrn vorgestellt, und er mir bekannt gemacht als derjenige, der mich einführen, meinen Bürgen gleichsam oder Pathen vorstellen sollte. Wir traten in einen großen, bereits ziemlich belebten Saal und setzten uns in die erste Reihe von Stühlen, gerade in die Mitte, einem aufgerichteten Katheder gegenüber. Es traten immer mehr Zuhörer heran, an meiner losgelassenen Rechte fand sich ein stattlicher stattlicher Mann, den ich nach seiner Bekleidung und der Ehrfurcht, die man ihm erwies, für einen Cardinal zu halten hatte.

Der Custode, vom Katheder herab, hielt eine allgemein einleitende Rede, rief mehrere Personen auf, welche sich theils in Versen, theils in Prosa hören ließen. Nachdem dieses eine gute Zeit gewährt, begann jener eine Rede, deren Inhalt und Ausführung ich übergehe, indem sie im Ganzen mit dem Diplom zusammentraf, welches ich erhielt und hier nachzubringen gedenke. Hierauf wurde ich denn förmlich für einen der Ihrigen erklärt, und unter großem Händeklatschen aufgenommen und anerkannt.

Mein sogenannter Pathe und ich waren indessen aufgestanden, und hatten uns mit vielen Verbeugungen bedankt. Er aber hielt eine wohlgedachte, nicht allzulange, sehr schickliche Rede, worauf abermals ein allgemeiner Beifall sich hören ließ, nach dessen Verschallen ich Gelegenheit hatte, den Einzelnen zu danken und mich ihnen zu empfehlen. Das Diplom, welches ich den andern Tag erhielt, folgt hier im Original und ist, da es in jeder andern Sprache seine Eigenthümlichkeit verlöre, nicht übersetzt worden. Indessen suchte ich den Custode mit seinem neuen Hutgenossen auf das beste zufrieden zu stellen.

C. U. C.

Nivildo Amarinxio

Custode generale d'Arcadia.

Trovandosi per avventura a lambire le sponde del Jebbro uno di quei Genj di prim' Ordine, ch' oggi fioriscono nella Germania qual' è l' Inclito ed Erudito Signor DE GOETHE Consigliere attuale di Stato di Sua Altezza Serenissima il Duca di Sassonia Weimar, ed avendo celato fra noi con filosofica moderazione la chiarezza della sua Nascita, de' suoi Ministerj, e della virtù sua, non ha potuto nascondere la luce, che hanno sparso le sue dottissime produzioni tanto in Prosa ch' in Poesia per cui si è reso celebre a tutto il Mondo Letterario. Quindi essendosi compiaciuto il suddetto rinomato Signor DE GOETHE d'intervenire in una delle pubbliche nostre Accademie, appena Egli comparve, come un nuovo astro di

Cielo straniero tra le nostre selve, ed in una delle nostre Geniali
Adunanze, che gli Arcadi in gran numero convocati co' segni del
più sincero giubilo ed applauso vollero distinguerlo come Autore
di tante celebrate opere, con annoverarlo a viva voce tra i più
illustri membri della loro Pastoral società sotto il Nome di Megalio,
e vollero altersi assegnare al Medesimo il possesso delle Campagne
Melpomenie sacre alla Tragica Musa dichiarandolo con ciò Pastore
Arcade di Numero. Nel tempo stesso il Ceto Universale commise
al Custode Generale di registrare l' Atto pubblico e solenne di sì
applaudita annoverazione tra i fasti d' Arcadia, e di presentare al
Chiarissimo Novello Compastore Megalio Melpomenio il presente
Diploma in segno dell' altissima stima, che fa la nostra Pastorale
Letteraria Repubblica de' chiari e nobili ingegni a perpetua memoria.
Dato dalla Capanna del Serbatojo dentro il Bosco Parrasio alla
Neomenia di Posideone Olimpiade DCXLI. Anno II dalla Ristora-
zione d' Arcadia Olimpiade XXIV. Anno IV. Giorno lieto per
General Chiamata.

Nivildo Amarinzio Custode Generale.

Corimbo
Mulieronio } Sotto-
Florimonte } Custodi.
Egireo }

Das Siegel hat in einem Kranze, halb
Lorbeer, halb Binsen, in der Mitte eine
Panoflöte, darunter Gil Arcadi.

Das Römische Carneval.

Indem wir eine Beschreibung des Römischen Carnevals unternehmen, müssen wir den Einwurf befürchten, daß eine solche Feierlichkeit
eigentlich nicht beschrieben werden könne. Eine so große lebendige Masse
sinnlicher Gegenstände sollte sich unmittelbar vor dem Auge bewegen,
und von einem jeden nach seiner Art angeschaut und gefaßt werden.

Noch bedenklicher wird diese Einwendung, wenn wir selbst gestehen

müssen, daß das Römische Carneval einem fremden Zuschauer, der es
zum erstenmal sieht und nur sehen will und kann, weder einen ganzen,
noch einen erfreulichen Eindruck gebe, weder das Auge sonderlich ergötze,
noch das Gemüth befriedige.

Die lange und schmale Straße, in welcher sich unzählige Menschen
hin und wieder wälzen, ist nicht zu übersehen; kaum unterscheidet man
etwas in dem Bezirk des Getümmels, den das Auge fassen kann. Die
Bewegung ist einförmig, der Lärm betäubend, das Ende der Tage un-
befriedigend. Allein diese Bedenklichkeiten sind bald gehoben, wenn wir
uns näher erklären; und vorzüglich wird die Frage seyn, ob uns die
Beschreibung selbst rechtfertigt.

Das Römische Carneval ist ein Fest, das dem Volke eigentlich nicht
gegeben wird, sondern das sich das Volk selbst giebt.

Der Staat macht wenig Anstalten, wenig Aufwand dazu. Der
Kreis der Freuden bewegt sich von selbst, und die Polizei regiert ihn
nur mit gelinder Hand.

Hier ist nicht ein Fest, das wie die vielen geistlichen Feste Roms
die Augen der Zuschauer blendete; hier ist kein Feuerwerk, das von dem
Castell Sanct Angelo einen einzigen überraschenden Anblick gewährte;
hier ist keine Erleuchtung der Peterskirche und Kuppel, welche so viel
Fremde aus allen Ländern herbeilockt und befriedigt; hier ist keine glänzende Procession bei deren Annäherung das Volk beten und staunen
soll; hier wird vielmehr nur ein Zeichen gegeben, daß jeder so thöricht
und toll seyn dürfe, als er wolle, und daß außer Schlägen und Messerstichen fast alles erlaubt sey.

Der Unterschied zwischen Hohen und Niedern scheint einen Augenblick aufgehoben; alles nähert sich einander, jeder nimmt, was ihm begegnet, leicht auf, und die wechselseitige Frechheit und Freiheit wird
durch eine allgemeine gute Laune im Gleichgewicht erhalten.

In diesen Tagen freut sich der Römer noch zu unsern Zeiten, daß
die Geburt Christi das Fest der Saturnalien und seiner Privilegien wohl
um einige Wochen verschieben, aber nicht aufheben konnte.

Wir werden uns bemühen, die Freuden und den Taumel dieser
Tage vor die Einbildungskraft unserer Leser zu bringen. Auch schmeicheln
wir uns, solchen Personen zu dienen, welche dem Römischen Carneval
selbst einmal beigewohnt, und sich nun mit einer lebhaften Erinnerung

jener Zeiten vergnügen mögen; nicht weniger solchen, welchen jene Reise
noch bevorsteht, und denen diese wenigen Blätter Uebersicht und Genuß
einer überdrängten und verberauschenden Freude verschaffen können.

Der Corso.

Das Römische Carneval versammelt sich in dem Corso. Diese
Straße beschränkt und bestimmt die öffentliche Feierlichkeit dieser Tage.
An jedem andern Platz würde es ein ander Fest seyn; und wir haben
daher vor allen Dingen den Corso zu beschreiben.

Er führt den Namen, wie mehrere lange Straßen Italiänischer
Städte, von dem Wettrennen der Pferde, womit zu Rom sich jeder
Carnevalsabend schließt, und womit an andern Orten andere Feierlichkeiten, als das Fest eines Schutzpatrons, ein Kirchweihfest, geendigt
werden.

Die Straße geht von der Piazza del Popolo schnurgerade bis an
den Venetianischen Palast. Sie ist ungefähr viertehalb tausend Schritte
lang und von hohen, meistentheils prächtigen Gebäuden eingefaßt. Ihre
Breite ist gegen ihre Länge und gegen die Höhe der Gebäude nicht verhältnißmäßig. An beiden Seiten nehmen Pflastererhöhungen für die
Fußgänger ungefähr sechs bis acht Fuß weg. In der Mitte bleibt für
die Wagen an den meisten Orten nur der Raum von zwölf bis vierzehn Schritten, und man sieht also leicht, daß höchstens drei Fuhrwerke
sich in dieser Breite neben einander bewegen können.

Der Obelisk auf der Piazza del Popolo ist im Carneval die unterste
Gränze dieser Straße, der Venetianische Palast die obere.

Spazierfahrt im Corso.

Schon alle Sonn- und Festtage eines Jahres ist der Römische
Corso belebt. Die vornehmen und reichen Römer fahren hier eine oder
anderthalb Stunden vor Nacht in einer sehr zahlreichen Reihe spazieren;
die Wagen kommen vom Venetianischen Palast herunter, halten sich an

der linken Seite, fahren, wenn es schön Wetter ist, an dem Obelisk vorbei, zum Thore hinaus und auf dem Flaminischen Weg manchmal bis Ponte molle.

Die früher oder später umkehrenden halten sich an die andere Seite: so ziehen die beiden Wagenreihen in der besten Ordnung an einander hin.

Die Gesandten haben das Recht, zwischen beiden Reihen auf und nieder zu fahren. Dem Prätendenten, der sich unter dem Namen eines Herzogs von Albanien in Rom aufhielt, war es gleichfalls zugestanden.

Sobald die Nacht eingeläutet wird, ist diese Ordnung unterbrochen; jeder wendet, wo es ihm beliebt, und sucht seinen nächsten Weg, oft zur Unbequemlichkeit vieler andern Equipagen, welche in dem engen Raum dadurch gehindert und aufgehalten werden.

Diese Abendspazierfahrt, welche in allen großen Italiänischen Städten bräuchlich ist, und in jeder kleinen Stadt, wäre es auch nur mit einigen Kutschen, nachgeahmt wird, lockt viele Fußgänger in den Corso: jedermann kommt, um zu sehen oder gesehen zu werden.

Das Carneval ist, wie wir bald bemerken können, eigentlich nur eine Fortsetzung oder vielmehr der Gipfel jener gewöhnlichen sonn- und festtägigen Freuden; es ist nichts Neues, nichts Fremdes, nichts Einziges, sondern es schließt sich nur an die Römische Lebensweise ganz natürlich an.

Klima, geistliche Kleidungen.

Eben so wenig fremd wird es uns scheinen, wenn wir nun bald eine Menge Masken in freier Luft sehen, da wir so manche Lebensscene unter dem heitern frohen Himmel das ganze Jahr durch zu erblicken gewohnt sind.

Bei einem jeden Feste bilden ausgehängte Teppiche, gestreute Blumen, übergespannte Tücher die Straßen gleichsam zu großen Sälen und Galerien um.

Keine Leiche wird ohne vermummte Begleitung der Brüderschaften zu Grabe gebracht; die vielen Mönchskleidungen gewöhnen das Auge an fremde und sonderbare Gestalten; es scheint das ganze Jahr Carneval zu seyn, und die Abbaten in schwarzer Kleidung scheinen unter den übrigen geistlichen Masken die edlern Tabarro's vorzustellen.

Erste Zeit.

Schon von dem neuen Jahre an sind die Schauspielhäuser eröffnet, und das Carneval hat seinen Anfang genommen. Man sieht hie und da in den Logen eine Schöne, welche als Officier ihre Epauletten mit größter Selbstzufriedenheit dem Volle zeigt. Die Spazierfahrt im Corso wird zahlreicher; doch die allgemeine Erwartung ist auf die letzten acht Tage gerichtet.

Vorbereitungen auf die letzten Tage.

Mancherlei Vorbereitungen verkündigen dem Publicum diese paradiesischen Stunden.

Der Corso, eine von den wenigen Straßen in Rom, welche das ganze Jahr rein gehalten werden, wird nun sorgfältiger gefegt und gereiniget. Man ist beschäftigt, das schöne, aus kleinen, vierecfig zu gebauenen, ziemlich gleichen Basaltstücken zusammengesetzte Pflaster, wo es nur einigermaßen abzuweichen scheint, auszuheben und die Basaltteile wieder neu in Stand zu setzen.

Außer diesem zeigen sich auch lebendige Vorboten. Jeder Carnevalsabend schließt sich, wie wir schon erwähnt haben, mit einem Wettrennen. Die Pferde, welche man zu diesem Endzweck unterhält, sind meistentheils klein, und werden, wegen fremder Herkunft der besten unter ihnen, Barberi genennt.

Ein solches Pferdchen wird mit einer Decke von weißer Leinwand, welche am Kopf, Hals und Leib genau anschließt, und auf den Nähten mit bunten Bändern besetzt ist, vor dem Obelisk an die Stelle gebracht, wo es in der Folge auslaufen soll. Man gewöhnt es, den Kopf gegen den Corso gerichtet, eine Zeit lang still zu stehen, führt es alsdann sachte die Straße hin, und giebt ihm oben am Venetianischen Palast ein wenig Hafer, damit es ein Interesse empfinde, seine Bahn desto geschwinder zu durchlaufen.

Da diese Uebung mit den meisten Pferden, deren oft funfzehn bis zwanzig an der Zahl sind, wiederholt und eine solche Promenade immer von einer Anzahl lustig schreiender Knaben begleitet wird, so giebt es schon einen Vorschmack von einem größern Lärm und Jubel, der bald folgen soll.

Ehemals nährten die ersten Römischen Häuser dergleichen Pferde in ihren Marställen; man schätzte sich es zur Ehre, wenn ein solches den Preis davon tragen konnte. Es wurden Wetten angestellt, und der Sieg durch ein Gastmahl verherrlicht.

In den letzten Zeiten hingegen hat diese Liebhaberei sehr abgenommen, und der Wunsch, durch seine Pferde Ruhm zu erlangen, ist in die mittlere, ja in die unterste Classe des Volks herabgestiegen.

Aus jenen Zeiten mag sich noch die Gewohnheit herschreiben, daß der Trupp Reiter, welcher, von Trompetern begleitet, in diesen Tagen die Preise in ganz Rom herumzeigt, in die Häuser der Vornehmen hineinreitet, und nach einem geblasenen Trompeterstückchen ein Trinkgeld empfängt.

Der Preis bestehet aus einem etwa dritthalb Ellen langen, und nicht gar eine Elle breiten Stück Gold- oder Silberstoff, das an einer bunten Stange wie eine Flagge befestigt schwebt und an dessen unterm Ende das Bild einiger rennender Pferde quer eingewirkt ist.

Es wird dieser Preis Palio genannt, und so viel Tage das Carneval dauert, so viele solcher Quasifahnbarten werden von dem erst erwähnten Zug durch die Straßen von Rom aufgezeigt.

Inzwischen fängt auch der Corso an, seine Gestalt zu verändern; der Obelisk wird nun die Gränze der Straße. Vor demselben wird ein Gerüste mit vielen Sitzreihen über einander aufgeschlagen, welches gerade in den Corso hinrinsieht. Vor dem Gerüste werden die Schranken errichtet, zwischen welche man künftig die Pferde zum Ablaufen bringen soll.

An beiden Seiten werden ferner große Gerüste gebaut, welche sich an die ersten Häuser des Corso anschließen und auf diese Weise die Straße in den Platz herein verlängern. An beiden Seiten der Schranken stehen kleine, erhöhte und bedeckte Bogen für die Personen, welche das Ablaufen der Pferde reguliren sollen.

Den Corso hinauf sieht man vor manchen Häusern ebenfalls Gerüste aufgerichtet. Die Plätze von Sanct Carlo und der Antoninischen Säule werden durch Schranken von der Straße abgesondert, und alles bezeichnet genug, daß die ganze Feierlichkeit sich in dem langen und schmalen Corse einschränken solle und werde.

Zuletzt wird die Straße in der Mitte mit Puzzolane bestreut, damit die wettrennenden Pferde auf dem glatten Pflaster nicht so leicht ausgleiten mögen.

Signal der vollkommnen Carnevalsfreiheit.

So findet die Erwartung sich, jeden Tag genährt und beschäftigt, bis endlich eine Glocke vom Capitol, bald nach Mittage, das Zeichen giebt, es sey erlaubt, unter freiem Himmel thöricht zu seyn.

In diesem Augenblick legt der ernsthafte Römer, der sich das ganze Jahr sorgfältig vor jedem Fehltritt hütet, seinen Ernst und seine Bedächtigkeit auf einmal ab.

Die Pflasterer, die bis zum letzten Augenblicke gekläppert haben, packen ihr Werkzeug auf und machen der Arbeit scherzend ein Ende. Alle Balcone, alle Fenster werden nach und nach mit Teppichen behängt, auf den Pflastererhöhungen zu beiden Seiten der Straße werden Stühle herausgesetzt, die geringern Hausbewohner, alle Kinder sind auf der Straße, die nun aufhört, eine Straße zu seyn; sie gleicht vielmehr einem großen Festsaal, einer ungeheuren ausgeschmückten Galerie.

Denn wie alle Fenster mit Teppichen behängt sind, so stehen auch alle Gerüste mit alten gewirkten Tapeten beschlagen; die vielen Stühle vermehren den Begriff von Zimmer, und der freundliche Himmel erinnert selten, daß man ohne Dach sey. So scheint die Straße nach und nach immer wohnbarer. Indem man aus dem Hause tritt, glaubt man nicht im Freien und unter Fremden, sondern in einem Saale unter Bekannten zu seyn.

Wache.

Indessen daß der Corso immer belebter wird, und unter den vielen Personen, die in ihren gewöhnlichen Kleidern spazieren, sich hier und da ein Pulcinell zeigt, hat sich das Militär vor der Porta del Popolo versammelt. Es zieht, angeführt von dem General zu Pferde, in guter Ordnung und neuer Montur mit klingendem Spiel den Corso herauf, und besetzt sogleich alle Eingänge in denselben, errichtet ein paar Wachen auf den Hauptplätzen, und übernimmt die Sorge für die Ordnung der ganzen Anstalt.

Die Verleiher der Stühle und Gerüste rufen nun emsig den Vorbeigehenden an: Luoghi! Luoghi, Padroni! Luoghi!¹

¹ Plätze! Plätze, meine Herrn! Plätze!

Masken.

Nun fangen die Masken an sich zu vermehren. Junge Männer, geputzt, in Festtagskleidern der Weiber aus der untersten Classe, mit entblößtem Busen und frecher Selbstgenügsamkeit, lassen sich meist zuerst sehen. Sie liebkosen die ihnen begegnenden Männer, thun gemein und vertraut mit den Weibern als mit ihres Gleichen, treiben sonst, was ihnen Laune, Witz oder Unart eingeben.

Wir erinnern uns unter andern eines jungen Menschen, der die Rolle einer leidenschaftlichen, zanksüchtigen und auf keine Weise zu beruhigenden Frau vortrefflich spielte und so sich den ganzen Corso hinab zankte, jedem etwas anhängte, indeß seine Begleiter sich alle Mühe zu geben schienen, ihn zu besänftigen.

Hier kommt ein Pulcinell gelaufen, dem ein großes Horn an bunten Schnüren um die Hüften gaukelt. Durch eine geringe Bewegung, indem er sich mit den Weibern unterhält, weiß er die Gestalt des alten Gottes der Gärten in dem heiligen Rom kedlich nachzuahmen, und seine Leichtfertigkeit erregt mehr Lust als Unwillen. Hier kommt ein anderer seines Gleichen, der, bescheidner und zufriedner, seine schöne Hälfte mit sich bringt.

Da die Frauen eben so viel Lust haben, sich in Mannskleidern zu zeigen, als die Männer, sich in Frauenkleidern sehen zu lassen, so haben sie die beliebte Tracht des Pulcinells sich anzupassen nicht verfehlt, und man muß bekennen, daß es ihnen gelingt, in dieser Zwittergestalt oft höchst reizend zu seyn.

Mit schnellen Schritten, declamirend, wie vor Gericht, drängt sich ein Advocat durch die Menge; er schreit an die Fenster hinauf, packt maskirte und unmaskirte Spaziergänger an, droht einem jeden mit einem Proceß, macht bald jenem eine lange Geschichtserzählung von lächerlichen Verbrechen, die er begangen haben soll, bald diesem eine genaue Specification seiner Schulden. Die Frauen schilt er wegen ihrer Cicisbeen, die Mädchen wegen ihrer Liebhaber; er beruft sich auf ein Buch, das er bei sich führt, producirt Documente und das alles mit einer durchdringenden Stimme und geläufigen Zunge. Er sucht jedermann zu beschämen und confus zu machen. Wenn man denkt, er höre auf, so fängt er erst recht an; denkt man, er gehe weg, so kehrt er um;

auf den einen geht er gerade los, und spricht ihn nicht an, er packt einen andern, der schon vorbei ist; kommt nun gar ein Mitbruder ihm entgegen, so erreicht die Tollheit ihren höchsten Grad.

Aber lange können sie die Aufmerksamkeit des Publicums nicht auf sich ziehen; der tollste Eindruck wird gleich von Menge und Mannichfaltigkeit wieder verschlungen.

Besonders machen die Quacqueri zwar nicht so viel Lärm, doch eben so viel Aufsehen als die Advocaten. Die Maske der Quacqueri scheint so allgemein geworden zu seyn durch die Leichtigkeit, auf dem Trödel altfränkische Kleidungsstücke finden zu können.

Die Haupterfordernisse dieser Maske sind: daß die Kleidung zwar altfränkisch, aber wohlerhalten und von edlem Stoff sey. Man sieht sie selten anders, als mit Sammt oder Seide bekleidet, sie tragen brocatene oder gestickte Westen, und der Natur nach muß der Quacquero dickleibig seyn; seine Gesichtsmaske ist ganz, mit Pausbacken und kleinen Augen; seine Perücke hat wunderliche Zöpfchen; sein Hut ist klein und meisterhaft bordirt.

Man sieht, daß sich diese Figur sehr dem Buffo caricato der komischen Oper nähert, und wie dieser mehrentheils einen läppischen, verliebten, betrogenen Thoren vorstellt, so zeigen sich auch diese als abgeschmackte Sänger. Sie hüpfen mit großer Leichtigkeit auf den Zehen hin und her, führen große schwarze Ringe ohne Glas statt der Lorgnetten, womit sie in alle Wagen hineingucken, nach allen Fenstern hinaufblicken. Sie machen gewöhnlich einen steifen, tiefen Bückling, und ihre Freude, besonders wenn sie sich einander begegnen, geben sie dadurch zu erkennen, daß sie mit gleichen Füßen mehrmals gerade in die Höhe hüpfen und einen hellen, durchdringenden, unarticulirten Laut von sich geben, der mit den Consonanten brr verbunden ist.

Oft geben sie sich durch diesen Ton das Zeichen, und die nächsten erwiedern das Signal, so daß in kurzer Zeit dieses Geschrei den ganzen Corso hin und wieder läuft.

Muthwillige Knaben blasen indeß in große gewundne Muscheln und beleidigen das Ohr mit unerträglichen Tönen.

Man sieht bald, daß bei der Enge des Raums, bei der Aehnlichkeit so vieler Maskenkleidungen (denn es mögen immer einige hundert Pulcinelle und gegen hundert Quacqueri im Corso auf und niederlaufen), wenige die Absicht haben können, Aufsehen zu erregen oder bemerkt zu werden. Auch müssen diese früh genug im Corso erscheinen. Vielmehr geht ein jeder nur aus, sich zu vergnügen, seine Tollheit auszulassen und der Freiheit dieser Tage auf das beste zu genießen.

Besonders suchen und wissen die Mädchen und Frauen sich in dieser Zeit nach ihrer Art lustig zu machen. Jede sucht nur aus dem Hause zu kommen, sich, auf welche Art es sey, zu vermummen, und weil die wenigsten in dem Fall sind, viel Geld aufwenden zu können, so sind sie erfinderisch genug, allerlei Arten auszudenken, wie sie sich mehr verstecken als zieren.

Sehr leicht sind die Masken von Bettlern und Bettlerinnen zu schaffen: schöne Haare werden vorzüglich erfordert, dann eine ganz weiße Gesichtsmaske, ein irdenes Töpfchen an einem farbigen Bande, ein Stab und ein Hut in der Hand. Sie treten mit demüthiger Gebärde unter die Fenster und vor jeden hin, und empfangen statt Almosen Zuckerwerk, Nüsse und was man ihnen sonst Artiges geben mag.

Andere machen sich es noch bequemer, hüllen sich in Pelze oder erscheinen in einer artigen Haustracht nur mit Gesichtsmasken. Sie gehen meistentheils ohne Männer, und führen als Offensiv- und Defensivwaffe ein Besenchen, aus der Blüthe eines Rohrs gebunden, womit sie theils die Uebertästigen abwehren, theils auch, muthwillig genug, Bekannten und Unbekannten, die ihnen ohne Masken entgegen kommen, im Gesicht herumfahren.

Wenn einer, auf den sie es gemünzt haben, zwischen vier oder fünf solcher Mädchen hineinkommt, weiß er sich nicht zu retten. Das Gedränge hindert ihn zu fliehen, und wo er sich hinwendet, fühlt er die Besenchen unter der Nase. Sich ernstlich gegen diese oder andere Neckereien zu wehren, würde sehr gefährlich seyn, weil die Masken unverletzlich sind, und jede Wache ihnen beizustehen beordert ist.

Eben so müssen die gewöhnlichen Kleidungen aller Stände als Masken dienen. Stallknechte mit ihren großen Bürsten kommen, einem jeden, wenn es ihnen beliebt, den Rücken auszukehren. Vetturine bieten ihre Dienste mit ihrer gewöhnlichen Zudringlichkeit an. Zierlicher sind die Masken der Landmädchen, Frascatanerinnen, Fischer, Neapolitaner Schiffer, Neapolitanischer Sbirren und Griechen.

Manchmal wird eine Maske vom Theater nachgeahmt. Einige

machen sich's sehr bequem, indem sie sich in Teppiche oder Leintücher hüllen, die sie über dem Kopfe zusammen binden.

Die weiße Gestalt pflegt gewöhnlich andern in den Weg zu treten und vor ihnen zu hüpfen, und glaubt auf diese Weise ein Gespenst vorzustellen. Einige zeichnen sich durch sonderbare Zusammensetzungen aus, und der Tabarro wird immer für die edelste Maske gehalten, weil sie sich gar nicht auszeichnet.

Wißige und satyrische Masken sind sehr selten, weil diese schon Endzweck haben, und bemerkt seyn wollen. Doch sah man einen Pulcinell als Hahnrei. Die Hörner waren beweglich, er konnte sie wie eine Schnecke heraus und hineinziehen. Wenn er unter ein Fenster vor neu Verheiratheten trat, und Ein Horn nur wenig sehen ließ, oder vor einem andern beide Hörner recht lang streckte und die an den obern Spitzen befestigten Schellen recht wacker klingelten, entstand auf Augenblicke eine heitere Aufmerksamkeit des Publicums und manchmal ein großes Gelächter.

Ein Zauberer mischt sich unter die Menge, läßt das Volk ein Buch mit Zahlen sehn, und erinnert es an seine Leidenschaft zum Lottospiel.

Mit zwei Gesichtern steckt einer im Gedränge: man weiß nicht, welches sein Vordertheil, welches sein Hintertheil ist, ob er kommt, ob er geht.

Der Fremde muß sich auch gefallen laßen, in diesen Tagen verspottet zu werden. Die langen Kleider der Nordländer, die großen Knöpfe, die wunderlichen runden Hüte fallen den Römern auf, und so wird ihnen der Fremde eine Maske.

Weil die fremden Maler, besonders die, welche Landschaften und Gebäude studiren, in Rom überall öffentlich sitzen und zeichnen, so werden sie auch unter der Carnevalsmenge emsig vorgestellt, und zeigen sich mit großen Portefeuillen, langen Surtouts und kolossalischen Reißfedern sehr geschäftig.

Die Deutschen Bäckerknechte zeichnen sich in Rom gar oft betrunken aus, und sie werden auch mit einer Flasche Wein in ihrer eigentlichen oder auch etwas verzierten Tracht taumelnd vorgestellt.

Wir erinnern uns einer einzigen anzüglichen Maske.

Es sollte ein Obelisk vor der Kirche Trinità del monte aufgerichtet werden. Das Publicum war nicht sehr damit zufrieden, theils weil der

Platz eng ist, theils weil man dem kleinen Obelisk, um ihn in eine gewisse Höhe zu bringen, ein sehr hohes Piedestal unterbauen mußte. Es nahm daher einer den Anlaß, ein großes weißes Piedestal als Mütze zu tragen, auf welchem oben ein ganz kleiner röthlicher Obelisk befestigt war. An dem Piedestal standen große Buchstaben, deren Sinn vielleicht nur wenige erriethen.

Kutschen.

Indessen die Masken sich vermehren, fahren die Kutschen nach und nach in den Corso hinein, in derselben Ordnung, wie wir sie oben beschrieben haben, als von der sonn- und festtägigen Spazierfahrt die Rede war, nur mit dem Unterschied, daß gegenwärtig die Fuhrwerke, welche vom Venetianischen Palast an der linken Seite herumfahren, da, wo die Straße des Corso aufhört, wenden und sogleich an der andern Seite wieder herauffahren.

Wir haben schon oben angezeigt, daß die Straße, wenn man die Erhöhungen für die Fußgänger abrechnet, an den meisten Orten wenig über drei Wagenbreiten hat.

Die Seitenerhöhungen sind alle mit Gerüsten versperrt, mit Stühlen besetzt und viele Zuschauer haben schon ihre Plätze eingenommen. An Gerüsten und Stühlen geht ganz nahe eine Wagenreihe hinunter und an der andern Seite hinauf. Die Fußgänger sind in einer Breite von höchstens acht Fuß zwischen den beiden Reihen eingeschlossen; jeder drängt sich hin- und herwärts so gut er kann, und von allen Fenstern und Balconen sieht wieder eine gedrängte Menge auf das Gedränge herunter.

In den ersten Tagen sieht man meist nur die gewöhnlichen Equipagen; denn wer verspart auf die folgenden, was er Zierliches oder Prächtiges allenfalls aufführen will. Gegen Ende des Carnevals kommen mehr offene Wagen zum Vorschein, deren einige sechs Sitze haben: zwei Damen sitzen erhöht gegen einander über, so daß man ihre ganze Gestalt sehen kann, vier Herren nehmen die vier übrigen Sitze der Winkel ein, Kutscher und Bediente sind maskirt, die Pferde mit Flor und Blumen geputzt.

Oft steht ein schöner, weißer, mit rosenfarbnen Bändern gezierter Pudel dem Kutscher zwischen den Füßen, an dem Geschirre klingen

Schellen, und die Aufmerksamkeit des Publicums wird einige Augenblicke auf diesen Aufzug geheftet.

Man kann leicht denken, daß nur schöne Frauen sich so vor dem ganzen Volke zu erhöhen wagen, und daß nur die Schönste ohne Gesichtsmaske sich sehen läßt. Wo sich denn aber auch der Wagen nähert, der gewöhnlich langsam genug fahren muß, sind alle Augen darauf gerichtet, und sie hat die Freude, von manchen Seiten zu hören: O quanto è bella!

Ehemals sollen diese Prachtwagen weit häufiger und kostbarer, auch durch mythologische und allegorische Vorstellungen interessanter gewesen seyn; neuerdings aber scheinen die Vornehmern, es sey nun aus welchem Grunde es wolle, verloren in dem Ganzen, das Vergnügen, das sie noch bei dieser Feierlichkeit finden, mehr genießen, als sich vor andern auszuzeichnen zu wollen.

Je weiter das Carneval vorrückt, desto lustiger sehen die Equipagen aus.

Selbst ernsthafte Personen, welche unmaskirt in den Wagen sitzen, erlauben ihren Kutschern und Bedienten, sich zu maskiren. Die Kutscher wählen meistentheils die Frauentracht, und in den letzten Tagen scheinen nur Weiber die Pferde zu regieren. Sie sind oft anständig, ja reizend gekleidet; dagegen macht denn auch ein breiter häßlicher Kerl, in völlig neumodischem Putz, mit hoher Frisur und Federn, eine große Caricatur; und wie jene Schönheiten ihr Lob zu hören hatten, so muß er sich gefallen lassen, daß ihm einer unter die Nase tritt und ihn parirt: O credete mio, che brutta puttana sei![1]

Gewöhnlich erzeigt der Kutscher einer oder einem Paar seiner Freundinnen den Dienst, wenn er sie im Gedränge antrifft, sie auf den Bock zu heben. Diese sitzen denn gewöhnlich in Mannstracht an seiner Seite, und oft gaukeln dann die niedlichen Pulcinellchen mit kleinen Flüschen und losen Knitzchen den Vorübergehenden um die Köpfe.

Eben so machen es die Bedienten und nehmen ihre Freunde und Freundinnen hinten auf den Wagen, und es fehlt nichts, als daß sie sich noch, wie auf die Englischen Landkutschen, oben auf den Kasten setzten.

[O wie schön ist das!] Pardon, was bist du für ein häßlicher Schatten.

Die Herrschaften selbst scheinen es gerne zu sehen, wenn ihre Wagen recht bepackt sind; alles ist in diesen Tagen vergönnt und schicklich.

Gedränge.

Man werfe nun einen Blick über die lange und schmale Straße, wo von allen Balkonen und aus allen Fenstern, über lang herab-hängende bunte Teppiche, gedrängte Zuschauer auf die mit Zuschauern angefüllten Gerüste, auf die langen Reihen besetzter Stühle an beiden Seiten der Straßen heruntersschauen. Zwei Reihen Kutschen bewegen sich langsam in dem mittlern Raum, und der Platz, den allenfalls eine dritte Kutsche einnehmen könnte, ist ganz mit Menschen ausgefüllt, welche nicht hin und wieder gehen, sondern sich hin und wieder schieben. Da die Kutschen, so lang als es nur möglich ist, sich immer ein wenig von einander ab halten, um nicht bei jeder Stockung gleich auf einander zu fahren, so wagen sich viele der Fußgänger, um nur einigermaßen Luft zu schöpfen, aus dem Gedränge der Mitte zwischen die Räder des vorausfahrenden und die Deichsel und Pferde des nachfahrenden Wagens; und je größer die Gefahr und Beschwerlichkeit der Fußgänger wird, desto mehr scheint ihre Laune und Kühnheit zu steigen.

Da die meisten Fußgänger, welche zwischen den beiden Kutschen-reihen sich bewegen, um ihre Glieder und Kleidungen zu schonen, die Räder und Achsen sorgfältig vermeiden, so lassen sie gewöhnlich mehr Platz zwischen sich und den Wagen, als nöthig ist; wer nun mit der langsamen Masse sich fortzubewegen nicht länger ausstehen mag, und Muth hat, zwischen den Rädern und Fußgängern, zwischen der Gefahr und dem, der sich davor fürchtet, durchzuschlüpfen, der kann in kurzer Zeit einen großen Weg zurücklegen, bis er sich wieder durch ein anderes Hinderniß aufgehalten sieht.

Schon gegenwärtig scheint unsere Erzählung außer den Gränzen des Glaubwürdigen zu schreiten, und wir würden kaum wagen fortzufahren, wenn nicht so viele, die dem Römischen Carneval beigewohnt, bezeugen könnten, daß wir uns genau an der Wahrheit gehalten, und wenn es nicht ein Fest wäre, das sich jährlich wiederholt und das von manchem, mit diesem Buche in der Hand, künftig betrachtet werden wird.

Denn was werden unsere Leser sagen, wenn wir ihnen erklären, alles bisher Erzählte sey nur gleichsam der erste Grad des Gedränges, des Getümmels, des Lärmens und der Ausgelassenheit?

Zug des Gouverneurs und Senators.

Indem die Kutschen sachte vorwärts rücken, und, wenn es eine Stockung giebt, stille halten, werden die Fußgänger auf mancherlei Weise geplagt.

Einzeln reitet die Garde des Papstes durch das Gedränge hin und wieder, um die zufälligen Unordnungen und Stockungen der Wagen in's Gleis zu bringen, und indem einer den Kutschpferden ausweicht, fühlt er, ehe er sich's versieht, den Kopf eines Reitpferdes im Nacken; allein es folgt eine größere Unbequemlichkeit.

Der Gouverneur fährt in einem großen Staatswagen mit einem Gefolge von mehreren Kutschen durch die Mitte zwischen den beiden Reihen der übrigen Wagen durch. Die Garde des Papstes und die vorausgehenden Bedienten warnen und machen Platz; und dieser Zug nimmt für den Augenblick die ganze Breite ein, die kurz vorher den Fußgängern noch übrig blieb. Sie drängen sich, so gut sie können, zwischen die übrigen Wagen hinein, und auf eine oder die andere Weise bei Seite. Und wie das Wasser, wenn ein Schiff durchfährt, sich nur einen Augenblick trennt, und hinter dem Steuerruder gleich wieder zusammenstürzt, so strömt auch die Masse der Masken und der übrigen Fußgänger hinter dem Zuge gleich wieder in Eins zusammen. Nicht lange, so stört eine neue Bewegung die gedrängte Gesellschaft.

Der Senator rückt mit einem ähnlichen Zuge heran; sein großer Staatswagen und die Wagen seines Gefolges schwimmen wie auf den Köpfen der erdrückten Menge, und wenn jeder Einheimische und Fremde von der Liebenswürdigkeit des gegenwärtigen Senators, des Prinzen Rezzonico, eingenommen und bezaubert wird, so ist vielleicht dieses der einzige Fall, wo eine Masse von Menschen sich glücklich preis't, wenn er sich entfernt.

Wenn diese beiden Züge der ersten Gerichts- und Polizeiherren von Rom, nur um das Carneval feierlich zu eröffnen, den ersten Tag durch den Corso gedrungen waren, fuhr der Herzog von Albanien täglich, zu großer Unbequemlichkeit der Menge, gleichfalls diesen Weg, und erinnerte zur Zeit der allgemeinen Mummerei die alte Beherrscherin der Könige an das Faßnachtsspiel seiner königlichen Prätensionen. Die Gesandten, welche das gleiche Recht haben, bedienen sich dessen sparsam und mit einer humanen Diskretion.

Schöne Welt am Palast Ruspoli.

Aber nicht allein durch diese Züge wird die Circulation des Corso unterbrochen und gehindert; am Palast Ruspoli und in dessen Nähe, wo die Straße um nichts breiter wird, sind die Pflastersteige an beiden Seiten mehr erhöht. Dort nimmt die schöne Welt ihren Platz, und alle Stühle sind bald besetzt oder besprochen. Die schönsten Frauenzimmer der Mittelclasse, reizend maskirt, umgeben von ihren Freunden, zeigen sich dort dem vorübergehenden neugierigen Auge. Jeder, der in die Gegend kommt, verweilt, um die angenehmen Reihen zu durchschauen; jeder ist neugierig unter den vielen männlichen Gestalten, die dort zu sitzen scheinen, die weiblichen heraus zu suchen und vielleicht in einem niedlichen Officier den Gegenstand seiner Sehnsucht zu entdecken. Hier an diesem Flecke stockt die Bewegung zuerst, denn die Kutschen verweilen so lange sie können in dieser Gegend, und wenn man zuletzt halten soll, will man doch lieber in dieser angenehmen Gesellschaft bleiben.

Confetti.

Wenn unsere Beschreibung bisher nur den Begriff von einem engen, ja beinahe ängstlichen Zustande gegeben hat, so wird sie einen noch sonderbarern Eindruck machen, wenn wir ferner erzählen, wie diese gedrängte Lustbarkeit durch eine Art von kleinem, meist scherzhaftem, oft aber nur allzuernstlichem Kriege in Bewegung gesetzt wird.

Wahrscheinlich hat einmal zufällig eine Schöne ihren vorbeigehenden guten Freund, um sich ihm unter der Menge und Maske bemerklich zu machen, mit verzuckerten Körnern angeworfen, da denn nichts natürlicher ist, als daß der Getroffene sich umkehre, und die lose Freundin entdecke; dieses ist nun ein allgemeiner Gebrauch, und man sieht oft nach einem Wurfe ein Paar freundliche Gesichter sich einander begegnen. Allein man ist theils zu haushälterisch, um wirkliches Zuckerwerk zu verschwenden, theils hat der Mißbrauch desselben einen größern und wohlfeilern Vorrath nöthig gemacht.

Es ist nun ein eignes Gewerbe, **Gypspelllein,** durch den Trichter gemacht, die den Schein von Dragéen haben, in großen Körben zum Verkauf mitten durch die Menge zu tragen.

Niemand ist vor einem Angriff sicher; jedermann ist im Vertheidigungsstande, und so entsteht aus Muthwillen oder Nothwendigkeit, bald hier bald da ein Zweikampf, ein Scharmützel oder eine Schlacht. Fußgänger, Kutschenfahrer, Zuschauer aus Fenstern, von Gerüsten oder Stühlen, greifen einander wechselsweise an, und vertheidigen sich wechselsweise.

Die Damen haben vergoldete und versilberte Körbchen voll dieser Körner, und die Begleiter wissen ihre Schönen sehr wacker zu vertheidigen. Mit niedergelassenen Kutschenfenstern erwartet man den Angriff, man scherzt mit seinen Freunden, und wehrt sich hartnäckig gegen Unbekannte.

Nirgends aber wird dieser Streit ernstlicher und allgemeiner, als in der Gegend des Palastes Ruspoli. Alle Masken, die sich dort niedergelassen haben, sind mit Körbchen, Säckchen, zusammengebundnen Schnupftüchern versehen. Sie greifen öfter an, als sie angegriffen werden; keine Kutsche fährt ungestraft vorbei, ohne daß ihr nicht wenigstens einige Masken etwas anhängen. Kein Fußgänger ist vor ihnen sicher; besonders wenn sich ein Abbate im schwarzen Rocke sehen läßt, werfen alle von allen Seiten auf ihn, und weil Gyps und Kreide, wohin sie treffen, abfärben, so sieht ein solcher bald über und über weiß und grau punctiri aus. Oft aber werden die Händel sehr ernsthaft und allgemein, und man sieht mit Erstaunen, wie Eifersucht und persönlicher Haß sich freien Lauf lassen.

Unbemerkt schleicht sich eine vermummte Figur heran, und trifft mit einer Hand voll Confetti eine der ersten Schönheiten so heftig und so gerade, daß die Gesichtsmaske widerschallt, und ihr schöner Hals verletzt wird. Ihre Begleiter zu beiden Seiten werden heftig aufgereizt, aus ihren Körbchen und Säckchen stürmen sie gewaltig auf den Angreifenden los; er ist aber so gut vermummt, zu stark geharnischt, als daß er ihre wiederholten Würfe entzünden sollte. Je sicherer er ist, desto heftiger setzt er seinen Angriff fort; die Vertheidiger decken das Frauenzimmer mit den Tabarro's zu, und weil der Angreisende in der Heftigkeit des Streits auch die Nachbarn verletzt und überhaupt durch seine Grobheit und Ungestüm jedermann beleidigt, so nehmen die Umherfitzenden Theil an diesem Streit, sparen ihre Gypskörner nicht, und haben meistentheils auf solche Fälle eine etwas größere Munition, ungefähr wie verzuckerte Mandeln, in Reserve, wodurch der Angreisende zuletzt so zugedeckt und von allen Seiten her überfallen wird, daß ihm nichts als die Retraite übrig bleibt, besonders wenn er sich verschossen haben sollte.

Gewöhnlich hat einer, der auf ein solches Abenteuer ausgeht, einen Secundanten bei sich, der ihm Munition zusteckt, inzwischen daß die Männer, welche mit solchen Gypsconfetti handeln, während des Streits, mit ihren Körben geschäftig sind, und einem jeden, so viel Pfund er verlangt, eilig zuwiegen.

Wir haben selbst einen solchen Streit in der Nähe gesehen, wo zuletzt die Streitenden, aus Mangel an Munition, sich die vergoldeten Körbchen an die Köpfe warfen, und sich durch die Warnungen der Wachen, welche selbst heftig mit getroffen wurden, nicht abhalten ließen.

Gewiß würde mancher solche Handel mit Messerstichen sich endigen, wenn nicht die an mehreren Ecken aufgezogenen Corden, die bekannten Strafwerkzeuge Italiänischer Polizei, jeden mitten in der Lustbarkeit erinnerten, daß es in diesem Augenblicke sehr gefährlich sey, sich gefährlicher Waffen zu bedienen.

Unzählig sind diese Händel und die meisten mehr lustig, als ernsthaft.

So kommt z. E. ein offner Wagen voll Pulcinellen gegen Ruspoli heran. Er nimmt sich vor, indem er bei den Zuschauern vorbeifährt, alle nach einander zu treffen; allein unglücklicherweise ist das Gedränge zu groß, und er bleibt in der Mitte stecken. Die ganze Gesellschaft wird auf einmal Eines Sinnes, und von allen Seiten hagelt es auf den Wagen los. Die Pulcinelle verschießen ihre Munition, und bleiben eine gute Weile dem kreuzenden Feuer von allen Seiten ausgesetzt, so daß der Wagen am Ende ganz wie mit Schnee und Schloßen bedeckt, unter einem allgemeinen Gelächter und von Tönen des Mißbilligens begleitet, sich langsam entfernt.

Dialog am obern Ende des Corso.

Indeſſen in dem Mittelpunkte des Corſo dieſe lebhaften und heftigen Spiele einen großen Theil der ſchönen Welt beſchäftigen, findet ein andrer Theil des Publicums an dem obern Ende des Corſo eine andere Art von Unterhaltung.

Unweit der Franzöſiſchen Akademie tritt in Spaniſcher Tracht, mit Federhut, Degen und großen Handſchuhen, unverſehens mitten aus den von einem Gerüſte zuſchauenden Masken der ſogenannte Capitano des Italiäniſchen Theaters auf, und fängt an, ſeine großen Thaten zu Land und Waſſer in emphatiſchem Ton zu erzählen. Es währt nicht lange, ſo erhebt ſich gegen ihm über ein Pulcinell; bringt Zweifel und Einwendungen vor, und indem er ihm alles zuzugeben ſcheint, macht er die Großſprecherei jenes Helden durch Wortſpiele und eingeſchobene Plattheiten lächerlich.

Auch hier bleibt jeder Vorbeigehende ſtehen, und hört dem lebhaften Wortwechſel zu.

Pulcinellen-König.

Ein neuer Aufzug vermehret oft das Gedränge. Ein Dutzend Pulcinelle thun ſich zuſammen, erwählen einen König, krönen ihn, geben ihm ein Scepter in die Hand, begleiten ihn mit Muſik, und führen ihn unter lautem Geſchrei auf einem verzierten Wägelchen den Corſo herauf. Alle Pulcinelle ſpringen herbei, wie der Zug vorwärts geht, vermehren das Gefolge, und machen ſich mit Geſchrei und Schwenken der Hüte Platz.

Alsdann bemerkt man erſt, wie jeder dieſe allgemeine Maske zu vermannichfaltigen ſucht. Der eine trägt eine Perrücke, der andere eine Weiberhaube zu ſeinem bärtigen Geſicht, der dritte hat ſtatt der Mütze einen Käfig auf dem Kopfe, in welchem ein paar Vögel, als Abbate und Dame gekleidet, auf dem Stängelchen hin und wieder hüpfen.

Nebenſtraßen.

Das entſetzliche Gedränge, das wir unſern Leſern ſo viel als möglich zu vergegenwärtigen geſucht haben, zwingt natürlicherweiſe eine

Menge Masken aus dem Corso hinaus in die benachbarten Straßen. Da gehen verliebte Paare ruhiger und vertrauter zusammen, da finden lustige Gesellen Platz, allerlei tolle Schauspiele vorzustellen.

Eine Gesellschaft Männer in der Sonntagstracht des gemeinen Volkes, in kurzen Wämsern mit goldbesetzten Westen darunter, die Haare in ein lang herunter hängendes Netz gebunden, gehen mit jungen Leuten, die sich als Weiber verkleidet haben, hin und wieder spazieren. Eine von den Frauen scheint hochschwanger zu seyn, sie gehen friedlich auf und nieder. Auf einmal entzweien sich die Männer, es entsteht ein lebhafter Wortwechsel, die Frauen mischen sich hinein, der Handel wird immer ärger, endlich ziehen die Streitenden große Messer von versilberter Pappe und fallen einander an. Die Weiber halten sie mit gräßlichem Geschrei aus einander, man zieht den einen da, den andern dort hin, die Umstehenden nehmen Theil, als wenn es Ernst wäre, man sucht jede Partei zu besänftigen.

Indessen befindet sich die hochschwangere Frau durch den Schrecken übel; es wird ein Stuhl herbei gebracht, die übrigen Weiber stehen ihr bei, sie gebärdet sich jämmerlich, und ehe man sich's versieht, bringt sie zu großer Ergötzigung der Umstehenden irgend eine unförmliche Gestalt zur Welt. Das Stück ist aus, und die Truppe zieht weiter, um dasselbe oder ein ähnliches Stück an einem andern Platz vorzustellen.

So spielt der Römer, dem die Mordgeschichten immer vor der Seele schweben, gern bei jedem Anlaß mit den Ideen von Ammazziren. Sogar die Kinder haben ein Spiel, daß sie Chiesa nennen, welches mit unserm Frischauf in allen Ecken übereinkommt, eigentlich aber einen Mörder vorstellt, der sich auf die Stufe einer Kirche geflüchtet hat; die übrigen stellen die Sbirren vor und suchen ihn auf allerlei Weise zu fangen, ohne jedoch den Schutzort betreten zu dürfen.

So geht es denn in den Seitenstraßen, besonders der Strada Babuina und auf dem Spanischen Platze ganz lustig zu.

Auch kommen die Quacqueri zu Schaaren, um ihre Galanterien freier anzubringen.

Sie haben ein Manövre, welches jeden zu lachen macht. Sie kommen zu zwölf Mann hoch, ganz strack auf den Zehen, mit kleinen und schnellen Schritten anmarschirt, formiren eine sehr gerade Fronte; auf einmal, wenn sie auf einen Platz kommen, bilden sie, mit rechts oder links um, eine Colonne und trippeln nun hinter einander weg. Auf einmal wird, mit rechts um, die Fronte wieder hergestellt, und so geht's eine Straße hinein: dann, ehe man sich's versieht, wieder links um: die Colonne ist wie an einen Spieß zu einer Hausthüre hineingeschoben und die Thoren sind verschwunden.

Abend.

Nun geht es nach dem Abend zu, und alles drängt sich immer mehr in den Corso hinein. Die Bewegung der Kutschen stockt schon lange, ja es kann geschehen, daß zwei Stunden vor Nacht schon kein Wagen mehr von der Stelle kann.

Die Garde des Papstes und die Wachen zu Fuß sind nun beschäftigt, alle Wagen, so weit es möglich, von der Mitte ab und in eine ganz gerade Reihe zu bringen, und es giebt bei der Menge hier mancherlei Unordnung und Verdruß. Da wird gehußt, geschoben, gehoben, und indem einer hußt, müssen alle hinter ihm auch zurückweichen, bis einer zuletzt so in die Klemme kommt, daß er mit seinen Pferden in die Mitte hineinlenken muß. Alsdann geht das Schelten der Garde, das Fluchen und Drohen der Wache an.

Vergebens, daß der unglückliche Kutscher die augenscheinliche Unmöglichkeit darthut; es wird auf ihn hineingescholten und gedroht, und entweder er muß sich wieder fügen, oder, wenn ein Nebengäßchen in der Nähe ist, muß er ohne Verschulden aus der Reihe hinaus. Gewöhnlich sind die Nebengäßchen auch mit haltenden Kutschen besetzt, die zu spät kamen und, weil der Umgang der Wagen schon in's Stocken gerathen war, nicht mehr einfallen konnten.

Vorbereitung zum Wettrennen.

Der Augenblick des Wettrennens der Pferde nähert sich nun immer mehr, und auf diesen Augenblick ist das Interesse so vieler tausend Menschen gespannt.

Die Verleiher der Stühle, die Unternehmer der Gerüste vermehren nun ihr anbietendes Geschrei: Luoghi! Luoghi avanti! Luoghi nobili! Luoghi l'adroni! [1] Es ist darum zu thun, daß ihnen wenigstens in

---

[1] Siehe oben S. 524.

diesen letzten Augenblicken, auch gegen ein geringeres Geld, alle Plätze besetzt werden.

Und glücklich, daß hier und da noch Platz zu finden ist: denn der General reitet nunmehr mit einem Theil der Garde den Corso zwischen den beiden Reihen der Kutschen herunter, und verdrängt die Fußgänger von dem einzigen Raum, der ihnen noch übrig blieb. Jeder sucht alsdann noch einen Stuhl, einen Platz auf einem Gerüste, auf einer Kutsche, zwischen den Wagen, oder bei Bekannten an einem Fenster zu finden, die denn nun alle von Zuschauern über und über strotzen.

Indessen ist der Platz vor dem Obelisk ganz vom Volke gereinigt worden, und gewährt vielleicht einen der schönsten Anblicke, welche in der gegenwärtigen Welt gesehen werden können.

Die drei mit Teppichen behängten Façaden der oben beschriebenen Gerüste schließen den Platz ein. Viele tausend Köpfe schauen über einander hervor und geben das Bild eines alten Amphitheaters oder Circus. Ueber dem mittelsten Gerüste steigt die ganze Länge des Obelisks in die Luft; denn das Gerüste bedeckt nur sein Piedestal, und man bemerkt nun erst seine ungeheure Höhe, da er der Maßstab einer so großen Menschenmasse wird.

Der freie Platz läßt dem Auge eine schöne Ruhe, und man sieht die leeren Schranken mit dem vorgespannten Seile voller Erwartung.

Nun kommt der General den Corso herab, zum Zeichen, daß er gereiniget ist, und hinter ihm erlaubt die Wache niemanden, aus der Reihe der Kutschen hervorzutreten. Er nimmt auf einer der Logen Platz.

Ehrenmänner.

Nun werden die Pferde nach gelooster Ordnung von geputzten Stallknechten in die Schranken hinter das Seil geführt. Sie haben kein Zeug noch sonst eine Bedeckung auf dem Leibe. Man heftet ihnen hier und da Stachelkugeln mit Schnüren an den Leib, und bedeckt die Stelle, wo sie spornen sollen, bis zum Augenblicke mit Leder; auch klebt man ihnen große Blätter Rauschgold an.

Sie sind meist schon wild und ungeduldig, wenn sie in die Schranken gebracht werden, und die Reitknechte brauchen alle Gewalt und Geschicklichkeit, um sie zurück zu halten.

Die Begierde, den Lauf anzufangen, macht sie unbändig, die Gegenwart so vieler Menschen macht sie scheu. Sie hauen oft in die benachbarte Schranke hinüber, oft über das Seil, und diese Bewegung und Unordnung vermehrt jeden Augenblick das Interesse der Erwartung.

Die Stallknechte sind im höchsten Grade gespannt und aufmerksam, weil in dem Augenblicke des Abrennens die Geschicklichkeit des Loslassenden, so wie zufällige Umstände, zum Vortheile des einen oder des andern Pferdes entscheiden können.

Endlich fällt das Seil und die Pferde rennen los.

Auf dem freien Platze suchen sie noch einander den Vorsprung abzugewinnen, aber wenn sie einmal in den engen Raum zwischen die beiden Reihen Kutschen hineinkommen, wird meist aller Wetteifer vergebens.

Ein Paar sind gewöhnlich voraus, die alle Kräfte anstrengen. Ungeachtet der gestreuten Puzzolane giebt das Pflaster Feuer, die Mähnen fliegen, das Rauschgold rauscht, und kaum, daß man sie erblickt, sind sie vorbei. Die übrige Heerde hindert sich unter einander, indem sie sich drängt und treibt; spät kommt manchmal noch eins nachgesprengt, und die zerrissenen Stücke Rauschgold flattern einzeln auf der verlassenen Spur. Bald sind die Pferde allem Nachschauen verschwunden, das Volk drängt zu und füllt die Laufbahn wieder aus.

Schon warten andere Stallknechte am Venetianischen Palaste auf die Ankunft der Pferde. Man weiß sie in einem eingeschlossenen Bezirk auf gute Art zu fangen und fest zu halten. Dem Sieger wird der Preis zuerkannt.

So endigt sich diese Feierlichkeit mit einem gewaltsamen, blitzschnellen, augenblicklichen Umstand, auf den so viele tausend Menschen eine ganze Weile gespannt waren, und wenige können sich Rechenschaft geben, warum sie den Moment erwarteten, und warum sie sich daran ergötzten.

Nach der Folge unserer Beschreibung sieht man leicht ein, daß dieses Spiel den Thieren und Menschen gefährlich werden könne. Wir wollen nur einige Fälle anführen: Bei dem engen Raume zwischen den Wagen darf nur ein Hinterrad ein wenig herauswärts stehen, und zufälliger Weise hinter diesem Wagen ein etwas breiter Raum seyn. Ein Pferd, das mit den andern gedrängt herbeieilt, sucht den erweiterten Raum zu nützen, springt vor, und trifft grade auf das herausstehende Rad.

Wir haben selbst einen Fall gesehen, wo ein Pferd von einem solchen Chor niederstürzte, drei der folgenden über das erste hinaus-fielen, sich überschlugen und die letzten glücklich über die gefallnen weg-sprangen und ihre Reise fortsetzten.

Oft bleibt ein solches Pferd auf der Stelle todt, und mehrmals haben Zuschauer, unter solchen Umständen, ihr Leben eingebüßt. Eben so kann ein großes Unheil entstehen, wenn die Pferde umkehren.

Es ist vorgekommen, daß boshafte, neidische Menschen einem Pferde, das einen großen Vorsprung hatte, mit dem Mantel in die Augen schlugen, und es dadurch umzulehren und an die Seite zu rennen zwangen. Noch schlimmer ist es, wenn die Pferde auf dem Venetiani-schen Platze nicht glücklich aufgefangen werden; sie lehren alsdann un-aufhaltsam zurück, und weil die Laufbahn vom Volke schon wieder aus-gefüllt ist, richten sie manches Unheil an, das man entweder nicht erfährt oder nicht achtet.

Aufgehobne Ordnung.

Gewöhnlich laufen die Pferde mit einbrechender Nacht erst ab. So-bald sie oben bei dem Venetianischen Palast angelangt sind, werden kleine Mörser gelös't; dieses Zeichen wird in der Mitte des Corso wieder-holt, und in der Gegend des Obelisken das letztemal gegeben.

In diesem Augenblicke verläßt die Wache ihren Posten, die Ord-nung der Kutschenreihen wird nicht länger gehalten, und gewiß ist dieses selbst für den Zuschauer, der ruhig an seinem Fenster steht, ein ängstlicher und verdrießlicher Zeitpunkt, und es ist werth, daß man einige Bemerkungen darüber mache.

Wir haben schon oben gesehen, daß die Epoche der einbrechenden Nacht, welche so vieles in Italien entscheidet, auch die gewöhnlichen sonn- und festtägigen Spazierfahrten auflöset. Dort sind keine Wachen, und keine Garden, es ist ein altes Herkommen, eine allgemeine Con-vention, daß man in gebührender Ordnung auf und ab fahre; aber sobald Ave Maria geläutet wird, läßt sich niemand sein Recht nehmen, umzulehren, wann und wie er will. Da nun die Umfahrt im Carneval in derselben Straße und nach ähnlichen Gesetzen geschieht, obgleich hier die Menge und andere Umstände einen großen Unterschied machen, so will sich doch niemand sein Recht wehren lassen, mit einbrechender Nacht aus der Ordnung zu lenken.

Wenn wir nun auf das ungeheure Gedränge in dem Corso zurück-blicken, und die für einen Augenblick nur gereinigte Rennbahn gleich wieder mit Voll überschwemmt sehen, so schreiet uns Vernunft und Billigkeit das Gries einzugeben, daß eine jede Equipage nur suchen solle, in ihrer Ordnung, das nächste ihr braqueme Gäßchen zu erreichen und so nach Hause zu eilen.

Allein es lenken, gleich nach abgeschossenen Signalen, einige Wagen in die Mitte hinein, hemmen und verwirren das Fußvolk, und weil in dem engen Mittelraume es einem einfällt, hinunter, dem andern hinauf zu fahren, so können beide nicht von der Stelle, und hindern oft die Vernünftigern, die in der Reihe geblieben sind, auch vom Platz zu kommen.

Wenn nun gar ein zurückkehrendes Pferd auf einen solchen Knoten trifft, so vermehrt sich Gefahr, Unheil und Verdruß von allen Seiten.

Nacht.

Und doch entwickelt sich diese Verwirrung, zwar später, aber meistens glücklich. Die Nacht ist eingetreten und ein jedes wünscht sich zu einiger Ruhe Glück.

Theater.

Alle Gerüchtsmäuler sind von dem Augenblick an abgelegt, und ein großer Theil des Publikums eilt nach dem Theater. Nur in den Logen sieht man allenfalls noch Tabarro's und Damen in Maskenkleidern; das ganze Parterre zeigt sich wieder in bürgerlicher Tracht.

Die Theater Aliberti und Argentina geben ernsthafte Opern mit eingeschobenen Balletten; Valle und Capranica Komödien und Tragödien mit komischen Opern als Intermezzo; Pace ohne ihnen, vielleicht unvollkommner, nach, und so giebt es, bis zum Puppenspiel und zur Seiltänzerbude herunter, noch manche subordinirte Schauspiele.

Das große Theater Tordenone, das einmal abbrannte, und da man es wieder aufgebauet hatte, gleich zusammenstürzte, unterhält nun

leiden das Volk nicht mehr mit seinen Haupt- und Staatsactionen und andern wunderbaren Vorstellungen.

Die Leidenschaft der Römer für das Theater ist groß und war ehmals in der Carnevalszeit noch heftiger, weil sie in dieser einzigen Epoche befriedigt werden konnte. Gegenwärtig ist wenigstens ein Schauspielhaus auch im Sommer und Herbst offen, und das Publicum kann seine Lust den größten Theil des Jahres durch einigermaßen befriedigen. Es würde uns hier zu sehr von unserm Zwecke abführen, wenn wir uns in eine umständliche Beschreibung der Theater, und was die Römischen allenfalls Besonderes haben möchten, hier einlassen wollten. Unsre Leser erinnern sich, daß an andern Orten von diesem Gegenstande gehandelt worden.

Festine.

Gleichfalls werden wir von den sogenannten Festinen wenig zu erzählen haben; es sind dieses große masquirte Bälle, welche in dem schön erleuchteten Theater Aliberti einigemal gegeben werden.

Auch hier werden Tabarro's sowohl von den Herren als Damen für die anständigste Maske gehalten, und der ganze Saal ist mit schwarzen Figuren angefüllt; wenige bunte Charaktermasken mischen sich drunter.

Desto größer ist die Neugierde, wenn sich einige edle Gestalten zeigen, die, wiewohl seltener, aus den verschiedenen Kunstepochen ihre Masken erwählen, und verschiedene Statuen, welche sich in Rom befinden, meisterlich nachahmen.

So zeigen sich hier Aegyptische Gottheiten, Priesterinnen, Bacchus und Ariadne, die tragische Muse, die Muse der Geschichte, eine Stadt, Vestalinnen, ein Consul, mehr oder weniger gut, und nach dem Costüme ausgeführt.

Tanz.

Die Tänze bei diesen Festen werden gewöhnlich in langen Reihen, nach Art der Englischen, getanzt; nur unterscheiden sie sich dadurch, daß sie in ihren wenigen Touren meistentheils etwas Charakteristisches pantomimisch

ausdrücken: zum Beispiel, es entzweien und versöhnen sich zwei Liebende,
sie schreiben und finden sich wieder.

Die Römer sind, durch die pantomimischen Ballete, an stark gezeichnete Gesticulation gewöhnt; sie lieben auch in ihren gesellschaftlichen
Tänzen einen Ausdruck, der uns übertrieben und affectirt scheinen würde.
Niemand wagt leicht zu tanzen, als wer es kunstmäßig gelernt hat;
besonders wird der Menuet ganz eigentlich als ein Kunstwerk betrachtet,
und nur von wenigen Paaren gleichsam aufgeführt. Ein solches Paar
wird dann von der übrigen Gesellschaft in einen Kreis eingeschlossen,
bewundert und am Ende applaudirt.

Morgen.

Wenn die galante Welt sich auf diese Weise bis an den Morgen
erlustiget, so ist man bei anbrechendem Tage schon wieder in dem Corso
beschäftigt, denselben zu reinigen und in Ordnung zu bringen. Besonders sorgt man, daß die Puzzolane in der Mitte der Straße gleich und
reinlich ausgebreitet werde.

Nicht lange, so bringen die Stallknechte das Rennpferd, das sich
gestern am schlachtetten gehalten, vor den Obelisk. Man setzt einen
kleinen Knaben darauf, und ein anderer Reiter, mit einer Peitsche,
treibt es vor sich her, so daß es alle seine Kräfte anstrengt, um seine
Bahn so geschwind als möglich zurückzulegen.

Ungefähr zwei Uhr Nachmittag, nach dem gegebenen Glockenzeichen,
beginnt jeden Tag der schon beschriebene Enkel des Festes. Die Spaziergänger finden sich ein, die Wache zieht auf, Balcone, Fenster, Gerüste
werden mit Teppichen behängt, die Masken vermehren sich und treiben
ihre Thorheiten, die Kutschen fahren auf und nieder, und die Straße
ist mehr oder weniger gedrängt, je nachdem die Witterung oder andere
Umstände günstig oder ungünstig ihren Einfluß zeigen. Gegen das Ende
des Carnevals vermehren sich, wie natürlich, die Zuschauer, die Masken,
die Wagen, der Putz und der Lärm. Nichts aber reicht an das Gedränge, an die Ausschweifungen des letzten Tages und Abends.

Letzter Tag.

Noch halten die Kutschenreihen schon zwei Stunden vor Nacht stille,
kein Wagen kann mehr von der Stelle, keiner aus den Seitengassen

nicht bereits öden. Die Gerüste und Stühle sind bereits besetzt, obgleich die Plätze theurer gehalten werden; jeder sucht auf's baldigste
unterzukommen, und man erwartet das Ablaufen der Pferde mit noch
größer Sehnsucht, als jemals.

Endlich rauscht auch dieser Augenblick vorbei. Die Zeichen werden
gegeben, daß das Feld geendigt sey; allein beede Wagen, auch Masken,
noch Zuschauer weichen aus der Stelle.

Alles ist ruhig, alles still, indem die Dämmerung sachte zunimmt.

Moccoli.

Kaum wird es in der engen und hohen Straße düster, so siehet
man hie und da Lichter erscheinen, an den Fenstern, auf den Gerüsten
sich bewegen und in kurzer Zeit die Circulation des Feuers dergestalt
sich verbreiten, daß die ganze Straße von brennenden Wachskerzen erleuchtet ist.

Die Balcone sind mit durchsichtigen Papierlaternen verziert, jeder
hält seine Kerze zum Fenster heraus, alle Gerüste sind erhellt, und es
sieht sich gar artig in die Kutschen hinein, an deren Decken oft kleine
krystallne Armleuchter die Gesellschaft erhellen, indessen in einem andern
Wagen die Damen mit bunten Kerzen in den Händen zur Betrachtung
ihrer Schönheit gleichsam einzuladen scheinen.

Die Bedienten bestecken den Rand des Kutschendecks mit Kerzchen,
offne Wagen mit bunten Papierlaternen zeigen sich, unter den Fußgängern erscheinen manche mit hohen Lichterpyramiden auf den Köpfen,
andere haben ihr Licht auf zusammengebundene Rohre gesteckt, und erreichen mit einer solchen Ruthe, oft die Höhe von zwei, drei Stockwerken.

Nun wird es für einen jeden Pflicht, ein angezündetes Kerzchen in
der Hand zu tragen und die Favoritverwünschung der Römer sie anzumur-
zeln; hört man von allen Ecken und Enden wiederholen,

Sia ammazzato chi non porta moccolo. Ermordet werde, der
kein Lichtstümpchen trägt! ruft einer dem andern zu, indem er ihm
das Licht auszublasen sucht. Anzünden und ausblasen und ein unbändiges Geschrei: sia ammazzato! bringt nun bald Leben und Bewegung
und wechselseitiges Interesse unter die ungeheure Menge.

Ohne Unterschied, ob man Bekannte oder Unbekannte vor sich habe, sucht man nur immer das nächste Licht auszublasen, oder das seinige wieder anzuzünden und bei dieser Gelegenheit das Licht des Anzündenden auszulöschen. Und je stärker das Gebrüll sia ammazzato von allen Enden widerhallt, desto mehr verliert das Wort von seinem fürchterlichen Sinn, desto mehr vergißt man, daß man in Rom sey, wo diese Verwünschung, um einer Kleinigkeit willen, in kurzem an einem und dem andern erfüllt werden kann.

Die Bedeutung des Ausdrucks verliert sich nach und nach gänzlich. Und wie wir in andern Sprachen oft Flüche und unanständige Worte zum Zeichen der Bewunderung und Freude gebrauchen hören, so wird sia ammazzato diesen Abend zum Losungswort, zum Freudengeschrei, zum Refrain aller Scherze, Neckereien und Complimente.

So hören wir spotten: sia ammazzato il Signore Abbate che fa l'amore. Oder einen vorbeigehenden guten Freund anrufen: Sia ammazzato il Signore Filippo. Oder Schmeichelei und Compliment damit verbinden: Sia ammazzata la bella Principessa! Sia ammazzata la Signora Angelica la prima pittrice del secolo.[1]

Alle diese Phrasen werden heftig und schnell mit einem langen haltenden Ton auf der vorletzten oder drittletzten Sylbe ausgerufen. Unter diesem unaufhörlichen Geschrei geht das Ausblasen und Anzünden der Kerzen immer fort. Man begegne jemandem im Haus, auf der Treppe, es sey eine Gesellschaft im Zimmer beisammen, aus einem Fenster ans benachbarte, überall sucht man über den andern zu gewinnen, und ihm das Licht auszulöschen.

Alle Stände und Alter toben gegen einander, man steigt auf die Tritte der Kutschen, kein Hängeleuchter, kaum die Laternen sind sicher, der Knabe löscht dem Vater das Licht aus und hört nicht auf zu schreien: sia ammazzato il Signore Padre![2] Vergebens, daß ihm der Alte diese Unanständigkeit verweis't; der Knabe behauptet die Freiheit dieses Abends, und verwünscht nur seinen Vater desto ärger. Wie nun an beiden Enden des Corso sich bald das Getümmel verliert, desto unbändiger häuft sich's nach der Mitte zu, und dort entsteht ein Gedränge, das alle Begriffe

[1] Ermordet werde der verliebte Herr Abbate — der Herr Filippo — die schöne Prinzessin — Frau Angelica (Kaufmann) die erste Malerin des Jahrhunderts!

[2] Ermordet werde der Herr Vater!

übersteigt, ja das selbst die lebhafteste Erinnerungskraft sich nicht wieder vergegenwärtigen kann.

Niemand vermag sich mehr von dem Platze, wo er steht oder sitzt, zu rühren; die Wärme so vieler Menschen, so vieler Lichter, der Dampf so vieler immer wieder ausgeblasenen Kerzen, das Geschrei so vieler Menschen, die aus vollem Halse brüllen, je weniger sie sich ein Glied rühren können, machen zuletzt selbst den gesündesten Sinn schwindeln; es scheint unmöglich, daß nicht manches Unglück geschehen, daß die Kutschpferde nicht wild, nicht manche gequetscht, gedruckt oder sonst beschädigt werden sollten.

Und doch, weil sich endlich jeder weniger oder mehr hinweg sehnt, jeder ein Gäßchen, an das er gelangen kann, einschlägt, oder auf dem nächsten Platze freie Luft und Erholung sucht, läßt sich die Masse auch auf, schmilzt von den Enden nach der Mitte zu, und dieses Fest allgemeiner Freiheit und Lustverbundenheit, dieses moderne Saturnal, endigt sich mit einer allgemeinen Betäubung.

Das Volk eilt nun, sich bei einem wohlbereiteten Schmause an dem kaum verbotenen Fleische bis Mitternacht zu ergötzen, die feinere Welt nach den Schauspielhäusern, um dort von den sehr abgekürzten Theaterstücken Abschied zu nehmen, und auch diesen Freuden macht die heran nahende Mitternachtstunde ein Ende.

Aschermittwoch.

So ist denn ein ausschweifendes Fest, wie ein Traum, wie ein Mährchen vorüber, und es bleibt dem Theilnehmer vielleicht weniger davon in der Seele zurück, als unsern Lesern, vor deren Einbildungskraft und Verstand wir das Ganze in seinem Zusammenhange gebracht haben.

Wenn uns während des Laufs dieser Thorheiten der rohe Pulcinell ungebührlich an die Freuden der Liebe erinnert, denen wir unser Dasein zu danken haben, wenn eine Baubo auf öffentlichem Platze die Geheimnisse der Gebärerin entweiht, wenn so viele nächtlich angezündete Kerzen uns an die letzte Feierlichkeit erinnern, so werden wir mitten unter dem Unsinne auf die wichtigsten Scenen unsers Lebens aufmerksam gemacht.

Noch mehr erinnert uns die schmale, lange, gedrängt volle Straße an die Wege des Weltlebens, wo jeder Zuschauer und Theilnehmer mit freiem Gesicht oder unter der Maske, vom Balcon oder vom Gerüste, nur einen geringen Raum vor und neben sich übersieht, in der Kutsche oder zu Fuße, nur Schritt für Schritt vorwärts kommt, mehr geschoben wird, als geht, mehr aufgehalten wird, als willig stille steht, nur eifriger dahin zu gelangen sucht, wo es besser und froher zugeht, und dann auch da wieder in die Enge kommt, und zuletzt verdrängt wird.

Dürfen wir fortfahren, ernsthafter zu sprechen, als es der Gegenstand zu erlauben scheint, so bemerken wir: daß die lebhaftesten und höchsten Vergnügen, wie die vorbeifliegenden Pferde, nur einen Augenblick uns erscheinen, uns rühren und kaum eine Spur in der Seele zurücklassen, daß Freiheit und Gleichheit nur in dem Taumel des Wahnsinns genossen werden können, und daß die größte Lust nur dann am höchsten reizt, wenn sie sich ganz nahe an die Gefahr drängt, und lüstern ängstlich süße Empfindungen in ihrer Nähe genießet.

Und so hätten wir, ohne selbst daran zu denken, auch unser Carneval mit einer Aschermittwochsbetrachtung geschlossen, wodurch wir keinen unsrer Leser traurig zu machen fürchten. Vielmehr wünschen wir, daß jeder mit uns, da das Leben im Ganzen, wie das Römische Carneval, unübersehlich, ungenießbar, ja bedenklich bleibt, durch diese unbekümmerte Maskengesellschaft an die Wichtigkeit jedes augenblicklichen, oft geringscheinenden Lebensgenusses erinnert werden möge.

Februar.

Correspondenz.

Rom, den 1. Februar 1788.

Wie froh will ich seyn, wenn die Narren künftigen Dienstag Abend zur Ruhe gebracht werden. Es ist eine entsetzliche Seccatur, andere toll zu sehen, wenn man nicht selbst angesteckt ist.

So viel als möglich war, habe ich meine Studien fortgesetzt; auch ist Claudine gerückt, und wenn nicht alle Genii ihre Hülfe versagen, so geht heute über acht Tage der dritte Act an Herdern ab, und so wäre ich den fünften Band los. Dann geht eine neue Noth an, worin mir niemand rathen noch helfen kann. Tasso muß umgearbeitet werden; was da steht, ist zu nichts zu brauchen, ich kann weder so endigen, noch alles wegwerfen. Solche Mühe hat Gott den Menschen gegeben!

Der sechste Band enthält wahrscheinlich Tasso, Lila, Jery und Bätely, alles um- und ausgearbeitet, daß man es nicht mehr kennen soll.

Zugleich habe ich meine kleinen Gedichte durchgesehen, und an den achten Band gedacht, den ich vielleicht vor dem siebenten herausgebe. Es ist ein wunderlich Ding, so ein Summa Summarum seines Lebens zu ziehen. Wie wenig Spur bleibt doch von einer Existenz zurück!

Hier sehen sie mich mit den Uebersetzungen meines Werthers, und fragen mir sie und fragen, welches die beste sey, und ob auch alles wahr sey! Das ist nun ein Unheil, was mich bis nach Indien verfolgen würde.

Rom, den 6. Februar 1788.

Hier ist der dritte Act Claudinens; ich wünsche, daß er Dir nur die Hälfte so wohl gefallen möge, als ich vergnügt bin, ihn geendigt zu haben. Da ich nun die Bedürfnisse des lyrischen Theaters genauer kenne, habe ich gesucht, durch manche Aufopferungen dem Componisten und Acteur entgegen zu arbeiten. Das Zeug, worauf gestickt werden soll, muß weite Säden haben, und zu einer komischen Oper muß es absolut wie Marli gewoben seyn. Doch hab' ich bei dieser, wie bei Erwin, auch für's Lesen gesorgt. Genug, ich habe gethan, was ich konnte.

Ich bin recht still und rein, und, wie ich Euch schon versichert habe, jedem Ruf bereit und ergeben. Zur bildenden Kunst bin ich zu alt, ob ich also ein bißchen mehr oder weniger pfusche, ist eins. Mein Durst ist gestillt, auf dem rechten Wege bin ich, der Betrachtung und dem Studiums, mein Genuß ist friedlich und genügsam. Zu dem allen gebt mir Euern Segen. Ich habe nichts Näheres nun, als meine drei letzten Theile zu endigen. Dann soll's an Wilhelm u. s. w.

Rom, den 9. Februar 1788.

Die Narren haben noch Montag und Dienstag was rechts ge-
lärmt. Besonders Dienstag Abends, wo die Raserei mit den Moccoli
in völligem Flor war. Mittwochs dankte man Gott und der Kirche für
die Fasten. Auf kein Festin (so nennen sie die Redouten) bin ich gekommen, ich bin fleißig, was nur mein Kopf halten will. Da der fünfte
Band absolvirt ist, will ich nur einige Kunststudien durcharbeiten, dann
gleich an den sechsten gehn. Ich habe diese Tage das Buch Leonard
da Vinci über die Malerei gelesen, und begreife jetzt, warum ich nie
etwas darin habe begreifen können.

O wie finde ich die Zuschauer so glücklich! die dünken sich so klug,
sie finden sich was rechts. So auch die Liebhaber, die Kenner. Du
glaubst nicht, was das ein behägliches Volk, indeß der gute Künstler
immer seinslaut bleibt. Ich habe aber auch neuerdings einen Ekel,
jemanden urtheilen zu hören, der nicht selbst arbeitet, daß ich es nicht
ausdrücken kann. Wie der Tabacksdampf macht mich eine solche Rede
auf der Stelle unbehäglich.

Angelica hat sich das Vergnügen gemacht, und zwei Gemälde gekauft. Eins von Tizian, das andere von Paris Bourdon.[1] Beide
von einem hohen Preis. Da sie so reich ist, daß sie ihre Renten nicht
verzehrt, und jährlich mehr dazu verdient, so ist es lobenswürdig, daß
sie etwas anschafft, das ihr Freude macht, und solche Sachen, die ihren
Kunsteifer erhöhen. Gleich, sobald sie die Bilder im Hause hatte, fing
sie an, in einer edlen Manier zu malen, um zu versuchen, wie man
gewisse Vortheile jener Meister sich eigen machen könne. Sie ist unermüdet, nicht allein zu arbeiten, sondern auch zu studiren. Mit ihr ist's
eine große Freude, Kunstsachen zu sehen.

Kayser geht auch als ein wackrer Künstler zu Werke. Seine Musik
zu Egmont avancirt stark. Noch habe ich nicht alles gehört. Mir scheint
jedes dem Endzweck sehr angemessen.

Er wird auch „Cupido löser u." componiren. Ich schicke
Dir's gleich, damit es oft zu meinem Labramen gesungen werde. Es ist
auch mein Bribliedchen.

---

[1] P. Bordone. Bourdon, ein Franzose, hieß mit Vornamen Sebastian,
der hier nicht gemeint ist.

Der Kopf ist mir wüste vom vielen Schreiben, Treiben und Denken. Ich werde nicht länger, fordere zu viel von mir, und lege mir zu viel auf.

Rom, den 16. Februar 1788.

Mit dem preußischen Courier erhielt ich vor einiger Zeit einen Brief von unserm Herzog, der so freundlich, lieb, gut und erfreulich war, als ich nicht leicht einen erhalten. Da er ohne Rückhalt schreiben konnte, so beschrieb er mir die ganze politische Lage, die seinige und so weiter. Ueber mich selbst erklärte er sich auf das liebreichste.

Rom, den 24. Februar 1788.

Wir haben diese Woche einen Fall gehabt, der das ganze Chor der Künstler in Betrübniß setzt. Ein Franzose, Namens Drouais, ein junger Mensch von etwa 25 Jahren, einziger Sohn einer zärtlichen Mutter, reich und schön gebildet, der unter allen studirenden Künstlern für den hoffnungsvollsten gehalten ward, ist an den Blattern gestorben. Es ist eine allgemeine Trauer und Bestürzung. Ich habe in seinem verlassenen Studio die lebensgroße Figur eines Philoktets gesehen, welcher mit einem Flügel eines erlegten Raubvogels den Schmerz seiner Wunde wehend fühlt. Ein schön gedachtes Bild, das in der Ausführung viel Verdienste hat, aber nicht fertig geworden.

Ich bin fleißig und vergnügt, und erwarte so die Zukunft. Täglich wird mir's deutlicher, daß ich eigentlich zur Dichtkunst geboren bin, und daß ich die nächsten zehn Jahre, die ich höchstens noch arbeiten darf, dieses Talent exerciren und noch etwas Gutes machen sollte, da mir das Feuer der Jugend manches ohne großes Studium gelingen ließ. Von meinem längern Aufenthalt in Rom werde ich den Vortheil haben, daß ich auf das Ausüben der bildenden Kunst Verzicht thue.

Angelica macht mir das Compliment: daß sie wenige in Rom kenne, die besser in der Kunst sähen als ich. Ich weiß recht gut, wo und was ich noch nicht sehe, und fühle wohl, daß ich immer zunehme, und was zu thun wäre, um immer weiter zu sehn. Genug, ich habe schon jetzt meinen Wunsch erreicht in einer Sache, zu der ich mich leidenschaftlich getragen fühle, nicht mehr blind zu sein.

Ein Gedicht: **Amor als Landschaftsmaler,** schick' ich Dir ehstens, und wünsche ihm gut Glück. Meine kleinen Gedichte hab' ich gesucht in eine gewisse Ordnung zu bringen, sie nehmen sich wunderlich aus. Die Gedichte auf Hans Sachs und auf Mieding's Tod schließen den ersten Band, und so meine Schriften für diesmal. Wenn sie mich indessen bei der Vorrede zur Ruhe bringen, so können diese beiden Gedichte statt Personalien und Placemalien gelten.

Morgen frühe ist päpstliche Capelle, und die sämtlichen alten Musiken fangen an, die nachher in der Charwoche auf den höchsten Grad des Interesse steigen. Ich will nun jeden Sonntag frühe hin, um mit dem Styl bekannt zu werden. Kayser, der diese Sache eigentlich studirt, wird mir den Sinn wohl darüber aufschließen. Wir erwarten mit jeder Post ein gedrucktes Exemplar der Gründonnerstags-Musik von Zürich, wo sie Kayser zurück ließ. Sie wird alsdann erst am Clavier gespielt, und dann in der Capelle gehört.

Der Redner.

Redner.

Wenn man einmal zum Künstler geboren ist und zur mancher Gegenstand der Kunstanschauung gejagt, so kann doch auch mitten unter dem Gewühle der Fastnachtslustbarkeiten und Albernheiten zu Gewissen. Es war das zweitemal, daß ich das Carneval sah, und es mußte mir bald auffallen, daß dieses Volksfest, wie ein anderes wiederkehren des Leben und Weben, seinen entschiedenen Verlauf habe.

Dadurch ward ich nun mit dem Geständniß versöhnt, ich ließ es an die ein anderes beruhendes Naturerzeugniß und Nationalereigniß; ich interessirte mich dafür in diesem Sinne, bemerkte genau den Gang der Thorheiten und wie das alles doch in einer gewissen Form und Schicklichkeit abläuft. Hierauf notirte ich mir die einzelnen Vorkommnisse der Nähe und, welche Bemerkung ich später zu dem soeben eingeschalteten ließ, das auch zugleich unserm Hausgenossen, Georg Schütz, die einzelnen Massen flüchtig zu zeichnen und zu coloriren, welches er mit seiner gewohnten Gefälligkeit durchführte.

Diese Zeichnungen wurden nachher durch Melchior Kraus von Frankfurt am Main, Director des freien Zeicheninstituts zu Weimar, in Quarto radirt, und nach den Originalen illuminirt, zur ersten Ausgabe bei Unger, welche sich selten macht.

Zu vorgemeldeten Zwecken mußte man sich denn nicht, als sonst geschehen wäre, unter die verkappte Menge hinunter drängen, welche denn trotz aller künstlerischen Ansicht oft einen widerwärtigen unheimlichen Eindruck machte. Der Geist, an die würdigen Gegenstände gewöhnt, mit denen man das ganze Jahr in Rom sich beschäftigte, schien immer einmal gewahr zu werden, daß er nicht recht an seinem Platze sey.

Aber für den innern bessern Sinn sollte doch das Erquicklichste bereitet seyn. Auf dem venetianischen Platz, wo manche Kutschen, ob sie sich den bewegten Reihen wieder anschließen und die vorbei wallenden sich zu beschauen pflegten, sah ich den Wagen der Mad. Angelica, und trat an den Schlag, sie zu begrüßen. Sie hatte sich kaum freundlich zu mir herausgeneigt, als sie sich zurückbog, um die neben ihr sitzende, wieder gewonnene Mailänderin mit sehen zu lassen. Ich fand sie nicht verändert: denn wie sollte sich eine gesunde Jugend nicht schnell wieder herstellen; ja ihre Augen schienen frischer und glänzender mich anzusehen, mit einer Freudigkeit, die mich bis in's Innerste durchdrang. So blickten wir eine Zeit lang ohne Sprache, als Mad. Angelica das Wort nahm, und, indessen jene sich vorbog, zu mir sagte: ich muß nur den Dolmetscher machen, denn ich sehe, meine junge Freundin kommt nicht dazu, auszusprechen, was sie so lange gewünscht, sich vorgesetzt und mir öfters wiederholt hat, wie sehr sie Ihnen verpflichtet ist für den Antheil, den Sie an ihrer Krankheit, ihrem Schicksal genommen. Das erste, was ihr beim Wiedereintritt in das Leben tröstlich geworden, heilsam und wieder herstellend auf sie gewirkt, sey die Theilnahme ihrer Freunde und besonders die Ihrige gewesen, sie habe sich auf einmal aus der tiefsten Einsamkeit unter so vielen guten Menschen wieder in dem schönsten Kreise gefunden.

Das ist alles wahr, sagte jene, indem sie über die Fr... hin mit die Hand strich, die ich wohl mit der meinigen, aber nicht mit meinen Lippen berühren konnte.

Mit stiller Zufriedenheit entfernt' ich mich wieder in das Gedräng der Thore, mit dem zartesten Gefühl von Dankbarkeit gegen Angelica, die sich des guten Mädchens gleich nach dem Unfalle tröstend anzunehmen bewußt und, was in Rom selten ist, ein bisher fremdes Frauenzimmer in ihren edlen Kreis aufgenommen hatte, welches mich um so mehr rührte, als ich mir schmeicheln durfte, mein Antheil an dem guten Kinde habe hierauf nicht wenig eingewirkt.

Der Senator von Rom, Fürst Rezzonico, war schon früher, aus Deutschland zurückkehrend, mich zu besuchen gekommen. Er hatte eine innige Freundschaft mit Herrn und Frau von Diede erschüttert und brachte mir angelegentliche Grüße von diesen werthen Gönnern und Freunden; aber ich lehnte, wie herkömmlich, ein näheres Verhältniß ab, sollte aber doch endlich unwiderstehlich in diesen Kreis gezogen werden.

Jene genannten Freunde, Herr und Frau von Diede, machten ihren werthen Lebensgenossen einen Gegenbesuch, und ich konnte mich um so weniger entbrechen, mancherlei Art von Einladungen anzunehmen, als die Dame, wegen des Flügelspiels berühmt, in einem Concerte auf der capitolinischen Wohnung des Senators sich hören zu lassen willig war, und man unsern Genossen Kayser, dessen Geschicklichkeit ruchtbar geworden, zu einer Theilnahme an jenen Exhibitionen schmeichelhaft eingeladen hatte. Die unvergleichliche Aussicht bei Sonnenuntergang aus den Zimmern des Senators nach dem Colißeo zu, mit allem dem, was sich von dem andern Ersten anschließt, verlieh freilich unserm Künstlerblick das herrlichste Schauspiel, dem man sich aber nicht hingeben durfte, um es gegen die Gesellschaft an Achtung und Artigkeit nicht fehlen zu lassen. Frau von Diede spielte sodann, sehr große Vorzüge entwickelnd, ein bedeutendes Concert, und man bot bald darauf unserm Freunde den Platz an, dessen er sich denn auch ganz würdig zu machen schien, wenn man dem Lobe trauen darf, das er einerndtete. Abwechselnd ging es eine Weile fort, auch wurde von einer Dame eine

...karte vorgetragen; endlich aber, als die Reihe wieder an Kaysern kam, legte er ein anmuthiges Thema zum Grunde und variirte solches auf die mannichfaltigste Weise.

Alles war gut von Statten gegangen, als der Senator mir im Gespräch manches freundliche sagte, doch aber nicht bergen konnte und mit jener weichen Benennungs-Art halb bedauernd versicherte: er sey eigentlich von solchen Variationen kein Freund, werde hingegen von den ausdrucksvollen Adagio's seiner Dame jederzeit ganz entzückt.

Nun will ich gerade nicht behaupten, daß mir jene sehnsüchtigen Töne, die man im Adagio und Largo hinzuziehen pflegt, jemals seyen zuwider gewesen, doch aber liebt' ich in der Musik immer mehr das Aufregende, da unsere eigenen Gefühle, unser Nachdenken über Verlust und Mißlingen uns nur allzu oft herabzuziehen und zu überwältigen drohen.

Unserm Senator dagegen kann' ich keineswegs verargen, ja ich möchte ihm auf's freundlichste gönnen, daß er solchen Tönen gern sein Ohr lieh, die ihn vergewisserten, er bewirthe in dem herrlichsten Aufenthalte der Welt eine so sehr geliebte und hochverehrte Freundin.

Für uns andere, besonders Deutsche Zuhörer, blieb es ein unschätzbarer Genuß, in dem Augenblicke, wo wir eine treffliche, längst gekannte, verehrte Dame in den zartesten Tönen sich auf dem Flügel ergehend vernahmen, zugleich hinab vom Fenster in die einzigste Gegend von der Welt zu schauen und in dem Abendglanz der Sonne, mit weniger Wendung des Hauptes, das große Bild zu überblicken, das sich linker Hand vom Bogen des Septimius Severus, das Campo Vaccino entlang bis zum Minerven- und Friedenstempel erstreckte, um dahinter das Coliseum hervorschauen zu lassen, in dessen Gefolge man denn, das Auge rechts wendend, an dem Bogen des Titus vorbeigleitend, in dem Labyrinthe der Palatinischen Trümmer und ihrer durch Gartencultur und wilde Vegetation geschmückten Einöde sich zu verwirren und zu verweilen hatte.

(Eine im Jahr 1824 von Fries und Thürmer gezeichnete und gestochene nordwestliche Uebersicht von Rom, genommen von dem Thurme des Capitols, bitten wir hiernächst zu überschauen; sie ist einige Stockwerke höher und nach den neueren Ausgrabungen gefaßt, aber im Abendlichte und Beschattung, wie wir sie damals gesehen, wobei denn freilich die glühende Farbe mit ihren schaurig blauen Gegensätzen und allem dem Zauber, der daraus entspringt, hinzugedenken wäre.)

Sodann hatten wir in diesen Stunden als Glück zu schätzen, das herrlichste Bild, welches Mengs vielleicht je gemalt hat, das Porträt Clemens XIII. Rezzonico, der unsern Gönner, den Senator, als Repräen an vielen Posten gelegt, mit Ruhe zu bekamen, von dessen Werth ich zum Schluß eine Stelle aus dem Tagebuch unseres Freundes anführe:

„Unter den von Mengs gemalten Bildnissen, da, wo seine Kunst sich am tüchtigsten bewährte, ist das Bildniß des Papstes Rezzonico. Der Künstler hat in diesem Werk die Venetianer in Colorit und in der Behandlung nachgeahmt und sich eines glücklichen Erfolgs zu erfreuen; der Ton des Colorits ist wahr und warm, und der Ausdruck des Gesichtes leicht und geistreich; der Vorhang von Goldstoff, auf dem sich der Kopf und das Uebrige der Figur schön abheben, gilt für ein gemaltes Kunststück in der Malerei, gelang aber vortrefflich, indem das Bild dadurch ein reiches harmonisches, unser Auge angenehm rührendes Ansehn erhält.“

Mit
Correspondenz.

Rom, den 1. März 1781.

Sonntags gingen wir in die Sistinische Capelle, wo der Papst mit den Cardinälen der Messe beiwohnte. Da die selben wegen der Fastenzeit nicht roth, sondern violett gekleidet waren, gab es ein neues Schauspiel. Einige Tage vorher hatte ich Gemälde von Albrecht Dürer gesehen und freute mich nun, so etwas im Leben anzutreffen. Das ganze zusammen war wenig groß und doch simpel, und ich wunderte mich nicht, wenn Fremde, die eben in der Charwoche, wo alles zusammentrifft, hereinkommen, sich kaum fassen können. Die Capelle selbst kenne ich nicht gut, ich habe vorigen Sommer drin zu Mittag geschlafen und auf des Papstes Thron Mittagsruhe gehalten und kann die Gemälde fast

H. Meyer.

meinerlei, und doch, wenn alles beisammen ist, was zur Fundation
gehört, so ist es wieder was anderes, und man findet sich kaum wieder.

Es ward ein altes Motett, von einem Spanier Morales componirt, gesungen, und wir hatten den Vorschmack von dem, was nun
kommen wird. Kaiser ist auch der Meinung, daß man diese Musik
nur hier hören kann und sollte, theils weil nirgends Sänger ohne Orgel
und Instrument auf einem solchen Gesang geübt seyn können, theils
weil es zum antiken Inventario der päpstlichen Capelle und zu dem
Gemälde der Michel Angelo's, des jüngsten Gerichts, der Propheten
und biblischen Geschichte, einzig passe. Kaiser wird dereinst über alles
dieses bestimmte Rechnung ablegen. Er ist ein großer Verehrer der alten
Kunst und studirt sehr fleißig alles, was dazu gehört.

So haben jetzt eine merkwürdige Sammlung Psalmen im Kauf.
Sie sind in Italienische Verse gebracht und von einem Venetianischen
Noble, Benedetto Marcello, zu Anfang dieses Jahrhunderts in Musik
gesetzt. Er hat bei vielen die Intonation der Juden, theils der Spanischen, theils der Deutschen, als Motiv angenommen, zu andern hat
er die Griechische Melodien zu Grunde gelegt und sie mit großem Verstand, Kunstkenntniß und Mäßigkeit ausgeführt. Sie sind theils als Solo,
Duett, Chor gesetzt und unglaublich original, ob man gleich sich erst einen
Sinn dazu machen muß. Kaiser schätzt sie sehr und wird einige daraus abschreiben. Vielleicht kann man einmal das ganze Werk haben, das in Venedig 1724 gedruckt ist und die ersten fünfzig Psalmen enthält. Herder soll
doch aufpassen, er hält vielleicht in einem Katalogus dieß interessante Werk.

Ich habe den Muth gehabt, meine drei letzten Bände auf einmal
zu überdenken, und ich weiß nun genau, was ich machen will; geht
nun die Himmel Stimmung und Glück, es zu machen.

Es war eine reichhaltige Woche, die mir in der Erinnerung wie
ein Monat vorkommt.

Auch ward der Plan zu Faust gemacht, und ich hoffe, diese Operation soll mir geglückt seyn. Natürlich ist es ein ander Ding, das
Stück jetzt oder vor funfzehn Jahren auszuschreiben; ich traue, es soll
nichts dabei verlieren, besonders da ich jetzt glaube, den Faden wieder
gefunden zu haben. Auch was den Ton des Ganzen betrifft, bin ich

getröstet; ich habe schon eine neue Scene ausgeführt, und wenn ich das Papier räuchre, so dächt' ich, sollte sie mir niemand aus den alten herausfinden. Da ich durch die lange Ruhe und Abgeschiedenheit ganz auf das Niveau meiner eignen Existenz zurückgebracht bin, so ist es merkwürdig, wie sehr ich mir gleiche und wie wenig mein Innres durch Jahre und Begebenheiten gelitten hat. Das alte Manuscript macht mich manchmal zu denken, wenn ich es vor mir sehe. Es ist noch das erste, ja in den Hauptscenen gleich so ohne Concept hingeschrieben; nun ist es so gelb von der Zeit, so vergriffen (die Lagen waren nie geheftet), so mürbe und an den Rändern zerstoßen, daß es wirklich wie das Fragment eines alten Codex aussieht, so daß ich, wie ich damals in eine frühere Welt mich mit Sinnen und Ahnen versetzte, ich mich jetzt in eine selbst gelebte Vorzeit wieder versetzen muß.

Auch ist der Plan von Tasso in Ordnung und die vermischten Gedichte zum letzten Bande weiß ins Reine geschrieben. Des Künstlers Erdewallen soll neu ausgeführt und dessen Apotheose hinzugethan werden. Zu diesen Jugendvorfällen habe ich nun erst die Studien gemacht, und alles Detail ist mir nun recht lebendig. Ich freue mich auch darauf und habe die beste Hoffnung zu den drei letzten Blättern; ich sehe sie im Ganzen schon vor mir stehen, und wünsche mir nur Muße und Gemüthsruhe, um nun Schritt vor Schritt das Gedachte auszuführen.

Zu Ordnung der verschiednen kleinen Gedichte habe ich mir Deine Sammlungen der zerstreuten Blätter zum Vater druck lassen und hoffe zur Verbindung so disparater Dinge gute Einfall gefunden zu haben, um auch eine Art, die altindividuellen und momentanen Stücke einiger maßen genießbar zu machen.

Nach diesen Betrachtungen ist die neue Ausgabe von Mengiens Schriften ins Haus gekommen, ein Buch, das mir jetzt unendlich interessant ist, weil ich die sinnlichen Begriffe besitze, die anführend vorausgehen müssen, um nur eine Seite des Werks recht zu verstehen. Es ist in allem Sinne ein trefflich Buch, man liest keine Seite ohne entschiednen Nutzen. Auch seinem Fragmente über die Schönheit, welche manchem so dunkel scheinen, habe ich glückliche Erläuterungen zu danken.

Ferner habe ich allerlei Speculationen über Farben gemacht, welche mir sehr anliegen, weil das der Theil ist, von dem ich bisher am wenigsten begriff. Ich sehe, daß ich mit einiger Uebung und anhaltenden

Nachdenken auch diesen schönen Genuß der Weltoberfläche mir werde zueignen können.

Ich war einen Morgen in der Galerie Borghese, welche ich in einem Jahre nicht gesehen hatte; und fand zu meiner Freude, daß ich sie mit viel verständigern Augen sah. Es sind unsägliche Kunstschätze in dem Besitz des Fürsten.

Rom, den 7. März 1788.

Eine gute reiche und stille Woche ist wieder vorbei. Sonntags versäumten wir die päpstliche Capelle, dagegen sah ich mit Angelica ein sehr schönes Gemälde, das billig für Correggio gehalten wird.

Ich sah die Sammlung der Akademie St. Luca, wo Raphael's Schädel ist.[1] Diese Reliquie scheint mir ungezweifelt. Ein trefflicher Knochenbau, in welchem eine schöne Seele bequem spazieren konnte. Der Herzog verlangt einen Abguß davon, den ich wahrscheinlich werde verschaffen können. Das Bild, das von ihm gemalt ist und in gleichem Saale hängt, ist seiner werth.

Auch habe ich das Capitol wieder gesehen und einige andere Sachen, die mir zurückblieben, vorzüglich Camuccini's Haus, das ich immer versäumt hatte, zu sehen. Unter vielen köstlichen Sachen haben mich vorzüglich ergötzt zwei Abgüsse der Köpfe von den Kolossalstatuen auf dem Monte Cavallo. Man kann sie bei Camuccini in der Nähe, in ihrer ganzen Größe und Schönheit sehn. Leider, daß der beste durch Zeit und Witterung, fast einen Strohhalm dick der glatten Oberfläche des Gesichts verloren hat und in der Nähe wie von Pocken übel zugerichtet aussieht.

Heute waren die Exequien des Cardinal Visconti in der Kirche St. Carlo. Da die päpstliche Capelle zum Hochamt sang, gingen wir hin, die Ohren auf Morgen recht auszuwaschen. Es ward ein Requiem gesungen zu zwei Sopranen, das Selbärmste, was man hören kann. NB. Auch dabei war weder Orgel noch andere Musik.

Welch ein leidig Instrument die Orgel sey, ist mir gestern Abend in dem Chor von St. Peter recht aufgefallen, man begleitete damit den

[1] Nach einer Oeffnung von Rafael's Gruft in neuerer Zeit fand man den Schädel bei dem ganzen Körper, wonach also die bisherige Annahme falsch erscheint.

Gesang bei der Vesper; es verbindet sich so gar nicht mit der Menschenstimme, und ist so gewaltig. Wie reizend dagegen in der Sixtinischen Capelle, wo die Stimmen allein sind.

Das Wetter ist seit einigen Tagen trübe und gelind. Der Mandelbaum hat größtentheils verblüht und grünt jetzt, nur wenige Blüthen sind auf den Gipfeln noch zu sehen. Nun folgt der Pfirschbaum, der mit seiner schönen Farbe die Gärten ziert. Viburnum Tinus blüht auf allen Ruinen, die Mistigbüsche in den Hecken sind alle ausgeschlagen, und andere, die ich nicht kenne. Die Mauern und Dächer werden nun grüner, auf einigen zeigen sich Blumen. In meinem neuen Cabinet, wohin ich zog, weil wir Tischbein von Neapel erwarten, habe ich eine mannichfaltige Aussicht in unzählige Gärtchen und auf die hintern Gallerien vieler Häuser. Es ist gar zu lustig.

Ich habe angefangen, ein wenig zu modelliren. Was den Erfindungspunkt betrifft, gebe ich sehr rein und sicher fort, in Anwendung der thätigen Kraft bin ich ein wenig confus. So geht es mir wie allen meinen Brüdern.

Rom, den 14. März 1788.

Die nächste Woche ist hier nichts zu denken noch zu thun, man muß dem Schwall der Feierlichkeiten folgen. Nach Ostern werde ich noch einiges sehen, was mir zurückblieb, meinen Faden ablösen, meine Rechnung machen, meinen Bündel packen und mit Kayser davon ziehn. Wenn alles geht, wie ich wünsche und vorhabe, bin ich Ende Aprils in Florenz. Inzwischen hört Ihr noch von mir.

Sonderbar war es, daß ich auf äußere Veranlassung verschiedene Maßregeln nehmen mußte, welche mich in neue Verhältnisse setzten, wodurch mein Aufenthalt in Rom immer schöner, nützlicher und glücklicher ward. Ja, ich kann sagen, daß ich die höchste Zufriedenheit meines Lebens in diesen letzten acht Wochen genossen habe, und nun wenigstens einen äußersten Punkt kenne, nach welchem ich das Thermometer meiner Existenz künftig abmessen kann.

Diese Woche hat sich, ungeachtet des üblen Wetters, gut gehalten. Sonntags hörten wir in der Sixtinischen Capelle ein Motett von Palestrina. Dienstag wollte uns das Glück, daß man zu Ehren

einer Fremden verschiedene Theile der Charwochsmusik in einem Saale
sang. Wir hörten sie also mit größter Bequemlichkeit und konnten uns,
da wir sie oft am Clavier durchsangen, einen vorläufigen Begriff davon
machen. Es ist ein unglaublich großes simples Kunstwerk, dessen immer
erneuerte Darstellung sich wohl nirgends, als an diesem Orte und unter
diesen Umständen erhalten konnte. Bei näherer Betrachtung fallen freilich
mancherlei Handwerksburschen Traditionen, welche die Sache wunderbar
und unerhört machen, weg; mit allem dem bleibt es etwas Außerordent-
liches und ist ein ganz neuer Begriff. Kayser wird darauf Rechenschaft
davon ablegen können. Er wird die Vergünstigung erhalten, eine Probe
in der Capelle anzuhören, wenn sonst niemand gelassen wird.

Ferner habe ich diese Woche einen Fuß modellirt, nach vorgängigem
Studio der Knochen und Muskeln, und werde von meinem Meister gelobt. Wer den ganzen Körper so durchgearbeitet hätte, wäre um ein
gutes Theil klüger; versteht sich in Rom, mit allen Hülfsmitteln und
dem mannichfaltigen Rath der Verständigen. Ich habe einen Skeletfuß,
eine schöne auf die Natur gegossene Anatomie, ein halb Dutzend der
schönsten antiken Füße, einige schlechte, jene zur Nachahmung, diese zur
Warnung, und die Natur kann ich auch zu Rathe ziehen; in jeder Stille,
in die ich trete, finde ich Gelegenheit, nach diesen Theilen zu sehen; Gemälde zeigen mir, was Maler gedacht und gemacht haben. Drei, vier
Künstler kommen täglich auf mein Zimmer, deren Rath und Mitwirkung
ich nutze, unter welchen jedoch, genau besehen, Heinrich Meyers
Rath und Nachhülfe mich am meisten fördert. Wenn mit diesem Winde,
auf dieser Elemente ein Schiff nicht von der Stelle käme, so müßte es
keine Segel oder einen untahmigen Steuermann haben. Bei der allgemeinen Uebersicht der Kunst, die ich mir gemacht habe, war es mir sehr
unthunlich, nun mit Aufmerksamkeit und Fleiß an einzelne Theile zu
gehn. Es ist angenehm, auch im Unendlichen¹ vorwärts zu kommen.

Ich fahre fort, überall herum zu gehn und vernachläßigte Gegenstände zu betrachten. So war ich gestern zum erstenmal in Raphael's
Villa, wo er, an der Seite seiner Geliebten, den Genuß des Lebens
aller Kunst und allem Ruhm vorzog. Es ist ein heilig Monument.
Der Fürst Doria hat sie acquirirt und scheint sie behandeln zu wollen,

¹ Dem Zusammenhang nach müßte es wohl „im Endlichen, Einzelnen" heißen.

Schuchardt, Goethe's italiänische Reise. I.   38

wie sie es verdient. Raphael hat seine Geliebte achtundzwanzigmal auf
die Wand portraitirt, in allerlei Arten von Kleidern und Costümen;
selbst in den historischen Compositionen gleichen ihr die Weiber. Die
Lage des Hauses ist sehr schön. Es wird sich artiger davon erzählen
lassen, als sich's schreibt. Man muß das ganze Detail bemerken.

Dann ging ich in die Villa Albani und sah mich nur im Allgemeinen darin um. Es war ein herrlicher Tag. Heute Nacht hat es
sehr geregnet, jetzt scheint die Sonne wieder und vor meinem Fenster ist
ein Paradies. Der Mandelbaum ist ganz grün; die Pfirsichblüthen
fangen schon an abzufallen und die Citronenblüthen brechen auf dem
Gipfel des Baumes auf.

Mein Abschied von hier betrübt drei Personen innigst. Sie werden
nie wieder finden, was sie an mir gehabt haben, ich verlasse sie mit
Schmerzen. In Rom hab' ich mich selbst zuerst gefunden, ich bin zuerst
übereinstimmend mit mir selbst, glücklich und vernünftig geworden, und
als einen solchen haben mich diese drei in verschiedenem Sinne und
Grade gekannt, besessen und genossen.

Rom, den 22. März 1788.

Heute geh' ich nicht nach St. Peter und will ein Blättchen schreiben.
Nun ist auch die heilige Woche mit ihren Wundern und Beschwerden
vorüber; morgen nehmen wir noch eine Benediction auf uns, und dann
wendet sich das Gemüth ganz zu einem andern Leben.

Ich habe durch Gunst und Mühe guter Freunde alles gesehen und
gehört, besonders ist die Fußwaschung und die Speisung der Pilger nur
durch großes Drängen und Drücken zu erkaufen.

Die Capellmusik ist undenkbar schön. Besonders das Miserere von
Allegri und die sogenannten Improperien, die Vorwürfe, welche der
gekreuzigte Gott seinem Volke macht. Sie werden Charfreitags frühe
gesungen. Der Augenblick, wenn der aller seiner Pracht entkleidete
Papst vom Thron steigt, um das Kreuz anzubeten, und alles Uebrige
an seiner Stelle bleibt, jedermann still ist, und das Chor anfängt:
Populus meus quid fecit tibi?[1] ist eine der schönsten unter allen merk-

[1] Was hat dir mein Volk gethan?

würdigen Functionen. Das soll nun alles mündlich ausgeführt werden, und was von Musik transportabel ist, bringt Kayser mit. Ich habe nach meinem Wunsch alles, was an den Functionen genießbar war, genossen und über das Uebrige meine stillen Betrachtungen angestellt. Effect, wie man zu sagen pflegt, hat nichts auf mich gemacht, nichts hat mir eigentlich imponirt, aber bewundert hab' ich alles; denn das muß man ihnen nachsagen, daß sie die christlichen Ueberlieferungen vollkommen durchgearbeitet haben. Bei den päpstlichen Functionen, besonders in der Sixtinischen Capelle, geschieht alles, was am katholischen Gottesdienste sonst unerfreulich erscheint, mit großem Geschmack und vollkommner Würde. Es kann aber auch nur da geschehen, wo seit Jahrhunderten alle Künste zu Gebote standen.

Das Einzelne davon würde jetzt nicht zu erzählen seyn. Hätte ich nicht in der Zwischenzeit auf jene Veranlassung wieder stille gehalten und an ein längeres Bleiben geglaubt, so könnt' ich nächste Woche fort. Doch auch das gereicht mir zum Besten. Ich habe diese Zeit wieder viel studirt, und die Epoche, auf die ich hoffte, hat sich geschlossen und gerundet. Es ist zwar immer eine sonderbare Empfindung, eine Bahn, auf der man mit starken Schritten fortgeht, auf einmal zu verlassen, doch muß man sich darein finden und nicht viel Wesens machen. In jeder großen Trennung liegt ein Keim von Wahnsinn, man muß sich hüten, ihn nachdenklich auszubrüten und zu pflegen.

Schöne Zeichnungen habe ich von Neapel erhalten, von Kniep, dem Maler, der mich nach Sicilien begleitet hat. Es sind schöne liebliche Früchte meiner Reise und für Euch die angenehmsten; denn was man einem vor die Augen bringen kann, giebt man ihm am sichersten. Einige drunter sind, dem Ton der Farbe nach, ganz köstlich gerathen, und Ihr werdet kaum glauben, daß jene Welt so schön ist.

Soviel kann ich sagen, daß ich in Rom immer glücklicher geworden bin, daß noch mit jedem Tage mein Vergnügen wächst; und wenn es traurig scheinen möchte, daß ich eben scheiden soll, da ich am meisten verdiente zu bleiben, so ist es doch wieder eine große Beruhigung, daß ich so lang habe bleiben können, um auf den Punkt zu gelangen.

So eben steht der Herr Christus mit entsetzlichem Lärm auf. Das Castell feuert ab, alle Glocken läuten, und an allen Ecken und Enden hört man Petarden, Schwärmer und Lauffeuer. Um eilf Uhr Morgens.

Bericht

Roms.

Es ist uns erinnerlich, wie Philippus Neri den Besuch der sieben Hauptkirchen Roms sich öfters zur Pflicht gemacht und dadurch von der Inbrunst seiner Andacht einen deutlichen Beweis gegeben. Hier nun aber ist zu bemerken, daß eine Wallfahrt zu gedachten Kirchen von jedem Pilger, der zum Jubiläum herankommt, nothwendig gefordert wird und wirklich, wegen der weitentfernten Lage dieser Stationen, insofern der Weg an Einem Tage zurückgelegt werden soll, einer abermaligen anstrengenden Reise wohl gleich zu achten ist.

Jene sieben Kirchen aber sind: S. Peter, Santa Maria Maggiore, San Lorenzo außer den Mauern, San Sebastian, San Johann im Lateran, Santa Croce in Jerusalem, San Paul vor den Mauern.

Einen solchen Umgang nun vollführen auch einheimische fromme Seelen in der Charwoche, besonders am Charfreitag. Da man aber zu dem geistlichen Vortheil, welchen die Seelen durch den damit verknüpften Ablaß erwerben und genießen, noch einen leiblichen Genuß hinzugethan, so wird in solcher Hinsicht Ziel und Zweck noch reizender.

Wer nämlich nach vollbrachter Wallfahrt mit gehörigen Zeugnissen zum Thore von San Paul endlich wieder hereintritt, erhält daselbst ein Billet, um an einem frommen Volksfeste in der Villa Mattei an bestimmten Tagen Theil nehmen zu können. Dort erhalten die Eingelassenen eine Collation von Brod, Wein, etwas Käse oder Eiern; die Genießenden sind dabei im Garten umher gelagert, vornehmlich in dem kleinen daselbst befindlichen Amphitheater. Gegenüber, in dem Casino der Villa, findet sich die höhere Gesellschaft zusammen: Cardinäle, Prälaten, Fürsten und Herren, um sich an dem Anblick zu ergötzen und somit auch ihren Theil an der Spende, von der Familie Mattei gestiftet, hinzunehmen.

Wir sahen eine Procession von etwa zehn- bis zwölfjährigen Knaben herankommen, nicht im geistlichen Gewand, sondern, wie es etwa Handwerkslehrlingen am Festtage zu erscheinen geziemen möchte, in Kleidern, gleicher Farbe, gleichen Schnitte, paarweise, es konnten ihrer vierzig seyn. Sie sangen und sprachen ihre Litaneien fromm vor sich hin und wandelten still und züchtig.

Ein alter Mann von kräftigem handwerksmäßigem Ansehn ging an ihnen her und schien das Ganze zu ordnen und zu leiten. Auffallend war es, die vorüberziehende wohlgekleidete Reihe durch ein halb Dutzend bettelhafte, baarfuß und zerlumpt einhergehende Kinder geschlossen zu sehen, welche jedoch in gleicher Zucht und Sitte dahin wandelten. Erkundigung deßhalb gab uns zu vernehmen: Dieser Mann, ein Schuster von Profession und kinderlos, habe sich früher bewogen gefühlt, einen armen Knaben auf und in die Lehre zu nehmen, mit Beistand von Wohlwollenden ihn zu kleiden und weiter zu bringen. Durch ein solches gegebenes Beispiel sey es ihm gelungen, andere Meister zu gleicher Aufnahme von Kindern zu bewegen, die er ebenfalls zu befördern alsdann besorgt gewesen. Auf diese Weise habe sich ein kleines Häuflein gesammelt, welches er zu gottesfürchtigen Handlungen, um den schädlichen Müßiggang an Sonn- und Feiertagen zu verhüten, ununterbrochen angehalten, ja sogar den Besuch der weitauseinanderliegenden Hauptkirchen an einem Tage von ihnen gefordert. Auf diese Weise nun sey diese fromme Anstalt immer gewachsen; er verrichte seine verdienstlichen Wanderungen nach wie vor, und weil sich zu einer so augenfällig nutzbaren Anstalt immer mehr hinzu drängen als aufgenommen werden könnten, so bediene er sich des Mittels, um die allgemeine Wohlthätigkeit zu erregen, daß er die noch zu versorgenden, zu bekleidenden Kinder seinem Zuge anschließe; da es ihm denn jedesmal gelinge, zu Versorgung eines und des andern hinreichende Spende zu erhalten.

Während wir uns hievon unterrichteten, war einer der ältern und bekleideten Knaben auch in unsere Nähe gekommen, bot uns einen Teller und verlangte mit gutgesetzten Worten für die nackten und sohlenlosen bescheiden eine Gabe. Er empfing sie nicht nur von uns gerührten Fremden reichlich, sondern auch von den anstehenden, sonst pfennigkargen Römern und Römerinnen, die einer mäßigen Spende mit viel Worten segnender Anerkennung jenes Verdienstes noch ein frommes Gewicht beizufügen nicht unterließen.

Man wollte wissen, daß der fromme Kindervater jedesmal seine

Pupillen an jener Spende Theil nehmen laſſe, nachdem ſie ſich durch vorhergegangene Wanderung erbaut, wobei es denn niemals an leiblicher Einnahme zu ſeinem Zwecke fehlen kann.

Ueber die bildende Nachahmung des Schönen,

von Carl Philipp Moritz. Braunſchweig 1788.

Unter dieſem Titel ward ein Heft von kaum vier Bogen gedruckt, wozu Moritz das Manuſcript nach Deutſchland geſchickt hatte, um ſeinen Verleger über den Vorſchuß einer Reiſebeſchreibung nach Italien einigermaßen zu beſchwichtigen. Freilich war eine ſolche nicht ſo leicht als die einer abenteuerlichen Fußwanderung durch England niederzuſchreiben.

Gedachtes Heft aber darf ich nicht unerwähnt laſſen; es war aus unſern Unterhaltungen hervorgegangen, welche Moritz nach ſeiner Art benutzt und ausgebildet. Wie es nun damit auch ſey, ſo kann es geſchichtlich einiges Intereſſe haben, um daraus zu erſehen, was für Gedanken ſich in jener Zeit vor uns aufthaten, welche ſpäterhin entwickelt, geprüft, angewendet und verbreitet mit der Denkweiſe des Jahrhunderts glücklich genug zuſammentrafen.

Einige Blätter aus der Mitte des Vortrags mögen hier eingeſchaltet ſtehen, vielleicht nimmt man hievon Veranlaſſung, das Ganze wieder abzudrucken.

„Der Horizont der thätigen Kraft aber muß bei dem bildenden Genie ſo weit, wie die Natur ſelber ſeyn: das heißt, die Organiſation muß ſo fein gewebt ſeyn, und ſo unendlich viele Berührungspunkte der allumſtrömenden Natur darbieten, daß gleichſam die äußerſten Enden von allen Verhältniſſen der Natur im Großen, hier im Kleinen ſich nebeneinander ſtellend, Raum genug haben, um ſich einander nicht verdrängen zu dürfen.

Wenn nun eine Organiſation von dieſem feinern Gewebe bei ihrer völligen Entwicklung auf einmal in der dunkeln Ahnung ihrer thätigen

Kraft ein Ganzes faßt, das weder in ihr Auge noch in ihr Ohr, weder in ihre Einbildungskraft noch in ihre Gedanken kam, so muß nothwendig eine Unruhe, ein Mißverhältniß zwischen den sich wägenden Kräften so lange entstehen, bis sie wieder in ihr Gleichgewicht kommen.

Bei einer Seele, deren bloß thätige Kraft schon das edle, große Ganze der Natur in dunkler Ahnung faßt, kann die deutlich erkennende Denkkraft, die noch lebhafter darstellende Einbildungskraft, und der am hellsten spiegelnde äußere Sinn mit der Betrachtung des Einzelnen im Zusammenhange der Natur sich nicht mehr begnügen.

Alle die in der thätigen Kraft bloß dunkel geahneten Verhältnisse jenes großen Ganzen müssen nothwendig auf irgend eine Weise entweder sichtbar, hörbar, oder doch der Einbildungskraft faßbar werden; und um dieß zu werden, muß die Thatkraft, worin sie schlummern, sie nach sich selber, aus sich selber bilden. — Sie muß alle jene Verhältnisse des großen Ganzen und in ihnen das höchste Schöne, wie an den Spitzen seiner Strahlen, in einen Brennpunkt fassen. — Aus diesem Brennpunkte muß sich, nach des Auges gemessener Weite, ein zartes und doch getreues Bild des höchsten Schönen runden, das die vollkommensten Verhältnisse des großen Ganzen der Natur, eben so wahr und so richtig, wie sie selbst, in seinen kleinen Umfang faßt.

Weil nun aber dieser Abdruck des höchsten Schönen nothwendig an etwas haften muß, so wählt die bildende Kraft, durch ihre Individualität bestimmt, irgend einen sichtbaren, hörbaren, oder doch der Einbildungskraft faßbaren Gegenstand, auf den sie den Abglanz des höchsten Schönen, im verjüngenden Maßstabe, überträgt. — Und weil dieser Gegenstand wiederum, wenn er wirklich was er darstellt wäre, mit dem Zusammenhange der Natur, die außer sich selber kein wirklich eigenmächtiges Ganze duldet, nicht ferner bestehen könnte, so führt uns dieß auf den Punkt, wo wir schon einmal waren: daß jedesmal das innere Wesen erst in die Erscheinung sich verwandeln müsse, ehe es, durch die Kunst, zu einem für sich bestehenden Ganzen gebildet werden, und ungehindert die Verhältnisse des großen Ganzen -ter Natur, in ihrem völligen Umfange spielen kann.

Da nun aber jene großen Verhältnisse, in deren völligem Umfange eben das Schöne liegt, nicht mehr unter das Gebiet der Denkkraft fallen, so kann auch der lebendige Begriff von der bildenden Nachahmung des

Schönen nur im Gefühl der thätigen Kraft, die es hervorbringt, im ersten Augenblick der Entstehung statt finden, wo das Werk, als schon vollendet, durch alle Grade seines allmähligen Werdens, in dunkler Ahnung, auf einmal vor die Seele tritt, und in diesem Moment der ersten Erzeugung gleichsam vor seinem wirklichen Daseyn da ist; wodurch alsdann auch jener unnennbare Reiz entsteht, welcher das schaffende Genie zur immerwährenden Bildung treibt.

Durch unser Nachdenken über die bildende Nachahmung des Schönen, mit dem reinen Genuß der schönen Kunstwerke selbst vereint, kann zwar etwas jenem lebendigen Begriff näher Kommendes in uns entstehen, das den Genuß der schönen Kunstwerke uns erhöht. Allein da unser höchster Genuß des Schönen dennoch sein Werden aus unsrer eignen Kraft unmöglich mit in sich fassen kann, so bleibt der einzige höchste Genuß desselben immer dem schaffenden Genie, das es hervorbringt, selber, und das Schöne hat daher seinen höchsten Zweck in seiner Entstehung, in seinem Werden schon erreicht; unser Nachgenuß desselben ist nur eine Folge seines Daseyns — und das bildende Genie ist daher im großen Plane der Natur, zuerst um sein selbst, und dann erst um unsertwillen da; weil es nun einmal außer ihm noch Wesen giebt, die selbst nicht schaffen und bilden, aber doch das Gebildete, wenn es einmal hervorgebracht ist, mit ihrer Einbildungskraft umfassen können.

Die Natur des Schönen besteht ja eben darin, daß sein innres Wesen außer den Gränzen der Denkkraft, in seiner Entstehung, in seinem eignen Werden liegt. Eben darum, weil die Denkkraft beim Schönen nicht mehr fragen kann, warum es schön sey? ist es schön. Denn es mangelt ja der Denkkraft völlig an einem Vergleichungspunkte, wornach sie das Schöne beurtheilen und betrachten könnte. Was giebt es noch für einen Vergleichungspunkt für das ächte Schöne, als mit dem Inbegriff aller harmonischen Verhältnisse des großen Ganzen der Natur, die keine Denkkraft umfassen kann? Alles einzelne, hin und her in der Natur zerstreute Schöne, ist ja nur in so fern schön, als sich dieser Inbegriff aller Verhältnisse jenes großen Ganzen mehr oder weniger darin offenbart. Es kann also nie zum Vergleichungspunkte für das Schöne der bildenden Künste, eben so wenig als der wahren Nachahmung des Schönen zum Vorbilde dienen; weil das höchste Schöne im Einzelnen der Natur, immer noch nicht schön genug für die stolze

Nachahmung der großen und majestätischen Verhältnisse des allumfassen-
den Ganzen der Natur ist. Das Schöne kann daher nicht erkannt, es
muß hervorgebracht, oder empfunden werden.

Denn weil in gänzlicher Ermangelung eines Vergleichungspunktes,
einmal das Schöne kein Gegenstand der Denkkraft ist, so würden wir,
in so fern wir es nicht selbst hervorbringen können, auch seines Genusses
ganz entbehren müssen, indem wir uns nie an etwas halten könnten,
dem das Schöne näher käme, als das Minderschöne — wenn nicht
etwas die Stelle der hervorbringenden Kraft in uns ersetzte, das ihr so
nahe wie möglich kömmt, ohne doch sie selbst zu seyn; — dieß ist nun,
was wir Geschmack oder Empfindungsfähigkeit für das Schöne nennen,
die, wenn sie in ihren Gränzen bleibt, den Mangel des höhern Genusses bei der Hervorbringung des Schönen durch die ungestörte Ruhe
der stillen Betrachtung ersetzen kann.

Wenn nämlich das Organ nicht fein genug gewebt ist, um dem
einströmenden Ganzen der Natur so viele Berührungspunkte darzubieten,
als nöthig sind, um alle ihre großen Verhältnisse vollständig im Kleinen
abzuspiegeln, und uns noch ein Punkt zum völligen Schluß des Cirkels
fehlt, so können wir statt der Bildungskraft nur Empfindungsfähigkeit
für das Schöne haben: jeder Versuch, es außer uns wieder darzustellen,
würde uns mißlingen, und uns desto unzufriedener mit uns selber machen,
je näher unser Empfindungsvermögen für das Schöne an das uns man-
gelnde Bildungsvermögen gränzt.

Weil nämlich das Wesen des Schönen eben in seiner Vollendung
in sich selbst besteht, so schadet ihm der letzte fehlende Punkt, so viel
als tausend, denn er verrückt alle übrigen Punkte aus der Stelle, in
welche sie gehören. Und ist dieser Vollendungspunkt einmal verfehlt,
so verlohnt ein Werk der Kunst nicht der Mühe des Anfangs und der
Zeit seines Werdens; es fällt unter das Schlechte bis zum Unnützen
herab, und sein Daseyn muß nothwendig durch die Vergessenheit, worein
es sinkt, sich wieder aufheben.

Eben so schadet auch dem in das feinere Gewebe der Organisation
gepflanzten Bildungsvermögen der letzte zu seiner Vollständigkeit fehlende
Punkt, so viel als tausend. Der höchste Werth, den es als Empfindungsvermögen haben könnte, kömmt bei ihm, als Bildungskraft, eben
so wenig wie der geringste, in Betrachtung. Auf dem Punkte, wo das

Empfindungsvermögen seine Gränzen überschreitet, muß es nothwendig unter sich selber sinken, sich aufheben und vernichten.

Je vollkommner das Empfindungsvermögen für eine gewisse Gattung des Schönen ist, um desto mehr ist es in Gefahr, sich zu täuschen, sich selbst für Bildungskraft zu nehmen und auf die Weise durch tausend mißlungene Versuche seinen Frieden mit sich selbst zu stören.

Es blickt z. B. beim Genuß des Schönen in irgend einem Werke der Kunst zugleich durch das Werden desselben in die bildende Kraft, die es schuf, hindurch, und ahnet dunkel den höhern Grad des Genusses eben dieses Schönen, im Gefühl dieser Kraft, die mächtig genug war, es aus sich selbst hervorzubringen.

Um sich nun diesen höhern Grad des Genusses, welchen sie an einem Werke, das einmal schon da ist, unmöglich haben kann, auch zu verschaffen, strebt die einmal zu lebhaft gereizte Empfindung vergebens, etwas Aehnliches aus sich selbst hervorzubringen, haßt ihr eignes Werk, vernirrt es, und verleidet sich zugleich den Genuß alles des Schönen, das außer ihr schon da ist, und woran sie nun eben deßwegen, weil es ohne ihr Zuthun da ist, keine Freude hebet.

Ihr einziger Wunsch und Streben ist, das ihr versagten, höhern Genusses, den sie nur dunkel ahnet, theilhaftig zu werden; in einem schönen Werke, das ihr sein Dasein dankt, mit dem Bewußtsein der eigenen Bildungskraft, sich selbst zu spiegeln.

Allein sie wird ihres Wunsches ewig nicht gewähr, weil Eigensinn ihn erzeugte, und das Schöne sich nur um sein selbst willen von der Hand des Künstlers greifen, und willig und folgsam von ihm sich bilden läßt.

Wo sich nun in der schaffenwollenden Bildungstrieb zugleich die Vorstellung vom Genuß des Schönen mischt, den es, wenn es vollendet ist, gewähren soll, und wo diese Vorstellung der erste und stärkste Antrieb unsrer Thätkraft wird, die sich zu dem, was sie beginnt, nicht in uns durch sich selbst gedrungen fühlt, da ist der Bildungstrieb gewiß nicht rein: der Brennpunkt oder Vollendungspunkt des Schönen fällt in die Wirkung über das Werk hinaus; die Strahlen gehen auseinander; das Werk kann sich nicht in sich selber runden.

Den höchsten Genuß des aus sich selbst hervorgebrachten Schönen sich zu nahe zu dünken, und doch darauf Verzicht zu thun, scheint freilich ein harter Kampf — der dennoch leichter wird, wenn wir aus diesem Bildungstriebe, den wir uns einmal zu besitzen schmeicheln, um durch sein Wesen zu veredeln, jede Spur des Eigennutzes, die wir noch finden, tilgen, und jede Vorstellung des Genusses, den uns das Schöne, das wir hervorbringen wollen, wenn es nun da seyn wird, durch das Gefühl unsrer eignen Kraft, gewähren soll, so viel wie möglich zu verbannen suchen, so daß, wenn wir auch mit dem letzten Athemzuge es erst vollenden könnten, es dennoch zu vollenden strebten.

Behält alsdann das Schöne, das wir ahnen, bloß an und für sich selbst, in seiner Hervorbringung, noch Reiz genug, unsre Thatkraft zu bewegen, so dürfen wir getrost unserm Bildungstriebe folgen, weil er ächt und rein ist. —

Verliert sich aber, mit der gänzlichen Hinwegdenkung des Genusses und der Wirkung, auch der Reiz, so bedarf es ja keines Kampfes weiter, der Frieden in uns ist hergestellt, und das nun wieder in seine Rechte getretene Empfindungsvermögen eröffnet sich, zum Lohne für sein beschriebnes Zurücktreten in seine Gränzen, dem reinsten Genuß des Schönen, der mit der Natur seines Wesens bestehen kann.

Freilich kann nun der Punkt, wo Bildungs- und Empfindungskraft sich scheidet, so äußerst leicht verfehlt und überschritten werden, daß es gar nicht zu verwundern ist, wenn immer tausend falsche, angemaßte Ausbrüche des höchsten Schönen, gegen Einen ächten, durch den falschen Bildungstrieb in den Werken der Kunst entstehen.

Denn da die ächte Bildungskraft, sogleich bei der ersten Entstehung ihres Werks, auch schon den ersten, höchsten Genuß desselben, als ihren sichern Lohn, in sich selber trägt, und sich nur dadurch von dem falschen Bildungstriebe unterscheidet, daß sie den allerersten Moment ihres Anstoßes durch sich selber, und nicht durch die Ahnung des Genusses von ihrem Werke erhält; und weil in diesem Moment der Leidenschaft die Denkkraft selbst kein richtiges Urtheil fällen kann: so ist es fast unmöglich, ohne eine Anzahl mißlungener Versuche, dieser Selbsttäuschung zu entkommen.

Und selbst auch diese mißlungenen Versuche sind noch nicht immer ein Beweis von Mangel an Bildungskraft, weil diese selbst da, wo sie ächt ist, oft eine ganz falsche Richtung nimmt, indem sie vor ihrer Einbildungskraft stellen will, was vor ihr Auge, oder vor ihr Auge, was vor ihr Ohr gehört.

Eben weil die Natur die inwohnende Bildungskraft nicht immer zur völligen Reife und Entwicklung kommen, oder sie einen falschen Weg einschlagen läßt, auf dem sie sich nie entwickeln kann, so bleibt das ächte Schöne selten.

Und weil sie auch aus dem angemaßten Bildungstriebe das Gemeine und Schlechte ungehindert entstehen läßt, so unterscheidet sich eben dadurch das ächte Schöne und Edle durch seinen seltenen Werth vom Schlechten und Gemeinen.

In dem Empfindungsvermögen bleibt also stets die Lücke, welche nur durch das Resultat der Bildungskraft sich ausfällt. — Bildungskraft und Empfindungsfähigkeit verhalten sich zu einander, wie Mann und Weib. Denn auch die Bildungskraft ist bei der ersten Entstehung ihres Werks, im Moment des höchsten Genusses, zugleich Empfindungsfähigkeit, und erzeugt, wie die Natur, den Abdruck ihres Wesens aus sich selber.

Empfindungsvermögen sowohl als Bildungskraft sind also in dem feinern Gewebe der Organisation gegründet, insofern dieselbe in allen ihren Berührungspunkten von den Verhältnissen des großen Ganzen der Natur ein vollständiger, oder doch fast vollständiger Abdruck ist.

Empfindungskraft sowohl als Bildungskraft umfassen mehr als Denkkraft, und die thätige Kraft, worin sich beide gründen, faßt zugleich auch alles, was die Denkkraft faßt, weil sie von allen Begriffen, die wir je haben können, die ersten Anlässe, stets sie aus sich heraus spinnend, in sich trägt.

Insofern nun diese thätige Kraft alles, was nicht unter das Gebiet der Denkkraft fällt, hervorbringend in sich faßt, heißet sie Bildungskraft: und insofern sie das, was außer den Gränzen der Denkkraft liegt, der Hervorbringung sich entgegen neigend, in sich begreift, heißt sie Empfindungskraft.

Bildungskraft kann nicht ohne Empfindung und thätige Kraft, die bloß thätige Kraft hingegen kann ohne eigentliche Empfindungs- und Bildungskraft, wovon sie nur die Grundlage ist, für sich allein statt finden.

Insofern nun diese bloß thätige Kraft ebenfalls in dem feinern Gewebe der Organisation sich gründet, darf das Organ nur überhaupt in allen seinen Berührungspunkten ein Abdruck der Verhältnisse des großen Ganzen seyn, ohne daß eben der Grad der Vollständigkeit erfordert würde, welchen die Empfindungs- und Bildungskraft voraussetzt.

Von den Verhältnissen des großen Ganzen, das uns umgiebt, treffen
nämlich immer so viele in allen Berührungspunkten unsres Organs zusammen, daß wir dieß große Ganze dunkel in uns fühlen, ohne es doch
selbst zu seyn. Die in unser Wesen hineingesponnenen Verhältnisse
eines Ganzen streben, sich nach allen Seiten wieder auszudehnen; das
Organ wünscht, sich nach allen Seiten bis ins Unendliche fortzusetzen.
Es will das umgebende Ganze nicht nur in sich spiegeln, sondern, so
weit es kann, selbst dieß umgebende Ganze seyn.

Daher ergreift jede höhere Organisation, ihrer Natur nach, die ihr
untergeordnete, und trägt sie in ihr Wesen über. Die Pflanze den
unorganisirten Stoff, durch bloßes Werden und Wachsen; das Thier
die Pflanzen durch Werden, Wachsen und Genuß; der Mensch verwandelt nicht nur Thier und Pflanze durch Werden, Wachsen und Genuß
in sein inneres Wesen, sondern faßt zugleich alles, was seiner Organisation sich unterordnet, durch die unter allen am hellsten geschliffene
spiegelnde Oberfläche seines Wesens, in den Umfang seines Daseyns
auf, und stellt es, wenn sein Organ sich bildend in sich selbst vollenden,
verschönert außer sich wieder dar.

Wo nicht, so muß er das, was um ihn her ist, durch Zerstörung
in den Umfang seines wirklichen Daseyns ziehn, und verheerend um sich
greifen, so weit er kann, da einmal die reine unschuldige Beschauung
seinem Dienst nach ausgedehntem wirklichem Daseyn nicht ersetzen kann."

April.

Correspondenz.

Rom, den 10. April 1788.

Noch bin ich in Rom mit dem Leibe, nicht mit der Seele. So
bald der Entschluß fest war, abzugehen, hatte ich auch kein Interesse
mehr, und ich wäre lieber schon vierzehn Tage fort. Eigentlich bleibe
ich noch um Rapier's willen und um Bury's willen. Ersterer muß

noch einige Studien absolviren, die er auf hier in Rom machen kann, noch einige Musikalien sammeln; der andere muß noch die Zeichnung zu einem Gemälde nach meiner Erfindung in's Reine bringen, dabei er meines Raths bedarf.

Doch hab' ich den 21. oder 22. April zur Abreise festgesetzt.

Rom, den 11. April 1788.

Die Tage vergehn, und ich kann nichts mehr thun. Kaum mag ich noch etwas sehen; mein ehrlicher Meyer sitzt mir noch bei, und ich genieße noch zuletzt seines unterrichtenden Umgangs. Hätte ich Kaylern nicht bei ihr, so hätte ich jenen mitgebracht. Wenn wir ihn nur ein Jahr gehabt hätten, so wären wir weit genug gekommen. Besonders hätte er bald über alle Scrupel im Köpfezeichnen hinausgeholfen.

Ich war mit meinem guten Meyer diesen Morgen in der Französischen Akademie, wo die Abgüsse der besten Statuen des Alterthums beisammen stehn. Wie könnt' ich ausdrücken, was ich hier, wie zum Abschied, empfand? In solcher Gegenwart wird man mehr, als man ist; man fühlt, das Würdigste, womit man sich beschäftigen sollte, sey die menschliche Gestalt, die man hier in aller mannichfaltigen Herrlichkeit gewahr wird. Doch wer fühlt bei einem solchen Anblick nicht alsobald, wie unzulänglich er sey; selbst vorbereitet steht man wie vernichtet. Hatte ich doch Proportion, Anatomie, Regelmäßigkeit der Bewegung mir einigermaßen zu verdeutlichen gesucht, hier aber fiel mir nur zu sehr auf, daß die Form zuletzt alles einschließe, der Glieder Zweckmäßigkeit, Verhältniß, Charakter und Schönheit.

Rom, den 14. April 1788.

Die Verwirrung kann wohl nicht größer werden! Indem ich nicht abließ, an jenem Fuß fort zu modelliren, ging mir auf, daß ich nunmehr Tasso unmittelbar angreifen müßte, zu dem sich denn auch meine Gedanken hinwendeten, ein willkommener Gefährte zur bevorstehenden Reise. Dazwischen wird eingepackt, und man steht in solchem Augenblicke erst, was man alles um sich versammelt und zusammengeschleppt hat.

Bericht

April.

Meine Correspondenz der letzten Wochen bietet wenig Bedeutendes; meine Lage war zu verwickelt zwischen Kunst und Freundschaft, zwischen Besitz und Bestreben, zwischen einer gewohnten Gegenwart und einer wieder neu anzugewöhnenden Zukunft. In diesen Zuständen konnten meine Briefe wenig enthalten; die Freude, meine alten geprüften Freunde wieder zu sehen, war nur mäßig ausgesprochen, der Schmerz des Los-lösens dagegen kaum verheimlicht. Ich fasse daher in gegenwärtigem nachträglichem Bericht manches zusammen und nehme nur das auf, was aus jener Zeit mir, theils durch andere Papiere und Denkmale bewahrt, theils in der Erinnerung wieder hervorzurufen ist.

Tischbein verweilte noch immer in Neapel, ob er schon seine Zurückkunft im Frühling wiederholt angekündigt hatte. Es war zwar mit ihm gut leben, nur ein gewisser Zug ward auf die Länge beschwer-lich. Er ließ nämlich alles, was er zu thun vor hatte, in einer Art Unbestimmtheit, wodurch er oft, ohne eigentlich bösen Willen, andere zu Schaden und Unlust brachte. So erging es mir nun auch in diesem Falle; ich mußte, wenn er zurückkehrte, um uns alle bequem logirt zu leben, das Quartier verändern, und da die obere Etage unseres Hauses eben leer ward, säumte ich nicht, sie zu miethen und sie zu beziehen, damit er bei seiner Ankunft in der untern alles bereit fände.

Die obern Räume waren den untern gleich, die hintere Seite jedoch hatte den Vortheil einer allerliebsten Aussicht über den Haus-garten und die Gärten der Nachbarschaft, welche, da unser Haus ein Eckhaus war, sich nach allen Seiten ausdehnte.

Hier sah man nun die verschiedensten Gärten regelmäßig durch Mauern getrennt, in unendlicher Mannichfaltigkeit gehalten und be-pflanzt; dieses grünende und blühende Paradies zu verherrlichen, trat überall die einfach edle Baukunst hervor: Gartensäle, Balcone, Terrassen, auch auf den höhern Hinterhäuschen eine offne Loge, dazwischen alle Baum- und Pflanzenarten der Gegend.

In unserm Hausgarten versorgte ein alter Weltgeistlicher eine Anzahl wohlgehaltener Citronenbäume, von mäßiger Höhe, in verschten Vasen von gebrannter Erde, welche im Sommer der freien Luft genossen, im Winter jedoch im Gartensaale verwahrt standen. Nach vollkommen geprüfter Reife wurden die Früchte sorgfältig abgenommen, jede einzeln in weiches Papier gewickelt, so zusammengepackt und versendet. Sie sind wegen besonderer Vorzüge im Handel beliebt. Eine solche Orangerie wird als ein kleines Capital in bürgerlichen Familien betrachtet, wovon man alle Jahre die gewissen Interessen zieht.

Dieselbigen Fenster, aus welchen man so viel Anmuth beim klaren Himmel ungestört betrachtete, gaben auch ein vortreffliches Licht zu Beschauung malerischer Kunstwerke. So eben hatte Kniep verschiedne Aquarellzeichnungen, ausgeführt nach Umrissen, die er auf unsrer Reise durch Sicilien sorgfältig zog, verabredetermaßen eingesendet, die nun mehr bei dem günstigsten Licht allen Theilnehmenden zu Freude und Bewunderung gereichten. Klarheit und lustige Haltung ist vielleicht in dieser Art keinem besser gelungen, als eben, der sich mit Neigung gerade hierauf geworfen hatte. Die Ansicht dieser Blätter bezauberte wirklich; denn man glaubte die Feuchte des Meers, die blauen Schatten der Felsen, die gelbröthlichen Töne der Gebirge, das Verschweben der Ferne in dem glanzreichsten Himmel wieder zu sehen, wieder zu empfinden. Aber nicht allein diese Blätter erschienen in solchem Grade günstig, jedes Gemälde auf dieselbe Staffelei, an denselben Ort gestellt, erschien wirksamer und auffallender; ich erinnere mich, daß einsmal, als ich in's Zimmer trat, mir ein solches Bild wie zauberisch entgegen wirkte.

Das Geheimniß einer günstigen oder ungünstigen, directen oder indirecten atmosphärischen Beleuchtung hat Niemals noch entdeckt, sie selbst aber durchaus gefühlt, empfunden, und als nur zufällig und unerklärbar betrachtet.

Diese neue Wohnung gab nun Gelegenheit, eine Anzahl von Gypsabgüssen, die sich nach und nach um uns gesammelt hatten, in freundlicher Ordnung und gutem Lichte aufzustellen, und man genoß jetzt erst eines höchst würdigen Besitzes. Wenn man, wie in Rom der Fall ist, sich immerfort in Gegenwart plastischer Kunstwerke der Alten befindet,

so fühlt man sich, wie in Gegenwart der Natur, vor einem Unendlichen, Unerforschlichen. Der Eindruck des Erhabenen, des Schönen, so
wohlthätig er auch seyn mag, beunruhigt uns, wir wünschen unsre
Gefühle, unsre Anschauung in Worte zu fassen: dazu müßten wir aber
erst erkennen, einsehen, begreifen; wir fangen an, zu sondern, zu unterscheiden, zu ordnen, und auch dieses finden wir, wo nicht unmöglich,
doch höchst schwierig, und so kehren wir endlich zu einer schauenden und
genießenden Bewunderung zurück.

Ueberhaupt aber ist dieß die entschiedenste Wirkung aller Kunstwerke, daß sie uns in den Zustand der Zeit und der Individuen versetzen, die sie hervorbrachten. Umgeben von antiken Statuen, empfindet
man sich in einem bewegten Naturleben, man wird die Mannichfaltigkeit der Menschengestaltung gewahr und durchaus auf den Menschen in
seinem reinsten Zustande zurückgeführt, wodurch denn der Beschauer
selbst lebendig und rein menschlich wird. Selbst die Bekleidung, der
Natur angemessen, die Gestalt gewissermaßen noch hervorhebend, thut
im allgemeinen Sinne wohl. Kann man dergleichen Umgebung in Rom
tagtäglich genießen, so wird man zugleich habsüchtig darnach; man verlangt, solche Gebilde neben sich aufzustellen, und gute Gypsabgüsse, als
die eigentlichsten Facsimile's, geben hiezu die beste Gelegenheit. Wenn
man des Morgens die Augen aufschlägt, fühlt man sich von dem Vor-
trefflichsten gerührt; alles unser Denken und Sinnen ist von solchen Gestalten begleitet, und es wird dadurch unmöglich, in Barbarei zurück-
zufallen.

Den ersten Platz bei uns behauptete Juno Ludovisi, um desto höher
geschätzt und verehrt, als man das Original nur selten, nur zufällig
zu sehen bekam, und man es für ein Glück achten mußte, sie immer-
während vor Augen zu haben; denn keiner unsrer Zeitgenossen, der zum
erstenmal vor sie hintritt, darf behaupten, diesem Anblick gewachsen
zu seyn.

Noch einige kleinere Junonen standen zur Vergleichung neben ihr,
vorzüglich Büsten Jupiters und, um anderes zu übergehen, ein guter
alter Abguß der Medusa Rondanini; ein wundersames Werk, das, den
Zwiespalt zwischen Tod und Leben, zwischen Schmerz und Wollust aus-
drückend, einen unnennbaren Reiz wie irgend ein anderes Problem über
uns ausübt.

Doch erwähn' ich noch eines Hercules Knax, so kräftig und groß, als verständig und mild; sodann eines allerliebsten Mercur, deren beider Originale sich jetzt in England befinden.

Halberhobene Arbeiten, Abgüsse von manchen schönen Werken gebrannter Erde, auch die Aegyptischen, von dem Gipfel des großen Obelisk genommen, und was nicht sonst an Fragmenten, worunter einige marmorne waren, standen wohl eingereiht umher.

Ich spreche von diesen Schätzen, welche nur wenige Wochen in die neue Wohnung gereiht standen, wie einer, der sein Testament überdenkt, den ihn umgebenden Besitz mit Fassung, aber doch gerührt ansehen wird. Die Umständlichkeit, die Bemühung und Kosten und eine gewisse Unbehülflichkeit in solchen Dingen hielten mich ab, das Vorzüglichste sogleich nach Deutschland zu bestimmen. Juno Ludovisi war der edlen Angelica zugedacht, weniges andere den nächsten Künstlern, manches gehörte noch zu den Tischbeinischen Besitzungen, anderes sollte unangetastet bleiben, und von Bury, der das Quartier nach mir bezog, nach seiner Weise benutzt werden.

Indem ich dieses niederschreibe, werden meine Gedanken in die frühsten Zeiten hingeführt und die Gelegenheiten hervorgerufen, die mich anfänglich mit solchen Gegenständen bekannt machten, meinen Antheil erregten, bei einem völlig ungenügenden Denken einen überschwenglichen Enthusiasmus hervorriefen, und die gränzenlose Sehnsucht nach Italien zur Folge hatten.

In meiner frühsten Jugend ward ich nichts Plastisches in meiner Vaterstadt gewahr; in Leipzig machte zuerst der gleichsam tanzend auftretende, die Cymbeln schlagende Faun einen tiefen Eindruck, so daß ich mir den Abguß noch jetzt in seiner Individualität und Umgebung denken kann. Nach einer langen Pause ward ich auf einmal in das volle Meer gestürzt, als ich mich von der Mannheimer Sammlung, in dem von oben wohlbeleuchteten Saale, plötzlich umgeben sah.

Nachher fanden sich Gypsgießer in Frankfurt ein, sie hatten sich mit manchen Originalabgüssen über die Alpen begeben, welche sie sodann abformten und die Originale für einen leidlichen Preis abließen. So erhielt ich einen ziemlich guten Laokoons Kopf, Niobe's Töchter, ein Köpfchen, später für eine Sappho angesprochen, und noch sonst einiges. Diese edlen Gestalten waren eine Art von heimlichem Gegengift,

wenn das Schwache, Falsche, Manierirte über mich zu gewinnen
drohte. Eigentlich aber empfand ich immer innerliche Schmerzen eines
unbefriedigten, sich auf's Unbekannte beziehenden, oft gedämpften und
immer wieder auflebenden Verlangens. Groß war der Schmerz daher,
als ich, aus Rom scheidend, von dem Besitz des endlich Erlangten,
sehnlichst Gehofften mich lostrennen sollte.

Die Geselligkeit der Pflanzenorganisation, die ich in Sicilien gewahr worden, beschäftigte mich zwischen allem durch, wie es Neigungen
zu thun pflegen, die sich unsres Innern bemächtigen und sich zugleich
unsern Fähigkeiten angemessen erzeigen. Ich besuchte den botanischen
Garten, welcher, wenn man will, in seinem veralteten Zustande geringen Reiz ausübte, auf mich aber doch, dem vieles, was er dort vorfand, neu und unerwartet schien, einen günstigen Einfluß hatte. Ich
nahm daher Gelegenheit, manche seltenere Pflanzen um mich zu versammeln und meine Betrachtungen darüber fortzusetzen, so wie die von
mir aus Samen und Kernen erzogenen fernerhin pflegend zu beobachten.

In diese letzten besonders wollten bei meiner Abreise mehrere
Freunde sich theilen. Ich pflanzte den schon einigermaßen erwachsenen
Piniensprößling, Vorbildchen eines künftigen Baumes, bei Angelica in
den Hausgarten, wo er durch manche Jahre zu einer ansehnlichen Höhe
gedieh, wovon mir theilnehmende Reisende, zu wechselseitigem Vergnügen,
wie auch von meinem Andenken an jenem Platze, gar manches zu erzählen wußten. Leider fand der nach dem Ableben jener unschätzbaren
Freundin eintretende neue Besitzer es unpassend, auf seinen Blumen-
beeten ganz unnützlich Pinien hervorwachsen zu sehen. Späterhin fanden
wohlwollende, darnach forschende Reisende die Stelle leer und hier
wenigstens die Spur eines anmuthigen Daseyns ausgelöscht.

Glücklicher waren einige Dattelpflanzen, die ich aus Kernen gezogen hatte. Wie ich denn überhaupt die merkwürdige Entwicklung derselben durch Aufopferung mehrerer Exemplare von Zeit zu Zeit beobachtete; die überbliebenen, frisch aufgeschossenen übergab ich einem Römischen Freunde, der sie in einen Garten der Sixtinischen Straße pflanzte,
wo sie noch am Leben sind, und zwar bis zur Manneshöhe heran-

gewachsen, wie ein erhabener Reisender mir zu versichern die Gnade hatte. Mögen sie den Besitzern nicht unbequem werden und fernerhin zu meinem Andenken grünen, wachsen und gedeihen.

Auf dem Verzeichnisse, was vor der Abreise von Rom allenfalls nachzuholen seyn möchte, fanden sich zuletzt sehr disparate Gegenstände, die Cloaca Massima und die Catacomben bei S. Sebastian. Die erste erhöhte wohl noch den kolossalen Begriff, wozu uns Piranesi vorbereitet hatte; der Besuch des zweiten Locals gerieth jedoch nicht zum besten: denn die ersten Schritte in diese dumpfigen Räume erregten mir also-bald ein solches Mißbehagen, daß ich sogleich wieder an's Tageslicht hervorstieg und dort im Freien, in einer ohnehin unbekannten, fernen Gegend der Stadt die Rückkunft der übrigen Gesellschaft abwartete, welche, gefaßter als ich, die dortigen Zustände getrost beschauen mochte.

In dem großen Werke: Roma sotterranea, di Antonio Ilosio, Romano,[1] belehrt' ich mich lange Zeit nachher umständlich von allen dem, was ich dort gesehen, oder auch wohl nicht gesehen hätte, und glaubte mich dadurch hinlänglich entschädigt.

Eine andere Wallfahrt wurde dagegen mit mehr Nutzen und Folge unternommen: es war zu der Akademie Luca, dem Schädel Raphael's[2] unsre Verehrung zu bezeigen, welcher dort als ein Heiligthum aufbewahrt wird, seitdem er aus dem Grabe dieses außerordentlichen Mannes, das man bei einer baulichen Angelegenheit eröffnet hatte, daselbst entfernt und hierher gebracht worden.

Ein wahrhaft wundersamer Anblick! Eine so schön als nur denk-bar zusammengefaßte und abgerundete Schaale, ohne eine Spur von jenen Erhöhungen, Beulen und Buckeln, welche, später an andern Schä-deln bemerkt, in der Gallischen Lehre zu so mannigfaltiger Bedeutung geworden sind. Ich konnte mich von dem Anblick nicht losreißen, und bemerkte beim Weggehen, wie bedeutend es für Natur- und Kunstfreunde seyn müßte, einen Abguß davon zu haben, wenn es irgend möglich wäre. Hofrath Reiffenstein, dieser einflußreiche Freund, gab mir

---

[1] Das unterirdische Rom, von Antonio Bosio, in Rom.
[2] Siehe S. 550.

Hoffnung, und erfüllte sie nach einiger Zeit, indem er wirklich einen solchen Abguß nach Deutschland sendete, dessen Anblick mich noch oft zu den mannichfaltigsten Betrachtungen aufruft.

Das liebenswürdige Bild von des Künstlers Hand: St. Lukas, dem die Mutter Gottes erscheint, damit er sie in ihrer vollen göttlichen Hoheit und Anmuth wahr und natürlich darstellen möge, gewährte den heitersten Anblick. Raphael, selbst noch jung, steht in einiger Entfernung, und sieht dem Evangelisten bei der Arbeit zu. Anmuthiger kann man wohl nicht einen Beruf, zu dem man sich entschieden hingezogen fühlt, ausdrücken und bekennen.

Peter von Cortona war ehmals der Besitzer dieses Werks, und hat solches der Akademie vermacht. Es ist freilich an manchen Stellen beschädigt und restaurirt, aber doch immer ein Gemälde von bedeutendem Werth.

In diesen Tagen jedoch ward ich durch eine ganz eigene Versuchung geprüft, die meine Reise zu verhindern und mich in Rom auf's neue zu fesseln drohte. Es kam nämlich von Neapel Herr Antonio Rega, Künstler und ebenfalls Kunsthändler, zu Freund Meyer, ihm vertraulich ankündigend: er sey mit einem Schiffe hier angelommen, welches draußen an Ripa grande liege, wohin er ihn mitzugehen hiedurch einlade, denn er habe auf demselben eine bedeutende antike Statue, jene Tänzerin oder Muse, welche in Neapel, im Hofe des Palasts Caraffa Colombrano nebst andern in einer Nische seit undenklichen Jahren gestanden und durchaus für ein gutes Werk gehalten worden sey. Er wünsche diese zu verkaufen, aber in der Stille, und frage deßhalb an: ob nicht etwa Herr Meyer selbst oder einer seiner vertrauten Freunde sich zu diesem Handel entschließen könnte? Er biete das edle Kunstwerk zu einem auf alle Fälle höchst mäßigen Preise von dreihundert Zechinen, welche Forderung sich ohne Frage erhöhen möchte, wenn man nicht in Betracht der Verkäufer und des Käufers mit Vorsicht zu verfahren Ursache hätte.

Mir war die Sache sogleich mitgetheilt und wir eilten selbdritte zu dem von unsrer Wohnung ziemlich entfernten Landungsplatze. Rega hub sogleich ein Brett von der Kiste, die auf dem Verdeck stand, und wir sahen ein allerliebstes Köpfchen, das noch nie vom Rumpfe getrennt

gewesen, unter freien Haarloden hervorblickend, und nach und nach auf
gededt eine lieblich bewegte Gestalt im anständigsten Gewande, übrigens
wenig versehrt und die eine Hand vollkommen gut erhalten.

Sogleich erinnerten wir uns recht gut, sie an Ort und Stelle gesehen zu haben, ohne zu ahnen, daß sie uns je so nah kommen könnte.

Hier nun fiel uns ein, und wem hätte es nicht einfallen sollen:
gewiß, sagten wir, wenn man ein ganzes Jahr mit bedeutenden Rosten
gegraben hätte und zuletzt auf einen solchen Schatz gestoßen wäre, man
hätte sich höchst glücklich gefunden. Wir konnten uns kaum von der
Betrachtung losreißen, denn ein so reines wohlerhaltenes Alterthum in
einem leicht zu restaurirenden Zustand kam uns wohl niemals zu Gesicht. Doch schieden wir zuletzt mit Vorsatz und Zusage, baldigste Antwort vernehmen zu lassen.

Wir waren beiderseits in einem wahrhaften Kampf begriffen, es
schien uns in mancher Betrachtung unräthlich, diesen Anlauf zu machen;
wir entschlossen uns daher, den Fall der guten Frau Angelica zu
melden, als wohl vermögend zum Anlauf und durch ihre Verbindung
zu Restauration und sonstigen Vorkommenheiten hinlänglich geeignet.
Meyer übernahm die Meldung, wie früher die wegen des Bildes von
Daniel von Volterra, und wir hofften deßhalb das beste Gelingen.
Allein die umsichtige Frau, mehr aber noch der ökonomische Gemahl
lehnten das Geschäft ab, indem sie wohl auf Malereien bedeutende
Summen verwendeten, sich aber auf Statuen einzulassen keineswegs
den Entschluß fassen konnten.

Nach dieser ablehnenden Antwort wurden wir nun wieder zu neuer
Ueberlegung aufgeregt; die Gunst des Glückes schien ganz eigen; Meyer
betrachtete den Schatz noch einmal und überzeugte sich, daß das Bild
werk nach seinen Gesammtzeichen wohl als Griechische Arbeit anzuerkennen sey und zwar geraume Zeit vor Augustus hinauf, vielleicht bis
an Hiero II. geordnet werden könnte.

Den Credit hatte ich wohl, dieses bedeutende Kunstwerk anzuschaffen, Rega schien sogar auf Stückzahlung eingehen zu wollen, und
es war ein Augenblick, wo wir uns schon im Besitz des Bildnisses und
solches in unserm großen Saal wohlbeleuchtet aufgestellt zu sehen glaubten.

Wie aber denn doch zwischen einer leidenschaftlichen Liebesneigung
und einem abzuschließenden Heirathscontract noch manche Gedanken sich

einzubringen pflegen, so war es auch hier, und wir durften ohne Rath und Zustimmung unsrer edlen Kunstverwandten, des Herrn Zucchi und seiner wohlmeinenden Gattin, eine solche Verbindung nicht unternehmen, denn eine Verbindung war es im ideell-pygmaleonischen Sinne, und ich läugne nicht, daß der Gedanke, dieses Wesen zu besitzen, bei mir tiefe Wurzel gefaßt hatte. Ja, als ein Beweis, wie sehr ich mir hierin schmeichelte, mag das Bekenntniß gelten, daß ich dieses Ereigniß als einen Wink höherer Dämonen ansah, die mich in Rom festzuhalten und alle Gründe, die mich zum Entschluß der Abreise vermocht, auf das thätigste niederzuschlagen gedächten.

Glücklicherweise waren wir schon in den Jahren, wo die Vernunft dem Verstand in solchen Fällen zu Hülfe zu kommen pflegt, und so mußte denn Kunstneigung, Besitzeslust und was ihnen sonst beistand, Dialektik und Aberglaube, vor den guten Gesinnungen weichen, welche die edle Freundin Angelica, mit Sinn und Wohlwollen an uns zu wenden die Geneigtheit hatte. Bei ihren Vorstellungen traten daher auf's klarste die sämmtlichen Schwierigkeiten und Bedenklichkeiten an den Tag, die sich einem solchen Unternehmen entgegen stellten. Ruhige, bisher den Kunst- und Alterthumsstudien sich widmende Männer griffen auf einmal in den Kunsthandel ein und erregten die Eifersucht der zu solchem Geschäft herkömmlich Berechtigten. Die Schwierigkeiten der Restauration seyen mannichfaltig, und es frage sich, inwiefern man dabei werde billig und redlich bedient werden. Wenn ferner bei der Absendung auch alles in möglichster Ordnung gehe, so könnten doch wegen der Erlaubniß der Ausfuhr eines solchen Kunstwerkes am Schluß noch Hindernisse entstehen und was alsdann noch wegen der Ueberfahrt und des Anlandens und Ankommens zu Hause alles noch für Widerwärtigkeiten zu befürchten seyen. Ueber solche Betrachtungen, hieß es, geht der Handelsmann hinaus, sowohl Mühe als Gefahr setze sich in einem großen Ganzen in's Gleichgewicht, dagegen sey ein einzelnes Unternehmen dieser Art auf jede Weise bedenklich.

Durch solche Vorstellungen wurde denn nach und nach Begierde, Wunsch und Vorsatz gemildert, geschwächt, doch niemals ganz ausgelöscht, besonders da sie endlich zu großen Ehren gelangte; denn sie steht gegenwärtig im Museo Pio-Clementino in einem kleinen angebauten, aber mit dem Museum in Verbindung stehenden Cabinet, wo im

Fußboden die wunderschönen Piejailes von Masken und Laubgewinden eingelegt sind. Die übrige Gesellschaft von Statuen in jenem Cabinet besteht 1) aus der auf der Ferse sitzenden Venus, an deren Fuße der Name des Bupalus eingegraben steht; 2) am sehr schönen kleiner Ganymedes; 3) die schöne Statue eines Jünglings, dem ich weiß nicht: ob mit Recht, der Name Adonis beigelegt wird; 4) ein Faun aus Rosso Antico; 5) der ruhig stehende Discobolus.

Visconti hat im dritten, gedachtem Museum gewidmeten Bande dieses Denkmal beschrieben, nach seiner Weise erklärt und auf der dreißigsten Tafel abbilden lassen; da denn jeder Kunstfreund mit uns bedauern kann, daß es uns nicht gelungen, sie nach Deutschland zu schaffen und sie irgend einer vaterländischen Sammlung hinzuzugesellen.

Man wird es natürlich finden, daß ich bei meinen Abschiedsbesuchen jene anmuthige Mayländerin nicht vergaß. Ich hatte die Zeit her von ihr manches Vergnügliche gehört: wie sie mit Angelica immer vertrauter geworden und sich in der höhern Gesellschaft, wohin sie dadurch gelangt, gar gut zu benehmen wisse. Auch konnte ich die Vermuthung nähren und den Wunsch, daß ein wohlhabender junger Mann, welcher mit Zucchi's im besten Vernehmen stand, gegen ihre Anmuth nicht unempfindlich und ernstere Absichten durchzuführen nicht abgeneigt sey.

Nun fand ich sie im reinlichen Morgenkleide, wie ich sie zuerst in Castel Gandolfo gesehen; sie empfing mich mit offner Anmuth und drückte, mit natürlicher Zierlichkeit, den wiederholten Dank für meine Theilnahme gar liebenswürdig aus. „Ich werd' es nie vergessen," sagte sie, „daß ich, aus Verwirrung mich wieder erholend, unter den anfragenden geliebten und verehrten Namen auch den Eurigen nennen hörte; ich forschte mehrmals, ob es denn auch wahr sey? Ihr setztet Cure Erkundigungen durch mehrere Wochen fort, bis endlich mein Bruder, Euch besuchend, für uns beide danken konnte. Ich weiß nicht, ob er's ausgerichtet hat, wie ich's ihm auftrug, ich wäre gern mitgegangen, wenn sich's geziemte." Sie fragte nach dem Weg, den ich nehmen wollte, und als ich ihr meinen Reiseplan vorerzählte, versetzte sie: „Ihr seyd glücklich, so reich zu seyn, daß Ihr Euch dieß nicht zu versagen braucht; wir andern müssen uns in die Stelle finden, welche Gott und seine

Heiligen und angewiesen. Schon lange seh' ich vor meinem Fenster
Schiffe kommen und abgehen, ausladen und einladen; das ist unterhaltend, und ich denke manchmal, woher und wohin das alles?" Die
Fenster gingen gerade auf die Treppen von Ripetta, die Bewegung war
eben sehr lebhaft.

Sie sprach von ihrem Bruder mit Zärtlichkeit, freute sich, seine
Haushaltung ordentlich zu führen, ihm möglich zu machen, daß er, bei
mäßiger Besoldung, noch immer etwas zurück in einem vortheilhaften
Handel anlegen könne; genug, sie ließ mich zunächst mit ihren Zuständen
durchaus vertraut werden. Ich freute mich ihrer Gesprächigkeit; denn
eigentlich macht' ich eine gar wunderliche Figur, indem ich schnell alle
Momente unsers zarten Verhältnisses, vom ersten Augenblick an bis
zum letzten, mir wieder vorzurollen gedrängt war. Nun trat der Bruder
herein, und der Abschied schloß sich in freundlicher mäßiger Prosa.

Als ich vor die Thüre kam, fand ich meinen Wagen ohne den
Kutscher, den ein geschäftiger Knabe zu holen lief. Sie sah heraus zum
Fenster des Entresols, den sie in einem stattlichen Gebäude bewohnten;
es war nicht gar hoch, man hätte geglaubt, sich die Hand reichen zu
können.

„Man will mich nicht von Euch wegführen, seht Ihr," rief ich aus,
„man weiß, so scheint es, daß ich ungern von Euch scheide."

Was sie darauf erwiederte, was ich versetzte, den Gang des anmuthigsten Gesprächs, das von allen Fesseln frei, das Innere zweier
sich nur halbbewußt Liebenden offenbarte, will ich nicht entweihen durch
Wiederholung und Erzählung; es war ein wunderbares, zufällig ein-
geleitetes, durch innern Drang abgenöthigtes lakonisches Schlußbekenntniß
der unschuldigsten und zartesten wechselseitigen Gewogenheit, das mir
auch deßhalb nie aus Sinn und Seele gekommen ist.

Auf eine besonders feierliche Weise sollte jedoch mein Abschied aus
Rom vorbereitet werden; drei Nächte vorher stand der volle Mond am
klarsten Himmel, und ein Zauber, der sich dadurch über die ungeheure
Stadt verbreitet, so oft empfunden, ward nun auf's eindringlichste fühlbar. Die großen Lichtmassen, klar, wie von einem milden Tage beleuchtet, mit ihren Gegensätzen von tiefen Schatten, durch Nähe fern

manchmal erhellt, zur Ahnung des Einzelnen, setzen uns in einen Zustand wie von einer andern einfachern größern Welt.

Nach zerstreuenden, mitunter peinlich zugebrachten Tagen, mach' ich den Umgang mit wenigen Freunden einmal ganz allein. Nachdem ich den langen Corso, wohl zum letztenmal, durchwandert hatte, bestieg ich das Capitol, das wie ein Feenpalaß in der Wüste dastand. Die Statue Marc Aurel's rief den Commandeur in Don Juan zur Erinnerung und gab dem Wanderer zu verstehen, daß er etwas Ungewöhnliches unternehme. Dem ungeachtet ging ich die hintere Treppe hinab. Ganz finster, finstern Schatten werfend, stand mir der Triumphbogen des Septimius Severus entgegen; in der Einsamkeit der Via Sacra erschienen die sonst so bekannten Gegenstände fremdartig und geisterhaft. Als ich aber den erhabenen Resten des Coliseums mich näherte und in dessen verschlossenes Innere durch's Gitter hineinsah, darf ich nicht läugnen, daß mich ein Schauer überfiel und meine Rückkehr beschleunigte.

Alles Massenhafte macht einen eignen Eindruck, zugleich als erhaben und faßlich, und in solchen Umgängen zog ich gleichsam ein unübersehbares Summa Summarum meines ganzen Aufenthaltes.

Bei meinem Abschied empfand ich Schmerzen einer eignen Art. Diese Hauptstadt der Welt, deren Bürger man eine Zeit lang gewesen, ohne Hoffnung der Rückkehr zu verlassen, giebt ein Gefühl, das sich durch Worte nicht überliefern läßt. Niemand vermag es zu theilen, als wer es empfunden. Ich wiederholte mir in diesem Augenblicke immer und immer Ovid's Elegie, die er dichtete, als die Erinnerung eines ähnlichen Schicksals ihn bis an's Ende der bewohnten Welt verfolgte. Jene Distichen wälzten sich zwischen meinen Empfindungen immer auf und ab:

Wankelt von jener Nacht mir das traurige Bild vor die Seele,
 Welche die letzte für mich ward in der Römischen Stadt,
Wiederhol' ich die Nacht, wo des Theuren soviel mir zurückblieb,
 Gleitet vom Auge mir noch jetzt eine Thräne herab. —

Und schon ruhten bereits die Stimmen der Menschen und Hunde,
 Luna sie lenkt' in der Höh' nächtliches Rossgespann.
Zu ihr schaut' ich hinan, sah dann capitolische Tempel,
 Welchen umsonst so nah' unsere Laren gegränzt. —

Nicht lange jedoch konnte ich mit jenen fremden Ausdruck eigner Empfindung wiederholen, als ich genöthigt war, ihn meiner Persönlich-keit, meiner Lage im besonderſten anzueignen. Angebildet wurden jene Leiden den meinigen, und auf der Reiſe beſchäftigte mich dieſes innere Thun manchen Tag und Nacht. Doch ſcheute ich mich, auch nur eine Zeile zu ſchreiben, aus Furcht, der zarte Duft inniger Schmerzen möchte verſchwinden. Ich mochte beinah nichts anſehen, um mich in dieſer ſüßen Qual nicht ſtören zu laſſen. Doch gar bald drang ſich mir auf, wie herrlich die Anſicht der Welt ſey, wenn wir ſie mit gerührtem Sinne betrachten. Ich ermannte mich zu einer freieren poetiſchen Thätig-keit; der Gedanke an Taſſo ward angeknüpft und ich bearbeitete die Stellen mit vorzüglicher Neigung, die mir in dieſem Augenblick zunächſt lagen. Den größten Theil meines Aufenthalts in Florenz verbrachte ich in den dortigen Luſt- und Prachtgärten. Dort ſchrieb ich die Stellen, die mir noch jetzt jene Zeit, jene Gefühle unmittelbar zurückrufen.

Dem Zuſtand dieſer Lage iſt allerdings jene Ausführlichkeit zuzu-ſchreiben, womit das Stück theilweis behandelt iſt und wodurch ſeine Erſcheinung auf dem Theater beinah unmöglich ward. Wie mit Ovid dem Local nach, ſo konnte ich mich mit Taſſo dem Schickſal nach ver-gleichen. Der ſchmerzliche Zug einer leidenſchaftlichen Seele, die unwider-ſtehlich zu einer unwiderruflichen Verbannung hingezogen wird, geht durch das ganze Stück. Dieſe Stimmung verließ mich nicht auf der Reiſe, troß aller Zerſtreuung und Ablenkung, und ſonderbar genug, als wenn harmoniſche Umgebungen mich immer begünſtigen ſollten, ſchloß ſich nach meiner Rückkehr das Ganze bei einem zufälligen Aufenthalte zu Belvedere, wo ſo viele Erinnerungen bedeutender Momente mich umſchwebten.

Ueber Italien.

Fragmente eines Reisejournals.

Volksgesang.

Venedig.

Es ist bekannt, daß in Venedig die Gondoliere große Stellen aus Ariost und Tasso auswendig wissen, und solche auf ihre eigne Melodie zu singen pflegen. Allein dieses Talent scheint gegenwärtig seltner geworden zu seyn; wenigstens konnte ich erst mit einiger Bemühung zwei Leute auffinden, welche mir in dieser Art eine Stelle des Tasso vortrugen.

Es gehören immer zwei dazu, welche die Strophen wechselsweise singen. Wir kennen die Melodie ungefähr durch Rousseau', dessen Liedern sie beigedruckt ist; sie hat eigentlich keine melodische Bewegung, und ist eine Art von Mittel zwischen dem Canto fermo und dem Canto figurato; jenem nähert sie sich durch recitativische Declamation, diesem durch Passagen und Läufe, wodurch eine Sylbe aufgehalten und verziert wird.

Ich bestieg bei hellem Mondschein eine Gondel, ließ den einen Sänger vorn, den andern hinten hin treten, und fuhr gegen EL Georgio zu. Einer fing den Gesang an, nach vollendeter Strophe begann der andere, und so wechselten sie mit einander ab. Im Ganzen schienen es immer dieselbigen Noten zu bleiben, aber sie gaben, nach dem Inhalt der Strophe, bald der einen oder der andern Note mehr Werth, veränderten auch wohl den Vortrag der ganzen Strophe, wenn sich der Gegenstand des Gedichtes veränderte.

Ueberhaupt aber war ihr Vortrag rauh und schreiend. Sie schienen, nach Art aller ungebildeten Menschen, den Vorzug ihres Gesangs in die Stärke zu setzen, einer schien den andern durch die Kraft seiner Lunge überwinden zu wollen, und ich befand mich in dem Gondelkästchen, anstatt von dieser Scene einigen Genuß zu haben, in einer sehr beschwerlichen Situation.

Mein Begleiter, dem ich es eröffnete und der den Credit seiner Landsleute gern erhalten wollte, versicherte mir, daß dieser Gesang aus der Ferne sehr angenehm zu hören sey; wir stiegen deßwegen an's Land, der eine Sänger blieb auf der Gondel, der andere entfernte sich einige hundert Schritte. Sie fingen nun an, gegen einander zu singen, und ich ging zwischen ihnen auf und ab, so daß ich immer den verließ, der zu singen anfangen sollte. Manchmal stand ich still und horchte auf einen und den andern.

Hier war diese Scene an ihrem Platze. Die stark declamirten und gleichsam ausgeschrienen Laute trafen von fern das Ohr, und erregten die Aufmerksamkeit: die bald darauf folgenden Passagen, welche ihrer Natur nach leiser gesungen werden mußten, schienen wie nachklingende Klagetöne auf einen Schrei der Empfindung, oder des Schmerzens. Der andere, der aufmerksam horcht, fängt gleich da an, wo der erste aufgehört hat, und antwortet ihm, sanfter oder heftiger, je nachdem es die Strophe mit sich bringt. Die stillen Canäle, die hohen Gebäude, der Glanz des Mondes, die tiefen Schatten, das Geistermäßige der wenigen hin und wieder wandelnden schwarzen Gondeln vermehrte das Eigenthümliche dieser Scene, und es war leicht, unter allen diesen Umständen den Charakter dieses wunderbaren Gesanges zu erkennen.

Er paßt vollkommen für einen müßigen einsamen Schiffer, der auf der Ruhe dieser Canäle in seinem Fahrzeug ausgestreckt liegt, seine Herrschaft oder Kunden erwartet, vor Langeweile sich etwas vormodulirt, und Gedichte, die er auswendig weiß, diesem Gesang unterschiebt. Manchmal läßt er seine Stimme so gewaltsam als möglich hören, sie verbreitet sich weit über den stillen Spiegel, alles ist ruhig umher, er ist mitten in einer großen vollreichen Stadt gleichsam in der Einsamkeit. Da ist kein Gerassel der Wagen, kein Geräusch der Fußgänger, eine stille Gondel schwebt bei ihm vorbei, und kaum hört man die Ruder plätschern.

In der Ferne vernimmt ihn ein anderer, vielleicht ein ganz unbekannter. Melodie und Gedicht verbinden zwei fremde Menschen, er wird das Echo des ersten und strengt sich nun auch an, gehört zu werden, wie er den ersten vernahm. Convention heißt sie von Vers zu Vers wechseln, der Gesang kann Nächte durch währen, sie unterhalten sich, ohne sich zu ermüden, der Zuhörer, der zwischen beiden durchfährt, nimmt Theil daran, indem die beiden Sänger mit sich beschäftigt sind.

Es klingt dieser Gesang aus der weiten Ferne unaussprechlich reizend, weil er in dem Gefühl des Entfernten erst seine Bestimmung erfüllt. Er klingt wie eine Klage ohne Trauer, man kann sich der Thränen kaum enthalten. Mein Begleiter, welcher sonst kein sehr fein organisirter Mann war, sagte ganz ohne Anlaß: è singolare come quel canto intenerisce, e molto più quando lo cantano meglio. [1]

Man erzählte mir, daß die Weiber vom Lido (der langen Inselreihe, welche das Adriatische Meer von den Lagunen scheidet), besonders die von den äußersten Ortschaften, Malamocca und Palestrina, gleichfalls den Tasso auf diese und ähnliche Melodien sängen.

Sie haben die Gewohnheit, wenn ihre Männer, um zu fischen, auf das Meer gefahren sind, sich Abends an das Ufer zu setzen und diese Gesänge anzustimmen, und so lange heftig damit fortzufahren, bis sie aus der Ferne das Echo der Ihrigen vernehmen.

Wie viel schöner und noch eigenthümlicher bezeichnet sich hier dieser Gesang als der Ruf eines Einsamen in die Ferne und Weite, daß ihn ein anderer und gleichgestimmter höre und ihm antworte! Es ist der Ausdruck einer starken, herzlichen Sehnsucht, die doch jeden Augenblick dem Glück der Befriedigung nahe ist.

Rom.

Ritornelli.

Mit einem ähnlichen Gesang, der aber in keinem Sinne gefällig oder reizend ist, pflegt der Pöbel von Rom sich zu unterhalten, und beleidigt jedes Ohr, außer sein eignes.

[1] Siehe oben S. 129.

Es ist gleichfalls eine Art von Canto fermo, Recitation oder Declamation, wie man will. Keine melodische Bewegung zeichnet ihn aus,
die Intervalle der Töne lassen sich durch unsere Art, die Noten zu
schreiben, nicht ausdrücken, und diese seltsamen Intervalle, mit der
größten Gewalt der Stimme vorgetragen, bezeichnen eigentlich diese Ge-
sangsweise. Eben so ist Ton und Manier der Singenden, oder vielmehr Schreienden, so vollkommen überein, daß man durch alle Straßen
von Rom immer denselben tollen Menschen zu hören glaubt. Gewöhnlich hört man sie nur in der Dämmerung oder zur Nachtzeit; sobald
sie sich frei und losgebunden fühlen, geht dieses Geschrei los. Ein
Knabe, der nach einem heißen Tag Abends die Fenster aufmacht, ein
Fuhrmann, der mit seinem Karren zum Thor herausfährt, ein Arbeiter,
der aus einem Haus heraustritt, bricht unmittelbar in das unbändige
Geschrei aus. Sie heißen diese Art zu singen Ritornelli, und legen
dieser Unmelodie alle Worte unter, die ihnen einfallen, weil sich jede
Art von Phrasen und Perioden, sie seyen metrisch oder prosaisch, leicht
damit begleiten läßt. Selten sind die Worte verständlich, und ich erinnere mich nur einigemal, einen solchen Sänger verstanden zu haben.
Es schien mir sein Lied rohe, obgleich nicht ganz unwitzige Invectiven
gegen die Nachbarinnen zu enthalten.

Vaudevilles.

Im Jahr 1786 hörte man noch überall den Marlborough, der
halb Italiänisch, halb Französisch, ungefähr auf seine bekannte Melodie,
auf allen Straßen gesungen ward.

Zu Anfang 1787 verdrängte ihn ein Vaudeville, welches in kurzer
Zeit so um sich griff, daß es die kleinsten Kinder so gut als alle erwachsenen Personen sangen; es ward verschiedentlich componirt und
mehrstimmig in Concerten aufgeführt. Eigentlich war es eine Liebes-
erklärung an eine Schöne. Jeder Vers enthielt Lobsprüche und Ver-
sprechungen, welche durch den Refrain immer wieder aufgehoben wurden.

Non dico! ist die populäre Redensart, wodurch man etwas, was
man selbst oder ein anderer Uebertriebenes gesagt hat, sogleich in
Zweifel ziehet.

Hier ist der erste Vers:

Ogni uomo, ogni donzella,
Mia dolce Miramil
Mi dico che sei bella.
E penso anch'io così:
Non dico: bella bella!
Ma — li la ba le li.

Das letzte Ma — welches durch die unbedeutenden Refrain-Sylben auf-
gesungen wird, giebt dem Ausdruck der Ironie die völlige Stärke.
Die Melodie, welche am allgemeinsten gehört wurde, ist singbar
und angenehm, aber nicht expressiv.

Romanze.

Man hört in Rom wenig von Gespenstergeschichten, und wahrscheinlich ist die Ursache davon: weil kein katholischer Christ, der ge-
beichtet und die Sacramente empfangen hat, verdammt werden kann,
sondern nur noch zur Vollendung der Buße und Reinigung eine Zeit
lang im Fegefeuer aushalten muß. Alle Gemüther sind andächtig auf
die Erleichterung und Befreiung der guten leidenden Seelen gerichtet.
Manchmal erscheint wohl das ganze Fegefeuer einem beängstigten Gläubigen im Traum oder Fieber; und alsdann ist die Mutter Gottes in
freundlicher Erscheinung gleich dabei, wie man auf so vielen Gelübde-
tafeln sehen kann. Allein die eigentlichen Gespenster-, Hexen- und
Teufelsideen-scheinen mehr den nordischen Gegenden eigen zu seyn.

Um so viel mehr wunderte ich mich über eine Romanze, welche
ein blinder Neapolitanischer Knabe, der sich in Rom herumführen ließ,
einige Wochen sang, deren Inhalt und Vorstellungsart so nordisch als
möglich ist.

Die Scene ist Nachts, bei dem Hochgerichte. Eine Hexe bewacht
den Leichnam eines hingerichteten, wahrscheinlich auf's Rad geflochtenen
Missethäters; ein frecher Mensch schleicht sich hinzu, in der Absicht,
einige Glieder des Körpers zu stehlen. Er vermuthet die Hexe nicht in
der Nähe, doch faßt er sich und redet sie mit einem Zaubergruß an.

Sie antwortet ihm, und ihr Gespräch, mit einer immer wiederkehrenden Formel, macht das Gedicht aus. Hier ist der erste Vers. Die Melodie, und der Zeilen, wodurch sich die übrigen Strophen von der ersten unterscheiden, finden sich am Schlusse des Bandes.

Gurugium a te! gurugiu!
Che ne vgoi della vecchia tu?
Io voglio questi pirdi.
E che diavolo che ne vuoi far?
Per far piedi ai candelieri.
Cadavere! malattia!
Aggi pazienza, vecchia mia.

Hier ist eine ungefähre Uebersetzung zu mehrerer Deutlichkeit. Gurugiu! soll wahrscheinlicherweise ein freundlicher Zaubergruß seyn.

Der Dieb. Gurugium zu dir! Gurugiu!

Die Hexe. Was willst du von der Alten du?

Der Dieb. Ich hätte gern die Füße.

Die Hexe. Was Teufel damit zu thun?

Der Dieb. Zu machen Leuchterfüße.

Die Hexe. Daß dich die Pest und Seuche!

Der Dieb. Alte! liebe Alte! Geduld!

Die übrigen Verse unterscheiden sich nur von dem ersten durch die veränderte dritte und fünfte Zeile, worin es immer ein ander Glied verlangt und einen andern Gebrauch davon angiebt.

Ich erinnere mich, in seiner Italiänischen Liedersammlung ein ähnliches Gedicht gesehen zu haben. Der Misbrauch von solchen Gegenständen ist allgemein. Eben so glaubt man, in der Melodie etwas Fremdes zu entdecken.

Geistliches dialogisirtes Lied.

Artiger, angenehmer, dem Geiste der Nation und den Grundsätzen des katholischen Glaubens angemessener ist die Bearbeitung der Unterhaltung Christi mit der Samariterin zu einem dramatischen Liede. Es hat innerlich die völlige Form eines Intermezzo zu zwei Stimmen, und wird nach einer faßlichen Melodie von zwei armen Personen auf der Straße gesungen. Mann und Frau setzen sich in einiger Entfernung von einander und tragen wechselweise ihren Dialog vor, sie erhalten zuletzt ein kleines Almosen, und verkaufen ihre gedruckten Gesänge an die Zuhörer.

Wir geben hier das Lied selbst im Original, das durch eine Uebersetzung alle Grazie verlieren würde, und schalten für diejenigen Leser, welche mit dem Italiänischen nicht ganz bekannt sind, einen kleinen Commentar zwischen den Dialog ein.

Der Schauplatz ist an einem Brunnen in der Nähe der Stadt Samaria.

Erster Theil

Jesus kommt und macht die Exposition seines Zustandes und des Orts.

> Sono giunto stanco e lasso
> Dal mio lungo camminar.
> Ecco il passo, e questo è il sasso
> Per potermi riposar.

Er erklärt seine Absicht:

> Qui mi fermo, quivi aspetto,
> Una Donna ha da venir.
> O bel fonte, o fonte eletto
> Alma infida a convertir!

> Pecorella già smarrita
> Dall' ovile cercando va,
> Ma ben presto convertita
> Al Pastor ritornerà.

Die Schöne läßt sich von weiten sehen.

> Ecco appunto la meschina,
> Che sen vien sola da sè.
> Vieni, vieni, o poverina,
> Vien, t' aspetto, vien da me.

Samariterin. Bleibt in der Ferne stehen, sieht sich nach dem Brunnen um. Es ist ihr unangenehm, jemanden dort zu finden.

> Questo appunto ci mancava;
> Chi è colui, che siede là?
> Io di già me l' aspettava
> Di trovar qualcuno qua.

Besonders will ihr der Jude nicht gefallen.

> È un Giudeo, se ben ravviso,
> Lo conosco in fin di qui;
> Alle chiome, al mento, al viso
> Egli è desso, egli è, sì sì.

Sie gedenkt des Hasses der beiden Völker:

> Questa gente non è amica
> Della patria mia, lo so;
> Vi è una ruggine alta, e antica,
> Che levare non si può.

Allein sie nimmt sich zusammen, geht nach ihrem Geschäfte und setzt sich vor, wenn er nicht freundlich ist, schnippisch dagegen zu seyn.

> Baderò alli fatti miei,
> Io al pozzo voglio andar.
> Se dirà, Donna chi sei?
> Gli dirò, son chi mi par.

Jesus überrascht sie mit einem frommen und gefälligen Gruß.

> Buona donna, Il ciel vi guardi!

Samer. Ist verwundert und gleich gewonnen; sie erwiedert freundlich:

> O buon Uomo, a voi ancor!

Jesus. Nähert sich im Gespräche:

> Siete giunta troppo tardi.

Samar. Läßt sich weiter ein:

Non poteva più à buon or.

Jesus. Verlangt zu trinken.

O figliuola, che gran sete!
Un po d' acqua in carità.
Deh, ristoro a mè porgete,
Un po d' acqua per pietà!

Samar. Es kommt ihr wunderbar vor, daß ein Jude von ihr zu
trinken verlangt.

Voi a me Samaritana
Domanda vi dia da ber;
A un Giudeo è cosa strana
Chi l'avesse da veder.

Queste due nazion fra loro
Non si posson compatir;
Se vedesse un di coloro
Cosa avrebbe mai a dir.

Jesus. Macht einen Uebergang vom Parabolen zum Wunderbaren.

Se saperie, se sapeste
Chi a voi chiede da ber,
Certo a lui richiedereste
Acqua viva per aver.

Samar. Glaubt, er wolle sie zum Besten haben.

Voi parlate, e dov' è il secchio,
Dove l' acqua, o buon Signor?
Di Giacobbe il nostro vecchio
Siete voi forse maggior?

Che sia pur benedetto!
Questo pozzo a noi lasciò:
I suoi figli, il suo diletto
Gregge in questo abbeverò.

Jeſus. Bleibt bei ſeinem Gleichniſſe und verſpricht jedem durch ſein Waſſer den Durſt auf immer zu löſchen.

> O figliuola, chi l' acqua mia,
> Acqua viva beverà,
> Già sia pur chiunque sia,
> Mai in eterno sete avrà.

Samar. Findet das ſehr bequem und bittet ſich davon aus.

> O Signor, non si potrebbe
> Di quest' acqua un po gustar?
> La fatica leverebbe
> Di venirla qui a cavar.

Jeſus. Verſucht ſie.

> A chiamar vostro marito
> Gite, l' acqua vi darò:
> Nè tenete sia partito,
> Perchè vi aspetterò.

Samar. Will von keinem Manne wiſſen.

> Lo Marito! Guardi il cielo,
> Sono libera di me.

Jeſus. Beſchämt ihre Verſtellung.

> Che direte s'io vi svelo
> Che n'avete più di tre?

> Cinque già ne avete avuti,
> Se vostr' è quel ch' avete or.

Samar. Erſchrickt.

> O che sento, (bei Seite) il Ciel m'ajuti!

Sie bekennt

> Dite vero, o mio Signor.

und gesteht ihm zu, daß er ein großer Prophet seyn müsse, um von ihren Liebeshändeln so genau unterrichtet zu seyn.

> Certo che viele Profeta,
> Ben sapete indovinar.

Sie will sich wegschleichen.

> Io per dirla chela, chela,
> Me ne voglio un poco andar.

Jesus. Hält sie und spricht von der Ankunft des Messias.

> No, no, no, non gite via
> Che è venuto il tempo già
> D'adorare Il Gran Messia
> In spirito e verità.

Samar. Erklärt sich darüber sehr naiv.

> Che il Messia abbia a venire
> Io non nego, o questo no;
> Ma se poi avessi a dire
> Se è venuto, non lo so.

Jesus. Stellt sich selbst als den Messias dar.

> O figlinola, egli è venuto
> Il Messià, credete a me,
> Se puol essere creduto,
> Chi vi parla quel Egli è.

Samar. Unverzüglich glaubt sie, betet an und erbietet sich zum Apostelamt.

> Io vi credo, o buon Signore,
> E vi adoro, or voglio gir
> In Sammaria, un tal stupore
> Voglio a tutti riferir.

Jesus. · Sembra fie.

> Gite pur! Sia vostra gloria
> Se vi crede la città
> Per si nobile vittoria
> Tutto il ciel trionferà.

Damer. Ist entzückt über die göttliche Gnade.

> O divina si grand' opera
> Convertir si infido cuor.

Jesus. Sagt von der Macht und Liebe Gottes.

> Il poter tutto si adopra
> Del gran Dio sutto l'amor.

Zweiter Theil.

Damer. Wie sie überzeugt weggegangen, kommt sie nun ganz belehrt zurück.

> Ecco qui quella meschina
> Che ritorna onde partì;
> O amabile divina
> Maestà, eccomi qui!

> L'alma mia in questo pomo
> La vostra acqua si gustò;
> Che ogni fonte dopo somo
> Qual pastan gli risembrò.

> Mille grazie, o grand' Iddio,
> A voi rendo, e sommo onor,
> Che mutò questo cor mio
> Dal profano al santo amor!

Jesus. Nimmt sie als Tochter an, und erklärt sich selbst für Gott.

O mia figlia! tale adesso
Più che mai vi vo' chiamar,
La mia grazia quanto spesso
Si bell' opra ella m far.

Sono Dio! di già 'l sapete
E mio braccio tutto può,
Jo per voi, se fede avrete,
Quanto più per voi farò.

Samer. Wiederholt ihr Glaubensbekenntniß.

Siete Dio onnipotente,
E veduto l'ho pur or:
Di Sammaria la gran gente
Convertita è a Voi, Signor.

Jesus. Hat das von Ewigkeit schon gewußt und sie zum Apostel ersehen.

Ab eterno già sapea
E però vi mandar là;
Fin d'allora vi scegliea
A bandir la verità.

Samer. Ist beschämt.

O Signor, io mi arrossisco
Di vedermi in tanto onor,
Più ei penso, e men capisco
Come a me tanto favor.

Jesus. Erklärt ihr seine göttliche Methode, große Dinge durch geringe Mittel zu thun.

Questo è già costume mio
Qual io sono a dimostrar,
Per oprar cosa da Dio
Mezzi deboli adottar.

Er giebt Beispiele aus der Geschichte.

> D'Oloferne il disumano
> Dite su, ebi trionfò?
> Donna fral di propria mano
> Nel suo letto lo svenò.

> Il Gigante fier Golia
> Come mai, come morì?
> D'un sassetto della via,
> Che scagliato lo colpì.

Eben so ist die ganze Welt aus Nichts geschaffen.

> Tutto il mondo già creato
> Opra fu della mia man,
> Ed il tutto fu cavato
> Dal suo niente in tutto van.

Und seine göttliche Absicht ist die Verherrlichung seines Namens.

> Perchè vuo la gloria mia,
> Come è debito per me

Und der Nutzen ist den Gläubigen bestimmt.

> L'util poi voglio che sia
> Sol di quel che opra con me.

Jesus. Begnügt sich am Evangelio.

> Che più potreie darmi?
> Mi scoprite il gran Vangel,
> E di quel volete farmi
> Vna Apostola fedel.

Ihr Herz entbrennt in Liebe und Zärtlichkeit. Sie giebt sich ihm ganz hin.

> Quanto mai vi devo, quanto,
> Cortesissimo Gesù!
> A vui m'offro e dono intanto,
> Nè sarò d'altri mai più.

Ich merke dieses hier an, weil falsche Namensverwandtschaften oft den Begriff eines falschen Verhältnisses unterhalten, und es Pflicht ist, jedem Irrthum und Mißverständniß so viel als möglich vorzubeugen und gegen alles Wunderbare zu arbeiten, damit das Merkwürdige seinen Platz behaupte.

— —

Stundenmaaß der Italiäner.

Eine von den Fremden meist aus einem falschen Gesichtspunkt betrachtete Einrichtung ist die Art der Italiäner, die Uhr zu zählen. Sie verwirrt jeden Ankömmling, und weil der größte Theil der Reisenden überall seine Art zu seyn fortsetzen, in seiner Ordnung und in seinem Gleise bleiben will, so ist es natürlich, daß er sich bitter beschwert, wenn ihm auf einmal ein wichtiges Maß seiner Handlungen gänzlich verrückt wird.

Deutsche Regenten haben in ihren Italiänischen Staaten schon die uns gewöhnliche Art, die Stunden zu zählen, eingeführt. Dieser so genannte Französische Zeiger, der zum Trost der Fremden schon lange auf Trinità di Monte zu sehn ist, wird nun bald auch in und außerhalb St. Peter den Reisenden ihre gewohnten Stunden zeigen. Unsere Art zu zählen wird also wohl nach und nach gemeiner werden, ob sich gleich das Volk schwerlich so bald damit befassen wird; und gewiß verlöre es auch eine eigenthümliche Landessitte, eine ererbte Vorstellungsart, und eine höchst schickliche Gewohnheit.

Wie oft hören wir von Reisenden das glückliche Land, das schöne Klima, den reinen blauen Himmel, die milde Luft Italiens preisen, und es ist zum größten Theil wahr und unübertrieben. Daraus folgt nun aber für's Leben, daß wer nur kann, und so lang er nur immer kann, gern unter freiem Himmel seyn und auch bei seinen Geschäften der Luft genießen mag. Wie viele Handwerker arbeiten vor den Häusern auf freier Straße! wie viele Läden sind ganz gegen die Straße zu eröffnet! wie mancherlei geschieht auf den Märkten, Plätzen und in den Höfen! Daß bei einer solchen Lebensart der Moment, wo die Sonne untergeht und die Nacht eintritt, allgemeiner entscheidend seyn müsse, als bei uns, wo es manchmal den ganzen Tag nicht Tag wird, läßt sich leicht einsehen. Der Tag ist wirklich zu Ende; alle Geschäfte einer gewissen Art müssen auch geendigt werden; und diese Epoche hat, wie es einem sinnlichen Volke geziemt, Jahr ein Jahr aus dieselbige Bezeichnung. Nun ist es Nacht (Notte), denn die vierundzwanzigste Stunde wird niemals ausgesprochen, wie man im Französischen Mittag (Midi) und nicht zwölf Uhr sagt. Es läuten die Glocken, ein jeder spricht ein kurzes Gebet, der Diener zündet die Lampen an, bringt sie in das Zimmer und wünschet felicissima notte.

Von dieser Epoche an, welche immer mit dem Sonnenuntergang rückt, bis zum nächsten Sonnenuntergang wird die Zeit in 24 Stunden getheilt; und da nun jeder durch die lange Gewohnheit weiß, sowohl wann es Tag wird, als in welche Stunde Mittag und Mitternacht fällt, so lassen sich alle Arten von Berechnungen gar bald machen, an welchen die Italiäner ein Vergnügen und eine Art von Unterhaltung zu finden scheinen. Natürlicherweise findet sich die Bequemlichkeit dieser Art, die Stunden zu zählen, bei allen Handlungen, welche auf Tag und Nacht die reinste Beziehung haben, und man sieht, wie auf diese Weise die Zeit einer großen sinnlichen Masse Volks eingetheilt werden könnte.

So findet man alle Werkstätten, Studien, Comptoire, Banken durch alle Jahreszeiten bis zur Nacht offen; jeder kann seine Geschäfte bis dahin verrichten. Hat er müßige Zeit, so kann er seine Spaziergänge bis Sonnenuntergang fortsetzen, alsdann gewisse Cirkel finden und mit ihnen das Nöthige verabreden, sich mit Freunden unterhalten; anderthalb bis zwei Stunden in der Nacht eilt alles den Schauspielhäusern zu; und so scheint man sich selbst Jahr ein Jahr aus in derselbigen Zeit zu leben, weil man immer in derselbigen Ordnung alles, was auf Tag und Nacht einen Bezug hat, verrichtet, ohne sich weiter zu bekümmern, ob es, nach unserer Art zu rechnen, früh oder spät seyn möchte.

So wird der große Zusammenfluß von Fahrenden und Fußgängern, welcher in allen großen Städten Italiens, besonders an Sonn- und Festtagen, sich gegen Abend in der Hauptstraße, auf dem Hauptplatze sehen läßt, so wird der Römische Corso; und im Carneval von Rom eine ungeheure Masse von unbändigen Menschen durch diese Art die

Stunden zu zählen, gleichsam wie an einem Faden geleiht. Ja dadurch, daß Tag und Nacht so entschieden vor einander absetzen, werden dem Luxus, der so gern Tag und Nacht mit einander vermischt und in einander verwandelt, gewissermaßen Gränzen gesetzt.

Ich gebe zu, daß der Italiäner sein ganzes Leben fortführen, und doch die Stunden nach unserer Art zählen könne; allein es wird ihm unter seinem glücklichen Himmel die Epoche, welche Abends Tag und Nacht scheidet, immer die wichtigste Zeitepoche des Tages bleiben. Sie wird ihm heilig bleiben, weil die Kirche zum Abendgebete nach dem alten Zeitpunkte fortläuten wird. Ich habe sowohl in Florenz als Mailand bemerken können, daß mehrere Personen, obgleich die öffentlichen Uhren alle nach unserem Zeiger gestellt sind, doch ihre Taschenuhren und ihr häusliches Leben nach der alten Zeitrechnung fortführen. Aus allem diesem, zu dem ich noch manches hinzufügen könnte, wird man schon genug erkennen, daß diese Art, die Zeit zu rechnen, welche dem Astronomen, dem der Mittag der wichtigste Tagespunkt bleibt, verächtlich scheinen, dem nordischen Fremden unbequem fallen mag, sehr wohl auf ein Volk berechnet ist, das unter einem glücklichen Himmel der Natur gemäß leben und die Hauptepochen seiner Zeit auf das faßlichste fixiren wollte.

Frauenrollen auf dem Römischen Theater durch Männer gespielt.

Es ist kein Ort in der Welt, wo die vergangene Zeit so unmittelbar und mit so mancherlei Stimmen zu dem Beobachter spräche, als Rom. So hat sich auch dort unter mehreren Sitten zufälligerweise eine erhalten, die sich an allen andern Orten nach und nach fast gänzlich verloren hat.

Die Alten ließen, wenigstens in den besten Zeiten der Kunst und der Sitten, keine Frau das Theater betreten. Ihre Stücke waren entweder so eingerichtet, daß Frauen mehr und weniger entbehrlich waren, oder die Weiberrollen wurden durch einen Acteur vorgestellt, welcher sich besonders darauf geübt hatte. Derselbe Fall ist noch in dem neueren

Rom und dem übrigen Kirchenstaat, außer Bologna, welches unter andern Privilegien auch der Freiheit genießt, Frauenzimmer auf seinen Theatern bewundern zu dürfen.

Es ist so viel zum Tadel jenes Römischen Herkommens gesagt worden, daß es wohl erlaubt seyn möchte, auch etwas zu seinem Lobe zu sagen, wenigstens (um nicht allzu paradox zu scheinen) darauf, als auf einen antiquarischen Rest, aufmerksam zu machen.

Von den Opern kann eigentlich hier die Rede nicht seyn, indem die höhere und schmeichelhafte Stimme der Castraten, welchen noch überdieß das Weiberkleid besser als Männertracht angemessen scheint, gar leicht mit allem ausföhnt, was allenfalls an der verkleideten Gestalt unschicklich oder erscheinen möchte. Man muß eigentlich von Trauer- und Lustspielen sprechen, und aus einander setzen, in wiefern dabei einiges Vergnügen zu empfinden sey.

Ich setze voraus, was bei jedem Schauspiele vorauszusetzen ist, daß die Stücke nach den Charaktern und Fähigkeiten der Schauspieler eingerichtet seyen, eine Bedingung, ohne welche kein Theater und kaum der größte, mannichfaltigste Acteur bestehen würde.

Die neuern Römer haben überhaupt eine besondere Neigung, bei Maskeraden die Kleidung beider Geschlechter zu verwechseln. Im Carneval ziehen viele junge Bursche im Putz der Frauen aus der geringsten Classe umher, und scheinen sich gar sehr darin zu gefallen. Kutscher und Bediente sind als Frauen oft sehr anständig und, wenn es junge wohlgebildete Leute sind, zierlich und reizend gekleidet. Dagegen finden sich Frauenzimmer des mittleren Standes als Pulcinelle, die vornehmeren in Officierstracht, gar schön und glücklich. Jedermann scheint sich dieses Scherzes, an dem wir uns alle einmal in der Kindheit vergnügt haben, in fortgesetzter jugendlicher Thorheit erfreuen zu wollen. Es ist sehr auffallend, wie beide Geschlechter sich in dem Scheine dieser Umschaffung vergnügen, und das Privilegium des Tiresias so viel als möglich zu usurpiren suchen.

Eben so haben die jungen Männer, die sich den Weiberrollen widmen, eine besondere Leidenschaft, sich in ihrer Kunst vollkommen zu zeigen. Sie beobachten die Mienen, die Bewegungen, das Betragen der Frauenzimmer auf das genaueste; sie suchen solche nachzuahmen, und ihrer Stimme, wenn sie auch den tiefern Ton nicht verändern können, Geschmeidigkeit und Lieblichkeit zu geben; genug, sie suchen sich ihres eignen Geschlechts, so viel als möglich ist, zu entäußern. Sie sind auf neue Moden so erpicht, wie Frauen selbst; sie lassen sich von geschickten Putzmacherinnen heraus staffiren, und die erste Actrice eines Theaters ist meist glücklich genug, ihren Zweck zu erreichen.

Was die Nebenrollen betrifft, so sind sie meist nicht zum besten besetzt; und es ist nicht zu läugnen, daß Colombine manchmal ihren blauen Bart nicht völlig verbergen kann. Allein es bleibt auf den meisten Theatern mit den Nebenrollen überhaupt so eine Sache; und aus den Hauptstädten andrer Reiche, wo man weit mehr Sorgfalt auf das Schauspiel wendet, muß man oft bittre Klagen über die Ungeschicklichkeit der dritten und vierten Schauspieler, und über die dadurch gänzlich gestörte Illusion vernehmen.

Ich besuchte die Römischen Komödien nicht ohne Vorurtheil; allein ich fand mich bald, ohne dran zu denken, versöhnt; ich fühlte ein mir noch unbekanntes Vergnügen, und bemerkte, daß es viele andre mit mir theilten. Ich dachte der Ursache nach, und glaube, sie darin gefunden zu haben, daß bei einer solchen Vorstellung der Begriff der Nachahmung, der Gedanke an Kunst, immer lebhaft blieb, und durch das geschickte Spiel nur eine Art von selbstbewußter Illusion hervorgebracht wurde.

Wir Deutschen erinnern uns, durch einen fähigen jungen Mann alle Rollen bis zur größten Täuschung vorgestellt gesehen zu haben, und erinnern uns auch des doppelten Vergnügens, das uns jener Schauspieler gewährte. Eben so entsteht ein doppelter Reiz daher, daß diese Personen keine Frauenzimmer sind, sondern Frauenzimmer vorstellen. Der Jüngling hat die Eigenheiten des weiblichen Geschlechts in ihrem Wesen und Betragen studirt; er kennt sie und bringt sie als Künstler wieder hervor; er spielt nicht sich selbst, sondern eine dritte und eigentlich fremde Natur. Wir lernen diese dadurch nur desto besser kennen, weil sie jemand beobachtet, jemand überdacht hat, und uns nicht die Sache, sondern das Resultat der Sache vorgestellt wird.

Da sich nun alle Kunst hierdurch vorzüglich von der einfachen Nachahmung unterscheidet, so ist natürlich, daß wir bei einer solchen Vorstellung eine eigne Art von Vergnügen empfinden, und manche Unvollkommenheit in der Ausführung des Ganzen übersehen.

Es versteht sich freilich, was oben schon berührt worden, daß die Stücke zu dieser Art von Vorstellung passen müssen.

So konnte das Publikum der Locandiera [1] des Goldoni einen allgemeinen Beifall nicht versagen.

Der junge Mann, der die Gastwirthin vorstellte, druckte die verschiedenen Schatirungen, welche in dieser Rolle liegen, so gut als möglich aus. Die rubige Kälte eines Mädchens, die ihren Geschäften nachgeht, gegen jedem höflich, freundlich und dienstfertig ist, aber weder liebt noch geliebt seyn will, noch weniger den Leidenschaften ihrer vornehmen Gäste Gehör geben mag: die heimlichen, zarten Koketterien, wodurch sie denn doch wieder ihre männlichen Gäste zu fesseln weiß: den beleidigten Stolz, da ihr einer derselben hart und unfreundlich begegnet: die mancherlei feinen Schmeicheleien, womit sie auch diesen anzulittern weiß; und zuletzt den Triumph, auch ihn überwunden zu haben!

Ich bin überzeugt, und habe es selbst gesehen, daß eine geschickte und verständige Actrice in dieser Rolle viel Lob verdienen kann: aber die letzten Scenen, von einem Frauenzimmer vorgestellt, werden immer beleidigen. Der Ausdruck jener unbezwinglichen Kälte, jener süßen Empfindung der Rache, der übermüthigen Schadenfreude, werden uns in der unmittelbaren Wahrheit empören; und wenn sie zuletzt dem Hausknecht die Hand giebt, um nur einen Rechtsmann im Hause zu haben, so wird man von dem schalen Ende des Stücks wenig befriedigt seyn. Auf dem Römischen Theater dagegen war es nicht die lieblose Kälte, der weibliche Uebermuth selbst, die Vorstellung erinnerte nur daran: man tröstete sich, daß es wenigstens diesmal nicht wahr sey: man klatschte dem Jüngling Beifall mit frohem Muthe zu, und war ergötzt, daß er die gefährlichen Eigenschaften des geliebten Geschlechts so gut gekannt, und durch eine glückliche Nachahmung ihres Betragens uns an den Schönen, für alles, was wir ähnliches von ihnen erdultet, gleichsam gerächt habe.

Ich wiederhole also: man empfand hier das Vergnügen, nicht die Sache selbst, sondern ihre Nachahmung zu sehen, nicht durch Natur, sondern durch Kunst unterhalten zu werden, nicht eine Individualität, sondern ein Resultat anzuschauen.

[1] Wirthin.

Dazu kam noch, daß die Gestalt des Acteurs einer Person aus der mittleren Classe sehr angemessen war.

· Und so behält uns Rom unter seinen vielen Resten auch noch eine alte Einrichtung, obgleich unvollkommener, auf; und wenn gleich nicht ein jeder sich daran ergötzen sollte, so findet der Denkende doch Gelegenheit, sich jene Zeiten gewissermaßen zu vergegenwärtigen, und ist geneigter, den Zeugnissen der alten Schriftsteller zu glauben, welche uns an mehreren Stellen versichern: es sey männlichen Schauspielern oft im höchsten Grade gelungen, in weiblicher Tracht eine geschmackvolle Nation zu entzücken.

Aeltere Gemälde.

Neuere Restaurationen in Venedig, betrachtet 1790.

Die ältesten Monumente der neuern Kunst sind hier in Venedig die Mosaiken und die Griechischen Bilder; von den ältesten Mosaiken hab' ich noch nichts gesehen, was mir einige Aufmerksamkeit abgewonnen hätte.

Die Altgriechischen Gemälde sind in verschiedenen Kirchen zerstreut, die besten befinden sich in der Kirche der Griechen. Der Zeit nach müssen sie alle mit Wasserfarbe gemalt seyn und nur nachher mit Oel oder einem Firniß überzogen. Man bemerkt an diesen Bildern noch immer einen gewissen zerrütteten Kunstbegriff, und ein Tractament des Pinsels. Auch hatte man sich gewisse Ideale gemacht; woher sie solche genommen, wird sich vielleicht auffinden lassen.

Das Gesicht der Mutter Gottes, näher angesehen, scheint der Kaiserl. Familie nachgebildet zu seyn. Ein uraltes Bild des Kaisers Constantin und seiner Mutter brachte mich auf diesen Gedanken; auffallend war die Größe der Augen, die Schmäle der Nasenwurzel, daher die lange schmale Nase, unten ganz fein endigend, und ein eben so kleiner feiner Mund.

Der Hauptbegriff Griechischer Malerei ruht auf der Verehrung des Bildes, auf der Heiligkeit der Tafel. Sorgfältig ist jederzeit dabei geschrieben, was eine Figur vorstelle. Selbst die Mutter Gottes und das Christkindchen, die man doch nicht verkennen kann, haben noch immer ihre Beischriften.

Man findet halbe Bilder in Lebensgröße oder nahe daran, ganze Bilder immer unter Lebensgröße, Geschichten ganz klein, als Beiwerk und Nebensache, unter den Bildern.

Mir scheint, daß die Griechen, mehr als die Katholiken, das Bild als Bild verehren.

Hier bliebe nun eine große Lücke auszufüllen, denn bis zum Donato Veneziano ist ein ungeheurer Sprung, doch haben alle Künstler bis zu Johann Bellin herauf den Begriff von der Heiligkeit der Tafel aufrecht erhalten.

Wie man anfing, größere Altarbilder zu brauchen, so setzte man sie aus mehreren Heiligenbildern zusammen, die man, in vergoldeten Rahmen-Stäben, neben und in einander fügte: deßwegen auch oft Schnitzer und Vergolder zugleich mit dem Maler genannt ist.

Ferner bediente man sich eines sehr einfachen Kunstgriffs, die Tafel auszufüllen; man rückte die heiligen Figuren um einige Stufen in die Höhe, unten auf die Stufen setzte man musicirende Kinder in Engelsgestalt, den Raum oben darüber suchte man mit nachgeahmter Architektur zu verzieren.

Jener Begriff erhielt sich so lange als möglich; denn er war zur Religion geworden.

Unter den vielen Bildern des Johann Bellin und seiner Vorgänger ist keines historisch, und selbst die Geschichten sind wieder zu der
alten Vorstellung zurückgeführt; da ist allenfalls ein Heiliger, der predigt, und so viele Gläubige, die zuhören.

Die älteren historischen Bilder waren mit ganz kleinen Figuren.
So ist z. B. in St. Roch der Sarg, worin des Heiligen Gebeine verwahrt sind, von den Bivarini's auf diese Weise gemalt. Selbst die
nachherige ungeheure Ausdehnung der Kunst hat ihren Beginn von so
kleinen Bildern genommen, wie es die Tintorettischen Anfänge in der
Schule der Schneider bezeugen; ja selbst Tizian konnte nur langsam
jenes religiöse Herkommen abschütteln.

Man weiß, daß derjenige, der das große Altarblatt in den Frati's
bestellte, sehr ungehalten war, so große Figuren darauf zu erblicken.

Das schöne Bild auf dem Altar der Familie Pasero ist noch immer
die Vorstellung von Heiligen und Anbetenden.

Ueberhaupt hat sich Tizian an der alten Weise ganz nahe gehalten
und sie nur mit größerer Wärme und Kunst behandelt.

Nun aber fragt sich: wann ist die Gewohnheit aufgekommen, daß
diejenigen, welche das Bild bezahlten und widmeten, sich auch zugleich
darauf mit malen ließen?

Jeder Mensch mag gern das Andenken seines Daseyns stiften; man
lern es daher für eine Anlockung der Kirche und der Künstler halten,
andächtigen Menschen hiedurch auch eine Art von Heiligkeit zu verleihen.
Auch läßt sich es wohl als eine bildliche Unterschrift ansehen. So
kamen ganz in der Ecke eines großen, halberhobenen geschnitzten Marien-

bildes die Besteller .als demüthige Zwerglein. Nach und nach wurden
sie familienweise zu Hauptfiguren, und endlich erscheinen sogar ganze
Gilden als historisch mitfigurirend.

Die reichen Schulen gaben nun ihre breiten Wände her, die Kirchen
alle Flächen, und die Bilder, die sonst nur in Schränken über den
Altären standen, dehnten sich aus über alle architektonisch-leeren Räume.

Tizian hat noch ein wunderthätiges Bild gemalt, Tintoret schwerlich, obgleich geringere Maler zu solchem Glück gelangten.

Das Abendmahl des Herrn erbaute schon längst die Refectorien;
Paul Veronese faßte den glücklichen Gedanken, andere fromme weitläufige Gastgebote auf den weiten breiten Wänden der Refectorien
darzustellen.

Indessen aber die Kunst wächst und mit ihr die Forderungen, so
fühlt man die Beschränktheit der religiösen Gegenstände. In den besten
Gemälden der größten Meister ist sie am traurigsten fühlbar; was eigentlich wirkt und gewirkt wird, ist nicht zu sehen; nur mit Nebensachen
haben sich die Künstler beschäftigt, und diese bemächtigen sich des Auges.

Und nun fangen erst die Henkersknechte recht an, die Hauptpersonen
zu spielen; hier läßt sich doch etwas nervig Nacktes anbringen, doch ist
ihr Beginnen immer Abscheu erregend, und wenn reizende Zuschauerinnen
mit frischen Kindern nicht nach gewissermaßen das Gegengewicht hielten,
so würde man übel erbaut von Kunst und Religion hinweggehen.

Die Tintoret und Paul Veronese die schönen Zuschauerinnen
zu Hülfe gerufen, um die abscheulichen Gegenstände, mit denen sie sich

beschäftigen mußten, nur einigermaßen schmackhaft zu machen, ist bemerkenswerth. Es waren mit ein Paar allerliebste weibliche Figuren in dem Gefängnisse unerklärlich, in welchem ein Engel dem heiligen Rochus bei Nacht erscheint. Sollte man Mädchen eines übeln Lebens und Heilige mit andern Verbrechern zusammen in einen Kerker gesperrt haben? Auf alle Fälle bleiben diese Figuren, wie jetzt das Bild noch zu sehen ist, bei der bessern Erhaltung, wahrscheinlich von mehr fleißigem Farbenauftrag bewirkt, vorzüglich die Gegenstände unserer Aufmerksamkeit.

Jemand behauptete, es seyen verlassene Pestkranke: sie sehen aber gar nicht darnach aus.

— —

Tintoret und Paul Veronese haben manchmal bei Altarblättern sich der alten Manier wieder nähern und bestellte Heilige auf ein Bild zusammen malen müssen, wahrscheinlich die Namens-Patronen des Bestellers; es geschieht aber immer mit dem größten Künstlersinn.

———

Die ältesten Bilder, welche mit Wasserfarbe gemalt sind, haben sich zum Theil hier gut erhalten, weil sie nicht, wie die Oelbilder, dunkler werden; auch scheinen sie die Feuchtigkeit, wenn sie nur nicht gar zu arg ist, ziemlich zu ertragen.

———

Ueber die Behandlungsweise der Farben würde ein technisch gewandter Maler aufklärende Betrachtungen anstellen.

———

Die ersten Oelbilder haben sich gleichfalls sehr gut erhalten, obschon nicht ganz so hell wie die Temperabilder. Als Ursache giebt man an: daß die frühern Künstler in Wahl und Zubereitung der Farben sehr sorgfältig gewesen, daß sie solche erst mit Wasser klar gerieben, sie dann geschlemmt und so aus Einem Körper mehrere Tinten gezogen; daß sie gleichmäßig mit Reinigung der Oele verfahren und hierin weder Mühe noch Fleiß gespart. Ferner bemerkt man, daß sie ihre Tafeln sehr sorgfältig grundirten, und zwar mit einem Kreidegrund, wie bei der Tempera; dieser zog unter dem Malen das überflüssige Oel an sich, und die Farbe blieb desto reiner auf der Oberfläche stehen.

Diese Sorgfalt verminderte sich nach und nach, ja sie verlor sich endlich ganz, als man größere Gemälde zu unternehmen anfing. Man wußte die Leinwand zu Hülfe nehmen, welche man nur schwach mit Kreide, manchmal auch nur leicht mit Leim grundirte.

Paul Veronese und Tizian arbeiteten meistens mit Svelaturen; der erste Auftrag ihrer Farben war licht, welchen sie immer mit dunkeln durchsichtigen Tinten zudeckten, deswegen ihre Bilder durch die Zeit eher heller als dunkler geworden sind; obgleich die Tizianischen, durch das viele, beim Uebermalen gebrauchte Oel gleichfalls gelitten haben.

Als Ursache, warum Tintoret's Gemälde meistens so dunkel geworden sind, wird angegeben, daß er ohne Grund, auch auf rothen Grund, meist a la prima [1] und ohne Svelatur [2] gemalt. Weil er nun auf diese Weise stark auftragen und der Farbe in ihrer ganzen Dicke schon denjenigen Ton geben mußte, den sie auf der Oberfläche behalten sollte, so liegen nicht, wie bei Paul Veronese, hellere Tinten zum Grund; und wenn sich das stark gebrauchte Oel mit der Farbe zusammen veränderte, so sind auf einmal ganze Massen dunkel geworden.

Am meisten schadet das Ueberhandnehmen des rothen Grundes über schwächeren Auftrag, so daß manchmal nur die höchsten, stark aufgetragenen Lichter noch sichtbar geblieben.

[1] Ohne vorherige Untermalung, mit einem Male gleich fertig malen.
[2] Svelatur wie Lasur.

An der Qualität der Farbstoffe und der Oele mag auch gar vieles gelegen haben.

———

Wie schnell übrigens Tintoret gemalt, kann man aus der Menge und Größe seiner Arbeiten schließen, und wie frech er dabei zu Werke gegangen, sieht man an dem Einen-Beispiel, daß er in großen Gemälden, die er an Ort und Stelle schon aufgezogen und bestimmt gemalt, die Köpfe ausgelassen, sie zu Hause einzeln gefertigt, ausgeschnitten und dann auf das Bild geklebt; wie man beim Ausbessern und Restauriren gefunden; besonders scheint es bei Portraiten geschehen zu seyn, welche er zu Hause bequem nach der Natur malen konnte.

Ein ähnliches Benehmen entdeckte man in einem Gemälde von Paul Veronese. Drei Portraite von Edelleuten waren auf einem frommen Bilde mit angebracht; beim Restauriren fanden sich diese Gesichter ganz leise aufgeklebt, unten drunter drei andere schöne Köpfe, woraus man sah, daß der Maler zuerst drei Heilige vorgestellt, nachher aber, vielleicht durch obrigkeitliche, einflußreiche Personen veranlaßt, ihre Bildnisse in diesem öffentlichen Werke verewigt habe.

Viele Bilder sind auch dadurch verdorben worden, daß man sie auf der Rückseite mit Oel bestrichen, weil man fälschlich geglaubt, den Farben dadurch neuen Saft zu geben. Wenn nun solche Bilder gleich wieder an der Wand oder an einer Decke angebracht worden, so ist das Oel durchgedrungen und hat das Bild auf mehr als eine Weise verwüstet.

Bei der großen Menge von Gemälden, welche in Venedig auf vielerlei Weise beschädigt worden, ist es zu denken, daß sich mehrere Maler, wiewohl mit ungleicher Geschicklichkeit und Geschick, auf die Ausbesserung und Wiederherstellung derselben legten. Die Republik, welche in dem Herzoglichen Palast allein einen großen Schatz von Gemälden verwahrt, die jedoch zum Theil von der Zeit sehr verletzt sind, hat eine Art von Akademie der Gemälde-Restauration angelegt, eine Anzahl Künstler versammelt, ihnen einen Director gegeben, und in dem Kloster

SL Giovanni e Paola einen großen Saal, nebst anstoßenden geräumigen Zimmern angewiesen, wohin die beschädigten Bilder gebracht und wieder hergestellt werden.

Dieses Institut hat den Nutzen, daß alle Erfahrungen, welche man in dieser Kunst gemacht hat, gesammelt und durch eine Gesellschaft aufbewahrt werden.

Die Mittel und die Art, jedes besondere Bild herzustellen, sind sehr verschieden, nach den verschiedenen Meistern, und nach dem Zustande der Gemälde selbst. Die Mitglieder dieser Akademie haben, durch vieljährige Erfahrung, die mannichfaltigen Arten der Meister sich aufs genaueste bekannt gemacht, über Leinwand, Grundirung, ersten Farbenauftrag, Coloraturen, Ausmalen, Accordiren sich genau unterrichtet. Es wird der Zustand jedes Bildes vorher erst untersucht, beurtheilt und sodann überlegt, was aus demselben zu machen möglich sey.

Ich gerieth zufällig in ihre Bekanntschaft; denn als ich in genannter Kirche das köstliche Bild Tizian's, die Ermordung des Petrus Martyr, mit großer Aufmerksamkeit betrachtet hatte, fragte mich ein Mönch, ob ich nicht auch die Herren da oben besuchen wollte, deren Geschäft er mir erklärte. Ich ward freundlich aufgenommen, und als sie meine besondere Aufmerksamkeit auf ihre Arbeiten gewahr wurden, die ich mit Deutscher Natürlichkeit ausdrückte, gewannen sie mich lieb, wie ich wohl sagen darf; da ich denn öfters wiederkehrte, immer unterwegs dem einzigen Tizian meine Verehrung beweisend.

Hätte ich jedesmal zu Hause aufgeschrieben, was ich gesehen und vernommen, so käm' es uns noch zu Gute; nun aber will ich aus der Erinnerung nur ein ganz eigenes Verfahren in einem der besondersten Fälle bemerken.

Tizian und seine Nachfahren malten wohl auch mitunter auf gemodeltem Damast, leinen und ungebleicht, wie er vom Weber kommt, ohne Farb-Grund; dadurch erhielt das Ganze ein gewisses Zwielicht, das dem Damast eigen ist, und die einzelnen Theile gewannen ein unbeschreibliches Leben, da die Farbe dem Beschauer nie dieselbe blieb, sondern in einer gewissen Bewegung von Hell und Dunkel abwechselte und dadurch alles Stoffartige verlor. Ich erinnere mich noch deutlich eines Christus von Tizian, dessen Füße ganz nah vor den Augen standen, an denen man durch die Fleischfarbe ein ziemlich derbes Quadratmuster des Damastes erkennen konnte. Trat man hinweg, so schien eine lebendige Epiderm mit allerlei beweglichen Einschnitten ins Auge zu spielen.

Ist nun an einem solchen Bilde durch die Feuchtigkeit ein Loch eingefressen, so lassen sie nach dem Muster des Grundes einen Metallstempel schneiden, überziehen eine feine Leinwand mit Kreide und drucken das Muster darauf ab; ein solches Läppchen wird alsdann auf der neuen Leinwand, auf welche das Bild gezogen werden soll, befestigt und tritt, wie das alte Bild aufgeklebt wird, in die Lücke, wird übermalt und gewinnt schon durch die Unterlage des Grundes eine Uebereinstimmung mit dem Ganzen.

So fand ich die Männer um ein ungeheueres Bild von Paul Veronese, in welches mehr als zwanzig solcher Löcher gefallen waren, beschäftigt; schon sah ich die sämmtlichen gestempelten Läppchen fertig und durch Zwirnsfaden zusammen und aus einander gehalten, wie in einem Spinnengewebe, auf der gleichfalls ausgespannten neuen Leinwand aufgelegt. Nun war man für Berichtigung der Oertlichkeit besorgt, indem diese kleinen Fetzchen aufgeklebt wurden, die, wenn das große Bild aufgezogen würde, in alle Lücken genau passen sollten. Es gehörte wirklich die Localität eines Klosters, eine Art mönchischen Zustandes, gesicherte Existenz und die Langmuth einer Aristokratie dazu, um dergleichen zu unternehmen und auszuführen. Uebrigens begreift man denn freilich, daß bei solchen Restaurationen das Bild zuletzt nur seinen Schein behielt und nur so viel zu erreichen war, daß die Lücke in einem großen Saale wohl dem Kenner, aber nicht dem Volke sichtbar blieb.

V.

Verzeichniß der in Goethe's italiänischer Reise vorkommenden Namen und Personen, mit kurzen biographischen Notizen.

Achill, Sohn des Peleus und der Thetis, König der Myrmidonen, berühmtester Held der Griechen bei der Eroberung von Troja.

Adonis, Sohn des Phönix und der Alphesiböa, schöner griechischer Jüngling, Geliebter der Venus, wurde auf der Jagd von einem Eber verwundet und starb daran.

Agincourt (Jean Baptist Louis Georges Seroux d'), geb. 1730 zu Beauvais, starb 1814 zu Rom, besonders bekannt durch seine Kunstgeschichte in Denkmalen.

Agrippa, Herodes', und der Berenice Sohn, Enkel Herodes des Großen, Königs von Judäa, starb 44 nach Chr.

Albacini, Restaurator von Statuen zur Zeit Goethe's in Rom.

Albani (Alexander), Cardinal und Kunstsammler, geb. 1692 zu Urbino, starb 1779 zu Rom.

Alcibiades, griechischer Staatsmann und Feldherr, Neffe des Perikles, Schüler und Freund Sokrates, geb. 450 oder 449 v. Chr. zu Athen, wurde 404 vor Chr. ermordet.

Alcinous, König der Phäaken (S. b. K.), Gemahl der Arete, Vater der Nausikaa; nimmt den Odysseus auf seinen Irrfahrten nach der Eroberung von Troja gastfreundlich auf und entsendet ihn in seine Heimath.

Aldobrandini, Prinz aus einer berühmten fürstlichen Familie Roms.

Alexander der Große, König von Macedonien, geb. 356 vor Chr., starb 323.

Allegri (Gregorio), Sänger und Componist, geb. zu Rom 1590, starb 1652.

Allegri (Antonio, da Correggio), einer der größten italiänischen Maler, Gründer der Schule von Parma, geb. 1494 zu Correggio, wovon er seinen Namen, starb 1534.

Anna Amalia, Herzogin von Sachsen-Weimar, Mutter Carl Augusts, geb. Prinzeß von Braunschweig, starb 1816.

Anfossi (Pasquale), Musiker, geb. zu Neapel 1729, starb zu Rom 1795.

Angelica, s. Kaufmann.

Antinous, schöner Jüngling, Geliebter des Kaisers Hadrian; er soll sich für diesen selbst getödtet haben, weshalb ihm der Kaiser göttliche Ehre erwies. Es existiren mehrere Statuen und Büsten von ihm; von einer der letztern in Kolossalgröße in einer Villa auf Monte Dragone ist hier die Rede.

Archenholz (Joh. Wilh. v.), geb. 1743 zu Vorstadt Langenfurth bei Danzig, starb 1812; schrieb unter anderm Reise nach England und über Italien.

Ariadne, Tochter des Minos und der Pasiphaë, die dem Theseus, als er den Minotaur im Labyrinth von Creta tödten wollte, durch einen Faden, den sie ihm gab, behülflich war; er entführte sie, verließ sie aber auf der Insel Naxos, wo sie Bacchus fand.

Ariost (Luigi), Dichter des „Rasenden Roland," geb. 1474 zu Reggio, starb zu Ferrara 1533.

Aristodem, Held der Messenier im ersten messenischen Kriege (742—724 v. Chr.), der seine eigne Tochter tödtete, weil das Orakel demselben Sieg verheißen, wenn einer aus königlicher Familie seine Tochter tödtete. Als der Krieg dennoch unglücklich ablief, ermordete er sich auf ihrem Grabe.

Bartels (Johann Heinrich), geb. 1761 zu Hamburg, 1828 Bürgermeister, 1840 erster Bürgermeister daselbst; starb hochbejahrt den 1. Februar 1850 in seiner Vaterstadt; schrieb Briefe über Calabrien und Sicilien. Göttingen 1792. Derselbe muß diese Reise frühzeitig unternommen haben, da Goethe seiner 1788 deshalb erwähnt.

Barbieri, s. Guercino.

Bartolomeo, Fra, s. Barto della Porta.

Bellini (Giovanni, genannt Giambellini), Maler, eigentlicher Begründer der venetianischen Schule, Lehrer von Tizian, Giorgione u. A.; geb. 1424, starb 1516 zu Venedig.

Berettini, s. Cortona.

Berger, ein deutscher Buffo.

Bodmer (Johann Jacob), geb. 1698 zu Greifensee bei Zürich, starb 1783. Dichter und Schriftsteller im Gebiet der Aesthetik und Literatur.

Böhm (Jacob), geb. 1575 zu Altseidenberg bei Görlitz, wurde Schuhmacher und später zur Schriftstellerei veranlaßt. (Mystiker.)

Boguet, französischer Landschaftsmaler während Goethe's Aufenthalt in Rom, der sich den Poussin zum Muster genommen.

Borch, Bord, Borrich, (Olaf Claudio, Graf), geb. 1626 zu Borch in Jütland; er schrieb: Briefe über Sicilien und Malta. Berlin 1783.

Borgia (Stefano), geb. zu Beletri 1731, starb zu Lyon 1804. Secretär der Propaganda, Cardinal, Schriftsteller.

Borgia, Cavalier, Verwandter des vorigen, Kunstsammler in Neapel zu Goethe's Zeit.

Bosio (Antonio), gest. 1629, Secretär des Malteserordens. Sein Werk über die Katakomben erschien erst nach seinem Tode 1632 unter dem Titel: Roma sotterranea, nella quale si tratta de sacri cimeterj etc. Roma.

Bramante (Francesco), Maler und Baumeister, Freund Raphaels, geb. 1444 zu Castel Durante bei Urbino, starb als Baumeister der Peterskirche zu Rom 1514.

Brydone (Patrik), wird von Goethe wegen seiner Beschreibung des Rosalienfestes in Palermo auf dem Monte Pellegrino und überhaupt wegen seiner „Reise durch Sicilien und Malta, Leipzig 1774" erwähnt.

Bupalus, Bildhauer und Baumeister aus Chios um 500 vor Chr.

Bury, Bäri (Friedrich), Historienmaler, geb. zu Hanau 1763; ging nach Vollendung seiner Studien, in Hanau unter Tischbein, und später in Düsseldorf, 1780 nach Rom, wo er mit Goethe in Briefwechsel kam. Er lebte nach seiner Rückkehr aus Italien in Dresden und zuletzt in Berlin.

Buonarolli (Michel Angelo), mehr bekannt unter seinem Vornamen, stammte aus dem Hause der Grafen von Canossa, war der bedeutendste Bildhauer der neueren Zeit und neben Raphael einer der größten Maler, geb. 1474 in Settignano im Florentinischen, starb zu Rom 1564.

Buoncompagni (Ignaz Ludwig, Jakob), Cardinal Staatssecretär, dessen Goethe bei seinem römischen Aufenthalt darum erwähnt, weil er sich bemühte, ihn in seinen Gesellschaftskreis zu ziehen.

Cagliari, s. Veronese.

Cagliostro, Graf C., dessen eigentlicher Name Joseph Balsamo ist; geb. 1743 zu Palermo, starb 1795 im Gefängniß zu St. Leo; berühmt durch seine Betrügereien als Zauberkünstler und durch Stiftung einer geheimen Secte.

Camuccini (Vincenzo), Ritter und Historienmaler, geb. zu Rom 1775, ist vor nicht gar langer Zeit als der beste neuere römische Maler gestorben. Wenn derselbe als bedeutend schon von Goethe 1786 genannt seyn soll, so könnte es wohl nicht dieser seyn, obgleich ihn Schlegel gegen Goethe vertheidigt. Es müßte denn die Angabe des Geburtsjahres nicht richtig seyn.

Camper (Peter), geb. zu Leyden 1722, gest. 1790 im Haag, einer der gefeiertsten Aerzte und Anatomen des 18. Jahrhunderts. Wichtig für Kunst ist seine Schrift über die natürliche Verschiedenheit der Gesichter bei Personen verschiedener Länder und Lebensperioden, und über die Schönheit in der alten Sculptur.

Canale (Antonio), genannt Canaletto, berühmter Prospectmaler, geb. zu Venedig 1687, gest. 1768 zu London.

Caracalla (Marcus Aurelius Pius Bassianus Britannicus), römischer Kaiser, geb. 188 nach Chr. Erbauer von Bädern und einem nach ihm genannten Circus.

Carracci (Ludwig), geb. 1555 zu Bologna, starb 1619. 2) Augustin C., Maler und Kupferstecher, Vetter des vorigen, geb. 1558, gest. 1602. 3) Annibal C., Bruder Augustins, geb. 1560, gest. 1609. Die drei Vettern der

Bolognesischen Malerakademie; Wiederhersteller eines bessern Stils in der Malerei nach der Mitte des 16. Jahrhunderts.

Cassas, französischer Architect, geb. zu Azay de Ferron 1756, durchreiste unter andern auch den Orient.

Castl (Giovanni Battista), geb. 1721 zu Montefiascone, starb 1804 zu Paris, bekannt als Novellenschreiber, besonders aber durch sein komisches Heldengedicht: die redenden Thiere.

Cavaceppi, Bildhauer, geschickter Restaurator antiker Statuen, Freund Winckelmanns.

Cellini (Benvenuto), berühmter Goldschmied und Bildhauer, geb. zu Florenz 1499, starb daselbst 1570. Goethe hat seine Selbstbiographie in's Deutsche übersetzt.

Cestius (Cajus), bekannt durch die Pyramide, die er sich als Grabmal zu bauen verordnete, und in deren Umgebung jetzt der protestantische Begräbnißplatz zu Rom ist.

Chigi (Prinz Sigismund Maria Joseph), dessen Goethe bei Besuch eines Parks vor Sergano erwähnt, den dieser Fürst ohne Pflege der Natur überließ.

Cicero (Marcus Tullius), berühmter römischer Staatsmann, Redner und Schriftsteller, geb. 106 vor Chr.; wurde 43 vor Chr. ermordet.

Claude Gelée, genannt Claude Lorrain, einer der größten Landschaftsmaler, geb. 1600 im Schloß Champagne bei Toul, starb zu Rom 1682.

Clemens VIII. und XIII., Päpste.

Clerisseau (Charles Louis), Maler und Architect, geb. zu Paris 1721, ward Architect der Kaiserin Catharine von Rußland und starb zu Paris 1820.

Cimarosa (Domenico), Musiker, geb. zu Aversa 1754, starb zu Venedig 1808, schrieb über 130 komische Opern.

Conradin (Conrad der jüngere) von Schwaben, Sohn Kaiser Conrads IV., geb. 1252; Carl von Anjou ließ ihn 1268 zu Neapel enthaupten.

Cortona (Pietro da), Maler; sein eigentlicher Name ist Berettini, geb. 1596 zu Cortona, starb 1669 zu Rom.

Correggio, s. Allegri.

Crebillon (Prosper, Jolyot de), berühmter französischer Trauerspieldichter, geb. zu Dijon 1674, starb 1762.

Crescimbeni (Johann Maria), Canonicus, Dichter und Schriftsteller, geb. 1663 zu Macerata, starb zu Rom 1728.

von Dacheröden, eine thüringische Familie, wahrscheinlich dieselbe, aus welcher Wilhelm v. Humboldt eine Tochter, Caroline von Dacheröden, heirathete.

Dalberg (Carl Theodor Anton Maria Freiherr von), Goethe's Freund, Coadjutor des Kurfürsten von Mainz in Erfurt, später Fürst Primas des Rheinbundes, zuletzt Großherzog von Frankfurt, starb 1817.

Dalberg (Wolfgang Freiherr), Bruder des vorigen, Staatsminister des Großherzogthums Baden, geb. 1750, gest. 1806 zu Mannheim.

Dante, eigentlich Durante Alighieri, berühmter italienischer Dichter, besonders der „göttlichen Komödie," geb. zu Florenz 1265, gest. zu Ravenna 1321.

Darius (III.), König von Persien (von 336 bis 330 vor Christo) unter dessen Regierung das Perserreich von Alexander dem Großen von Macedonien erobert wurde.

David (Jacques Louis), französischer Historienmaler, Gründer einer neuen Schule, geb. zu Paris 1748, starb nach mancherlei politischen Erlebnissen im Exil zu Brüssel 1825.

v. Diede auf Ziegenberg, Gesandter zu Regensburg. Goethe traf mit demselben und mit dessen Gattin, die eine talentvolle Clavierspielerin war, bei Fürst Reußonien in Rom zusammen.

Dies (Albert), Landschaftsmaler und Kupferstecher, geb. zu Hannover 1755, starb 1797, radirte in Gemeinschaft mit Reinhard eine große Zahl römischer Prospecte.

Dido (Elisa), Tochter des Mutgo, Königs von Tyras, floh nach dessen Tode vor ihrem Bruder Pygmalion nach Africa, wo sie Carthago gründete; Aeneas kam auf seiner Flucht von Troja zu ihr und, weil er sie wieder verließ, tödtete sie sich.

Dominichino. f. Zampieri.

Dorigny (Nicolaus), Zeichner und Kupferstecher, geb. zu Paris 1657, hat besonders viel nach Raphael gestochen, starb 1746.

Drouais (Jean Germain), französischer Historienmaler, Schüler von David, geb. 1763 zu Paris, starb 1788 zu Rom.

Drusus (Nero Claudius), Stiefsohn des römischen Kaisers Augustus, bekriegte die Germanen und starb im Jahr 9 vor Christi an den Folgen eines Sturzes vom Pferde.

Dürer (Albrecht), der berühmteste deutsche Maler und Kupferstecher, geb. 1471 zu Nürnberg, gest. daselbst 1528.

Ernst (II.), Herzog von Gotha, starb 1804. Beschützer der Künste und Wissenschaften, Goethe's Gönner.

Ferber (Johann Jacob), Mineralog, geb. zu Carlskrona 1743, starb 1790; schrieb unter anderm „Briefe aus Welschland."

Fidanza (Paul), Maler und Kupferstecher zu Rom, geb. 1731 zu Camerina. Er ist bekannt durch eine Sammlung von Köpfen nach Meistern der römischen Schule, die er in vier Theilen veröffentlichte, wovon jedoch nur der zweite Theil von ihm selbst gestochen ist: Teste scelte di personaggi illustri in lettere ed in armi dipinte in Vaticano da Raffaello d'Urbino, der 1757 erschienen ist. (Vorzügliche Köpfe von Personen, die sich in Wissenschaften und im Kriege ausgezeichnet und von Raphael von Urbino in dem Vatican abgebildet sind.)

Filangieri (Gaetano), geb. zu Neapel 1752, starb als Assessor im Finanzrath 1788, schrieb: La scienza della legislazione. (Die Wissenschaft der Gesetzgebung.)

Forster (Joh. Georg Adam), geb. zu Nassenhuben bei Danzig, starb 1794 zu Paris. Er begleitete Cook auf seiner zweiten Reise um die Erde, war Oberbibliothekar zu Mainz, 1793 Agent der Stadt Mainz in Paris ꝛc.; er hat unter anderm geschrieben: Ansichten vom Niederrhein, Brabant, Flandern ꝛc.

Francia (Francesco), sein eigentlicher Name ist Raibolini; Goldschmied und berühmter Historienmaler, geb. zu Bologna um 1450, starb zwischen 1517 und 1536.

Franke, ein Jugendfreund Winkelmanns, der sich später undankbar und unwerth benahm.

Fries, Fries (Johannes, Graf), geb. zu Mühlhausen im Sundgau, lernte die Handelschaft, erwarb sich durch sein Talent und glückliche Speculation bedeutendes Vermögen und durch seine Unternehmungen um Oesterreich und die kaiserliche Familie große Verdienste und wurde durch Joseph II. zuletzt in den Grafenstand erhoben. Allgemein bekannt ist er auch durch seine großen Kunstsammlungen.

Galilei (Galileo), geb. zu Pisa 1564, berühmt durch seine großen Entdeckungen in der Naturlehre und Astronomie; war Professor in Pisa und Padua, wurde wegen seiner Lehren, die gegen die Worte der Bibel sprechen, von den Jesuiten verfolgt, mußte vor dem Inquisitionsgericht seine Behauptungen ab-schwören und starb blind, taub und krank 1648.

Gelée, s. Claude.

Genserich, König der Vandalen 428 bis 447.

Gioeni, Ritter, Sammler von sicilianischen Steinarten, besonders vulkanischen, dessen Sammlung Goethe in Catania betrachtet.

Giordano (Luca, genannt Luca fa presto, Schnellmaler), Maler, geb. zu Neapel 1632, starb daselbst 1705.

Giovane (Juliane, Herzogin von), geb. Freiin von Mudersbach, Hofdame der Königin von Neapel.

Goldoni (Gasparo, Graf), geb. 1713, starb 1786, schrieb eine Reihe Trauerspiele für das Theater St. Angelo zu Venedig.

Gouffier, französischer Historienmaler der David'schen Schule, welcher zu Goethe's Zeit in Rom das Ansehen dieser Richtung mit aufrecht hielt.

Guercino da Cento (Giov. Francesco), sein eigentlicher Name ist Barbieri, Maler der bolognesisch-carraccischen Schule, geb. 1590 zu Cento, gest. zu Bologna 1666.

Guido Reni, berühmter Historienmaler der bolognesisch-carraccischen Schule, geb. 1575 zu Bologna, gest. daselbst 1642.

Gracchen. Cornelia, Tochter des Scipio Africanus, Mutter der Gracchen: Titus Sempronius und Cajus Sempronius Gracchus, römische Staatsmänner.

Hadert (Jacob Philipp), Landschaftsmaler, geb. 1737 zu Prenzlau, wurde Hofmaler des Königs von Neapel und starb 1807 zu Florenz. Goethe schrieb dessen Leben.

Hacquet (Balthasar), geb. 1740 zu Conquet in der Bretagne, kam jung nach Oesterreich, wurde Professor der Naturgeschichte in Lemberg, wo er 1815 starb; schrieb: Physische Erdbeschreibung von Krain, Istrien ꝛc., Reise durch die Alpen.

Hamilton (William, Ritter), geb. 1731, war englischer Gesandter in Neapel, bekannter Kunstfreund und Kunstsammler, starb 1803.

Hamilton, Lady, des vorigen Gattin (Emma Lyon oder Harte), bekannt durch ihr abenteuerliches Leben, durch ihre mannigfaltigen Talente, womit sie die Gesellschaft unterhielt.

Hamann (Johann Georg), genannt der Magus aus Norden, geb. zu Königsberg 1730, starb 1788 zu Münster im Hause der Fürstin Gallizin. Bekannt durch seine geschätzten, etwas sibyllinischen Schriften.

Harrach (Marie Josephine Gräfin von), geb. Gräfin Liechtenstein.

Heliodor, Schatzmeister des Königs Seleucus, auf dessen Befehl er die Schätze des Tempels zu Jerusalem rauben wollte. Im Tempel erschien ihm ein glänzender Reiter und zwei Jünglinge, die ihn niederwarfen, und nur auf des Hohenpriesters Gebet genas er wieder. Hier ist von der Darstellung dieses Ereignisses von Raphael in den vatikanischen Sälen die Rede.

Hephästion, Feldherr und Freund Alexanders des Großen von Macedonien, starb 325 zu Ecbatana und wurde zu Babylon begraben.

Herder (Johann Gottfried von), geb. 1744 zu Morungen in Ostpreußen, starb 1803 als Oberconsistorial-Präsident in Weimar.

Hippolyt, Sohn des Theseus und der Antiope. Seine Stiefmutter Phädra faßte eine unerwiderte Leidenschaft zu ihm und verleumdete ihn dann bei Theseus, der ihn fluchte. Er fand, von seinen Pferden geschleift, den Tod; sein Vater erkannte darauf seine Unschuld, Phädra gab sich selbst den Tod.

Hirt (Aloys Ludwig), Professor der Archäologie und Hofrath zu Berlin, geb. zu Donaueschingen, gest. 1837 zu Berlin; schrieb: Die Baukunst nach Grundsätzen der Alten u. A.

Jacquier (Pater Francois), Franciskaner, der sich durch mathematische Schriften bekannt gemacht hat; er lebte hochbejahrt in Rom, wo Goethe ihn kennen lernte.

Jenkins, englischer Kunsthändler zur Zeit von Goethe's Aufenthalt in Rom.

Kaufmann (Maria Anna Angelica), vermählte Zucchi, zu ihrer Zeit sehr berühmte Künstlerin, gewöhnlich nur Angelica genannt, geb. 1741 zu Chur in Graubünden, gest. zu Rom 1807.

Kayser (Christoph), Musiker, Jugendgenosse und Freund Goethe's, von dessen Werken er viel in Musik setzte.

Kleopatra, Königin von Ägypten, geb. 62 vor Christi, liebte ihre Brüder, die zugleich ihre Gemahle waren, wurde die Geliebte des Cäsar, Cassius und Antonius und tödtete sich durch den Biß einer Natter, als sich Antonius nach der Schlacht bei Actium selbst getödtet hatte 31 v. Chr.

Klinger (Friedrich Maximilian von), geb. 1753 zu Frankfurt a. M., studirte Theologie, ward Schauspieldichter und starb als Generallieutenant zu Petersburg.

Kölle (Heinrich), Sohn eines Malers in Stäfa bei Zürich, Mitschüler Heinrich Meyers bei seinem Vater und Caspar Fuessli, ging mit Meyer nach Rom und starb in seiner Heimath 1789.

Kniep (Christoph Heinrich), Zeichner und Aquarellmaler, geb. 1748 zu Hildesheim, lebte in Neapel und starb daselbst 1825. Er begleitete Goethe auf seiner Reise nach Sicilien.

Kranz, Concertmeister in Weimar unter der Herzogin Amalie und Carl August.

Kraus (Georg Melchior), Maler, geb. zu Frankfurt a. M., studirte in Paris und starb als Director des freien Zeichnen-Instituts zu Weimar 1806.

Lanthieri, Graf und Gräfin, von Goethe gelegentlich genannt.

Laocoon, Priester des Apollo in Troja, widersetzte sich der Aufnahme des hölzernen Pferdes, ward aber beim Opfer mit seinen beiden Söhnen von zwei Schlangen umwunden und getödtet. Dieß stellt eine 1606 in den Bädern des Titus aufgefundene antike Marmorgruppe dar, die von den rhodischen Künstlern Agesander, Polydorus und Athenodorus im ersten Jahrhundert n. Chr. gefertigt wurde, nach gewöhnlicher Annahme.

Leo X., Papst.

Leonardo, s. da Vinci.

Lips (Johann Heinrich), Maler, Zeichner und Kupferstecher, geb. 1768 zu Kloten bei Zürich, gest. zu Zürich 1817.

Lorrain (Claude), s. Claude Gelée.

Lucullus (Lucius Licinius), vornehmer und reicher Römer, kämpfte glücklich gegen Mithridates, ergab sich aber nach seiner Rückkehr der Schwelgerei.

Mallet (Francesco Scipione, Marchese), geb. 1675 zu Verona, studirte zu Parma, stiftete in seiner Vaterstadt eine gelehrte Gesellschaft und starb daselbst 1755.

Mantegna (Andrea), vorzüglicher Maler und Kupferstecher, geb. zu Padua 1431, Schüler von Francesco Squarcione, trat in Dienste des Herzogs von Mantua, starb 1506.

Maratti (Carlo), Maler und Kupferstecher, geb. zu Camurano bei Ancona, starb 1713 zu Rom.

Marc-Anton, s. Raimondi.

Marcello (Benedetto), venetianischer Nobile und Dichter.

Marc Aurel (Antoninus Philosophus), vortrefflicher römischer Kaiser, weiser Philosoph und Schriftsteller, der die Donauvölker glücklich bekriegte. Auf einem solchen Zuge starb er zu Vindobona (dem heutigen Wien) 180 n. Chr.

Des Marés, Anhänger der David'schen Schule, zu Goethe's Zeit in Rom.

v. Maron, Maler, geb. zu Wien 1773, gest. zu Rom 1808, Schüler und Schwiegersohn von Raphael Mengs, guter Porträtmaler; von ihm haben wir das beste Bildniß von Winckelmann.

Meleager, Sohn des Oineus und der Althäa, erlegte den kalydonischen Eber. Nach einem Orakelspruch sollte er so lange leben, als ein bei seiner Geburt auf dem Herde gelegenes Stück Holz nicht verbrennt werden würde. Althäa warf es aus Zorn über die Tödtung ihres Bruders durch Meleager in's Feuer und dieser starb nun auch.

Mengs (Anton Raphael), Schüler seines Vaters Ismael, geb. 1728 zu Aussig in Böhmen, wurde 1744 Hofmaler Augusts III. von Sachsen, später Director der Maleracademie in Rom, starb daselbst 1779.

Merian (Matthäus), bekannter Kupferätzer, der unter andern eine Anzahl Prospecte geliefert hat, geb. 1593 zu Basel, gest. zu Schwalbach 1650.

Metella, Cäcilia, Tochter des Quintus, Cäcilius Metellus, mit dem Beinamen Creticus, von der Insel Creta, wo er es b. Chr. Proconsul war; sie war Gemahlin des Crassus. Von deren Grabmal, das noch erhalten ist, ist hier die Rede.

Meyer (Heinrich), Maler und Kunstgelehrter, geb. 1760 zu Stäfa am Züricher See, Schüler von Abela und C. Fuchli, Freund Goethe's, starb als Director des Zeichnen-Instituts zu Weimar 1832.

Michel Angelo, s. Buonarotti.

Mithras, persische Sonnengottheit, in der Kaiserzeit auch zu Rom verehrt.

Montesquieu (Charles de Secondat, Baron de la Brède et de Montesquieu), geb. 1689 auf dem Schlosse Brede bei Bordeaux, starb 1755; ist besonders bekannt durch seine Schriften: Esprit des lois, lettres persanes etc.

Monti (Vincenzo da Ferrara, Abbate), geb. zu Fusignano im Ferraresischen um 1763, wurde Professor der Beredsamkeit in Pavia, von Napoleon zum Historiographen von Italien ernannt, starb 1828.

Morales (Christoph), spanischer Componist, päpstlicher Sänger in Rom, geb. zu Sevilla 1544.

Moore (James), englischer Landschaftsmaler, der zu Goethe's Zeit in Rom lebte, geb. zu Edinburg, starb zu Rom 1792. In Goethe's „Winckelmann und sein Jahrhundert" ist seiner gedacht.

Moranti (Maria), Maler, von dem ein Tod der Maria, in einer der Kuppeln einer der Capellen der Kirche Maria della Pace, neben zwei andern Darstellungen daselbst von C. Maratti und Franc. Zanni erwähnt wird.

Moritz (Carl Philipp), geb. 1757 zu Hameln, lernte bei seinem Aufenthalt in Rom Goethe kennen und wurde bei seiner Rückkehr nach Berlin Professor der Alterthumskunde.

Mozart (Johann Chrysostomus Wolfgang Amadeus), berühmter Componist und Musiker, geb. zu Salzburg 1756, starb als kaiserlicher Capellmeister 1791 zu Wien.

Nausicaa, s. Alcinous.

Neer (Karl oder Arthur van der), Maler, besonders berühmt durch seine vortrefflichen Mondscheinlandschaften, geb. 1616 zu Amsterdam, gest. daselbst 1683, nach Andern 1690.

Nerl (Phillipp), über den im Text wiederholt ausführliche Nachricht gegeben.

Niobe, Tochter des Tantalus, Gemahlin des Amphion, Königs von Theben; da sie sich wegen ihrer sieben Söhne und sieben Töchter stolz über Leto erhoben hatte, so wurden dieselben von Apollo und Artemis durch Pfeile getödtet. Eine berühmte Giebelgruppe aus dem Alterthum stellt diesen Gegenstand dar; sie soll von der Hand des Scopas oder Praxiteles seyn und befindet sich in Florenz.

Odysseus, Sohn des Laertes, Gemahl der Penelope, Vater des Telemach, berühmter griechischer Held bei der Belagerung von Troja; musste zehn Jahre umherirren bis er wieder in sein Reich Ithaka gelangte, das er erst nach Tödtung der Freier der Penelope wieder in Besitz nehmen konnte.

Orbello, s. Turchi.

Orest, Sohn des Agamemnon und der Klytemnestra. Die Ermordung seines Vaters durch seine Mutter und ihren Buhlen Aegisth, rächte er durch deren Tod, in Folge dessen er, von den Erynnien verfolgt, mit seinem Freunde Pylades umherirrte, und endlich zu Athen, nach andern in Tauris seine Entführung fand.

Dure (Paul de St.), Maler aus Gent, den Goethe unter den Anhängern der David'schen Schule nennt, welche in Rom thätig waren.

Palestrina (Giovanni Pierluigi da — oder Prenestino), berühmter Musiker, Stifter eines neuen Styls in der Kirchenmusik, geb. 1520 zu Palestrina, starb 1571 als Capellmeister von St. Peter.

Palladio (Andrea), berühmter italiänischer Baumeister, geb. zu Vicenza 1518, starb daselbst 1549.

Pallagonia, ficilianischer Prinz, den Goethe wegen seines tollen Geschmacks in der Kunst und wegen anderer Thorheiten auf seinen Besitzungen bei Palermo erwähnt.

Paul V., Papst.

Paris, Sohn des Priamos, Königs von Troja, und der Hekabe, Liebling der Aphrodite, der er bei dem bekannten Streit über die Schönheit der Juno, Minerva und der ihrigen den goldnen Apfel zusprach, wodurch die Entführung der Helena und der trojanische Krieg veranlasst wurde.

Pauw (Cornelius von), geb. zu Amsterdam 1739, Canonikus zu Xanten, einige Zeit Vorleser bei Friedrich II. von Preußen, starb 1799, schrieb mehrere philosophische Schriften, von denen Goethe gelegentlich einige erwähnt.

Pelops, Sohn des Tantalus und der Dione, Gemahl der Hippodamia, Tochter des Oinomaus; Söhne desselben sind Atreus und Thyest; Atreus' Sohn war Agamemnon, Führer des griechischen Heeres im trojanischen Kriege.

Perugino (Peter von Perugia, sein eigentlicher Name ist Peter Vanucci), Historienmaler, Lehrer Raphaels, geb. 1446 in Citta della Pieve, gest. 1524 zu Castello di Fontignano bei Perugia.

Petrarca (Petrarcha), berühmter italiänischer Dichter, geb. 1304 zu Arezzo, gest. 1374 auf seinem Landsitze bei Padua.

Phädra, Tochter des Minos und der Pasiphae (s. Hippolyt).

Phäaken, ein fabelhaftes, Schifffahrt treibendes Volk, am bekanntesten aus Homers Odyssee.

Phidias, berühmter griechischer Bildhauer und Baumeister, Sohn des Charmidos in Athen, Schüler des Ageladas, Freund des Perikles, geb. 490 v. Chr., starb 432 v. Chr. im Kerker. Die berühmtesten seiner Werke sind der Olympische Jupiter, die Athene Parthenos, und die Statuen am Giebel des Parthenon, jetzt in London.

Philoktet, Sohn des Pöas und der Demonassa. Auf dem Zug gegen Troja wurde er wegen einer üblen Wunde auf der Insel Lemnos zurückgelassen, später aber, da nach einem Orakelspruch ohne die in seinem Besitz befindlichen Geschosse des Herkules die Eroberung von Troja nicht möglich war, wieder abgeholt.

Piombino, Prinz in Rom, dessen Gemmensammlung Goethe erwähnt, die er mit Graf Fries zu betrachten Gelegenheit fand.

Piranesi (Giambattista, Cavaliere), Architect, Zeichner und Kupferstecher, geb. 1707 zu Rom, gest. daselbst 1778, bekannt durch seine römischen Prospecte.

Plinius der Aeltere (Cajus Plinius Secundus), geb. 23 n. Chr. zu Novocomum, starb 79 bei Beobachtung eines Ausbruchs des Vesuv. Er schrieb: Historia naturalis, ein encyclopädisches Werk in 37 Büchern.

Pordenone (Giovanni Antonio Licinio Regillo genannt), Maler der venetianischen Schule, Bellini's Schüler, geb. 1484 zu Pordenone in Friaul, gest. 1539 zu Ferrara.

Porta (Baccio della), bekannter unter seinem Klosternamen Fra Bartolomeo, Historienmaler, Schüler von L. da Vinci, Freund Raphaels, starb 1517.

Porta (Guglielmo della), Bildhauer, Schüler des Leonardo, Perin del Vaga's und Michelangelo's, ergänzte mehrere antike Statuen, namentlich den Herkules Farnese, starb 1577 zu Rom.

v. Pourtales, Kunstliebhaber zu Neufchatel.

Poussin (Nicolaus), berühmter französischer Historien- und Landschaftsmaler, geb. 1594 zu Andely in der Normandie, gest. zu Rom 1665.

Pfyche, ein mythologisches Wesen, sterblich geboren als eines Königs Tochter, später, als Amors Geliebte, unsterblich geworden und ewig mit ihm verbunden. Ihre Schicksale sind Gegenstand der Raphaelischen Freskomalereien in der Farnesina bei Rom, die oft in Kupfer gestochen sind.

Pygmalion, König von Cypern, haßte die Frauen seiner Zeit, und fertigte sich eine weibliche Statue, die Aphrodite belebte, und mit der er sich vermählte. Daß sie bei Goethe Elise genannt wird, ist eine Verwechslung mit Elissa (Dido), Schwester des Pygmalion, Königs von Tyrus.

Pylades, Sohn des Strophius, Freund des Orest, und, nach einigen späteren Schriftstellern, Gatte der Elektra, der Schwester des Orest.

Pyrrhus, König von Epirus, bedeutender Feldherr, gefährlichster Gegner der Römer als Bundesgenoß der Tarentiner (281 bis 275 v. Chr.).

Raibolini, s. Francia.

Raimondi (Marc Anton), bekannter unter seinen Taufnamen Marc Anton, berühmter italiänischer Kupferstecher, der besonders viel nach Raphael gestochen hat, geb. zu Bologna 1475, gest. 1539, nach Andern erst 1550.

Raphael (Rafaello, Santi von Urbino), bekannt fast nur unter seinem Taufnamen Raphael (Rafael), der berühmteste italiänische Maler, Schüler des Pietro Bannuci von Perugia, geb. 1483 zu Urbino, gest. zu Rom 1520.

Argille, s. Pordenone.

Rega (Antonio), Künstler und Kunsthändler zu Goethe's Zeit in Italien.

Reiffenstein, geb. 1719 zu Königsberg, ließ sich 1762 in Rom nieder, Liebe der Kunst und war ein bekannter Fremdenführer, starb als kaiserlich russischer und herzogl. gothaischer Hofrath zu Rom 1793.

Rezzonico (Abondio Faustino, Fürst), Senator von Rom, Nepote Clemens' XIII., dessen Goethe in geselliger und öffentlicher Beziehung einigemal gedenkt, einmal als Prinz, dann als Graf, und als Fürst.

Riedesel (Johann Hermann von), königl. preußischer Gesandter in Wien, geb. 1740, starb 1785 zu Magdeburg bei Wien, schrieb seine Reise durch Sicilien und Großgriechenland.

Roos (Joh. Heinrich), Thier- und Landschaftsmaler und Radirer, Schüler von Dujardin, geb. zu Ottersberg in der untern Pfalz 1631, gest. zu Frankfurt a. M. 1685.

Rosa (Salvator), Maler und Radirer, geb. 1615 zu Renella bei Neapel, gest. zu Rom 1673.

Rousseau (Jean Jacques), geb. 1712 zu Genf, starb 1778 auf dem Landgute des Marquis von Gerardin zu Ermenonville. Als Schriftsteller ist er besonders bekannt durch seinen Contrat social und Emile über die Erziehung.

Sarto (Andrea del), sein eigentlicher Name ist Vanucchi, berühmter Maler, geb. zu Florenz 1478, lebte kurze Zeit in Paris und starb in seiner Vaterstadt 1530.

Scamozzi (Vincenzo), Baumeister, Schüler des Palladio, geb. zu Vicenza 1552, starb 1616.

Schlosser (Joh. Georg), geb. 1739 zu Frankfurt a. M., starb, nachdem er mehreren Fürsten als Staatsmann gedient, als Syndicus in seiner Vaterstadt 1799.

Schubart (Christian Friedrich Daniel), Componist und Dichter, geb. 1739 zu Obersontheim in der Grafschaft Limburg, starb nach vielen Erlebnissen als herzogl. württembergischer Musikdirector.

Schütz (Johann Georg), Maler, geb. zu Frankfurt a. M. 1755, studirte zu Düsseldorf, ging 1784 nach Rom, wo er mit Goethe in Verkehr lebte; er malte Historien und Landschaften und fertigte viele Zeichnungen in Sepia.

Schwanfeld, Swanevelt, Suanevelt (Hermann), Landschaftsmaler und Radirer, Schüler von Claude Lorrain, geb. zu Wörden 1620, gest. zu Rom 1690.

Sesostris (Ramses der Große), bedeutender erobernder König von Egypten 1396 bis 1328 v. Chr.

Seydelmann (Jacob Crescentius), geb. zu Dresden 1750, bekannt durch seine großen Sepiazeichnungen in einer nach ihm benannten Manier; er starb als Professor der Academie zu Dresden 1829. Seine Gattin Apollonia, geb. de Forge, eine Venetianerin, zeichnete in derselben Weise und ist bekannt durch die Zeichnung der Sixtinischen Madonna, wonach Fr. Müller seinen bekannten Kupferstich fertigte.

Sisyphus, Sohn des Aeolus und der Enarete, der für mannigfache Frevel verdammt wurde, in Hades fortwährend einen Stein auf einen Berg zu wälzen, der stets auf der andern Seite wieder herabrollte.

Smeraldina, eine Schauspielerin zu Rom während Goethe's Aufenthalt daselbst.

Smith, englischer Consul in Venedig, von Goethe als Herausgeber von Palladio's Werken gerühmt.

Spinoza (Baruch oder Benedict von), berühmter Philosoph, geb. 1632 zu Amsterdam von jüdischen Eltern, starb 1677 im Haag.

Strange (Robert), vorzüglicher englischer Kupferstecher, geb. zu Pomona, auf einer der Orkadischen Inseln, 1723, ging nach Italien und Paris und starb zu London 1792.

Sulzer (Johann Georg), geb. 1720 zu Winterthur, wurde Gymnasial-Professor in Berlin, starb 1777. Allgemein bekannt und geschätzt war seine „Theorie der schönen Wissenschaften."

Tacitus (Cajus Cornelius), bedeutender römischer Historiker, geb. von 54 bis 60 n. Chr. Er schrieb eine Biographie seines Schwiegervaters Agricola, ein Buch über das damalige Deutschland (Germania), Annalen, Historien (die Geschichte der Jahre 14 bis 69 und 69 bis 97 n. Chr.) u. A.

Tasso (Torquato), italiänischer Dichter, besonders durch sein „Befreites Jerusalem" bekannt, geb. zu Sorrent 1544, starb zu Rom 1592.

Tantalus, Sohn des Zeus. Nachdem er von den Göttern zur Tafel gezogen worden, setzte er ihnen einmal das Fleisch seines Sohnes Pelops zur Speise vor. Dieser wurde wieder in's Leben gebracht, er selbst aber für diesen Frevel im Hades mit ewigem Hunger und Durst bestraft.

Tischbein (Joh. Heinrich Wilhelm der jüngere), Historienmaler, Freund Goethe's, geb. 1751 zu Heyna, wurde 1790 Director der Academie zu Neapel, starb zu Eutin 1829.

Tizian, eigentlich Vercellio da Cadore, berühmter Maler und Haupt der venetianischen Coloristenschule, Schüler von Joh. Bellini, geb. 1477 zu Pieve, gest. zu Venedig 1576.

Theron, Herrscher von Agrigent, dessen Grabmal zu Agrigent (Girgenti) berühmt war als Kunstwerk.

Thürmer (Joseph), Architect, geb. 1789 zu München, bereiste Griechenland und starb als Professor der Bauschule zu Dresden 1833; bekannt ist seine mit Fries gemeinschaftlich gestochene Ansicht von Rom.

Thurneysen, Thurneisen (Carl), aus Frankfurt am Main, von dem sich weiter keine Nachricht findet. Goethe sendete von Rom aus durch ihn Zeichnungen an seine Freunde.

Tintoretto (Jacob), sein eigentlicher Name ist Robusti, Historienmaler, vorzüglicher Schüler Tizians, geb. zu Venedig 1512, gest. 1594.

Torremuzza, Prinz zu Palermo, dessen Cabinet von Münzen und Medaillen Goethe sah und dabei zuerst Interesse an diesem Kunstzweig fand.

Triptolem, Sohn des Celeus, Liebling der Demeter, auf deren Geheiß er den Ackerbau verbreitete und den Ackerpflug erfand.

Trippel (Alexander), Bildhauer, geb. zu Schaffhausen 1744, machte seine ersten Studien in Kopenhagen, wo sich der Bildhauer Stanley seiner annahm. 1771 ging er nach Paris und 1776 nach Rom. Er hat viele gerühmte Arbeiten gefertigt, auch viele Büsten, worunter besonders die schöne Büste von Goethe und auch die von Herder allgemein bekannt ist.

Turchi (Alexander, genannt Orbetto), Maler, Schüler von Brusasorci; er ließ sich in Rom nieder, wo er 1648 starb. Die Dresdner Gallerie ist reich an Gemälden von ihm.

Unterberger (Ignaz), Historienmaler, Schüler von Mengs, geb. in Welschtyrol 1730, gest. zu Wien 1797.

Vanni (Francesco, Cavaliere), Historienmaler aus der sienesischen Schule, geb. 1565, gest. am 1609.

Vanucci, s. Perugino.

Vanni (Cavaliere Ludovico), Maler zu Rom, besonders durch seine Bildnisse bekannt.

Veronese (Paul), sein eigentlicher Name ist Cagliari (Caliari), berühmter Maler der venetianischen Schule, vorzüglicher Schüler Tizians, geb. 1528, gest. 1588.

Verschaffelt (Peter von), Bildhauer und Architect, geb. zu Gent 1710, wurde 1752 als Hofbildhauer nach Mannheim berufen und starb als Director der Academie daselbst 1793.

Verschaffelt (Maxim. v.), Zeichner und Architect, geb. 1754 zu Mannheim, lebte während Goethe's Aufenthalt in Rom und lehrte diesem Perspective.

Vico (Johann Baptist), berühmter Schriftsteller in Rechtsfach, geb. zu Neapel 1640, gest. als Historiograph Carls III. 1744.

Virgil (Publius Virgilius Maro), geb. 70 v. Chr. zu Andes bei Mantua, starb auf der Rückkehr von einer Reise nach Griechenland im Jahr 19 v. Chr. in Brundusium. Von ihm rühren die Dichtungen Bucolica, Georgica und das Epos Aeneis her.

Visconti, Cardinal.

Visconti (Ennio Quirino), geb. 1751, widmete sich dem Studium der Alterthümer und hat sich als Schriftsteller über Kunst einen Namen erworben; er starb 1818.

Vitruv (Marcus Vitruvius Pollio), aus Verona, römischer Baumeister unter Augustus, schrieb ein Buch über die Baukunst, nebst erläuternden Figuren, das noch heute von gelehrten Architecten studirt wird.

Voigt (Johann, Carl, Wilhelm), geb. 1752 zu Allstädt, studirte die Rechte und Mineralogie, beschäftigte sie viel mit der Bildung des Basalts und der vulkanischen Producte; war Bergrath in Ilmenau und starb daselbst 1821.

Vollmann, Volkmann (Johann Jacob), geb. 1732 zu Hamburg, studirte die Rechte, starb 1803 auf seinem Gute bei Leipzig, schrieb historisch-kritische Briefe über Italien, übersetzte Geßners Briefe aus Sicilien und der Türkei.

Volpato (Johann), Kupferstecher, geb. 1670 zu Bassano, Schüler Bartolozzi's, lebte in Rom und stach viele Blätter nach Raphaels Werken, die geschätzt und gesucht werden, starb daselbst 1803.

Volterra (Daniel da), eigentlich Ricciarelli, Historienmaler, Schüler von Baldassar Peruzzi und Perin del Vaga, starb 1560.

Walbeck (Christian August, Fürst von), geb. 1744, trat in österreichische Kriegsdienste, war zuletzt Feldmarschall, organisirte 1797 die portugiesische Armee und starb zu Lissabon 1798.

Winckelmann (Johann Joachim), berühmter Kunstgelehrter und Kunstschriftsteller, Neubegründer der Alterthumskunde, geb. 1717 zu Stendal, ging nach Rom, wo er zuletzt Präsident der Alterthümer wurde; auf einer Reise nach Deutschland wurde er 1768 zu Triest ermordet.

Worthley (Rich. Ritter v.), war auf der Insel Wight geboren, widmete sich dem diplomatischen Fach, machte viele Reisen nach Griechenland, Aegypten ꝛc. brachte viele Kunstschätze von 1781—87 zusammen, die er in „Museum Worleyanum", oder Sammlung antiker Basreliefs, Büsten, Statuen, Gemmen ꝛc., aus Orten in der Levante, in zwei Bänden bekannt machte.

Druckfehler und Verbesserungen.